SCHLOSS NEUENBURG

Schriftenreihe der
Stiftung Dome und Schlösser
in Sachsen-Anhalt

Band 5

SCHLOSS NEUENBURG

Herausgegeben von
Boje E. Hans Schmuhl
in Verbindung mit
Konrad Breitenborn

VERLAG JANOS STEKOVICS

Bibliografische Information der Deutschen Nationalbibliothek

Die Deutsche Nationalbibliothek verzeichnet diese Publikation in der Deutschen Nationalbibliografie; detaillierte bibliografische Daten sind im Internet über http://dnb.ddb.de abrufbar.

Impressum

Herausgeber: Boje E. Hans Schmuhl, Direktor der Stiftung Dome und Schlösser
in Sachsen-Anhalt, Schloss Leitzkau
Projektleiter: Konrad Breitenborn
Lektorat und Redaktion: Katrin Tille, Claudia Grahmann und Marlene Thimann
Texterfassung: Angelika Münchhoff
Layout: Janos Stekovics, Hans-Jürgen Paasch

© 2012, Verlag Janos Stekovics, bei den Autoren für die einzelnen Beiträge sowie bei dem Herausgeber.
Alle Rechte vorbehalten. Nachdruck, vollständige oder auszugsweise Reproduktion, gleich in welcher Form (Fotokopie, Mikrofilm, Speicherung in elektronische Datenverarbeitung, CD-ROM oder durch andere Verfahren), Vervielfältigung, Weitergabe von Vervielfältigungen sind nur mit schriftlicher Genehmigung des Verlages gestattet.

ISBN 978-3-89923-293-6

Inhalt

Boje E. Hans Schmuhl und Konrad Breitenborn
Zur Einführung   7

Stefan Tebruck
Burg und Herrschaft im Hochmittelalter –
Die Neuenburg in ludowingischer Zeit   13

Reinhard Schmitt
Die romanische Neuenburg und ihre Stellung
im hochmittelalterlichen Burgenbau   67

Kristine Glatzel
Die heilige Elisabeth von Thüringen und die Neuenburg   137

Uta Maria Bräuer und Karl Bankmann
Die Doppelkapelle als Beispiel herrschaftlicher Repräsentation
und hochadliger Religiosität   157

Manfred Lemmer †
Burgen, Burgherren und mittelalterliche Literatur unter besonderer
Berücksichtigung der Neuenburg und des Thüringer Landgrafenhofes   181

Reinhard Schmitt
Die „gotische Neuenburg" – ein geplanter Ausbau zur Residenz?   219

André Thieme
Die Neuenburg unter wettinischer Herrschaft im späten Mittelalter –
Ein Spielball der politischen Mächte   269

Joachim Säckl
Schloss Neuenburg als Jagdschloss der albertinischen Herzöge
von Sachsen-Weißenfels im 17. und 18. Jahrhundert   295

INHALT

Katrin Tille
„Die hiesige Gegend ist merkwürdig und schön!"
– Schloss Neuenburg und die Königsbesuche von 1806 und 1853   361

Marlene Thimann
„Unser erster Gang gilt der alten Veste."
Schloss Neuenburg wird zum Ausflugsziel   403

Kordula Ebert
Das Bildwerk der heiligen Elisabeth von Thüringen   423

Konrad Breitenborn und Kordula Ebert
„Die deutsche Burg an der Unstrut"
Schloss Neuenburg auf dem Weg ins Dritte Reich   441

Konrad Breitenborn und Kordula Ebert
„… beweist durch die Tat, was unser Führer will!"
Die Neuenburg als BDM-Schulungsstätte   467

Kordula Ebert und Konrad Breitenborn
„Also auf zum Museum nach Freyburg …"
Die Geschichte des Heimatmuseums im Schloss Neuenburg   507

Jörg Peukert
„Die Neuenburg muss gerettet werden!"
Schloss Neuenburg und sein Museum seit 1946   533

Marlene Thimann
Zeittafel   589

Anhang

Abkürzungen   605
Personenregister   611
Ortsverzeichnis   635
Bildnachweis   647
Herausgeber und Autoren   652
Danksagung   654

Zur Einführung

Am 16. und 17. Mai 1992 schlugen die Herzen vieler Freunde der Neuenburg höher. Nach über zwanzig Jahren der Schließung lud die alte Feste über dem Unstruttal nun wieder zum täglichen Besuch ein. Die feierliche Einweihung der aufwendig sanierten Doppelkapelle ging einher mit der Eröffnung eines „Kleinen Rundgangs" durch mehrere Museumsräume.

So mancher junge Freyburger hatte vor 1989 das für die Öffentlichkeit gesperrte Schloss Neuenburg noch nie von innen gesehen. Nahezu vollständig mit Stacheldrahtzäunen verbarrikadiert, „gab es kein Schlupfloch, durch das man hätte eindringen können", schrieb Monika Markwardt in einer Rückbetrachtung.[1] Und außerdem wurde immer wieder vermutet, die „Stasi" – also der DDR-Staatssicherheitsdienst – habe sich hinter den alten Burgmauern eingenistet.

Nachdem dann – von einer Freyburger „Bürgerinitiative" erzwungen – am 25. November 1989 eine Begehung der Neuenburg möglich geworden war, hatten die Teilnehmer an diesem denkwürdigen Rundgang erschreckende und besorgniserregende Bilder gesehen. Die ganze „Burganlage machte einen total verwahrlosten Eindruck", erinnerten sich zwei von ihnen. Viele Dächer waren kaputt, die meisten Fenster völlig desolat, und überall lagen „riesige Berge von Schutt und Baumaterialien" herum.[2] So mancher der schockierten Besucher wird damals die Gedanken eines Ehepaars geteilt haben, das sich nach der Besichtigung fragte: „Wie sollen die vielen Schäden an den Gebäuden jemals wieder behoben werden? Bleibt uns die herrliche Doppelkapelle erhalten? Kann sie saniert werden? Wird die Burg wieder für das Publikum zugänglich? Wann verschwindet der viele Stacheldraht? Sind die wertvollen Museumsgüter noch zu retten oder haben die Holzwürmer, Motten oder Pilze alles zerstört? Wird sich der Stacheldraht wieder schließen, oder weht in Zukunft ein anderer Wind durch die Neuenburg?"[3]

Jörg Peukert, der seit August 2003 das Museum Schloss Neuenburg leitet, verfasste für die vorliegende Monografie einen Beitrag zur Geschichte des Schlosses nach 1946. Mit dem Titel „Die Neuenburg muss gerettet werden!" bezieht er sich auf die im November 1989 unter dieser Überschrift in Freyburg ausgelegten Unterschriftenlisten. Die Forderung nach Öffnung der Neuenburg hatte sich sehr schnell mit der Willensbekundung verbunden, die alte Burganlage „zu retten", sie also vor weiterem Verfall zu bewahren und die vorhandenen Schäden zu beseitigen. Diesem Anliegen verschrieb sich der am 12. Juli 1990 gegründete Verein zur Rettung und Erhaltung der Neuenburg, in dessen Trägerschaft sich von 1998 bis 2004 auch das Museum befand.

Anlässlich des musealen Neubeginns erarbeiteten Kristine Glatzel, Direktorin der Neuenburg von 1990 bis 2003, und der Bauforscher Reinhard Schmitt einen neuen Museumsführer, der kurz die Geschichte der Neuenburg zusammenfasste und im Hinblick auf den Rundgang durch die Burganlage insbesondere Informationen zu ihren einzelnen Bauten vermittelte.

Auch die wissenschaftliche Befassung mit der Geschichte des Schlosses Neuenburg erfuhr nach Jahrzehnten der Stagnation neue Anregung. Pünktlich zur Wiederaufnahme des Museumsbetriebes publizierte der Verein zur Rettung und Erhaltung der Neuenburg in der von ihm mit diesem Heft begründeten Schriftenreihe „novum castrum" einen Vortrag des später in Jena lehrenden Kölner Universitätsprofessors Matthias Werner über „Die heilige Elisabeth in Thüringen". Werner hatte diesen Vortrag am 13. Juli 1991 in der Friedrich-Ludwig-Jahn-Ehrenhalle zu Freyburg gehalten, da es damals – wie Kristine Glatzel in einem Vorwort schrieb – der bauliche Zustand der Neuenburg noch „nicht erlaubte, in ihren Mauern zu einem ihrer Geschichte so eng verbundenen Thema zu sprechen".

Als zweites Heft dieser Reihe wurde 1993 die Abhandlung von Manfred Lemmer über „Die Neuenburg in Geschichte, Literatur und Kunst des hohen Mittelalters" veröffentlicht. Der an der Martin-Luther-Universität Halle-Wittenberg lehrende und dort aus politischen Gründen erst 1991 zum ordentlichen Professor berufene Altgermanist befasste sich seit vielen Jahren mit dem „Musenhof" Landgraf Hermanns I. von Thüringen, der noch als „Pfalzgraf von der Neuenburg bei der Unstrut" dem Dichter Heinrich von Veldeke um 1185 die Vollendung des Eneasromans ermöglichte. Mit seinem bereits 1981 von der Wartburg-Stiftung Eisenach herausgegebenen Buch über „Thüringen und die deutsche Literatur des hohen Mittelalters" gehörte Manfred Lemmer zu den wenigen Wissenschaftlern in der DDR, die die Geschichte der Neuenburg in ihre Forschungen einbezogen. Eine intensivere und auch öffentlichkeitswirksamere publizistische Befassung mit der in jener Zeit nicht zugänglichen Burganlage war sicherlich nicht erwünscht und unterblieb deshalb weitestgehend.

In der Reihe „novum castrum" erschienen bis heute insgesamt acht Veröffentlichungen, darunter die Abhandlung „Schloss Neuenburg als preußische Domäne von 1815 bis 1945" von Roswitha Berbig (1995), ein Forschungsbericht zur Baugeschichte der Neuenburg und der Eckartsburg in romanischer Zeit von Reinhard Schmitt und Wilfried Weise (1997) und die im Zusammenhang mit der Einrichtung des Weinmuseums verfasste Schrift von Jörg Peukert „Der Freyburger Weinbau vom 16. bis zum 18. Jahrhundert" (1999).

Zur Einführung

Dreizehn Folgen veröffentlichte der Verein zur Rettung und Erhaltung der Neuenburg bisher in der seit 1999 von ihm herausgegebenen Schriftenreihe „Unsere Neuenburg". Unter der Rubrik „Abhandlungen" erschienen hier immer wieder Spezialuntersuchungen zur Geschichte der Neuenburg. Genannt werden müssen in diesem Zusammenhang auch mehrere Kataloge zu wichtigen Expositionen, so zum Beispiel die Beiträge zur Ausstellung „Burg und Herrschaft. Die Neuenburg und die Landgrafschaft Thüringen im hohen Mittelalter" (2004).

Schloss Neuenburg gehört seit 1997 zum Vermögensbestand der Stiftung Schlösser, Burgen und Gärten des Landes Sachsen-Anhalt (seit 2005 Stiftung Dome und Schlösser in Sachsen-Anhalt), die mit dem Jahresbeginn 2005 auch das Museum in ihre Trägerschaft übernahm.

Die vorliegende Monografie zur Geschichte des Schlosses Neuenburg erscheint als fünfter Band in der 1998 begründeten Schriftenreihe der Stiftung. Eine die Historie der Neuenburg in dieser Form zusammenfassende Publikation hat es bisher noch nicht gegeben. Im Hinblick auf deren so facettenreiche Geschichte war gleichwohl eine „allumfassende" Darstellung nicht leistbar. Deshalb wird die Erforschung vieler wichtiger und interessanter Teilaspekte, die mit der Neuenburg als jahrhundertealtem Lebens-, Repräsentations-, Verwaltungs- und Wirtschaftsraum zusammenhängen, auch weiterhin Einzel- und Detailuntersuchungen vorbehalten bleiben.

Die Monografie umfasst fünfzehn Beiträge, die in ihrer Gesamtheit die Geschichte der Neuenburg vom Hochmittelalter bis in die unmittelbare Gegenwart hinein abbilden. Als ihre Erarbeitung im Jahre 2008 begann, war der zu den einzelnen Themen erreichte Forschungsstand allerdings sehr unterschiedlich. So konnte sich zum Beispiel Reinhard Schmitt vom Grundsatz her auf die von ihm schon 2007 einmal zusammengefassten Ergebnisse seiner seit 1985 durchgeführten archäologischen sowie bau- und kunsthistorischen Untersuchungen zur Geschichte der Neuenburg im Hoch- und Spätmittelalter beziehen. Im Unterschied dazu mussten die wissenschaftlichen Untersuchungen zur Nutzungsgeschichte der Neuenburg im 19. und 20. Jahrhundert zunächst noch intensiviert und auf breiterer Grundlage als bisher betrieben und vertieft werden. Insbesondere erwies sich die Sichtung und Auswertung von archivalischen Quellen zur politischen Historiografie der Neuenburg während des Dritten Reichs und der Zeit von 1945 bis 1990 als besonders notwendig. Hervorzuheben ist, dass Jörg Peukert für seinen Beitrag auf überlieferte Aktenbestände des Rates des Bezirkes Halle (Saale) und der SED-Kreisleitung Nebra zurückgreifen konnte, die für Forschungszwecke vermutlich erstmals genutzt wurden. Die Befassung mit diesen gleichsam doch noch weitgehend als „terra incognita" empfundenen Abschnitten der jüngeren und jüngsten Geschichte des Schlosses war allerdings mit erheblichen und in vergleichsweise kurzer Zeit zu realisierenden wissenschaftlichen Anstrengungen verbunden.

Einige Ergebnisse dieser Forschungsarbeit wurden vor zwei Jahren in einem Bildband zusammengefasst, der im Rückblick auf die im Sommer 1935 erfolgte Gründung des Neuenburger „Heimatmuseums" die Museumsgeschichte des Schlosses seit ihren Anfängen dokumentiert.[4]

Auch Konrad Breitenborn und Kordula Ebert haben für ihre Beiträge zur Geschichte der Neuenburg im Dritten Reich durch Erschließung weiterer historischer Quellen den erreichten Kenntnisstand ausbauen können. Generell darf sicher festgestellt werden, dass sich die Monografie nicht nur wegen der Quantität ihrer Beiträge und deren großer Themenbreite sehen lassen kann, sie verdient ebenso Anerkennung hinsichtlich des dargebotenen wissenschaftlichen Erkenntnisgewinns, der an dieser Stelle nur schlaglichtartig zu würdigen ist.

Stefan Tebruck untersucht vor allem den Bedeutungszuwachs, den die Neuenburg erfuhr, als die Ludowinger die sächsische Pfalzgrafschaft erwarben und knapp vier Jahrzehnte später auch die Herrschaft über die benachbarte Mark Meißen zu erlangen suchten. Reinhard Schmitt betrachtet in seinem Beitrag über die „romanische Neuenburg" deren Baugeschichte im überregionalen Vergleich. Er zeichnet ein differenziertes Bild des Baugeschehens auf den Burgen einer hochadligen Familie und macht zeitliche Abfolgen aber auch Parallelitäten im Ausbau deutlich.

Kristine Glatzel beschäftigt sich in ihrem Beitrag mit dem Leben der heiligen Elisabeth und stellt einige Episoden vor, die mit der Neuenburg in Verbindung stehen. Sie nimmt vor allem ein hochpolitisches Familientreffen der Ludowinger im April 1224 in den Fokus und erzählt aber auch die Legende vom Neuenburger „Kreuzwunder", die im Spätmittelalter zum beliebtesten und am häufigsten verwendeten Bildmotiv des Elisabeth-Zyklus in der bildenden Kunst wurde. In enger inhaltlicher Korrespondenz dazu befasst sich Kordula Ebert mit einem Bildwerk der heiligen Elisabeth, das um 1380 entstand und zu den herausragenden Zeugnissen der gotischen Holzbildhauerkunst in Europa zählt. Ob diese Skulptur zum ursprünglichen Inventar der Neuenburg gehörte, ist bis heute nicht nachweisbar.

Uta Maria Bräuer und Karl Bankmann setzen sich in ihrem Beitrag mit der Doppelkapelle „als Beispiel herrschaftlicher Repräsentation und hochadliger Religiosität" auseinander und erläutern, wie in deren Architektur sowohl das Repräsentationsbedürfnis als auch die gelebte Frömmigkeit der Ludowinger auf dem Höhepunkt ihrer politischen Machtentfaltung zum Ausdruck kommen.

Manfred Lemmer, der am 2. Februar 2009 starb, konnte seinen Beitrag für diese Monografie nicht mehr vollenden. Deshalb überarbeitete Jörg Peukert – mit Unterstützung durch Irene Roch-Lemmer – dankenswerterweise dessen umfangreichere Aufsatzfolge „Burgen, Burgherren und mittelalterliche Literatur" unter besonderer Berücksichtigung der im Zusammenhang mit dem Thüringer Landgrafenhof und der Neuenburg stehenden Entwicklungen.

Reinhard Schmitt und André Thieme haben die Bau- und Nutzungsgeschichte der Burg in gotischer Zeit aus unterschiedlichen Blickwinkeln betrachtet. Sie nahmen sich damit einer Epoche an, die lange von der Forschung kaum beachtet wurde, stand doch die romanische Blütezeit der Burg immer im Vordergrund. Deutlich wird dabei, dass die Neuenburg unter wettinischer Herrschaft nur noch von untergeordneter Bedeutung war und Ende des 14. Jahrhunderts für die Wettiner bestenfalls eine „ferne Nebenresidenz" darstellte. Obwohl viele Spuren gotischer Bautätigkeit durch Umbauten beseitigt sind, lassen sich immerhin drei Bauphasen nachweisen, die für ein Interesse der Wettiner an einer intakten und gut befestigten Burg sprechen. Im Zusammenhang mit den Teilungen der wettinischen Lande kann dieser zeitweise Bedeutungsgewinn durchaus als Vorbereitung zu einer residenziellen Aufwertung gedeutet werden. Allerdings blieb diese Option ungenutzt, so dass die Neuenburg das Schicksal zahlreicher thüringischer und sächsischer Burganlagen teilte. Bis zur Mitte des 16. Jahrhunderts versank sie – wie André Thieme urteilt – wieder in einen „residenziellen Dornröschenschlaf".

Die Aufwertung der Neuenburg durch die Herzöge von Sachsen-Weißenfels im 17. und 18. Jahrhundert beschreibt Joachim Säckl. Die Idee, die Anlage vom nahen Weißenfels aus als Jagdschloss zu nutzen, wurde erstmals im mittleren 16. Jahrhundert konzipiert. Einhundert Jahre später griff diesen Ansatz Herzog August von Sachsen-Weißenfels auf. Als Administrator des Erzstiftes Magdeburg residierte er in Halle und brach von dort zu regelmäßigen Neuenburger Jagdlagern auf. Augusts Nachfolger stellten dann den Bezug zum Sitz der sächsischen Sekundogenitur in Weißenfels her, der bis zur Aufgabe dieser Nutzung Bestand hatte. Joachim Säckl ordnet die lokal oder regional konnotierten Ereignisse um und auf Schloss Neuenburg in die dazu gehörigen landesgeschichtlichen Zusammenhänge sowie in die höfische Traditions-, Politik- und Lebenswelt dieser Zeit ein und zeichnet damit ein lebendiges Bild fürstlicher Herrschaftspraxis. Die Bezeichnung „Schloss Neuenburg" entstand Anfang des 18. Jahrhunderts.

Katrin Tille hat den Neuenburg-Besuch der preußischen Königin Luise im September 1806 historisch unter die Lupe genommen – jener „Königin der Herzen" also, die schon bald nach ihrem frühen Tod in Preußen kultartig verehrt wurde. Ihr kurzer Aufenthalt gab den Anstoß zu einer völlig neuen Nutzungsvariante in der Geschichte des Schlosses. Mit der Einrichtung eines „Luisenzimmers" wurden erste museale Schritte gegangen. Wichtigstes Exponat war dort der sogenannte Luisensessel, auf dem die Königin 1806 in der Erkerstube gesessen haben soll. Auch König Friedrich Wilhelm IV. weilte auf Schloss Neuenburg. Fast fünfzig Jahre nach der

Stippvisite der Eltern schlug er während einer Manöverreise an Saale und Unstrut sein Nachtquartier auf und reaktivierte kurzzeitig die repräsentative Nutzung des Hauses. Katrin Tille zeichnet nicht nur die Ereignisse anschaulich nach, sondern betont auch deren mobilisierende und nachhaltige Wirkung vor Ort, die unterschiedlichste Aktivitäten auslösten und wichtige Impulse zur Erhaltung der Gebäude und zu den Anfängen einer musealen Nutzung gaben.

In inhaltlicher Weiterführung dieses Beitrages befasst sich Marlene Thimann mit der touristischen Erschließung der Neuenburg seit Anfang des 19. Jahrhunderts. Sie wertete dafür zahlreiche Reisebeschreibungen und Reiseführer über das Gebiet an Saale und Unstrut aus. Eine besondere historische Quelle stellte das älteste, auf der Neuenburg erhaltene „Stammbuch des Schlosses Freiburg" aus dem Jahr 1840 dar. Ende der 1920er Jahre hatte sich die Neuenburg mit etwa 3000 Besuchern „als beliebtes Ausflugsziel fest etabliert". Heute erweisen der alten Ludowingerburg jedes Jahr zirka 70 000 Gäste ihre Reverenz.

Zum guten Ende danken wir allen Autoren für ihre engagierte Mitarbeit, aber auch für die Geduld, die all jene von ihnen aufbringen mussten, die mit einer früheren Veröffentlichung des Bandes gerechnet hatten. Unser Dank gilt vor allem Katrin Tille, die als zuständige Lektorin durch ihre nimmermüde Einsatzbereitschaft die Fertigstellung des Buches immer wieder beförderte. Unter ihrer fachlichen Anleitung haben Claudia Grahmann und Marlene Thimann die Register zusammengestellt. Dass sie dabei auch so manche schwierige biografische Recherche erfolgreich meisterten, verdient besondere Anerkennung.

Boje E. Hans Schmuhl und Konrad Breitenborn

Anmerkungen

1 Markwardt, Monika: Von der Bürgerinitiative zum Verein. In: Unsere Neuenburg (= Mitteilungen des Vereins zur Rettung und Erhalt der Neuenburg e. V., Heft 1). Freyburg (Unstrut) 1999, S. 14.

2 Schmiedl, Dierlinde und Heinz Schmiedl: Eindrücke beim ersten Besuch der Neuenburg nach 20jähriger Schließung. In: ebd., S. 20.

3 Huth, Irene und Manfred Huth: Unsere Eindrücke bei der Besichtigung der „Baustelle" Schloß Neuenburg im November 1989. In: ebd., S. 20.

4 Peukert, Jörg und Kordula Ebert: „Das wolle der Reisende nicht ungesehen lassen". Die Museen im Schloss Neuenburg (= Veröffentlichungen der Stiftung Dome und Schlösser in Sachsen-Anhalt. Hrsg. von Boje E. Hans Schmuhl in Verbindung mit Konrad Breitenborn, H. 4). Wettin 2010.

Stefan Tebruck

Burg und Herrschaft im Hochmittelalter – Die Neuenburg in ludowingischer Zeit

Die Geschichte und Bedeutung einer hochmittelalterlichen Burg zu untersuchen, stellt aus der Sicht des Historikers kein leichtes Unterfangen dar, selbst wenn es sich dabei um eine so prominente Anlage wie die Neuenburg handelt. Ihre Gründer und Erbauer, die Ludowinger, zählten zu den angesehensten und mächtigsten Hochadelsfamilien des Stauferreiches. Die aus Mainfranken stammende Adelsfamilie hatte bereits vor der Mitte des 11. Jahrhunderts am Nordwestrand des Thüringer Waldes eine Rodungsherrschaft errichtet. Durch geschickte Heiratspolitik, Besitzerwerb und Burgenbau erlangte die Familie in den folgenden drei Generationen eine bedeutende Stellung in Westthüringen, in Nordhessen und in den nördlich des Thüringer Beckens gelegenen sächsischen Gebieten. Seit 1130/31 Landgrafen von Thüringen und seit 1180/81 Pfalzgrafen von Sachsen gehörten sie bis zur Mitte des 13. Jahrhunderts zu den ranghöchsten und einflussreichsten Fürstenhäusern des römisch-deutschen Reiches. Ihre Burgengründungen waren von zentraler Bedeutung für den Herrschaftsausbau der Dynastie. Doch stößt der Versuch, die je unterschiedlichen Entstehungshintergründe, die Motive und Intentionen ihrer jeweiligen Gründer historisch-kritisch zu untersuchen, auf zahlreiche methodische Probleme. Schwierig ist diese Aufgabe vor allem deshalb, weil die Schriftquellen der hochmittelalterlichen Zeit – in erster Linie Urkunden und historiographische Nachrichten – zumeist wenig mitteilsam sind, wenn es um Burgen geht. In den Chroniken des 12. und 13. Jahrhunderts wird die Neuenburg kaum ein Dutzend Mal genannt, und nur fünf Urkunden sind überliefert, die von den ludowingischen Landgrafen auf der Neuenburg ausgestellt worden sind. Häufiger begegnet uns die Neuenburg dagegen als Ort, nach dem sich bestimmte Adlige und Ministeriale benennen, die von den Ludowingern als Amtsträger auf der Burg eingesetzt worden sind. Ein umfassenderes Bild von der Entwicklungsgeschichte und der Bedeutung der Anlage lässt sich auf der Grundlage dieser verstreuten, mehr oder wenig zufällig überlieferten Schriftzeugnisse nur dann gewinnen, wenn es gelingt, sie in den größeren historisch-politischen Kontext einzubetten und sie schließlich in Beziehung zu den bau- und kunsthistorischen Forschungsergebnissen zu setzen. Für die Neuenburg kann dabei von einem außerordentlichen Glücksfall gesprochen werden, denn sowohl Historiker als auch Burgenforscher haben in den zurückliegenden rund zwei Jahrzehnten eine Fülle von Beobachtungen und Ergebnissen zutage gefördert, die ein neues Bild von der Entwicklung und Bedeutung der Neuenburg im Kontext ludowingisch-landgräflicher Herrschaft im mitteldeutschen Raum haben entstehen lassen.[1]

Die Gründung der Neuenburg im späten 11. Jahrhundert

Die archäologischen und baugeschichtlichen Untersuchungen auf der Neuenburg haben die Entstehung der ersten Wohn- und Befestigungsanlagen auf dem hoch über dem Unstruttal aufragenden Bergsporn oberhalb der heutigen Stadt Freyburg aufgrund dendrochronologischer Befunde in das letzte Jahrzehnt des 11. Jahrhunderts datieren können. Die darauf aufbauende relative Chronologie des Baugeschehens lässt mit guten Gründen vermuten, dass bereits in dieser Zeit zum Schutz der ersten Wohngebäude eine mächtige Ringmauer errichtet wurde. Auf der Ostseite des Areals, das hier nicht durch steil abfallende Hänge geschützt ist, wurde sie durch einen Bergfried sowie eine Wall- und Maueranlage mit zwei flankierenden, achteckigen Türmen besonders stark ausgebaut.[2] Die Gründung der Neuenburg muss demnach in die Jahre um 1090, ihr Ausbau zu einer bemerkenswert stark befestigten Anlage mit Steinbauten noch in das späte 11. und frühe 12. Jahrhundert datiert werden. Dieser Befund verdankt sich archäologischen und bauhistorischen Untersuchungen. Er gibt noch keine Antwort auf die Frage, wer diese prominente Anlage errichtet und genutzt hat und welche Bedeutung dieser Burg in ihrer Frühzeit zukam. Hier setzt die historische Untersuchung an, die versucht, in der schriftlichen Überlieferung der Zeit aussagekräftige Nachrichten zu finden, sie quellenkritisch auszuwerten und auf dieser Grundlage Antworten auf die Fragen nach dem Burggründer, seinen Motiven und Zielen und der Bedeutung seiner Gründung zu formulieren.

Die ältesten Schriftzeugnisse, in denen die Neuenburg genannt wird, sind sehr viel jünger als der von Archäologie und Baugeschichte rekonstruierte Entstehungszeitraum der Burg. Denn sie sind ein gutes halbes Jahrhundert später entstanden und datieren in die Mitte des 12. Jahrhunderts. Eine chronikalische Nachricht und zwei urkundliche Zeugnisse nennen die Burg, doch ist bei der Interpretation dieser Quellen eine Auseinandersetzung mit schwierigen quellenkritischen Detailfragen unerlässlich. Zunächst soll der älteste chronikalische Bericht, in dem die Neuenburg genannt wird, in den Blick genommen werden. Dabei handelt es sich um eine Nachricht in der Chronik des unweit von Naumburg über dem Saaletal gelegenen Benediktinerklosters Goseck. Der Gosecker Chronist, der sein Werk um 1157 oder bald danach zum Abschluss brachte, berichtet im Rückblick in einer knappen Notiz von einem Konflikt zwischen Abt Konrad von Goseck und dem ludowingischen Grafen Ludwig dem Springer. In dieser Auseinandersetzung ging es um ein der Neuenburg benachbartes Stück Land, das der Abt von Goseck für sein Kloster beanspruchte, doch schließlich von Graf Ludwig, der zu jenem Zeitpunkt die Schirm- und Schutzherrschaft (Vogtei) über das Kloster innehatte, erfolgreich als eigener Besitz reklamiert werden konnte. Für die Frage nach der Frühgeschichte der Neuenburg ist der Hinweis des Gosecker Benediktiners entscheidend, die Neuenburg sei zu jenem Zeitpunkt „seine" Burg, nämlich die Burg des mächtigen Grafen gewesen.[3] Die Gosecker Chronik erlaubt es nicht, den Zeitpunkt der Auseinandersetzung zwischen Graf Ludwig und Abt Konrad näher zu bestimmen. Aber offensichtlich muss der Güterstreit während des Abbatiats Konrads in Goseck stattgefunden haben.[4] In diesem Zeitraum – zwischen 1092 und 1114 – war die Burg demnach bereits unter dem Namen „Nuvvenburg" bekannt und befand sich im Besitz des ludowingischen Grafen.

Zwei weitere Nachrichten, die zusammen mit dem knappen Bericht des Gosecker Chronisten als die ältesten Schriftzeugnisse zur Geschichte der Neuenburg anzusprechen sind, finden sich in zwei urkundlichen Zeugnissen. Im Unterschied zu chronikalischen, annalistischen oder anderen historiographischen Nachrichten sind Urkunden Dokumente, die zur Bestätigung von Güterübertragungen, Schenkungen oder Verkäufen von den an dem Geschäft Beteiligten – meistens von dem Schenker bzw. dem Verkäufer – ausgestellt wurden. Der Aussteller der Urkunde ließ das Dokument mit seinem Siegel versehen und machte es dadurch rechtskräftig. Die meisten Urkunden des 12. und 13. Jahrhunderts nennen darüber hinaus Zeugen, zumeist hochstehende Geistliche und weltliche Personen, die bei den entscheidenden Akten, die zur Ausfertigung der Urkunde führten, anwesend oder auch beteiligt waren. Die beiden Urkunden, die die Neuenburg erstmals nennen, hat der Naumburger Bischof Udo I. ausgestellt, um eine bischöfliche Güterübertragung an das Domkapitel von Naumburg zu bestätigen. Sie datieren in das Jahr 1145. In den Zeugenlisten dieser beiden Bischofsurkunden wird zusammen mit weiteren Adligen und Dienstleuten (Ministerialen) ein nach der Neuenburg benannter Adliger namens Godebold verzeichnet, der die bischöflichen Verfügungen mitbezeugt.[5] Godebold von Neuenburg wird nach 1145 noch mehrfach als Zeuge in Urkunden genannt und gehörte offenkundig zu den adligen Lehnsleuten der ludowingischen Landgrafen von Thüringen. Seine erstmalige Nennung im Jahre 1145 lässt darauf schließen, dass Graf Ludwig der Springer oder seine Nachfolger, die Landgrafen Ludwig I. und Ludwig II., ihre Burg bereits vor der Mitte des 12. Jahrhunderts adligen Lehnsleuten anvertraut hatten, deren erster namentlich bezeugter Vertreter Godebold von

1. Graf Ludwig lässt die Neuenburg errichten. Darstellung in der „Chronik der Sachsen und Thüringer", um 1520

Neuenburg war. Darauf wird im dritten Abschnitt dieses Beitrags noch einmal zurückzukommen sein.

Soweit zu den ältesten Schriftzeugnissen zur Frühgeschichte der Neuenburg. Ihre Aussagen sind nicht allzu reichhaltig, aber sie erlauben bereits wichtige Rückschlüsse: Die nördlich des bedeutenden Bischofssitzes Naumburg oberhalb der Unstrut gelegene Burg wurde während des letzten Jahrzehnts des 11. Jahrhunderts errichtet und als „Nuvvenburg" bezeichnet. Sie befand sich zu jenem Zeitpunkt im Besitz Graf Ludwigs des Springers. Nichts liegt näher als die Annahme, dass es auch dieser einflussreiche Adlige, der Vater des ersten thüringischen Landgrafen aus ludowingischem Hause war, der diese Anlage errichtet hat. Ludwig der Springer selbst oder einer seiner Nachfolger, so ist aus den beiden oben genannten Naumburger Bischofsurkunden zu erschließen, setzten vor 1145 adlige Lehnsleute auf der Burg ein, die sich nach ihr benannten und deren erster namentlich bezeugter Vertreter Godebold von Neuenburg war. Da Godebold – oder möglicherweise sein gleichnamiger Sohn und Nachfolger – im späten 12. Jahrhundert mit dem Titel eines Burggrafen der Neuenburg bezeichnet wird[6], muss die Befestigungsanlage so bedeutend gewesen sein, dass sie in politischer und wirtschaftlich-finanzieller Hinsicht ausreichende Grundlagen für eine adlige Burggrafschaft bieten konnte.

Keines dieser Schriftzeugnisse erlaubt allerdings unmittelbare Rückschlüsse auf die Hintergründe des Baus der Neuenburg und auf die Motive des Burggründers. Um dieser Frage nachzugehen, ist die Interpretation jüngerer Nachrichten notwendig, die in der chronikalischen Überlieferung des späten 12. Jahrhunderts zu suchen sind. Aufschlussreiche Nachrichten finden sich in der Geschichtsschreibung der thüringischen Benediktinerabtei Reinhardsbrunn, dem südwestlich von Gotha gelegenen Hauskloster der ludowingischen Landgrafen von Thüringen. Der dort an der Wende vom 12. zum 13. Jahrhundert wirkende Geschichtsschreiber, der etwa 1190/98 eine Darstellung des Aufstiegs der Ludowinger und ihrer Klostergründung in Reinhardsbrunn angefertigt hat, berichtet von den Burgengründungen und -erwerbungen des Stammvaters der Ludowinger, Ludwig des Bärtigen, und seines Sohnes, Graf Ludwig des Springers. Während ersterer zur Absicherung seiner durch Rodung und Kauf am Nordwestrand des Thüringer Waldes erworbenen Güter mit Genehmigung Kaiser Heinrichs III. die Schauenburg bei Friedrichroda errichtet habe[7], gründete sein Sohn gleich zwei neue Befestigungen und erwarb eine vierte hinzu: Ludwig der Springer, so der Bericht des Reinhardsbrunner Autors, habe zunächst mit Unterstützung zahlreicher Bündnispartner aus dem Land den Wartberg bei Eisenach besetzt und dort mit der Wartburg eine uneinnehmbare Burg errichtet. Zugleich habe er im Osten seines Herrschaftsbereiches die Neuenburg gegründet, „mit der er den Fürsten des Ostens oft Schrecken bereitete und die in der Umgebung wohnenden Einwohner Sachsens und Thüringens bis auf den heutigen Tag ehrenvoll beschützt" habe. Schließlich, so endet der kleine Abschnitt in der Reinhardsbrunner Darstellung, habe er ein Bündnis mit Kaiser Heinrich V. besiegelt, bei dem ihm der Herrscher die Eckartsburg (nördlich von Apolda, am Pass über den Höhenzug der Finne) übertragen habe.[8]

Der klösterliche Anonymus aus Reinhardsbrunn ist der erste mittelalterliche Gewährsmann, der die Anfänge der ludowingischen Burgen beschreibt. Auch wenn kritisch im Blick zu behalten ist, dass er aus dem Rückblick von fast 80 bzw. 100 Jahren schreibt und als Angehöriger des landgräflichen Hausklosters den Ludowingern außerordentlich nahe stand und keineswegs ein neutraler Beobachter ihrer Geschichte sein konnte, sind seine Nachrichten sehr aufschlussreich und lohnen eine genauere Analyse. Kaum überraschen dürfte dabei, dass er keine Gründungsjahre für die ersten drei ludowingischen Burgen nennt. Den Beginn der Geschichte seines Konvents in Reinhardsbrunn weiß er sehr genau zu datieren: 1085. Für die Burgen dagegen, deren Errichtung zumeist ein zeitlich langgestreckter Prozess und kein kirchenrechtlicher Akt unter genau definierten Rahmenbedingungen war, fehlen solche Jahresangaben. Bedeutender scheinen dem klösterlichen Berichterstatter dagegen die politischen Umstände zu sein, unter denen die ludowingischen Burgen entstanden oder erworben worden sind. So fällt es auf, dass der Reinhardsbrunner Autor als Grundlage für den Bau der Schauenburg eine kaiserliche Erlaubnis und damit eine rechtliche Legitimation nennt; den Erwerb der Eckartsburg stellt er als kaiserliche Schenkung durch Heinrich V. dar. Demgegenüber kann er für den Bau der Wartburg nur auf die Unterstützung durch Bündnisfreunde und Nachbarn Ludwigs des Springers verweisen, ohne dass deutlich wird, wer sich hinter dieser vagen Beschreibung verbergen könnte. Mit Blick auf die Errichtung der Neuenburg schließlich stellt der Bericht die abschreckende, fortifikatorische Bedeutung der Anlage und ihre Schutzfunktion für die Bewohner der Region in den Vordergrund.[9] Weder die Wartburg noch die Neuenburg werden hier mit einer Nachricht zu ihrer Legitimation versehen. Unüberhörbar ist jedoch in dieser Darstellung der Stolz auf den hohen Rang und die Macht des Fürstengeschlechts, das sich, so die Sichtweise des Reinhardsbrunner Autors, innerhalb von zwei Generationen als eines der mächtigsten Grafengeschlechter zwischen Thüringer Wald und Unstrut etablieren und über vier außerordentlich bedeutende Burgen verfügen konnte. Vor allem aber scheint sich dieser Aufstieg aus der Sicht des Reinhardsbrunner Benediktiners ganz mit der Gunst und Förderung der römisch-deutschen Könige und Kaiser zu vollziehen.

2. und 3. Graf Ludwig der Springer und seine Gemahlin Adelheid, Grabplatten aus dem Kloster Reinhardsbrunn, heute in der Georgenkirche zu Eisenach, Anfang des 14. Jahrhunderts

Dass sich dieses in Reinhardsbrunn am Ende des 12. Jahrhunderts gezeichnete Bild ganz bestimmten Intentionen verdankt und kritisch hinterfragt werden muss, wird rasch deutlich, wenn man die Berichte von zwei von Reinhardsbrunn unabhängigen Chronisten des 12. Jahrhunderts hinzuzieht, die die Vorgeschichte der Gründung der Neuenburg beleuchten, ohne die Burg ausdrücklich zu nennen. Ihre Hinweise stehen in Zusammenhang mit der Eheschließung Graf Ludwigs des Springers, der bald nach 1085 die Gräfin Adelheid von Stade, Witwe des in jenem Jahr ermordeten Pfalzgrafen von Sachsen, Friedrichs III. von Goseck, heiratete. Der zweite Ludowinger erwarb mit dieser Ehe einen wohl nicht sehr umfangreichen, aber wichtigen Besitz an der unteren Unstrut und sehr wahrscheinlich war dieser Gütererwerb die Voraussetzung für die Errichtung der Neuenburg, die dem pfalzgräflichen Gut in Zscheiplitz gegenüberliegt und von dem Hauskloster der Pfalzgrafen in Goseck nicht weit entfernt ist. Dass es bei diesem für die Ludowinger entscheidenden und folgenreichen Schritt möglicherweise nicht mit rechten Dingen zugegangen war, verschweigt bezeichnenderweise der Chronist des landgräflichen Hausklosters Reinhardsbrunn. Bereits um die Mitte des 12. Jahrhunderts kursierten indes Nachrichten, dass es der thüringische Graf gewesen sei, der den jungen Pfalzgrafen im Jahr 1085 habe ermorden lassen.[10] So schrieb der Annalista Saxo, der sein Geschichtswerk zwischen 1148 und 1152 im östlichen Sachsen verfasste, dem thüringischen Grafen Ludwig die Urheberschaft an der Tat zu.[11] Der ebenfalls um die Mitte des 12. Jahrhunderts schreibende Chronist des pfalzgräflichen Hausklosters Goseck, der örtlich dem Geschehen am nächsten stehende Autor, nannte in seiner Gosecker Chronik die nicht näher identifizierbaren Brüder Dietrich und Ulrich „von Deidenlibe" und Reinhard „von Runenstide" als Täter. Aber ausdrücklich enthielt er sich jeden weiteren Urteils über Motive und Hintergründe des Mordes.[12] Erst an späterer Stelle berichtet der Gosecker Chronist in einem anderen Zusammenhang, dass der Sohn des ermordeten Pfalzgrafen, Friedrich IV., seinen Stiefvater und Vormund, Graf Ludwig den Springer, massiv beschuldigt habe, seinen Vater getötet zu haben.[13] Die Heirat mit dessen vornehmer Witwe Adelheid verhalf Ludwig dem Springer jedenfalls zu einem bedeutenden sozialen Aufstieg innerhalb des sächsischen Adels, denn Adelheid stammte aus der Familie der Udonen, der Grafen von Stade, die zu den einflussreichsten und vornehmsten Geschlechtern im Herzogtum Sachsen gehörten.[14] Mit der Errichtung der Neuenburg etablierte er zugleich einen mächtigen Vorposten im pfalzgräflichen Herrschaftsbereich an Saale und Unstrut und sicherte sich damit bleibenden Einfluss in dieser bedeutenden Region.

Die Gründung der Neuenburg scheint demnach auf einen usurpatorischen Akt zurückzugehen. Die Ermordung des sächsischen Pfalzgrafen Friedrichs III. von Goseck 1085 und die Vermählung des Grafen Ludwig mit dessen Witwe Adelheid bald darauf schufen die Voraussetzungen für den Erwerb von Besitzungen an Saale und Unstrut und die dortige Burggründung durch Ludwig den Springer, der mit diesen Maßnahmen erstmals in dieser Region in Erscheinung trat. Ein ähnliches Bild ergibt sich bezeichnenderweise auch für die Frühgeschichte der Wartburg, auch wenn sie offenkundig bis zur Mitte des 12. Jahrhunderts nicht annähernd so bedeutend war wie die Neuenburg.[15] Auch die Wartburg verdankt sich sehr wahrscheinlich einem gewaltsamen Vorgehen Ludwigs des Springers, der mit der Inbesitznahme der Gebiete um die spätere Stadt Eisenach und mit der Errichtung einer Befestigungsanlage in diesem Raum ältere Rechte der hier reich begüterten Reichsabtei Fulda verletzte. Die spätmittelalterliche Sagenbildung, die das Geschehen dramatisch ausmalt und davon berichtet, Ludwig habe Erde von seinem Landbesitz auf den Wartberg bringen und durch zwölf ritterliche Eideshelfer beschwören lassen, dass der Berg sein Eigentum sei, scheint die Erinnerung an die Unrechtmäßigkeit dieser Burggründung noch widerzuspiegeln.[16] Der oben zitierte Reinhardsbrunner Autor, der in den 1190er Jahren schreibt, zeichnet demgegenüber ein harmonisierendes Bild vom Aufstieg Ludwigs, das mehr über den Stand dieser Dynastie am Ende des 12. Jahrhunderts als über die Frühzeit dieses Geschlechts aussagt.

Gewaltanwendung und die Anmaßung fremder Herrschafts- und Besitzrechte scheinen zum Instrumentarium des Herrschaftsausbaus der Ludowinger im ausgehenden 11. Jahrhundert gehört zu haben. Sie standen damit nicht allein. Der Erfolg, mit dem Graf Ludwig der Springer und zahlreiche andere Adlige ihre Herrschafts- und Einflusszonen in jenen Jahrzehnten auszudehnen vermochten, ist nur vor dem größeren politischen Hintergrund der Reichsgeschichte dieser Zeit zu verstehen. Weite Teile des Adels im sächsisch-thüringischen Raum hatten sich bereits in den 1070er Jahren gegen König Heinrich IV. und seine auf eine Stärkung des Königtums in Sachsen und Thüringen abzielende Politik erhoben und standen bis zur Übernahme der Herrschaft durch Heinrich V. dauerhaft in Opposition zum Herrscher. Als Heinrich V., der 1106 seinem Vater in der Königsherrschaft nachfolgte, das Erbe des 1112 verstorbenen, mächtigen Grafen Ulrich II. von Weimar für das Reich einzuziehen suchte, brachte er erneut weite Teile des thüringischen und sächsischen Adels gegen das Königtum auf. Die zum Teil heftigen militärischen Auseinandersetzungen, in denen auch Graf Ludwig der Springer und sein Sohn Hermann in Gefangenschaft gerieten, endeten erst 1121, als sich Heinrich V. mit der Opposition aussöhnte.[17] Das Königtum erlitt in diesen langjährigen Auseinandersetzungen seit den 1070er Jahren eine erhebliche Schwächung in diesem Raum, zumal sich die Adelsopposition hier mit den kirchlichen Reformkräften verband, die in dem gleichzeitig ausgebrochenen epochalen Konflikt zwischen Königtum und Papsttum um die Herrschaft in der Kirche – dem Investiturstreit – eine religiös-kirchliche und politische Opposition im Reich formierten. Als einer der entschiedensten Gegner der königlichen Politik in Thüringen und Sachsen tritt uns dabei Graf Ludwig der Springer entgegen. Er nutzte – wie zahlreiche andere Adlige – die Schwäche des Königtums, um durch eigenmächtigen Burgenbau, Heiratspolitik und Gütererwerb seinen Macht- und Herrschaftsbereich rasch und erfolgreich auszudehnen. Die Heirat mit der aus der

Stader Grafenfamilie stammenden Adelheid fügte sich in diese Politik gut ein, denn die Grafen von Stade gehörten damals ebenfalls zu jenen Adelskreisen in Sachsen, die in Distanz zum König standen.[18]

Vor diesem Hintergrund erscheinen die Anfänge der Neuenburg und der Wartburg in einem anderen Licht. Beide Burggründungen, die in der oben zitierten Reinhardsbrunner Darstellung als gleichsam unproblematische adlige Maßnahmen geschildert werden, müssen aus der Perspektive des Königtums als ausgesprochen gewagte, usurpatorische und nach damaligen Rechtsvorstellungen keineswegs legale Akte gewirkt haben, denn sie verletzten das königliche Burgregal, das dem König vorbehaltene Befestigungsrecht. Dass der Bericht des Reinhardsbrunner Autors davon so wenig mitteilt, sondern viel eher das Bild eines mit dem König verbündeten Fürsten zeichnet, der mit Unterstützung des Landes und zum Schutz seiner Einwohner Burgen errichtet, hat seinen Grund in der folgenreichen politischen Neuorientierung, die die Ludowinger im frühen 12. Jahrhundert vorgenommen hatten und die die politische Situation im thüringisch-sächsischen Raum bis in die Zeit des Reinhardsbrunner Autors zutiefst prägte. Denn bereits der gleichnamige Sohn des Burgengründers stand nicht mehr wie noch Ludwig der Springer in Opposition zum Herrscher, sondern er hatte seine Dynastie mit dem Königtum versöhnt. Er war es, auf den die Wahl König Lothars III. fiel, der für den politisch uneinheitlichen thüringischen Raum 1130/31 einen Landgrafen einsetzte, um Thüringen stärker an das Königtum zu binden. Vornehmste Aufgabe des neuen Landgrafen sollte es sein, in Thüringen in Vertretung des Königs Recht zu sprechen, den Landfrieden zu wahren und damit die in Thüringen fehlende Herzogsgewalt zu ersetzen. Auf dieser Grundlage entwickelten sich die ludowingischen Landgrafen im 12. Jahrhundert zu einer der mächtigsten Fürstendynastien in der Mitte des Reiches, und zwar – von einigen Konflikten und Krisen abgesehen – in enger Anlehnung an das Königtum der Staufer. Diesen Entwicklungsstand reflektierte der Reinhardsbrunner Anonymus, als er am Ende des 12. Jahrhunderts seine Version der Burgengründungen Graf Ludwigs des Springers schuf. Für ein eigenmächtiges adliges Wirken gegen oder ohne das Königtum war in dieser Deutung des Aufstiegs der Ludowinger kein Raum mehr. Längst verstanden diese sich als staufertreue Reichsfürsten, die aufgrund ihrer politischen und verwandtschaftlichen Nähe zum Kaiserhaus als rangbewusste Mitträger der Reichsherrschaft auftraten. Die Reinhardsbrunner Darstellung spiegelt dieses im 12. Jahrhundert gewachsene reichsfürstliche Selbstbewusstsein der Ludowinger sehr deutlich wider.[19]

Die politische Bedeutung der Neuenburg für die Ludowinger im späten 11. und frühen 12. Jahrhundert

Die politischen Voraussetzungen und Rahmenbedingungen für die ludowingische Burggründung an der Unstrut sind nach diesen Überlegungen nun deutlicher zu erkennen. Doch stellen sich weitere Fragen: Welche Bedeutung besaß die Neuenburg für die politischen und dynastischen Ambitionen Ludwigs des Springers? Welchen Stellenwert und welche Folgen hatte sie für seine Nachfolger? Die ältere Forschung interpretierte den Aufstieg der aus Mainfranken stammenden Ludowinger im 11. und frühen 12. Jahrhundert stets unter dem Aspekt der Entstehung der thüringischen Landgrafschaft und der Entfaltung einer ludowingischen „Landesherrschaft" in diesem Raum. Als das zentrale dynastische und politische Ziel der ludowingischen Grafen erschien in dieser Deutungsperspektive die Erlangung und möglichst raumdeckende Verdichtung von Besitz- und Herrschaftsrechten in Thüringen durch Rodung, Burgenbau und Ortsgründungen, durch den Erwerb von Lehns- und Allodialgütern sowie durch die Verheiratung ihrer Söhne und Töchter mit Angehörigen der ansässigen thüringischen Adelsfamilien. Bis zum Beginn des dritten Jahrzehnts des 12. Jahrhunderts hätten die Ludowinger dieses Ziel so weitgehend realisiert, dass sie als die mächtigste Adelsfamilie in Thüringen gegolten hätten. In Anerkennung ihrer damit erreichten politischen Machtstellung habe König Lothar III. den Grafen Ludwig, den ältesten Sohn und Nachfolger Ludwigs des Springers, um 1130/31 zum ersten Landgrafen von Thüringen erhoben.[20]

Doch hat die jüngere Forschung zur Geschichte der Ludowinger erhebliche Korrekturen an diesem Bild vorgenommen. Zum einen gilt es heute als sicher, dass die Einrichtung der Landgrafschaft Thüringen durch den König vor 1130 erfolgt ist. Denn Landgraf Ludwig I. hatte einen Vorgänger, dessen Stellung heute anders bewertet wird als in der älteren Forschung. Der bereits 1129 als „lantgravius" bezeichnete Graf Hermann von Winzenburg, der im südniedersächsischen Raum, im Leinegau und im angrenzenden Nordwestthüringen begütert war, stand dem aus dem sächsischen Grafenhaus der Süpplingenburger stammenden König Lothar III. nahe und wurde von diesem vor 1129 als erster thüringischer Landgraf eingesetzt. Die zeitgenössischen Nachrichten hierzu lassen erkennen, dass dieser Landgraf, auch wenn er nirgends ausdrücklich als Landgraf von Thüringen bezeichnet wird, von den Zeitgenossen als unmittelbarer Vorgänger von Landgraf Ludwig I. betrachtet wurde und offenbar in derselben Weise wie der Ludowinger vom König mit einem auf Thüringen bezogenen Amtsauftrag eingesetzt worden war.[21] Von einer Neuschöpfung der Landgrafschaft Thüringen für die Ludowinger um 1130 kann demnach keine Rede mehr sein. Damit wurde aber auch die bisherige Interpretation, dass der König mit der Verleihung der thüringischen Landgrafenwürde die angeblich erreichte Machtposition der Ludowinger in Thüringen anerkannte, fraglich. Denn warum sollte der König zunächst den nur am Rande des thüringischen Raumes einflussreichen Grafen von Winzenburg als Landgrafen eingesetzt haben, wenn er wenig später einen in der Mitte Thüringens verwurzelten Dynasten in diese Stellung hob? Tatsächlich sind in der jüngsten Forschung Zweifel an der Deutung angemeldet worden, dass die Ludowinger bis zum ersten Drittel des 12. Jahrhunderts eine tief verwurzelte Machtstellung im thüringischen Raum aufbauen konnten. Vieles deutet darauf hin, dass die Ludowinger zum Zeitpunkt der Verleihung der Landgrafschaft noch keineswegs über jene breite Herrschaftsgrundlage in der „Thuringia" – dem Raum zwischen Werra, Thüringer Wald, Harz und Saale – verfügten, die man in der älteren und neueren Forschung zu erkennen glaubte.[22] Nicht nur das Königtum selbst mit seinen auf karolingisch-ottonische Pfalzen zurückgehenden Herrschafts- und Besitzrechten, die beiden Reichsabteien Fulda und Hersfeld sowie das Erzstift Mainz, das mit der Stadtherrschaft über Erfurt eine zentrale Position in der Mitte Thüringens einnahm, standen den Ludowingern in diesem Raum als bedeutendere Herrschaftsträger gegenüber. Vielmehr waren die ersten Vertreter des mainfränkischen Geschlechts bei ihrem Versuch, in Thüringen Fuß zu fassen, auf die sehr viel älteren, dort verwurzelten Adelsfamilien gestoßen, die weite Teile des Raumes beherrschten, allen voran die Grafen von Schwarzburg-Käfernburg und die Grafen von Weimar.[23] Es ist bezeichnend, dass die Ludowinger es nicht vermochten, in diese älteren Dynastien einzuheiraten. Mit der Wahl ihrer Gemahlinnen verbanden sich die Grafen Ludwig der Bärtige, Ludwig der Springer und Ludwig I. mit dem sächsischen und dem hessischen Adel, nicht aber mit den führenden Familien des alteingesessenen Adels in Thüringen.[24] Diesem Befund entspricht, dass sich die Besitz- und Herrschaftsrechte der Ludowinger bis in das frühe 12. Jahrhundert vor allem auf die Ränder der „Thuringia" konzentrierten: am Nordwestrand des Thüringer Waldes die Schauenburg, die Wartburg, Friedrichroda, Eisenach und das Hauskloster Reinhardsbrunn, nördlich an das Thüringer Becken angrenzend und bereits zur „Saxonia" gehörend Sangerhausen, auf der Grenze zwischen Sachsen und Thüringen im Saale-Unstrut-Raum die Neuenburg, westlich von ihr am Pass über den Höhenzug der Finne die Eckartsburg, und schließlich im Westen die durch Heirat und Erbschaft erlangten hessischen Grafenrechte und Besitzungen in und um Marburg und im Raum Kassel. Als die Ludowinger 1130/31 den Titel eines Landgrafen erhielten, hatten sie demnach keinesfalls eine übergräfliche Machtstellung in Thüringen selbst, wohl aber bedeutende Positionen an den Rändern dieses Raumes erlangt. Damit weist die politische Ausgangslage, in der Graf Ludwig I. vom König mit der Wahrnehmung landgräflicher Rechte in Thüringen beauftragt wurde, große Ähnlichkeit mit der Stellung Graf Hermanns von Winzenburg auf, der ebenfalls nicht im Zentrum, wohl aber am Rande der „Thuringia" mächtig war. Die Maßnahmen Lothars III. von 1130/31 sind mit seiner Politik in anderen Räumen, in denen er gleichsam ordnungspolitisch eingriff, zu vergleichen. In der sächsischen Nordmark setzte Lothar III. den Askanier Albrecht von Ballenstedt ein (1123/34), in der Mark Meißen den wettinischen Grafen Konrad (1123/34), im Rektorat Burgund den Herzog Konrad von Zähringen (1127). Es fällt auf, dass in allen drei Fällen Hochadlige mit übergräflichen Herrschaftsrechten ausgestattet wurden, die nicht zu den alteingesessenen Adelsfamilien des jeweiligen Raumes gehörten, deren Besitz- und Herrschaftsschwerpunkte nicht in den Zentren ihrer vom König verliehenen Amtssprengel lagen und die gerade deshalb geeignet erschienen, in Vertretung für das Königtum die Friedenswahrung in diesen Landschaften zu übernehmen.[25] Trifft diese Deutung zu, lässt sich die Erhebung Graf Hermanns von Winzenburg und seines Nachfolgers Ludwig I. zu Landgrafen von Thüringen durch König Lothar III. sehr viel überzeugender in den größeren Kontext der königlichen Politik einordnen. Die Ludowinger wurden nicht Landgrafen, weil sie um 1130 eine überragende Machtstellung in Thüringen eingenommen hätten, die das Königtum ihnen zugestehen und mit der Verleihung der landgräflichen Würde reichsrechtlich bestätigen musste. Vielmehr wurden sie – wie zuvor der Winzenburger Graf – von Lothar III. für eine auch in Sachsen, der Mark Meißen und Burgund verfolgte königliche Ordnungs- und Friedenspolitik in Dienst genommen, von der beide Seiten profitieren konnten.

Die neueren Deutungsversuche des ludowingischen Aufstiegs im mitteldeutschen Raum ziehen mit Blick auf die Frühgeschichte der Neuenburg weitere Fragen nach sich und eröffnen zugleich neue Interpretationswege. Zunächst ist darauf zu verweisen, dass diese Burg in ihrer Entstehungszeit offenkundig nicht eine Randlage im Gesamtgefüge ludowingischer Herrschaft einnahm. Die Vorstellung, dass die Neuenburg einen vorgeschobenen Vorposten an der östlichen Grenze des Einflussbereiches Ludwigs des Springers und seines Sohnes, des ersten ludowingischen Landgrafen, dargestellt habe, ist wohl anachronistisch und setzt voraus, dass bereits in dieser Zeit die Ludowinger ganz auf den Aufbau einer in Thüringen verankerten „Landesherrschaft" konzentriert gewesen seien. Doch Landgraf Ludwig I. und sein Vater dürfen offenkundig noch kaum als „thüringische" Herrschaftsträger verstanden werden. Sie besaßen mit dem Erbe Ludwigs des Bärtigen Güter in Mainfranken, am Nordwestrand des Thüringer Waldes und am Rand der Goldenen Aue im Gebiet Sangerhausens. Aus eigener Kraft fügte Ludwig der Springer diesen Besitzungen die Wartburg und die Neuenburg hinzu und erlangte später die Eckartsburg aus königlicher Hand. Wie sein Vater, Ludwig der

Bärtige, der sich mit Caecilie von Sangerhausen aus sächsischem Adelsgeschlecht vermählte, suchte auch er die dynastische Verbindung mit dem Adel Sachsens. Seine Hochzeit mit der vornehmen Adelheid von Stade darf als ein außerordentlich großer Erfolg des zweiten Ludowingers gewertet werden. Seine Söhne, Ludwig I. und Heinrich Raspe I., heirateten schließlich in das hessische Grafenhaus der Gisonen ein und scheinen damit einen Ausgriff nach Westen bereits im Blick gehabt zu haben. Zu diesem Zeitpunkt deutet alles daraufhin, dass diese aufstrebende mainfränkische Grafenfamilie ihre Herrschaftsschwerpunkte großräumig verteilte und dabei in erster Linie an den Rändern des thüringischen Raumes, dessen Zentren ihr weitgehend verschlossen blieben, wichtige Positionen erwarb. Die Gründung und der Ausbau der Neuenburg und der Erwerb wichtiger Herrschaftsrechte in diesem bis dahin von den sächsischen Pfalzgrafen dominierten Raum verweisen darauf, dass sie dem Ausbau ihres Einflusses an Saale und Unstrut in einem Bereich, der in einem breiten Grenzraum zwischen „Saxonia" und „Thuringia" lag, die größte Aufmerksamkeit widmeten.[26]

Einige Indizien lassen erkennen, dass die dort bald nach 1085 erworbenen und mit der Errichtung und dem Ausbau der Neuenburg verstärkten Besitzungen sogar von erstrangiger Bedeutung für Graf Ludwig den Springer geworden sind. So fällt auf, dass Ludwig im Rahmen seiner Auseinandersetzungen mit Kaiser Heinrich V., der ihn zweimal in Haft nehmen ließ, die Wartburg 1113 als Lösegeld für seine Freilassung an den Kaiser übergab, während die Neuenburg offenbar unbestritten in seiner Hand verblieb.[27] Im folgenden Jahr gab er die von seinem Vater errichtete Schauenburg bei Friedrichroda auf und ließ sie durch seinen Sohn Ludwig an das Hauskloster der Familie in Reinhardsbrunn übergeben.[28] Mit beiden Maßnahmen verzichteten die Ludowinger auf zwei im Westen des thüringischen Raumes gelegene Burgen, die ihnen offenkundig nicht so wichtig waren wie die Neuenburg. Zwar erlangten sie sehr wahrscheinlich spätestens im Rahmen der Aussöhnung Kaiser Heinrichs V. mit seinen thüringisch-sächsischen Gegnern im Jahr 1121 die Wartburg zurück.[29] Doch ist es erneut bezeichnend, dass sich Ludwig der Springer, wohl ebenfalls im Kontext des Friedensschlusses mit dem Kaiser, die westlich von Naumburg gelegene Eckartsburg, bis dahin in kaiserlichem Besitz, übertragen ließ und damit seine Stellung in einem breiten Streifen von der Finne bis zur unteren Unstrut noch einmal erheblich ausbauen konnte.[30] Einige weitere Beobachtungen scheinen zu bestätigen, dass sich der zweite Ludowinger vor allem und zielbewusst in diesem Raum dynastisch und politisch engagierte. Zum einen sticht die Vermählung Adelheids, eine der drei Töchter Ludwigs des Springers, mit Graf Ulrich II. von Weimar ins Auge, gelang es den Ludowingern mit dieser – allerdings bald wieder aufgelösten – Vermählung doch zum einzigen Mal, in eine alte thüringische Grafenfamilie einzuheiraten. Zugleich wurde damit die Verbindung in den Saale-Raum verstärkt.[31] Zum anderen darf die Wahl Udos, des jüngsten der vier Söhne Ludwigs, zum Bischof von Naumburg im Jahre 1125, zwei Jahre nach dem Tod des Grafen, als großer Erfolg der Ludowinger gewertet werden. Zwar ist nichts darüber bekannt, wie sich der Aufstieg Udos vor seiner Bischofswahl vollzog. Doch war es zweifellos sein Vater, der ihn zur geistlichen Laufbahn bestimmte und dessen politischer Einfluss dem jungen Kleriker den Weg in das Domkapitel der Bischofsmetropole zu ebnen half.[32] Dass die Ludowinger im späten 11. und frühen 12. Jahrhundert offenkundig in dieser durch Saale und Unstrut bestimmten Landschaft ihre politische Zukunft sahen, erscheint weniger überraschend, wenn man die Parallelen zwischen Graf Ludwig dem Springer und seinem mächtigen Nachbarn, Graf Wiprecht von Groitzsch, in den Blick nimmt. Wie der ludowingische Graf bemühte sich auch Wiprecht zum Teil in Anlehnung, zum Teil in Opposition zum Königtum um den Aufbau einer dauerhaften Herrschaft im sächsisch-thüringischen Raum und wählte seinen Herrschaftsmittelpunkt mit der Burg Groitzsch und mit dem kurz vor 1096 gegründeten Hauskloster in Pegau im östlich der Saale benachbarten Gebiet. Beide Grafen kannten sich und operierten zum Teil gemeinsam gegen Kaiser Heinrich V.[33] Dass sie beide zusammen unter den weltlichen Absendern des Magdeburger Aufrufs von 1108 genannt werden, mit dem Erzbischof Adelgot von Magdeburg und die Bischöfe seiner Kirchenprovinz zu einer kreuzzugsähnlichen Unternehmung zur Niederwerfung der heidnischen Slawen östlich und nördlich der Elbe aufriefen, könnte als Hinweis darauf gedeutet werden, dass beide Grafen ein Interesse am Landesausbau in den noch nicht altbesiedelten Landschaften östlich von Saale und Elbe hatten.[34]

War demnach Ludwig der Springer auf dem Weg, die älteren Güter und Besitzungen seiner Familie im Westen aufzugeben und sich ganz auf den ostsächsischen Raum, in dem er die Zukunft seiner Dynastie sah, zu konzentrieren? Auch wenn manche Beobachtungen, die hier zusammengetragen worden sind, diese Vermutung nahe legen mögen, wäre diese Deutung unausgewogen und kaum haltbar. Die Verbindungen Graf Ludwigs des Springers zu den am Westrand Thüringens gelegenen Besitzungen seiner Familie blieben bestehen, auch wenn die Schauenburg aufgegeben und die Wartburg offenbar nicht annähernd so stark ausgebaut wurde wie die Neuenburg. Das von Ludwig selbst gegründete Hauskloster in Reinhardsbrunn behielt seinen Rang als religiöses Zentrum und als liturgischer Mittelpunkt des familiären Totengedenkens. Durch die Übertragung der ludowingischen Eigenkirchen im sächsischen Sangerhausen und in dem der Neuenburg gegenüberliegenden Zscheiplitz an die Reinhardsbrunner Benediktiner im Jahr 1110 wurde deren Bedeutung für die Ludowinger sogar noch einmal verstärkt.[35] Mit der Verheiratung seiner beiden Söhne Ludwig und Heinrich

Raspe mit der Witwe bzw. der Tochter des hessischen Grafen Giso IV. knüpfte Ludwig der Springer darüber hinaus Verbindungen mit dem Adel im nordhessischen Raum an. Der söhnelose Tod Gisos IV. ließ schließlich sogar den besonders günstigen Erbfall eintreten und Ludwigs Söhne erhielten die Möglichkeit, in Hessen weitere Herrschaftspositionen zu erlangen und damit weit in den Westen auszugreifen.[36] Doch weist diese Entwicklung bereits in die dritte Generation der Ludowinger voraus. Auch wenn Graf Ludwig der Springer die Besitzgrundlagen seiner Familie am Nordwestrand des Thüringer Waldes und den zentralen, den ludowingischen Familienverband einigenden Rang seines Hausklosters in Reinhardsbrunn nicht aufgab, scheint unter dem Aspekt der Burgenpolitik und des Herrschaftsausbaus tatsächlich der Raum zwischen Finne, Unstrut und Saale Priorität für ihn gehabt zu haben. Die baugeschichtlichen Befunde, die zeigen, dass die Neuenburg bereits in dieser Frühzeit mit Steinbauten und bemerkenswert aufwendigen Befestigungsanlagen ausgestattet worden ist, während für die Wartburg vor der Mitte des 12. Jahrhunderts keinerlei steinerne Reste nachgewiesen werden können, bestätigen diesen Eindruck.

Burg und Herrschaft:
Zur Funktion der Neuenburg im landgräflichen Herrschaftsgefüge

Umfangreicher, aber zumeist weit verstreuter Eigen- und Lehnsbesitz, Grafschafts- und Gerichtsrechte, Vogteien über Klöster sowie einzelne Besitzungen und Einkünfte in verschiedenen Orten bildeten die Grundlage der ludowingischen Herrschaft zwischen der Lahn in Hessen und Saale und Unstrut im sächsisch-thüringischen Grenzraum. Zu ihrer Sicherung und inneren Verklammerung kam ein wichtiges Element adliger Herrschaftspraxis im Hochmittelalter hinzu, die Errichtung von Burgen. Für viele der im 11. und 12. Jahrhundert aufstrebenden Adelsfamilien war zunächst die Errichtung einer Stammburg von zentraler Bedeutung für ihren Aufstieg zu Territorialherren, aber auch für die Bildung eines dynastischen Selbstbewusstseins. So wurde die Stammburg sehr oft namengebend für die gesamte Familie. Statt auf eine einzelne Burg konnten sich die Ludowinger jedoch im 12. und 13. Jahrhundert auf ein weit ausgedehntes Netz von größeren und kleineren Befestigungs- und Wohnanlagen stützen.[37] Sie waren nicht nur für den militärischen Schutz des weit verstreuten Besitzes, sondern auch als politische, administrative, gerichtliche und wirtschaftliche Vororte für die Verknüpfung und Absicherung ihrer anderen Herrschaftsrechte unentbehrlich. Nicht zuletzt dienten sie auch als Wohn- und Aufenthaltsorte für den Landgrafen und sein Gefolge. Die landgräflichen Burgen hatten dabei auch in starkem Maße dem Bedürfnis nach fürstlicher Repräsentation und höfischem Leben zu genügen. Davon zeugen gerade die aufwendig gestalteten Ringmauern, Befestigungstürme, Wohntürme und Palasbauten der Neuenburg, aber auch der Wartburg, der Burg Weißensee oder der Creuzburg an der Werra.[38] Sehr oft waren die Burgen eng mit dörflichen oder städtischen Siedlungen verbunden. Die Verknüpfung von Burg und Stadt ist charakteristisch für die Herrschaftspraxis der Ludowinger ab der zweiten Hälfte des 12. Jahrhunderts. Neben den größeren Vororten in Thüringen und Hessen – Eisenach, Gotha, Marburg und Kassel – sind die kleineren ludowingischen Städte Schmalkalden, Creuzburg, Langensalza, Thamsbrück, Weißensee, Sangerhausen und Freyburg zu nennen.[39]

Dass der Neuenburg eine herausragende Rolle im Gesamtgefüge der ludowingischen Burg- und Stadtgründungen zuwuchs, ist bereits im ersten Teil dieses Beitrags deutlich geworden. Ihre exponierte Lage über der Unstrut an einer Schnittstelle wichtiger Fernverkehrswege, die hier vom Erfurter Becken kommend nach Leipzig und Merseburg führten, und ihre Position inmitten verschiedenster, in diesem Raum aneinanderstoßender Einfluss- und Herrschaftsbereiche – neben den Pfalzgrafen von Sachsen, den Bischöfen von Naumburg und den östlich der Saale rasch an Bedeutung gewinnenden Wettinern sind die Ludowinger selbst als prominenteste Herrschaftsträger in dieser Region zu nennen – prädestinierte die Neuenburg zur bedeutendsten Wohn- und Befestigungsanlage der frühen Ludowinger, aber auch ihrer Nachfolger im späten 12. und frühen 13. Jahrhundert.[40] Die Mitteilung des Reinhardsbrunner Autors, der mit einem gewissen Stolz auf die Dynastie davon spricht, dass Graf Ludwig der Springer mit der Errichtung seiner Burg an der Unstrut „den Fürsten des Ostens oft Schrecken bereitete und die in der Umgebung wohnenden Einwohner Sachsens und Thüringens bis auf den heutigen Tag ehrenvoll beschützt" habe[41], lässt erkennen, dass die herausragende politisch-strategische Bedeutung dieser Befestigung den Zeitgenossen durchaus bewusst war. Im ausgehenden 12. Jahrhundert, als in Reinhardsbrunn der genannte Bericht entstand, wird man dabei vor allem an die mit den Ludowingern im Saale-Raum rivalisierenden Wettiner gedacht haben und der ausdrückliche Bezug des Autors auf die zu beschützenden Einwohner Sachsens und Thüringens setzt voraus, dass die thüringischen Landgrafen zu jenem Zeitpunkt bereits Inhaber der in diesem Raum verwurzelten Pfalzgrafschaft Sachsen waren – 1180 war ihnen dieses fürstliche Reichslehen verliehen worden.[42]

Die exponierte Stellung der Neuenburg und ihre zentrale Bedeutung für die Ludowinger spiegelt sich auch in der Einsetzung von Burggrafen auf der Neuenburg, die als adlige Lehnsleute der thüringischen Landgrafen ranghöher waren als die ebenfalls auf der Neuenburg – wie auf allen anderen größeren Burgen – amtierenden Ministerialen. Nur die Wartburg verfügte als zweite ludowingische Befestigungs- und Wohnanlage ebenfalls über ein Burggrafenamt, das die Landgrafen als Lehen an die Grafen von Wartburg-Brandenburg ausgaben.[43] Welche Rechte und Aufgaben die Burggrafen der Neuenburg und die Ministerialen in ludowingischer Zeit besaßen, wie umfangreich etwa die mit der Burg verbundenen Herrschaftsrechte in der Umgebung sowie die für die Finanzierung der Burg notwendigen landwirtschaftlichen Güter waren, und wie die Versorgung der Anlage und ihrer Bewohner im einzelnen organisiert war, dies alles lässt sich mangels schriftlicher Quellen für die Neuenburg im 12. und frühen 13. Jahrhundert nicht sagen. Etwas aussagekräftiger ist die Überlieferung, wenn es um die Namen und den sozialen und räumlichen Wirkungskreis der verschiedenen Amtsträger geht. Die ersten Angehörigen des adligen Geschlechts, die als ludowingische Lehnsleute auf der Neuenburg amtierten, begegnen uns mit Godebold von Neuenburg und seinem Bruder Friedrich von Wetzendorf im Jahr 1145.[44] Zahlreiche weitere Belege in den Urkunden der Landgrafen von Thüringen, der Bischöfe von Naumburg und der Erzbischöfe von Mainz in den Jahren 1145 bis 1203/07 belegen Besitz, familiäre Verbindungen und politischen Rang der nach ihrem Leitnamen Godebold benannten Adelsfamilie. Spätestens seit den 1180er Jahren bekleideten sie das Amt eines Burggrafen der Neuenburg, das sehr wahrscheinlich erst zu diesem Zeitpunkt von Landgraf Ludwig III. offiziell eingeführt worden ist.[45] Die Herkunft der Godebolde ist allerdings nicht sicher zu klären. Möglicherweise stammten sie aus der adligen Familie der bereits seit 1061 bezeugten Herren von Wetzdorf im Gebiet der unteren Unstrut. Einige Indizien lassen dagegen auch eine Herkunft aus eingewandertem (main-)fränkischem Adel als möglich erscheinen.[46] Dass die Burggrafen der Neuenburg vermögend waren und ein ihrem hohen Rang entsprechendes Selbstverständnis entwickelten, lässt die Gründung und Ausstattung eines eigenen Klosters in Kapelle (bei Bad Frankenhausen) erkennen. Für das der Gottesmutter Maria geweihte Kanonissenstift erwirkten sie beim Mainzer Erzbischof Konrad I. im August 1193 eine feierliche Gründungsbestätigung, die Befreiung von der Amtsgewalt des zuständigen Propstes und Archidiakons von Jechaburg (bei Sondershausen), das Recht der freien Propstwahl sowie das nicht unbedeutende Tauf- und Begräbnisrecht.[47]

Nach den 1203/07 letztmalig genannten Godebolden begegnet uns erst im Jahre 1225 erneut ein adliger Inhaber des Burggrafenamtes auf der Neuenburg. Dabei handelt es sich um den aus dem Geschlecht der Meinheringer (aus Werben an der Saale) stammenden Hermann, einen Bruder des Burggrafen Meinher II. von Meißen.[48] Offenbar hat es einen Wechsel der Familie in diesem Amt gegeben und sehr viel spricht für die Annahme, dass Landgraf Ludwig IV. mit Hermann von Werben einen Angehörigen der in Meißen amtierenden Burggrafen aus meinheringischem Geschlecht für sich gewinnen konnte und spätestens

1225 auch mit der burggräflichen Verwaltung der Neuenburg betraut hat. Der Hintergrund für diese Verbindung dürfte in der Politik Ludwigs IV. in den Jahren seit 1221 zu suchen sein, als der Landgraf – als Onkel und Vormund des damals noch unmündigen Markgrafen Heinrich von Meißen – seinen Einfluss in der Mark Meißen intensiv ausdehnte und dabei die Neuenburg als wichtige logistische und militärische Ausgangsposition nutzte.[49] Die in demselben Jahr erstmals bezeugte Burg Haldecke, die auf dem der Neuenburg benachbarten Bergsporn über der Stadt Freyburg lag und bereits vor der Mitte des 14. Jahrhunderts wieder aufgegeben worden ist, scheint mit der durch Landgraf Ludwig IV. in jenen Jahren forcierten Nutzung der Neuenburg in Zusammenhang zu stehen.[50] Die Frage nach der Nutzung und den Bewohnern der Burg Haldecke und der beiden benachbarten, außerordentlich großflächigen Vorburgen der Neuenburg mit je einem mächtigen Bergfried kann für die ludowingische Zeit bislang kaum beantwortet werden. Immerhin nennen sich mit dem 1225 erstmals belegten Friedrich von Haldecke Amtsträger nach der kleineren Burganlage. Dies deutet darauf hin, dass zumindest die Herren von Haldecke dort auch ihren Wohn- und Amtssitz nahmen, was zugleich die Annahme nahelegt, dass die meiningischen Burggrafen ihren Sitz an anderer Stelle – möglicherweise auf der Neuenburg selbst – einrichteten.[51]

Die bereits genannten Kastellane und Vögte der Neuenburg amtierten neben den Burggrafen, waren aber nicht wie diese adliger Standesqualität, sondern gehörten der Gruppe der Ministerialen an. Diese bildeten im Rahmen der sich dynamisch verändernden hochmittelalterlichen Gesellschaft eine bedeutende und in den Schriftquellen zahlreich begegnende Schicht nichtadliger Familien, deren Angehörige rechtlich unfrei waren, aber durch qualifizierten Dienst für kirchliche und adlige Herrschaftsträger in Leitungsfunktionen gelangten und dabei einen erheblichen sozialen Aufstieg vollziehen konnten. Die Ludowinger verfügten auf fast allen ihren Burgen und in den Städten, Märkten und Grundherrschaften über Ministeriale, die somit eine wichtige Gruppe im landgräflichen Herrschaftsgefüge bildeten.[52] Auf der Neuenburg sind seit 1166 Ministeriale bezeugt, die als „castellani" und „advocati" im Auftrag der landgräflichen Burgherren Dienst taten und dabei militärische, wirtschaftliche und administrative Führungsaufgaben wahrnahmen.[53] Über ihre Herkunft, ihre familiären Verbindungen und ihr Wirken lässt sich im Einzelnen nur wenig sagen. Immerhin wird mit dem in den Jahren 1203 bis 1230 als Vogt („advocatus") auf der Neuenburg bezeugten Ehrenfried ein ludowingischer Dienstmann genannt, der sehr wahrscheinlich mit dem gleichnamigen, in den Jahren 1235/36 bis 1244 belegten Ritterbruder des Deutschen Ordens identisch ist. Dieser Ordensbruder Ehrenfried von Neuenburg stand in nicht näher bekanntem Verwandtschaftsverhältnis zu dem ebenfalls aus ludowingischer Ministerialität stammenden, außerordentlich einflussreichen Hochmeister Hermann von Salza, stieg bis zum Amt des Komturs der thüringischen Ordenskommende Altenburg auf und war an den Vorbereitungen zur Inkorporation des Schwertbrüderordens in Livland in den Deutschen Orden beteiligt. Ein knappes Jahrzehnt später, 1244, wird Ehrenfried in Straßburg aufgegriffen, nachdem er den Orden verlassen, ihm anvertraute Gelder veruntreut und einen für einen Ordensritter nicht standesgemäßen Lebenswandel gepflegt hatte. Der Orden ließ sich den Abtrünnigen von Straßburger Bürgern ausliefern; über sein weiteres Schicksal ist indes nichts bekannt. Immerhin darf Ehrenfried von Neuenburg demnach als prominentester und am besten bezeugter Ministeriale der Neuenburg gelten.[54]

Die auf der Neuenburg nachweisbaren und zum Teil noch in ihrer hochmittelalterlichen Gestalt erkennbaren Wohngebäude, die mächtigen Bergfriede, von denen der auch als Wohnsitz nutzbare „Dicke Wilhelm" in der äußeren Vorburg noch weitgehend in seiner Baugestalt aus der Zeit um 1170/75 erhalten ist, und der großflächige Vorburgbereich insgesamt werfen zahlreiche Fragen nach der Nutzung der unterschiedlichen Burgbereiche und nach ihren jeweiligen Bewohnern auf. Offenkundig standen die aufwendig gestalteten und mehrfach ausgebauten bzw. hinzugefügten Wohnbauten an der Südseite der Kernburg für die ranghöchsten und vornehmsten Nutzer der Neuenburg zur Verfügung: für die landgräfliche Familie, die sich allerdings immer nur zeitweise auf dieser Burg aufhielt, da die Landgrafen, wie die meisten Fürsten und Herrscher im Hochmittelalter, noch nicht über eine feste Residenz verfügten.[55] In welchen Bereichen der Burg sich die Burggrafen, die Kastellane und Vögte sowie alle weiteren, niedriger gestellten Burgbewohner – Knechte und Mägde – aufhielten, lässt sich für die ludowingische Zeit kaum entscheiden, da Schriftzeugnisse hierzu völlig fehlen. Allerdings verfügte die Neuenburg offenbar bereits sehr früh über ein Gebäude, das grundsätzlich allen Bewohnern und Gästen offenstand: eine Kapelle. Nach den neueren baugeschichtlichen Befunden ist davon auszugehen, dass sehr wahrscheinlich bereits im frühen 12. Jahrhundert am Standort der heutigen Doppelkapelle in der Kernburg eine Kapelle in Form eines einfachen Saalbaus mit Ostapsis errichtet wurde.[56] Dies ist bemerkenswert, da nach heutigem Kenntnisstand die Neuenburg damit die einzige ludowingische Burg war, die über ein freistehendes Kirchengebäude verfügte. Mit den neueren Ergebnissen der Bauforschung ist die ältere Annahme, dass die am Hang zwischen der Neuenburg und der Stadt Freyburg gelegene Kapelle des Heiligen Kilian die ursprüngliche Kirche für die Burgbewohner war, fraglich geworden. Denn möglicherweise entstand die Burgkapelle in der Kernburg bereits zeitgleich mit der Errichtung der ersten Wohngebäude. Die Kilianskapelle, von der erst seit dem 15. Jahrhundert schriftliche Zeugnisse überliefert sind und die 1837 abgerissen wurde, galt bislang allerdings als eine der ältesten Kirchen dieses Raumes.[57] Ihr auf den im frühmittelalterlichen Mainfranken tätigen irischen Missionar Kilian verweisendes Patrozinium wurde mit der fränkischen Herkunft der Ludowinger in Verbindung gebracht. Allerdings lässt sich eine Beziehung der Ludowinger zur Kilianskapelle nicht sicher belegen; das tatsächliche Alter und die Bedeutung dieser Kapelle in hochmittelalterlicher Zeit ist nur mit einiger Vorsicht indirekt zu erschließen. So liegt die Annahme nahe, dass sie die erste Pfarrkirche der seit dem ausgehenden 12. Jahrhundert unterhalb der Burg ausgebauten Stadt wurde, bevor dort in den 1220er Jahren die noch in weiten Teilen erhaltene, spätromanische Marienkirche errichtet wurde.[58] Die älteste urkundliche Nachricht zu den kirchlichen Verhältnissen auf der Burg und in der Stadt datiert allerdings erst in das Jahr 1203 (s. Abb. 4). In diesem Jahr stellte Abt Widerold von Goseck zusammen mit Prior Heinrich von Zscheiplitz und dem als Pfarrer von Freyburg genannten Albert eine Urkunde aus, mit der die drei Geistlichen im Auftrag des Bischofs von Halberstadt einen Streit zwischen Abt Heinrich von Reinsdorf (bei Nebra) und dem Pfarrer Herbold von Leiha (südöstlich von Mücheln) schlichteten.[59] Die in Freyburg ausgestellte Urkunde ist noch mit den drei angehängten Siegeln ihrer Aussteller überliefert. Zwei der Siegel sind noch gut erhalten, nämlich das des Abts Widerold von Goseck und das Siegel Alberts, der im Urkundentext als Pfarrer von Freyburg („parrochianus in vriburc"), in der Umschrift seines Siegels aber als Priester auf der Neuenburg („sacerdos de novo castro") bezeichnet wird (s. Abb. 5). Die Urkunde von 1203 und ihre Siegel stellen die erste urkundliche Erwähnung Freyburgs überhaupt dar und zeigen die enge Verbindung der an der Unstrut gelegenen städtischen Siedlung mit der über ihr liegenden landgräflichen Neuenburg. Denn der als Pfarrer in Freyburg urkundende Albert ist zugleich – so die Umschrift seines Siegels – Burgkaplan auf der Neuenburg. Es ist dies auch der älteste schriftliche Beleg für die enge Verbindung von Burg und Stadt.

Burgen erfüllten politische, militärische, administrative, rechtliche und wirtschaftliche Aufgaben. Aber sie waren auch Symbole der Macht und dienten der adligen Repräsentation. Die Neuenburg dürfte aufgrund ihrer exponierten Lage und ihrer Größe bereits um die Mitte des 12. Jahrhunderts das Bedürfnis nach fürstlicher Repräsentation der Landgrafen sehr gut bedient haben. Die oft zitierte Sage von der lebenden Mauer, die bereits in ihrer ältesten schriftlichen Fassung in der Reinhardsbrunner Chronik aus der Mitte des 14. Jahrhunderts auf die Neuenburg bezogen wurde, spiegelt diese symbolische Bedeutung der Burg noch wider. Der in den Jahren zwischen 1340 und 1349 schreibende Chronist, dessen Vorlage für diese Sage nicht bekannt ist, fügte sie unter dem Jahr 1172 in seine Kompilation ein. Der ausführliche Bericht erzählt von einem Besuch Friedrichs I.

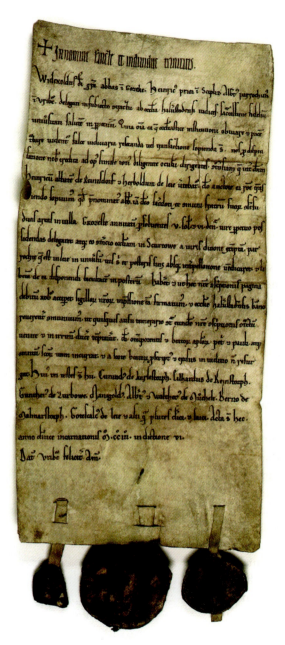

4. Ersterwähnungsurkunde Freyburgs aus dem Jahr 1203
Sie ist zugleich das älteste Dokument, das zu den kirchlichen Verhältnissen in der Stadt und auf der Burg Auskunft gibt.

5. *Siegel des Freyburger Pfarrers Albert an der Ersterwähnungsurkunde von 1203*
In der Umschrift wird er abweichend vom Urkundentext als Priester auf der Neuenburg bezeichnet.

Barbarossa bei seinem Schwager, dem mit der Halbschwester des Kaisers, Jutta, vermählten Landgraf Ludwig II. auf der Neuenburg: „Als er im Inneren der Burg umherging und die Gebäude einzeln betrachtete, sagte er, dass ihm alles aufs höchste gefalle, außer dass diese so uneinnehmbare Burg keine starke und feste Mauer habe. Als der Landgraf dies vernahm, versprach er, in der folgenden Nacht der Burg eine Mauer zu errichten, wie sie ihresgleichen im Lande nicht habe. Der Kaiser wunderte sich darüber, aber als er am nächsten Morgen aufstand, sah er eine Mauer aus tapferen Männern mit Helmen und Panzern, mit Schilden und Schwertern überall, so dass sie von allen Seiten her die Burg umgaben. Als er jene Ministerialen, Ritter und Bewaffnete und die anderen Edelleute sah, die sich alle seinem Befehl unterstellt hatten, staunte er, und heiter bekannte er, dass er nie zuvor eine kostbarere und stärkere Mauer gesehen habe."[60] Einige Einzelheiten in dieser Darstellung mögen die Frage nach einem historisch wahren Kern des Berichts aufkommen lassen. Dass Landgraf Ludwig II. sich häufig an der Seite seines kaiserlichen Schwagers aufhielt, ist gut bezeugt.[61] Dass dieser seinerseits mehrfach den thüringisch-sächsischen Raum durchzog, der für seine Politik einer Stärkung der königlichen Machtgrundlagen im Reich sogar eine erstrangige Bedeutung einnahm, ist vielfach belegt.[62] Tatsächlich ist der Kaiser Ende November 1171 in Naumburg nachweisbar, da er dort eine Urkunde über einen Gütertausch zwischen dem Burggrafen von Magdeburg und dem Abt von Hersfeld ausstellte. In der Zeugenliste dieser Urkunde wird nach dem Erzbischof von Magdeburg sowie den Bischöfen von Naumburg, Merseburg und Meißen auch Landgraf Ludwig II. genannt.[63] Im folgenden Jahr brach Barbarossa von Merseburg aus zu einem Feldzug nach Polen auf, um erfolgreich in die dortigen Auseinandersetzungen zwischen dem Herzog Mieszko III. und dessen Bruder Boles-

6. *Schloss Neuenburg von Süden, Walter Hege, Chromolithographie, 1917*
Viele Sagen ranken sich um die Neuenburg. Links spiegelt die „Edelackersage" und rechts im Bild die „Sage von der lebenden Mauer" die symbolische Bedeutung des Schlosses wider.

law zugunsten des letzteren einzugreifen.[64] Die Rückreise ins Reich führte den Herrscher erneut durch Thüringen und der spätere Chronist in Reinhardsbrunn scheint darauf Bezug zu nehmen, wenn er die oben zitierte Erzählung mit der Nachricht über den Polenfeldzug verknüpft.[65] Im Anschluss daran berichtet er, der Kaiser habe den erkrankten Landgrafen noch einmal auf der Neuenburg besucht, bevor dieser verstorben und von seinen Rittern in einer feierlichen Prozession von der Neuenburg in die landgräfliche Grablege im Kloster Reinhardsbrunn überführt worden sei.[66] Doch fehlt ein von der zitierten Reinhardsbrunner Chronik unabhängiges Zeugnis, das unzweifelhaft einen Aufenthalt des Kaisers auf der Neuenburg belegen könnte. Das bedeutet nicht, dass ein Besuch des Stauferherrschers auf der landgräflichen Burg grundsätzlich auszuschließen ist, aber es gibt keinen zeitgenössischen Beleg für diese Annahme.[67] Einziges Zeugnis ist die fast 200 Jahre später aufgezeichnete Reinhardsbrunner Erzählung, die in den darauf aufbauenden spätmittelalterlichen Chroniken Thüringens mit großer Detailfreude ausgemalt und weitertradiert wurde.[68] Versucht man schließlich, die Sage mit den baugeschichtlichen Befunden in Beziehung zu setzen, stößt man auf kaum lösbare Widersprüche. Die älteste steinerne Ringmauer um die Neuenburg bestand bereits im frühen 12. Jahrhundert und die massiven Befestigungen im Osten der Kernburg müsste Barbarossa bei einem Besuch der Anlage bereits vollständig gesehen haben. Die Sage suggeriert dagegen, dass noch zur Zeit Friedrich Barbarossas nach der Mitte des 12. Jahrhunderts die Neuenburg ohne Ringmauern und ausreichende Befestigung bestanden habe. Baugeschichtlicher Befund und sagenhafte Erzählung passen nicht zusammen.[69] Es ist offenkundig, dass man den Intentionen der Erzählung von der lebenden Mauer nicht gerecht wird, wenn man sie auf ihre Historizität zu überprüfen sucht. Die zentrale Aussage, die in der Reinhardsbrunner Darstellung veranschaulicht wird, betrifft nicht die Baugeschichte der Neuenburg oder das Burgenbauprogramm des Landgrafen. Es geht vielmehr um adlige Standesehre, fürstlichen Rang und den Herrschaftsanspruch des Landgrafen in Thüringen, der gleichsam über Nacht seine gesamte Vasallität und Ministerialität im Lande mobilisieren konnte: eine Idealvorstellung, die nicht einmal Landgraf Ludwig II. hätte einlösen können. Die Erinnerung an die Blütezeit der Ludowinger war aber offensichtlich noch zur Zeit des Reinhardsbrunner Chronisten, Mitte des 14. Jahrhunderts, als die ludowingische Dynastie längst erloschen war und den in Thüringen nicht unumstrittenen Wettinern Platz gemacht hatte, lebendig und wurde glorifizierend aufgeladen.[70] Dass sich diese Erinnerung unter anderem auch mit der Neuenburg verband, spiegelt die symbolische und repräsentative, aber wohl auch die tatsächliche politisch-militärische Bedeutung dieser Burg für die landgräfliche Herrschaft der Ludowinger noch im Rückblick des 14. Jahrhunderts wider.

Die Verleihung der sächsischen Pfalzgrafschaft und der Ausgriff auf die Mark Meißen: Die Neuenburg im Zentrum der Macht

In die Zeit zwischen 1170/75 und vor 1200 sowie in die ersten drei Jahrzehnte des 13. Jahrhunderts sind aufgrund der bauhistorischen Forschungsergebnisse die zweite und dritte Ausbauphase der Neuenburg zu datieren.[71] Auch aus diesen Zeitabschnitten sind keine Schriftquellen überliefert, denen unmittelbar zu entnehmen wäre, wer die jeweiligen Bauherren waren, wann und warum sie welche Baumaßnahmen in Auftrag gegeben haben, welche Handwerker und Arbeiter die Bauausführung übernahmen und schließlich, wie die Aktivitäten finanziert wurden. Die überlieferten Quellen erlauben allerdings eine ganze Reihe von Rückschlüssen auf das politische und kulturelle Umfeld des landgräflichen Hofes in dieser Zeit und sie enthalten einige Indizien, aus denen sich die rasch wachsende

Bedeutung der Neuenburg für die Ludowinger in jenen Jahrzehnten erschließen lässt. Offenkundig waren die politischen Ambitionen der Landgrafen Ludwig III., Hermann I. und Ludwig IV. entscheidend für den Bedeutungszuwachs ihrer Burg an der Unstrut. Die Annahme, dass die in dieser Zeit zu beobachtenden Bauaktivitäten auf der Neuenburg in Zusammenhang mit diesen politischen Entwicklungen standen, liegt nahe. Zwei Aspekte sind dabei hervorzuheben. Zum einen führte die Verleihung der sächsischen Pfalzgrafschaft an Landgraf Ludwig III. (1180) bzw. dessen Bruder Hermann I. (1181) dazu, dass der Einfluss der Ludowinger in dem Raum zwischen unterer Unstrut und mittlerer Saale erheblich zunahm und reichsrechtlich legitimiert wurde. Zum anderen scheint – gut 40 Jahre später – das Engagement Landgraf Ludwigs IV. in der Mark Meißen in den Jahren seit 1221 eine nochmalige Aufwertung der Neuenburg in militärischer und logistischer Hinsicht mit sich gebracht zu haben.

Der Saale-Unstrut-Raum war bereits im ausgehenden 11. Jahrhundert von hoher Attraktivität für die frühen Ludowinger. Ludwig der Springer konnte nach seiner Heirat mit Adelheid von Stade, der Witwe des sächsischen Pfalzgrafen, Schritt für Schritt seine neu erlangte Stellung an der unteren Unstrut ausbauen. Neben dem Besitz, den er zur Errichtung der Neuenburg nutzte, verfügte er nach 1085 auch über das pfalzgräfliche Zscheiplitz (über dem Unstruttal gegenüber von Balgstädt), wo er – sehr wahrscheinlich gemeinsam mit Adelheid – eine Kirche errichtete. Diese Kirche schenkte er anlässlich der Beisetzung seiner 1110 verstorbenen Gemahlin an sein Hauskloster in Reinhardsbrunn, wo Adelheid ihre Grablege erhielt.[72] Noch vor 1114 muss der Ludowinger auch in den Besitz der Vogtei – der Schutz- und Schirmherrschaft – über das alte pfalzgräfliche Hauskloster in Goseck gelangt sein.[73] Alles deutet darauf hin, dass die Ludowinger in dieser Zeit bereits sehr offensiv in die Positionen der Pfalzgrafen einzurücken suchten und diese an Saale und Unstrut zurückdrängten. Allerdings verblieb die Pfalzgrafenwürde selbst im Hause Goseck, das nach 1088 von den Grafen von Sommerschenburg beerbt wurde.[74] Erst ein knappes Jahrhundert später eröffnete sich für die Ludowinger in einer veränderten politischen Konstellation die Möglichkeit, ihre Stellung im alten pfalzgräflichen Herrschaftsbereich zwischen unterer Unstrut und mittlerer Saale massiv auszuweiten und dabei die pfalzgräfliche Würde selbst zu erlangen. Voraussetzung hierfür war der Erfolg Landgraf Ludwigs III. in den Auseinandersetzungen zwischen dem übermächtigen Welfenherzog in Sachsen und Bayern, Heinrich dem Löwen, auf der einen und den sächsischen Fürsten auf der anderen Seite.[75] Herzog Heinrich hatte durch seine ambitionierte und rücksichtslose Territorialpolitik zahlreiche sächsische Fürsten – Bischöfe wie Grafen – gegen sich aufgebracht. 1178 bildeten sie eine massive Front gegen den Herzog und klagten ihn bei Kaiser Friedrich I. wegen Landfrie-

7. Landgraf Hermann I. von Thüringen und seine Gemahlin Sophia, Miniatur aus dem Landgrafenpsalter, um 1208/13

densbruch an. Der thüringische Landgraf trat 1179 der Koalition gegen den Welfenherzog bei, gegen den sich nun auch der zuvor zurückhaltende Kaiser gestellt hatte. Sicher hat nicht nur die enge Verwandtschaft des Landgrafen mit dem staufischen Herrscher – Ludwigs Mutter Jutta war eine Halbschwester Barbarossas – und der politische Druck, den die anderen Fürsten auf ihn ausübten, eine Rolle für Ludwigs Anschluss an die Welfengegner gespielt, sondern wohl auch die Aussicht, den welfischen Einfluss zurückzudrängen und damit selbst territorialpolitische Gewinne zu erzielen. Da Heinrich der Löwe den gerichtlichen Vorladungen des Kaisers zur Klärung des Vorwurfs des Landfriedensbruchs nicht Folge leistete, wurden ihm schließlich sämtliche Reichslehen aberkannt.[76] Im April 1180 verlieh Friedrich Barbarossa auf dem Reichstag von Gelnhausen den westfälischen Teil des Herzogtums Sachsen an den Kölner Erzbischof Philipp von Heinsberg. Der Askanier Bernhard von Anhalt wurde zum neuen Herzog von Sachsen eingesetzt. Landgraf Ludwig III. aber erhielt die durch den erbenlosen Tod des letzten Sommerschenburger Pfalzgrafen 1179 freigewordene Pfalzgrafschaft Sachsen, auf die bereits Heinrich der Löwe Ansprüche geltend gemacht hatte. In der Gelnhäuser Urkunde, in der die Absetzung Heinrichs des Löwen besiegelt und das Herzogtum Sachsen aufgeteilt wurde, eröffnete Ludwig III. als „Pfalzgraf von Sachsen und Landgraf von Thüringen" die Liste der weltlichen Zeugen[77], ein überaus bemerkenswertes Zeugnis für die Bedeutung, die der Ludowinger als eine der Schlüsselfiguren in der antiwelfischen Fürstenkoalition und als wichtigster Bündnispartner des Stauferkaisers gehabt haben muss.

Nach heftigen militärischen Auseinandersetzungen, in deren Verlauf der thüringische Landgraf und sein jüngerer Bruder Hermann in welfische Gefangenschaft gerieten, musste sich der Welfenherzog im November 1181 auf dem Reichstag zu Erfurt dem Kaiser unterwerfen. Der Bruder des Landgrafen, Hermann I., erhielt nun die Pfalzgrafschaft Sachsen, auf die Ludwig III. zuvor verzichtet hatte. Dieser übernahm das hessische Erbe seines im Sommer 1180 verstorbenen Bruders Heinrich Raspe III. und vereinigte damit die landgräflich-thüringischen und die gräflich-hessischen Herrschaftsrechte der Ludowinger wieder in einer Hand.[78] Offenbar eröffnete sich in dieser Situation auch die Möglichkeit, mit dem ludowingischen Pfalzgrafen Hermann eine selbständige Linie des Hauses an Saale und Unstrut zu etablieren. Zuvor hatte es möglicherweise für Hessen ebenfalls die Aussicht auf eine Abschichtung der Herrschaft zugunsten einer ludowingischen Nebenlinie dort gegeben, doch waren nach dem Tod Heinrich Raspes I. (1130), Heinrich Raspes II. (1154/55) und Heinrich Raspes III. (1180) die hessischen Grafenrechte immer wieder an die jeweils älteren regierenden Brüder zurückgefallen. Der jüngere Bruder Landgraf Ludwigs III., Hermann I., scheint jedenfalls von seiner Erhebung zum Pfalzgrafen von Sachsen

8. *Reitersiegel Landgraf Hermanns I. von Thüringen, Ebersburg, 29. Juni 1216*

Der Siegelabdruck gehört zu einer Urkunde, die Ende Juni 1216 auf der landgräflichen Ebersburg bei Nordhausen ausgestellt wurde. Mit diesem für die Jahre 1211 bis 1216 nachweisbaren Reitersiegel ließ Landgraf Hermann I. ein neues Siegelbild verwenden, das auch Vorbild für die Siegelstempel seiner Söhne wurde.

1181 bis zur Übernahme der Landgrafschaft Thüringen 1190 seine Herrschaftsschwerpunkte im Saale-Unstrut-Raum und in Nordthüringen gehabt und eine eigene, ambitionierte Hofhaltung aufgebaut zu haben. Berühmtestes Zeugnis hierfür dürfte das Fürstenlob des Dichters Heinrich von Veldeke auf Hermann I., den „palenzgrâve […] van der Nouwenborch bî d'Onstroet" im Epilog seines Aeneas-Romans sein. Der Dichter, der aus den Rhein-Maaslanden stammte und seine „Eneit" erst mit der Unterstützung seines fürstlichen Gönners, Hermanns I., in den 1180er Jahren vollenden konnte, stattete mit seinem Fürstenlob auf den „Pfalzgrafen von der Neuenburg an der Unstrut" seinen Dank an den Ludowinger ab.[79] Das Lob des Dichters ist nicht nur eines der wichtigsten frühen Zeugnisse für das literarische Mäzenatentum Hermanns I.[80], sondern verweist auch auf die hervorgehobene Bedeutung der Neuenburg als einer der Vororte für die Pfalzgrafschaft Sachsen während der Regierungszeit dieses Ludowingers.

Dass Hermann in diesem Raum seine Herrschaftsrechte engagiert geltend machte und den ludowingischen Einfluss im Saale-Unstrut-Raum und darüber hinaus in den Gebieten nördlich des Thüringer Beckens ausbaute, lässt sich auch aus zahlreichen urkundlichen Zeugnissen seiner Regierungszeit erschließen.[81] So ist Hermann seit den 1180er Jahren mehrfach auf der Eckartsburg nachweisbar, die in seiner Zeit aufwendig ausgebaut wurde[82], und er nahm die pfalzgräflichen Gerichtsrechte im Hassegau (nördlich des Saale-Unstrut-Gebietes) wahr.[83] Die älteste ludowingische Urkunde, die auf der Neuenburg selbst ausgestellt worden ist, hat Hermann I. als Aussteller und datiert in das Jahr 1214.[84] Auf ihn dürfte auch der Ausbau der unter der Burg gelegenen Siedlung zur planmäßig angelegten und befestigten Stadt zurückgehen. Die Entstehung des fast rechteckigen Stadtgrundrisses mit seinem regelmäßigen Straßennetz wird in das ausgehende 12. Jahrhundert datiert. Als ältestes Schriftzeugnis für das Bestehen der Stadt hat die Urkunde des Abtes von Goseck aus dem Jahr 1203 zu gelten, in der als Pfarrer von Freyburg der Burgkaplan der Neuenburg genannt wird.[85] Um 1200 erhielt der Raum um Freyburg schließlich auch eine eigene Klostergründung. Das kleine Frauenkloster Zscheiplitz, das über dem Unstruttal in Sichtweite der Neuenburg und Freyburgs liegt, wurde gegen Ende des 12. Jahrhunderts als abhängiges Priorat vom landgräflichen Hauskloster Reinhardsbrunn aus gegründet. Der erste Prior von Zscheiplitz ist urkundlich erstmals 1203 und 1214 bezeugt, jeweils in enger Verbindung mit Freyburg und der landgräflichen Ministerialität auf der Neuenburg. Auch die Errichtung des Klosters Zscheiplitz kann demnach zusammen mit der raschen Entwicklung Freyburgs zur pfalzgräflich-landgräflichen Stadt und der seit 1180/81 zunehmenden Bedeutung der Neu-

9. Schild Landgraf Konrads von Thüringen, Hessen/Thüringen, 1. Hälfte des 13. Jahrhunderts

Neben dem rotweiß gestreiften und gekrönten Löwen auf blauem Grund, der seit dem späten 12. Jahrhundert das Wappentier der Ludowinger ist, verweist auch das wohl nachträglich aufgemalte Deutschordenswappen auf den Landgrafen und Deutschordenshochmeister Konrad von Thüringen.

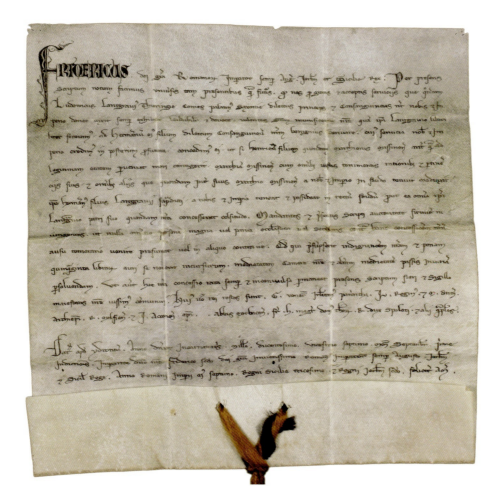

10. Kaiser Friedrich II. erteilt Hermann II., Sohn des verstorbenen Landgrafen Ludwig IV. von Thüringen, die Eventualbelehnung mit der Mark Meißen. Die Urkunde wurde im September 1227 in Otranto ausgestellt.

enburg als deutliches Indiz für die Verdichtung ludowingischer Herrschaft in diesem Raum gewertet werden.[86]

Nachdem Hermanns älterer Bruder Ludwig III. auf der Rückreise vom Kreuzzug im Oktober 1190 verstorben war, ohne Söhne zu hinterlassen, setzte sich Hermann als sein Nachfolger in der Landgrafschaft durch und vereinigte beide Fürstentümer in seiner Hand. Bei dieser Personalunion von sächsischer Pfalzgrafschaft und thüringischer Landgrafschaft sollte es auch unter seinen beiden Söhnen und

Nachfolgern, Ludwig IV. (ab 1217) und Heinrich Raspe IV. (1227–1247) bleiben. Unter Ludwig IV. entwickelte sich die Neuenburg zu einem der bedeutendsten Aufenthaltsorte des landgräflichen Hofes. Drei der insgesamt fünf landgräflichen Urkunden, die in ludowingischer Zeit auf der Burg ausgestellt worden sind, nennen den Land- und Pfalzgrafen Ludwig IV. als Aussteller und datieren in die Jahre 1222, 1224 und 1225.[87] Besonders aufschlussreich ist dabei, dass die Zeugenlisten dieser Dokumente jeweils ranghohe Lehnsleute und Angehörige des landgräflichen Hofes nennen, die sich anlässlich der feierlichen Ausfertigung der Diplome auf der Neuenburg aufgehalten haben. 1222 sind die vornehmsten Zeugen des für den Deutschen Orden ausgestellten Privilegs die Grafen Heinrich von Schwarzburg und Heinrich zu Stolberg, ihnen folgen der landgräfliche Lehnsmann Hartmann von Heldrungen und zwei der führenden Ministerialen des Landgrafen, der Mundschenk Rudolf von Vargula und der Truchsess Hermann von Schlotheim. Die beiden anderen von Landgraf Ludwig IV. auf der Neuenburg ausgestellten Dokumente sind auf den 7. April 1224 bzw. den 6. November 1225 datiert und gelten zum einen dem hessischen Kloster Kaufungen (s. Abb. 50), zum anderen dem thüringischen Zisterzienserinnenkloster Ichtershausen. Diese beiden Privilegien, in denen der Landgraf den genannten Klöstern bestimmte Einkünfte bzw. Güter schenkte, nennen als Mitwirkende und Zeugen die denkbar ranghöchsten Angehörigen seines Hofes: seine Gemahlin Elisabeth, seine Mutter Sophia sowie seine beiden Brüder Heinrich Raspe IV. und Konrad. Die Zeugenlisten dieser beiden Urkunden nennen darüber hinaus die thüringischen Grafen Heinrich zu Stolberg (1224, 1225) und Günther von Käfernburg (1225), Burggraf Albrecht von Altenburg (1224) sowie führende Ministeriale des Landgrafen.[88] Mit diesen drei auf der Neuenburg ausgestellten Urkunden Ludwigs IV. liegen authentische Zeugnisse vor, die einen Eindruck von der Bedeutung der Burg als Verhandlungs- und Versammlungsort von Adligen, Ministerialen und Geistlichen im Umfeld des Landgrafen und als zeitweilige Residenz der fürstlichen Familie vermitteln. Dass in den 1220er Jahren die Belege für Aufenthalte des Landgrafen, seiner Familie und führender Hofangehöriger auf der Neuenburg vergleichsweise dicht vorliegen, dürfte nicht durch einen Überlieferungszufall, sondern sehr viel eher durch die rasch wachsende politische Bedeutung der Burg begründet sein.

Tatsächlich lässt sich nicht nur aus den wenigen urkundlichen Nachrichten, sondern auch aus der wichtigsten historiographischen Überlieferung aus dem Umfeld des landgräflichen Hofes der 1220er Jahre, dem zeitgenössischen Tatenbericht des landgräflichen Kaplans Berthold, erschließen, welche Rolle der Neuenburg in den Jahren 1221 bis 1226 zukam.[89] Landgraf Ludwig IV. übernahm nach dem Tod seines Schwagers, Markgraf Dietrichs des Bedrängten von Meißen, 1221 die Vormundschaft für dessen dreijährigen Sohn Heinrich.[90]

11. Das Majestätssiegel Friedrichs II. diente dem Staufer seit seiner Kaiserkrönung am 22. November 1220 als Kaisersiegel. Es zeigt den thronenden Herrscher mit Plattenkrone, Zepter und Reichsapfel.

Gemeinsam mit seiner Schwester Jutta, der Mutter des noch unmündigen Markgrafen, trat Ludwig IV. bereits im März 1221 erstmals als Regent in der Mark Meißen auf, nachdem er sich von allen Lehnsleuten und Ministerialen der Markgrafschaft die Treue hatte schwören lassen.[91] Doch entzweiten sich die ludowingischen Geschwister bereits im folgenden Jahr. Jutta heiratete ohne Wissen und Zustimmung ihres Bruders den thüringisch-fränkischen Grafen Poppo VII. von Henneberg und begann gegen den Versuch Ludwigs zu opponieren, die Regentschaft in der Mark Meißen im ludowingischen Interesse offensiv auszubauen. Anfang Januar 1223, so berichtet Berthold, der Kaplan und Hofberichterstatter des Landgrafen, rüstete sich Ludwig IV. zum ersten Mal auf der Neuenburg zu einem Zug in das benachbarte wettinische Gebiet.[92] Die Burg an der Unstrut wird in den folgenden Berichten Bertholds noch insgesamt drei Mal als Ausgangspunkt für militärische Kampagnen des Ludowingers in den Osten bzw. als Ort hochpolitischer Verhandlungen zwischen den Kontrahenten genannt: im Januar 1223, im März/April 1223 und im Frühjahr 1224.[93] Im Januar 1223 verhandelte der Landgraf mit dem Henneberger Grafen auf der Neuenburg, nachdem dieser mit Jutta einen Ehevertrag geschlossen und damit die Regentschaftsrechte Ludwigs IV. in der Markgrafschaft verletzt hatte. Im Juli 1224 trafen auf der Neuenburg Herzog Otto von Meranien und der Landgraf zusammen, um einen Frieden zwischen den Konfliktparteien herzustellen; der Herzog von Meranien suchte dabei zwischen den ludowingischen Geschwistern zu vermitteln. Doch der Friedensschluss hielt Ludwig IV. nicht davon ab, seine Interessen im Osten weiter zu verfolgen. Möglicherweise bereitete er seinen im Juli des folgenden Jahres begonnenen Feldzug in die Niederlausitz zur Eroberung von Lebus und seinen wohl im August 1226 durchgeführten Zug in die Mark Meißen ebenfalls von der Neuenburg aus vor.[94] Als er schließlich im Juni 1226 im Zusammenhang mit Verhandlungen über eine Teilnahme am Kreuzzugsprojekt Kaiser Friedrichs II. in Italien vom Herrscher die Eventualbelehnung mit der Mark Meißen erhielt, scheint er sein eigentliches territorialpolitisches Ziel erreicht zu haben: Als Preis für seine Teilnahme an der kaiserlichen Heiliglandfahrt ließ er sich von dem Staufer die Belehnung mit der Markgrafschaft Meißen für den Fall zusichern, dass sein damals acht Jahre alter Neffe Heinrich von Meißen vor Erreichen der Mündigkeit stürbe. Damit bestand die durchaus nicht unrealistische Aussicht, den ludowingischen Herrschaftsbereich weit nach Osten bis in die Niederlausitz auszudehnen.[95] Ein Jahr später brach der Landgraf tatsächlich zu dem vereinbarten Kreuzzug ins Heilige Land auf, verstarb jedoch schon kurz nach seiner Einschiffung im südapulischen Hafen Otranto im September 1227.[96] Der ambitionierte Plan, die Mark Meißen in den ludowingischen Einflussbereich einzugliedern, wurde von den Erben und Nachfolgern Ludwigs IV. nicht mehr aufgegriffen.

Keine andere Burg des thüringischen Landgrafen wurde in diesen Jahren so oft als Operationsbasis, Versammlungsort und Aufenthaltspunkt des Landgrafen und seines Hofes genannt wie die Neuenburg, die damals im Brennpunkt des politischen Geschehens in Thüringen, Meißen und im Reich stand. Es ist bezeichnend, dass sich die Bedeutung dieser Burg für Ludwig IV. und seine – nur vier Jahre nach seinem Tod verstorbene und am Pfingstfest 1235 heiliggesprochene – Gemahlin Elisabeth auch noch in der hagiographischen Überlieferung über eine Generation später widerspiegelte. Der thüringische Dominikaner Dietrich von Apolda, der um 1289/90 seine Vita der Heiligen Elisabeth verfasste, berichtet über die in Thüringen und andernorts grassierende Hungersnot der Jahre 1225/26 und rühmt die Mildtätigkeit Elisabeths, die in Abwesenheit ihres beim Kaiser in Italien weilenden Gemahls auch auf die landgräflichen Güter und Speicher zurückgriff, um die Not in der Bevölkerung zu mildern. Als die Amtsträger des Landgrafen nach dessen Rückkehr aus Italien über die Verschwendung fürstlicher Güter durch Elisabeth bei ihm Klage führten, soll Ludwig IV. geantwortet haben: „Lasst sie nur Gutes tun und alles, was sie möchte, um Gottes willen weggeben. Nur die beiden Burgen Wartburg und Neuenburg bewahrt als meinen Besitz".[97] Auch wenn dieser Ludwig IV. in den Mund gelegte Ausspruch nicht authentisch sein dürfte, lässt der Bericht doch deutlich erkennen, dass man auch im Rückblick des späten 13. Jahrhunderts noch von der außerordentlich hohen politischen, wirtschaftlichen und finanziellen Bedeutung dieser beiden Befestigungs- und Residenzanlagen für das Funktionieren der ludowingisch-landgräflichen Herrschaft wusste.

Ein zweites Zeugnis aus dem Kontext hagiographischer Überlieferung über die Heilige Elisabeth ist diesem Bericht an die Seite zu stellen. Zu den am Ende des 13. Jahrhunderts sehr wahrscheinlich im alten ludowingischen Hauskloster Reinhardsbrunn aufgezeichneten Erzählungen, die in die Elisabeth-Vita des Dietrich von Apolda als Ergänzungen eingefügt wurden, zählt auch eine Episode, die auf der Neuenburg stattgefunden haben soll: Elisabeth nahm sich der Darstellung zufolge bei der Versorgung der Armen und Kranken vor der Burg auch eines Aussätzigen an, badete ihn und legte ihn anschließend in ihr Ehebett. Ihre Schwiegermutter, die ehemalige Landgräfin Sophia, erfuhr davon, rief ihren Sohn herbei und zeigte ihm den Aussätzigen im fürstlichen Schlafgemach mit der tadelnden Bemerkung, auf diese Weise beflecke Elisabeth das Ehebett des Fürsten. Doch diesem wurden die Augen durch die Gnade Gottes geöffnet und er erkannte in dem Kranken den Gekreuzigten selbst. Ludwig pries daraufhin, so schließt der Bericht, die Mildtätigkeit Elisabeths und wies die Kritik seiner Mutter zurück.[98] Vordergründig setzt die Episode das im Matthäus-Evangelium überlieferte Wort Jesu: „Was ihr für einen meiner geringsten Brüder getan habt, das habt ihr mir getan." (Mt 25,40) ins Bild. Doch spiegelt sie auch die politischen, sozialen und familiären Konstellationen am landgräflichen Hof treffend wider. Mit Blick auf die Neuenburg ist zu erkennen, dass die Erinnerung an die Burg als bedeutender Residenzort der landgräflichen Familie während der Zeit Ludwigs IV. und Elisabeths noch in den 1290er Jahren sehr lebendig war. Es hätte durchaus nahe gelegen, die Erzählung auf der Wartburg stattfinden zu lassen, wo die hagiographische Tradition einige der anderen Elisabeth-Episoden lokalisiert. Doch gerade die Tatsache, dass die hier zitierte Erzählung mit der Neuenburg verknüpft worden ist, wirft ein Schlaglicht auf die Funktion dieser Burg, an die man sich noch über eine Generation später erinnern konnte.

Ausblick

Die Neuenburg trat unter dem Bruder und Nachfolger Ludwigs IV., Landgraf Heinrich Raspe IV., deutlich in den Hintergrund. Der letzte ludowingische Land- und Pfalzgraf, der auf seiner Burg an der Unstrut nur einmal urkundete[99] und die Einkünfte der Burg 1241 zusammen mit anderen Erträgen als Ausstattungsgut seiner Gemahlin Beatrix von Brabant übertrug[100], engagierte sich vor allem im Westen seines Herrschafts- und Einflussbereiches und bewirkte eine deutlich erkennbare Verlagerung der Schwerpunkte landgräflicher Herrschaft. Der Wartburg und der Stadt Eisenach wuchsen nun zunehmend zentrale Residenzfunktionen zu.[101] Weit über Thüringen und Hessen hinaus reichte die politische Wirksamkeit des Landgrafen in den Auseinandersetzungen zwischen Kaiser und Papst seit 1239. In wechselnden Konstellationen in das hochpolitische Geschehen eingebunden rückte Heinrich Raspe in den Mittelpunkt der fürstlichen und päpst-

12. und 13. Goldbulle Heinrich Raspes IV., Veitshöchheim, 23. Mai 1246
Am Tag nach seiner Wahl zum neuen König ließ Heinrich Raspe eine Urkunde für den Bischof von Würzburg ausstellen und mit der hier abgebildeten Goldbulle besiegeln. Sie zeigt auf ihrer Vorderseite den thronenden Herrscher mit Krone, in der Rechten das Lilienzepter, in der Linken den mit einem Kreuz verzierten Reichsapfel haltend. Auf der Rückseite der Bulle ist die Stadt Rom dargestellt, angedeutet durch eine fünftürmige Stadtarchitektur, in deren Vordergrund die Häupter der Apostelfürsten Petrus und Paulus eingestellt sind.

lichen Politik gegen Kaiser Friedrich II., der schließlich 1245 vom Papst exkommuniziert und für abgesetzt erklärt wurde. Im Mai 1246 wurde der Landgraf von einer vom Papst unterstützten Fürstengruppe zum neuen König erhoben. Heinrich Raspe führte damit das vornehme Fürstengeschlecht der Ludowinger auf den Höhepunkt seiner politischen Bedeutung im Reich. Sein früher Tod hinderte ihn allerdings daran, seiner königlichen Position Dauer und Stabilität zu verleihen und damit die Grundlage für ein ludowingisches Königtum zu legen. Keineswegs erfolglos und mit durchaus weiteren Erfolgschancen, aber noch ganz in den Anfängen seines Kampfes um die Krone stehend, verstarb Heinrich Raspe im Februar 1247 auf der Wartburg, ohne einen Sohn als Nachfolger zu hinterlassen.[102] Noch 1243, offenbar in Abwägung seiner geringen Chancen, doch noch einen regierungsfähigen Erben zu erhalten, hatte er mit dem Kaiser und seinem seit 1230 selbständig regierenden Neffen, Markgraf Heinrich von Meißen, die Übertragung der ludowingischen Reichslehen – die Landgrafschaft Thüringen und die Pfalzgrafschaft Sachsen – an den jungen wettinischen Markgrafen vereinbart, falls er erbenlos sterben werde.[103] Dieser Erbfall trat nun 1247 ein, so dass

Markgraf Heinrich von Meißen noch 1247/48 nach Thüringen zog, um sein Erbe anzutreten. Im Laufe von knapp zwei Jahren setzte er seine Erbansprüche – zum Teil auch mit militärischer Gewalt – in der Landgrafschaft durch und erlangte schließlich 1249 im Vertrag von Weißenfels seine Anerkennung durch die bedeutendsten thüringischen Grafen und Herren.[104] Bereits im Jahr zuvor urkundete er erstmals auf der Neuenburg, ein aufschlussreicher Beleg für die keineswegs erloschene Bedeutung der Burg für die Ausübung landgräflicher und pfalzgräflicher Herrschaft.[105] Doch gelang es Heinrich von Meißen nicht, das gesamte ludowingische Erbe in seinen Besitz zu bringen. Im Westen konnte die Nichte des letzten Ludowingers, Sophia, Tochter der Heiligen Elisabeth und Gemahlin Herzog Heinrichs II. von Brabant, das hessische Erbe ihrer Familie für ihren Sohn Heinrich sichern.[106] Während Thüringen in den folgenden Jahrzehnten in einem längeren Entwicklungsprozess mit dem wettinischen Herrschaftsbereich verknüpft wurde, etablierten die Erben der Ludowinger in Hessen eine selbständige Landgrafschaft. Erst jetzt, im Laufe der zweiten Hälfte des 13. und der ersten Hälfte des 14. Jahrhunderts, entwickelte sich die Wartburg zur Grenzburg der wettinisch-thüringischen Landgrafen im Westen, während sich die Neuenburg am östlichen Rand des thüringischen Teils der wettinischen Länder wiederfand, ein tief greifender Perspektivenwechsel, der die weitere Entwicklung beider Burgen nachhaltig prägen sollte.

Anmerkungen

1 Zur mittelalterlichen und frühneuzeitlichen Burg als Forschungsproblem vgl. jetzt die Katalog- und Aufsatzbände, die anlässlich der Ausstellungen im Germanischen Nationalmuseum Nürnberg und im Deutschen Historischen Museum Berlin 2010 erschienen sind und das gesamte Spektrum historischer, bau- und kunsthistorischer sowie archäologischer Fragen der modernen Burgenforschung repräsentieren: Burg und Herrschaft. Ausstellungskatalog des Deutschen Historischen Museums Berlin. Hrsg. von Rainer Atzbach und Sven Lüken. Dresden 2010 (siehe hier zur Neuenburg die Artikel von Reinhard Schmitt S. 72, 91, 99, 128 und 281 f.). – Mythos Burg. Hrsg. vom Germanischen Nationalmuseum Nürnberg. Dresden 2010. – Die Burg. Begleitband zu den Ausstellungen „Mythos Burg" und „Burg und Herrschaft". Hrsg. vom Germanischen Nationalmuseum Nürnberg. Dresden 2010. – Zu den Ludowingern vgl. zuletzt Werner, Matthias: Ludowinger. In: Höfe und Residenzen im spätmittelalterlichen Reich. Ein dynastisch-topographisches Handbuch. Hrsg. von Werner Paravicini, bearb. von Jan Hirschbiegel und Jörg Wettlaufer (= Residenzenforschung, Bd. 15/I). Ostfildern 2003, hier Bd. 1, S. 149–154; Butz, Reinhardt: Herrschaft und Macht – Grundkomponenten eines Hofmodells? Überlegungen zur Funktion und zur Wirkungsweise früher Fürstenhöfe am Beispiel der Landgrafen von Thüringen aus dem ludowingischen Haus. In: Literatur und Macht im mittelalterlichen Thüringen. Hrsg. von Ernst Hellgardt, Stephan Müller und Peter Strohschneider. Köln/Weimar/Wien 2002, S. 45–84. Vgl. jetzt auch die Ein-

führung in die Geschichte der Ludowinger und ihres Hofes in: Elisabeth von Thüringen – eine europäische Heilige. Begleitpublikation zur 3. Thüringer Landesausstellung auf der Wartburg/Eisenach. Hrsg. von Dieter Blume und Matthias Werner unter Mitarbeit von Uwe John und Helge Wittmann. 2 Bde. Petersberg 2007, hier Katalogband, S. 58–61 (mit Stammtafel und Karte). – Zur historischen Erforschung der Ludowinger vgl. Werner, Matthias: Thüringen im Mittelalter. Ergebnisse – Aufgaben – Perspektiven. In: Im Spannungsfeld von Wissenschaft und Politik. 150 Jahre Landesgeschichtsforschung in Thüringen. Hrsg. von Matthias Werner (= Veröffentlichungen der Historischen Kommission für Thüringen, Kleine Reihe, Bd. 13). Köln/Weimar/Wien 2005, S. 275–341, hier S. 315–320, und jüngst Tebruck, Stefan: Landesherrschaft – Adliges Selbstverständnis – Höfische Kultur. Die Ludowinger in der Forschung. In: Wartburg-Jahrbuch 2008. Hrsg. von der Wartburg-Stiftung Eisenach. Regensburg 2010, S. 30–76.

2 Vgl. hierzu den Beitrag von Reinhard Schmitt in diesem Band. Die intensiven, seit 1986 unter Leitung von Reinhard Schmitt durchgeführten archäologischen, bau- und kunsthistorischen Untersuchungen zur Geschichte und Baugeschichte der Neuenburg haben ein durchgreifend neues Bild von der Entwicklung dieser größten und zeitweise auch bedeutendsten Befestigungs- und Wohnanlage der ludowingischen Landgrafen von Thüringen entstehen lassen. Die Forschungsergebnisse wurden jüngst von Reinhard Schmitt ausführlich zusammengefasst, siehe Schmitt, Reinhard: Schloß Neuenburg bei Freyburg. Zur Baugeschichte vom späten 11. bis zum mittleren 13. Jahrhundert nach den Untersuchungen der Jahre 1986 bis 2007. In: Burgen und Schlösser in Sachsen-Anhalt 16 (2007), S. 6–138. Vgl. auch dens.: Zur Baugeschichte der Neuenburg. In: Burg und Herrschaft. Die Neuenburg und die Landgrafschaft Thüringen im hohen Mittelalter. Beiträge zur Ausstellung. Hrsg. vom Museum Schloß Neuenburg und dem Verein zur Rettung und Erhaltung der Neuenburg e. V. Freyburg (Unstrut) 2004, Teil I, S. 30–89, Teil II, S. 122–146. Zum Kontext der ludowingischen Burgen insgesamt Strickhausen, Gerd: Burgen der Ludowinger in Thüringen, Hessen und dem Rheinland. Studien zu Architektur und Landesherrschaft im Hochmittelalter (= Quellen und Forschungen zur hessischen Geschichte, Bd. 109). Darmstadt/Marburg 1998, zur Neuenburg S. 145–157 (mit dem älteren, bis 1998 gewonnenen Kenntnisstand der archäologischen und bauhistorischen Befunde).

3 „Non multo post comiti Lodevvico abbas Cuonradus exosus redditur, quippe qui temporis loco isto, utpote castro suo Nuvvenburg adiacente potestative abutebatur. Causa fuisse perhibetur, quia palatini partem plus sua tueretur; sed comes hoc dissimulavit et morum levitatem viteque irrationabilitatem ei opposuit." – Die Gosecker Chronik (Chronicon Gozecense) (1041–1135). Hrsg. von Richard Ahlfeld. In: Jahrbuch für die Geschichte Mittel- und Ostdeutschlands 16/17 (1968), S. 1–49, hier S. 35 (Kapitel II, 4).

4 Zu den Äbten von Goseck und ihren jeweiligen Amtszeiten siehe Borgolte, Claudia: Studien zur Klosterreform in Sachsen im Hochmittelalter (= Diss. phil. Technische Universität Braunschweig 1975). Braunschweig 1976, S. 146–157.

5 Urkundenbuch des Hochstifts Naumburg, Teil 1 (967–1207). Bearb. von Felix Rosenfeld (= Geschichtsquellen der Provinz Sachsen und des Freistaates Anhalt, Neue Reihe, Bd. 1). Magdeburg 1925, Nr. 172, S. 151 f., und Nr. 173, S. 152 f. (beide Stücke datieren in den Zeitraum zwischen dem 13. März und dem 24. September des Jahres 1145). Vgl. zu diesen beiden Urkunden Dobenecker, Otto (Bearb.): Regesta diplomatica necnon epistolaria historiae Thuringiae 500–1288. 4 Bde. Jena 1896–1939, hier Bd. 1, Nr. 1540 f. (künftig: Dobenecker + Bandzahl + Nr. des Regests).

6 Erstmalig wird Godebold in einer angeblich am 9. Juni 1178 von Landgraf Ludwig III. von Thüringen für das benachbarte Zisterzienserkloster Pforte ausgestellten Urkunde unter den adligen Zeugen als „burchgravius de Novo castro" bezeichnet: Urkundenbuch des Klosters Pforte, Erster Halbband (1132–1300). Bearb. von Paul Boehme (= Geschichtsquellen der Provinz Sachsen und angrenzender Gebiete, Bd. 33). Halle 1893, Nr. 20, S. 35 f. Das Diplom ist allerdings zusammen mit zahlreichen weiteren Fälschungen erst um 1279 im Zisterzienserkloster Pforte angefertigt worden, wie Kunde, Holger: Das Zisterzienserkloster Pforte. Die Urkundenfälschungen und die frühe Geschichte bis 1236 (= Quellen und Forschungen zur Geschichte Sachsen-Anhalts, Bd. 4). Köln/Weimar/Wien 2003, S. 56 f. und S. 271 f., überzeugend nachweisen konnte. Die Urkunde kann daher nicht mehr als urkundlicher Erstbeleg für die Burggrafschaft Neuenburg (und für die ebenfalls hier erstmalig genannten vier Hofämter des landgräflichen Hofes) angeführt werden, wie dies in der älteren Forschung durchweg angenommen worden ist. Da der Burggrafentitel auf der Neuenburg aber im späten 12. und frühen 13. Jahrhundert noch mehrfach belegt ist, liegt die Annahme nahe, dass das Neuenburger Burggrafenamt spätestens seit den 1180er Jahren bestanden hat.

7 De ortu principum Thuringie, Kapitel 3. In: Tebruck, Stefan: Die Reinhardsbrunner Geschichtsschreibung im Hochmittelalter. Klösterliche Traditionsbildung zwischen Fürstenhof, Kirche und Reich (= Jenaer Beiträge zur Geschichte, Bd. 4). Frankfurt am Main 2001, S. 393–408, hier S. 399: „Cumque ditari nimis in eadem cepisset regione, permissione imperatoris et principum quibus id iuris erat concedere edificavit castellum iuxta Loibam silvam Schowenburc nomine; ad quod negocium rex quam plurimam partem eiusdem silve ei auctoritate sua contulit." Vgl. die nahezu gleichlautende Nachricht in der Reinhardsbrunner Chronik: Cronica Reinhardsbrunnensis. Hrsg. von Oswald Holder-Egger. In: Monumenta Germaniae Historica, Abteilung Scriptores, Bd. 30/1. Hannover 1896, S. 490–656, hier S. 518 f. – Diese Nachricht in De ortu principum Thuringiae und in der Reinhardsbrunner Chronik geht auf eine der Reinhardsbrunner Urkundenfälschungen zurück, die um 1165/68 angefertigt wurden; demnach soll Kaiser Heinrich III. im Jahr 1044 die Gütererwerbungen Ludwigs des Bärtigen und seine Burggründung bei Friedrichroda ausdrücklich genehmigt und ihm dazu einen großen Teil der umgebenden Waldgebiete geschenkt haben. Vgl. hierzu ausführlich Patze, Hans: Die Entstehung der Landesherrschaft in Thüringen (= Mitteldeutsche Forschungen, Bd. 22). Köln/Graz 1962, S. 144 ff.; Heinemeyer, Walter: Die Reinhardsbrunner Fälschungen. In: Archiv für Diplomatik 13 (1967), S. 133–224, hier S. 142, Nr. 10 f., S. 193 ff., S. 210 ff.; Tebruck: Die Reinhardsbrunner Geschichtsschreibung, wie oben in dieser Anm., S. 98–107. Vgl. auch die folgende Anm.

8 De ortu principum Thuringie, Kapitel 6. In: Tebruck: Die Reinhardsbrunner Geschichtsschreibung, wie Anm. 7, S. 403 f.: „Post hec ampliatis diviciarum suarum terminis montem quem Wartberc dicunt cum fortibus tocius provincie auxiliariis occupavit et ibi sicut hodie cernitur inexpugnabile castrum erexit. In partibus quoque orientis munitissimam urbem nomine Nuwenburc instituit, qua sepe principibus orientis terrorem ingerens Saxonie et Thuringie circumsedentes indigenas usque in hodiernum diem honorifice protexit. Qui eciam imperialibus prediis tam acriter instit et infestis viribus indesinenter occurit donec ad plenam reconciliacionem initi federis Heinrici huius nominis quarti regis et ipsius Ludewici comitis eidem largicione regia castrum Eckehardesberc stabili iure delegatum est." Vgl. die entsprechende Nachricht in der Cronica Reinhardsbrunnensis, wie Anm. 7, S. 523. – Die hier und in der vorangehenden Anm. zitierten Nachrichten zur Gründung der Schauenburg, der Wartburg und der Neuenburg sowie zur Inbesitznahme der Eckartsburg durch die Ludowinger gehören der Ende des 12. Jahrhunderts aufgezeichneten Gründungsgeschichte des landgräflichen Hausklosters Reinhardsbrunn an. Diese verlorengegangene Quelle, die ausführlich

über die frühen Ludowinger, ihre Klostergründung in Reinhardsbrunn und ihren Aufstieg zur thüringischen Landgrafenwürde berichtet, ist nur noch aus der vor der Mitte des 14. Jahrhunderts abgeschlossenen Reinhardsbrunner Chronik und aus der 1234/35 verfassten Schrift De ortu principum Thuringie zu erschließen. Die Nachrichten zur Gründung der Wartburg in De ortu principum Thuringiae stehen der ursprünglichen Reinhardsbrunner Quelle aus den 1190er Jahren offenkundig näher als der legendenhaft überformte Parallelbericht in der Reinhardsbrunner Chronik. Vgl. hierzu Tebruck: Reinhardsbrunner Geschichtsschreibung, wie Anm. 7, S. 175–178, zusammenfassend ebenda S. 205–213 und S. 385–388. Zur Eckartsburg siehe auch: Die Eckartsburg. Hrsg. von Boje Schmuhl in Verbindung mit Konrad Breitenborn (= Schriftenreihe der Stiftung Burgen, Schlösser und Gärten des Landes Sachsen-Anhalt, Bd. 1). Halle 1998.

9 Vgl. hierzu oben Anm. 7 und Anm. 8.
10 Zur Rolle Graf Ludwigs des Springers bei der Ermordung des sächsischen Pfalzgrafen 1085 siehe Huschenbett, Dietrich: Eine Mord- und Minne-Geschichte aus Thüringen. Zur Darstellung der Ermordung des sächsischen Pfalzgrafen Friedrich III. durch Ludwig den Springer, Graf von Thüringen. In: Strukturen der Gesellschaft im Mittelalter. Interdisziplinäre Mediävistik in Würzburg. Hrsg. von Dieter Rödel und Joachim Schneider. Wiesbaden 1996, S. 35–49; Tebruck, Stefan: Die Gründung des Klosters Zscheiplitz. Zur Entstehung des Reinhardsbrunner Frauenpriorates an der Unstrut und seiner Bedeutung für die Ludowinger um 1200. In: Sachsen und Anhalt 20 (1997), S. 331–358, hier S. 353–356, und ders.: Die Gründungsgeschichte des Klosters Zscheiplitz. In: Bahn, Bernd W., Joachim Götze, Reinhard Schmitt, Stefan Tebruck und Walter Saal (†): Zscheiplitz. Pfalzgrafenhof, Kirche, Kloster und Gut (= Burgen und Schlösser in Sachsen-Anhalt, Sonderheft 1999). Halle (Saale) 1999, S. 6–35, hier S. 10–12.
11 Die Reichschronik des Annalista Saxo. Hrsg. von Klaus Naß (= Monumenta Germaniae Historica, Abteilung Scriptores, Bd. 37). Hannover 2006, S. 398. Zu diesem Werk Naß, Klaus: Die Reichschronik des Annalista Saxo und die sächsische Geschichtsschreibung im 12. Jahrhundert (= Schriften der Monumenta Germaniae Historica, Bd. 41). Hannover 1996.
12 Die Gosecker Chronik, wie Anm. 3, Kapitel I 15, S. 23.
13 Ebd., wie Anm. 3, Kapitel II 3, S. 35.
14 Zum dynastisch und politisch bestimmten Heiratsverhalten der Ludowinger im Kontext adliger Heiratspolitik im Hochmittelalter jetzt eingehend Weller, Tobias: Die Heiratspolitik des deutschen Hochadels im 12. Jahrhundert (= Rheinisches Archiv, Bd. 149). Köln 2004, hier S. 576–626.
15 Zur Frühgeschichte der Wartburg jetzt eingehend Wittmann, Helge: Im Schatten der Landgrafen. Studien zur adeligen Herrschaftsbildung im hochmittelalterlichen Thüringen (= Veröffentlichungen der Historischen Kommission für Thüringen, Kleine Reihe, Bd. 17; zugl. Diss. phil. Univ. Jena 2003). Köln/Weimar/Wien 2008, S. 416–431. Zur Baugeschichte der Wartburg Strickhausen: Burgen der Ludowinger, wie Anm. 2, S. 185–206; Der romanische Palas der Wartburg. Bd. 1: Bauforschung an einer Welterbestätte. Hrsg. von Günter Schuchardt. Regensburg 2001; vgl. hierzu die Rezension von Schmitt, Reinhard in: Zeitschrift des Vereins für thüringische Geschichte 57 (2003), S. 334–340; jüngst Biller, Thomas: Der Wartburg-Palas. In: Elisabeth von Thüringen, wie Anm. 1, hier Katalogband, S. 94–100.
16 Cronica Reinhardsbrunnensis, wie Anm. 7, S. 521. Vgl. hierzu Tebruck: Die Reinhardsbrunner Geschichtsschreibung, wie Anm. 7, S. 58 und S. 403 mit Anm. 27. Bereits Holder-Egger, Oswald: Studien zu thüringischen Geschichtsquellen III. In: Neues Archiv für ältere deutsche

Geschichtskunde 21 (1896), S. 235–297, hier S. 289–291, konnte nachweisen, dass dieser legendarische Bericht über die Gründung der Wartburg spätmittelalterlichen Ursprungs ist und erstmals zu Beginn des 15. Jahrhunderts in Eisenach aufgezeichnet wurde.

17 Zur sächsisch-thüringischen Adelsopposition gegen Heinrich IV. und Heinrich V. grundlegend Fenske, Lutz: Adelsopposition und kirchliche Reformbewegung im östlichen Sachsen. Entstehung und Wirkung des sächsischen Widerstandes gegen das salische Königtum während des Investiturstreits (= Veröffentlichungen des Max-Planck-Instituts für Geschichte, Bd. 47). Göttingen 1977. Zum weiteren Kontext vgl. Hartmann, Wilfried: Der Investiturstreit (= Enzyklopädie deutscher Geschichte, Bd. 21). 3. Aufl. München 2007; Weinfurter, Stefan: Canossa. Die Entzauberung der Welt. 3. Aufl. München 2007; Althoff, Gerd: Heinrich IV. 2. Aufl. Darmstadt 2008; Heinrich IV. Hrsg. von Gerd Althoff (= Vorträge und Forschungen. Sonderband 69). Ostfildern 2009.

18 Zu den Stader Grafen Hucke, Richard G.: Die Grafen von Stade 900–1144. Genealogie, politische Stellung, Comitat und Allodialbesitz der sächsischen Udonen. Stade 1956, und Fenske: Adelsopposition, wie Anm. 17, passim.

19 Hierzu grundlegend Petersohn, Jürgen: De ortu principum Thuringie. Eine Schrift über die Fürstenwürde der Landgrafen von Thüringen aus dem 12. Jahrhundert. In: Deutsches Archiv für Erforschung des Mittelalters 48 (1992), S. 585–608; ders.: Die Ludowinger. Selbstverständnis und Memoria eines hochmittelalterlichen Reichsfürstengeschlechts. In: Blätter für deutsche Landesgeschichte 129 (1993), S. 1–39; Tebruck: Die Reinhardsbrunner Geschichtsschreibung, wie Anm. 7, S. 172 ff.

20 So die grundlegende und die Forschungsdiskussion prägende Darstellung von Patze: Entstehung der Landesherrschaft, wie Anm. 7, S. 143 ff.

21 Patze: Entstehung der Landesherrschaft, wie Anm. 7, S. 582–601, hatte in kritischer Auseinandersetzung mit der älteren verfassungsgeschichtlichen Forschung zum Landgrafentitel den „lantgravius"-Titel des Grafen von Winzenburg auf dessen übergräflichen Herrschaftsbereich im Leinegau bezogen und demgegenüber den Ludowinger Ludwig I. als ersten Landgrafen mit einem auf Thüringen bezogenen Amtsauftrag betrachtet. Die ältesten schriftlichen Zeugnisse zur Absetzung Graf Hermanns von Winzenburg durch den König 1130 und zur Einsetzung des ludowingischen Grafen Ludwig I. zu seinem Nachfolger im Jahre 1130 oder spätestens 1131 lassen aber keinen Zweifel daran, dass in der Wahrnehmung der Zeitgenossen Hermann von Winzenburg bis 1130 rechtmäßiger thüringischer Landgraf war, und dass der ludowingische Graf Ludwig I. sein Nachfolger in diesem auf Thüringen bezogenen Amt war. Hierzu eingehend Tebruck: Die Reinhardsbrunner Geschichtsschreibung, wie Anm. 7, S. 178–186.

22 So jetzt überzeugend Kälble, Mathias: Reichsfürstin und Landesherrin. Die heilige Elisabeth und die Landgrafschaft Thüringen. In: Elisabeth von Thüringen, wie Anm. 1, Aufsatzband, S. 77–92, hier S. 79 f. Zu den Grenzen der „Thuringia" im Hochmittelalter vgl. jüngst den Kommentar zur Karte der Landgrafschaft Thüringen von Mathias Kälble und Stefan Tebruck in: Elisabeth von Thüringen, wie Anm. 1, Katalogband, S. 62–66.

23 Zu den Grafen von Schwarzburg-Käfernburg, deren Wurzeln sich bis in das 8. Jahrhundert zurückverfolgen lassen, grundlegend Wittmann, Helge: Zur Frühgeschichte der Grafen von Käfernburg-Schwarzburg. In: Zeitschrift des Vereins für Thüringische Geschichte 51 (1997), S. 9–59; ders.: Der Adel Thüringens und die Landgrafschaft im 12. und 13. Jahrhundert: Das Beispiel der Grafen von Schwarzburg-Käfernburg. In: Kunde, Holger, Stefan Tebruck und Helge Wittmann: Der Weißenfelser Vertrag von 1249. Die Landgrafschaft Thüringen am Beginn des Spätmittelalters (= Thüringen gestern & heute. Hrsg. von der Landeszentrale für

politische Bildung Thüringen, Bd. 8). Erfurt 2000, S. 63–93; ders.: Die Grafen von Schwarzburg-Käfernburg. In: Aufbruch in die Gotik. Der Magdeburger Dom und die späte Stauferzeit. Landesausstellung Sachsen-Anhalt aus Anlass des 800. Domjubiläums. 2 Bde. Hrsg. von Matthias Puhle. Mainz 2009, hier Bd. 1: Essays, S. 370–383; und zuletzt ders.: Die Stifterfigur des „Syzzo Comes Do" in ihren Bezügen zum adeligen Geschlechterbewusstsein der Grafen von Schwarzburg-Käfernburg. In: Der Naumburger Meister. Bildhauer und Architekt im Europa der Kathedralen. 2 Bde. Hrsg. von Hartmut Krohm und Holger Kunde (= Katalog der Ausstellung Naumburg/Saale 2011). Petersberg 2011, hier Bd. 2, S. 963–972. Zu den Grafen von Weimar vgl. jüngst Würth, Ingrid: Die Grafen von Weimar-Orlamünde als Markgrafen von Krain und Istrien. In: Zeitschrift des Vereins für Thüringische Geschichte 56 (2002), S. 91–132.

24 Eine Ausnahme stellt die allerdings wieder aufgelöste Ehe zwischen Adelheid, einer Schwester Landgraf Ludwigs I., und Graf Ulrich II. von Weimar-Orlamünde († 1112) dar. Mit der Verheiratung Hildegards, einer Schwester Graf Ludwigs des Springers, mit Graf Poppo I. von Henneberg in erster und Thiemo von Nordeck in zweiter Ehe knüpften die Ludowinger Heiratsverbindungen auch zum fränkischen Adel an. Vgl. hierzu insgesamt Weller: Die Heiratspolitik, wie Anm. 14, S. 576 ff. Anders als Weller weist allerdings Kälble: Reichsfürstin und Landesherrin, wie Anm. 22, S. 79 mit Anm. 32, überzeugend darauf hin, dass thüringisches Konnubium in den ersten drei Generationen der Ludowinger so gut wie keine Rolle spielte.

25 So jetzt überzeugend Kälble: Reichsfürstin und Landesherrin, wie Anm. 22, S. 79 f. mit Anm. 35. Zur Politik König Lothars III. im mitteldeutschen Raum vgl. Pätzold, Stefan: Die frühen Wettiner. Adelsfamilie und Hausüberlieferung bis 1221 (= Geschichte und Politik in Sachsen, Bd. 6). Köln/Weimar/Wien 1997, S. 16 ff., und Partenheimer, Lutz: Albrecht der Bär. Gründer der Mark Brandenburg und des Fürstentums Anhalt. 2. Aufl. Köln/Weimar/Wien 2003, S. 33 ff.

26 Zur unteren Unstrut als Grenzfluss zwischen Sachsen und Thüringen vgl. Tebruck: Die Reinhardsbrunner Geschichtsschreibung, wie Anm. 7, S. 113 f. und: Kälble, Matthias und Stefan Tebruck: Der Herrschaftsbereich Landgraf Ludwigs IV. von Thüringen (1217–1227). In: Elisabeth von Thüringen, wie Anm. 1, Katalogband, S. 62–66.

27 Fenske: Adelsopposition, wie Anm. 17, S. 253. Vgl. jetzt ausführlich zur Frühgeschichte der Wartburg und ihrer Burggrafen im Kontext ludowingischer Herrschaft Wittmann: Im Schatten der Landgrafen, wie Anm. 15, S. 344 f. und S. 424–429.

28 Dies geht aus der auf Kaiser Heinrich V. gefälschten Reinhardsbrunner Urkunde von angeblich 1114 September 14 hervor: Urkunden der Markgrafen von Meißen und Landgrafen von Thüringen 948–1234. 3 Bde. Hrsg. von Otto Posse (= Codex diplomaticus Saxoniae, Hauptteil I, Abteilung A, Bde. 1–3). Leipzig 1882–1898, hier Bd. 2, Nr. 47, S. 39 f. (künftig: CDS + Bandzahl + Nr. der Urkunde). Vgl. hierzu Dobenecker, wie Anm. 5, Bd. 1, Nr. 1103 und Heinemeyer: Reinhardsbrunner Fälschungen, wie Anm. 7, S. 144, Nr. 23.

29 Zur Frage, wann die Wartburg an die Ludowinger zurückgegeben wurde, vgl. die überzeugende Argumentation von Wittmann: Im Schatten der Landgrafen, wie Anm. 15, S. 424 ff.

30 Zur Übertragung der Eckartsburg an die Ludowinger durch Kaiser Heinrich V. siehe oben die in Anm. 8 zitierte Reinhardsbrunner Nachricht. Vgl. zur Baugeschichte dieser Burg Strickhausen: Burgen der Ludowinger, wie Anm. 2, S. 110–114; Schmitt, Reinhard: Baugeschichte und Denkmalpflege. In: Die Eckartsburg, wie Anm. 8, S. 15–54; Schmitt, Reinhard und Wilfried Weise: Forschungen zur Baugeschichte der Neuenburg und der Eckartsburg in romanischer Zeit (= novum castrum. Schriftenreihe des Vereins zur Rettung und Erhaltung der Neu-

enburg e. V., Bd. 5). Freyburg (Unstrut) 1997. Zur hochmittelalterlichen Geschichte der Burg Tebruck, Stefan: Die Eckartsburg und die Ludowinger. In: Die Eckartsburg, wie Anm. 8, S. 69–107 und ders.: Die Eckartsburg im Hochmittelalter. In: Zeitschrift des Vereins für Thüringische Geschichte 52 (1998), S. 11–63.

31 Vgl. hierzu oben Anm. 24.

32 Zu Bischof Udo I. von Naumburg Wiessner, Heinz: Das Bistum Naumburg. Die Diözese (= Germania Sacra, Neue Folge, Bd. 35). 2 Bde. Berlin/New York 1997–1998, hier Bd. 2, S. 762–769 (mit allen Belegen). Vgl. auch Schlesinger, Walter: Kirchengeschichte Sachsens im Mittelalter. 2 Bde. (= Mitteldeutsche Forschungen, Bd. 27, I und II). 2. unveränd. Aufl. Köln/Wien 1983, hier Bd. 2, S. 53–58. Zum Bischofssitz Naumburg und seiner Bedeutung für Ludowinger und Wettiner im 12. und 13. Jahrhundert zuletzt Tebruck, Stefan: Adlige Herrschaft und höfische Kultur. Die Naumburger Bischöfe und ihre fürstlichen Nachbarn im 12. und 13. Jahrhundert. In: Der Naumburger Meister, wie Anm. 23, hier Bd. 1, S. 642–654.

33 Zu Graf Wiprecht von Groitzsch vgl. ausführlich Fenske: Adelsopposition, wie Anm. 17, S. 255–272. Vgl. auch den Aufsatzband: Wiprecht. Beiträge zur Geschichte des Osterlandes im Hochmittelalter. Beucha 1998 sowie die jüngeren Beiträge von Vogtherr, Thomas: Wiprecht von Groitzsch und das Jakobspatrozinium des Klosters Pegau. Ein Beitrag zur Kritik der Pegauer Annalen. In: Neues Archiv für Sächsische Geschichte 72 (2001), S. 35–53 und von Bünz, Enno: Wiprecht von Groitzsch und der hl. Jakobus. In: Der Jakobuskult in Sachsen. Hrsg. von Klaus Herbers und Enno Bünz. Tübingen 2007, S. 61–95. Eine eingehende, vergleichende Untersuchung des politischen Wirkens Wiprechts von Groitzsch und seiner Nachbarn, unter denen Graf Otto von Ballenstedt, Graf Ludwig der Springer und die frühen Wettiner an Saale und Mulde die prominentesten sind, steht noch aus. Auf Parallelen im Burgenbau Wiprechts und Ludwigs des Springers wies bereits Schmitt: Schloss Neuenburg, wie Anm. 2, S. 6 und S. 115 hin.

34 Der Aufruf, der nur in einer Handschrift des 12. Jahrhunderts überliefert ist und keinerlei Wirkungen hatte, ist sehr wahrscheinlich nicht intensiv verbreitet worden; möglicherweise handelt es sich bei dem Text auch nur um eine Stilübung. Immerhin aber nennt der Brief unter den Absendern die Grafen Otto (von Ballenstedt), Wiprecht (von Groitzsch) und Ludwig (den Springer); letztere wirkten 1108 im Umfeld Kaiser Heinrichs V. tatsächlich zusammen. Edition des Textes des Magdeburger Aufrufs in: Urkundenbuch des Erzstifts Magdeburg. Teil 1 (937–1192). Bearb. von Friedrich Israel unter Mitwirkung von Walter Möllenberg (= Geschichtsquellen der Provinz Sachsen und des Freistaates Anhalt, Neue Reihe, Bd. 18). Magdeburg 1937, Nr. 193. Deutsch-lateinische Textausgabe des Aufrufs in: Urkunden und erzählende Quellen zur deutschen Ostsiedlung im Mittelalter. 2 Bde. Hrsg. von Herbert Helbig und Lorenz Weinrich (= Ausgewählte Quellen zur deutschen Geschichte des Mittelalters. Freiherr vom Stein – Gedächtnisausgabe, Bd. 26), Darmstadt 1968, hier Bd. 1, Nr. 19, S. 96–103. Vgl. die grundlegenden Aufsätze hierzu von Knoch, Peter: Kreuzzug und Siedlung. Studien zum Aufruf der Magdeburger Kirche von 1108. In: Jahrbuch für die Geschichte Mittel- und Ostdeutschlands 23 (1974), S. 1–33 und von Constable, Giles: The Place of the Magdeburg Charter of 1107/08 in the History of Eastern Germany and of the Crusades. In: Vita Religiosa im Mittelalter. Festschrift für Kaspar Elm zum 70. Geburtstag. Hrsg. von Franz J. Felten und Nikolas Jaspert unter Mitarbeit von Stephanie Haarländer (= Berliner Historische Studien, Bd. 31; Ordensstudien, Bd. XIII). Berlin 1999, S. 283–299.

35 Die Übertragung der Ulrichskirche in Sangerhausen an das Hauskloster in Reinhardsbrunn ist durch eine kopial überlieferte Urkunde vom 25. Juli 1110 bezeugt; siehe die Edition dieses Dokuments in: CDS I/2, wie Anm. 28, S. 22, Nr. 25. Der Reinhardsbrunner Chronist hat

diese Nachricht in seiner Kompilation unter dem Jahr 1110 aufgenommen: Cronica Reinhardsbrunnensis, wie Anm. 7, S. 529. Vgl. hierzu Petersohn: Die Ludowinger, wie Anm. 19, S. 8 f. – Zur Kirche in Zscheiplitz, die anlässlich der Beisetzung Adelheids von Stade 1110 an Reinhardsbrunn übertragen wird, siehe die entsprechende Nachricht in der Cronica Reinhardsbrunnensis, wie Anm. 7, S. 529. Vgl. hierzu eingehend Tebruck: Die Gründung des Klosters Zscheiplitz, wie Anm. 10, S. 340 f.

36 Zu den Ludowingern in Hessen Patze: Entstehung der Landesherrschaft, wie Anm. 7, S. 193 ff.; Schwind, Fred: Thüringen und Hessen um 1200. In: Der Landgrafenpsalter. Kommentarband. Hrsg. von Felix Heinzer. Bielefeld 1992, S. 185–215. Wiederabgedruckt in: Burg, Dorf, Kloster, Stadt. Beiträge zur Hessischen Landesgeschichte und zur mittelalterlichen Verfassungsgeschichte. Ausgewählte Aufsätze von Fred Schwind. Festgabe zu seinem 70. Geburtstag. Hrsg. von Ursula Braasch-Schwersmann (= Untersuchungen und Materialien zur Verfassungs- und Landesgeschichte, Bd. 17). Marburg 1999, S. 129–160; ders.: Thüringen und Hessen im Mittelalter. Gemeinsamkeiten – Divergenzen. In: Aspekte thüringisch-hessischer Geschichte. Hrsg. von Michael Gockel. Marburg/Lahn 1992, S. 1–28.

37 Zu den ludowingischen Burgen insgesamt Strickhausen: Burgen der Ludowinger, wie Anm. 2.

38 Zur Wartburg und zur Eckartsburg vgl. die oben in Anm. 15 und Anm. 30 genannte Literatur. Zu Weißensee vgl. Castrum Wiscense. Festschrift zur 825-Jahr-Feier der Runneburg in Weißensee (= Schriftenreihe des Vereins zur Rettung und Erhaltung der Runneburg in Weißensee/Thür. e. V., Bd. 2). Weimar 1993; Die Runneburg in Weißensee. Baugeschichtliche Aufarbeitung der bisherigen Forschungsergebnisse. Hrsg. vom Thüringischen Landesamt für Denkmalpflege (= Arbeitshefte des Thüringischen Landesamtes für Denkmalpflege, Bd. 15). Bad Homburg/Leipzig 1998.

39 Müller, Christine: Landgräfliche Städte in Thüringen. Die Städtepolitik der Ludowinger im 12. und 13. Jahrhundert (= Veröffentlichungen der Historischen Kommission für Thüringen, Kleine Reihe, Bd. 7; zugl. Diss. phil. Univ. Jena 1999/2000). Köln/Weimar/Wien 2003; dies.: Ludowingische Städtepolitik in Thüringen und Hessen – ein Vergleich. In: Hessisches Jahrbuch für Landesgeschichte 53 (2003), S. 51–70. Die wichtigste übergreifende Arbeit über die hessischen Städte der Ludowinger stellt immer noch Hess, Wolfgang: Hessische Städtegründungen der Landgrafen von Thüringen (= Beiträge zur hessischen Geschichte, Bd. 4). Marburg/Witzenhausen 1966, dar.

40 Zur Verkehrslage und zur politisch-strategischen Lage der Neuenburg und Freyburgs vgl. Müller: Landgräfliche Städte, wie Anm. 39, S. 74 ff.

41 Siehe hierzu oben Anm. 8.

42 Vgl. hierzu ausführlich Tebruck: Die Reinhardsbrunner Geschichtsschreibung, wie Anm. 7, S. 112–120. Der Bericht der Reinhardsbrunner Chronik über die Gründung der Burg Weißensee spiegelt bereits die spätmittelalterliche Sicht auf die landgräflichen Burgen in Thüringen wider. Die vor der Mitte des 14. Jahrhunderts entstandene und in die (1340/49 abgeschlossene) Reinhardsbrunner Chronik unter der Jahreszahl 1168 aufgenommene Nachricht verweist darauf, dass die Burg Weißensee sehr günstig in der Mitte des Weges von der Wartburg zur Neuenburg gelegen habe und deshalb von zentraler Bedeutung für die Landgrafen gewesen sei: Cronica Reinhardsbrunnensis, wie Anm. 7, S. 538. Diese Deutung setzt voraus, dass die bedeutendste westliche Landgrafenburg die Wartburg, die wichtigste östlichste Burg die Neuenburg war – eine Situation, wie sie sich erst unter den wettinischen Landgrafen seit der Mitte des 13. Jahrhunderts entwickelte. Für die Ludowinger dürften die politisch-geographischen Koordinaten noch sehr viel großräumiger gewesen sein; je nach politischer Konstel-

lation im Verlauf ihrer Herrschaft verschoben sich diese Orientierungspunkte und damit auch die jeweilige Bedeutung der Burgen.

43 Hierzu jetzt Wittmann: Im Schatten der Landgrafen, wie Anm. 15, S. 346 ff.

44 Vgl. hierzu oben mit Anm. 5 und Anm. 6.

45 Siehe mit allen urkundlichen Belegen zu den Godebolden auf der Neuenburg Helbig, Herbert: Der wettinische Ständestaat. Untersuchungen zur Geschichte des Ständewesens und der landständischen Verfassung in Mitteldeutschland bis 1485 (= Mitteldeutsche Forschungen, Bd. 4). Münster/Köln 1955, S. 239–242; Patze: Entstehung der Landesherrschaft, wie Anm. 7, S. 372–374; Strickhausen: Burgen der Ludowinger, wie Anm. 2, S. 147. Zum ersten urkundlichen Beleg für das Burggrafenamt auf der Neuenburg vgl. oben Anm. 6.

46 Vgl. hierzu Helbig: Der wettinische Ständestaat, wie Anm. 45, S. 240, und Patze: Die Entstehung der Landesherrschaft, wie Anm. 7, S. 373 f., der zur Unterstützung seiner These von der fränkischen Herkunft der Godebolde auf Naumburger Besitz in Unterfranken, auf die Kilianskapelle bei der Neuenburg, auf die fränkische Herkunft der Lobdeburger und der Herren von Droyßig, auf den bambergischen Besitz in Reinsdorf, auf die fränkische Herkunft der Herren von Stechau bei Porstendorf und auf die fränkische Herkunft der Ludowinger selbst verweist.

47 Edition dieser Urkunde in: Mainzer Urkundenbuch, Bd. II: Die Urkunden seit dem Tode Erzbischof Adalberts I. (1137) bis zum Tode Erzbischof Konrads (1200), Teil 2: 1176–1200. Bearb. von Peter Acht. Darmstadt 1971, S. 955–957, Nr. 579 (mit der älteren Literatur).

48 Die ersten urkundlichen Nennungen des „Hermannus burchgravius de Novo Castro" finden sich in den Zeugenlisten von zwei Urkunden aus dem Jahr 1225: In einer Urkunde Landgraf Ludwigs IV. für das Georgenkloster in Naumburg von 1225 (vor dem 24. September) wird Hermann zusammen mit seinem Bruder Burggraf Meinher (II.) von Meißen unter den adligen Zeugen verzeichnet; Edition der Urkunde in: Urkundenbuch des Hochstifts Naumburg, Teil 2 (1207–1304). Hrsg. von Hans K. Schulze. Auf der Grundlage der Vorarbeiten von Felix Rosenfeld und Walter Möllenberg bearb. von Hans Patze und Josef Dolle (= Quellen und Forschungen zur Geschichte Sachsen-Anhalts, Bd. 2). Köln/Weimar/Wien 2000, S. 72–74, Nr. 61. Die zweite 1225 ausgestellte Urkunde, in deren Zeugenliste „Hermannus burgravius de Novo Castro" begegnet, ist ein am 4. Juli 1225 von Markgraf Heinrich von Meißen dem Zisterzienserkloster Altzelle gewährtes Privileg; Edition in: Urkundenbuch des Zisterzienserklosters Altzelle. Erster Teil: 1162–1249. Bearb. von Tom Graber (= Codex diplomaticus Saxoniae, Hauptteil II, Bd. 19). Hannover 2006, S. 124 f., Nr. 82. Zu den Burggrafen von Meißen (seit 1173) und der Neuenburg (seit 1225) aus der Familie der Meinheringer (mit allen Belegen) Helbig: Der wettinische Ständestaat, wie Anm. 45, S. 215; Patze: Entstehung der Landesherrschaft, wie Anm. 7, S. 374.

49 Zur wachsenden Bedeutung der Neuenburg im Kontext der Politik Landgraf Ludwigs IV. in der benachbarten Mark Meißen seit 1221 vgl. unten bei Anm. 87 ff.

50 Die erste Nennung Friedrichs von Haldecke findet sich in der bereits oben Anm. 48 genannten Urkunde Markgraf Heinrichs des Erlauchten für das Kloster Altzelle vom 4. Juli 1225.

51 Zur Burg Haldecke und den dort bezeugten Herren von Haldecke eingehend Säckl, Joachim: Die wüste Burg Haldecke zwischen Schloß Neuenburg und Stadt Freyburg (Unstrut). In: Burgen und Schlösser in Sachsen-Anhalt, Sonderheft 1996. Halle (Saale) 1996, S. 49–89, der die Frage der Standesqualität der Herren von Haldecke, die wohl ursprünglich aus dem Umfeld der Meinheringer stammten und Verbindungen sowohl zu ministerialischen Familien als auch zu edelfreien Familien zeigten, sorgfältig diskutiert; ob seine im Nachtrag, S. 87 f., erläuterte

Annahme einer edelfreien Standesqualität der Haldecker mit den zahlreichen anderen Zeugnissen, die eher an eine Herkunft aus der Ministerialität denken lassen, in Einklang zu bringen ist, bedürfte einer erneuten Prüfung.

52 Zur Ministerialität der Ludowinger insgesamt Patze: Entstehung der Landesherrschaft, wie Anm. 7, S. 326–370, der den Ministerialen die entscheidende Bedeutung für den Aufbau des ludowingischen „Landesstaates" in Thüringen zuwies und demgegenüber den Adel als eine mit den Ludowingern konkurrierende Gruppe von Herrschaftsträgern betrachtete. Vgl. hierzu die kritische Korrektur dieses Bildes bei Wittmann: Im Schatten der Landgrafen, wie Anm. 15, S. 465–478.

53 Zu den ludowingischen Ministerialen auf der Neuenburg Patze: Entstehung der Landesherrschaft, wie Anm. 7, S. 350 f. (mit den Belegen).

54 Hierzu ausführlicher mit allen Belegen Wojtecki, Dieter: Studien zur Personengeschichte des Deutschen Ordens im 13. Jahrhundert (= Quellen und Studien zur Geschichte des östlichen Europa, Bd. 3). Wiesbaden 1971, S. 130–132.

55 Vgl. hierzu Werner: Ludowinger, wie Anm. 1.

56 Zur Baugeschichte der Burgkapelle vgl. den Beitrag von Reinhard Schmitt in diesem Band sowie die grundlegenden Untersuchungen von Schmitt, Reinhard: Die Doppelkapelle der Neuenburg bei Freyburg/Unstrut. Bericht über neue baugeschichtliche Untersuchungen. In: Sachsen und Anhalt 19 (1997), S. 73–164, und ders.: Schloss Neuenburg, wie Anm. 2, S. 35–40, S. 95–114.

57 Vgl. hierzu (mit Belegen) Schmitt, Reinhard: Die ehemalige Kilianskirche bei Freyburg – erste Burgkirche der Neuenburg. In: Burgen und Schlösser in Sachsen-Anhalt 2 (1993), S. 15–22. Die Annahme, die Kilianskirche sei die erste Burgkapelle der Neuenburg gewesen, ist von Reinhard Schmitt aufgrund der von ihm erhobenen baugeschichtlichen Befunde zur Doppelkapelle selbst relativiert worden, siehe Schmitt: Schloss Neuenburg, wie Anm. 2, S. 112 f.

58 Müller: Landgräfliche Städte, wie Anm. 39, S. 72 f.; Patze: Entstehung der Landesherrschaft, wie Anm. 7, S. 431. Zum Kilianspatrozinium in Thüringen vgl. Schulze, Hans K.: Die Entwicklung der thüringischen Pfarrorganisation im Mittelalter. In: Blätter für deutsche Landesgeschichte 103 (1967), S. 32–70, hier S. 48.

59 Edition der Urkunde in Tebruck: Die Gründung des Klosters Zscheiplitz, wie Anm. 10, S. 357 f.; Abbildung und deutsche Übersetzung des Dokuments in Tebruck: Die Gründungsgeschichte des Klosters Zscheiplitz, wie Anm. 10, S. 28 f. Vgl. hierzu auch Säckl, Joachim: Das alte Freyburg – Entwicklung der Stadt und des städtischen Lebens von der Gründung bis zur Mitte des 19. Jahrhunderts. In: Das alte Freyburg (= novum castrum. Schriftenreihe des Vereins zur Rettung und Erhaltung der Neuenburg e. V., Heft 3). Freyburg (Unstrut) 1994, S. 7–54, hier S. 14–16, und Müller: Landgräfliche Städte, wie Anm. 39, S. 72 f.

60 Siehe Cronica Reinhardsbrunnensis, wie Anm. 7, S. 539, Z. 6–16 (dt. Übersetzung vom Verf.).

61 Vgl. Patze: Entstehung der Landesherrschaft, wie Anm. 7, S. 211 ff.; Plassmann, Alheydis: Die Struktur des Hofes unter Friedrich I. Barbarossa nach den deutschen Zeugen seiner Urkunden (= Monumenta Germaniae Historica, Studien und Texte, Bd. 20). Hannover 1998, S. 54–65.

62 Zu den Reisestationen Friedrichs I. siehe Opll, Ferdinand: Das Itinerar Kaiser Friedrich Barbarossas (1152–1190) (= Forschungen zur Kaiser- und Papstgeschichte, Bd. 6). Wien/Köln/Graz 1978. Zu den königlichen Aufenthaltsorten in Thüringen grundlegend Gockel, Michael:

Thüringen (= Die deutschen Königspfalzen. Repertorium der Pfalzen, Königshöfe und übrigen Aufenthaltsorte der Könige im deutschen Reich des Mittelalters, Bd. 2). Göttingen 2000. Zur Bedeutung des im 12. Jahrhundert von den Staufern im Pleißenland errichteten „Reichslandes" mit den Vororten Altenburg, Chemnitz, Zwickau u. a. zusammenfassend Thieme, André: Die Burggrafschaft Altenburg. Studien zu Amt und Herrschaft im Übergang vom hohen zum späten Mittelalter (= Schriften zur sächsischen Landesgeschichte, Bd. 2). Leipzig 2001, hier S. 149–184.

63 Edition der Urkunde vom 27. November 1171 in: Die Urkunden Friedrichs I., 5 Bde. Hrsg. von Heinrich Appelt (= Monumenta Germaniae Historica, Abteilung Diplomata, Die deutschen Könige und Kaiser, Bd. X, Teilbände 1–5). Hannover 1975–1990, hier Bd. X/3. Hannover 1985, S. 62–64, Nr. 585. Der in der Datierungszeile dieser Urkunde genannte Ausstellungsort wird mit „Nuenburg" angegeben. Diese Ortsangabe ist zweifellos nicht auf die Neuenburg, sondern auf die Bischofsstadt Naumburg zu beziehen. „Nuenburg" ist die gängige Schreibweise für Naumburg, und auch der in der Zeugenliste genannte Propst des Naumburger Domstifts nennt sich „Nuenburgensis archiprepositus". Auch alle anderen Indizien – Gegenstand der Verhandlungen und der daraufhin ausgestellten Urkunde, beteiligte Bischöfe und Prälaten und die Zusammensetzung der Zeugenliste – verweisen auf Naumburg als Versammlungsort.

64 Opll, Ferdinand: Friedrich Barbarossa (= Gestalten des Mittelalters und der Renaissance). 4. Aufl. Darmstadt 2009, S. 109 f. Vgl. die entsprechenden Belege in: Die Regesten des Kaiserreiches unter Friedrich I. 1152 (1122) – 1190. Bearb. von Ferdinand Opll (= Johann Friedrich Böhmer, Regesta Imperii, Bd. IV/2). 3. Lieferung (1168–1180), Wien/Köln/Weimar 2001, S. 68, Nr. 1995.

65 Zu den Aufenthalten des Herrschers nach der Rückkehr aus Polen vgl. Die Regesten des Kaiserreiches, wie Anm. 64, S. 68 f., Nr. 1996 ff.

66 Cronica Reinhardsbrunnensis, wie Anm. 7, S. 539, Z. 16–22. – Landgraf Ludwig II. erhielt seine Grablege 1172 tatsächlich in Reinhardsbrunn, wo man ihm und den anderen dort beigesetzten Landgrafen im 14. Jahrhundert, sehr wahrscheinlich als Ersatz für die ursprünglichen Grabdenkmäler, eine neue Grabplatte schuf. Sie ist heute zusammen mit den anderen Reinhardsbrunner Grabplatten der Landgrafen in der Eisenacher Georgenkirche aufgestellt. Siehe hierzu Schubert, Ernst: Drei Grabmäler des Thüringer Landgrafenhauses aus dem Kloster Reinhardsbrunn. In: Skulptur des Mittelalters. Funktion und Gestalt. Hrsg. von Friedrich Möbius und Ernst Schubert. Weimar 1987, S. 212–242.

67 Die Regesten des Kaiserreiches, wie Anm. 64, S. 69, Nr. 1998, verzeichnen den vom Reinhardsbrunner Chronisten berichteten Aufenthalt des Kaisers auf der Neuenburg und datieren diesen Aufenthalt auf die Zeit vor dem 14. Oktober 1172, dem Todestag Landgraf Ludwigs II. Weitere Belege, die die legendarisch überformte Erzählung aus Reinhardsbrunn bestätigen könnten, liegen nicht vor, so dass der kaiserliche Aufenthalt fraglich bleibt.

68 Die Reinhardsbrunner Erzählung von der lebenden Mauer auf der Neuenburg wurde vor allem von dem Eisenacher Chronisten Johann Rothe († 1434) in seine Chronistik aufgenommen und auf diese Weise weitertradiert; siehe die neuere Edition: Johannes Rothe: Thüringische Landeschronik und Eisenacher Chronik. Hrsg. von Sylvia Weigelt (= Deutsche Texte des Mittelalters, Bd. 87). Berlin 2007, hier S. 42 f. Zur spätmittelalterlichen Historiographie in Thüringen und ihrem Umgang mit den Ludowingern grundlegend Werner, Matthias: Die Anfänge eines Landesbewußtseins in Thüringen. In: Aspekte thüringisch-hessischer Geschichte. Hrsg. von Michael Gockel. Marburg a. d. Lahn 1992, S. 81–137; ders.: ,Ich bin ein Durenc'. Vom Umgang mit der eigenen Geschichte im mittelalterlichen Thüringen. In:

Identität und Geschichte. Hrsg. von Matthias Werner (= Jenaer Beiträge zur Geschichte, Bd. 1). Weimar 1997, S. 79–104; Moeglin, Jean-Marie: Sentiment d'identité régionale et historiographie en Thuringe à la fin du Moyen âge. In: Identité nationale et conscience régionale en France et en Allemagne du Moyen âge à l'époque moderne. Hrsg. von Rainer Babel und Jean-Marie Moeglin (= Beihefte der Francia, Bd. 39). Sigmaringen 1996, S. 325–363. Inwieweit die Sage von der lebenden Mauer auch in anderen Überlieferungen festgestellt und damit als „Wandermotiv" erwiesen werden kann, müsste eine eingehendere historische und literaturgeschichtliche Untersuchung zeigen. Insgesamt steht zur Frage der Genese und Rezeption der ludowingischen Landgrafensagen, die zu einem Teil bereits innerhalb der Reinhardsbrunner Chronik um die Mitte des 14. Jahrhunderts überliefert sind, eine umfassende Untersuchung noch aus.

69 Vgl. hierzu auch Schmitt: Schloss Neuenburg, wie Anm. 2, S. 64.

70 Zur politischen Bedeutung der Historiographie im spätmittelalterlichen Thüringen vgl. Tebruck, Stefan: Zwischen Integration und Selbstbehauptung. Thüringen im wettinischen Herrschaftsbereich. In: Fragen der politischen Integration im mittelalterlichen Europa. Hrsg. von Werner Maleczek (= Vorträge und Forschungen, Bd. 63). Ostfildern 2005, S. 375–412, hier S. 397–399 und S. 407 f. Vgl. auch die oben in Anm. 68 genannte Literatur.

71 Vgl. hierzu ausführlich den Beitrag von Reinhard Schmitt in diesem Band.

72 Hierzu vgl. Anm. 35.

73 Hierzu vgl. Anm. 3 f.

74 Zu den sächsischen Pfalzgrafen Starke, Heinz-Dieter: Die Pfalzgrafen von Sachsen bis zum Jahre 1088. In: Braunschweigisches Jahrbuch 36 (1955), S. 24–52; ders.: Die Pfalzgrafen von Sommerschenburg (1088–1179). In: Jahrbuch für die Geschichte Mittel- und Ostdeutschlands 4 (1955), S. 1–71.

75 Zur Politik Ludwigs III. und seinen Beziehungen zu den Welfen Frommann, Max: Landgraf Ludwig III. der Fromme von Thüringen (1152–1190). In: Zeitschrift des Vereins für thüringische Geschichte und Altertumskunde 26, Neue Folge 18 (1908), S. 175–248; Patze: Entstehung der Landesherrschaft, wie Anm. 7, S. 220 ff.; Geschichte Thüringens. Hrsg. von Hans Patze und Walter Schlesinger. Bd. II/1: Hohes und spätes Mittelalter (= Mitteldeutsche Forschungen, Bd. 48/II, 1). Köln/Wien 1974, S. 24–29.

76 Zur Entmachtung Heinrichs des Löwen 1180/81 siehe Heinemeyer, Karl: Der Prozeß Heinrichs des Löwen. In: Blätter für deutsche Landesgeschichte 117 (1981), S. 1–60; Weinfurter, Stefan: Die Entmachtung Heinrichs des Löwen. In: Heinrich der Löwe und seine Zeit. Herrschaft und Repräsentation der Welfen 1125–1235. 3 Bde. Hrsg. von Jochen Luckhardt und Franz Niehoff (= Katalog der Ausstellung Braunschweig 1995). München 1995, hier Bd. 2, S. 180–189; Schneidmüller, Bernd: Die Welfen. Herrschaft und Erinnerung (819–1252). Stuttgart/Berlin/Köln 2000, S. 224–239; zuletzt Görich, Knut: Jäger des Löwen oder Getriebener der Fürsten? Friedrich Barbarossa und die Entmachtung Heinrichs des Löwen. In: Staufer und Welfen: Zwei rivalisierende Dynastien im Hochmittelalter. Hrsg. von Werner Hechberger und Florian Schuller. Regensburg 2009, S. 98–117.

77 Die Urkunden Friedrichs I., wie Anm. 63, hier Bd. X/3, Hannover 1985, Nr. 795. Vgl. hierzu Weinfurter, Stefan: Urkunde Kaiser Friedrichs I. Barbarossa für das Erzbistum Köln, sogenannte Gelnhäuser Urkunde. In: Heinrich der Löwe und seine Zeit, wie Anm. 76, hier Bd. 1, S. 266–268 (mit einer älteren Fotografie der heute verschollenen Originalurkunde).

78 Zur Übertragung der sächsischen Pfalzgrafenwürde auf den Landgrafenbruder Hermann siehe den zeitgenössischen Bericht in der Erfurter Peterschronik und in den sogenannten Annales maiores des Erfurter Petersklosters: Cronica S. Petri Erfordensis moderna. Hrsg. von Oswald Holder-Egger. In: Monumenta Erphesfurtensia saec. XII. XIII. XIV. (= Monumenta Germaniae Historica, Abteilung Scriptores rerum Germanicarum, Bd. 42). Hannover/Leipzig 1899, S. 117–442, hier S. 191; Annales S. Petri Erphesfurtenses maiores. Hrsg. von Oswald Holder-Egger. In: Monumenta Erphesfurtensia, wie oben in dieser Anm., S. 45–67, hier S. 66. Vgl. zur Rolle der Ludowinger bei der Entmachtung Heinrichs des Löwen Frommann: Ludwig III., wie Anm. 75, S. 195–205; Patze: Entstehung der Landesherrschaft, wie Anm. 7, S. 233–235.

79 Vgl. hierzu zuletzt Hahn, Reinhard und Harald Wolter-von dem Knesebeck: Heinrich von Veldeke, Eneit. In: Elisabeth von Thüringen, wie Anm. 1, hier Katalogband, S. 83–85. Die historische Aussagekraft des Epilogs des Aeneas-Romans von Heinrich von Veldeke wurde in der jüngsten Forschung intensiv diskutiert: Bernd Bastert: „Dô si der lantgrâve nam". Zur „Klever Hochzeit" und der Genese des Eneas-Romans. In: Zeitschrift für deutsches Altertum und deutsche Literatur 123 (1994), S. 253–273; Reinhard Hahn: „unz her quam ze Doringen in daz lant". Zum Epilog von Veldekes Eneasroman und den Anfängen der höfischen Dichtung am Thüringer Landgrafenhof. In: Archiv für das Studium der neueren Sprachen und Literaturen 237 (2000), S. 241–266; Weicker, Tina Sabine: „Dô wart daz Bûch ze Cleve verstolen". Neue Überlegungen zur Entstehung von Veldekes ‚Eneas'. In: Zeitschrift für deutsches Altertum und deutsche Literatur 130 (2001), S. 1–18. Im Hinblick auf die Neuenburg bleibt zu betonen, dass sich für die in der Literatur oft wiederholte Annahme, Veldeke habe längere Zeit auf der Neuenburg selbst gelebt, um dort sein Werk zu vollenden, keine Stütze in den Quellen finden lässt.

80 Zu dem bemerkenswerten und umfassenden literarischen und künstlerischen Mäzenatentum Hermanns I. vgl. zuletzt die Katalogbeiträge in: Elisabeth von Thüringen, wie Anm. 1, hier Katalogband, S. 59–61, S. 67–71, S. 83–91. Vgl. grundlegend auch die älteren Beiträge von Peters, Ursula: Fürstenhof und höfische Dichtung. Der Hof Hermanns von Thüringen als literarisches Zentrum (= Konstanzer Universitätsreden, Bd. 113). Konstanz 1981; Bumke, Joachim: Mäzene im Mittelalter. Die Gönner und Auftraggeber der höfischen Literatur in Deutschland 1150–1300. München 1979, S. 159–168; Lemmer, Manfred: „der Dürnge bluome schînet dur den snê". Thüringen und die deutsche Literatur des hohen Mittelalters. Eisenach 1981, S. 22 ff.; ders.: Die Neuenburg in Geschichte, Literatur und Kunst des hohen Mittelalters (= novum castrum. Schriftenreihe des Vereins zur Rettung und Erhaltung der Neuenburg, Heft 2). Freyburg (Unstrut) 1993, S. 23–28. Siehe dazu auch seinen Beitrag in diesem Band.

81 Zum Herrschaftsausbau der Ludowinger in Nordthüringen und an Saale und Unstrut durch Hermann I. vgl. Tebruck: Die Eckartsburg im Hochmittelalter, wie Anm. 30, hier S. 41–51; ders.: Die Reinhardsbrunner Geschichtsschreibung, wie Anm. 7, S. 113 ff. Zur Politik des vierten ludowingischen Landgrafen insgesamt Tebruck: Die Reinhardsbrunner Geschichtsschreibung, wie Anm. 7, S. 249–346; Wiegand, Peter: Der „milte lantgrâve" als „Windfahne"? Zum politischen Standort Hermanns I. von Thüringen (1190–1217) zwischen Erbreichsplan und welfisch-staufischem Thronstreit. In: Hessisches Jahrbuch für Landesgeschichte 48 (1998), S. 1–53; ders.: Eheversprechen und Fürstenkoalition. Die Verbindung Elisabeths von Ungarn mit Ludwig von Thüringen als Baustein einer europäischen Allianz (1207/08–1210/11). In: Elisabeth von Thüringen, wie Anm. 1, hier Aufsatzband, S. 35–46.

82 Zum Ausbau der Eckartsburg durch Hermann I. vgl. die oben in Anm. 30 genannte Literatur.

83 Ob die Neuenburg selbst Ort pfalzgräflicher Urkundenausstellung in der Zeit Hermanns I. war, muss fraglich bleiben. Unterschiedliche Interpretationen hat die räumliche Lokalisierung einer Urkunde aus dem Jahr 1200 gefunden, in der Pfalzgraf Hermann, seit 1190 zugleich auch thüringischer Landgraf, einen Vergleich zwischen dem Grafen Hugold von Buch und dem Kloster Pforte bestätigte. Dieser Vergleich war zuvor „vor uns in der Gerichtsversammlung, die wir in Sachsen nahe dem Hain unserer Burg abgehalten haben" („coram nobis in iudiciali placito, quod in Saxonia prope nemus castri nostri habuimus") geschlossen worden. Siehe die Edition dieser Urkunde in: CDS I/3, wie Anm. 28, S. 44 f. Nr. 50, und in: Urkundenbuch des Klosters Pforte, 1. Halbband (1132–1300). Bearb. von Paul Boehme (= Geschichtsquellen der Provinz Sachsen und angrenzender Gebiete, Bd. 33). Halle 1893, S. 71 f., Nr. 54. Regest hierzu in Kunde: Zisterzienserkloster Pforte, wie Anm. 6, S. 285 f., Nr. 51; Urkunden der Markgrafen von Meißen und Landgrafen von Thüringen 1196–1234. Register. Auf der Grundlage der Vorarbeiten von Elisabeth Boer (†) bearb. von Susanne Baudisch und Markus Cottin (= Codex diplomaticus Saxoniae I/3 – Register). Hannover 2009, S. 196, Nr. 50. Offensichtlich saß Hermann I. hier dem Landding der Pfalzgrafschaft Sachsen vor. Der „Hain bei unserer Burg", von dem in der Urkunde die Rede ist, wurde von Nebe, A.: Geschichte der Stadt Freiburg und des Schlosses Neuenburg. In: Zeitschrift des Harz-Vereins für Geschichte und Alterthumskunde 19 (1886), S. 93–172, hier S. 100 mit Anm. 4, mit dem Hainberg südlich der Neuenburg in Verbindung gebracht. Für diese Annahme spricht sicher, dass Heinrich, Burggraf der Neuenburg, in der Zeugenreihe an dritter Stelle genannt wird. Die landgräfliche Ministerialität der Neuenburg erscheint mehrfach in pfalzgräflichen Landgerichtsurkunden Hermanns I. und Ludwigs IV. als Zeugen (siehe CDS I/3, wie Anm. 28, Nr. 128, zum Jahr 1208; Nr. 259, zum Jahr 1218; vgl. hierzu Urkunden der Mark- und Landgrafen 1196–1234 – Register, wie oben in dieser Anm., S. 203, Nr. 128 und S. 216, Nr. 259). Otto Dobenecker bezog die Ortsangabe für das Landding von 1200 demgegenüber auf den Hagen bei der Burg Allstedt (siehe Dobenecker, wie Anm. 5, Bd. 2, Nr. 1178). Wahrscheinlich ist allerdings an die pfalzgräfliche Gerichtsstätte in Obhausen nahe der Kuckenburg zu denken, so Gockel: Thüringen, wie Anm. 62, S. 31.

84 Edition dieser Urkunde in: Urkundenbuch des Klosters Walkenried. Bd. 1: Von den Anfängen bis 1300. Bearb. von Josef Dolle nach Vorarbeiten von Walter Baumann (= Veröffentlichungen der Historischen Kommission für Niedersachsen und Bremen, Bd. 210; Quellen und Forschungen zur Braunschweigischen Landesgeschichte, Bd. 38). Hannover 2002, S. 130 f., Nr. 82. Vgl. hierzu Dobenecker, wie Anm. 5, Bd. 2, Nr. 1622 und Urkunden der Mark- und Landgrafen 1196–1234 – Register, wie Anm. 83, S. 209, Nr. 199.

85 Vgl. hierzu oben mit Anm. 59. Zur Entstehung Freyburgs vgl. die dort genannte Literatur.

86 Hierzu Tebruck: Die Gründung des Klosters Zscheiplitz, wie Anm. 10, und ders.: Die Gründungsgeschichte des Klosters Zscheiplitz, wie Anm. 10.

87 Siehe die Editionen dieser Urkunden in: Urkundenbuch der Deutschordensballei Thüringen. Hrsg. von Karl H. Lampe (= Thüringische Geschichtsquellen, Bd. 10). Jena 1936, S. 26 f., Nr. 23 (zu 1222, vor September 29); Urkundenbuch des Klosters Kaufungen in Hessen. Bearb. von Hermann von Roques, 2 Bde. Kassel 1900–1902, hier Bd. 1, Nr. 36 (zu 1224, April 7); CDS I/3, wie Anm. 28, S. 244 f., Nr. 345 (zu 1225, November 6). Vgl. hierzu die entsprechenden Regesten in: Dobenecker, wie Anm. 5, Nr. 2019, Nr. 2137 und Nr. 2246, sowie die entsprechenden Nachträge in: Urkunden der Mark- und Landgrafen 1196–1234 – Register, wie Anm. 83, S. 220, Nr. 307; S. 221, Nr. 322.

88 Siehe im Einzelnen die in Anm. 87 genannten Editionen und Regesten dieser Dokumente. Zu den beiden Aufenthalten der Landgräfin Elisabeth auf der Neuenburg siehe Kälble,

Mathias: Aufenthalt Landgraf Ludwigs IV. und Elisabeths auf der Neuenburg. In: Elisabeth von Thüringen, wie Anm. 1, hier Katalogband, S. 79–81 (mit Abb. der am 7. April 1224 auf der Neuenburg ausgestellten Originalurkunde). – Sämtliche urkundlich nachweisbaren Aufenthaltsorte des Landgrafen Ludwig IV. sind nun zusammengestellt in: Urkunden der Mark- und Landgrafen 1196–1234 – Register, wie Anm. 83, S. 176–179. Neben den drei oben genannten Urkundenausstellungen Ludwigs IV. auf der Neuenburg in den Jahren 1222, 1224 und 1225 sind folgende Aufenthalte des fünften Landgrafen auf anderen ludowingischen Burgen bzw. Städten durch Urkundenausstellungen belegt: zweimal Eisenach (1217, 1218), zweimal Weißensee (1224/25, 1225) und einmal Kassel (1223). Unter den weiteren ludowingischen Burgen und Städten sind die Wartburg, Weißensee, Sangerhausen, Creuzburg, Isserstedt und Marburg durch den zeitgenössischen Bericht des Kaplans Berthold als Aufenthaltsorte Ludwigs IV. belegt; siehe Cronica Reinhardsbrunnensis, wie Anm. 7, S. 589 ff. Vgl. hierzu auch folgende Anm.

89 Hierzu Lomnitzer, Helmut: Bertholdus Capellanus. In: Die deutsche Literatur des Mittelalters. Verfasserlexikon. 11 Bde. Hrsg. von Kurt Ruh. Berlin/New York 1978–2004, hier Bd. 1 (1978), Sp. 805–807. Bertholds „Gesta Ludowici" können nur durch die Reinhardsbrunner Chronik erschlossen werden, Cronica Reinhardsbrunnensis, wie Anm. 7, S. 589–611.

90 Zur Politik Ludwigs IV. den Forschungsstand referierend Heinemeyer, Karl: Landgraf Ludwig IV. von Thüringen, der Gemahl der hl. Elisabeth. In: Wartburg-Jahrbuch 2000. Regensburg 2002, S. 17–47. Mit neueren Ansätzen Werner, Matthias: Reichsfürst zwischen Mainz und Meißen. Heinrich Raspe als Landgraf von Thüringen und Herr von Hessen. In: Heinrich Raspe – Landgraf von Thüringen und römischer König (1227–1247). Fürsten, König und Reich in spätstaufischer Zeit. Hrsg. von Matthias Werner (= Jenaer Beiträge zur Geschichte, Bd. 3). Frankfurt am Main u. a. 2003, S. 125–271, hier S. 135–139, und Kälble: Reichsfürstin und Landesherrin, wie Anm. 22, S. 77–92. Zur meißnischen Vormundschaft Ludwigs IV. und den daraus erwachsenden Konflikten mit seiner Schwester Jutta vgl. Elpers, Bettina: Regieren, Erziehen, Bewahren: Mütterliche Regentschaften im Hochmittelalter (= Studien zur europäischen Rechtsgeschichte. Veröffentlichungen des Max-Planck-Instituts für europäische Rechtsgeschichte Frankfurt am Main, Bd. 166). Frankfurt am Main 2003, S. 164 ff.

91 Siehe den Bericht Bertholds, Cronica Reinhardsbrunnensis, wie Anm. 7, S. 596 f. Urkundlich ist Ludwigs IV. Regentschaft erstmals in einer Urkunde für das wettinische Hauskloster Altzelle belegt: Urkundenbuch Altzelle, wie Anm. 48, S. 105 f. Nr. 69. Hierzu jetzt Winkel, Harald: Herrschaft und Memoria. Die Wettiner und ihre Hausklöster im Mittelalter (= Schriften zur sächsischen Geschichte und Volkskunde, Bd. 32). Leipzig 2010, S. 222 ff.

92 Cronica Reinhardsbrunnensis, wie Anm. 7, S. 598.

93 Ebd., S. 598–600.

94 Ebd., S. 600–602 und S. 606.

95 Die kaiserliche Eventualbelehnung Landgraf Ludwigs IV. mit der Mark Meißen ist durch die kaiserliche Urkunde vom September 1227 bezeugt, die Friedrich II. nach dem Tod des Landgrafen (11. September 1227) dessen Sohn Hermann II. gewährte: CDS I/3, wie Anm. 28, S. 277, Nr. 395. Siehe hierzu zuletzt Wiegand, Peter: Kaiser Friedrich II. erteilt Hermann II., Sohn des verstorbenen Landgrafen Ludwig IV. von Thüringen, die Eventualbelehnung mit der Mark Meißen. In: Elisabeth von Thüringen, wie Anm. 1, Katalogband, S. 134 f. (mit Abb. der kaiserlichen Originalurkunde). Kaplan Berthold berichtet über diese Belehnung im Juni 1226 und fügt hinzu, der Kaiser habe dem Landgrafen auch soviel vom Preußenland versprochen, wie er erobern könne: Cronica Reinhardsbrunnensis, wie Anm. 7, S. 605. Zur Inter-

pretation dieser Nachricht vgl. Tebruck, Stefan: Militia Christi – Imitatio Christi. Kreuzzugsidee und Armutsideal am thüringischen Landgrafenhof zur Zeit der heiligen Elisabeth. In: Elisabeth von Thüringen, wie Anm. 1, Aufsatzband, S. 137–152, hier S. 141 mit Anm. 37

96 Zur Kreuzzugsteilnahme Landgraf Ludwigs IV. 1227 vgl. Tebruck: Militia Christi, wie Anm. 95, und die einschlägigen Katalogbeiträge in: Elisabeth von Thüringen, wie Anm. 1, Katalogband, S. 131–136, sowie künftig Tebruck, Stefan: Aufbruch und Heimkehr. Kreuzfahrer und Jerusalempilger aus dem Raum zwischen Harz und Elbe (1100–1300). Habilitationsschrift Univ. Jena 2007, S. 307–328 (für den Druck in Vorbereitung).

97 Die Vita der heiligen Elisabeth des Dietrich von Apolda. Hrsg. von Monika Rener (= Veröffentlichungen der Historischen Kommission für Hessen, Bd. 53). Marburg 1993, S. 58, Kapitel III, 7. Dt. Übersetzung: Dietrich von Apolda, Das Leben der heiligen Elisabeth. Hrsg. von Monika Rener (= Veröffentlichungen der Historischen Kommission für Hessen, Bd. 67). Marburg 2007, S. 97. Zum Werk des Dietrich von Apolda Werner, Matthias: Die Elisabeth-Vita des Dietrich von Apolda als Beispiel spätmittelalterlicher Hagiographie. In: Geschichtsschreibung und Geschichtsbewußtsein im späten Mittelalter. Hrsg. von Hans Patze (= Vorträge und Forschungen, Bd. 31). Sigmaringen 1987, S. 523–541; Rener, Monika: Compilatio – ex diversis collecta composito. Eine spätmittelalterliche Werkform, dargestellt am Beispiel der Vita S. Elyzabeth und der Vita S. Dominici des Dietrich von Apolda. In: Archiv für Diplomatik 41 (1995), S. 193–209; Werner, Matthias: Die Elisabeth-Vita des Dietrich von Apolda (1289/94). In: Elisabeth von Thüringen, wie Anm. 1, Katalogband, S. 426–431; Honemann, Volker: Die „Vita Sanctae Elisabeth" des Dietrich von Apolda und die deutschsprachigen „Elisabethleben" des Mittelalters. In: Elisabeth von Thüringen, wie Anm. 1, Aufsatzband, S. 421–430.

98 Die Vita der heiligen Elisabeth, wie Anm. 97, S. 40 f., Kapitel II, 7. – Dt. Übersetzung: Dietrich von Apolda, wie Anm. 97, S. 63. Zu den Reinhardsbrunner Zusätzen zur Elisabeth-Vita des Dietrich von Apolda Werner, Matthias: Die erweiterte Rezension der Elisabeth-Vita des Dietrich von Apolda. In: Elisabeth von Thüringen, wie Anm. 1, Katalogband, S. 429–431.

99 Am 7. August 1239 bestätigte Heinrich Raspe auf der Neuenburg dem Zisterzienserkloster Pforte bei Naumburg Besitzrechte, Edition der Urkunde in: Urkundenbuch des Klosters Pforte, wie Anm. 6, Bd. 1, S. 139, Nr. 113; vgl. das Regest hierzu in Dobenecker, wie Anm. 5, Bd. 3, Nr. 810.

100 Am 10. März 1241 verfügte Heinrich Raspe auf der Creuzburg anlässlich seiner Vermählung mit Beatrix, Tochter Herzog Heinrichs II. von Brabant, die Ausstattung seiner Gemahlin mit den Burgen Neuenburg und Eckartsburg, den Städten Gotha und Sangerhausen sowie dem „districtum" Berka, siehe Dobenecker, wie Anm. 5, Bd. 3, Nr. 953. Vgl. hierzu Werner: Reichsfürst, wie Anm. 90, S. 195, S. 197 und S. 216.

101 Hierzu eingehend Werner: Reichsfürst, wie Anm. 90, S. 196 ff.

102 Zum Gegenkönigtum Heinrich Raspes IV. jetzt grundlegend Werner: Reichsfürst, wie Anm. 90, S. 235–260; Reuling, Ulrich: Von Lyon nach Veitshöchheim: Die Wahl Heinrich Raspes zum „rex Romanorum" im Jahre 1246. In: Heinrich Raspe, wie Anm. 90, S. 273–306.

103 Edition der kaiserlichen Urkunde, die am 30. Juni 1243 in Benevent ausgestellt wurde, in: Historia diplomatica Friderici secundi. 6 Bde. Hrsg. von Jean Louis Alphonse Huillard-Bréholles. Paris 1852–1861 (Nachdruck 1963), hier Bd. 6/1, S. 100 f. Vgl. Regesten deutscher Minnesänger des 12. und 13. Jahrhunderts. Hrsg. von Uwe Meves unter Mitwirkung von Cord Meyer und Janina Drostel. Berlin/New York 2005, S. 485, Nr. 90; Dobenecker, wie Anm. 5, Bd. 3, Nr. 1093; Werner: Reichsfürst, wie Anm. 90, S. 228 f.

104 Hierzu zuletzt ausführlich Tebruck, Stefan: Pacem confirmare – iusticiam exhibere – per amiciciam concordare. Fürstliche Herrschaft und politische Integration: Heinrich der Erlauchte, Thüringen und der Weißenfelser Vertrag von 1249. In: Hochadlige Herrschaft im mitteldeutschen Raum (1200–1600). Formen – Legitimation – Repräsentation. Hrsg. von Jörg Rogge und Uwe Schirmer (= Quellen und Forschungen zur sächsischen Geschichte, Bd. 23). Leipzig/Stuttgart 2003, S. 243–303. Zum Weißenfelser Vertrag Kunde, Tebruck und Wittmann: Der Weißenfelser Vertrag von 1249, wie Anm. 23.

105 Edition dieser Urkunde vom 18. Mai 1248 in: Urkundenbuch des Hochstifts Merseburg, Erster Theil (962–1357). Hrsg. von Paul F. Kehr (= Geschichtsquellen der Provinz Sachsen und angrenzender Gebiete, Bd. 36). Halle 1899, S. 213–215, Nr. 267. Vgl. hierzu Regesten deutscher Minnesänger, wie Anm. 103, S. 500, Nr. 125; Dobenecker, wie Anm. 5, Bd. 3, Nr. 1606. – Zur Geschichte der Neuenburg in wettinischer Zeit siehe den Beitrag von André Thieme in diesem Band.

106 Zu Sophia von Brabant und der Entstehung der hessischen Landgrafschaft Goez, Werner: Herzogin Sophia von Brabant. In: ders.: Lebensbilder aus dem Mittelalter. Die Zeit der Ottonen, Salier und Staufer. Darmstadt 1998, S. 480–498; Hussong, Ulrich: Sophie von Brabant, Heinrich das Kind und die Geburtsstunde des Landes Hessen. Eine Marburger Legende (= Marburger Stadtschriften zur Geschichte und Kultur, Bd. 40). Marburg 1992; Althoff, Gerd: Die Erhebung Heinrichs des Kindes in den Reichsfürstenstand. In: Hessisches Jahrbuch für Landesgeschichte 43 (1993), S. 1–17. Vgl. jüngst die einschlägigen Katalogbeiträge in: Elisabeth von Thüringen, wie Anm. 1, Katalogband, S. 278–284.

Reinhard Schmitt

Die romanische Neuenburg und ihre Stellung
im hochmittelalterlichen Burgenbau

Nachdem die Ekkehardinger, Markgrafen von Meißen, ihre Burg Gene oberhalb Kleinjenas im frühen 11. Jahrhundert zu Gunsten einer „neuen Burg" (Naumburg) aufgegeben hatten und diese nach 1028 in eine bischöfliche Residenz umgewandelt wurde, verlor der wichtige Burgort Gene schnell an Bedeutung.[1] Als auch die Pfalzgrafen von Goseck mit der Gründung eines Klosters in ihrer „Stammburg" im Jahre 1041 ebenfalls ein weltliches Zentrum im Bereich von unterer Unstrut und mittlerer Saale aufgaben und die Burg sogar zerstörten[2], mochte diese Situation wenige Jahrzehnte später den inzwischen im Raum zwischen Gotha und Eisenach ansässig gewordenen Ludwig den Springer ermuntert haben, in dieser Gegend Fuß zu fassen und mit dem Bau einer eigenen Burg den Flussübergang bei Nißmitz und das umgebende Territorium zu beherrschen. Inwieweit sich Ludwig beim Abstecken der jeweils interessierenden Ziele und territorialen Ansprüche mit Graf Wiprecht von Groitzsch, der südlich von Leipzig ansässig war, abgestimmt bzw. abgegrenzt haben wird, muss offen bleiben. Es ist aber unstrittig, dass sie sich kannten: 1108 waren beide Unterzeichner eines Aufrufes des Magdeburger Erzbischofs Adelgot zu einem Kriegszug gegen die Slawen östlich der Elbe; 1112 und 1113 kämpften sie gemeinsam gegen Kaiser Heinrich V.[3] Auffällige Übereinstimmungen in der baulichen Gestaltung ihrer Burgen sind zudem nicht zu übersehen.

Nach der Ermordung des Pfalzgrafen von Sachsen, Friedrichs III., im Jahr 1085[4] und einem Jahr Witwenstand heiratete dessen Gattin Adelheid Ludwig den Springer. Zeitnah muss auch – wie die ältere Forschung stets angenommen hatte – mit dem Bau einer neuen Burg, eben der „Neuenburg", begonnen worden sein. Wahrscheinlich gehörten das Burgareal und angrenzende Gebiete zu Adelheids Witwengut.[5] Die hochmittelalterliche thüringische Geschichtsschreibung verrät hinsichtlich der Gründung der Neuenburg (wie auch der Wartburg) keine konkreten rechtlichen Grundlagen; beide waren „usurpatorische Akte ohne Legitimation durch das Königtum", ja offensichtlich sogar gegen das Königtum gerichtet.[6]

Nach intensiven bauarchäologischen und bauhistorischen Forschungen der letzten 25 Jahre darf die Neuenburg neben der Burg Querfurt zu den am intensivsten untersuchten hochmittelalterlichen Burgen Mitteldeutschlands und darü-

14. Schloss Neuenburg, Luftaufnahme von Westen, 1999

ber hinaus gezählt werden.⁷ Mit wesentlich neuen Befunden ist in der Kernburg mittelfristig kaum noch zu rechnen, dafür aber um so mehr in der Vorburg, die weiterhin einer Sicherung, Instandsetzung und teilweisen Revitalisierung harrt.

Inzwischen besteht weitgehend Sicherheit, dass man mit dem Bau einer steinernen Ringmauer im Bereich des Tores zur Kernburg – dem heute sogenannten Löwentor – bereits kurz vor 1090 begonnen hat, denn ein hölzerner Türsturz in einem dort an die Burgmauer angebauten Wohngebäude (Wohnbau C) konnte jüngst durch dendrochronologische Untersuchungen in diese Jahre datiert werden.⁸ Das heißt, zumindest im Süden der Burg hat Ludwig sogleich nach der Eheschließung und Besitzergreifung der zuvor fremden Liegenschaften den Bau der neuen Burg anfangen lassen. Es ist also gelungen, den bislang aus der chronikalischen Überlieferung abgeleiteten Beginn der Besiedlung und Bebauung des zuvor offensichtlich unbewohnten Berges⁹ nunmehr auch durch ein auf naturwissenschaftlichem Wege erzieltes Datum treffend zu bestätigen. Die zuvor betriebenen Bauforschungen hatten die relative Abfolge des Baugeschehens zwar ebenso gesehen, jedoch zeitlich nicht so exakt bestimmen können.

Die Neuenburg und ihre Stellung im Burgenbau

Kurze baugeschichtliche Entwicklung der Neuenburg vom späten 11. bis zum mittleren 13. Jahrhundert

In den älteren Veröffentlichungen des Verfassers war die hochmittelalterliche Baugeschichte der Burg nur in zwei romanische „Ausbauphasen" unterteilt worden: eine erste vom späten 11. Jahrhundert bis zur Mitte des 12. Jahrhunderts und eine zweite vom dritten Viertel des 12. Jahrhunderts an bis ins zweite Viertel des 13. Jahrhunderts.[10] In einem Aufsatz aus dem Jahr 2007 wurde dies bereits auf drei Phasen korrigiert, wobei die erste bis in die Mitte des 12. Jahrhunderts reichte.[11] Nachdem der Anbau des Latrinenturmes an der südwestlichen Ringmauer für die Mitte des 12. Jahrhunderts ausscheidet[12], gibt es auch keinen Grund mehr, die erste Bauphase der Burg bis dorthin auszudehnen: Sie wird im ersten Viertel des 12. Jahrhunderts weitgehend abgeschlossen gewesen sein. Erster Burgherr war Ludwig der Springer. Landgraf Ludwig I. könnte ebenfalls noch bauend tätig gewesen sein. Von dieser Bauphase setzt sich die zweite nach der Mitte des Jahrhunderts deutlicher ab. Diese wird mit dem Bau von Palas und Doppelkapelle in den 1170er oder 1180er Jahren beendet worden sein. Bauherren waren die Landgrafen Ludwig II. (?), Ludwig III. und Hermann I. Die dritte Bauphase mit der Errichtung des Wohnturmes und dem Umbau der Doppelkapelle folgte in einem gewissen zeitlichen Abstand und darf mit dem Wirken Landgraf Ludwigs IV. und seiner Frau Elisabeth in Verbindung gebracht werden.

Die wichtigsten Bauten der ersten Bauphase[13]:

Von der ältesten Bebauung haben sich erhalten bzw. konnten nachgewiesen werden: die Ringmauern, ein Wall im Osten, umziehende Gräben, ein Tor mit Torhaus, zwei Achtecktürme, ein großer Rundturm, dem in Folge seiner Zweiphasigkeit die Bezeichnungen I a und I b zugeordnet wurden, mehrere Wohnbauten (A, A/1, A/2, A/3, B/1, C), ein Wohnturm (I) und die Burgkapelle (s. Abb. 15).

Die baugeschichtliche Bedeutung der ältesten Burg besteht in ihrer Größe, den verschiedenen Wohn- und Wirtschaftsbauten, die sich an die Ringmauer lehnten, einer Kapelle, der östlichen Befestigung mit außerordentlich frühen Beispielen für Achtecktürme und einem gewaltigen Rundturm – vielleicht einem der frühesten Beispiele für Bergfriede.

Die wichtigsten Bauten der zweiten Bauphase:

Von der seit dem dritten Viertel des 12. Jahrhunderts hinzugefügten Vorburg haben sich außer größeren Mauerabschnitten, die im Osten ebenfalls auf einem Wall errichtet wurden und denen ein tiefer Graben vorgelagert war, die Reste von zwei runden Bergfrieden erhalten. Der erste (II) besaß vier ca. vier Meter hohe

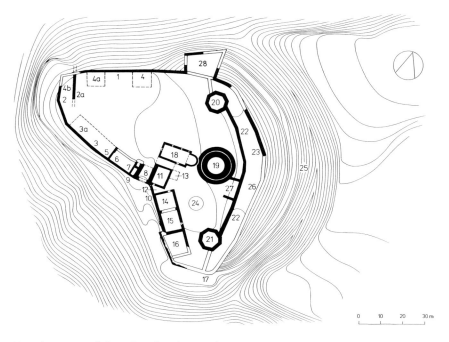

15. Neuenburg, vereinfachter Grundriss der Bauphase I

1 nördliche Ringmauer (bauzeitlicher Abort bei 4 und vielleicht bei 4 a)
2 südwestliche Ringmauer, Verlauf zwischen 1 und 2 nicht gesichert
2 a Fundamentzug in Nord-Süd-Richtung, Begrenzung im Norden und Süden offen, eventuell zur ursprünglichen Lückenschließung zwischen 1 und 2 gehörig
3 südliche Ringmauer
3 a Wohnbau A/3
4 zu vermutendes Gebäude in Verbindung mit einem Latrinenschacht (Wohnbau A)
4 a zu vermutendes Gebäude in Verbindung mit einer Latrine (?) (Wohnbau A/1)
4 b zu vermutendes Gebäude nach Abbruch einer älteren Bebauung zwischen 1 und 2 (Wohnbau A/2)
5 bauzeitlicher Latrinenschacht in der südlichen Ringmauer
6 nachweisbare Gebäudereste (Wohnbau B/1)
7 nachweisbare Gebäudereste (Wohnbau B/1), Kaminschlot in der Ringmauer 2; von 6 schwer zu trennen
8 Torbau (geringe Reste)
9 nachträglich in die südliche Ringmauer gebrochene Pforte
10 südöstliche Ringmauer (im Verband mit der südlichen Fortsetzung bis 17 ?)
11 Wohnbau C östlich neben dem Tor
12 Raum zwischen 11 und 14, vermutlich nach Osten geschlossen
13 vermutlich Anbau mit Treppe zur Erschließung des ersten Obergeschosses von 11
14 quadratischer, dreigeschossiger Wohnturm I, nachträglich an Ringmauer 10 angebaut
15 nachträgliche Erweiterung von 14 nach Süden, Aufbauten unklar
16 abweichender Verlauf der Ringmauer 10 und Verlängerung der Ostwand von 15 nach Süden (Gebäude?)
17 Stelle für ein mögliches Vortor, keine Befunde
18 Burgkapelle, Saalbau mit Apsis (vom äußeren Mauerring von 19 umbaut)
19 Rundturm/Bergfried I a mit nachträglicher Verstärkung I b, im Zusammenhang mit 22 errichtet

20 nördlicher achteckiger Turm im Bauzusammenhang mit 22
21 südlicher achteckiger Turm im Bauzusammenhang mit 22
22 innere östliche Ringmauer, den Wall 26 zum Hof begrenzend, Quermauer bei 27 mit Tür baueinheitlich
23 äußere östliche Ringmauer, in Resten erschließbar, auf dem Wall 26 aufsitzend
24 Zisterne (vermutlich Filterzisterne, Bauzeit unklar)
25 Graben vor der östlichen Ringmauer
26 Wall an der Ostseite der Burg, Anschluss an 1 und 16 unklar
27 mehrere Fundamente. im Norden mit Tür einen Durchgang bildend, Südmauer vielleicht sogar dazugehörig (Torbau?)
28 Fundamentreste, baueinheitlich mit 1, eventuell bastionsartig vorspringende Ringmauerführung (?)

„Ecksporen" oberhalb des einstigen Geländeniveaus und wurde nach 1663 zumeist abgetragen. Der andere (III), „Dicker Wilhelm" genannt, ist mit gewölbtem Eingangsgeschoss, Mauertreppen und -latrinen noch weitgehend erhalten. Von 1170/75 an erfolgten außerdem umfangreiche Ausbauten und Modernisierungen in der Kernburg: Gegen 1175 wurde außen an die südliche Ringmauer ein steinerner Latrinenturm angebaut, der eine ältere Mauerlatrine ersetzte – eine erste Modernisierung auf sanitärem Gebiet. Unter Verwendung älterer Wohnbauten entstand ein viergeschossiger Palas, dem sich nach Süden weitere Gebäude anschlossen. Gleichzeitig wurde die eingeschossige Burgkapelle zur Doppelkapelle umgebaut und erweitert. Der Rundturm I a/I b war zuvor abgetragen worden (s. Abb. 17).[14]

Die wichtigsten Bauten der dritten Bauphase:
Als jüngste Zutat darf der Ausbau vor dem Kernburgtor gesehen werden: Es entstand ein quadratischer Wohnturm nach 1215 +/- 5 mit einer ab 1226 errichteten Latrinenanlage samt nach Osten ziehender Umfassungsmauer. Mit diesem Wohnturm (II) und seinen hochmodernen Latrinen entstand offensichtlich der komfortabelste Wohnbereich der Neuenburg. Es darf daher angenommen werden, dass dieser für die Familie der Burgherren bestimmt gewesen ist.

Die größte baukünstlerische Bedeutung besitzt ohne Zweifel jedoch die Doppelkapelle. Nach den Worten des angesehenen Kunsthistorikers Georg Dehio gehört sie „zum Besten und Bezeichnendsten, was uns von der höfischen Kunst der Hohenstaufenzeit geblieben ist".[15] Zu verweisen ist auf die Gestaltung des oberen Kapellenraumes mit seinem mittleren Bündelpfeiler und den vier Gurtbögen, deren Zackenbögen an Vorbilder aus der maurischen Architektur Spaniens erinnern und wahrscheinlich ihr direktes Vorbild in der heutigen Westvorhalle der Kölner Andreaskirche besitzen. Aber auch bauliche Details wie Lilienfenster, hängende Schlusssteine und die reiche, qualitätvolle Bauzier sind unmittelbar von niederrheinischen Vorbildern herzuleiten.

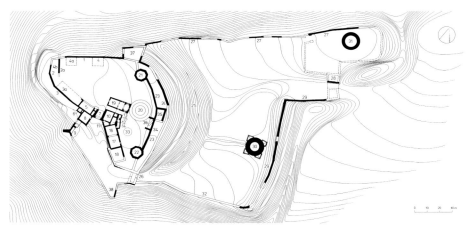

16. Neuenburg, vereinfachter Grundriss der Bauphasen II und III

1 nördliche Ringmauer (bauzeitlicher Abort bei 4 und vielleicht bei 4 a)
2 südwestliche Ringmauer, Verlauf zwischen 1 und 2 nicht gesichert
2a Fundamentzug in Nord-Süd-Richtung, Begrenzung im Norden und Süden offen, eventuell zur ursprünglichen Lückenschließung zwischen 1 und 2 gehörig
3 südliche Ringmauer
3 a Wohnbau A/3
4 zu vermutendes Gebäude in Verbindung mit einem Latrinenschacht (Wohnbau A)
4 a zu vermutendes Gebäude in Verbindung mit einer Latrine (?) (Wohnbau A/1)
4 b zu vermutendes Gebäude nach Abbruch einer älteren Bebauung zwischen 1 und 2 (Wohnbau A/2)
5 nachweisbare Gebäudereste mit hofseitiger Wand (Wohnbau B/2)
6 Latrinenturm, nachträglich vor die südliche Ringmauer gebaut (um 1230 außer Funktion)
7 Torbau (geringe Reste)
8 Wohnturm II mit direkter Verbindung zu 7 und 9, an 3 und 6 angebaut (Bauphase III)
9 Mauer, mit Fuge an 8 angebaut, daran in zwei Etagen hölzerne Gänge, zu zwei Latrinenerkern an einem Strebepfeiler führend, südliche Ringmauer zwischen 8 und 26, dazugehörig 38
10 älterer Wohnbau C, in Palas (zwischen 11 und 19) einbezogen
11 Räume zwischen 10 und 16, ursprüngliche Heizung später zu Ofen umgebaut (Badestube?)
12 Anbau zur Erschließung von 10 und 16
13 mit 14 und 15 als zentraler Eingang zum südlich anstoßenden Wohnturm I und einer möglichen Verlängerung 17/18 und zum Palas sowie zur Erschließung der Obergeschosse dienend
14 Altan mit Treppe hinab zum Erdgeschoss und Zugang zu 15
15 mit 13 vermutlich Treppenhaus enthaltend
16 älterer Wohnturm I
17 Erweiterung von 16 nach Süden (Aufbauten unklar)
18 Gebäude (?) zwischen Ringmauer und südlicher Verlängerung von 17
19 Doppelkapelle; von Südwand von 11 bis Nordwand von 19 Erstreckung des Palas
20 Rundturm I, abgebrochen vor Bau der Doppelkapelle bis etwa 1,5 m über dem romanischen Geländeniveau (Nutzung unbekannt: Zisterne?)
21 nördlicher Achteckturm
22 südlicher Achteckturm
23 innere östliche Ringmauer, den Wall 34 zum Hof begrenzend

24 äußere östliche Ringmauer, auf dem Wall 34 aufsitzend
25 Graben
26 Stelle eines romanischen Tores (geringe Reste im Süden), Ringmauerverlauf zwischen 9 und 26 teilweise erschließbar
27 nördliche Ringmauer der Vorburg, Verlauf östlich und südlich von 31 nicht gesichert, im Westen an 37 anschließend
28 Reste eines Tores (Bebauung südlich davon nicht gesichert)
29 östliche Ringmauer der Vorburg (östlich 30 auf gleichzeitig errichtetem Wall stehend)
30 Bergfried II, über Geländeniveau mit vier Ecksporen
31 Bergfried III („Dicker Wilhelm")
32 südliche Ringmauer der Vorburg (keine Substanz nachweisbar)
33 Zisterne (vermutlich Filterzisterne)
34 Wall östlich der Kernburg, mit Anlage von 25 sowie 23/24 errichtet
35 Reste eines romanischen Gebäudes auf dem Wall (wahrscheinlich nach Abbruch von 20 errichtet)
36 zwischen 20 und 23 Mauer mit Tür, schräge Mauer eventuell als Durchgang, östlich davon Aufgang zu 35 (?)
37 Fundamentreste, baueinheitlich mit 1, eventuell bastionsartig vorspringende Ringmauerführung (?)
38 Fundamentrest in Nord-Süd-Richtung, zu einem Gebäude oder zur südlichen Ringmauer gehörig

Schließlich fanden noch Ausbauten an einigen Wohngebäuden entlang der Ringmauern in der westlichen Burghälfte statt (Wohnbauten A/1 bis A/3 und B/2, s. Abb. 16).

Die Bauten der Neuenburg im Vergleich

Im Folgenden sollen in der gebotenen Kürze für alle drei Hauptbauphasen Vergleiche der wichtigsten Bauten der Neuenburg mit den thüringischen Burgen der Landgrafen sowie Burgen anderer Herrschaftsträger mitgeteilt werden.[16]

Insbesondere durch die Untersuchungen der letzten 25 Jahre ist es nunmehr möglich geworden, ein differenzierteres Bild des Baugeschehens auf den Burgen einer hochadligen Familie, der Ludowinger und späteren Landgrafen von Thüringen, nachzuzeichnen.[17] Die bauliche Entwicklung der einzelnen Anlagen lässt sich zum Teil gut dokumentieren; zudem sind eine Abfolge oder auch eine Parallelität im Ausbau der Burgen Wartburg, Neuenburg, Eckartsburg, Runneburg in Weißensee (bei Sömmerda) und Creuzburg (bei Eisenach) seit der Mitte des 12. Jahrhunderts unschwer zu erkennen.

Die Grundfläche der Burg

Die bauliche Entwicklung der Neuenburg von ihren Anfängen um 1090 bis zum Tode Ludwigs IV. verlief nahezu kontinuierlich und auffällig parallel zum politischen Aufstieg der Ludowinger und bringt sehr anschaulich die sich wandelnden Wehr-, Wohn- und Repräsentationsbedürfnisse der Burgherren zum Ausdruck.[18] Bereits Ausdehnung und Gestalt der ersten Burg mit einer Grundfläche von ca. 6000 m² verraten den hohen Machtanspruch eines im Grenzgebiet zur nahe gelegenen slawischen Mark Meißen ansässig gewordenen „Fremdlings", der seine Machtbasis in jenen Jahren und zudem in Opposition zum deutschen König erweitern konnte. Damit ragt die Neuenburg über die meisten der damaligen Burggrößen hinaus. Seit dem dritten Viertel des 12. Jahrhunderts erfolgte östlich der bisherigen Kernburg der Bau einer großen Vorburg, die ohne Gräben ca. 11 600 m² Fläche umfasste, mit Gräben und Kernburg insgesamt eine Burgfläche von ca. 30 000 m² ausmachte.

Die Kernburg der in den letzten Jahren umfänglich erforschten Burg in Sulzbach-Rosenberg (Franken) besaß dagegen eine Grundfläche von nur ca. 1500 m², mit der Vorburg von 4200 m².[19] Zu nennen wären noch Bernshausen (bei Göttingen), Karlburg am Main oder Elten am Rhein[20], Burg Tirol[21] (bei Meran in Südtirol) und verschiedene andere Beispiele.[22]

Es gab jedoch auch sehr viel größere Anlagen: Diese „frühen Hochadelsburgen"[23] sind durch ihre zum Teil enorme Größe, die sowohl an den Mauern entlang errichteten, als auch über das Burgareal verstreuten Gebäude und durch die beachtliche Qualität steinerner Wehr- und Wohnbauten charakterisiert. Leider harren diese Großburgen des 10. und 11. Jahrhunderts der weiteren Erforschung – so etwa die Scheverlingenburg in Niedersachsen, die 1090 erstmals genannt wurde.[24] Von der ebenfalls hoch bedeutenden wettinischen Burg in Eilenburg (Sachsen) ist aus dem letzten Viertel des 11. Jahrhunderts keine Bausubstanz erhalten geblieben. Die Größe der umbauten Fläche dürfte (wann?) ca. 36 000 m² betragen haben.[25] Kompliziert und unbefriedigend stellt sich die Situation auf dem Kyffhäuser dar.[26] Nach der Zerstörung der Burg im Jahr 1118 durch den sächsischen Herzog Lothar von Süpplingenburg soll alsbald ein Wiederaufbau stattgefunden haben. Die vorhandene Substanz von Unter-, Mittel- und Oberburg, also eine dreiteilige Anlage und eine der größten (ca. 30 000 m²) überhaupt, entzieht sich noch immer einer sicheren Beurteilung.[27] Die Wiprechtsburg in Groitzsch (Sachsen) umschloss ein Areal von etwa 8000 m². Und die Größe der Burg Tangermünde an der Elbe aus der Zeit um 1200 umfasste ca. 18 000 m², davon 7200 m² Kernburg.[28] Wiprecht von Groitzsch besaß übrigens diese Burg in den 1060er Jahren. Da es von einer Burg dort vor dem späten 12. Jahrhundert keine Kenntnis gibt, muss offen bleiben, ob es bauliche Verwandtschaften zur Neuenburg oder zur Burg Groitzsch gegeben hat.[29]

Die Burg Querfurt des späten 10. und der ersten Hälfte des 11. Jahrhunderts dürfte sich – soweit das heute nachvollziehbar ist – auf etwa 7000 bis 8000 m² erstreckt haben.[30] Trotz mangelhafter Kenntnis der ursprünglichen Mauerführung kann für die Burg Bernburg am Ende des 12. Jahrhunderts eine Grundfläche von ca. 9000 bis 10 000 m² erschlossen werden.[31]

Zu nennen wären auch die Burgen Freckleben bei Aschersleben[32] und Lindau bei Zerbst.[33] Die Hundisburg[34] und die Veltheimsburg[35] bei Haldensleben müssen ebenfalls zu diesen Großburgen gezählt werden, deren Anfänge teilweise im 10. und 11. Jahrhundert liegen, die aber häufig erst im Laufe des 12. Jahrhunderts ihre steinernen Ausbauten erfahren haben. Die Henneburg südlich von Meiningen umfasste ca. 7500 m².[36]

Die frühromanischen Bauten

Wohntürme:
Wohnturm I, unmittelbar südöstlich des Tores zur Kernburg und an der Ringmauer gelegen, gehörte vermutlich als bereits sehr frühes quadratisches, dreigeschossiges Gebäude zu den ältesten Bauten der Burg überhaupt (9,6 x 10,1 m).[37] Auch auf der Henneburg ermöglichten neueste Ausgrabungen die Datierung eines quadratischen Turmes (10 x 10 m) in die Zeit um 1100. Auf dem Meißner Burgberg wurde ein ebenfalls quadratischer Turm um 1097/98 errichtet. Wichtige Zeugnisse sind außerdem Arnsburg, Dreieichenhain (beide in Hessen) und das Schlössel bei Klingenmünster in der Pfalz, beinahe der bekannteste Bau seiner Zeit in Deutschland, zumal er jüngst intensiv archäologisch erforscht worden ist. Alle drei stammen bereits aus der zweiten Hälfte des 11. Jahrhunderts. Außerdem sind Konradsdorf (Hessen) aus dem frühen 11. Jahrhundert und Marburg (um 1100) zu erwähnen.[38] Ein dendrochronologisch früh datierter Wohnturm aus der Zeit um/nach 1115 (vor 1180) konnte kürzlich in der Burg Rochlitz nachgewiesen werden (7,75 x 6,95/7,15 m).[39]

Wohnbauten:
Auch die Wohnbauten A, A/1, A/2, A/3, B/1 und der Wohnbau C lehnten sich direkt an die Ringmauern an. Letzterer ist inzwischen durch einen Türsturz in der Südwand in die Zeit um 1086 +/- 5 datiert worden und bestätigt somit den frühen Baubeginn unmittelbar nach 1086. Außerdem scheint es hier einen unter Fußbodenniveau gelegenen Heizraum gegeben zu haben, weshalb der Bau durchaus als „Kemenate" bezeichnet werden darf. Einen frühen Kamin im Erdgeschoss besitzt auch die Flossenbürg (Oberpfalz).[40] Querrechteckige Wohnbauten – „feste Häuser" – sind für die Zeit um 1100 in Mitteldeutschland bisher nicht bekannt.[41]

17. Neuenburg, Innenhof, im Pflaster angedeutete Mauerringe des Rundturms I a/b, Blick nach Süden

Rundturm I a/b:
Der ursprüngliche Rundturm I a mit einem Durchmesser von 13,1 Metern und einer Mauerstärke von 2,6 Metern ist in engem baulichen und zeitlichen Zusammenhang mit der östlichen Ringmauer und dem Wall entstanden. Er hatte nach seiner ebenfalls bald folgenden Verstärkung (I b) einen Gesamtdurchmesser von 17,4 Metern (s. Abb. 17).[42] Nachträgliche Ummantelungen sind auch in der Schweiz bekannt, etwa in Nivagl (Graubünden): ein Steinhaus um 1100, im dritten Viertel des 12. Jahrhunderts verstärkt; Mörsburg (bei Zürich): Ummantelung eines älteren Turmes im 13. Jahrhundert. Für die Zeit um 1230 lässt sich ein solcher Fall an einem rechteckigen Turm in Gries bei Bozen (Südtirol) nachweisen. Die von dem Burgenforscher Hermann Wäscher genannten Rundtürme mit äußerer Verstärkung in Freckleben und auf der Mittelburg Kyffhausen sind nicht gesichert.[43]

Über die einstige Höhe des Neuenburger Turmes kann nur spekuliert werden. Es sei diesbezüglich angefügt, dass der ehemalige und nur bildlich überlieferte quadratische Bergfried der Pfalz Kaiserswerth (Düsseldorf) mit einer Seitenlänge von 17 Metern ca. 50 bis 55 Meter hoch gewesen sein soll.[44]

Ob der Ursprungsbau I a bereits die Funktionen des von der Burgenforschung so benannten Bergfrieds[45] wahrnahm oder noch mehr zu Wohnzwecken diente, wird sich nie mit abschließender Sicherheit klären lassen. Berechtigen die Neuenburger Befunde, trotz zum Teil größeren Innenraumes und geringerer Mauerstärke an frühe Vertreter von Bergfrieden zu denken – oder zumindest an Wohntürme, bei denen die Wehr- die Wohnfunktion dominierte? Und wäre die gewaltige Verstärkung des Turmes I a zu Turm I b dann ein konsequenter Schritt auf diesem Weg „in Richtung Bergfried"? Auch wenn die Materialfülle eher dürftig und kaum mit neuen Funden zu rechnen ist, sollte eine Entwicklung von Bergfrieden offen betrachtet werden, die vor dem derzeit „wissenschaftlich sanktionierten" Datum um 1150 läge – zumal in einer Landschaft des damaligen deutschen Reiches, die sowohl durch Königsherrschaft als auch durch heftigsten Widerstand gegen dieselbe gekennzeichnet war.[46] Die angedeuteten Schwierigkeiten zeigen zugleich die augenblicklichen Grenzen der Forschung sehr deutlich auf. Der frühe Rundturm der Neuenburg steht jedenfalls auf der Grenze zwischen Wohnbau und Bergfried und gehört zu den größten nachgewiesenen in Deutschland.[47]

Die frühen Rundtürme Mitteldeutschlands stellen wahrscheinlich eine der Wurzeln des hochmittelalterlichen Bergfrieds dar, hatte Thomas Biller schon 1993 angenommen.[48] Die beiden um bzw. kurz nach 1080 errichteten Groitzscher Türme werden in den Pegauer Annalen als „satis munitas" beschrieben, also hinreichend befestigt.[49] Eine wohnliche Funktion wird in diesem Zusammenhang nicht erwähnt, so dass eher an Türme mit „Bergfriedfunktion" als an Wohntürme zu denken wäre, wofür auch ihre Lage sprechen dürfte.[50] Als Vergleichsbeispiele für solch frühe runde Türme sei neben Groitzsch auf die Bauten in Hamburg, Sachsenstein (bei Bad Sachsa), Aschersleben und Mallendorf (bei Eckartsberga) hingewiesen, die unmittelbar hinter bzw. in einen großen Abschnittswall der Burg gebaut worden sind.[51] Hierzu müssen im mitteldeutschen Raum außerdem die sogenannte Flasche auf dem Schlossberg in Altenburg (um 1080 bis frühes 12. Jahrhundert)[52] und der runde Turm der Rothenburg am Kyffhäuser gezählt werden.[53]

Neben zwei nicht sicher zu beurteilenden Türmen auf Burg Anhalt im Harz (ca. 18 m) und in Bernburg (ca. 17 m) sind schließlich noch die jüngeren Bauten in Broich im Rheinland (17,20 m) und Stolpe bei Angermünde (17,80 m) oder der in Frankfurt am Main ausgegrabene Turm mit 21,75 Metern Durchmesser anzuführen.[54]

Achtecktürme:
Es war eine große Überraschung, als sich die zwischen 1991 und 1996 archäologisch untersuchten Fundamente im Nord- und Südosten der Kernburg als Teile achteckiger Bauten erwiesen.[55] Diese haben einen Durchmesser von 10 Metern

18. Neuenburg, nördlicher Achteckturm, davor eine nachträglich angebaute Mauer, Blick von Südwesten 1996

und eine Mauerstärke in Höhe ihrer Abbruchoberkante von ca. 1,5 Metern. Es ist von einer Höhe von mindestens 20 Metern, vermutlich aber deutlich mehr, auszugehen. Beide waren im Kontext mit der östlichen Ringmauer entstanden: im Süden baueinheitlich, im Norden durch eine Fuge getrennt (s. Abb. 18).

Die Türme wird man kaum als Wohntürme, sondern als Elemente der Verteidigung der östlichen Kernburgseite ansprechen. Gemeinsam mit dem großen Rundturm I a/b erfüllten sie zudem repräsentative Aufgaben: Die Ansicht dieser gewaltigen Befestigungsanlage mit den beiden Achecktürmen, dem Wall mit einer auf seinem abgeflachten Podest errichteten äußeren Mauer und dem tiefen Graben davor wirkte ganz offensichtlich wie eine „Schauseite". Der Anblick der Burg für den von Osten über die Hochfläche kommenden Besucher muss überwältigend gewesen sein.

Zeitlich voraus ging dieser „Gestaltung" die des Sachsensteins bei Walkenried aus der Zeit um 1070: „Diese monumentale Toranlage, wie sie in dieser Stärke und dieser repräsentativen Wirkung im Burgenbau bis zur Stauferzeit ohne Nachfolger dasteht, lässt auf besondere Absichten des königlichen Bauherren schließen ... [Diese Bauten] sind auf wehrhafte Repräsentanz gerichtet."[56] Dem Sachsenstein kann man inzwischen die Neuenburg als zumindest ebenbürtiges Beispiel aus vorstaufischer Zeit zur Seite stellen – mit Bauten, die sich nicht vordergründig an der Topographie des Berges ausrichteten, sondern sich frei über dieser erhoben.

Die Erbauung der Neuenburg kann – wie gesagt – seit dem letzten Jahrzehnt des 11. Jahrhunderts angesetzt werden. Dazu gehören die in beeindruckender Qualität erhaltenen Ringmauern im Norden, Westen, Süden und Südosten der Kernburg. Für die Ostseite gibt es nur die eben genannten Bauten. Es liegt also nahe, auch die dortigen Befestigungen in die Anfangszeit der Burg zu datieren, zumal diese ja besonders gefährdet war. Als terminus ante quem hat der Abbruch des runden Turmes zu gelten, der wiederum zeitlich vor dem Bau der Doppelkapelle (letztes Drittel des 12. Jahrhunderts) erfolgt sein muss. Anhand der Oberflächenbearbeitung der Quader liegt eine Datierung in die Zeit bis zur Mitte des 12. Jahrhunderts nahe, unter Berücksichtigung aller bisherigen Baubefunde jedoch schon in die erste Ausbauphase (also um 1100 und kurz danach, wenn man nicht von allzu langen Bauzeiten ausgehen will). Unter dem Wall konnten zudem bei mehreren Schachtungen über dessen gesamte Breite keine älteren Begrenzungen der Ostseite der Burg (Palisaden, Mauern) gefunden werden.[57]

Etwa zeitgleich mit den Untersuchungen im Schloss Neuenburg fanden auf der Burg Sulzbach in Sulzbach-Rosenberg (Oberpfalz) Ausgrabungen statt, die ebenfalls einen achteckigen Turm zu Tage förderten, der in die Zeit um 1100 datiert.[58] Bei archäologischen Untersuchungen auf der Burg Hundheim bei Heidelberg konnte jüngst ein weiterer früher Achteckturm in Deutschland dokumentiert werden. Einen solchen Turm vom Ende des ersten Viertels des 12. Jahrhunderts besitzt auch die Burgruine Merburg in Homburg (Saarland). Ein Beispiel für einen möglicherweise nachträglich ummantelten achteckigen Turm scheint es in Cochem (Mosel) gegeben zu haben.[59] Unbekannt war bislang auch der achteckige Turm der Rammelburg im Harz aus dem späten 12. bis frühen 13. Jahrhundert mit einem Durchmesser von ca. 11 Metern und einer noch im späteren 18. Jahrhundert nachweislichen Höhe von ca. 20 Metern.[60] Als nicht mehr romanisch erwies sich wider Erwarten der nachträglich rund ummantelte Bergfried der Osterburg in Weida (Ostthüringen).[61]

Die neuartige Erkenntnis der Frühdatierung solcher Türme „wiederum korrigiert nunmehr die These, dass achteckige Türme nördlich der Alpen erst nach ‚Castel del Monte' errichtet wurden, das folglich eine Art terminus post quem gebildet hätte".[62] Aufgrund der neuen Befunde und Überlegungen müssen diese Türme nunmehr in das frühe 12. Jahrhundert datiert werden. Über ihre Herkunft kann nur spekuliert werden. Das Oktogon lässt sich im Kirchenbau nördlich der Alpen bereits seit dem Aachener Dom und in der Folgezeit häufig nachweisen. Nicht allzu weit von Sulzbach-Rosenberg liegt Bamberg mit der aus dem mittleren 11. Jahrhundert stammenden Andreaskapelle.[63] Achteckige Türme im Profanbau konnten Kreuzfahrern zum Beispiel aber auch in Konstantinopel an den Stadtmauern aufgefallen sein.

Ringmauern, Wälle:
Im Bereich des heutigen Schlosses sind etwa um 1090 unter Graf Ludwig dem Springer die ersten bis zu 8 Meter hohen Ringmauern[64] entstanden, die den Bereich der heutigen Kernburg zwischen Fürstenbau und Küchenbau sowie zwischen den westlich gelegenen Galerieflügeln umgrenzten. Entlang der nördlichen Ringmauer konnte festgestellt werden, dass man vor dem Baubeginn das Gelände zumindest partiell eingeebnet hat, bevor in diesem dann die Fundamentgräben ausgehoben wurden; Unregelmäßigkeiten in der Fundamentierungstechnik müssen nicht auf verschiedene Zeiten verweisen.[65] Lediglich an der Westspitze zum Unstruttal hin konnte eine Ringmauer nicht nachgewiesen werden und hat dort anhand der archäologischen Befunde auch nie existiert. Da diese exponierte Stelle aber nicht ungeschützt geblieben sein kann, geht man derzeit davon aus, dass ein Bauwerk weiter nach außen ragte, aber auf dem abfallenden Felshang im Laufe der Jahrhunderte vollends verloren gegangen ist.[66]

Die Mauern sind in einem sehr sorgfältigen Schichtmauerwerk aus hammerrecht bearbeiteten kleinen Quadern errichtet worden und besonders eindrucksvoll noch heute an der nördlichen Ringmauer bis zur Höhe der Barockfenster des Obergeschosses zu beobachten. Größere Abschnitte finden sich auch im Südwesten, im Bereich von Wohnturm II und Löwentorhaus und in der westlichen Außenwand des Fürstenbaues. Auffallende Parallelen sind für zahlreiche Burgen aus der zweiten Hälfte des 11. bis zur zweiten Hälfte des 12. Jahrhunderts anzuführen – etwa Eckartsburg, Rudelsburg, Saaleck, Schönburg, Kyffhausen und Rabenswald (bei Wiehe).[67]

Im Abstand von ca. 6 bis 8 Metern zur inneren Ringmauer hat sich auf der wohl von Anfang an eingeebneten Krone des östlichen Walles[68] eine weitere,

19. Neuenburg, östliche innere Ringmauer mit „opus spicatum", Blick von Osten, 1997

20. Schloss Neuenburg, Blick von Nordosten auf ein Stück Ringmauer mit Zinnen, Detail einer Ansicht von Carl Benjamin Schwarz, Radierung, 1786

äußere Mauer befunden, die nur noch anhand älterer Pläne und eines Fotos von 1979 indirekt nachweisbar ist.[69] Hier wie auch sonst an vielen Stellen fand in den Fundamenten die Technik des „opus spicatum" Anwendung. Dabei erfolgte der Versatz der Steine in schräger Lagerung, die aufeinanderfolgenden Schichten wurden mitunter entgegengesetzt angeordnet. Diese Technik ist in romanischer Zeit häufig zu beobachten.[70]

Die Bebauung auf der Ostseite der Neuenburg darf mit einigen Argumenten als sehr früher „Zwinger" interpretiert werden: mit einem inneren Mauerzug, einem östlich anschließenden Wall und einer darauf errichteten weiteren Mauer. Dieser könnte demzufolge dem der Habsburg[71] an die Seite gestellt werden; beide würden zu den sogenannten Teilzwingern gehören, die nur einen begrenzten Abschnitt der Burg umzogen.[72]

Bemerkenswert ist schließlich, dass noch bis in die zweite Hälfte des 12. Jahrhunderts Wälle aufgeschüttet und auf diesen Ringmauern errichtet wurden! Parallelen finden sich zum Beispiel in Cottbus, Karlburg am Main oder in Memmingen (Allgäu).[73]

Ein quasi „bastionsartig" nach außen vorspringender Abschnitt der nördlichen Neuenburger Ringmauer ist leider nur ungenügend gesichert. Ein Turm dürfte aufgrund der Größe ausscheiden, zumal er sich in der Nähe des nördlichen Achteckturmes befunden hätte. Überzeugende Vergleichsbeispiele für solch eine auffällige Auskragung aus der Ringmauerflucht sind nur schwer beizubringen (ansatzweise etwa Oberammerthal bei Amberg).[74]

Anhaltspunkte für Zinnen konnten auf der Neuenburg an keiner Stelle gefunden werden.[75] Allein die den Brunnenhof auf der Südseite begrenzende Mauer und die östliche Vorburgmauer besitzen noch heute Zinnen, die schon im Jahr 1786 dargestellt worden sind (s. Abb. 20). Ob diese aus romanischer Zeit stammen oder einer gotischen Reparatur angehören, lässt sich nach zahllosen neuzeitlichen Instandsetzungen nicht mehr klären. Insbesondere auf der Creuzburg, aber auch auf der Schönburg, haben sich Zinnen aus dem letzten Drittel des 12. Jahrhunderts erhalten.[76]

Die Mauerstärken auf der Neuenburg betragen im Aufgehenden in romanischer Zeit selten mehr als 1 bis 1,1 Meter. Burg Querfurt besitzt dagegen bereits im 10./11. Jahrhundert eine ca. 2 Meter starke Mauer. Eine weitere, aus der Zeit um 1220/30 stammende, die sich an den sogenannten Marterturm anschließt, misst ebenfalls 2 Meter; sie weist in dem erhaltenen Abschnitt einen Gang innerhalb der Mauerstärke auf. Auf der Konradsburg bei Aschersleben wurde eine im Fundament 2,3 Meter starke Burgmauer aus der Zeit vor dem Klosterbau ab dem ersten Viertel des 12. Jahrhunderts ergraben. Allgemein wurden Mauerstärken von 1,5 bis 2,5 Metern registriert.[77]

21. Neuenburg, Doppelkapelle von Nordwesten, 2010

Kapelle:
Der ursprüngliche Saalbau besitzt keinerlei datierbare Bauformen. Weder die Türreste und die Fenster mit ihren schlichten, aus breiten Keilsteinen gefügten Rundbögen, noch die Mauerwerksstruktur, die Eckverbände und die gestelzte Apsis bieten ausreichende Anhaltspunkte. Auffallend sind allerdings die senkrecht ins Mauerwerk geschnittenen Fensterlaibungen. Lediglich die Oberflächenbearbeitung weist wohl in die Zeit vor der Mitte des 12. Jahrhunderts.[78] Da diese jedoch mit der der ältesten Gebäude (Wohnbau C, Wohnturm I) identisch ist, wird man davon ausgehen können, dass die Kapelle aus der Frühzeit der Burg stammt.[79]

Der schlichte Grundriss war damals nicht nur bei Burgkapellen üblich.[80] Als Vergleichsbeispiele aus dem benachbarten mitteldeutschen Raum seien die Burgkapellen in Querfurt und auf der Konradsburg (schon zweite Hälfte des 10. Jahrhunderts), frühe Stadtpfarrkirchen in Halle, insbesondere aber die zwischen 1085 und 1110 – also etwa zeitgleich – errichtete Kirche in Zscheiplitz (Freyburg an der Unstrut; bereits mit Altarraum) angeführt[81] – ebenso die Kirchen der Pfalz Tilleda unterhalb des Kyffhäusers[82], der Wüstung Gommerstedt bei Arnstadt[83], der Burg Elten und in Gebesee bei Sömmerda.[84] Jünger (zweite Hälfte des 12. Jahrhunderts) sind die Burgkapellen in Bernburg, Halle-Giebichenstein und Lauenburg bei Bad Suderode: Alle drei besitzen zusätzlich einen eingezogenen Altarraum zwischen dem Saal und der Apsis.[85]

Wartburg

Die anderen ludowingischen Burgen in Thüringen sind erst sehr viel später als die Neuenburg und zudem zeitnah entstanden (Creuzburg: um 1170; jüngere Eckartsburg: letztes Drittel des 12. Jahrhunderts; Runneburg in Weißensee: ab 1168). Bereits die Chronisten des 12. Jahrhunderts sahen neben der Neuenburg in der um 1067 gegründeten Wartburg die wichtigste Burg der Landgrafen. Dort überrascht indes bis heute das völlige Fehlen von Bausubstanz aus dem letzten Viertel des 11. und der ersten Hälfte des 12. Jahrhunderts. Eine plausible Erklärung ist dafür noch nicht beigebracht worden. Die aus einer nicht „Wartburg-zentristischen Sicht" interessante Frage – was geschah auf dem „Wartberg" bis in die 1150er Jahre – wird leider fast gar nicht diskutiert.[86] Das völlige Verschwinden einer seit dem letzten Viertel des 11. Jahrhunderts in Stein errichteten Burg ist wenig glaubwürdig, denkt man allein schon an die Neuenburg mit ihrer enormen Fülle ursprünglicher Mauerwerkssubstanz. Eine Verlagerung der Burg (von der Stelle der Eisenacher Burg südlich der Wartburg?) an den heutigen Standort wäre nicht so ungewöhnlich, denkt man an die Eckartsburg.[87]

22. Zscheiplitz, Dorfkirche von Osten, 1993

DIE NEUENBURG UND IHRE STELLUNG IM BURGENBAU

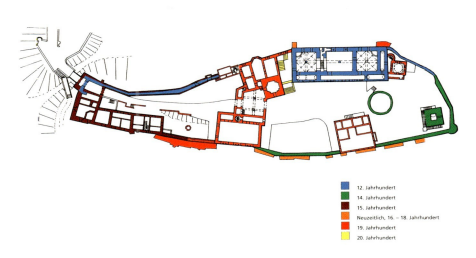

- 12. Jahrhundert
- 14. Jahrhundert
- 15. Jahrhundert
- Neuzeitlich, 16. – 18. Jahrhundert
- 19. Jahrhundert
- 20. Jahrhundert

23. Eisenach, Wartburg, Grundriss und Bauphasenplan mit Darstellung der romanischen Bausubstanz ab der Mitte des 12. Jahrhunderts

Vermutlich schenkten Graf Ludwig der Springer, sein Sohn Ludwig I. und vielleicht auch noch Ludwig II. in seinen frühen Regierungsjahren der Neuenburg deutlich mehr Aufmerksamkeit als der Wartburg, die sich in aufwendigen steinernen Mauern, Türmen und Wohnbauten ausdrückte, während das Baugeschehen auf der Wartburg zunächst stockte – wohl, weil die Ludowinger dem Osten ihrer Territorien mit den Burgen Neuenburg (seit 1086) und Eckartsburg (seit 1121) größeres politisches Gewicht beimaßen. Gaben möglicherweise erst der Erwerb der hessischen Gebiete im Jahr 1122 und vor allem jedoch deren Konzentration nach dem Tode Heinrich Raspes II. in der Hand Landgraf Ludwigs II. (1154/55) den Ausschlag für eine imposante Neubebauung der Wartburg, die nun in die geographische Mitte der vom Rhein bis zur Unstrut reichenden landgräflichen Territorien gerückt war? Der in der Mitte der 1150er Jahre begonnene Palasbau überragte deutlich das architektonische und baukünstlerische Niveau des Neuenburger Palas, zumindest soweit dies nach den Resten zu beurteilen ist. Er war gewiss eine „Reaktion" auf die neuen machtpolitischen Verhältnisse.

Für die erste Bauphase der Neuenburg bietet sich daher zum Vergleich im mitteldeutschen Raum die Burg Querfurt geradezu als „Vorgängerburg" an, deren Stellung im Burgenbau der Zeit um 1000 der Verfasser kürzlich skizziert hat.[88] Dort gab es neben Ringmauern und einem höchst bemerkenswerten Torbau außerdem mindestens noch zwei querrechteckige Wohnbauten, wovon einer davon vielleicht sogar turmartig war, und eine Kirche.

Die hochromanischen Bauten

Die Neuenburg erfuhr in der zweiten Hälfte (Vorburg) bzw. im letzten Drittel des 12. Jahrhunderts (Kernburg) unter Landgraf Ludwig III. und Pfalzgraf Hermann einen neuerlichen umfassenden Ausbau, der parallel zu dem auf den Burgen Creuzburg, Eckartsburg und Weißensee verlief und der den sich auf alle wichtigen landgräflichen Burgen[89] erstreckenden Anspruch höchster baulicher Repräsentation widerspiegelt. Dabei ist vor allem auf die hohe und ganz moderne baukünstlerische Qualität der neu errichteten Doppelkapelle zu verweisen.

Vorburg:
Zunächst wurde mit dem Bau einer sehr großen Vorburg östlich der bisherigen Kernburg begonnen, die von Ringmauern umgeben war, im Osten sogar auf einem Wall lag. Dass in diesem riesigen Areal außer den umgebenden Ringmauern mit dem Haupttor und vermutlich einem kleinen Quergraben nicht nur die beiden Bergfriede II und III gestanden haben können, liegt auf der Hand. Bislang sind aber keine weiteren Gebäude, auch nicht leichterer Bauweise, aufge-

24. Neuenburg, Vorburg, Bergfried II mit einem Ecksporn, Blick von Osten, 2006

funden geworden. Ohnehin ist unser Wissen von „Vorburgen" des hohen Mittelalters noch sehr dürftig![90]

Die dem Gelände angepasste unregelmäßige Gestalt der Vorburg, wie auch schon zuvor die der Kernburg, lässt noch nichts erahnen von dem seit dem letzten Drittel des 12. Jahrhunderts spürbaren Bemühen um annähernd regelmäßige Burggrundrisse, wovon in der Nachbarschaft die Eckartsburg, die Rudelsburg, die Schönburg und die Burg Osterfeld (bei Naumburg) eindrucksvoll Zeugnis ablegen.[91] Die Neuenburg samt Vorburg kann dagegen viel eher mit Burgen wie dem Steinenschloss bei Pirmasens (Pfalz), der Henneburg oder der Burg Tirol verglichen werden.[92]

Mit den beiden neuen Türmen und der Ringmauer auf dem Wall hatte sich die aus der ersten Bauphase stammende östliche „Schauseite" mit Rundturm und zwei oktogonalen Türmen nunmehr an die Ostseite der neuen Vorburg verschoben. Beeindruckt der Bergfried III („Dicker Wilhelm") vor allem durch Mauerwerksqualität, (einstige) Höhe und komfortable Innenausstattung, so fallen bei Turm II vier diagonal angeordnete „Ecksporen" auf, die ihm einst ein höchst eigenwilliges, repräsentatives Aussehen gaben, das wohl weit und breit im mitteldeutschen Raum und darüber hinaus ohne Nachahmung blieb.

Bergfriede:
Der zweite Bergfried auf der Neuenburg, unmittelbar hinter und – wie stratigraphisch dokumentiert – zeitlich vor dem östlichen Wall der Vorburg errichtet, ist etwas über 3 Meter hoch erhalten geblieben. Seine Mauerstärke beträgt 4,4 Meter und der Durchmesser 15,2 Meter; die Quader sind von vorzüglicher Qualität, noch feiner bearbeitet als am Mauerwerk von Turm I b. Seine einstige Höhe wird man nach den üblichen Berechnungskriterien[93] mit etwa 30 bis 35 Metern annehmen dürfen. Über diese, das aufgehende Mauerwerk und die Innengestaltung gibt es keine Kenntnis, da der Turm nach einem Brandschaden durch Blitzeinschlag im Jahr 1662 abgebrochen worden ist.[94] Auffällig sind seine vier diagonal angeordneten „Ecksporen", die mit ihrem „Mittelgrat" im Winkel von 45° in knapp 4 Metern Höhe im Mauerwerk des Turmrundes auslaufen.[95] Erstaunlicherweise fanden die „Attribute" am Fuß des Bergfrieds II auf der Neuenburg – soweit dies heute feststellbar ist – keine Nachfolge, weder auf anderen ludowingischen Burgen, noch in deren weiterem Umfeld.[96] Da eine vordergründig fortifikatorische Absicht wohl unwahrscheinlich ist, kann man am ehesten mit einer gestalterischen rechnen und diese war vermutlich einem hohen Repräsentationsbedürfnis der Landgrafen geschuldet.

Die zeitliche Einordnung des Bergfrieds ergibt sich allgemein aus seiner unmittelbaren Einbeziehung in die Vorburg, die etwa seit dem dritten Viertel des

25. Neuenburg, Vorburg, Bergfried III („Dicker Wilhelm"), Blick von Westen, 2004

12. Jahrhunderts errichtet wurde, und der Steinbearbeitung mit Randschlag und Fugenritzung sowie „opus spicatum" im Füllmauerwerk.

In der geländebedingt nach Nordosten ausbauchenden Vorburg steht der dritte Bergfried („Dicker Wilhelm", s. Abb. 25).[97] Die Mauerstärke beträgt durchweg 2,85 Meter, der Durchmesser 14 Meter und die Mindesthöhe 23 Meter. Er beeindruckt ob seiner Stärke, der gewaltigen Renaissancehaube von 1550 und seiner enormen Erscheinung weit in die Landschaft hinein. Ursprünglich erreichte man das Turminnere nur durch den hoch gelegenen Eingang auf der Westseite.[98] Das sich hinter dieser Tür öffnende Hauptgeschoss ist mit einem mächtigen Kuppelgewölbe überspannt. Eine in der Mauerstärke befindliche Latrine und ein Kamin geben dem Raum einen wohnlichen Charakter. Eine breite Treppe mit niedrigen Stufen führt in ein tiefer gelegenes Geschoss. Vermutlich bildeten beide Etagen eine eng verbundene funktionale Einheit. Vom Hauptgeschoss erreichte man über eine deutlich schmalere und zugleich steilere Mauertreppe das nächstfolgende Geschoss über der Kuppel (s. Abb. 26). Hier befindet sich eine weitere Latrine. Schlitzfenster belichten alle Geschosse. Zum oberen Abschluss gibt es keine Anhaltspunkte. Sicher sind aber beim Umbau um 1550 mehrere Meter abgetragen worden.

26. Neuenburg, Bergfried III, Treppe innerhalb der Mauerstärke, 1991

27. Eckartsburg, ursprünglicher Wohnturm, Treppe innerhalb der Mauerstärke, 1992

Beim Bau wurde Abbruchmaterial vom Rundturm/Bergfried I a/b bis in halbe Höhe verwendet, was außen und innen deutlich ablesbar ist: Der untere Abschnitt reicht etwa bis zum Scheitel des Gewölbes im Hauptgeschoss. Überall finden sich Fugenritzungen. Die beiden Bauabschnitte gehören in dieselbe Bauphase, da die modernere Bearbeitung mit der Fläche (einem Beil) sich an einzelnen Quadern auch weit unten im Mauerwerk findet. Ganz offensichtlich wurden hier Steine in großer Anzahl wiederverwendet und darüber hinaus dem hier geplanten Radius angepasst bzw. bearbeitet. Es liegt deshalb nahe, in dem verwendeten Baumaterial Teile des abgebrochenen Turmes I a/b der Kernburg zu vermuten. Dafür sprechen die deutlich älteren Bearbeitungsspuren und der ursprüngliche radiale Versatz – der Quaderqualität entsprechend wohl vom äußeren Mauerring (I b) stammend.

Hinsichtlich des großen Quadermauerwerks gut vergleichbare Bergfriede existieren beispielsweise in Querfurt („Dicker Heinrich", s. Abb. 28), Camburg (bei Jena), Heldrungen (bei Artern), Kranichfeld (bei Weimar), Normannstein (bei Eisenach), Osterfeld, Rudelsburg, Schkopau (bei Halle), Schönburg (s. Abb. 29), Saaleck und Triptis (bei Gera). Eine ähnlich komfortable „Ausstattung" mit

28. Querfurt, Burg, Bergfried „Dicker Heinrich", Blick von Osten, 2002

29. Schönburg, Bergfried, Blick von Südosten, 2003

gewölbtem Hauptgeschoss, Kamin und Latrine hatten in Sachsen-Anhalt nur noch der quadratische Turm in Ummendorf in der Börde und der Bergfried aus Backsteinen in Salzwedel (Altmark). Einzelne Bestandteile wie Mauertreppen besitzen beispielsweise auch Bernburg, Eckartsburg, Gommern (bei Schönebeck), Lauenburg, Querfurt (Marterturm) und Schneidlingen (bei Egeln). Kamine finden sich in Beetzendorf (Altmark), Eckartsburg, Freckleben, Lauenburg, Querfurt (Marterturm), Saaleck, Schlanstedt (bei Halberstadt) und Schönburg.

Innerhalb der Entwicklung romanischer Bergfriede war ein Stand erreicht worden, auf dem für einen dauerhaften Wohnsitz von Burgmannen die entsprechenden komfortableren Bedingungen geschaffen werden mussten. Dass der „Dicke Wilhelm" deshalb ein weit im Osten Deutschlands gelegener Vertreter des französischen Wohnturmtyps „Donjon" aus der Zeit des Königs Philipp August sein soll – wie gelegentlich vermutet wurde[99] –, erscheint nach dem jetzigen Kenntnisstand der Baugeschichte der Neuenburg eher unwahrscheinlich. Es ist vielmehr von einer eigenständigen Entwicklung auszugehen, wofür es auch im Rheinland (Rheinbach) Parallelen aus dem letzten Drittel des 12. Jahrhunderts gibt. Die baugeschichtliche Sonderstellung des Bergfrieds III ist deshalb eindrücklich hervorzuheben. Darauf hat jüngst Hans-Martin Maurer mit Bezug auf die beiden Rundtürme in Besigheim ebenfalls hingewiesen.[100]

Für die genauere Datierung des „Dicken Wilhelms" kann der spätestens um 1170/75 erfolgte Abbruch des Rundturmes I a/b herangezogen werden. Denn mit dem damals einsetzenden Palasbau und der gleichzeitigen Errichtung der Doppelkapelle war der Abriss zwingend notwendig. Er kann natürlich schon früher stattgefunden haben, aber kaum noch später.[101]

Allgemein sind die Möglichkeiten für eine Datierung dieser großen und qualitätvollen Bergfriede sehr begrenzt. Mehr als „zweite Hälfte 12. bis erstes Drittel 13. Jahrhundert" lässt sich kaum sagen. Der „Dicke Heinrich" in Querfurt (ohne jeglichen Komfort!) mag auch noch im 12. Jahrhundert entstanden sein.

Mit Hilfe der (sorgfältig angewandten) Dendrochronologie konnten in den letzten Jahren mehrere Türme zeitlich besser eingegrenzt werden: Stahlberg bei Bacharach am Rhein (1156–1165)[102]; Leisnig in Sachsen (nach 1180/90 bis max. 1250), Eilenburg (Sorbenturm: um/nach 1179, eher um 1200; Südwestturm: nach 1231), Schnaditz, ebenfalls in Sachsen (1227 bzw. wenig später), Weida (Achteckaufbau frühestens 1280)[103]; Rheinbach (um 1180); Romrod am Vogelsberg in Hessen (ab 1191)[104]; Altweilnau im Taunus (1203/04 im Bau)[105]; Schönburg (anhand der Kaminzier und eines Dendrodatums um 1231)[106]; Boppard am Rhein (um 1265)[107].

Auch wenn im Voranstehenden – wie selbstverständlich – vom Bergfried gesprochen wurde: Die reiche „Ausstattung" des „Dicken Wilhelms" mit

Gewölbe, Mauertreppen, Kamin und zwei Latrinen gestattet es, ihn auch als „wohnturmartig" zu bezeichnen. Damit sind wir aber beim Dilemma der exakten Definitionen angekommen – Bergfried, Wohnturm, wohnlicher Bergfried etc. –, auf das hier nicht näher eingegangen werden kann.[108] Die Burgenforschung der letzten zwanzig Jahre ist, wie auch im Falle des Terminus „Palas", im Umgang mit dem Begriff „Bergfried" vorsichtiger geworden. Übereinstimmung konnte bisher nicht erzielt werden. Unerlässlich ist daher, im jeweiligen Einzelfall zu erklären, was man unter einem Bergfried versteht.

Wer den Turm genutzt bzw. bewohnt hat, lässt sich natürlich nicht mit Bestimmtheit sagen. Ähnlich wie bei den in den jeweiligen Vorburgen weit vorgeschobenen Türmen auf der Rudelsburg[109] und der Eckartsburg[110] wird man auch hier mit dem „Ansitz" von Würdenträgern zu rechnen haben, denen unter anderem die Verteidigung der Burg anvertraut war. Allein die geringen Stufenhöhen der Treppe vom Eingangs- bzw. Hauptgeschoss in das Geschoss darunter, die nur 13 bis 16 Zentimeter hoch ausgeführt wurden und vergleichbar mit dem Befund in einem dem Palas der Runneburg nachträglich vorgelagerten Treppenhaus sind, verweisen auf gehobene Ansprüche.[111] Es spricht deshalb einiges dafür, die Burggrafen von Neuenburg zu vermuten, die seit dem letzten Drittel des 12. Jahrhunderts deutlicher fassbar werden. Moderne mediävistische Forschungen fehlen leider.

Im Gegensatz zum „Dicken Wilhelm" mit 54,1 m² wies der zeitnah errichtete zweite Bergfried der Vorburg – soweit heute noch nachprüfbar – wohl etwas weniger Wohnkomfort auf (Nutzfläche im unteren, erhaltenen Turmbereich etwa 32,5 m²; vielleicht mit einem Kamin?[112]). Aber auch seine Funktion bleibt letztlich unklar: War er „nur" Bergfried, oder besaß auch er darüber hinaus wohnlichere Aufgaben?

In den landgräflichen Burgen Creuzburg und Eckartsburg gab es nach heutigem Kenntnisstand keine Bergfriede, vielmehr (nur) Wohntürme. Ein ersichtlicher Grund kann dafür vorerst nicht angeführt werden: Rangigkeit, Wehrhaftigkeit, zeichenhafte Erhöhung? Der Turm der Runneburg darf wohl als Bergfried angesprochen werden.

Latrinenturm:
Der querrechteckige Latrinenturm ist nachträglich vor die südliche Ringmauer gebaut worden. Er besaß Latrinen in zwei Geschossen, eine Wasserspülung vom Hof aus, wie sie auch auf der Wartburg und in einem Vorgängerbau des Dresdner Schlosses[113] nachweisbar ist, sowie einen daneben liegenden Raum, von dem aus man Wasser nach unten schütten konnte, wo es nach außen abfloss. Vielleicht befand sich hier eine Badestube.

Die Neuenburg und ihre Stellung im Burgenbau

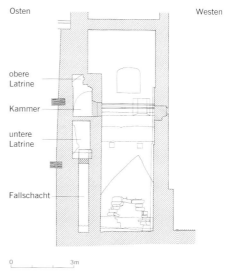

30. Neuenburg, Latrinenturm, Blick von Südwesten, 1996

31. Latrinenturm, Schnittzeichnung Ost-West

Vor die Ringmauer gebaute Latrinentürme sind im Burgenbau des 12. Jahrhunderts mehrfach anzutreffen: Steinenschloss, Schlössel, Arnsburg/Hessen, Habsburg oder Burg Tirol.[114]

Palas[115]:
Wie dendrochronologische Datierungen mehrerer Eichenbalken aus dem Raum zwischen Wohnbau C und Wohnturm I ergaben, hat in der Zeit um 1170/75 an dieser Stelle mit dem Einbau einer Warmluftheizung und unter Einbeziehung der sogenannten Kemenate (C) der Aufbau eines repräsentativen Palas begonnen, der in den folgenden Jahren zum Abschluss gebracht wurde. Der Neubau erstreckte sich über den älteren Wohnbau und über die im gleichen Bauzusammenhang errichtete Doppelkapelle. Er besaß mindestens vier Geschosse[116] – im letzten den großen Saal, das konstitutive Element eines Palas.[117] Aber auch das zweite Obergeschoss enthielt einen größeren Saal.

Vom Saalgeschoss des Palas konnten Reste von mehrteiligen Fensterarkaden dokumentiert werden. Sie gehören zu den eher spärlichen Befunden, die etwas über die Wand- und Fassadengliederungen der Neuenburger Wohnbauten aussagen.[118] Das äußere Erscheinungsbild dieser Fassade lässt sich sehr gut mit den

Bauten auf der Wartburg, in Weißensee, aber auch in Boymont (Südtirol) oder Gutenfels am Rhein vergleichen: Biforien oder gar Triforien befinden sich im ersten Obergeschoss, größere Arkadenfenster im zweiten.[119] Üblich ist sonst aber zumeist nur ein Obergeschoss mit Fensterarkaden, die zu einem Saal gehören. Während die drei landgräflichen Palasbauten zeitlich dicht beieinander entstanden sind, stammen Boymont und Gutenfels indes erst aus spätromanischer Zeit (zweites Viertel des 13. Jahrhunderts).

Die Innenmaße des Palas betrugen ca. 21 x 7 Meter, die äußeren maximal 25,5 x 8,55 Meter. Als Vergleichsbeispiele für die Größe des Neuenburger Baues seien aus dem mitteldeutschen Raum – unabhängig vom Baualter innerhalb der Romanik – angeführt: Babenhausen in Südhessen (42 x 8,5 m), Grimma südlich von Leipzig (40 x 11 m)[120], Wartburg (38 x 14,1 m), Halle-Giebichenstein (36,5 x 10 m), Schönburg (27 x 13 m), Querfurt (27 x 11,5 m), Weißensee (26 x 13 m), Creuzburg (ca. 26 x 11 m), Wildenberg im Odenwald (22,7 x 9 m), Rothenburg (Kyffhäuser) (21 x 9,5/10,5 m), Rudelsburg (21 x 8,8 m), Tirol (ca. 20,5 x 12 m), Greiz bei Gera (20 x 11,4 m), Gnandstein südlich von Leipzig (18,2 x 7,5 m), Falkenstein im Harz (18 x 7 m)[121], Gamburg im Taubertal (ca. 16,5 x 12,5 m) und Eckartsburg (14,5 x 10,3 m).

Sehr ungewöhnlich in seiner Grundrissausbildung ist der Palas der Krayenburg südwestlich von Eisenach, auch wenn seine Fensterarkaden mit den bekann-

32. Neuenburg, Palas mit Treppenvorbau, Blick von Osten, digitale Rekonstruktion, 2002/2003

33. Weißensee, Runneburg, Palas, zeichnerische Bestandserfassung der Ostfassade

ten in thüringischen Burgen gut vergleichbar sind. Die erhaltene Bauzier ist ebenfalls niederrheinisch, eine Datierung noch ins späte 12. Jahrhundert möglich.[122]

Die Saalgröße ist nicht nur unabhängig vom Baualter, sondern auch vom sozialen Status des Bauherren. Die Säle kaiserlicher Pfalzen messen zum Beispiel: Gelnhausen in Hessen (28,9 x 15,7 m), Kaiserslautern (20 x 13 m), Wimpfen am Neckar (ca. 33 x 14 m).[123] Zwar errichtete auch eine Ministerialenfamilie einen aufwendigen Palas in Münzenberg in Hessen (31 x 11,5 m)[124], doch betrieb man wohl den größten baulichen Aufwand in den großen Pfalzen wie Braunschweig, Gelnhausen, Goslar, Kaiserslautern, Seligenstadt am Main, Wimpfen oder in Pfalzen der Bischöfe wie Bamberg oder Köln. Diesen Bauten ist unzweifelhaft der bau- und kunstgeschichtlich hoch bedeutsame Palas der Wartburg an die Seite zu stellen, der ab 1156 bis ca. 1172 errichtet wurde. Er ist der künstlerisch bedeutsamste Bau aller landgräflichen Burgen sowohl hinsichtlich des Bautypus als auch der Fassadenausbildungen mit hofseitigen Arkadengängen und reichster Bauzier. Ihm steht der Palas in Weißensee – ebenfalls ein Neubau – diesbezüglich nahe. Über die Fassadengestaltung auf der Creuzburg und der Eckartsburg ist zu wenig bekannt. Im Gegensatz zu all diesen Bauten erhob sich der Neuenburger Palas über mehreren bereits vorhandenen Gebäuden einschließlich der Doppelkapelle und musste sich zudem an gegebenen Außenmauerverläufen orientieren. Das hat seine Größe und Raumwirkungen gewiss beeinträchtigt; doch wurde dies durch sein äußeres Erscheinungsbild ausgeglichen, das sich an den Fassaden der Wartburg und der Runneburg ein Beispiel nahm.[125] Beim Querfurter Palas liegt der Fall ähnlich wie auf der Neuenburg: Auch hier wurden Teile von älteren Gebäuden übernommen.[126] Doch da diese sämtlich auf rechteckigem Grundriss errichtet waren, brachte die Überbauung keine Probleme.

Eine unmittelbare räumliche Nachbarschaft von Doppelkapelle und Palas gab es auch in Greiz, auf der Nürnberger Burg und auf dem Oberschloss in Kranichfeld, dessen Kapelle offensichtlich zweigeschossig war.[127]

Der Palas der Neuenburg ist außen von der Hofseite über ein Treppenhaus erschlossen worden, von dem nur geringe Reste überkommen sind. Dieser Außenaufgang markierte ebenso wie die inzwischen nachgewiesenen steinernen Treppenhäuser am Runneburgpalas[128], am ergrabenen Palas der Oberburg Giebichenstein in Halle[129] und am Wartburgpalas zur Erschließung des zweiten Obergeschosses[130] gewiss keine rückständige Entwicklungsstufe. Die steinernen Innentreppen auf der Wartburg[131], in Gelnhausen oder in Kaiserswerth[132] sind deshalb auch nicht zwangsläufig typologisch jünger und somit später entstanden. Vielmehr wird man im Falle der Innentreppe von einer eigenständigen Entwicklung auszugehen haben, der letztlich die Zukunft gehörte.

Doppelkapelle:
Es ist allgemein üblich, die zweigeschossige Kapelle der Neuenburg als „Doppelkapelle" zu bezeichnen.[133] Der Kunsthistoriker Ulrich Stevens ordnete sie schon in seiner Dissertation dem Typus „doppelgeschossige Kapelle mit Raumverbindung" zu.[134] Allerdings blieben dessen typologische Gruppenbildungen nicht unwidersprochen. Insbesondere die Funktion von „unten und oben" ist offensichtlich bis heute nicht überzeugend geklärt bzw. wird wieder zunehmend in Frage gestellt.[135] Dennoch: Der Bautypus der Freyburger Doppelkapelle passt – ausgehend von der nunmehr nachgewiesenen Gestalt – weder zu quadratischen Doppelkapellen mit oder ohne vier Freistützen noch zu den längsrechteckigen Bauten oder auch zu solchen mit umlaufenden Emporen (und ebenfalls zwei Altären). Eine Formulierung wie „doppelgeschossige Kapelle mit Raumverbindung" wirkt zwar wie die gesamte Klassifizierung recht schematisch, charakterisiert den Bau in Freyburg aber dennoch zutreffend: Obwohl der den „klassischen Typus" der Doppelkapelle in Deutschland geradezu bestimmende, gestaltete „Raumschacht" zwischen beiden Geschossen fehlt, ermöglichte die Öffnung in der Decke des Untergeschosses auch unabhängig vom Vierstützentypus die erforderliche räumliche und akustische Verbindung, wobei ohne Zweifel die horizontale Ausrichtung beider Geschosse dominierte.[136] Auch hier zeigt sich wieder analog zum Bergfried und zum Palas die Problematik der Begrifflichkeit.

Auf der Neuenburg deutet im Obergeschoss außen ein gering vorspringendes Wandfeld auf die Altarstelle.[137] Altarnischen in einem vorkragenden „Erker", teilweise in sich wölbender Apsisform, gab es ebenso in den eingeschossigen Burgkirchen in Frankfurt am Main (Saalhof), Greiz, Landsberg (Elsaß), Lobdeburg bei Jena, Trifels und Wildenberg.[138]

Zur Funktionsbestimmung der beiden übereinanderliegenden Kapellen fehlen aussagekräftige Quellen. Dennoch dürfte eine Scheidung in „capella publica" im Untergeschoss und „capella privata" im Obergeschoss der Wahrheit nahe kommen.[139] An die untere Kapelle, die „Leutkapelle" – primär nicht für das „Gesinde" der Burg, sondern die Burggrafenfamilie, Gäste und andere Burgbewohner bestimmt –, waren häufig Pfarrrechte geknüpft, was in Freyburg jedoch auszuschließen ist.

Die Datierung der Doppelkapelle ist bislang allein anhand ihrer Bauzier versucht worden.[140] Die baugeschichtlichen Untersuchungen konnten für die Aufstockung der vorhandenen Burgkapelle nur die relative Abfolge zweier Bauphasen sicher klären, nicht aber den zeitlichen Abstand zwischen diesen. Beim derzeitigen Kenntnisstand hoch- und spätromanischer Bauzier verwundert es nicht, dass die Beurteilung der Neuenburger Schmuckformen Schwankungen unterworfen und abhängig von Datierungen der niederrheinischen Vorbilder ist. Ausgehend von der älteren Literatur lag es nahe, die Kapelle in die 1220er Jahre einzuordnen, in folgerichtiger Ableitung vom Neubau des Naumburger Domes ab ca. 1213. Demzufolge rangierte die Doppelkapelle entsprechend später um 1220/30. Die Zweiphasigkeit des Obergeschosses war bis dahin nicht bekannt.[141] Es können nunmehr eine Vielzahl von möglichen Vergleichsbeispielen für die erste Bauphase aus dem Rheinland angeführt werden: für die Unterkapelle die Turmkapitelle der Kölner Andreaskirche[142], für die Oberkapelle Beispiele aus Brauweiler bei Köln (Kreuzgang), aus St. Pantaleon in Köln, aus der Schwanenburg in Kleve am Rhein, für die Zier des Bündelpfeilers dagegen die sogenannte Westvorhalle der Andreaskirche in Köln.[143] Erstere Vorbilder würden in die 1160er und 1170er Jahre zu datieren sein, letztere kurz vor 1200. Daraus möchte Brigitte Kaelble, die sich seit Jahrzehnten mit der romanischen Bauzier im Rheinland beschäftigt, eine Datierung der ersten Bauphase der Doppelkapelle in die Zeit nach dem Wartburgpalas (1160er Jahre) und vor der Andreas-Westvorhalle (1190er Jahre) vorschlagen, vielleicht in die späten 1170er und 1180er Jahre (womit aber nicht die Länge der Bauzeit gemeint ist!).[144] Parallelen finden sich in der Ornamentik des Runneburgpalas, das Adlerkapitell ist ähnlich dort, und auf der Wartburg. Dazu würden die Lilienfenster gut passen, die im letzten Drittel des 12. Jahrhunderts entstanden.[145] Die geringen Unterschiede zwischen Unter- und Obergeschoss können sowohl von bestimmten Vorbildern abhängig, als auch der unterschiedlichen sozialen Hierarchie der beiden Räume geschuldet sein, wie dies etwa in Landsberg bei Halle oder Nürnberg ähnlich zu beobachten ist.[146]

Schließlich scheint diese zeitliche Einordnung von den seit ein paar Jahren vorliegenden Datierungen mehrerer Deckenbalken aus zwei Geschossen einer Warmluftheizung bestätigt zu werden: um 1170/75.[147] Unter der Voraussetzung, dass die Bauzeiten eines repräsentativen Palas nicht allzu groß gewesen sein können, um ihn in absehbarer, aus der Sicht des Bauherren erlebbarer Zeit fertiggestellt zu sehen und zu nutzen[148], darf man den Bau des Palas und der Doppelkapelle in die 1170er und 1180er Jahre setzen. Vielleicht erstreckte er sich bis in die 1190er Jahre. Allerdings wäre das – bezogen auf das Dendrodatum 1170/75 – ein sehr langer Zeitabschnitt gewesen.

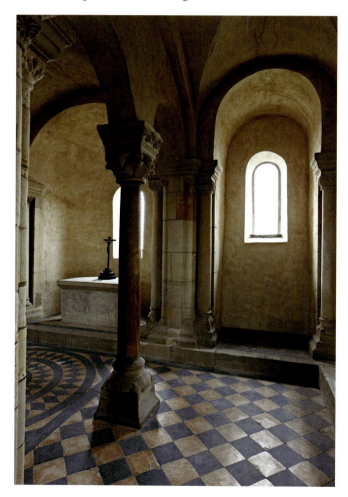

34. *Landsberg bei Halle, Doppelkapelle, Obergeschoss, Blick nach Osten*

Die lang anhaltende Diskussion um die stilistische Nähe von Doppelkapelle und Neubau des Naumburger Domes muss auf der Grundlage des aktuellen Kenntnisstandes fortgeführt werden. Die Landgrafen von Thüringen setzten ihre seit den 1150er Jahren (Wartburg) nachweisbaren Übernahmen von Bauformen und Bauzier aus dem Niederrheingebiet in den 1170er und 1180er Jahren fort (Palas der Runneburg, Palas und Doppelkapelle der Neuenburg), deutlich vor und völlig unabhängig vom Naumburger Dom, der erst ab ca. 1210[149] im Neubau von den jüngeren Formen zum Beispiel der Andreaskirche profitierte. Zu dieser späteren Übernahme von rheinischen Vorbildern können noch die Ägidienkapelle in Naumburg und die Krypta des spätromanischen Klosters in Memleben an der Unstrut gerechnet werden.[150]

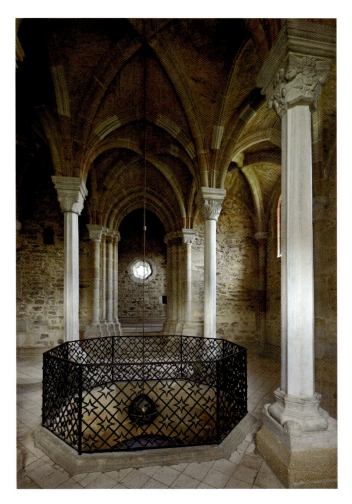

35. Eger, Doppelkapelle, Obergeschoss, Blick nach Osten

Möglicherweise hatten die Landgrafen auch auf der Wartburg eine Doppelkapelle errichten lassen, wofür es gewisse Indizien zu geben scheint.[151] Auf Burg Landsberg ist die Doppelkapelle der Markgrafen von Meißen erhalten. Doch wie anders zeigen sich deren Bautypus, Bauformen und Bauzier! Neben traditionellen sächsischen Vorbildern ist nur auf eine gröbere Beeinflussung vom „Kunstkreis" um Königslutter zu verweisen.[152] Selbst Ministeriale eiferten den Reichsfürsten beim Bau von Doppelkapellen nach: Dazu gehören die Kapelle der Grafen von Lare auf ihrer Burg Lohra bei Nordhausen[153] und die neu entdeckte Greizer Kapelle der Vögte von Weida.[154] Alle drei Kapellen entstanden zwischen 1160 und 1190. Eine Neuentdeckung gelang Udo Hopf bei der Freilegung des 1958 abgebrochenen Schlosses Herbsleben bei Gotha. Dessen Kapelle aus der Zeit um 1220/50 war ein Bau der dortigen Burgherren, vermutlich Ministerialen der Abtei Hersfeld.[155]

Als Beispiele für Doppelkapellen in königlichen Burgen seien Nürnberg und Eger erwähnt.[156] Wichtige Doppelkapellen von kirchlichen Bauherren befinden sich in Speyer, Mainz, Goslar, Halberstadt und auf der Huysburg.[157] Sie sind zum Teil schon im mittleren 11. Jahrhundert entstanden.

Unter allen erhaltenen Doppelkapellen sind trotz des sie Verbindenden die Unterschiede in Grund- und Aufriss viel zu groß, um einen einheitlichen hochmittelalterlichen Typus „Doppelkapelle" postulieren zu können. Nur ein Beispiel: Stand den die Oberkapelle nutzenden Burgherren zumeist ein Platz westlich der Fußbodenöffnung als Aufenthaltsort – ebenerdig oder auf einer Empore wie in Schwarzrheindorf – zur Verfügung, so besaßen Landsberg und Greiz einen Herrscherstand im Süden der oberen Kapelle.

Für das „gewöhnliche" Mauerwerk der Neuenburger Kapelle, aber auch für Tür- und Fenstergewände kam der vor Ort anstehende Muschelkalkstein zur Anwendung. Die Säulen mit ihren Kapitellen und Basen sind ebenfalls aus Kalkstein gearbeitet. Besondere Aufmerksamkeit haben stets die schwarzen Säulenschäfte im Obergeschoss gefunden. Materialanalysen ergaben, dass hier Kohlenkalk aus dem belgischen Ardennengebiet verarbeitet worden ist. Einige Teile der Schäfte sind aus Sand- und Kalkstein hergestellt und schwarz angestrichen, wohl weil die „importierten" Materialien nicht ausreichten oder zu Bruch gegangen waren. Es muss dem Bauherren offensichtlich darum gegangen sein, die insbesondere im Rheinland häufig verwandten schwarzen Säulenschäfte auch in seiner Neuenburger Kapelle erleben und zeigen zu können.[158] Damit steht die Neuenburg aber nicht allein: Auf der Wartburg und der Runneburg sind ebenfalls Baumaterialien aus anderen Regionen verbaut worden.[159]

Für die Dreierarkade im Untergeschoss wurde Sandstein aus den Brüchen von Seebergen bei Gotha, die der Landgrafenfamilie gehörten, verwendet. Die erforderliche Länge der Schäfte war in Kalkstein nicht herzustellen.[160]

Die Neuenburg und ihre Stellung im Burgenbau

36. Neuenburg, Doppelkapelle, Obergeschoss, Bündelpfeiler und Zackenbögen, Blick von Südwesten, 1992

37. Köln, St. Andreaskirche, sogenannte Westvorhalle mit Zackenbögen, Blick nach Norden

Die spätromanischen Bauten

In der Regierungszeit von Ludwig IV. und seiner Gemahlin Elisabeth erfolgten in der Burg letzte Modernisierungen und Ausbauten. Es ist die Zeit um 1225, die kürzlich im Zusammenhang mit einer Ausstellung zum „Mittelalter an Rhein und Ruhr" thematisiert wurde.[161]

Doppelkapelle:
In einer zweiten Ausbauphase erfuhr das Obergeschoss spürbare Veränderungen: Die ursprüngliche Dreischifffigkeit wurde zugunsten eines Zentralraumes mit Mittelstütze und von dieser abgehenden Gurtbögen mit Rundbogenreihungen (Zackenbögen) aufgegeben. Parallelen für einen gravierenden Umbau einer romanischen Doppelkapelle sind allerdings nicht bekannt.

Nunmehr war die Qualität erreicht, die Georg Dehio und Carl Heideloff begeisterte: „Alles zeugt von vielem Kunstsinn und wahrhaft fürstlicher Pracht."[162]

Die Datierung der zweiten Phase des Neuenburger Obergeschosses ist in unmittelbarer Ableitung vom Bauschmuck und den Zackenbögen in der Westvorhalle der Kölner Andreaskirche zu sehen, derzeit sowohl in die 1190er Jahre bis deutlich nach 1200 eingeordnet.[163] Diese Spanne wird auch bestätigt durch die Betrachtung der hängenden Schlusssteine: im Nordwesten und Südosten eine Kugel, im Südwesten und Nordosten eine Kugel unterhalb eines Blattkranzes. Beispiele dafür finden sich in Köln in St. Pantaleon (Südannex, Schatzkammer), in St. Andreas (Sakristei), in St. Severin (Krypta), aber auch in Magdeburg (Chorumgang) und Naumburg (Domkrypta). Die bislang ältesten Beispiele kommen um 1200 in St. Maria Lyskirchen in Köln vor.[164]

Als Fazit bleibt: Die baukünstlerische Ableitung der Umbauphase des Neuenburger Obergeschosses von der Westvorhalle der Kölner Andreaskirche ist unstrittig, eine engere zeitliche Fixierung jedoch immer wieder abhängig von der Beurteilung des Vorbildes. Somit kommen für die Neuenburg die Jahre zwischen kurz vor 1200 und bis gegen bzw. nach 1220 in Betracht. Da schon bei der ersten Phase von einer raschen Rezeption modernster rheinischer Bauzier und keiner langen Bauzeit auszugehen ist, wird dies gewiss auch bei der Übernahme der Zackenbögen so gewesen sein. Eine gründliche Analyse der Neuenburger Bauzier im Zusammenhang mit den Ergebnissen der Baugeschichtsforschung steht also noch aus, war und ist aber abhängig von der Bewertung der rheinischen Vorbilder.[165] Eine Datierung des Obergeschossumbaus vor dem Neubau des Naum-

38. *Neuenburg, Wohnturm II, Blick von Südosten, 1992*

Die Neuenburg und ihre Stellung im Burgenbau

39. Wohnturm II, zweites Obergeschoss mit Kaminresten und Fensterläden, Blick von Norden, 2004

burger Domes ist grundsätzlich möglich, zumal auch die zeitliche Einordnung anderer Bauten jüngst in Frage gestellt wurde.[166]

Der modernisierende Ausbau im frühen 13. Jahrhundert – eine nochmalige Steigerung des bereits erreichten baukünstlerischen Anspruchs – könnte nach den oben genannten stilgeschichtlichen Überlegungen noch unter Hermann I. († 1217) stattgefunden haben – aber ebenso erst unter Ludwig IV. († 1227) und Elisabeth.[167] Endgültige Sicherheit wird es diesbezüglich indes wohl kaum geben. Der Verfasser plädiert – wie noch zu erläutern sein wird – für die Modernisierung unter Ludwig IV.

Wohnturm II:
Der beeindruckende Turm wurde nach 1215 +/- 5[168] südöstlich an den Latrinenturm angebaut. Er misst ca. 9,2 x 9,6 Meter und hat eine Höhe von mindestens 18 Metern. Er enthält vier Geschosse, die durch Balkendecken getrennt sind. Ins Erdgeschoss führt von Osten her ein rundbogiger Eingang. Das dritte und das vierte Geschoss besaßen ebenfalls Türen in der Ostwand, die später vermauert wurden. Sie ermöglichten den Zugang auf hölzerne Galerien, die entweder zu den Latrinen außen am Gebäude entlang führten und den Zutritt vom Torhaus her gestatteten, vielleicht aber auch der Aussicht dienten. Die Kamine im ersten und zweiten Obergeschoss sowie die vier großen, reich profilierten Rundbogenfenster im letzten Geschoss dokumentieren den gehobenen Wohnanspruch der landgräflichen Familie, die wahrscheinlich den Turm bewohnte. Diesen unterstreichen ebenso die 1976 entdeckten hochmittelalterlichen Fensterläden im zweiten Obergeschoss, deren dendrochronologische Datierung bisher nicht gelang.[169] Über die sonstige Ausgestaltung der Räume in den vier

40. Wohnturm II, Latrinenerker, 2011

Geschossen mit Mobiliar und Wandbekleidungen lässt sich leider gar nichts aussagen – auf der Neuenburg wie auch sonst in hochmittelalterlichen Burgen.[170]

Der im gleichen Bauzusammenhang (ab Frühjahr 1226) geplante und ausgeführte südliche Anbau bestand ursprünglich aus einer Mauer mit Tor und zwei übereinander liegenden Gängen, die zu Latrinen führten. In den oberen Bereichen der Mauer haben sich sehr qualitätvolle mittelalterliche Putzreste erhalten.

Vom südlichen Ende der Mauer mit den Latrinengängen setzte sich eine äußere Ringmauer bis zu einem in seiner Gestalt unbekannten Vortor im Bereich des gotischen Osttorhauses fort. Zum Burghof war sie nahe den Latrinen ca. 3,5 Meter, zum Tal hin ca. 6 Meter hoch. Ihr Verlauf ist teilweise mit der heutigen Mauer identisch. An unbekannter Stelle traf sie dann auf das Vortor. Es war hier südlich der Kernburg ein ummauerter Raum entstanden, der als ein zweites frühes Beispiel eines Zwingers auf der Neuenburg anzusprechen ist.[171]

Die Diskussion um quadratische steinerne „Wohntürme" ist in den letzten Jahren neu entfacht.[172] Türme sind, egal auf welchem Grundriss sie errichtet wurden, in jedem Fall höher als ihr Durchmesser und die Seitenlängen des Gebäudes. Demnach können sie sich auch auf rechteckigem Grundriss erheben.[173] Insbesondere seit den Veröffentlichungen anlässlich der Salierausstellung in Speyer (1991) sind immer wieder allein anhand archäologischer Grabungsbefunde „Wohntürme" oder „Steinwerke" zeichnerisch rekonstruiert worden.[174] Als Grundlage dafür konnten nahezu ausschließlich die Fundamentstärken und gegebenenfalls noch die Qualität des Mauerwerks in Anspruch genommen werden. Diese Vorgehensweise ist jedoch methodisch nicht sauber, da turmartig hohe Bauten auch über geringer Fundament- bzw. Mauerstärke errichtet worden sein können – etwa der Palas der Neuenburg auf den nur 80 Zentimeter starken Wänden der ersten Burgkapelle.

Als Vergleichsbeispiele für spätromanische Wohntürme aus Sachsen-Anhalt können angeführt werden: Tangermünde, Kapitelturm (12,3 x 9,2 m, ca. 40 m hoch, spätes 12. Jahrhundert), Halle-Giebichenstein (12 x 10 m, ca. 1200, ebenerdiger Eingang, Höhe unbekannt); Querfurt, Marterturm (11,3 x 11,5 m, ca. 1230 (d), Hocheingang, mindestens 18 m hoch); Eckartsburg (10 x 10 m, letztes Drittel des 12. Jahrhunderts, mindestens 18,5 m hoch); Rogätz (13 x 11,5 m, Höhe unbekannt); Beetzendorf (8 x 8 m, vielleicht erst aus der Mitte des 13. Jahrhunderts, fünfgeschossig, mindestens 19 m hoch); Greiz (7,3 x 6,15 m, nur ein Geschoss erhalten).[175]

Ebenerdige Zugänge finden sich an den Wohntürmen der Burg Tangermünde (spätes 12. Jahrhundert), der Oberburg Giebichenstein (um 1200), der Neuenburg (um 1225), an der sogenannten Elisabethkemenate auf der Creuzburg (um 1200/20) und in Greiz.[176] Auf die bei eher gefährdeten und zu verteidigenden Bauten wie Bergfrieden und anderen Türmen üblichen Hocheingänge konnte man demzufolge schon früh verzichten.[177]

Weitere Wohnbauten

Über die Um- und Ausbauten an den älteren Wohnbauten A/1, A/2 und A/3 kann derzeit nichts Gesichertes ausgesagt werden. Auf den Resten des ersten Wohnbaues B/1 entstand aber im frühen 13. Jahrhundert ein neues Gebäude, dessen Nordwand von der heutigen Hofwand westlich des Löwentorhauses gebil-

41. Querfurt, Burg, sogenannter Marterturm, ursprünglich Wohnturm, Blick von Südosten, 2002

42. Eckartsberga, Eckartsburg, Bergfried, ursprünglich Wohnturm, Blick von Südosten, 1994

det wird. Der nordwestliche Eckverband dieses Wohngebäudes blieb gut erhalten. In dieser Hofwand ist eine hoch gelegene rundbogige Tür sichtbar. Mehrere Befunde deuten zudem auf ein Treppenhaus zwischen diesem Gebäude und dem Torhaus. Vermutlich erfolgten die Baumaßnahmen im Zusammenhang mit der Errichtung des Wohnturmes II, also um 1220/30.

Einrichtungen des Wohnkomforts

Heizungen[178]:
Von offenen Kaminen – mit ihrem Rauchfang zumeist halbkreisförmig vor eine Wand tretend oder als Viertelkreishaube in einer Raumecke ausgebildet – sind auf der Neuenburg Reste im Bergfried II (?, Wangenfund), im Bergfried III und im Wohnturm II (in zwei Geschossen) erhalten. Offene Kamine waren in den Burgen im hohen Mittelalter geradezu die Regel: Erhaltene Beispiele finden sich

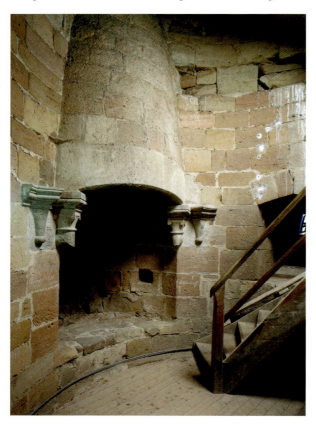

43. Schönburg, Bergfried, Kamin, Blick von Südwesten, 2008

DIE NEUENBURG UND IHRE STELLUNG IM BURGENBAU

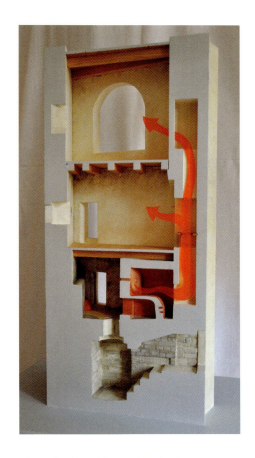

44. Neuenburg, Warmluftheizung am Palas, Modell, 2009

in Camburg, Creuzburg, Eckartsburg, Gnandstein, Kranichfeld, Runneburg, Salzwedel, Schönburg, Rudelsburg, Saaleck und Ummendorf.

Die Reste einer Heizung unter Wohnbau C könnten zum Typ des Gewölbeofens gehören. Die in der Südecke des spätromanischen Palas mit ihm gleichzeitig eingebaute Heizung blieb seit ihrer Entdeckung 1976 und der umfänglichen bauarchäologischen Untersuchung in den 1990er Jahren unverständlich. Erst jahrelanges Literaturstudium und die Hinzuziehung aktueller Grabungsbefunde in anderen Burgen erlauben nunmehr eine Interpretation der komplizierten baulichen Einzelheiten. Die Heizung konnte durch Befunde am Bau und archäologisches Fundgut (Becherkacheln, Tonröhren, Lehmzwickel, große Mengen an Lehmbrocken[179] sowie bearbeitete Sandsteine) erstmals in einem Modell rekonstruiert werden.[180] Diese Heizung funktionierte als eine indirekte Luftheizung mit Wärmetauscher und Rauchgastrennung. Vergleichsbefunde, bei denen der Ofenkörper auch aus Kacheln bestand, fanden sich ebenfalls im Kloster Breitenau bei

Kassel, im Marburger Schloss, in Büdingen-Großendorf, in der Burg Dreieichenhain (beide in Hessen) sowie in der Pfalz Ingelheim am Rhein, das wohl das am besten erhaltene Beispiel ist.

Die auf der Neuenburg nachweisbaren ca. 90 Becherkacheln reichen aus, um eine umbaute Ofengröße zu erreichen, die den Durchschnittswerten der oben genannten Beispiele entspricht. Verbaute Holzbohlen im Schacht und an einer Öffnung zu einem Raum lassen auf hölzerne Einbauten zur Regulierung des Warmluftstromes schließen, was bei den relativ großen Öffnungen gewiss notwendig war. Direkt unter der Heizung befand sich eine Aschekammer mit separatem Gang zum Hof und einem Abgaskanal zu einem ehemaligen Lichtschlitz – eine aufwendige und ausgeprägte Form der Ascheentsorgung.

Der Einbau der Heizung erfolgte in der dendrochronologisch gesicherten Umbauphase von 1170/75. Während einer tiefgreifenden gotischen Umbauphase um 1460 wurde sie aufgegeben und in eine Feuerstelle umgewandelt.

Latrinen[181]:
Die ältesten Latrinen befanden sich innerhalb der nördlichen und südlichen Ringmauer (Fallschacht mit Ausfluss) und gehörten zu den Wohnbauten A, A/1 und B/1, die um 1100 zu datieren sind. Im Bergfried „Dicker Wilhelm" (letztes Drittel

45. Neuenburg, Wohnturm II und Latrinenbau, Blick von Südosten, Modell, 2002

Die Neuenburg und ihre Stellung im Burgenbau

46. Wimpfen, Burg, Roter Turm, Latrinenerker, Blick von Süden, 2005

12. Jahrhundert) sind diese in zwei Geschossen erhalten geblieben. In beeindruckender baulicher und zeitlicher Abfolge entstand neben dem kleineren Vorgänger in der südlichen Ringmauer um 1170/75 zunächst ein Latrinenturm, der deutlich komfortabler ausgestattet war. Beim Bau des östlich anstoßenden Wohnturmes von 1215 +/- 5 wurde zumindest die obere Latrinenkammer zerstört. Der mit dem Wohnturm geplante und ab 1226 ausgeführte südliche Anbau ersetzte schließlich die beiden Latrinen im Turm und bestand ursprünglich aus einer Mauer mit Tor und zwei übereinanderliegenden Gängen, die jeweils zu Latrinen führten. Ein starker Pfeiler etwa auf halbem Wege zwischen dem Wohnturm mit den rundbogigen Türen aus dem ersten und zweiten Obergeschoss und den Latrinenerkern unterteilte offensichtlich auch die Architektur der beiden Gänge: Bis zum Pfeiler waren die Gänge etwas breiter und wohl mit Fachwerk geschlossen. Auf dem Pfeiler wurden diese Räume durch eine Tür mit steinernen Gewänden begrenzt. Dahinter setzte sich schließlich ein offener Gang bis zu den Latrinen fort. Der „Ort des anrüchigen Geschehens" war nunmehr – ca. 15 Meter vom Wohnturm entfernt – deutlich abseits angeordnet.[182] Zudem ermöglichte die doppelsitzige Ausstattung, dass zwei Personen gleichzeitig ihre Notdurft verrichten konnten. Beispiele hierfür finden sich mehrfach, etwa in der Salzburg oder auf Burg Lichtenstein (Unterfranken).

Für solche baulichen Ausgestaltungen lassen sich im deutschen, aber wohl auch mitteleuropäischen Burgenbau kaum Parallelen beibringen. Am auffälligsten verwandt ist der Latrinenturm auf dem Crac des Chevaliers in Syrien, der im letzten Viertel des 12. Jahrhunderts entstand; die seit ca. 1260 errichteten „Danzker" vieler Burgen des deutschen Ritterordens sind jünger, können aber auf gleiche Vorbilder zurückgegriffen haben.[183]

Geradezu üblich war im 12. und 13. Jahrhundert der Latrinenerker (Aborterker), der zumeist als rechteckiger Erker aus dem Mauerwerk des Wohnbaues, des Turmes oder auch der Ringmauer (Gelnhausen) herausragte. Auffällig ist zum Beispiel eine „Abortlandschaft" in der Neckargegend, wo die Vorbauten halbkreisförmig gebildet sind wie in Besigheim, Helfenberg, Neipperg und Wimpfen. Burg Herbsleben bei Gotha besitzt ebenfalls einen solchen Erker.[184]

Wasserversorgung[185]:
So spektakuläre Befunde wie der steinerne Brunnenschacht auf der Runneburg mit hervorragenden Funden von Holzgefäßen können von der Neuenburg nicht vermeldet werden. Auch die Zuführung über eine mehrere hundert Meter lange Fernleitung auf die Große Harzburg bei Bad Harzburg war eher selten.[186] Die für Mensch und Vieh unerlässliche Wasserversorgung muss demzufolge anders funktioniert haben. Drei Belege lassen sich anführen: Auf der Neuenburg konnte bisher nur eine Zisterne nachgewiesen werden, die vermutlich eine Filterzisterne gewesen ist und durch das gezielt in sie geleitete Regenwasser gespeist wurde. Sie befand sich vor der heutigen Freitreppe zum Fürstenbau. Leider fehlte 1993 die Zeit, das Bauwerk vollständig zu untersuchen. Innerhalb der im Durchmesser ca. 7 Meter messenden Zisterne sickerte das Wasser durch sogenannte Filtersteine nach unten, wo es in den Aufzugsschacht eindrang und mit einem Eimer hochgezogen werden konnte. Freigelegt wurden Teile der mit einem dicken Lehmpaket abgedichteten Zisternenwandung sowie der Filtermasse, nicht jedoch das Schöpfloch.

Auf einen bemerkenswerten Tatbestand sei des Weiteren hingewiesen: Als um 1170/75 der Bergfried I in der Kernburg abgebrochen wurde, ließ man ca. 1,5 Meter Mauerwerk oberhalb des damaligen Geländeniveaus stehen. Da das gewaltige, über 17 Meter starke Turmmassiv eine erhebliche Beeinträchtigung in der Burghoffläche darstellte, muss es einen triftigen Grund für seinen Erhalt gegeben haben. Weshalb und wofür, lässt sich anhand des Befundes nicht erklären. Eine archäologische Untersuchung im Turminneren hat bisher nicht stattgefunden. Vielleicht könnte diese zur Deutung beitragen. Im Kontext einer auf der Wartburg erhaltenen Tankzisterne aus dem 12. Jahrhundert, die unmittelbar vor dem Palas lag, soll eine solche Nutzung vorsichtig angedeutet werden.[187] Der dort noch immer praktizierte „Eselsritt" belegt zudem die ergänzende Versorgung mittels Tieren. Dies ist außerdem für die Neuenburg und die Eckartsburg nachgewiesen. Mit dem heute noch sogenannten Eselsgraben, welcher zwischen der Burg und dem benachbarten Haineberg liegt, bestand ein direkter Versorgungsweg zur Unstrut. Für die Eckartsburg ist zum Jahre 1542 ein Eseltreiber überliefert.[188] Und die Wartburgesel traben noch heute den Berg hinauf zur Burg.[189]

Schluss

Als Ludwig der Springer nach 1086 seine neue Burg errichten ließ, betrat er nicht völliges Neuland und konnte sich an Burgen orientieren, die die Wissenschaft seit längerem als „salierzeitlich" charakterisiert. In unmittelbarer Nähe stand diesbezüglich die knapp einhundert Jahre ältere steinerne Burg Querfurt einer edelfreien Familie.[190] Auf Burg Giebichenstein bei Halle starb im Jahre 1012 Erzbischof Walthard, der zuvor dort bereits krank darniedergelegen hatte und anschließend zwischen Kirche und Kemenate bestattet wurde.[191] Dieser wohl ebenfalls steinerne Bau muss sich auf der Alten Burg (dem sogenannten Amtsgarten) befunden haben.[192] Von einer Burg mit einem steinernen Haus in Allerstedt bei Wiehe ist ebenfalls durch Bischof Thietmar von Merseburg zu erfahren, der zum Jahre 1014 von einem Steinhaus, überaus mit Steinen verstärkt, berichtet.[193] Auch die Burg von Ludwigs Kampfgefährten Wiprecht von Groitzsch, die Große Harzburg und der Sachsenstein aus dem späteren 11. Jahrhundert waren nicht allzu weit entfernt. Anregungen für einen steinernen Burgenbau konnten dort durchaus geholt werden.

Insbesondere die Burg in Sulzbach-Rosenberg mit ihren Achtecktürmen lässt gewisse Kontakte ins Fränkische vermuten – eine Region, aus der die Ludowinger ja einst stammten. Darüber hinaus sind „Kontakte zwischen Graf Berengar von Sulzbach und Graf Ludwig der Springer während der Erhebung Heinrichs V. gegen seinen Vater anzunehmen, beide gehören zu der Reformgruppe, die den neuen König stützte".[194] Ein Ministerialer der Grafen von Sulzbach ließ im zweiten Viertel des 12. Jahrhunderts in Creußen sogar einen sechseckigen Turm errichten. Das heißt, im Umfeld der mächtigen Ludowingischen Grafenfamilie baute man aufwendig und repräsentativ.[195]

Mit der vergleichsweise außerordentlich großen Burg und teils herausragenden steinernen Bauten hat Graf Ludwig im Gebiet von Saale und Unstrut ein deutliches machtpolitisches Zeichen gesetzt und offensichtlich auch den Schwerpunkt seiner Herrschaft von Westthüringen (Schauenburg und Wartburg) nach

Osten verlagert. Diese Politik erhielt um 1121 eine zusätzliche Aufwertung durch die kaiserliche Übertragung der Eckartsburg an ihn.

Ein Sohn Ludwigs wurde 1130/31 Landgraf von Thüringen: Ludwig I. erfuhr dadurch eine enorme politische Rangerhöhung. Er konnte die unter seinem Vater errichtete Neuenburg weiter nutzen und vermutlich ausbauen, denn es ist davon auszugehen, dass Burgen wie moderne Wohnhäuser letztlich niemals „fertig" waren bzw. sind, sondern in kleineren oder auch größeren Abständen kontinuierlich modernisiert wurden und werden – jeweils nach persönlichen, repräsentativen oder wirtschaftlichen Erfordernissen (etwa die Wohnbauten im Bereich A/3 und B).

Die gelegentlich nachzulesende bedeutende Rolle Landgraf Ludwigs II. († 1172) als Bauherr – auf der Wartburg und den übrigen ludowingischen Burgen – ist zu relativieren.[196] Die Neuenburg war bereits seit einem halben Jahrhundert aufwendig ausgebaut worden. Doch die ersten Abschnitte der zweiten großen Ausbauphase – vielleicht die Vorburg – könnten bereits unter ihm begonnen worden sein. Ob mit dem Ausbau der Burgen Creuzburg, Eckartsburg und Weißensee noch zu Lebzeiten Ludwigs II. in großem Stil begonnen und wieweit ein solcher vorangebracht worden ist, wird sich weder archäologisch noch bau- und kunsthistorisch sicher sagen lassen. Unstrittig bleibt aber der „baukünstlerische Paukenschlag" mit dem Palas der Wartburg unter Ludwig II.!

Für die Neuenburg wurde die zweite Hälfte des 12. Jahrhunderts durch den Ausbau der riesigen Vorburg, den Bau von Palas und Doppelkapelle ebenfalls ein Paukenschlag. In der Literatur wird gelegentlich auf enge Kontakte der landgräflichen Familie zum Niederrhein hingewiesen.[197] Das zeigt sich sowohl in der Verwendung bestimmter Baumaterialien, die aus großer Entfernung herbeigeschafft werden mussten, als auch in der Bauzier: Diese besitzt im Falle des Wartburgpalas eine größere Nähe zur Doppelkapelle in Schwarzrheindorf[198] – beide dürften auf ein gemeinsames Vorbild in Maastricht zurückzuführen sein –, während für die übrigen Bauten ein spürbarer Zusammenhang mit Bauplastik im Niederrheingebiet besteht (Kleve, Köln, Bonn, Brauweiler). Für die vermutliche Bauzeit der Doppelkapelle (erste Phase 1170er/80er Jahre) und stilistische Übereinstimmungen mit der Bauzier am Klever Palas würden diese Kontakte ins Rheinland gut passen.

Ein durch verwandtschaftliche Bindungen ermöglichter intensiverer Austausch von Künstlern und Steinmetzen ist zu vermuten, quellenmäßig aber natürlich nicht zu belegen. Dennoch sollte bei allen konträren Überlegungen und vor allem bei der gegebenen unsicheren Quellenbasis weiterhin davon ausgegangen werden, dass die bis 1186/88 existierenden familiären und noch im 13. Jahrhundert nachweisbaren politischen Beziehungen zum Niederrheingebiet den

Grund für einen über deren Ende fortdauernden kulturellen Austausch gelegt haben dürften. In diesem Kontext wäre dann auch der „Transfer" der Zackenbögen und der Bauzier von den Kapitellen in der Westvorhalle der Kölner Andreaskirche zu verstehen.

Der Zugewinn der Pfalzgrafschaft Sachsen im Jahre 1180 fast einhundert Jahre nach dem Pfalzgrafenmord stärkte die Position der Landgrafen im Raum an Saale und Unstrut deutlich. In eben dieser Zeit erfolgten die großen Umbauten.

Ludwig IV. vermochte kurzzeitig der Neuenburg eine hohe militärisch-strategische Funktion zuzuweisen und ihr somit einen besonderen Glanz zu verleihen, als er sie zum Ausgangspunkt für mehrere Kriegszüge in die Mark Meißen nutzte und zudem hoffte, jene Mark durch eine Eventualbelehnung durch Kaiser Friedrich II. (1226) in absehbarer Zeit seiner Landgrafschaft angliedern zu können. In einem solchen – damals denkbaren und vielleicht sogar sehr wahrscheinlichen – Fall hätte die Neuenburg den Mittelpunkt aller landgräflichen Territorien dargestellt! Die Baumaßnahmen jener Jahre (Wohnturm II und Doppelkapelle) geben solchen Überlegungen Recht.[199] Deshalb scheint der Ausbau der Doppelkapelle eher in diese Jahre zu passen als in die Regierungszeit Hermanns I. bis 1217.

Im Kontext der enorm gewachsenen Bedeutung der Burg unter Ludwig IV. sind jene Modernisierungen auch mit guten Gründen als eine eigene, dritte Aus-

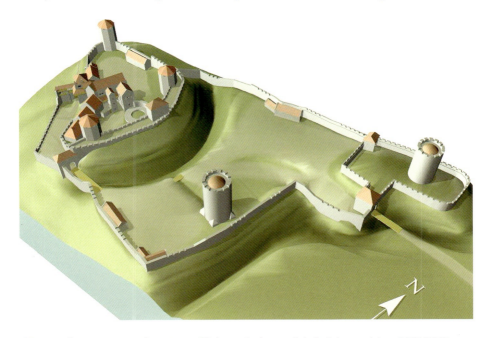

47. Neuenburg, Bauzustand um 1230, Blick von Südosten, digitale Rekonstruktion, 2002/2003

bauphase in romanischer Zeit zu würdigen. Während die zweite Bauphase zeitlich nahezu parallel zum Burgenbau in Creuzburg, Eckartsburg und Weißensee erfolgte – und somit eine gewaltige Bauleistung der landgräflichen Familie bezeugt –, gibt es für die dritte Bauphase nur von wenigen entsprechenden Aktivitäten auf den anderen Burgen zu berichten: zum Beispiel den Anbau eines steinernen Treppenhauses am Palas, vielleicht auch den Bau eines neuen, des heutigen Haupttores in Weißensee oder die sogenannte Elisabethkemenate auf der Creuzburg.[200]

Dem baukünstlerisch bedeutsamen und hoch qualitätvollen Ausbau der Neuenburg unter Ludwig und Elisabeth lassen sich die Stadtkirche in Freyburg und die Errichtung der Burg Haldecke als Ansitz für Burgmannen der Burggrafenfamilie der Meinheringer als zusätzlich landgräfliche Macht und Würde demonstrierendes „Bollwerk" problemlos hinzufügen.[201] Dies bedeutet für die Neuenburg, dass sie zwischen 1221, dem Tode des Meißner Markgrafen Dietrich, und dem jähen Ende 1227, dem frühzeitigen Tod Ludwigs auf einem Kreuzzug, der Herrschaftsmittelpunkt der Landgrafen war und eigentlich über 1227 hinaus auch hätte bleiben sollen.[202] Dem insbesondere diente dieser letzte Ausbau der Burg in romanischer Zeit.

Nach der gut einhundert Jahre älteren Burg Querfurt besitzt die Neuenburg noch in erheblichem Umfang die Bausubstanz aus der Erstbauphase um 1100. Sie gehört somit zu den ältesten und größten Burgen Mitteldeutschlands; hinsichtlich des überkommenen oberirdischen Baubestands dürfte sie wahrscheinlich sogar die älteste sein.[203]

Nach dem Erlöschen des Geschlechtes im Mannesstamm und nach dem Thüringischen Erbfolgekrieg 1247 bis 1264 fielen die Neuenburg und Freyburg an die Markgrafen von Meißen aus dem Haus Wettin. Heinrich der Erlauchte urkundete bereits im Mai 1248 auf der Burg.[204] Die Bedeutung der Neuenburg sank in der Folgezeit dennoch spürbar. Erst seit dem späteren 14. und dann besonders im mittleren 15. Jahrhundert erfuhr sie seitens der in Weimar residierenden wettinischen Landgrafen von Thüringen eine bis dahin ungeahnte Wertschätzung, deren politische Hintergründe bislang weitgehend verborgen bleiben.[205]

Anmerkungen

1 Bahn, Bernd W.: „... in urbe quae Geniun dicitur". Die Burgen der Ekkehardinger an der Unstrutmündung. In: Saale-Unstrut-Jahrbuch 5 (2000), S. 28–39 und 6 (2001), S. 28–40.

2 Schmitt, Reinhard: Burg, Kloster und Schloß Goseck. Zum Stand der baugeschichtlichen Erforschung. In: Denkmalpflege in Sachsen-Anhalt 7 (1999), S. 32–54.

3 Siehe hierzu und insgesamt zur Würdigung der Neuenburg aus mediävistischer Sicht den Beitrag von Stefan Tebruck in diesem Band und ders.: Landesherrschaft – Adliges Selbstverständnis – Höfische Kultur. Die Ludowinger in der Forschung. In: Wartburg-Jahrbuch 2008. Regensburg 2010, S. 30–76, hier S. 64 f.

4 Zu diesem Thema zuletzt Huschenbett, Dietrich: Eine Mord- und Minne-Geschichte aus Thüringen. Zur Darstellung der Ermordung des sächsischen Pfalzgrafen Friedrich III. durch Ludwig den Springer, Graf von Thüringen. In: Strukturen der Gesellschaft im Mittelalter. Interdisziplinäre Mediävistik in Würzburg. Hrsg. von Dieter Rödel und Joachim Schneider. Wiesbaden 1996, S. 35–49.

5 Säckl, Joachim: Zur Geschichte des Rittersitzes und Herrenhauses in Weischütz (Unstrut). In: Burgen und Schlösser in Sachsen-Anhalt 4 (1995), S. 77–98, hier S. 79–81; Tebruck, Stefan: Die Gründungsgeschichte des Klosters Zscheiplitz. In: Zscheiplitz. Pfalzgrafenhof, Kirche, Kloster und Gut. [Freyburg (Unstrut) 1999 (= novum castrum. Schriftenreihe des Vereins zur Rettung und Erhaltung der Neuenburg e. V., Heft 7)]. S. 6–35, hier S. 16.

6 Tebruck, Stefan: Die Reinhardsbrunner Geschichtsschreibung im Hochmittelalter. Klösterliche Traditionsbildung zwischen Fürstenhof, Kirche und Reich (= Jenaer Beiträge zur Geschichte, Bd. 4). Frankfurt am Main u. a. 2001, S. 177.

7 Von 1985 bis 1988: Verfasser im Auftrag des damaligen Instituts für Denkmalpflege, Arbeitsstelle Halle (in enger Zusammenarbeit mit Reinhard Rüger). Von 1990 bis 2003: Landesamt für Denkmalpflege und Archäologie Sachsen-Anhalt (Reinhard Schmitt) und Stiftung Dome und Schlösser in Sachsen-Anhalt, Museum Schloss Neuenburg (Wilfried Weise). Der Verfasser ist dafür auch heute zutiefst dankbar: Gotthard Voß, Kristine Glatzel, Wilfried Weise, Hans-Joachim Jasiulek, der Stiftung Dome und Schlösser in Sachsen-Anhalt als Eigentümerin des Schlosses und Betreiberin seines Museums. Weitere Beobachtungen und archäologische Ausgrabungen seitens der Abteilung Archäologie im Landesamt für Denkmalpflege Sachsen-Anhalt 2006/2007 (Oliver Damm) sind noch nicht ausgewertet. – Zur Baugeschichte zuletzt zusammenfassend (und hier die Literatur von 1986 bis 2007): Kristine Glatzel, Beate Hellwig und Reinhard Schmitt: Schloss Neuenburg Freyburg (Unstrut). 4. erw. Aufl. (= Große Baudenkmäler, Heft 516). München/Berlin 2008; Schmitt, Reinhard: Zur Baugeschichte der Neuenburg I und II. In: Burg und Herrschaft. Die Neuenburg und die Landgrafschaft Thüringen. Beiträge zur Ausstellung. Hrsg. vom Museum Schloss Neuenburg und dem Verein zur Rettung und Erhaltung der Neuenburg e. V. Freyburg (Unstrut) 2004, S. 31–89, 123–146 und Anmerkungen S. 172–188, 194–201; auf diesem Text basierend, jedoch mehrfach ergänzt: ders.: Schloß Neuenburg bei Freyburg (Unstrut). Zur Baugeschichte vom späten 11. bis zum mittleren 13. Jahrhundert nach den Untersuchungen der Jahre 1986 bis 2007. In: Burgen und Schlösser in Sachsen-Anhalt 16 (2007), S. 6–138.

8 Freyburg (Unstrut), Schloss Neuenburg: Dendrochronologie: Überprüfung aller Proben, die seit 1991 genommen worden sind und auf ein Fälldatum in romanischer Zeit verweisen. Auswertung nach dem Gutachten vom 22. September 2008: Die an das Dendrolabor der Universität Bamberg gegebenen 44 Proben (zwei nicht auffindbar) konnten über den Sommer

2008 durch Herrn Georg Brütting M. A. im Labor nochmals bearbeitet, neu eingemessen und ausgewertet werden. Insbesondere ist Herrn Dr.-Ing. Dipl. Holzwirt Thomas Eißing (Otto-Friedrich-Universität Bamberg, Institut für Archäologie, Denkmalkunde und Kunstgeschichte, Dendrolabor) für jahrelange Unterstützung der Forschungen herzlich zu danken! Es sei daran erinnert, dass er im Rahmen seiner Diplomarbeit (1991) bereits Hölzer der Neuenburg untersucht hat. Die Eichenjahrringkurve des Labors für Sachsen-Anhalt und Thüringen wurde zuvor von allen Neuenburgdaten „befreit"; anschließend wurden die einzelnen Proben mit dieser Kurve verglichen. Gewünschte Nachbohrungen sind nicht möglich; allein die vielleicht romanischen Fensterläden sollen nochmals vor Ort durch Herrn Dr. Eißing gemessen werden (da seine digitalen Originaldaten von 1990 nicht mehr lesbar sind).

Für die verschiedenen romanischen Bauphasen der Neuenburg ergeben sich folgende Tatbestände:

1) Fürstenbau, Türsturz in der Südwand von Wohnbau C: Datierung nach 1086 +/- 5. Damit ist der Baubeginn der Burg auf der Südseite in die Zeit unmittelbar nach dem historisch frühesten Jahr 1086 gesichert.
2) Latrinenturm: Der bisher unsicher in die Zeit um 1150 datierte Turm ist nunmehr nach 1178 +10/- 7 zu datieren, also in die Jahre zwischen 1171 und 1188 und gehört somit in die Bauzeit von Palas und Doppelkapelle.
3) Palas und Doppelkapelle: In den Räumen 123 und 217 konnten die Datierungen aller Hölzer in die Zeit um 1170 +/- 5 bestätigt bzw. sogar konkretisiert werden. Eine Probe (1199 +/- 5) fällt aus dem Rahmen: Reparatur?
4) Wohnturm II: Datierung der außen im Mauerwerk steckenden Balken nach 1215 +/- 5. Der Wohnturm müsste somit etwas früher entstanden sein, als bisher angenommen. Eine Probe aus der Nordtür ins erste Obergeschoss dürfte aber aus den 1220er Jahren stammen, so dass die Außenbalken eventuell älteres Holz sein müssten/könnten. Fensterläden Wohnturm: nicht datierbar bzw. nach 1160 +/- 5. Das wäre wohl zu früh und abermals zu überprüfen.
5) Abortgang am Wohnturm II: Datierung: Fälljahr im Winter 1225/26, also wohl im Frühjahr 1226 verbaut.

 9 Es sind bei den archäologischen Untersuchungen vorwiegend Funde aus der Steinzeit und der Bronzezeit zu Tage gefördert worden. Dieser Kenntnisstand schon bei Grimm, Paul: Die vor- und frühgeschichtlichen Burgwälle der Bezirke Halle und Magdeburg (= Schriften der Sektion für Vor- und Frühgeschichte, Bd. 6). Berlin 1958, S. 264, Nr. 398.
10 Zuletzt und ausführlicher in Burg und Herrschaft, wie Anm. 7.
11 Schmitt: Zur Baugeschichte, wie Anm. 7.
12 Vgl. Anm. 8.
13 Vgl. zu den hier und für die beiden folgenden Bauphasen genannten Gebäuden Abb. 15 und 16.
14 In dieser zweiten Bauphase der Burg müsste auch der Besuch Kaiser Friedrichs I. Barbarossa im Jahr 1172 stattgefunden haben, bei dem er sich über die ungenügende Befestigung verwundert gezeigt haben soll. Die sagenhafte Überlieferung der „lebenden Mauer" nimmt darauf Bezug. Da die Burg schon seit dem frühen 12. Jahrhundert insbesondere auf der Ostseite eine starke Befestigung besaß, bleibt offen, was Barbarossa gemeint haben könnte! Siehe hierzu Schmitt: Zur Baugeschichte, wie Anm. 7, S. 64.

15 Dehio, Georg: Handbuch der deutschen Kunstdenkmäler. Bd. I: Mitteldeutschland. Berlin 1924, S. 115.

16 Auf der Grundlage der Aufsätze des Verfassers zur Neuenburg, vgl. Anm. 7; Schmitt, Reinhard: Die mittelalterliche Burg Bernburg. In: Das Bernburger Schloss. Aktuelle bau- und kunsthistorische Erkenntnisse (= Beiträge zur Regional- und Landeskultur Sachsen-Anhalts, Heft 47). Halle 2008, S. 10–45; ders.: Die Burg in Tangermünde in ihrer bau- und kunstgeschichtlichen Entwicklung und Bedeutung. In: Tangermünde. 1000 Jahre Geschichte. Hrsg. im Auftrag der Stadt Tangermünde von Sigrid Brückner. Dößel 2008, S. 155–179; ders.: Palas, Doppelkapelle und Wohnbau A der romanischen Burg Greiz im Vergleich mit mitteldeutschen Beispielen. In: Das Obere Schloss von Greiz – Ein romanischer Backsteinbau in Ostthüringen und sein historisches Umfeld (= Arbeitsheft des Thüringischen Landesamtes für Denkmalpflege und Archäologie. N. F., Heft 30). Altenburg 2008, S. 117–129, 176–178, 185–188.

17 Badstübner, Ernst: Die Ludowinger als Bauherren. In: Burgen und Schlösser in Thüringen 1998. Jena 1998, S. 6–18; ders.: Die Ludowinger als Bauherren. In: „ES THVN IHER VIEL FRAGEN". Kunstgeschichte in Mitteldeutschland – Hans-Joachim Krause gewidmet (= Beiträge zur Denkmalkunde in Sachsen-Anhalt, Bd. 2). Petersberg 2001, S. 31–44; Strickhausen, Gerd: Burgen der Ludowinger in Thüringen, Hessen und dem Rheinland. Studien zu Architektur und Landesherrschaft im Hochmittelalter (= Quellen und Forschungen zur hessischen Geschichte, Bd. 109). Darmstadt/Marburg 1998.

18 Diese verschiedenen steinernen Wohngebäude auf der Neuenburg sind von Gerd Strickhausen sowohl in ihrer baugeschichtlichen Bedeutung als auch im Hinblick auf die Entwicklung und Funktionen der einzelnen landgräflichen Burgen deutlich unterbewertet worden: Strickhausen: Burgen der Ludowinger, wie Anm. 17, S. 18 f., 47–54 und 145–157; ders.: Die Baupolitik Landgraf Ludwigs II. von Thüringen und die Bedeutung des Palas der Wartburg. In: Burgen und frühe Schlösser in Thüringen und seinen Nachbarländern. Hrsg. von der Wartburg-Gesellschaft zur Erforschung von Burgen und Schlössern in Verbindung mit dem Germanischen Nationalmuseum (= Forschungen zu Burgen und Schlössern, Bd. 5). München/Berlin 2000, S. 71–90.

19 Hensch, Mathias: Burg Sulzbach in der Oberpfalz. Archäologisch-historische Forschungen zur Entwicklung eines Herrschaftszentrums des 8. bis 14. Jahrhunderts in Nordbayern. 3 Bde. (= Materialien zur Archäologie in der Oberpfalz, Bde. 3,1 bis 3,3). Büchenbach 2005, hier Bd. 1, S. 170 f.; ders.: Baukonzeption, Wohnkultur und Herrschaftsrepräsentation im Burgenbau des 11./12. Jahrhunderts in Nordbayern – neue Erkenntnisse der Archäologie. In: Grafen, Herzöge, Könige. Der Aufstieg der frühen Staufer und das Reich (1079–1152). Hrsg. von Hubertus Seibert und Jürgen Dendorfer. Ostfildern 2005, S. 135–178.

20 Grote, Klaus: Bernshausen. Archäologie und Geschichte eines mittelalterlichen Zentralortes am Seeburger See (= Zeitschrift für Archäologie des Mittelalters, Beiheft 16). Bonn 2003; Heine, Hans-Wilhelm: Archäologische Burgenforschung in Südniedersachsen. In: Eine feste Burg – die Plesse. Interdisziplinäre Burgenforschung. Hrsg. von Thomas Moritz. Bd. I. Göttingen 2000, S. 35–42; Ettel, Peter: castellum und monasterium in villa Karloburg – ein frühmittelalterlicher Zentralort am Main des 7. bis 13. Jahrhunderts. In: Zentrale Funktionen der Burg. Hrsg. von Barbara Schock-Werner (= Veröffentlichungen der Deutschen Burgenvereinigung e. V. Reihe B: Schriften, Bd. 6). Braubach 2001, S. 54–64; ders.: Frühmittelalterlicher Burgenbau in Nordbayern und Südthüringen vom 7. bis zum 11. Jahrhundert. In: Burgen in Thüringen. Geschichte, Archäologie und Burgenforschung (= Jahrbuch der Stiftung Thüringer Schlösser und Gärten, Bd. 10 [2006]). Regensburg 2007, S. 88–110; Binding, Günther: Burgen des 9.–11. Jahrhunderts am Niederrhein. In: Interdisziplinäre Beiträge zur

Siedlungsarchäologie. Gedenkschrift für Walter Janssen. Hrsg. von Peter Ettel, Reinhard Friedrich und Wolfram Schier. Rahden (Westf.) 2002, S. 7–14.

21 Die aus dem späten 11. Jahrhundert stammende Burg umfasste 4000 m². Dazu Bitschnau, Martin und Walter Hauser: Burg Tirol im Hochmittelalter – Bauphasen und Zeitstellung. In: Schloß Tirol – Saalbauten und Burgen des 12. Jahrhunderts in Mitteleuropa. Hrsg. von der Wartburg-Gesellschaft zur Erforschung von Burgen und Schlössern in Verbindung mit dem Germanischen Nationalmuseum (= Forschungen zu Burgen und Schlössern, Bd. 4). München/Berlin 1998, S. 31–46.

22 Tauber, Jürg: Die Ödenburg bei Wenslingen – eine Grafenburg des 11. und 12. Jahrhunderts (= Basler Beiträge zur Ur- und Frühgeschichte, Bd. 12). Derendingen-Solothurn 1991, S. 134–138. – Zu frühen Burgen des 11. und 12. Jahrhunderts und einzelnen Bautypen vgl. auch Ernst, Bernhard: Burgenbau in der südöstlichen Oberpfalz vom Frühmittelalter bis zur frühen Neuzeit. Teil I: Text und Karten (= Arbeiten zur Archäologie Süddeutschlands, Bd. 16). Büchenbach 2003, S. 59–82. Siehe außerdem Neue Forschungen zum frühen Burgenbau. Hrsg. von der Wartburg-Gesellschaft zur Erforschung von Burgen und Schlössern in Verbindung mit dem Germanischen Nationalmuseum (= Forschungen zu Burgen und Schlössern, Bd. 9). München 2006: Beiträge von Peter Ettel (S. 33–48), Hans-Wilhelm Heine (S. 49–66), Dieter Barz (S. 67–84), Birgit Friedel (S. 123–142), Reinhard Schmitt (S. 167–180) sowie Ines Spazier und Heiner Schwarzberg (S. 187–204).

23 Thomas Biller in: Biller, Thomas und G. Ulrich Großmann: Burg und Schloss. Der Adelssitz im deutschsprachigen Raum. Regensburg 2002, S. 57.

24 Rezension von Hans-Wilhelm Heine zu Kretzschmar, Lars: Die Schunterburgen. Ein Beitrag der interdisziplinären Forschung zu Form, Funktion und Zeitstellung. Wolfenbüttel: Selbstverl. des Braunschweigischen Geschichtsvereins 1997. In: Niedersächsisches Jahrbuch für Landesgeschichte 71 (1999), S. 456–459.

25 Billig, Gerhard und Heinz Müller: Burgen. Zeugen sächsischer Geschichte. Neustadt an der Aich 1998, S. 93 f.

26 Wäscher, Hermann: Die Baugeschichte der Burg Kyffhausen (= Schriftenreihe der Staatlichen Galerie Moritzburg in Halle, Heft 15). Halle 1959; ders.: Feudalburgen in den Bezirken Halle und Magdeburg. Berlin 1962, S. 109–115; Brachmann, Hans-Jürgen: Zum Burgenbau salischer Zeit zwischen Harz und Elbe. In: Burgen der Salierzeit. Hrsg. von Horst Wolfgang Böhme. Teil 1 (= Römisch-Germanisches Zentralmuseum. Monographien, Bd. 25). Sigmaringen 1991, S. 47–148, hier S. 118 f.

27 Die bei Ausgrabungen in den 1930er Jahren geborgene Keramik ist stratigraphisch nicht dokumentiert und fast gar nicht ausgewertet worden. Wolfgang Timpel hatte 1990 knapp mitgeteilt, dass die Funde der Unterburg nicht mehr ins 11. Jahrhundert zurückreichen, die der Oberburg indes schon. Da eine saubere Schichtenanbindung an die Gebäude nicht möglich ist, belegen die Funde auch nur allgemein eine Besiedlung ab dem 11. bzw. dem 12. Jahrhundert. Aus Sicht des Verfassers lässt sich sagen, dass die Burg Kyffhausen von der Anlage her und vermutlich auch in ihrer Grundsubstanz ins späte 11. Jahrhundert gehört, aber im 12. Jahrhundert, vor allem in dessen zweiter Hälfte, neu errichtet worden ist. – Timpel, Wolfgang: Die mittelalterliche Keramik der Kyffhäuserburgen. In: Grimm, Paul: Tilleda. Eine Königspfalz am Kyffhäuser. Teil 2 (= Schriften zur Ur- und Frühgeschichte, Bd. 40). Berlin 1990, S. 249 f.; Peschel, Karl: Gotthard Neumann und die Bodendenkmalpflege in Thüringen 1930 bis 1947. In: 100 Jahre „Die vor- und frühgeschichtlichen Altertümer Thüringens". Beiträge zur Geschichte der archäologischen Denkmalpflege in Thüringen. Hrsg. von der

Archäologischen Gesellschaft in Thüringen e. V. (= Neue Ausgrabungen und Funde in Thüringen, Sonderband 2009; Beiträge zur Ur- und Frühgeschichte Mitteleuropas, Bd. 59). Langenweißbach 2010, S. 69–116.

28 Schmitt: Tangermünde, wie Anm. 16.

29 Vogt, Heinz-Joachim: Die Wiprechtsburg in Groitzsch. Eine mittelalterliche Befestigung in Westsachsen (= Veröffentlichungen des Landesmuseums für Vorgeschichte Dresden, Bd. 18). Berlin 1987.

30 Schmitt, Reinhard: Burg Querfurt. Beiträge zur Baugeschichte – Baubefunde und archivalische Quellen (= Schriftenreihe Museum Burg Querfurt, Sonderheft). Querfurt 2002.

31 Schmitt: Bernburg, wie Anm. 16.

32 Die Kernburg hatte eine Größe von ca. 8800 m², mit Vorburg betrug sie ca. 24 000 m². Siehe dazu Wäscher: Feudalburgen, wie Anm. 26, S. 101 f.

33 Die Grundfläche umfasste ca. 16 000 m². Siehe dazu Högg, Frank und Andreas Stahl: Die Burg und das Amt Lindau. Ein Beitrag zur Baugeschichte. In: Burgen und Schlösser in Sachsen-Anhalt 18 (2009), S. 301–343.

34 Die Grundfläche betrug ca. 12 000 m². Siehe dazu Hauer, Ulrich: Die Burgen im unteren Bebertal – eine Zwischenbilanz. In: Archäologie in Sachsen-Anhalt, N. F. 2 (2004), S. 99–106, Grundriss S. 103.

35 Die Grundfläche erstreckte sich vielleicht sogar über 30 000 m². Siehe dazu Blanke, Harald: Romanische Ruinen im Romantischen Landschaftsgarten, ein Sonderfall, dargestellt am Beispiel der Veltheimsburg in Bebertal. In: Jahresschrift der Museen des Ohrekreises 11 (2004), S. 27–46.

36 Spazier, Ines und Heiner Schwarzberg: Die Burg Henneberg/Südthüringen im 11. und 12. Jahrhundert. In: Neue Forschungen zum frühen Burgenbau, wie Anm. 22, S. 187–204; Spazier, Ines: Die archäologischen Untersuchungen auf der Burg Henneberg. In: Burgen in Thüringen, wie Anm. 20, S. 22–30. Dazu auch Reich, Serge: Goseck im frühen Mittelalter. In: Weißenfelser Heimatbote 18 (2009) Heft 2, S. 58–60; ders.: Goseck im hohen Mittelalter. In: Weißenfelser Heimatbote 20 (2011) Heft 1, S. 7–9; ders.: Goseck im frühen Mittelalter. In: Gosecker Heimatblätter Band 4 (2009), S. 30–34. Siehe auch Leenen, Stefan: Die Isenburgen an der Ruhr. Teil 1: Text. Teil 2: Kataloge und Tafeln (= Denkmalpflege und Forschung in Westfalen, Bd. 52). Darmstadt 2011, S. 463 f. und Tafel 126 zu Größenvergleichen (Hattinger Isenburg um 1200 insgesamt ca. 9350 m²).

37 Zur Definition des Wohnturmes vgl. die Literaturangaben bei Schmitt: Zur Baugeschichte, wie Anm. 7, S. 31, Anm. 45. Vgl. auch die bemerkenswerten Baureste auf der Salzburg bei Neustadt an der Saale: Zeune, Joachim: Die Baugeschichte der Salzburg. In: Wagner, Heinrich und Joachim Zeune: Das Salzburgbuch. Bad Neustadt an der Saale 2008, S. 109–152.

38 Vgl. die Beiträge von Dieter Barz, Bettina Jost, Ingolf Gräßler, Rudolf Meister sowie Norbert Oelsner und Uwe Richter in: Burgenforschung aus Sachsen, Sonderheft Wohntürme. Kolloquium vom 28. September bis 30. September 2001 auf Burg Kriebstein (Sachsen). Hrsg. von Heinz Müller. Langenweißbach 2002; Spazier/Schwarzberg: Burg Henneberg, wie Anm. 36, S. 191; Hoffmann, Yves: Der hochmittelalterliche quadratische Turm in der Burg zu Meißen. In: Ecclesia Misnensis. Jahrbuch des Dombau-Vereins Meißen 2000. Meißen 2000, S. 87–94; Böhme, Horst Wolfgang: Burgen der Salierzeit in Hessen, in Rheinland-Pfalz und im Saarland. In: Burgen der Salierzeit. Hrsg. von Horst Wolfgang Böhme. Teil 2 (= Römisch-Germanisches Zentralmuseum. Monographien, Bd. 26). Sigmaringen 1991, S. 22–24; ders.: Kri-

tische Bemerkungen zur salischen Turmburg von Dreieichenhain und ihren Vorgängerbauten. In: Hessisches Jahrbuch für Landesgeschichte 55 (2005), S. 251–262; Barz, Dieter: Schlössel bei Klingenmünster. Befunde und Funde einer salierzeitlichen Burg. In: Archäologie mittelalterlicher Burgen (= Mitteilungen der Deutschen Gesellschaft für Archäologie des Mittelalters und der Neuzeit, Bd. 20). Paderborn 2008, S. 189–196; Friedrich, Waltraud: Das ehemalige Prämonstratenserinnenkloster Konradsdorf. 1000 Jahre Geschichte und Baugeschichte (= Quellen und Forschungen zur hessischen Geschichte, Bd. 118). Darmstadt/Marburg 1999, S. 82–89, 151–155; Meiborg, Christa: Neue Forschungen zur Frühzeit des Marburger Schlosses. In: Böhme, Horst Wolfgang und Otto Volk (Hg.): Burgen als Geschichtsquelle (= Kleine Schriften aus dem Vorgeschichtlichen Seminar Marburg, Heft 54). Marburg 2003, S. 151–159.

39 Hoffmann, Yves: Steinbauten des 11. und 12. Jahrhunderts auf Burgen im Gebiet des heutigen Sachsen. Ein Beitrag zur zeitlichen Gliederung des Burgenbaus. In: Neue Forschungen zum frühen Burgenbau, wie Anm. 22, S. 205–227, hier S. 210–213.

40 Zu Kemenaten vgl. Literaturhinweise bei Schmitt: Zur Baugeschichte, wie Anm. 7, S. 35 und ders.: Frühe runde Burgtürme Mitteldeutschlands im Vergleich mit anderen Burgenlandschaften. Burgen und Schlösser in Sachsen-Anhalt 9 (2000), S. 39–66; Boos, Andreas: Die Ruine Flossenbürg. Auferstehung einer Burg des hohen und späten Mittelalters. Weiden 2000, S. 44–50: um 1100.

41 Barz, Dieter: Das „Feste Haus" – ein früher Bautyp der Adelsburg. In: Burgen und Schlösser 34 (1993), S. 10–24; ders. und Joachim Zeune: Das „Feste Haus". In: Burgen in Mitteleuropa. Ein Handbuch. Bd. I: Bauformen und Entwicklung. Hrsg. von der Deutschen Burgenvereinigung e. V. Stuttgart 1999, S. 257–260. Mit den allermeisten der in der Literatur behaupteten und beschriebenen „Festen Häuser" verhält es sich so wie mit den „Wohntürmen", die zumeist nur als Grabungsbefunde überkommen sind und eine sichere Rekonstruktion des Aufgehenden nicht zulassen. Dazu auch Dr. Thomas Biller, Berlin, in einem Brief an den Verfasser vom 13. Januar 2011. Vgl. auch die Bemerkungen in den Anm. 172–174.

42 Gerd Strickhausen geht von einem gehäuferten Auftreten der Rundtürme im frühen 13. Jahrhundert aus, wohin er deshalb auch die beiden Bergfriede II und III der Neuenburg datiert. Lediglich Turm I akzeptiert er in der ersten Hälfte des 12. Jahrhunderts: Strickhausen: Burgen der Ludowinger, wie Anm. 17, S. 57–66; dazu Schmitt, Reinhard: Zur Geschichte und Baugeschichte der Neuenburg bei Freyburg (Unstrut). Wege der Forschung seit 1984. In: Burgen und Schlösser in Sachsen-Anhalt 7 (1998), S. 202–239; ders.: Rezension in: Burgen und frühe Schlösser in Thüringen, wie Anm. 18, S. 271–275.

43 Meyer, Werner: Der frühe Steinbau auf Burgen im Gebiet der heutigen Schweiz. In: Schloß Tirol, wie Anm. 21, S. 139–152, hier S. 147 mit Anm. 50; Clavadetscher, Otto P. und Werner Meyer: Das Burgenbuch von Graubünden. Zürich/Schwäbisch Hall 1984, S. 51; Reicke, Daniel: „von starken und grossen flüejen". Eine Untersuchung zu Megalith- und Buckelquader-Mauerwerk an Burgtürmen im Gebiet zwischen Alpen und Rhein. Basel 1995, S. 67; Tiroler Burgenbuch. Bd. VIII: Raum Bozen. Hrsg. von Oswald Trapp und Magdalena Hörmann-Weingartner. Bozen/Wien 1989, S. 233; Wäscher: Feudalburgen, wie Anm. 26, S. 101 f. und 109–115.

44 Binding, Günther: Deutsche Königspfalzen von Karl dem Großen bis Friedrich II. (765–1240). Darmstadt 1996, S. 318–326; Biller, Thomas: Die Pfalz Friedrichs I. zu Kaiserswerth – zu ihrer Rekonstruktion und Interpretation. In: Schloß Tirol, wie Anm. 21, S. 173–188.

45 Zuletzt Schmitt, Reinhard: Hochmittelalterliche Bergfriede – Wehrbauten oder adliges Standessymbol? In: Burg – Strasse – Siedlung – Herrschaft. Studien zum Mittelalter in Sachsen und Mitteldeutschland. Festschrift für Gerhard Billig zum 80. Geburtstag. Hrsg. von Rainer Aurig, Reinhardt Butz, Ingolf Gräßler und André Thieme. Beucha 2007, S. 105–142; ders.: Der Bergfried – Ein wehrhaftes Statussymbol des Burgherrn. In: Die Burg. Wissenschaftlicher Begleitband zu den Ausstellungen „Burg und Herrschaft" und „Mythos Burg". Hrsg. von G. Ulrich Großmann und Hans Ottomeyer. Dresden 2010, S. 158–167. Vgl. auch Ernst: Burgenbau, wie Anm. 22, S. 71–73.

46 Barz, Dieter: Bergfried und Schildmauer im Burgenbau des 12. und 13. Jahrhunderts in der Pfalz. In: Burgenforschung aus Sachsen 17/1 (2004), S. 115–139 mit wieder stärkerer Betonung des Verteidigungscharakters und als Rückzugsort „für eine begrenzte Anzahl von Personen", hier S. 123–125 mit Hinweis auf „Bergfriede" seit der zweiten Hälfte des 11. Jahrhunderts (bereits um 1015 in Konradsdorf in Hessen), die aber wohl eher Wohntürme gewesen sind.

47 Dazu zusammenfassend Schmitt: Burgtürme Mitteldeutschlands, wie Anm. 40, S. 39–66; ders.: Hochmittelalterliche Bergfriede, wie Anm. 45, S. 112 u. ö.

48 Biller, Thomas: Die Adelsburg in Deutschland. Entstehung, Form und Bedeutung. 2. Aufl. München/Berlin 1998, S. 119 mit Anm. 66. So jüngst auch Großmann, G. Ulrich: Die Burg um 1225. In: Ritter, Burgen und Intrigen. Aufruhr 1225! Das Mittelalter an Rhein und Ruhr. Mainz/Herne 2010, S. 195–209, hier S. 200.

49 „Quibus statim eam tradentibus, duas turres satis munitas in ea extruxit." (Pegauer Annalen zu 1080 in: Monumenta Germaniae Historica. Scriptores. Bd. XVI. Hannover 1859, S. 242).

50 Vogt: Wiprechtsburg, wie Anm. 29, S. 136.

51 Schmitt, Reinhard: Die Eckartsburg im späteren 12. und frühen 13. Jahrhundert – Aus der Arbeit des Referates für Bauforschung im Landesamt für Denkmalpflege Sachsen-Anhalt. In: Schumann, Dirk (Hg.): Bauforschung und Archäologie. Stadt- und Siedlungsentwicklung im Spiegel der Baustrukturen. Berlin 2000, S. 86–113.

52 Dazu jüngst Hoffmann, Yves: Zur Datierung von Wohntürmen und Bergfrieden des 11. bis 13. Jahrhunderts auf sächsischen Burgen. In: Historische Bauforschung in Sachsen (= Arbeitshefte des Landesamtes für Denkmalpflege Sachsen, Heft 4). Dresden 2000, S. 47–58.

53 Schmitt: Burgtürme Mitteldeutschlands, wie Anm. 40, S. 45 u. ö.; Brachmann: Burgenbau, wie Anm. 26, S. 130; Leistikow, Dankwart: Die Rothenburg am Kyffhäuser. In: Burgen und frühe Schlösser in Thüringen, wie Anm. 18, S. 31–46: frühes bis mittleres 12. Jahrhundert. Allein Gerd Strickhausen datiert diesen Turm ins zweite Viertel des 13. Jahrhunderts, da für ihn runde Bergfriede erst in jener Zeit üblich werden: Strickhausen: Burgen der Ludowinger, wie Anm. 17, S. 263 f.

54 Binding, Günther: Die spätkarolingische Burg Broich in Mülheim an der Ruhr (= Rheinische Ausgrabungen, Bd. 4). Düsseldorf 1968, S. 34–37, 60–62; Binding: Königspfalzen, wie Anm. 44, S. 117–122.

55 Schmitt, Reinhard: Zu den achteckigen Türmen im Schloß Neuenburg bei Freyburg an der Unstrut. In: Architektur – Struktur – Symbol. Streifzüge durch die Architekturgeschichte von der Antike bis zur Gegenwart. Festschrift für Cord Meckseper zum 65. Geburtstag. Hrsg. von Maike Kozok. Petersberg 1999, S. 247–268; Schmitt: Hochmittelalterliche Bergfriede, wie Anm. 45, S. 112–114.

56 Heine, Hans-Wilhelm: Burgen der salischen Zeit in Niedersachsen – Ein Überblick. In: Burgen der Salierzeit, wie Anm. 26, S. 9–84, hier S. 58.

57 So schon – ohne Begründung – Wäscher: Feudalburgen, wie Anm. 26, S. 175. Dazu nunmehr Schmitt: Türme im Schloß Neuenburg, wie Anm. 55. – Bei mehreren Schachtungen quer durch den ehemaligen Wallbereich von West nach Ost konnten in Höhen, in denen man ältere Befunde erwarten musste, keine Störungen beobachtet werden.

58 Hensch: Burg Sulzbach, wie Anm. 19, S. 128–130, 187–192; zu einem zweiten Achteckturm außerhalb der Ringmauer ders.: Der verlorene Hussenturm. Historisch-archäologische Betrachtungen zu einem bemerkenswerten Bauwerk der Burg Sulzbach i. d. Opf. Büchenbach 2009, vor allem S. 60–80.

59 Klefenz, Matthias: Der Burgstall Hundheim. Sondierungsgrabungen auf einer Burg des 11./12. Jahrhunderts am unteren Neckar. In: Denkmalpflege & Kulturgeschichte 2007, Heft 1, S. 30–34; Ulrich, Stefan: Merburg. In: Pfälzisches Burgenlexikon. Bd. 3. Hrsg. von Jürgen Keddikeit, Ulrich Burkhart, Rolf Übel (= Beiträge zur pfälzischen Geschichte, Bd. 14,3). Kaiserslautern 2005, S. 549–555; Thon, Alexander und Stefan Ulrich: „Von den Schauern der Vorwelt umweht …" Burgen und Schlösser an der Mosel. Regensburg 2007, S. 38–45 (angeblich aus der Mitte des 11. Jahrhunderts, was von den Autoren angezweifelt wird).

60 Burgherren waren damals die Grafen von Arnstein. Das wurde bisher nicht beachtet. Siehe dazu Schmitt, Reinhard: Quellen zur Baugeschichte von Schloß Rammelburg, Landkreis Mansfelder Land. In: Burgen und Schlösser in Sachsen-Anhalt 13 (2004), S. 101–132.

61 Untersuchung von Lutz Scherf und Yves Hoffmann. Siehe dazu Hoffmann, Yves: Backsteintürme des 12. und 13. Jahrhunderts auf Burgen in Obersachsen und Ostthüringen. In: Das Obere Schloss, wie Anm. 16, S. 139–141.

62 Mit Bezug auf Sulzbach-Rosenberg Zeune, Joachim: Zum Datieren von Burgen. Ein Plädoyer für das Detail. In: Burgenforschung aus Sachsen 8 (1996), S. 89–112, hier S. 99; außerdem ders.: Salierzeitliche Burgen in Bayern. In: Burgen der Salierzeit, wie Anm. 38, S. 222–225.

63 Hensch: Hussenturm, wie Anm. 58, S. 61.

64 Uhl, Stefan und Joachim Zeune: Mauern. In: Burgen in Mitteleuropa, wie Anm. 41, S. 228–235.

65 Als Parallele: Meyer, Werner: Die Frohburg. Ausgrabungen 1973–1977 (= Schweizer Beiträge zur Kulturgeschichte und Archäologie des Mittelalters, Bd. 16). Zürich 1989, S. 116.

66 Auf einem Modell der Burg für die Zeit um 1150 und in einem sogenannten virtuellen Modell für die Zeit um 1230 im Museum Schloss Neuenburg ist an dieser unsicheren Stelle ein oktogonaler Turm rekonstruiert worden – freilich ohne Befund, aber unter der Voraussetzung, dass zwei weitere oktogonale Türme archäologisch bewiesen sind, und unter der Annahme, dass an dieser exponierten Stelle der Burg über dem Tal ein „repräsentatives Symbol" eine gewisse Wahrscheinlichkeit besitzt.

67 Schmitt, Reinhard: Zu den romanischen Mauerwerksstrukturen auf der Neuenburg bei Freyburg (Unstrut). In: Burgenforschung aus Sachsen 12 (1999), S. 74–109. Zu mittelalterlichem Mauerwerk auch Altwasser, Elmar: Die Erschließung von Mauerwerk als historische Quelle. In: Böhme/Volk: Burgen, wie Anm. 38, S. 55–65; Hensch: Burg Sulzbach, wie Anm. 19, S. 203–209.

68 Zeune, Joachim: Wall. In: Burgen in Mitteleuropa, wie Anm. 41, S. 226 f.

69 LHASA, MER, C 48 IX Plankammer Merseburg K 42, Bl. IV (1819); das Foto ist abgebildet bei Schmitt, Reinhard und Wilfried Weise: Forschungen zur Baugeschichte der Neuenburg und der Eckartsburg in romanischer Zeit (= novum castrum. Schriftenreihe des Vereins zur Rettung und Erhaltung der Neuenburg e. V. Heft 5). Freyburg 1997, S. 22. Es bezeugt, dass der damals sichtbare Mauerrest in der Lage und in der Breite mit dem auf dem Grundriss von 1819 dargestellten Mauerzug identisch ist.

70 Schmitt: Mauerwerksstrukturen, wie Anm. 67; Isenberg, Gabriele: Opus spicatum – eine Variante Vitruvscher Bautechnik in der hochmittelalterlichen Sakralarchitektur Westfalens. In: Grabung – Forschung – Präsentation. Festschrift Gundolf Precht (= Xantener Berichte, Bd. 12). Mainz 2002, S. 345–349.

71 Frey, Peter: Die Habsburg im Aargau. In: Burgen der Salierzeit, wie Anm. 38, S. 331–350.

72 Dazu Schmitt, Reinhard: Zwinger und Vorbefestigungen: Einführung in das Tagungsthema anhand von Beispielen aus Sachsen-Anhalt. In: Zwinger und Vorbefestigungen. Tagung vom 10. bis 12. November 2006 auf Schloss Neuenburg bei Freyburg (Unstrut). Hrsg. im Auftrag der Landesgruppen Sachsen, Sachsen-Anhalt und Thüringen der Deutschen Burgenvereinigung e. V. von Heinz Müller und Reinhard Schmitt. Langenweißbach 2007, S. 7–16.

73 Spazier, Ines: Mittelalterliche Burgen zwischen mittlerer Elbe und Bober (= Forschungen zur Archäologie im Land Brandenburg, Bd. 6). Wünsdorf 1999, S. 191. Frau Dr. Ines Spazier, Weimar, ist für diesen Hinweis zu danken. – Ettel: Karloburg, wie Anm. 20, Abb. 3 und 4; Dapper, Michael: Das welfische Memmingen – archäologisch betrachtet. In: Die Welfen. Landesgeschichtliche Aspekte ihrer Herrschaft. Hrsg. von Karl-Ludwig Ay, Lorenz Maier und Joachim Jahn. Konstanz 1998, hier S. 181.

74 Oberammerthal: Ettel, Peter: Frühmittelalterlicher Burgenbau in Nordbayern und die Entwicklung der Adelsburg. In: Neue Forschungen zum frühen Burgenbau, wie Anm. 22, S. 33–48.

75 Eine rechteckige Öffnung mit einem senkrecht stehenden Werkstein in der Mauer direkt östlich des Latrinenturmes könnte vielleicht als Rest einer Zinne verstanden werden. Diese hätte dann allerdings nicht lange Bestand gehabt, da das hier zweigeschossige Gebäude höher als die Ringmauer aufragte.

76 Strickhausen: Burgen der Ludowinger, wie Anm. 17, S. 104–108; Schmitt, Reinhard: Zur Geschichte und Baugeschichte der Schönburg, Burgenlandkreis. In: Burgen und Schlösser in Sachsen-Anhalt 12 (2003), S. 15–79.

77 Uhl, Stefan und Joachim Zeune: Ringmauern. In Burgen in Mitteleuropa, wie Anm. 41, S. 228–230; Schmitt: Burg Querfurt, wie Anm. 30, S. 114; ders.: Die Konradsburg. 4. Aufl. (= Große Baudenkmäler, Heft 442). München/Berlin 1997, S. 9. Die Mauerstärke der ältesten Umfassungsmauer der Burg Gleichen bei Arnstadt (um 1130) beträgt 1,6 m. Dazu zuletzt Hopf, Udo: Geschichte und Baugeschichte der drei Burgen. In: Die Drei Gleichen. Baudenkmäler und Naturraum. Hrsg. von Siegfried Siegesmund und Michael Hoppert. Leipzig 2010, S. 78–130, hier S. 81–85.

78 Schmitt: Mauerwerksstrukturen, wie Anm. 67, S. 95.

79 Die Kilianskirche als eine ältere Burgkapelle anzusehen – wie vom Verfasser im Jahre 1993 vermutet – ist daher eher unwahrscheinlich; diese dürfte wohl die erste Pfarrkirche der sich unterhalb der Burg ansiedelnden und entwickelnden Stadt gewesen sein: Müller, Christine: Landgräfliche Städte in Thüringen. Die Städtepolitik der Ludowinger im 12. und 13. Jahr-

hundert (= Veröffentlichungen der Historischen Kommission für Thüringen. Kleine Reihe, Bd. 7). Köln/Weimar/Wien 2003, S. 72 f.

80 Stevens, Ulrich: Burgkapellen. Andacht, Repräsentation und Wehrhaftigkeit im Mittelalter. Darmstadt 2003, S. 62–68; Ernst: Burgenbau, wie Anm. 22, S. 78–82.

81 Schmitt: Burg Querfurt, wie Anm. 30, S. 25–28; ders.: Konradsburg, wie Anm. 77, S. 10; ders.: Die beiden Vorgängerkirchen der heutigen Marktkirche: St. Gertruden und St. Marien. In: Der Marktplatz von Halle. Archäologie und Geschichte (= Archäologie in Sachsen-Anhalt, Sonderband 10). Halle 2008, S. 161–173; ders.: Zur Geschichte und Baugeschichte der „Curtis", des Klosters und des Rittergutes Zscheiplitz. In: Zscheiplitz, wie Anm. 5, S. 36–168, hier S. 86–89.

82 Vorromanische Kirchenbauten. Katalog der Denkmäler bis zum Ausgang der Ottonen. Bearb. von Friedrich Oswald, Leo Schäfer und Hans Rudolf Sennhauser. München 1965; Vorromanische Kirchenbauten. Katalog der Denkmäler bis zum Ausgang der Ottonen. Nachtragsband. Bearbeitet von Werner Jacobsen, Leo Schäfer und Hans Rudolf Sennhauser. München 1991; Schmitt: Konradsburg, wie Anm. 77, S. 9; Leopold, Gerhard: Zur Pfalzkirche (Haus 60). In: Grimm: Tilleda, wie Anm. 27, S. 219–225.

83 Timpel, Wolfgang: Gommerstedt, ein hochmittelalterlicher Herrensitz in Thüringen (= Weimarer Monographien zur Ur- und Frühgeschichte, Bd. 5). Weimar 1982, S. 52 f., Abb. 28.

84 Hensch: Burg Sulzbach, wie Anm. 19, S. 7–82, 177–179; Binding: Burgen am Niederrhein, wie Anm. 20; Donat, Peter: Gebesee – Klosterhof und königliche Reisestation des 10.–12. Jahrhunderts (= Weimarer Monographien zur Ur- und Frühgeschichte, Bd. 34). Stuttgart 1999.

85 Schmitt: Bernburg, wie Anm. 16, S. 20–23; ders.: Burg Giebichenstein in Halle (Saale). 3., neu bearb. Aufl. (= Große Baudenkmäler, Heft 446). München/Berlin 2000; Küßner, Mario und Torsten Schunke: Neue Erkenntnisse zur Baugeschichte der Oberburg Giebichenstein, Stadt Halle (Saale). In: Burgen und Schlösser in Sachsen-Anhalt 14 (2005), S. 39–74; Schmitt, Reinhard: Die Lauenburg im Harz und der frühe Burgenbau im ostfälischen Raum. In: Neue Forschungen zum frühen Burgenbau, wie Anm. 22, S. 167–180.

86 Zuletzt Strickhausen: Burgen der Ludowinger, wie Anm. 17, S. 185–209, v. a. S. 189 f., jedoch ohne Diskussion dieser Situation. Zu den jüngsten Veröffentlichungen von Elmar Altwasser und Hilmar Schwarz vgl. die Rezension von Schmitt, Reinhard in: Der romanische Palas der Wartburg. Bauforschung an einer Welterbestätte, Bd. I. Hrsg. von Günter Schuchardt. Regensburg 2001. In: Zeitschrift des Vereins für Thüringische Geschichte 57 (2003), S. 334–340. Zum Palas zuletzt Biller, Thomas: Der Wartburg-Palas. In: Elisabeth von Thüringen – eine europäische Heilige. Begleitpublikation zur 3. Thüringer Landesausstellung auf der Wartburg/Eisenach. Hrsg. von Dieter Blume und Matthias Werner unter Mitarbeit von Uwe John und Helge Wittmann. 2 Bde. Petersberg 2007, hier Aufsatzband, S. 94–98. Nunmehr kurz Schmitt, Reinhard: Katalogtext „Die Wartburg (0583)". In: Burg und Herrschaft. Eine Ausstellung des Deutschen Historischen Museums Berlin 25. Juni bis 24. Oktober 2010. Hrsg. von Rainer Atzbach, Sven Lüken und Hans Ottomeyer. Dresden 2010, S. 75.

87 Vom Burgberg in Mallendorf auf den heutigen Schlossberg: Schmitt: Eckartsburg, wie Anm. 51, S. 112 f.

88 Zuletzt Schmitt, Reinhard: Burg Querfurt um 1000 und ihre Stellung im zeitgleichen Burgenbau in Deutschland. Bau- und kunstgeschichtliche Vergleiche. In: Brun von Querfurt. Lebenswelt, Tätigkeit, Wirkung. Fachwissenschaftliche Tagung am 26. und 27. September 2009 auf der Burg Querfurt. Hrsg. von Arno Sames im Auftrag des Landkreises Saalekreis und des Museums Burg Querfurt. Querfurt 2010, S. 23–35 und S. 120–141 (Abbildungen).

89 Schmitt: Eckartsburg, wie Anm. 51, S. 15–30; ders.: Steinerne Wohnbauten und Wohntürme vom 10. bis zum 13. Jahrhundert in Sachsen-Anhalt. In: Burgenforschung Sachsen, wie Anm. 38, S. 91–103. Vgl. auch Strickhausen: Burgen der Ludowinger, wie Anm. 17 und den Abschnitt über Wohn- und Saalbauten von Thomas Biller bei Biller/Großmann: Burg und Schloss, wie Anm. 23, S. 80–91. Über die landgräfliche Burg in Marburg ist trotz der Bauforschungen der letzten Jahrzehnte vergleichsweise wenig bekannt: Meiborg: Frühzeit des Marburger Schlosses, wie Anm. 38; auch Grabolle, Roman: Die Baugeschichte des Marburger Schlosses nach archäologischen, baugeschichtlichen und kunsthistorischen Untersuchungen. Seminararbeit im Fach Kunstgeschichte an der Otto-Friedrich-Universität Bamberg, Bamberg 2003 (dem Verfasser vom Autor freundlicherweise zur Verfügung gestellt). Zusammenfassend Großmann, G. Ulrich: Schloß Marburg (= Burgen, Schlösser und Wehrbauten in Mitteleuropa, Bd. 3). Regensburg 1999.

90 Schmitt, Reinhard: Schloß Neuenburg bei Freyburg (Unstrut). Anmerkungen zur Baugeschichte der Vorburg. In: Burgen und Schlösser in Sachsen-Anhalt 12 (2003), S. 150–177. Hier auch der Hinweis auf eine mögliche Kapelle in der Vorburg: „Item eyne Capelle in der vorborg zcu Friburg" (SHStAD, 10005 Wittenberger Archiv, Loc. 4334 Nr. 12b II, Bl. 87ʳ). Ob diese Kapelle bereits in romanischer Zeit existierte, bleibt natürlich völlig ungewiss. – Die wichtigste neuere Literatur allgemein zu Vorburgen: Uhl, Stefan: Wirtschaftsarchitektur und andere bauliche Einrichtungen. In: Burgen in Mitteleuropa, wie Anm. 41, S. 307–310; Meyer, Werner: Die Burg als Wirtschaftszentrum. In: Burgen in Mitteleuropa, wie Anm. 41, Bd. II, S. 89–93. Vgl. auch Zeune, Joachim: Burgen. Symbole der Macht. Ein neues Bild der mittelalterlichen Burg. 2. Aufl. Regensburg 1997, S. 200 f.; Steinmetz, Thomas: Burgen im Odenwald. Brensbach 1998, S. 124–126; Uhl, Stefan: Die Vorburg der „Bachritterburg" in Kanzach. Die Weiterführung der Rekonstruktion einer mittelalterlichen Holzburg. In: Bachritterburg Kanzach. Burgführer. Kanzach 2007, S. 25–64, hier S. 30–33, 36–38.

91 Zur Auswahl eines Burgplatzes vgl. Meyer, Werner: Platzwahl. In: Burgen in Mitteleuropa, wie Anm. 41, S. 191–195. Zu regelmäßigen Grundrissen Jost, Bettina: Burg Babenhausen – eine regelmäßige Wasserburg der 1180er Jahre und ihre Einordnung in das Baugeschehen der Stauferzeit. In: Burgen und Schlösser 40 (1999), S. 122–136 und vor allem Biller, Thomas: Die Entwicklung regelmäßiger Burgformen in der Spätromanik und die Burg Kaub (Gutenfels). In: Burgenbau im 13. Jahrhundert. Hrsg. von der Wartburg-Gesellschaft zur Erforschung von Burgen und Schlössern in Verbindung mit dem Germanischen Nationalmuseum (= Forschungen zu Burgen und Schlössern, Bd. 7). München/Berlin 2002, S. 23–44. Jüngst ders. in Biller/Großmann: Burg und Schloss, wie Anm. 23, S. 79 f.

92 Grathoff, Stefan, Klaus Deibert, Hedwig Couturier und Dieter Barz: Steinenschloß. In: Pfälzisches Burgenlexikon, Bd. 4.2. Hrsg. von Jürgen Keddikeit, Ulrich Burkhart, Rolf Übel (= Beiträge zur pfälzischen Geschichte, Bd. 12.4.2). Kaiserslautern 2007, S. 30–40; Spazier/Schwarzberg: Burg Henneberg, wie Anm. 36; Bitschnau/Hauser: Burg Tirol, wie Anm. 21.

93 Zuletzt Antonow, Alexander: Planung und Bau von Burgen im süddeutschen Raum. 2., verbesserte und ergänzte Aufl. Frankfurt am Main 1993, S. 193 (1:2,5 bis 1:4).

94 SHStAD, 10024 Geheimes Archiv, Loc. 11806, Kur- und fürstliche Korrespondenz 1657/64; LHASA, Rep. A 30c II Nr. 429, Bl. 1ʳ–2ᵛ.

95 Schmitt: Hochmittelalterliche Bergfriede, wie Anm. 45, S. 123.

96 Allein der Campanile von San Apollinare in Classe bei Ravenna besitzt gut vergleichbare Sporen (10. Jahrhundert); auf eine direkte Verwandtschaft wird daraus aber wohl nicht zu schließen sein. Der Turm wird ins 10. Jahrhundert datiert: Deichmann, Friedrich Wilhelm: Ravenna. Haupt-

stadt des spätantiken Abendlandes. Bd. II. Kommentar. 2. Teil. Wiesbaden 1976, S. 236 mit Abb. 113, Bd. II. Kommentar. 3. Teil. Wiesbaden 1989, Taf. 103 (Grundriss).

97 Schmitt: Hochmittelalterliche Bergfriede, wie Anm. 45, S. 116 f., 124 f.

98 Zu Hocheingängen: Dähn, Karl-Heinz: Hocheingänge an mittelalterlichen Wehranlagen. Mit Beispielen aus dem Raum Heilbronn. In: Jahrbuch für Schwäbisch-Fränkische Geschichte 31 (1986), S. 5–23; Kleiner, Hans: Hocheingänge an mittelalterlichen Wehrbauten in der Rhön. In: Heimat-Jahrbuch des Landkreises Rhön-Grabfeld 1989, S. 217–225.

99 So hat vor allem Cord Meckseper zuletzt 1998 nochmals eine Datierung ins frühe 13. Jahrhundert erwogen: Die Runneburg. In: Burg Weißensee „Runneburg" Thüringen. Baugeschichte und Forschung. Hrsg. vom Thüringischen Landesamt für Denkmalpflege. Wissenschaftliche Koordination Cord Meckseper, Roland Möller, Thomas Stolle (= Arbeitshefte des Thüringischen Landesamtes für Denkmalpflege, Heft 15). Frankfurt am Main 1998, S. 11–31, hier S. 26. Dazu die Rezension des Verfassers in: Die Denkmalpflege 57 (1999) [2000], S. 165–170. – Zu den Bauten des Königs zusammenfassend Mesqui, Jean: Châteaux forts et fortifications en France. Paris 1997, S. 290 f.

100 Im Vergleich mit den Türmen in Besigheim jüngst Maurer, Hans-Martin: Die Türme des Markgrafen Hermann V. im Rahmen stauferzeitlicher Wehrbau-Architektur. In: Das Land am mittleren Neckar zwischen Baden und Württemberg. Hrsg. von Hansmartin Schwarzmaier und Peter Rückert (= Oberrheinische Studien, Bd. 24). Ostfildern 2005, S. 111–144; Wentscher, Jürgen: Ein dendrochronologisches Datum zur Rheinbacher Burg. In: Archäologie im Rheinland 1988. Köln/Bonn 1989, S. 112 f.

101 Ausführliche Argumentation bei Schmitt: Zur Baugeschichte, wie Anm. 7, S. 58–64.

102 Bauer, Sibylle: Die Burgruine Stahlberg. Erste Ergebnisse der dendrochronologischen Untersuchungen. In: Rheinische Heimatpflege 42 (2005), S. 256–262; Wendt, Achim: „… Das alte verfallene Haus uff dem Berg beym Thal Steeg". Ruine Stahlberg – Wiederentdeckung einer vergessenen Rheinburg. In: Stadt und Burg am Mittelrhein (1000–1600). Regensburg 2008, S. 139–151.

103 Hoffmann: Backsteintürme, wie Anm. 61.

104 Friedrich, Waltraud: Ritterliches Leben in der Baustelle. Vom hölzernen Provisorium zur Burg Romrod. In: Archäologie mittelalterlicher Burgen (= Mitteilungen der Deutschen Gesellschaft für Archäologie des Mittelalters und der Neuzeit, Bd. 20). Paderborn 2008, S. 175–184, hier S. 183.

105 Biller, Thomas: Burgen im Taunus und im Rheingau. Ein Führer zu Geschichte und Architektur. Regensburg 2008, S. 24 und 193–196.

106 Beprobt wurde die Balkenlage unmittelbar unter dem Eingangsgeschoss des Turmes; Sommerwaldkante 1231, d. h. wohl noch im Sommer bzw. Herbst des Jahres verbaut. Probenentnahme: Frank Högg, Wasserleben; Gutachten vom 16. Juni 2003 und 6. Dezember 2008: Dr. Ing. Thomas Eißing, Otto-Friedrich-Universität Bamberg, Institut für Archäologie, Denkmalkunde und Kunstgeschichte, Dendrolabor.

107 Frank, Lorenz: Bauhistorische Untersuchungen. In: Sanierung und Umgestaltung Kurfürstliche Burg Boppard. Boppard 2004, S. 19.

108 Zuletzt Schmitt: Der Bergfried, wie Anm. 45.

109 Ders.: Zur Geschichte und Baugeschichte der Rudelsburg, Burgenlandkreis. In: Burgen und Schlösser in Sachsen-Anhalt 14 (2005), S. 75–153, hier S. 139.

110 Schmitt: Eckartsburg, wie Anm. 51, S. 108 und 110. Aber zum Beispiel auch die Flossenbürg in der Oberpfalz besitzt einen solchen Turm: Boos: Ruine Flossenbürg, wie Anm. 40, S. 89–99 mit Anm. 96. Vgl. auch Piper, Otto: Burgenkunde. Bauwesen und Geschichte der Burgen. Neue, verbesserte und erw. Aufl. (nach der Aufl. von 1912). Frankfurt/München 1967, S. 255–262.

111 Kozok, Maike: Ergebnisse der bauarchäologischen Forschung zur Runneburg. Baugeschichte und Bauphasenanalyse. In: Burg Weißensee, wie Anm. 99, S. 146–206, hier S. 83 f. mit Abb. 154 f.

112 Eine Kaminwange wurde im Herbst 1991 bei Kanalisationsarbeiten in der Vorburg gefunden. An ihrer Außenseite hat sich ein Wulststabprofil erhalten. Sie könnte auch tatsächlich aus der Vorburg – und somit vielleicht aus dem Turm II – stammen.

113 Zur „Wasserspülung" auf der Wartburg: Altwasser, Elmar: Aktuelle Bauforschung am Wartburg-Palas. Bericht und Resümee. In: Palas der Wartburg, wie Anm. 86, S. 23–106, hier S. 69. Zu Dresden jetzt ausführlich Spehr, Reinhard: Archäologie im Dresdner Schloss. Die Ausgrabungen 1982 bis 1990 (= Veröffentlichungen des Landesamtes für Archäologie mit Landesmuseum für Vorgeschichte, Bd. 50). Dresden 2006, S. 97–103, 107 f. und 121. Hier auch mit der Bezeichnung „Danzker". Der Ausfluss war einst auf der Außenseite vergittert.

114 Zusammenfassender Versuch bei Schmitt, Reinhard: Der Crac des Chevaliers. Die Baugeschichte einer Ordensburg der Kreuzfahrerzeit. Beiträge von Thomas Biller, Daniel Burger, G. Ulrich Grossmann, Hans-Heinrich Häffner, Werner Meyer, M. Letizia Boscardin, Timm Radt, Reinhard Schmitt. Hrsg. und redigiert von Thomas Biller im Auftrag des Deutschen Archäologischen Instituts, Orient-Abteilung (= Forschungen zu Burgen und Schlössern. Hrsg. von der Wartburg-Gesellschaft zur Erforschung von Burgen und Schlössern, Sonderband 3, mit weiterführender Literatur). Regensburg 2006, S. 119–135. Auf Burg Salzburg (Bayern) ein Latrinenturm des späteren 12. Jahrhunderts: Zeune, Joachim: Führer durch die Salzburg. Bad Neustadt/Creußen 1994, S. 45 f. Stauferzeitlich der ehemals viersitzige Latrinenschacht des Trifels-Palas: Meyer, Bernhard: Burg Trifels. Die mittelalterliche Baugeschichte (= Beiträge zur pfälzischen Geschichte, Bd. 12, Pfälzisches Burgenlexikon, Sonderband 1). Kaiserslautern 2001, S. 55–57 und 188.

115 Eine erneute Definition bzw. Begründung für die Wortwahl „Palas" soll an dieser Stelle nicht gegeben werden. Dazu vom Verfasser zuletzt: Schmitt: Burg Greiz, wie Anm. 16, S. 117–129. Vgl. in dem Band auch alle anderen wichtigen Beiträge zum Thema! Dazu die zu kritischen Bemerkungen von G. Ulrich Großmann in der Rezension dieses Buches in: Die Burg zur Zeit der Renaissance. Hrsg. von der Wartburg-Gesellschaft zur Erforschung von Burgen und Schlössern in Verbindung mit dem Germanischen Nationalmuseum (= Forschungen zu Burgen und Schlössern, Bd. 13). Berlin/München 2010, S. 256 f., hier S. 257. Vgl. auch Ernst: Burgenbau, wie Anm. 22, S. 74 f. Seit 2007 liegt die umfängliche Dissertation von Judith Bangerter-Paetz zu Saalbauten auf Burgen vor, auf deren Katalog samt Literaturangaben im Folgenden nicht eigens verwiesen wird (nur die danach erschienene Literatur wird angeführt): Bangerter-Paetz, Judith: Saalbauten auf Pfalzen und Burgen im Reich der Staufer von ca. 1150–1250. Ing.-Diss. Universität Hannover 2005. CD-ROM 2007. Die Verfasserin behandelt die wichtigsten Bauten in einem Katalog; darauf sei generell verwiesen. Dazu die kritische Rezension von Yves Hoffmann in: Burgen und Schlösser in Sachsen-Anhalt 16 (2007), S. 457–463. Siehe auch Großmann, G. Ulrich: Wohnräume im Burgenbau des 12. und 13. Jahrhunderts. In: Die Burg, wie Anm. 45, S. 176–187.

116 Zu unterstreichen ist die Viergeschossigkeit des Palas etwa im Gegensatz zu der Situation auf der Wartburg. Dort hat eine eher überflüssige Diskussion um ein Keller- bzw. ein Erdgeschoss zu Verwirrung geführt: Altwasser: Wartburg-Palas, wie Anm. 113, S. 69 f. Nach den jüngsten archäologischen Befunden kann das unterste Geschoss tatsächlich nur als Keller gedeutet werden, so dass der Palas drei Obergeschosse besaß: Spazier, Ines: Die archäologischen Untersuchungen im Palas-Sockelgeschoss der Wartburg. In: Wartburg-Jahrbuch 2003. Regensburg 2004, S. 182–205. In der Literatur heißt es demgegenüber zum Beispiel: „Zum Hauptgeschoß des Palas, dem ersten Obergeschoß …": Bornheim gen. Schilling, Werner: Rheinische Höhenburgen. 1. Bd. (= Rheinischer Verein für Denkmalpflege und Heimatschutz, Jahrbuch 1961/63). Neuß 1964, S. 138. Auch Strickhausen: Burgen der Ludowinger, wie Anm. 17, S. 50 spricht von zwei- bis dreigeschossigen Palasbauten und beim Wartburgpalas von einem Erdgeschoss.

117 Immerhin ist für den von uns als Palas bezeichneten Bau aus dem Jahre 1267 die Benennung „palacium" überliefert – ein seltenes Beispiel im mittelalterlichen Burgenbau: „Anno Domini […] 1267 […] Otto cellerarius de Vriburg […] Novo castro in pallacio […].", Badische Landesbibliothek, Handschrift St. Peter perg 9, Ausgelöstes Fragment, recto, vermutlich aus einem Zinsbuch der Markgrafen von Meißen stammend. Mehrfache Erwähnung des Cellerarius Otto von Vriburg. Dazu kurz Heinzer, Felix und Gerhard Stamm: Die Handschriften von St. Peter im Schwarzwald: Teil 2. Die Pergamenthandschriften. Wiesbaden 1984, S. b24–b25. Zur Verwendung des Begriffs „Pfalz" siehe Thon, Alexander: Studien zu Relevanz und Gültigkeit des Begriffes „Pfalz" für die Erforschung von Profanbauwerken des 12. und 13. Jahrhunderts. In: Burgenbau im 13. Jahrhundert. Hrsg. von der Wartburg-Gesellschaft zur Erforschung von Burgen und Schlössern in Verbindung mit dem Germanischen Nationalmuseum (= Forschungen zu Burgen und Schlössern, Bd. 7). München/Berlin 2002, S. 45–72. – Den Hinweis auf diese wichtige, im Einzelnen noch nicht edierte Quelle verdankt der Verfasser Herrn Dr. Holger Kunde, Naumburg.

118 Schmitt: Zur Baugeschichte, wie Anm. 7; ders.: Burg Greiz, wie Anm. 16.

119 Für das Elsaß vgl. Biller, Thomas in: ders. und Bernhard Metz: Der spätromanische Burgenbau im Elsaß (1200–1250) (= Die Burgen des Elsaß. Architektur und Geschichte, Bd. II). München/Berlin 2007, S. 97, 132–159.

120 Kavacs, Günter und Norbert Oelsner: Historische Bauforschung. In: Sächsische Heimatblätter 50 (2004), S. 224–228, hier S. 227 f.; dies. und Günter Unteidig: Schloss Grimma – Neue Erkenntnisse zur Geschichte und Baugeschichte (Teil 1). In: Burgenforschung aus Sachsen 21 (2008), S. 59–85, hier S. 67 f. Anhand der Bauzier eines Kamins liegt eine Datierung in die Zeit um 1230 nahe. Vgl. den Kamin im Bergfried der Schönburg: Schmitt: Schönburg, wie Anm. 76, S. 15–79, hier Abb. 34.

121 Schmitt, Reinhard: Burg Falkenstein. Zur Baugeschichte vom 12. bis zum 20. Jahrhundert. In: Burg Falkenstein. Hrsg. von Boje E. Hans Schmuhl in Verbindung mit Konrad Breitenborn. Dößel 2006, S. 85–122.

122 Kästner, Volker: „Krayenburg-Säulen". Zur Herkunft einiger romanischer Spolien auf der Wartburg. In: Wartburg-Jahrbuch 1994. Eisenach 1995, S. 28–48; Rudolph, Benjamin: Die Ruine Krayenburg in Westthüringen. Bestandsdokumentation und Bestandsforschung. In: Burgen und Schlösser 50 (2009), S. 2–10. – Beide Autoren datieren etwas jünger.

123 Barz, Dieter, Helmut Bernhard, Sidney Dean, Martin Dolch und Jürgen Keddikeit: Kaiserslautern. In: Pfälzisches Burgenlexikon, wie Anm. 59, S. 102–121; Biller, Thomas: Die Pfalz Wimpfen (= Burgen, Schlösser und Wehrbauten in Mitteleuropa, Bd. 24). Regensburg 2010.

124 Jost, Bettina: Burgruine Münzenberg. Adelsburg der Stauferzeit – bedeutende Höhenburg des 12. und 13. Jahrhunderts (= Edition der Verwaltung der Staatlichen Schlösser und Gärten Hessen, Broschüre 9). Regensburg 2000.

125 Weitgehend ein Phantasieprodukt stellt die Rekonstruktion des Palas der Burg Anhalt dar: Korf, Winfried: Architektonische Zeugnisse Albrechts des Bären in Sachsen-Anhalt. In: Die frühen Askanier (= Beiträge zur Regional- und Landeskultur Sachsen-Anhalts, Heft 28). Halle 2003, S. 209–253, hier S. 221–230.

126 Dabei handelte es sich um Teile eines ersten Wohnbaues und eines Torhauses. Dazu Schmitt: Burg Querfurt, wie Anm. 30, S. 52–56.

127 Friedel, Birgit und G. Ulrich Großmann: Die Kaiserpfalz Nürnberg (= Burgen, Schlösser und Wehrbauten in Mitteleuropa, Bd. 1). Regensburg 1999, S. 38–48; Altwasser, Elmar: Das Oberschloß Kranichfeld (= Schnell, Kunstführer Nr. 2359). Regensburg 1998, S. 8–10.

128 Dort konnte 1997 sogar noch ein Rest der ursprünglichen Stufen im sekundär angefügten Treppenhaus aufgefunden werden: Kozok: Runneburg, wie Anm. 111, S. 83 f. mit Abb. 154 f.

129 Küßner/Schunke: Oberburg Giebichenstein, wie Anm. 85.

130 Altwasser: Wartburg-Palas, wie Anm. 113, hier S. 96. – Auf der Hofseite an bereits bestehende Wohn- und/oder Palasgebäude nachträglich angefügte Anbauten kennzeichnen auch die bauliche Entwicklung des Palas der Burg Querfurt (erstes Viertel des 13. Jahrhunderts) und auf der Burg Tirol (12. Jahrhundert): Schmitt: Burg Querfurt, wie Anm. 30, S. 55; Bitschnau/Hauser: Burg Tirol, wie Anm. 21, S. 35, Farbtafel I.

131 Mielke, Friedrich: Die Treppe der Wartburg als kulturgeschichtliches Zeugnis. In: Burgen und Schlösser 30 (1989), S. 35–39; Altwasser: Wartburg-Palas, wie Anm. 113, S. 73 f.

132 Biller: Adelsburg, wie Anm. 48.

133 Stevens, Ulrich: Burgkapellen im deutschen Sprachraum (= 14. Veröffentlichung der Abteilung Architektur des Kunsthistorischen Instituts der Universität Köln). Köln 1978; ders.: Burgkapellen, wie Anm. 80, S. 69–124; Friese, Meta: Die Doppelkapelle von Schwarzrheindorf (= Kölner Architekturstudien. 84. Veröffentlichung der Abteilung Architekturgeschichte des Kunsthistorischen Instituts der Universität zu Köln). Köln 2006; zur Neuenburg Schmitt, Reinhard: Die Doppelkapelle der Neuenburg bei Freyburg (Unstrut). Bericht über neue baugeschichtliche Untersuchungen. In: Sachsen und Anhalt 19 (1997), S. 73–164; ders.: Baugeschichte zur Neuenburg, wie Anm. 7, S. 134–146; ders.: Zur Baugeschichte, wie Anm. 7, S. 95–115. – Neu entdeckte Doppelkapellen: Kavacs, Günter und Norbert Oelsner: Die Kapelle des Schlosses Lichtenwalde – eine unbekannte Doppelkapelle Heinrichs des Erlauchten? In: Denkmalpflege in Sachsen. Mitteilungen des Landesamtes für Denkmalpflege Sachsen 2001, S. 99–110; Biller, Thomas: Die Blasiuskapelle der staufischen Reichsburg Rothenburg ob der Tauber. In: Wider das „finstere Mittelalter". Festschrift für Werner Meyer zum 65. Geburtstag. Basel 2002, S. 41–50; Pöschl, Antje: „Castrum nostrum Struomburc funditus destruxit"? Die archäologischen und bauhistorischen Untersuchungen der Stromberger Burg auf dem Pfarrköpfchen im Hunsrück. In: Böhme/Volk: Burgen, wie Anm. 38, S. 25–40; Oberschloss Greiz: Schmitt: Burg Greiz, wie Anm. 16. – Forschungsgeschichtlich längst überholt der Nachdruck Kutscher, Rolf: Romanische Doppelkapellen. Landsberg 2005, S. 59–63. – Vgl. auch den Beitrag von Uta Maria Bräuer und Karl Bankmann in diesem Band.

134 Stevens: Burgkapellen im deutschen Sprachraum, wie Anm. 133, S. 131–134.

135 Rezension in: Journal für Kunstgeschichte 8 (2004), S. 91. Dazu Meckseper, Cord: Oben und Unten in der Architektur. Zur Entstehung einer abendländischen Raumkategorie. In: Archi-

tektur als politische Kultur. Philosophia Practica. Hrsg. von Hermann Hipp und Ernst Seidl. Berlin 1996, S. 37–52.

136 Andere Überlegungen, jedoch nicht überzeugend bei Seeger, Ulrike: Die Neuenburger Doppelkapelle der Thüringer Landgrafen – Variation eines hochherrschaftlichen Bautyps. In: architectura 26 (1996), S. 1–23; dies.: Zisterzienser und Gotikrezeption. Die Bautätigkeit des Babenbergers Leopold VI. in Lilienfeld und Klosterneuburg. München/Berlin 1997, S. 161 f.; dies.: Die Doppelkapelle von Herzog Ludwig dem Kelheimer auf Burg Trausnitz ob Landshut. In: 1204 und die Folgen. Zu den Anfängen der Stadt Landshut. Beiträge zum öffentlichen Kolloquium in Landshut am 1./2. Dezember 1997 (= Schriften aus den Museen der Stadt Landshut, Bd. 6). Landshut 2002, S. 53–91, hier S. 72 mit Anm. 22; Zweifel an Seeger auch bei Glaeseker, Michael: Der hoch- und spätromanische Bauschmuck des Naumburger Domes im Zusammenhang der Baugeschichte. Studien zu Stützensystem und Bauornament im späten 12. und frühen 13. Jahrhundert. Phil. Diss. Göttingen 2001, S. 433, Anm. 1018. Rezension von Seifert, Volker in: Sachsen und Anhalt 24 (2002/2003), S. 540–543.

137 Stevens: Burgkapellen, wie Anm. 80, Abb. 49 f.; Schmitt: Zur Baugeschichte, wie Anm. 7, S. 99.

138 Stevens: Burgkapellen, wie Anm. 80, S. 210–233; Bangerter-Paetz: Saalbauten, wie Anm. 115, S. 243 f.

139 Streich, Gerhard: Burg und Kirche während des deutschen Mittelalters. Untersuchungen zur Sakraltopographie von Pfalzen, Burgen und Herrensitzen (= Vorträge und Forschungen, Sonderband 29). Sigmaringen 1984, Teil II, S. 416: „Der Verwendungszweck der Oberkapelle als Oratorium des Herrschers und seines näheren Gefolges und der Unterkapelle für eine ständisch niedrigere Öffentlichkeit ist weitgehend gesichert." Ähnlich Stevens: Burgkapellen, wie Anm. 80, S. 116 f.

140 Dazu zusammenfassend bei Schmitt: Doppelkapelle, wie Anm. 133, S. 100–104 und 121–131 mit ausführlichen Literaturangaben. Seitdem sind erschienen: Lieb, Stefanie: Die romanische Kapitellornamentik der Runneburg in Weißensee. In: Burg Weißensee, wie Anm. 99, S. 280–298 (ab 1170er Jahre); Badstübner, Ernst: Zur Kapitellornamentik der ludowingischen Hauptburgen in Thüringen. In: Wartburg-Jahrbuch 1997. Regensburg 1998, S. 11–30, hier S. 28–30 (Nähe zu Wartburg und Runneburg); Dombrowski, Susanne: Die Bauzier der Doppelkapelle der Neuenburg in Freyburg (Unstrut). In: Nieuwsbrief „Kunst en Regio" 1998/1, S. 8–10 (Tagungsbericht) sowie dies.: Die Bauzier der Doppelkapelle der Neuenburg in Freyburg (Unstrut). Ihre regionalen und überregionalen Verflechtungen. In: Niederdeutsche Beiträge zur Kunstgeschichte 37 (1998), S. 8–27 (um 1220 , wohl von einem Steinmetztrupp aus Brauweiler; Planwechsel im Obergeschoss vom Magdeburger Dom beeinflusst).

141 So leider auch noch bei Glaeseker: Bauschmuck, wie Anm. 136, S. 429–441. Glaeseker erkennt zwar die stilistische Verwandtschaft zwischen Unter- und Obergeschoss, akzeptiert auch die bauliche Einheit, trennt aber nicht die beiden Bauphasen im Obergeschoss und kommt schließlich zur Abhängigkeit von Naumburg. Die vom Verfasser bereits publizierten Dendrodaten um 1170/75 erwähnt er zwar, versucht sie jedoch nicht mit der Bauzier zu korrelieren, um sie somit zu relativieren.

142 Kaelble, Brigitte: Zu den frühesten Kapitellen im staufischen Neubau von St. Andreas. In: Colonia Romanica V (1990), S. 69–78.

143 Kosch, Clemens: Neue Forschungen zu spätromanischen Bauteilen von St. Andreas. Der Westquerbau. In: Colonia Romanica XIV (1999), S. 15–24; Eschenbrücher, Ralf, Helmtrud Köh-

ren-Jansen und Norbert Nußbaum: Das staufische Langhaus von St. Andreas in Köln. Untersuchungen zu seiner Baugeschichte. In: Jahrbuch der rheinischen Denkmalpflege 38 (1999), S. 1–30; Glaeseker: Bauschmuck, wie Anm. 136, S. 441–458; Kemper, Dorothee: Bauornamentik des 11. bis 15. Jahrhunderts im Rheinischen Landesmuseum Bonn. Wiesbaden 2003 mit mehreren Vergleichsbeispielen, oft aber mit sehr vager Datierung.

144 Ausführliche Einschätzung in einem Brief vom 22. Januar 1997 nach brieflichem Gedankenaustausch seit den 1980er Jahren und einer gemeinsamen Besichtigung vor Ort. Der Verfasser ist Frau Dr. Brigitte Kaelble, Berlin, sehr herzlich für diese Diskussionen dankbar. – Ins letzte Viertel des 12. Jahrhunderts datiert auch Strickhausen: Burgen der Ludowinger, wie Anm. 17, S. 151–153.

145 Barbknecht, Monika: Die Fensterformen im rheinisch-spätromanischen Kirchenbau (= 31. Veröffentlichung der Abteilung Architektur des Kunsthistorischen Instituts der Universität zu Köln). Köln 1986, S. 225 f.

146 Glaeseker: Bauschmuck, wie Anm. 136, S. 432; Schmitt, Reinhard: Zur Baugeschichte der Doppelkapelle in Landsberg, Saalkreis. In: Burgen und Schlösser in Sachsen-Anhalt 13 (2004), S. 54–80; Friedel/Großmann: Kaiserpfalz Nürnberg, wie Anm. 127.

147 Von Seifert mit indirektem Bezug auf Glaeseker bezüglich der Kapellendatierung hinterfragt, ohne jedoch die baulichen Zusammenhänge zu kennen (vgl. Seifert: Rezension, wie Anm. 136, S. 542).

148 Bezüglich des Palas der Runneburg vgl. Schmitt: Rezension, wie Anm. 99, S. 165–170.

149 Die Elisabethkapelle im Nordwestturm des Naumburger Domes. In: Die Elisabethkapelle im Naumburger Dom. Mit den von Neo Rauch gestalteten Glasfenstern (= Kleine Schriften der Vereinigten Domstifter zu Merseburg und Naumburg und des Kollegiatstifts Zeitz, Bd. 5). Petersberg 2007, S. 12–24.

150 Schmitt, Reinhard: Die Ägidienkurie in Naumburg. Neue bauhistorische Untersuchungen. In: Burgen und Schlösser in Sachsen-Anhalt 16 (2007), S. 139–244; ders.: Das spätromanische Kloster in Memleben vom 13. bis zum 20. Jahrhundert – Zur Baugeschichte und Denkmalpflege. In: Memleben. Königspfalz – Reichskloster – Propstei. Im Auftrag des Vereins des Klosters und der Kaiserpfalz Memleben e. V. Hrsg. von Helge Wittmann. 2. Aufl. Petersberg 2009, S. 189–306, Nachtrag S. 343–351.

151 Schwarz, Hilmar: „Die Kapelle zur rechten Hand". Zu einer vermuteten Wartburg-Kapelle und ihren Ursprüngen unter den Ludowingern. In: Wartburg-Jahrbuch 1997. Regensburg 1998, S. 48–90; vgl. auch Möller, Roland: Die Stucksäulen in der Kapelle der Wartburg. In: Hoernes, Martin (Hg.): Hoch- und spätmittelalterlicher Stuck. Material – Technik – Stil – Restaurierung. Regensburg 2002, S. 116–125. Kürzlich wurde eine Zeichnung des Kommandanten der Wartburg, Bernhard von Arnswald, aus der Zeit um 1850 publiziert, die einen Zackenbogen zeigt. Im Gegensatz zu allen anderen dargestellten Bauspolien ist der Bogen heute nicht auffindbar. Vielleicht gehörte er zur immer wieder gesuchten hochromanischen Burgkapelle der Wartburg, die dann einen ähnlichen Einfluss aus dem Kölner Raum gezeigt hätte wie die Neuenburger. Das Motiv würde dann einen zweiten Schub niederrheinischer Beeinflussung nach dem ersten in den 1160er/1170er Jahren auf der Wartburg bedeuten und vielleicht ins frühe 13. Jahrhundert verweisen. Allerdings ist die Zeichnung als Basis für solche Überlegungen zu wenig tragfähig: Schuchardt, Günter: „Romantik ist überall, wenn wir sie in uns tragen …" Der Kommandant und Zeichner der Wartburgwiederherstellung, Bernhard von Arnswald. In: Jahrbuch der Stiftung Thüringer Schlösser und Gärten 6 (2002), S. 125–132, hier S. 129 und Abb. 4; Beischrift „Solches findet man nur auf der Wartburg".

152 Zur Kapelle jetzt mit Verweis auf die Literatur Schmitt: Doppelkapelle Landsberg, wie Anm. 146.

153 Zuletzt Stevens: Burgkapellen, wie Anm. 80, S. 85 f.

154 Schmitt: Burg Greiz, wie Anm. 16.

155 Hopf, Udo: Die Schlossruine in Herbsleben. Herbsleben 2008, S. 20.

156 Friedel/Großmann: Kaiserpfalz Nürnberg, wie Anm. 127; Stevens: Burgkapellen, wie Anm. 80, S. 81–85. Jüngste Bauforschungen konnten mittels der Dendrochronologie im Obergeschoss eine Datierung nach 1187/88 belegen, also deutlich früher, als zum Beispiel von Stevens angenommen (1220er/1230er Jahre): Sebesta, Pavel: Kaiserpfalz in Eger. In: Archäologische Begleitung der Sanierung Oberes Schloss in Kooperation mit der Kaiserpfalz Cheb. Greiz o. J. (2008), S. 52–62, hier S. 60.

157 Pregla, Barbara und Reinhard Schmitt: Neue Befunde zur Klosterkirche auf der Huysburg und ihren Vorgängerbauten. In: Denkmalpflege in Sachsen-Anhalt 4 (1996) [1997], S. 110–116; Pregla, Barbara: Das neu entdeckte Fragment einer Apsisausmalung aus der 1. Hälfte des 13. Jahrhunderts auf der Huysburg. Vorstellung des Fundes im Kontext der Bauentwicklung. In: Kunst, Kultur und Geschichte im Harz und Harzvorland um 1200 (= Landesamt für Denkmalpflege und Archäologie Sachsen-Anhalt. Arbeitsberichte, Bd. 8). Halle 2008, S. 239–261; Schmitt, Reinhard: Klausuren mittelalterlicher Klöster und Stifte im Umkreis des Harzes. Forschungsstand und neue Ergebnisse. In: Ebd., S. 144–173.

158 Dazu Literatur bei Schmitt: Zur Baugeschichte, wie Anm. 7, dort Anm. 150; Schumacher, Karl-Heinz: Baustofftransporte auf der Maas. Anmerkungen zur Entwicklung und historischen Bedeutung eines Binnenschifffahrtsweges. In: Jahrbuch für Hausforschung 52 (2007), S. 11–34, hier S. 19–22.

159 Zuletzt Klaua, Dieter: Die Baumaterialien der Wartburg. In: Palas der Wartburg, wie Anm. 86, S. 107–110; ders.: Petrographische Untersuchungen an den Bau- und Dekorationsgesteinen der Runneburg. In: Burg Weißensee, wie Anm. 99, S. 207–228; Binding, Günther: Antike Säulen als Spolien in früh- und hochmittelalterlichen Kirchen und Pfalzen: Materialspolie oder Bedeutungsträger? Stuttgart 2007, S. 14 f. Jüngst verwies Stefan Leenen ebenfalls auf Bauzier aus Kohlenkalk von der Hattinger Isenburg, der aus dem belgischen Maasraum stammt (um 1200): Leenen: Isenburgen, wie Anm. 36, S. 277–279 und Tafel 142.4.

160 Klaua, Dieter: Petrographisches Gutachten zu Bausteinen von romanischen Bauteilen der Neuenburg bei Freyburg (Unstrut) (Manuskript). Jena 1999.

161 Großmann: Die Burg, wie Anm. 45.

162 Heideloff, Carl: Die Ornamentik des Mittelalters. Textband I. Heft 5. Nürnberg 1847, S. 20.

163 Eschenbrücher/Köhren-Jansen/Nußbaum: Das Langhaus, wie Anm. 143, S. 28 (im Vergleich mit Vorhallenkapitellen in Maria Laach sowie einigen Chorkapitellen in Brauweiler: frühe 1190er Jahre); Kosch: Forschungen, wie Anm. 143, S. 32 (trotz jüngster Bauuntersuchungen unsicher, von „kurz nach 1190" bis ins zweite Jahrzehnt des 13. Jahrhunderts möglich); Glaeseker: Bauschmuck, wie Anm. 136, S. 454–458 datiert mit dem Verweis auf die Westvorhalle die gesamte Oberkapelle, obwohl er aus den Veröffentlichungen des Verfassers von der Zweiphasigkeit hätte wissen müssen. Die von Brigitte Kaelble erkannten Vorbilder für die erste Phase unterscheidet er nicht von der Bauzier am Bündelpfeiler. Diese datierte kürzlich die Bauzier auf der Westempore – also oberhalb der sogenannten Westvorhalle gelegen und folglich etwas jünger – „kurz nach 1200": Kaelble, Brigitte: Rundkapitelle aus St. Pantaleon oder St. Gereon in Köln. In: Bonner Jahrbücher 201 (2001) [2004], S. 299–333, hier S. 318 f.

164 Kosch, Clemens: Zur spätromanischen Schatzkammer (dem sog. Kapitelsaal) von St. Pantaleon. In: Colonia Romanica VI (1991), S. 34–63; Krombholz, Rolf: Köln: St. Maria Lyskirchen (= Stadtspuren. Denkmäler in Köln. Bd. 18). Köln 1992, Abb. 67.

165 Diesen Wunsch äußerte kürzlich Stefanie Lieb ebenfalls: Wechselwirkungen in der romanischen Kapitellornamentik zwischen dem mitteldeutschen Raum und dem Rheinland. In: Bonner Jahrbücher 201 (2001) [2004], S. 365–375, hier S. 368 f. Sie sieht für die erste Phase der Doppelkapelle Vorbilder in Knechtsteden, Kleve, St. Gereon und St. Andreas in Köln (ab 1170er Jahre). Die Überlegungen von Susanne Dombrowski – Vorbilder, vielleicht gar ein Steinmetztrupp aus Brauweiler – sind möglich (vgl. Dombrowski: Doppelkapelle, wie Anm. 140). Eine Datierung der Lilienfenster als spätes Zitat um 1200, wie Seeger vorschlug, erscheint zu konstruiert, da die Landgrafen offensichtlich ganz moderne Bauformen und Bauzier des Rheinlands übernehmen (vgl. Seeger: Doppelkapelle, wie Anm. 136). Wie Dombrowski nimmt Lieb jetzt für den jüngeren Bündelpfeiler im Obergeschoss „regionales Formengut aus Magdeburg und Naumburg" an. Doch weshalb sollten auf der Neuenburg lediglich die Zackenbögen aus der Andreaskirche übernommen worden sein, die Bauzier aber aus der Nachbarschaft? Der Verfasser plädiert deshalb für eine Abhängigkeit auch der Bauzier von St. Andreas – und damit von der Datierung dieses Baues. Grundsätzlich richtig ist aber die Annahme von Stefanie Lieb, dass es zwei vom Rhein-Maas-Gebiet beeinflusste Stilphasen in Mitteldeutschland gegeben hat: von den 1150er bis in die 1170er Jahre sowie zwischen 1190 und 1220. In der ersten Phase entstanden die Kapitelle der Wartburg und der Neuenburg, nach der Vermutung des Verfassers auch die des Runneburgpalas. In der zweiten Phase entstanden wohl noch Teile der Bauzier der Runneburg, der Umbau im Obergeschoss der Doppelkapelle, später (um 1220) die Bauzier in Naumburg, Freyburg (Stadtkirche), Goseck, Memleben, Magdeburg.

166 Siehe etwa Hubel, Achim: Überlegungen zum Bamberger Dom. Studien zur Bau- und Restaurierungsgeschichte sowie zu den Skulpturen. In: Forschungsforum. Mittelalterforschung in Bamberg. Beiträge aus dem Zentrum für Mittelalterstudien, Heft 10. Bamberg 2001, S. 74–79.

167 Zum Beispiel Schmitt: Baugeschichte zur Neuenburg, wie Anm. 7, S. 146; Glatzel, Kristine: Die heilige Elisabeth von Thüringen und die Neuenburg. In: Heimat Thüringen 14 (2007) Heft 1, S. 37–39.

168 Ausschlaggebend für die Datierung ist die jüngste Bestimmung der Holzbalken. Vgl. Anm. 8.

169 Möller, Roland: Fenster, Fensterläden und andere Verschlüsse. In: Burgen in Mitteleuropa, wie Anm. 41, S. 272–274; Kleinmanns, Joachim: Fensterglas – Glasfenster. Die Entwicklung im norddeutschen Profanbau bis 1800. In: Jahrbuch für Hausforschung 50 (2004), S. 161–171; Burg und Herrschaft, wie Anm. 86, S. 69.

170 Kluge-Pinsker, Antje: Wohnen im hohen Mittelalter (10.–12. Jahrhundert, mit Ausblick in das 13. Jahrhundert). In: Geschichte des Wohnens. Bd. 2: 500–1800. Hausen, Wohnen, Residieren. Hrsg. von Ulf Dirlmeier. Stuttgart 1998, S. 85–228, hier S. 216–224; Hermann, Christofer: Mobiliar. In: Burgen in Mitteleuropa, wie Anm. 41, S. 305 f.

171 Vgl. Schmitt: Zwinger und Vorbefestigungen, wie Anm. 72.

172 Vgl. die wichtigste Literatur in Anm. 38. Bemerkenswert auch die Türme der Burg Normannstein: Jost, Bettina: Die Stellung der Burg Normannstein über Treffurt in der Burgenarchitektur Thüringens. In: Burgen und Schlösser in Thüringen 1999/2000. Jena 2000, S. 6–26. Zu Bauten auf der Salzburg bei Neustadt an der Saale siehe Zeune: Baugeschichte der Salzburg, wie Anm. 37.

173 Bei Schmitt: Steinerne Wohnbauten, wie Anm. 89, S. 91 nicht klar genug ausgedrückt: Auch Rechteckbauten können turmartig hoch gewesen sein.

174 Burgen der Salierzeit, wie Anm. 26 und 38.

175 Schmitt: Tangermünde, wie Anm. 16, S. 155–179.

176 Strickhausen: Burgen der Ludowinger, wie Anm. 17, S. 104–108; Schmitt: Tangermünde, wie Anm. 16.

177 Vgl. Anm. 98; zuletzt Schmitt: Der Bergfried, wie Anm. 45.

178 Bingenheimer, Klaus: Die Luftheizungen des Mittelalters. Zur Typologie und Entwicklung eines technikgeschichtlichen Phänomens (= Antiquitates. Archäologische Forschungsergebnisse, Bd. 17). Hamburg 1998; Hensch: Burg Sulzbach, wie Anm. 19, S. 193–203; zur Neuenburg Schmitt: Baugeschichte zur Neuenburg, wie Anm. 7, S. 80–85; Schmitt: Zur Baugeschichte, wie Anm. 7, S. 70–76.

179 Kniesche, Annette: Ein romanischer Ofenkachelfund von der Neuenburg. In: Burgen und Schlösser in Sachsen-Anhalt 2 (1993), S. 6–14; Schmitt, Reinhard: Die Füllung eines Latrinenturmes von Schloß Neuenburg bei Freyburg an der Unstrut. In: Depotfunde aus Gebäuden in Zentraleuropa. Hrsg. von Ingolf Ericsson und Rainer Atzbach (= Bamberger Kolloquien zur Archäologie des Mittelalters und der Neuzeit, Bd. 1; Archäologische Quellen zum Mittelalter, Bd. 2). Berlin 2005, S. 21–30.

180 Wilfried Weise 2009. Ausgestellt in Berlin: Schmitt, Reinhard: Katalogtext „Romanische Warmluftheizung im Palas der Neuenburg (0645c)". In: Burg und Herrschaft, wie Anm. 86, S. 281 f. Die Heizung wird nach Klaus Bingenheim der Gruppe III zugeordnet.

181 Die wichtigste Literatur bei Schmitt: Crac des Chevaliers, wie Anm. 114. Jüngst Birke, Claudia: Notdurft und Heimlichkeit. Die Abortanlage als Bestandteil fränkischer Burgen und Schlösser vom Hohen Mittelalter bis in die Frühe Neuzeit. In: Burgen und Schlösser 48 (2007), S. 144–151.

182 Biller, Thomas: Der frühe gotische Burgenbau im Elsaß (1250–1300) (= Biller, Thomas und Bernhard Metz: Die Burgen des Elsaß. Architektur und Geschichte, Bd. III). München/Berlin 1995, S. 102.

183 Danzker sind charakteristische Bestandteile der spätromanisch-gotischen Burgen des Deutschen Ordens im heutigen Polen. Steinerne Brücken bzw. Gänge führten von den Wohngebäuden zu einem am nahe gelegenen Fluss errichteten Latrinenturm. Dazu Schmitt: Crac des Chevaliers, wie Anm. 114; vgl. auch ders. und Stefan Tebruck: Jenseits von Jerusalem – Spuren der Kreuzfahrer zwischen Harz und Elbe. Begleitheft zur Sonderausstellung „Saladin und die Kreuzfahrer" im Landesmuseum für Vorgeschichte in Halle. Hrsg. von Harald Meller und Ingo Mundt. Halle (Saale) 2005, hier S. 102–105.

184 Hopf: Schlossruine Herbsleben, wie Anm. 155, S. 22.

185 Grewe, Klaus: Die Wasserversorgung der Burgen. In: Burgen in Mitteleuropa, wie Anm. 41, S. 310–313; Höhne, Dirk: Zum Forschungsstand über Filterzisternen und Zisternen mit Wasserreinigung auf Burgen im mitteldeutschen Raum. In: Wasser auf Burgen im Mittelalter (= Geschichte der Wasserversorgung, Bd. 7). Mainz 2007, S. 225–233; Gleue, Axel W.: Wie kam das Wasser auf die Burg? Vom Brunnenbau auf Höhenburgen und Bergvesten. Regensburg 2008.

186 Steinmetz, Wolf-Dieter: Geschichte und Archäologie der Harzburg unter Saliern, Staufern und Welfen 1065–1254. Bad Harzburg 2001, S. 49–52.

187 Vielleicht ist auch auf der Burg Zips in der Slowakei ein abgebrochener Bergfried als Zisterne benutzt worden. Genauere Angaben als in einem Burgführer konnten bisher nicht ermittelt werden (freundlicher Hinweis von Frau Kordula Ebert, Freyburg).

188 Schmitt: Eckartsburg, wie Anm. 51, S. 106.

189 Frank, Ulrike: Mit dem Esel auf die Wartburg. Geschichten und Anekdoten aus dem alten Eisenach. Gudensberg-Gleichen 2007. Zur Wasserversorgung der Neuenburg jetzt Schmitt, Reinhard: Zur Wasserversorgung der Neuenburg vom Mittelalter bis ins 20. Jahrhundert. In: Unsere Neuenburg (= Mitteilungen des Vereins zur Rettung und Erhaltung der Neuenburg e. V., Heft 13). Freyburg (Unstrut) 2012, S. 7–42.

190 Erstaunlicherweise spielen Burg Querfurt für die Zeit um und kurz nach 1000 sowie die Neuenburg für die Zeit genau einhundert Jahre später in dem gewichtigen Buch von Thomas Biller und G. Ulrich Großmann im Kapitel „Pfalzen und frühe Burgen (100–1150)" überhaupt keine Rolle: Biller/Großmann: Burg und Schloss, wie Anm. 23, S. 43–70. Und: „Die landgräflich-thüringische Neuenburg bei Freyburg gehört flächenmäßig zu den größten mittelalterlichen Burgen in Deutschland [sic!]. Die am Rand einer Hochfläche errichtete Burg entstand in den Jahrzehnten um 1200 und wurde im 16. Jahrhundert erneuert." (Großmann, G. Ulrich: Burgen in Europa. Regensburg 2005, S. 139 im Kapitel „Die stauferzeitliche Adelsburg im Reich").

191 Thietmar von Merseburg: Chronik. Neu übertragen und erläutert von Werner Trillmich (= Ausgewählte Quellen zur deutschen Geschichte des Mittelalters. Bd. IX). Darmstadt 1974, S. 320 f.: „intra aecclesiam atque caminatam".

192 Schmitt: Burg Giebichenstein, wie Anm. 85, S. 6.

193 Thietmar von Merseburg: Chronik, wie Anm. 191, S. 358 f.: „domus lapidea, nimis lapidibus firmata in Elerstidi".

194 Dr. Jürgen Dendorfer, München, am 15. Februar 2005 an den Verfasser. Vgl. auch Dendorfer, Jürgen: Adelige Gruppenbildung und Königsherrschaft. Die Grafen von Sulzbach und ihr Beziehungsgeflecht im 12. Jahrhundert (= Studien zur bayerischen Verfassungs- und Sozialgeschichte, Bd. 23). München 2004.

195 Pfaffenberger, Stefan: Von der urbs Crusni zum Slos Krewsen. Die Creußener Burganlage im Spiegel archäologischer und schriftlicher Quellen des hohen und späten Mittelalters (= Arbeiten zur Archäologie Süddeutschlands, Bd. 21). Büchenbach 2007, S. 29–32.

196 Strickhausen: Burgen der Ludowinger, wie Anm. 17.

197 Hierzu Schmitt: Doppelkapelle, wie Anm. 133, Anm. 172–176.

198 Zuletzt Friese: Doppelkapelle Schwarzrheindorf, wie Anm. 133.

199 Tebruck, Stefan: Die Neuenburg über Freyburg (Unstrut) und die Landgrafen von Thüringen im 12. und 13. Jahrhundert. In: Archäologie in Sachsen-Anhalt. Neue Reihe 1 (2002), S. 38–45; siehe jetzt den Beitrag in diesem Band. Vgl. auch: Kälble, Mathias: Aufenthalt Landgraf Ludwigs IV. und Elisabeths auf der Neuenburg. In: Elisabeth von Thüringen, wie Anm. 86, hier Katalogband, S. 81; ders.: Reichsfürstin und Landesherrin. Die heilige Elisabeth und die Landgrafschaft Thüringen. In: Elisabeth von Thüringen, wie Anm. 86, hier Aufsatzband, S. 77–92.

200 Die bei Strickhausen: Burgen der Ludowinger, wie Anm. 17, S. 26 aufgeführte Bautenliste bedarf teilweise der Korrektur.

201 Hierzu Müller: Landgräfliche Städte, wie Anm. 79, und Säckl, Joachim: Die wüste Burg Haldecke zwischen Schloß Neuenburg und Stadt Freyburg (Unstrut). In: Burgen und Schlösser in Sachsen-Anhalt, Sonderheft 1996. Halle (Saale) 1996, S. 49–89.

202 Ähnlich bereits bei Strickhausen: Burgen der Ludowinger, wie Anm. 17, S. 27 f.

203 Diese „salische" Neuenburg wird leider auch in der allerjüngsten Literatur nicht zur Kenntnis genommen, so in den beiden Bänden, die anläßlich der Salier-Ausstellung in Speyer im Frühjahr 2011 erschienen sind: Die Salier. Macht im Wandel. Essays und Katalog. Hg. vom Historischen Museum der Pfalz. Speyer/München 2011. Zu verweisen ist auf diese Beiträge: Böhme, Horst Wolfgang: Burgenbau der Salierzeit. In: Essays, S. 119–127; Keddigkeit, Jürgen: Salierzeitliche Burgen (1024–1125) im Südwesten des Reichs. In: Katalog, S. 266 f. Kurz behandelt werden die Harzburg (Heimann, Simone: „Der ersten und größten gab er den Namen Harzburg" – Zum Burgenbau Heinrichs IV. in Sachsen. In: Katalog, S. 274 f.), die Burg in Sulzbach (Hensch, Mathias: Burg Sulzbach – Machtbasis des Grafen Berengar, eines wichtigen Parteigängers Heinrichs V. In: Katalog, S. 284 f.) und das Schlössel bei Klingenmünster (Barz, Dieter: Die Burgruine „Schlössel" bei Klingenmünster. In: Katalog, S. 304–307). Die Ausstellung suggeriert darüber hinaus, dass sich „salische Herrschaft" nur im Westen und insbesondere im Südwesten des Reiches abgespielt hat. Ostdeutschland ist nahezu völlig ausgeblendet. Das erscheint über zwanzig Jahre nach der politischen „Wende" völlig unangemessen und inakzeptabel. – Erfreulich demgegenüber die Würdigung von Tebruck, Stefan: Adlige Herrschaft und höfische Kultur – Die Naumburger Bischöfe und ihre fürstlichen Nachbarn im 12. und 13. Jahrhundert. In: Der Naumburger Meister. Bildhauer und Architekt im Europa der Kathedralen. Naumburg, 29. Juni 2011 bis 2. November 2011. Dom, Schlösschen und Stadtmuseum Hohe Lilie. Ausstellungskatalog im Auftrag der Vereinigten Domstifter zu Merseburg und Naumburg und des Kollegiatstifts Zeitz. Hrsg. von Hartmut Krohm und Holger Kunde. Bd. 1 und 2. Petersberg 2011, Bd. 1, S. 642–654. Auf das zeitliche Verhältnis von Naumburger Dom und Neuenburger Doppelkapelle geht mit Bezug auf die Überlegungen des Verfassers kurz ein: Nicolai, Bernd: Der romanische Neubau des Naumburger Doms. In: Ebd., S. 711–724, hier S. 720.

204 Tebruck, Stefan: Heinrich der Erlauchte und das ludowingische Erbe: Ein Wettiner wird Landgraf in Thüringen. In: Der Weißenfelser Vertrag von 1249. Die Landgrafschaft Thüringen am Beginn des Spätmittelalters. Erfurt 2000, S. 11–62.

205 Siehe die Beiträge von André Thieme und des Verfassers in diesem Band.

Kristine Glatzel

Die heilige Elisabeth von Thüringen und die Neuenburg

Elisabeth, die Landgräfin von Thüringen, gehört ohne Zweifel zu den herausragenden Frauengestalten des Mittelalters. Ihre bedingungslose Zuwendung zu hilfsbedürftigen Menschen, ihr für ihre Zeit beispielloser Einsatz für Arme und Kranke, verbunden mit harter körperlicher Arbeit und selbst gelebter Armut, verstörte ihre Standesgenossen und brachte ihr die Verehrung ihrer leidenden Mitmenschen ein. Bereits 1235 wurde Elisabeth von Thüringen heilig gesprochen.[1] Im Jahr 2007 feierte man in Thüringen und Hessen das Jubiläum der 1207 geborenen Tochter von König Andreas II. von Ungarn und Gertruds von Andechs-Meranien. Die Stätten ihres Lebens und Wirkens standen im Mittelpunkt des Interesses zahlreicher Besucher der ihr gewidmeten Landesausstellung auf der Wartburg. Zu diesen gehört die Neuenburg. Die Frage nach der Beziehung der in Europa vielfach verehrten Heiligen zur Neuenburg, nach der Anzahl und Dauer ihrer Aufenthalte hier und auf den anderen Burgen der Ludowinger, ist dem Bedürfnis derer geschuldet, die auf den Spuren dieser ungewöhnlichen Frau die authentischen Orte ihres Wirkens suchen.

Wie häufig sich Elisabeth auf den einzelnen landgräflichen Burgen aufhielt, kann heute nicht mehr nachgewiesen werden. Letztlich sind es nur herausgehobene Ereignisse, wie die Geburt ihres Sohnes auf der Creuzburg, die Geburten ihrer Töchter Sophie und Gertrud auf der Wartburg, die durch die Chroniken vermerkt wurden oder beurkundete Rechtsakte, die auf den Burgen stattfanden und an denen sie beteiligt war, die uns ihre Präsenz gesichert überliefern. Für die Neuenburg belegen zwei Urkunden aus den Jahren 1224 und 1225 die Anwesenheit der jungen Landgräfin. Über die Häufigkeit und Dauer der Aufenthalte des landgräflichen Hofes und damit auch Elisabeths auf der größten Burg der Landgrafen von Thüringen vermögen wir jedoch diesen Urkunden nichts zu entnehmen.

Zwei komplexe Themen sind in diesem Zusammenhang interessant. Zum einen handelt es sich dabei um die Funktion der Neuenburg für den landgräflichen Hof in der Zeit von 1211, dem Ankunftsjahr der vierjährigen Elisabeth in Thüringen, bis zu dem hochpolitischen Treffen der gesamten landgräflichen Familie im April 1224 auf der Neuenburg und zum anderen um die persönliche Situation der ungarischen Königstochter bis zu diesem Zeitpunkt.

Zur Zeit der Ankunft Elisabeths hatte der landgräfliche Hof noch keine feste Residenz. Die Landgrafen übten eine Reiseherrschaft aus. Sie bereisten wie die Könige ihren Herrschaftsbereich und suchten dabei ihre Burgen, Städte und Gerichtsstätten auf, um ihre Rechte und Pflichten wahrzunehmen. Die Burgen waren als feste und sichere Plätze geeignete Herrschaftsmittelpunkte. Neben ihrer strategischen Funktion waren sie zugleich Verwaltungszentren für das umliegende Land und Sitze der Amtsleute der Landgrafen. Hierhin wurden die Abgaben geliefert. Sie waren auch Orte der Repräsentation und für politische Zusammenkünfte der Grafen und Herren des Landes.[2]

Schon Elisabeths Schwiegervater, Landgraf Hermann I., hatte als Pfalzgraf von Sachsen die Ausübung seiner pfalzgräflichen und landgräflichen Herrschaft im Grenzraum nördlich und südlich der Unstrut und die damit verbundenen Gerichts- und Schutzpflichten von der Neuenburg und der Eckartsburg aus wahrgenommen. Die daraus resultierende bedeutende Stellung und Funktion der Neuenburg für die Politik des Landgrafen fand in umfangreichen Baumaßnahmen auf der Burg ihren Ausdruck. In der Zeit um 1170/75 entstanden unter Einbeziehung älterer Bauten ein prachtvoller Palas und die Doppelkapelle. Eine Warmluftheizung wurde eingebaut und damit hoher Wohnkomfort und repräsentative Ausstattung für eine aufwendige Hofhaltung erreicht.[3]

Die Grenzlage der Neuenburg zwischen der Landgrafschaft Thüringen und der Markgrafschaft Meißen ließ sie zur bevorzugten Basis militärischer Unternehmungen Hermanns I. und in noch weitaus umfangreicherem Maße Ludwigs IV. gegen die Wettiner werden. Elisabeths Gemahl, Ludwig IV., vereinte nach dem Tode Hermanns I. die Landgrafschaft Thüringen, die Pfalzgrafschaft Sachsen und die Grafschaft Hessen mit weiteren Herrschaftsrechten in Oberhessen und an der oberen Lahn in seiner Hand. Der ludowingische Herrschaftskomplex gehörte in dieser Zeit zu den expansivsten und reichspolitisch aktivsten fürstlichen Machtfaktoren des Reiches.[4] Unter Ludwig IV. vollzog sich mit seinem Ausgriff auf die Markgrafschaft Meißen eine deutliche Kräfteverschiebung nach Osten. Die im Nordosten der Landgrafschaft Thüringen gelegene Neuenburg wurde dabei Ausgangspunkt seiner militärischen Aktivitäten. Sie löste das Zentrum Eisenach mit der Wartburg als bevorzugten Aufenthaltsort des landgräflichen Hofes ab.

Den Hintergrund dieser Entwicklung bildeten dramatische familiäre Ereignisse und Auseinandersetzungen. Ludwigs IV. Halbschwester Jutta war mit Dietrich dem Bedrängten, dem Markgrafen von Meißen, verheiratet worden. Vor seinem Tode 1221 hatte dieser seinem Schwager Ludwig die Vormundschaft über seinen Sohn Heinrich, der später als Heinrich der Erlauchte in die Geschichte eingehen sollte, anvertraut. Der dreijährige Neffe des Landgrafen, Markgraf Hein-

48. *Landgraf Ludwig IV., Abguss der originalen Grabplatte aus der Georgenkirche zu Eisenach in der Ausstellung „Burg und Herrschaft" im Museum Schloss Neuenburg*

rich von Meißen, war der einzige männliche Nachkomme der Hauptlinie der Wettiner. Die Vormundschaftsregierung betrieb der Landgraf mit größtem Nachdruck. Er sicherte in Dresden, Meißen, Tharandt und an vielen anderen Orten der Markgrafschaft die Herrschaft seines Mündels und seine eigene Stellung.[5] Von den Bewohnern des Landes ließ er sich nicht nur huldigen, sondern auch, für den Fall des Todes seines Mündels, als künftigen Landesherrn anerkennen. Dies brachte ihn in Konflikt mit seiner Schwester Jutta, die seiner intensiv und durchgreifend ausgeübten Regentschaft Widerstand entgegensetzte. Sie heiratete ohne Wissen und Zustimmung ihres Bruders den Grafen Poppo von Henneberg. Das geschah etwa zum gleichen Zeitpunkt, als 1223 Ludwig IV. auf der Neuenburg sein Gefolge für einen Feldzug nach Osten zusammenzog. Es kam zum Krieg zwischen den Geschwistern.

Über Elisabeths Leben und die persönliche Situation der ungarischen Königstochter geben zeitgenössische Quellen Auskunft, die wir nach ihren Aufenthaltsorten befragen können. Die ältesten Lebensbeschreibungen verdanken wir den vier Dienerinnen und Gefährtinnen der Landgräfin. Unter ihnen befanden sich mit Guda und Isentrud von Hörselgau zwei Hofdamen Elisabeths, die ihre engsten Vertrauten waren. Nach Elisabeths Tod in der Nacht vom 16. zum 17. November 1231 richtete Magister Konrad von Marburg, ihr Beichtvater und Betreuer, an Papst Gregor IX. den Antrag auf Heiligsprechung der Landgräfin. Im Zuge des Heiligsprechungsverfahrens wurden die vier Dienerinnen zum Leben Elisabeths befragt. Ihre Aussagen sind überliefert.[6] Sie werden ergänzt durch die von Konrad von Marburg verfasste Lebensbeschreibung, die frei von legendärer Verklärung ist. In beiden Fällen bezogen sich die Aussagen auf Fakten und Geschehnisse, die in unmittelbarem Bezug zur Frömmigkeit Elisabeths und den aus ihr resultierenden Handlungen standen.

Der Zisterzienser Caesarius von Heisterbach vollendete vermutlich 1236 eine Lebensbeschreibung Elisabeths, die stärker auf das Wunderbare gerichtet ist. Erst die in den Jahren 1289 bis 1297 entstandene „Vita sanctae Elisabeth" des Erfurter Dominikaners Dietrich von Apolda verknüpfte die Berichte vom heiligengemäßen Leben der Landgräfin mit ihren durchaus weltlichen Aufgaben und auch Verhaltensweisen am landgräflichen Hof. Dietrich von Apolda stützte sich auf die Aussagen der Dienerinnen, studierte die vorhandenen Überlieferungen und befragte darüber hinaus Zeitzeugen.[7]

Über Elisabeths Kindheit am Landgrafenhof berichtet von den vier Dienerinnen nur Guda, die im Alter von etwa fünf Jahren der kleinen Königstochter als Spielgefährtin beigegeben wurde. Sie macht jedoch keine Angaben zu den Orten, an denen sich der Hof und mit ihm Elisabeth aufhielt. Selbst ihre Aussagen über die Zeit, die Elisabeth als Kind bei einer besonders mächtigen Familie des Hofes verbrachte, und in der sie, so wird erzählt, mit Zurücksetzungen und Demütigungen gequält wurde, enthalten keine Hinweise auf Aufenthaltsorte. Ebenso wenig finden sich bei Isentrud von Hörselgau, die neben Guda als einzige über die Zeit vor 1226 berichtet, oder bei Dietrich von Apolda lokale Bezüge, die für Elisabeths Kindheit und Jugend aussagefähig wären.

1221 heiratete Ludwig IV. die dreizehneinhalb Jahre alte Elisabeth. Ein Jahr später wurde der Sohn und Nachfolger, Hermann II., auf der Creuzburg geboren. Spätestens damit hatte sich der Status der jungen Landgräfin am Hof gefestigt. Ludwigs Mutter, die Landgräfin Sophia, war zeitgleich mit der Vermählung des Landgrafenpaares zu den Zisterzienserinnen in das Katharinenkloster zu Eisenach gezogen. Dort lebte sie, ohne selbst Nonne zu werden.[8] Damit fiel die Leitung der landgräflichen Hofhaltung, für die sie erzogen und ausgebildet worden war, an Elisabeth.

Eine fürstliche Lebensweise, die Einhaltung der an Fürstenhöfen gültigen Normen und Gepflogenheiten, zu denen die Teilnahme an Empfängen, Gastmählern und Festlichkeiten, das Tragen von Schmuck und kostbaren Kleidern gehörten, bildeten die Grundlage der vielfältigen Verpflichtungen der jungen Landgräfin. Ihr war ein eigener Hofstaat zugeordnet, zu dem hochgestellte Damen Thüringens gehörten.

Elisabeths hohe familiäre Herkunft steigerte das Ansehen der landgräflichen Familie. Ihre königliche Abstammung und der Status ihres Mannes begründeten ihren Rang über allen Vasallen des Landgrafen.[9] Elisabeth gab ihre Zustimmung zu Familienstiftungen und Hospitalgründungen. Sie wirkte bei Rechtsgeschäften ihres Mannes mit. So oft es ihr möglich war, begleitete sie den Landgrafen auf seinen Reisen und somit auch auf die von ihm bevorzugten und im Rahmen seiner Verpflichtungen und Aktivitäten aufgesuchten Burgen.

Die Spiritualität der siebzehnjährigen Landgräfin, die an der Spitze eines der mächtigsten Fürstenhöfe ihrer Zeit stand, war zum Zeitpunkt des Zusammentreffens der landgräflichen Familie auf der Neuenburg im Jahr 1224 bereits von den Buß- und Laienbewegungen im frühen 13. Jahrhundert beeinflusst. Wann und wo sie mit den neuen Formen weiblicher Frömmigkeit, wie sie sich in der Beginenbewegung offenbarte, in Berührung kam, ist nicht bekannt. Das Streben nach Vollkommenheit auch außerhalb von Klöstern und Stiften, die Hinwendung zur Krankenpflege und zu einem Leben mit körperlicher Arbeit haben sie auf jeden Fall tief beeindruckt.

Die neuere Forschung geht davon aus, dass Elisabeth bereits im Alter von 14/15 Jahren, vermutlich zwischen dem Frühsommer 1222 und dem Frühsommer 1223, dem Franziskanertum und damit den für ihren weiteren Lebensweg so außerordentlich prägenden Ideen des Franziskus von Assisi begegnete.[10] Die frühen Franziskaner stellten echte Armut und karitatives Wirken in den Vordergrund ihres Strebens. Sie betrachteten sich als Büßergemeinschaft und Brüder der Ärmsten und Ausgegrenzten.

Elisabeths demonstrative Hinwendung zum franziskanischen Armutsideal äußerte sich bereits 1222 und 1224 öffentlich, als sie bei der Segnung nach der Geburt ihrer Kinder auf die übliche Kleiderpracht einer Fürstin verzichtete und barfuß, in Wollgewänder gekleidet zur Kirche schritt.[11] Dieses Verhalten erregte mit Sicherheit Aufsehen und Befremden.

Elisabeth ging zunehmend über die traditionellen Formen der Zuwendung zu Armen und Kranken und das übliche Almosengeben hochgestellter Persönlichkeiten hinaus. Sie hatte dabei das Einverständnis ihres Mannes, das ihr auch erhalten blieb, als sie sich noch weitaus radikaler und in einem bis dahin nicht gekannten Maße der Armen und Notleidenden annahm. Die Landgräfin stand damals noch nicht unter dem Einfluss Konrads von Marburg, der selbst dem radikalen Armutsideal folgte und dessen Gebote sie in den offenen Konflikt mit der Hofgesellschaft und ihren Standesgenossen führen sollten. Der prominente Kreuzzugsprediger wurde Anfang 1226 Beichtvater der Landgräfin und im Herbst desselben Jahres ihr geistlicher Leiter.[12]

Das hochpolitische Treffen der landgräflichen Familie auf der Neuenburg fand im April 1224 statt. Elisabeths Teilnahme ist insofern bemerkenswert, als sie unmittelbar nach dem Kindbett die beschwerliche Reise von Eisenach zur Neuenburg auf sich nahm. Am 20. März 1224 war auf der Wartburg ihre Tochter Sophie geboren worden. Das Kindbett dauerte in der Regel eine Woche. Mit ihr brach ihr eigener Hofstaat auf, in dessen Gesellschaft sich vermutlich auch zwei ungarische Adlige befanden, die in noch jugendlichem Alter zusammen mit Elisabeth nach Thüringen gekommen waren und hier gemeinsam mit ihr aufwuchsen. Sie gehörten zum engsten Umfeld der Landgräfin und kehrten erst nach dem Tod ihres Gemahls, als sie selbst den Landgrafenhof verließ, nach Ungarn zurück.[13]

Auch Elisabeths Schwiegermutter, die verwitwete Landgräfin Sophia, brach mit ihren Begleitern von Eisenach auf, wo sie im Katharinenkloster lebte. Sophia hat sich mit großer Wahrscheinlichkeit bei der Geburt ihres zweiten Enkelkindes, das nach ihr benannt war, in der unmittelbaren Umgebung Elisabeths befunden.

Auf der Neuenburg war sie nicht nur mit dem landgräflichen Paar zusammen, sondern auch mit weiteren Söhnen, dem etwa 22-jährigen Heinrich Raspe und dem mit Elisabeth fast gleichaltrigen Konrad.

Die Familie hatte angesichts vielfältiger und in ihren Auswirkungen brisanter politischer Ereignisse allen Grund zu intensiven Beratungen. Der Konflikt des Landgrafen mit seiner Halbschwester Jutta, der Markgräfin von Meißen, befand sich im April 1224 auf seinem Höhepunkt. Ein weiterer bedrohlicher Schatten fiel auf die Ereignisse, da bereits im Mai des vorausgegangenen Jahres zwei bedeutsame Schreiben den Landgrafen erreicht hatten.

Papst Honorius III. und Kaiser Friedrich II. hatten sich jeweils mit der Aufforderung an verschiedene deutsche Reichsfürsten gewandt, an einem neuen Kreuzzug teilzunehmen. Der Papst drängte den Kaiser seit dessen Krönung nachdrücklich, sein schon 1215 abgelegtes Kreuzzugsgelübde einzulösen.[14] Das Unternehmen sollte bereits 1225 beginnen. Die dringlich fordernden Schreiben – Kaiser Friedrich II. bot seinem Verwandten Ludwig IV. für eine Beteiligung die hohe Summe von 4000 Mark Silber und der Papst garantierte Ludwig für die Dauer des Kreuzzuges, dessen Besitz und Rechte unter seinen apostolischen Schutz zu nehmen[15] – stellten den Landgrafen vor eine Herausforderung, der er sich kaum entziehen konnte. Die Folgen einer Entscheidung für eine Teilnahme waren jedoch ungeheuer weitreichend. Neben der Gefahr für Leib und Leben des Landgrafen betrafen die Konsequenzen auch die landgräfliche Familie und nicht zuletzt Elisabeth. Umfassende Regelungen für die Zeit der Abwesenheit des Fürsten mussten beraten und ein Lösungsweg für die Beilegung des Konfliktes mit der Markgräfin Jutta gefunden werden. Ludwig IV. suchte im Angesicht der Tragweite der anstehenden Entscheidungen mit Sicherheit den Konsens mit seinen Brüdern, zumal das Verhältnis zu ihnen mit großer Wahrscheinlichkeit nicht spannungsfrei war. Im Unterschied zu seinem Vater, Landgraf Hermann I. und dessen Vorgänger, Ludwig III. Landgraf von Thüringen, beteiligte er seine nachgeborenen Brüder nicht an der Herrschaft und behielt die gesamte Regierungsgewalt in seiner Hand. Dahinter stand wohl sein Bemühen, die alleinige Nachfolge für seinen Sohn Hermann II. zu sichern und eine Teilung des großen ludowingischen Herrschaftskomplexes zu vermeiden. Beide Brüder befanden sich, obwohl sie in regierungsfähigem Alter waren, wahrscheinlich in seiner engsten Umgebung.[16]

Noch einen Monat vor dem Zusammentreffen der Familie auf der Neuenburg – der in Italien weilende Kaiser hatte seinen hervorragenden Diplomaten, den Deutschordensmeister Hermann von Salza, nach Frankfurt zu den dort versammelten Reichsfürsten entsandt, um sie zur Teilnahme zu bewegen – scheint Ludwigs Beteiligung noch nicht festgestanden zu haben.[17] Eine Verweigerung dürfte jedoch dem herrschaftlichen Selbstverständnis und den religiösen Überzeugungen des Landgrafen, bei aller Erkenntnis der mit einer Teilnahme verbundenen Schwierigkeiten und Gefahren, nicht entsprochen haben. Die seiner hervorragenden Stellung unter den Reichsfürsten geschuldete Verpflichtung stand im Einklang mit der Tradition seiner Familie. Hatte sich doch schon sein Urgroßonkel, Bischof Udo I. von Naumburg, König Konrad III. zum Kreuzzug angeschlossen. Sein Onkel, Landgraf Ludwig III., nahm am Dritten Kreuzzug teil, in dessen Ver-

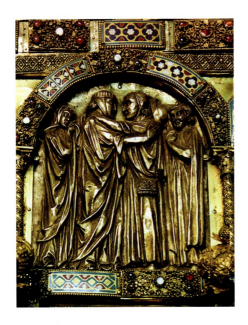

49. *Der Abschied Ludwigs IV. von Elisabeth, Detail aus dem Elisabethschrein (Relief), Marburg, um 1235/49*

lauf er 1190 erkrankte und starb. Ludwigs Vater, Landgraf Hermann I., hatte sich 1197/98 ebenfalls in das Heilige Land begeben. Auch hätte eine Absage an den Kaiser, zu dessen engsten Vertrauten und Beratern Ludwig IV. zählte und in dessen Auftrag er seit 1223 intensiv in Reichsangelegenheiten tätig war, zu einer Störung dieses Vertrauensverhältnisses und der damit verbundenen Einflussmöglichkeiten geführt.

Dass Elisabeth von den Vorgängen keine Kenntnis hatte, ist nicht anzunehmen. Der Bericht Dietrichs von Apolda von der „verheimlichten" Kreuznahme und ihrer späteren Entdeckung durch die Landgräfin, gehört wohl in den Bereich der Legenden. Elisabeth, die so hervorragend über die religiösen Bewegungen ihrer Zeit informiert war, dürfte die Kreuzzugspropaganda führender Geistlicher nicht entgangen sein. Auch ihr war der im Verständnis der Theologen ihrer Zeit nachzuweisende Zusammenhang zwischen freiwilliger Armut in der Nachfolge Christi und dem Waffendienst für Christus zum Schutz der heiligen Stätten im Heiligen Land vertraut. Beides wurde als wirksame Form der Buße für die Sünden irdischen Lebens aufgefasst.[18] Weder ihr Einverständnis mit dem Handeln ihres Gemahls noch ihre tiefe Frömmigkeit, das beweist die glaubhafte Schilderung ihres tragischen Abschieds beim Aufbruch des Landgrafen zum Kreuzzug, werden die junge Frau vor schweren Ängsten um ihn geschützt haben.

Auf der Neuenburg entfaltete sich im April 1224 die glanzvolle Hofhaltung Ludwigs IV. Neben den Angehörigen der landgräflichen Familie gehörten dazu die Inhaber der nach königlichem Vorbild seit 1180 eingerichteten Hofämter. Die Funktionen des Marschalls, des Kämmerers, des Truchsess und des Mundschenks verliehen ihnen eine Schlüsselstellung am Hof. Hinzu kamen Bedienstete und Ministeriale, die in den Burgen und Marktorten des ludowingischen Herrschaftsbereiches administrative und militärische Führungsaufgaben wahrnahmen. Als Gäste erschienen bei Hofe Vasallen, weitgehend unabhängige Grafen, Burggrafen der Ludowinger und edelfreie Herren, die Lehnsträger des Landgrafen waren. Zum ständigen Personal gehörten ebenso Geistliche, die neben Seelsorge und Gottesdienst Beraterfunktionen innehatten und als Schreiber und Notare fungierten.[19]

Aus gegebenem Anlass weilte mit großer Wahrscheinlichkeit auch die Äbtissin Lutgardis des hessischen Klosters Kaufungen mit ihrer Begleitung auf der Neuenburg. Sie und die Mutter des Landgrafen hatten von diesem eine Stiftung für das Seelenheil seines verstorbenen Vaters erbeten. Der Landgraf kam der Bitte nach. Am 7. April beurkundete er unter Anerkennung alter Rechte des Klosters, dass diesem der Novalzehnt[20] in Niederzwehren bei Kassel zusteht und stiftete darüber hinaus die bereits einbehaltenen Zehnten für das Seelenheil Hermanns I. Elisabeth und auch ihre Schwäger Heinrich Raspe und Konrad gaben als Mitglieder der Familie, wie bei solchen Stiftungen üblich, ihre Zustimmung (s. Abb. 50).

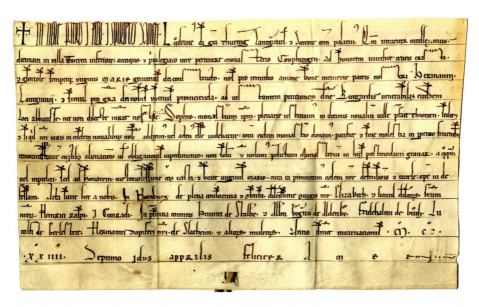

50. Urkunde Landgraf Ludwigs IV., die am 7. April 1224 auf der Neuenburg ausgestellt wurde und die Anwesenheit Elisabeths bezeugt
StA Marburg, Urk. 87 (alte Signatur: Urk. X 2), Stift Kaufungen, 1224 Apr. 7

Wenn man sich die beträchtliche Ansammlung hochadliger und adliger Damen und Herren mit ihrem Gefolge, die ebenfalls zahlreich vertretene Geistlichkeit, die eintreffenden Gäste, ihrerseits wieder mit Gefolge und Bedienung, die Anzahl der Pferde und aller an Unterbringung, Betreuung, Pflege und Verköstigung Beteiligter auf der Neuenburg vor Augen führt, bekommt man eine Vorstellung von der funktionellen Leistungsfähigkeit der größten Burg der Landgrafen von Thüringen.

Das gewaltige Burgareal umfasste eine Fläche von ca. 30 000 Quadratmetern, davon fielen allein 11 600 Quadratmeter – ohne die Ausmaße der Gräben – auf die Vorburg.[21] Um in die Burg zu gelangen, musste man sich ihr von Osten nähern. Die über Wälle, Mauern und Gebäude aufragenden mächtigen Bergfriede der Vorburg und die beiden achteckigen Türme der Kernburg demonstrierten Wehrhaftigkeit und monumentale Herrschaftsrepräsentation zugleich. Der Zugang erfolgte über einen den ganzen Bergsporn querenden Graben durch eine Toranlage. Allein das nochmals durch einen tiefen Graben von der Kernburg getrennte Areal der Vorburg bot mit Sicherheit zahlreiche Unterkunftsmöglichkeiten für Menschen und Tiere. In die zur Vorburg hin wiederum durch Graben, Wall und Mauern gesicherte Kernburg gelangte man nach einem Vortor durch das innere Kammertor mit mindestens zwei Obergeschossen und gewölbter Tordurchfahrt.[22] Neben anderen Gebäuden der Kernburg war es vor allem der hoch aufragende viergeschossige Palas mit seinen großen Fensterarkaden, der zahlreichen Personen nicht nur Unterkunft, sondern auch in seinem vermutlich im dritten Obergeschoss befindlichen großen Saal den Ort repräsentativer Zusammenkünfte bot. Für Wohnkomfort sorgten neben der Beheizung mit Kaminen Wohnbereiche mit Warmluftheizung.[23] Für Elisabeth war sicher die mit dem Palas baulich verbundene Doppelkapelle von zentraler Bedeutung. Sie konnte deren oberen Raum, das Privatoratorium der Landgrafen, direkt vom zweiten Obergeschoss des Palas aus betreten.[24]

Spätestens 1224 muss die Entscheidung gefallen sein, vor dem Kammertor zur Kernburg einen ummauerten Zwinger zu schaffen. 1225/26 entstand in diesem Bereich der viergeschossige Wohnturm. Sein Erdgeschoss konnte durch einen ebenerdigen Eingang betreten werden. Im dritten Obergeschoss, das als eine nicht beheizte „Sommerlaube" diente, hatte man aus den vier Arkadenfenstern einen herrlichen Ausblick in das Unstruttal. Ab 1227 wurde die gleichzeitig geplante anschließende Mauer mit einem neuen Tor zur Stadt und im oberen Bereich befindlichen übereinander angeordneten Gängen zu den weit außen gelegenen Latrinen gebaut.[25]

Die aufwendigen Baumaßnahmen, die zur Erweiterung und Befestigung der Burg ebenso beitrugen, wie zu einem neuen, hohen Ansprüchen genügenden Wohnbereich, demonstrieren den Stellenwert und die zentrale Funktion der

51. Oberkapelle der Neuenburg nach Osten mit der Figur der heiligen Elisabeth in der linken Raumecke, Postkarte, 1908

Neuenburg in der Planung Ludwigs IV. für seine Familie und den nach Osten erweiterten Herrschaftsbereich.

Die schnelle Abfolge der Ereignisse nach dem April 1224 wirft ein Licht auf die im Konsens mit der landgräflichen Familie getroffenen Entscheidungen. Bereits im Mai des Jahres weilte Ludwig IV. auf dem Hoftag in Frankfurt. Vermutlich hier nahm er das Kreuz und gelobte, sich dem Kaiser anzuschließen.[26] Schon im Juli 1224 empfing die landgräfliche Familie erneut hochrangige Gäste auf der Neuenburg. Otto I., Herzog von Meranien und Pfalzgraf von Burgund, kam mit Gefolge, um einen Vergleich zwischen Ludwig IV. und dessen Halbschwester Jutta, der Markgräfin von Meißen, zu vermitteln und damit die kriegerischen Auseinandersetzungen zwischen den Geschwistern zu beenden. Der Herzog, Bruder der Mutter Elisabeths, der 1213 ermordeten Königin Gertrud von Ungarn, war Elisabeths Onkel. Die Landgräfin stand ohne Zweifel bis zu ihrem Tod in Kontakt mit ihrem Vater, König Andreas II. von Ungarn, und der ebenso mächtigen wie einflussreichen Familie ihrer Mutter, den Andechs-Meraniern. Das sollte sich vor allem nach dem Tod Ludwigs IV. erweisen, als sowohl König Andreas II. wie auch ihre Tante Mechthild, Äbtissin von Kitzingen, und ihr Onkel Ekbert, Bischof von Bamberg, nachdrücklich versuchten, in Elisabeths Leben einzugreifen.[27] Die bereits erwähnte Präsenz ungarischer Adliger am landgräflichen Hof verweist ebenfalls auf die Fortdauer der Verbindungen Elisabeths zu ihrer ungarischen Heimat.

1225 urkundete Ludwig IV. nochmals auf der Neuenburg. Er übertrug, wieder im Einverständnis mit Elisabeth, seiner Mutter Sophia, Heinrich Raspe und Konrad, den Nonnen des Klosters St. Georg in Ichtershausen Güter in Riethnordhausen. Für diese Zeit ist auch erwiesen, dass der Landgraf das Burggrafenamt der Neuenburg neu eingerichtet hatte. Es wurde Hermann von Werben anvertraut, dessen Bruder als Burggraf von Meißen die wichtigste wettinische Burg innehatte.[28]

Die Anziehungskraft der fürstlichen Hofhaltung unter Ludwig IV., die sie nicht nur auf den Hochadel des Landes, sondern auch auf den europäischen Hochadel ausübte, wird durch den Aufenthalt des böhmischen Königssohnes Wenzel am landgräflichen Hof im Jahre 1225 deutlich.[29]

Für eine stärkere Bindung Elisabeths an Eisenach ist in den folgenden Jahren vermutlich die dort in der ersten Jahreshälfte 1225 erfolgte Niederlassung der Franziskaner ein wesentlicher Faktor. Diese, wie auch die Berufung des Bruders Rodeger zum geistlichen Berater der Landgräfin, bedurften der Zustimmung und der Mitwirkung Ludwigs IV. Elisabeths Fürsorge für die Eisenacher Brüder äußerte sich nicht zuletzt darin, dass sie mit ihren Dienerinnen Wolle für sie spann.[30] Diese nach Auffassung ihrer Zeit für eine Dame so hohen Standes höchst unangemessene Betätigung dürfte ebenfalls von ihren Standesgenossen mit Unverständnis zur Kenntnis genommen worden sein.

In viel stärkerem Maße wird jedoch Elisabeths 1226 erfolgte Hospitalgründung am Fuße der Wartburg die Bindung an Eisenach intensiviert haben. Isentrud von Hörselgau, eine der im Zuge des Verfahrens zur Heiligsprechung befragten Dienerinnen der Landgräfin berichtet, dass diese täglich den beschwerlichen Weg von der Burg zu ihrem Hospital auf sich nahm. Das geschah in der Zeit einer katastrophalen Hungersnot in Deutschland. Der Landgraf weilte vom Frühjahr bis zum Juni 1226 am kaiserlichen Hof in Italien. Elisabeths Befugnisse und Handlungsspielräume in Abwesenheit ihres Gemahls werden in diesem Zusammenhang sehr deutlich. Sie ließ Getreide und Sicheln an die Hungernden ausgeben und verteilte sämtliche Vorräte. Für die Schwächsten sorgte die Landgräfin in ihrem Hospital.

Dietrich von Apolda berichtet in seiner „Vita sanctae Elisabeth" von der Heimkehr Ludwigs IV. aus Italien, dass ihn seine Räte und Verwalter bestürmten, Elisabeths Freigebigkeit Einhalt zu gebieten, da sie seine gesamten Einkünfte an die Armen verteilt habe. Die Antwort des Landgrafen habe gelautet: „Laßt sie in ihrer Wohltätigkeit gewähren und um Gottes Willen geben, was sie will. Ich will für mich nur die beiden Festen Wartburg und Neuenburg behalten.'[31]

Am 24. Juni 1227 brach Ludwig IV. von Schmalkalden aus zum Kreuzzug auf. Bis dahin hatte sich der für das Jahr 1225 geplante Beginn des Unternehmens verzögert. Zuvor noch hatte Friedrich II. die Summe für die Teilnahme des Landgrafen auf 5000 Mark Silber erhöht. Darüber hinaus übertrug der Kaiser Ludwig IV. und dessen Sohn Hermann die Markgrafschaft Meißen für den Fall des Todes des Neffen und Mündels des Landgrafen.

Für die Zeit seiner Abwesenheit hatte der Landgraf seinen Bruder Heinrich Raspe zu seinem Stellvertreter bestellt. Mit dem frühen Tod Ludwigs IV., der zu Beginn des Kreuzzuges 1227 auf einem Schiff vor Otranto im Alter von 27 Jahren einer Seuche erlag, änderte sich die Lage für Elisabeth und auch für die Neuenburg schlagartig. Sein Nachfolger Heinrich Raspe IV., der letzte Landgraf von Thüringen aus ludowingischem Hause, gab die weitreichenden Pläne für die Erweiterung der ludowingischen Herrschaft in den Osten, in deren Zusammenhang die Bedeutung der Neuenburg noch verstärkt und gefestigt worden wäre, auf. Unter ihm erhielt die Wartburg residenzähnliche Funktionen und die Neuenburg geriet an die Peripherie landgräflicher Politik. Damit endet ihre Glanzzeit im Mittelalter.

Elisabeth verließ nach der Beisetzung der Gebeine ihres Gemahls im Familienkloster Reinhardsbrunn Thüringen für immer und verbrachte die letzten vier Jahre ihres Lebens in ihrem Hospital in Marburg. Sie lebte dort in freiwilliger

52. Elisabeth-Teppich aus dem Domschatz Halberstadt mit Legenden der heiligen Elisabeth im unteren und Szenen aus der Kindheit Christi im oberen Teil, Wollstickerei auf Leinen, Niedersachsen, 1. Viertel des 15. Jahrhunderts

Die heilige Elisabeth von Thüringen und die Neuenburg

Armut, im tätigen Dienst an Armen und Kranken, dem sie bis zur körperlichen Erschöpfung nachkam. Elisabeth, Reichsfürstin und Königstochter, starb 1231 im Alter von 24 Jahren.

Zwei der überlieferten Legenden von der heiligen Elisabeth erzählen von ihrem Aufenthalt auf den wichtigsten Burgen der Landgrafschaft. Die eine heute noch sehr populäre vom „Rosenwunder" ist mit der Wartburg verbunden. Die andere vom mit der Neuenburg verbundenen „Kreuzwunder" sollte zum häufigsten und beliebtesten Bildmotiv der heiligen Elisabeth im Spätmittelalter werden

53. Bergkristall-Ostensorium mit Reliquien der heiligen Elisabeth, Niedersachsen, nach 1270, vielleicht erst 14. Jahrhundert

Das zylindrische Gefäß aus Bergkristall enthält in Stoff gehüllte Reliquienbündelchen. Glaubt man den daran befestigten Beschriftungen aus Pergament, so befinden sich darin Knöchel, Rippen und Fleisch der heiligen Elisabeth. Das Behältnis wurde mit einer Vielzahl steinbesetzter Blüten verziert, die mit gewundenen Bändern verbunden sind. Wahrscheinlich bilden sie einen Rosenkranz und weisen auf das „Rosenwunder" der heiligen Elisabeth hin.

Die heilige Elisabeth von Thüringen und die Neuenburg

54. Das „Kreuzwunder" der heiligen Elisabeth, Detailaufnahme aus dem Elisabeth-Teppich
Die Szene wird in legendenhaften Überlieferungen auf der Neuenburg verortet.

(s. Abb. 54).[32] Die Reinhardsbrunner Überlieferung erzählt in legendarischer Form eine Geschichte von der Zuwendung der Landgräfin Elisabeth zu einem Aussätzigen: „Ein anderes Mal hielten sich der Herr Landgraf mit der Herrin Landgräfin Sophia, seiner Mutter, und seiner Gemahlin, der heiligen Elisabeth, auf der Burg Neuenburg auf, als Elisabeth aus Liebe zur Demut und aus Mitleid einen Aussätzigen badete und ihn in das Bett des Fürsten legte. Als dies die Schwiegermutter erfuhr, nahm sie ihren Sohn an der Hand, führte ihn an sein Bett und sagte: ‚Nun schau dir einmal an, mit welchen Leuten Elisabeth dein Bett zu beschmutzen pflegt.' Da aber öffnete Gott die inneren Augen des Fürsten, und er sah auf seinem Ehelager den Gekreuzigten liegen. Weise geworden durch diese innere Schau, bat der fromme Fürst seine heilige Gattin, noch öfter solche auf seinem Lager zu betten. Er erkannte nämlich, dass der Herr Jesus Christus in seinen kranken Gliedern gepflegt und aufgenommen werde. Deshalb erfreute den frommen Fürsten eben jener Anblick, der die strenge Frau so sehr erschreckt hatte."[33]

In noch wesentlich stärkerem Maße als bei dem „Rosenwunder" haben wir es bei dieser Legende mit einer Schlüsselszene auch im theologischen Sinne für das Wirken Elisabeths zu tun. Ihre tätige Nachfolge Christi wird hier dargestellt und

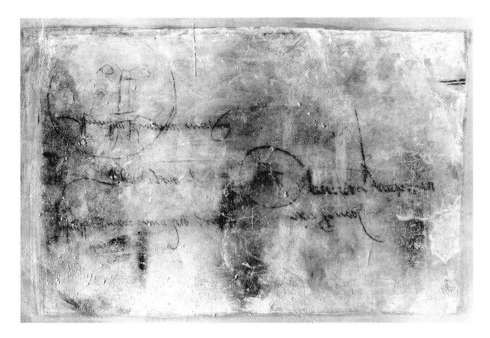

55. Inschrift in der Oberkapelle der Neuenburg, vermutlich Anfang des 16. Jahrhunderts
Die Anrufungen der Jungfrau Maria, der Anna selbdritt, der Katharina und der Elisabeth stammen vermutlich von Nonnen aus dem nahen Kloster Zscheiplitz, die sich in den Wirren des Bauernkrieges mit Unterstützung des Amtmanns Christoph von Taubenheim auf der Neuenburg in Sicherheit brachten.

durch das Wunder bestätigt. Das Wort Christi aus dem Matthäus-Evangelium „Was ihr einem meiner Geringsten getan habt, das habt ihr mir getan" wird geradezu wörtlich durch den Handlungsverlauf des Wunders demonstriert. Elisabeths Konflikt mit ihrer höfischen Umgebung wird ebenso wie ihr Armutsideal und ihr Handeln aus Mitleid mit den Armen anrührend reflektiert. In keinem der mittelalterlichen Bildzyklen wird auf die Darstellung des Kreuzwunders verzichtet. Sein hoher Rang ist auf die Verehrung der Heiligen, vor allem aber auf die Bedeutung des persönlichen Erscheinens von Christus vor den Augen eines sterblichen Menschen zurückzuführen. Eine Erscheinung, die zu den höchsten und seltensten Wundern in der Überlieferung der gläubigen Christenheit zählt.

Wie ein ferner Nachhall dieser Verehrung und der Erinnerung an die Verbindung des Lebens der Landgräfin Elisabeth von Thüringen mit der Neuenburg erscheint eine Inschrift im beeindruckenden Obergeschoss der Doppelkapelle. Der Raum wird in einer Amtsrechnung für die Jahre 1458/59 als „sante Elysabethin Cappelln" bezeichnet.[34] Die schwungvoll auf die Wand geschriebenen Zeilen stammen sehr wahrscheinlich aus dem beginnenden 16. Jahrhundert und sind eine Anrufung der Jungfrau Maria, der heiligen Anna selbdritt, der heiligen Katharina und der „verehrungswürdigen Elisabeth" (s. Abb. 55).[35]

Anmerkungen

1 Glatzel, Kristine: Elisabeth-Rapport. In: Burg und Herrschaft. Die Neuenburg und die Landgrafschaft Thüringen. Beiträge zur Ausstellung. Hrsg. vom Museum Schloss Neuenburg und dem Verein zur Rettung und Erhaltung der Neuenburg e. V. Freyburg (Unstrut) 2004, S. 150–169.

2 Schwind, Fred: Die Landgrafschaft Thüringen und der landgräfliche Hof zur Zeit der Elisabeth. In: Sankt Elisabeth. Fürstin, Dienerin, Heilige. Aufsätze/Dokumentation/Katalog. Hrsg. von der Philipps-Universität Marburg in Verbindung mit dem hessischen Landesamt für geschichtliche Landeskunde. Sigmaringen 1981, S. 34.

3 Schmitt, Reinhard: Schloß Neuenburg bei Freyburg (Unstrut). Zur Baugeschichte vom späten 11. bis zum mittleren 13. Jahrhundert nach den Untersuchungen der Jahre 1986 bis 2007. In: Burgen und Schlösser in Sachsen-Anhalt 16 (2007), S. 66. Siehe dazu auch die Beiträge von Reinhard Schmitt in diesem Band.

4 Werner, Matthias: Reichsfürst zwischen Mainz und Meißen. Heinrich Raspe als Landgraf von Thüringen und Herr von Hessen. In: Heinrich Raspe – Landgraf von Thüringen und römischer König (1227–1247). Fürsten, König und Reich in spätstaufischer Zeit. Hrsg. von Matthias Werner (= Jenaer Beiträge zur Geschichte, Bd. 3). Frankfurt am Main u. a. 2003, S. 135–139. Siehe dazu auch den Beitrag von Stefan Tebruck in diesem Band.

5 Werner, Matthias: Die heilige Elisabeth in Thüringen. In: Novum castrum (= Schriftenreihe des Vereins zur Rettung und Erhaltung der Neuenburg e. V., Heft 1). 2. veränd. Aufl. Freyburg 2000, S. 9.

6 Würth, Ingrid: Die Aussagen der vier „Dienerinnen" im Kanonisationsprozess und ihre Überlieferung im sogenannten „Libellus". In: Elisabeth von Thüringen – eine europäische Heilige. Begleitpublikation zur 3. Thüringer Landesausstellung auf der Wartburg/Eisenach. Hrsg. von Dieter Blume und Matthias Werner unter Mitarbeit von Uwe John und Helge Wittmann. 2 Bde. Petersberg 2007, hier Aufsatzband, S. 187–192.

7 Honemann, Volker: Die „Vita Sanctae Elisabeth" des Dietrich von Apolda und die deutschsprachigen „Elisabethleben" des Mittelalters. In: Elisabeth von Thüringen, wie Anm. 6, Aufsatzband, S. 422.

8 Kälble, Matthias: Reichsfürstin und Landesherrin. Die heilige Elisabeth und die Landgrafschaft Thüringen. In: Elisabeth von Thüringen, wie Anm. 6, Aufsatzband, S. 77.

9 Schröder, Sybille: Frauen im europäischen Hochadel des ausgehenden 12. und beginnenden 13. Jahrhunderts, Normen und Handlungsspielräume. In: Elisabeth von Thüringen, wie Anm. 6, Aufsatzband, S. 28.

10 Werner, Matthias: Elisabeth von Thüringen, Franziskus von Assisi und Konrad von Marburg. In: Elisabeth von Thüringen, wie Anm. 6, Aufsatzband, S. 112.

11 Ebd. S. 114.

12 Ebd. S. 116.

13 Erszegi, Geza und Petra Weigel: Aufenthalt eines ungarischen Grafen am Landgrafenhof. In: Elisabeth von Thüringen – eine europäische Heilige. Begleitpublikation zur 3. Thüringer Landesausstellung auf der Wartburg/Eisenach. Hrsg. von Dieter Blume und Matthias Werner unter Mitarbeit von Uwe John und Helge Wittmann. 2 Bde. Petersberg 2007, hier Katalogband, S. 74.

14 Tebruck, Stefan: Militia Christi – Imitatio Christi. Kreuzzugsidee und Armutsideal am thüringischen Landgrafenhof zur Zeit der heiligen Elisabeth. In: Elisabeth von Thüringen, wie Anm. 13, Katalogband, S. 139.

15 Ebd. S. 140.

16 Werner: Reichsfürst, wie Anm. 4, S. 139.

17 Tebruck: Militia Christi, wie Anm. 14, S. 145.

18 Ebd. S. 138 f.

19 Kälble, Mathias und Stefan Tebruck: Der thüringische Landgrafenhof zur Zeit Elisabeths. In: Elisabeth von Thüringen, wie Anm. 13, Katalogband, S. 58.

20 Anm. der Redaktion: Beim Novalzehnt handelt es sich um eine ca. zehnprozentige Steuer auf durch Rodung gewonnenes Neuland.

21 Schmitt: Schloss Neuenburg, wie Anm. 3, S. 43; ders.: Zur Baugeschichte der Neuenburg I. In: Burg und Herrschaft, wie Anm. 1, S. 36. Siehe dazu auch den Beitrag von Reinhard Schmitt in diesem Band.

22 Schmitt: Schloss Neuenburg, wie Anm. 3, S. 43.

23 Ebd. S. 70.

24 Ebd. S. 100. Siehe dazu auch den Beitrag von Uta Maria Bräuer und Karl Bankmann in diesem Band.

25 Ebd. S. 81–92. Siehe dazu auch den Beitrag von Reinhard Schmitt in diesem Band.

26 Tebruck: Militia Christi, wie Anm. 14, S. 140.

27 Vgl. Sankt Elisabeth, wie Anm. 2, S. 406 f.

28 Säckl, Joachim: Das alte Freyburg – Entwicklung der Stadt und des städtischen Lebens von der Gründung bis zur Mitte des 19. Jahrhunderts. In: Novum castrum (= Schriftenreihe des Vereins zur Rettung und Erhaltung der Neuenburg e. V., Heft 3). Freyburg (Unstrut) 1994, S. 17. Siehe dazu auch den Beitrag von Stefan Tebruck in diesem Band.

29 Kälble: Reichsfürstin, wie Anm. 8, S. 86.

30 Werner: Elisabeth, wie Anm. 10, S. 114.

31 Kößling, Rainer: Leben und Legende der heiligen Elisabeth, nach Dietrich von Apolda. Frankfurt am Main und Leipzig 1997, S. 46.

32 Blume, Dieter, Grit Jacobs und Anette Kindler: Wechselnde Blickwinkel. Die Bildzyklen der heiligen Elisabeth vor der Reformation. In: Elisabeth von Thüringen, wie Anm. 6, Aufsatzband, S. 285.

33 Werner: heilige Elisabeth, wie Anm. 5, S. 22.

34 Vgl. Schmitt, Reinhard: Die Doppelkapelle der Neuenburg bei Freyburg (Unstrut) – Überlegungen zu typologischen Aspekten. In: Burg- und Schlosskapellen. Hrsg. von Hartmut Hofrichter. Stuttgart 1995, S. 1–78.

35 Säckl, Joachim: Nochmals zur mittelalterlichen Inschrift im Obergeschoß der Doppelkapelle der Neuenburg. In: Burgen und Schlösser in Sachsen-Anhalt 3 (1994), S. 52–55.

Uta Maria Bräuer und Karl Bankmann
Die Doppelkapelle als Beispiel herrschaftlicher Repräsentation und hochadliger Religiosität

Die Neuenburg besaß im 12. und 13. Jahrhundert große politische Bedeutung, die sich in der Architektur der Gesamtanlage niederschlug. Sowohl in den Ausmaßen, als auch in den innovativen baulichen Ideen, den Materialien und im Baudetail spricht die Neuenburg eine klare Sprache: Dieser Ort wurde mit hohem finanziellem Aufwand und viel Aufmerksamkeit bedacht. An jedem Bauteil – vom Palas bis zur Latrine – kann man ablesen, dass hinter dem Projekt ein engagierter Bauherr stand. So stellt auch die Kapelle ein Beispiel bedeutungsreicher Architektur dar.

Wichtige Männer des Reiches besuchten die Neuenburg – Grafen, Erzbischöfe, Räte und Kaiser: Friedrich I. Barbarossa war ohne Zweifel der Prominenteste unter ihnen. Die landgräfliche Familie, die Gäste sowie die seit dem 12. Jahrhundert bezeugten Burggrafen waren die Nutzer der Anlage und somit auch der Kapelle.

Von Beginn an ging es um territorial-politische Ziele und um Herrschaftsausbau. Das jeweilige Oberhaupt der ludowingischen Familie strebte danach, seine Macht zu sichern oder auszubauen. Die Architektur spielte dabei eine beachtenswerte Rolle, zeigte sie doch sowohl den momentanen Status als auch den in die Zukunft weisenden Anspruch und verdeutlichte gleichzeitig die hohe Stellung der Ludowinger.[1] Der Bau aufwendiger Gebäude konnte gleichzeitig eine Geste sein, die auf die weiteren Pläne des Bauherrn verwies. Die Kapelle wurde zweimal umgebaut. Jedes Mal war die Ausgestaltung reicher gewählt worden. Das notwendige Geld stand offensichtlich zur Verfügung, die Kontakte zu Baufachkräften existierten, der Repräsentationswunsch sprach aus der gesamten Anlage und die zukünftigen politischen Pläne wollten Großes.

Die Frage ist, inwieweit sich der Kapellenbau aus politischen Motiven und dem Prestigegedanken heraus erklären lässt und religiöse Beweggründe eine Rolle spielten. Baute man die Kapelle derart aus, weil es möglich und aus „Imagegründen" gewollt war, oder ist sie Ausdruck eines gesteigerten religiösen Bedürfnisses? Ging es dabei um die familiäre, intime Religiosität oder gar in Ansätzen um Kirchenpolitik?

Die Neuenburger Doppelkapelle befindet sich im Zentrum der Burganlage, am Rande der romanischen Kernburg. Sie erhebt sich auf annähernd rechteckigem Grundriss und steht an drei Seiten frei. An der Südseite schließt sie an den Palas an, mit dem sie baulich eng verbunden ist. Die obere Kapelle lag dicht bei den Wohnräumen der Landgrafenfamilie und war von dort aus direkt zugänglich.

Der zweigeschossige Bau aus Kalksteinmauerwerk präsentiert sich als Resultat verschiedener Bau- und Umbauphasen. Die Abmessungen der Kapelle gehen auf einen eingeschossigen Vorgängerbau zurück, von dem große Teile der Nord-, Süd- und Westwand der Unterkapelle stammen. In einer zweiten Bauphase erhielt die Kapelle einen neuen rechteckigen Altarraum anstelle der früheren halbrunden Apsis und erfuhr eine Aufstockung.[2] Zeitgleich entstand das zweite Obergeschoss des Palas (und ein drittes, heute nicht mehr vorhandenes, das über die Kapelle ragte). Kurz danach folgte die dritte Bauphase, in der die innere Gestalt der Oberkapelle Veränderungen erfuhr.[3] Später wurden dort gotische Fenster eingebaut. Im 16. Jahrhundert musste das dritte Geschoss des Palas wegen Einsturzgefahr abgetragen werden und der westliche Teil des Kapellenbaues wurde teilweise

56. Innenhof des Schlosses Neuenburg von Nordosten, Bleistiftzeichnung von Apel, 1845/46
In Vorbereitung umfassender Restaurierungen des Schlosses Mitte des 19. Jahrhunderts erfasste der Maurermeister Apel den Zustand der Gebäude. Auf dem Dach über der defekten Freitreppe des Fürstenbaus wurden nachträglich zwei Türmchen wegradiert. Die Zeichnung entstand vor der „Großen Restauration" der Doppelkapelle in den 1850er Jahren. Sie ist die älteste erhaltene Darstellung des Schlosshofes überhaupt.

Die Doppelkapelle als Beispiel herrschaftlicher Repräsentation

57. Außenansicht der Doppelkapelle von Norden, 2011

58. *Untergeschoss der Doppelkapelle, Blick in den Altarraum, 2011*

erneuert. Restaurierungen und Instandsetzungen folgten im 19. Jahrhundert sowie in jüngster Zeit.

Am Äußeren der Doppelkapelle ist die romanische Fassadengliederung gut sichtbar: Schmale Lisenen teilen die Wandfläche in Felder, die hinter die Fassadenebene leicht zurückspringen und oben durch einen Rundbogenfries abgeschlossen werden. Im Erdgeschoss sind die Wände des Vorgängerbaues ohne Gliederung; am Altarraum im Osten findet sich auch im Untergeschoss ein Wandfeld mit Bogenfries, darüber ein zur Fassadenebene vermittelnder Würfelfries. Der fehlende obere Abschluss des Baues resultiert aus den Umbaumaßnahmen des 16. Jahrhunderts, gleiches gilt wohl auch für die Dachform. An der Ostseite befindet sich im Untergeschoss mittig ein Fenster des Altarraumes. Das Obergeschoss weist drei Wandfelder auf, von denen die beiden äußeren über einem Wulst-Kehle-Wulst-Profil – ebenso wie an der Nord- und Südseite – hinter die Fassadenebene zurückspringen. Die zurückgesetzten Wandfelder waren auch an dieser Seite mit einem Bogenfries nach oben abgeschlossen. In den beiden äußeren Wandfeldern befindet sich jeweils ein Lilienfenster, in der Mitte ist ein vermauertes Vierpassfenster in einer Fensternische in Form eines auf der Ecke stehenden Vierecks („Rautenfenster"[4]) zu erkennen (s. Abb. 57).

Der untere Kapellenraum gliedert sich in drei Teile: den Altarraum und das durch eine Arkade, etwa in der Mitte des Gesamtbaues, zweigeteilte Schiff. Die Dreierarkade mit zwei Säulen, einem breiten Bogen in der Mitte und jeweils einem schmaleren an den Seiten trägt die darüber befindliche westliche Abschlusswand der Oberkapelle. Die Arkade ist durch eine jüngere, westlich davor stehende massive Wand mit nur einer Öffnung in der Mitte heute teilweise geschlossen. Zudem liegt der Boden des westlichen Bereichs zwei Stufen tiefer und wirkt dadurch wie ein Vorraum. Das Sanktuarium ist vom mittleren Bereich durch seitliche Wandvorsprünge und einen breiten säulengetragenen Rundbogen getrennt und als einziger Teil der Unterkapelle gewölbt. Das Gewölbe ruht auf vier Ecksäulen. Deren Höhe entspricht der des Gurtbogens zum Kirchenschiff, die Schäfte haben jedoch einen geringeren Durchmesser, wodurch sie den Stützen des Gurtbogens untergeordnet sind. Die Schmuckformen der Kapitelle und Basen ähneln einander stark; die dicht beieinander stehenden Säulen des Gurtbogens und der westlichen Altarraumseite sind durch einen gemeinsamen Würfelfrieskämpfer miteinander verbunden. Die seitlichen Wände des Altarraums weisen tiefe rundbogige Nischen auf. An der Nord-, Ost- und Südseite lässt jeweils ein Rundbogenfenster Licht ins Innere. Die untere Kapelle ist sowohl durch den Eingang an der Westseite als auch vom angrenzenden Palasbau aus zugänglich. In der Holzbalkendecke des mittleren Raumteils zeigt sich eine kleine unauffällige Öffnung zum Obergeschoss.

Die Oberkapelle liegt über der östlichen Hälfte der unteren Ebene. Sie ist vom Palas durch den heute als „Betstuben" bezeichneten Bereich über dem westlichen Teil der unteren Kapelle zugänglich. Der zweijochige zweischiffige Raum mit Kreuzrippengewölbe zeichnet sich durch seine reiche Bauornamentik aus. Das Gewölbe ruht auf schwarzen Säulen mit fein gearbeiteten Kapitellen, jeweils auf einer Säule in den Ecken und in der Mitte der Wände sowie an der Ostwand auf einer Konsole über dem gemauerten Altar. Diese ist, ebenso wie das dahinter befindliche vermauerte Fenster, das Ergebnis des Umbaus der ursprünglich dreischiffigen Kapelle zu einem zweischiffigen Raum. Zentral in der Mitte stehen vier gebündelte Säulen mit reicher Kapitellornamentik um eine viereckige Stütze. Alle Gurtbögen sind als sogenannte Zacken- bzw. Vielpassbögen (polylobe Bögen) ausgebildet.[5] Die mit einem einfachen Kehle-Wulst-Profil versehenen Gewölberippen enden in Schlusssteinen mit hängenden Ornamenten. Zwei Motive wurden für diese gewählt und diagonal versetzt in den vier Jochen angebracht: eine einfache Kugel sowie eine florale Verzierung, die an einen Blütenkelch erinnert (s. Abb. 59 und 60).

Im Vergleich mit anderen Doppelkapellen, wie beispielsweise jenen in Landsberg, Goslar oder Eger, fällt auf, dass die räumliche Verbindung zwischen unterem und oberem Kapellenraum in keiner Weise baulich hervorgehoben wird. Auf der Neuenburg gibt es keinen säulenumstandenen Raumschacht. Die Verbindung zwischen unten und oben wird allein durch eine unauffällige Luke hergestellt. Deren ursprüngliche Größe ist nicht bekannt. Auch bleibt ungesichert, ob die Verbindung überhaupt aus dem Mittelalter stammt, wovon jedoch ausgegangen werden kann.[6]

Die Mauern des Ursprungsbaues stammen wahrscheinlich aus der ersten Hälfte des 12. Jahrhunderts.[7] Die Aufstockung der eingeschossigen Kapelle zur Doppelkapelle und die Errichtung der Obergeschosse des Palas erfolgten zeitgleich – vermutlich in den 1170er und 1180er Jahren. Der Umbau der oberen Kapelle von einem dreischiffigen zu einem zweischiffigen Raum kann in den Anfang des 13. Jahrhunderts datiert werden.

Über die ursprüngliche Nutzung der beiden Kapellenräume gibt es keine gesicherten Erkenntnisse. Weitgehender Konsens besteht darüber, dass die obere Kapelle ein exklusiver Raum als die untere war. Es kann vermutet werden, dass sie der Herrschaftsfamilie auch als privater Andachtsraum diente, von dem aus sie durch die Luke zum Untergeschoss die dort gehaltene Messe verfolgen konnte. Unbeantwortet bleiben dagegen Fragen wie die nach dem Personenkreis, der in die untere bzw. obere Kapelle gelangte, oder nach den Funktionen und dem Verhältnis der beiden Sakralräume zur älteren Kilianskirche am Hang des Burgberges.[8]

DIE DOPPELKAPELLE ALS BEISPIEL HERRSCHAFTLICHER REPRÄSENTATION

59. Obergeschoss der Doppelkapelle nach Nordosten, 2011

60. Obergeschoss der Doppelkapelle, hängender Schlussstein, dessen Form an einen Blütenkelch erinnert

Der Bauschmuck der Kapelle ist mehrfach ausführlich beschrieben und in seiner Bedeutung erfasst worden.[9] Die Qualität der Ausführung sticht dabei besonders in der Oberkapelle ins Auge. Die Ausgestaltung kann einen zusätzlichen Hinweis auf die Repräsentationsansprüche der Ludowinger geben. Daher empfiehlt sich eine genaue Betrachtung sowie eine ikonographische Einordnung.

Die Verzierungen befinden sich an den üblichen architektonischen Elementen: Im Untergeschoss gibt es acht, im Obergeschoss sieben ornamentierte Säulen sowie einen Bündelpfeiler, vier Gewölbeschlusssteine und eine Konsole.[10] Die monolithen, also aus einem Stück hergestellten, Säulenschäfte, die im unteren Geschoss die Westwand des Obergeschosses tragen, erheben sich über der herkömmlichen Anordnung von Sockel, Plinthe und Basis mit Wulst-Kehle-Wulst-Profil sowie Eckblättern (s. Abb. 64). Die Kapitelle über den Halsringen haben eine annähernde Trapezform. Auf diesen ruht je eine rechteckige Abschlussplatte mit einem Blütenornament an jeder Seite (Abakus mit Abakusblüte). Ein Würfelfrieskämpfer vermittelt zu den aufliegenden Bögen der Wandpartie. Die kerbschnittartigen Kapitellmotive zeigen Blattvarianten und Voluten, die unter den Kapitellecken einrollen. Die Säulen, die den Gurtbogen zum Altarbereich tragen (Sandsteinschäfte), wiederholen den Aufbau, jedoch nun als eindeutige Kelchblock-Kapitelle ausgeformt. Die Details in den Palmettenfingern und die Blatt-

Die Doppelkapelle als Beispiel herrschaftlicher Repräsentation

61. und 62. Kapitellschmuck in der Oberkapelle

63. Kapitellschmuck in der Oberkapelle, Detail Kopffüßler und Vogel

schichtungen sind kleinteiliger und zahlreicher wiedergegeben. Der Abakus ist jeweils glatt belassen und die Würfelfrieskämpfer sind bauchiger ausgeformt als die im westlichen Raumteil. Sie leiten zu den in die Ecken eingestellten schlankeren Säulen über, die das Kreuzgratgewölbe des östlichen Raumabschnittes stützen. Kein Kalksteinschaft dieser insgesamt vier Gewölbesäulen ist monolith. Die Blätter an den Basen haben eine glatte Oberfläche. Das südliche Kapitell ähnelt seinem Nachbarn unter dem Gurtbogen, das nördliche jedoch nähert sich wieder der Trapezform an. Die zwei östlichsten Säulen des Raums setzen die Motivik der Kelchblock-Kapitelle mit stehenden Palmetten und Eckvoluten fort. Die Verwendung verschiedener Kapitellformen in einem Raum ist nicht ungewöhnlich. Auch der Verzicht auf die kompakter wirkenden Würfelkapitelle ist nicht verwunderlich, da diese Art vor allem im 11. und 12. Jahrhundert und danach eher als bewusster Rückgriff verwendet wurde.

In einigen Formen ähneln die Motive der Obergeschosskapelle jenen im Untergeschoss. Andererseits zeichnen sich die Kapitelle am Bündelpfeiler sowie die Kämpferkonsole besonders aus, da sie schlanker aufsteigen und kantiger in die Blockform übergehen. Einzelheiten sind reichhaltiger dekoriert, beispielsweise durch einen mit einem Tau verzierten Halsring, durch Diamantierung von Palmettenstengeln und durch floral ausgearbeitete Kämpfer. Das stärkere Lösen vom

64. Unterer Teil einer Säule im Untergeschoss der Doppelkapelle

Deutlich zu erkennen ist die Anordnung von Sockel, Plinthe und Basis mit Wulst-Kehle-Wulst-Profil sowie Eckblättern.

Die Doppelkapelle als Beispiel herrschaftlicher Repräsentation

65. Oberer Teil zweier Säulen im Untergeschoss der Doppelkapelle, die den Gurtbogen zum Altarbereich stützen
Über einem Halsring erhebt sich ein Kelchblock-Kapitell mit Palmetten und Blattwerk. Den Übergang zum bauchigen Würfelfrieskämpfer vermittelt ein gerader Abakus.

Block entspricht dem Wunsch, den Schmuck naturgetreu und lebendig erscheinen zu lassen. Die Pflanzen können als Bild für Fruchtbarkeit und Lebensfülle im Allgemeinen angesehen werden. Es gibt zwar spezielle Deutungen mittelalterlicher Pflanzensymbolik – beispielsweise als Lebensbaum, der als Gegenstück zum verderbenbringenden Baum der Erkenntnis stand –, im Fall der Neuenburger Kapelle fehlen aber Hinweise darauf, dass die floralen Details im Sinne eines erzählenden Kontextes zu verstehen sind. Neben der Erklärung als irdische Vielfalt der Natur liegt in einem religiösen Raum die Assoziation als himmlisches Paradies nahe. Auch die Weintrauben zwischen den Blättern und Figuren können weltlich interpretiert werden, als Zeichen der Fruchtbarkeit von Ländern und Städten, oder religiös als Symbol für Christus.

Vor allem die Tiermotive lenken das Auge des Betrachters auf sich. Es handelt sich in der Südwest-Ecke um zwei aufgerichtete Löwenkörper, deren gemeinsamer Kopf die Kapitellecke betont, an der Nordwand um sechs Drachenvögel im Rankenwerk, in der Nordost-Ecke um einen in den Halsring beißenden

Löwen (s. Abb. 67) sowie in der Südost-Ecke um einen Adler, der einen Hasen schlägt (s. Abb. 68). An den Basen des Bündelpfeilers lugt ein Affenkopf hervor (s. Abb. 66). Außerdem zeigt der Kämpfer in der Mitte des Raums einen Drachen, einen Vogel und einen Kopffüßler (s. Abb. 63).

Selbst der kundige mittelalterliche Betrachter war stets dazu gezwungen, sich näher mit den Sinnbildern auseinanderzusetzen, da diese oftmals konträre Deutungsmöglichkeiten zuließen und so im Zusammenhang und in Beachtung der Raumfunktion entschlüsselt werden mussten. Die Ambivalenz der Konnotationen tugendhaft oder tugendlos erforderte ein ständiges Abgleichen mit der umgebenden Situation, um herauszufinden, wie die Darstellungen zu verstehen sind. Löwenfiguren können sowohl als positiv als auch als negativ wirkende Wesen verstanden werden. Häufig findet man sie als Wächterfiguren an Kirchenportalen wie beispielsweise an der ehemaligen Stiftskirche in Königslutter. Außerdem gehört der Löwe zu den vier Evangelistensymbolen und ist dem Evangelisten Markus zugeordnet. Altes und Neues Testament sprechen einerseits von der Stärke des Löwen, andererseits von dessen Blutrünstigkeit. Neben der Bibel gab es andere Texte, die im 12. Jahrhundert bekannt waren, so den „Physiologus", einen lange zuvor entstandenen Text zur Tiersymbolik, der christlich umgedeutet wurde. Darin wird die Eigenschaft des Löwen, seine Jungen nach drei Tagen mit seinem Atem zu erwecken, beschrieben, was sinnbildlich für die Auferstehung Christi stand.

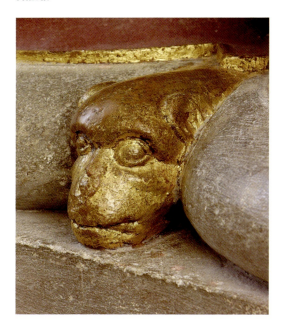

66. An der Basis des Bündelpfeilers lugt ein Affenkopf hervor.

Die Doppelkapelle als Beispiel herrschaftlicher Repräsentation

67. und 68. Details vom Kapitellschmuck in der Oberkapelle: ein Löwe, der in den Halsring beißt, und ein Adler, der einen Hasen schlägt

So stellt sich auch die Frage nach der Deutung des Adlers, der einen Hasen schlägt. Die Doppelkapelle Schwarzrheindorf, die ehemalige Benediktinerabteikirche in Brauweiler, aber auch die Wartburg und die Runneburg weisen das Motiv des herabstürzenden Tieres auf.[11] Ist es der bedrohliche Raubvogel, der seine Beute brutal ergreift, oder werden Schnelligkeit und Kraft vermittelt? Die Bibel und der „Physiologus" bieten wiederum positive und negative Erläuterungen. Als Evangelistensymbol ist der Adler dem Johannes zugeordnet. Sogar als Christussymbol wird der Vogel wegen seiner Ähnlichkeit zum aufsteigenden Phönix benannt (Auferstehungsgedanke). Andererseits führte der „Physiologus" den Adler als Teufelssinnbild an.

Fraglich ist allerdings, ob der Ideengeber für die Ausgestaltung der Neuenburger Oberkapelle solche speziellen Textpassagen im Sinn hatte, oder ob man nicht eher die Tiere Löwe und Adler als Symbole für Macht und Stärke erkennen muss. Beide waren in der Heraldik äußerst beliebte Darstellungen. Der Löwe gilt bis heute als König der Tiere und der Adler bekam als Reichsadler weitreichende Bedeutung.

Auch Drachen erscheinen häufig als heraldisches Motiv und waren im Mittelalter in Form von Drachenkampfspielen, im Aberglauben sowie in Legenden stark verbreitet. In der Bibel erscheint der Drache als Zeichen des Bösen. Eine besondere Rolle spielt er in der Offenbarung. Der Erzengel Michael kämpft gegen ihn als göttlicher Held, während der heilige Georg als irdischer Drachentöter angesehen wird.

Der Kopffüßler gehört zu den bizarren Figuren, deren Kombination aus menschlichem Antlitz und Tierpranke befremdlich wirkt. Die Gestalt ist auf die zwei Hauptfunktionen Denken und Fortbewegung reduziert. Solche Mischwesen sind keine Gottesgeschöpfe und haben daher dämonischen Charakter.

Der Affe galt den Menschen im Mittelalter als Symbol des Sünders. Er stand für Dummheit, Eitelkeit, Feigheit und Lüsternheit. Zudem wurde er von Gauklern dressiert, deren Lebensweise als fahrendes Volk die christliche Kirche ablehnte.

Was die Anordnung der Motive im Raum angeht, so fällt auf, dass sie ungleichmäßig verteilt sind. Es gibt keine Symmetrie oder einen regelmäßigen Wechsel mit rein floralen Formen. Andererseits erscheint es nicht zufällig, dass die beiden königlichen Gestalten – der Löwe als König der Tiere und der Adler als König der Lüfte – den Altar rahmen, während sich die Fabelwesen Drache und Kopffüßler bzw. der negativ konnotierte Affe auf den Westseiten der jeweiligen Säulen befinden. Westfassaden an Kirchengebäuden zeigten im Mittelalter oftmals dämonische Darstellungen, um das aus dem Westen kommende Böse fernzuhalten. Sogenannte apotropäische, d. h. Unheil abwehrende Gedanken stammen ursprünglich aus heidnischen Ritualen, wurden jedoch christlich umgeformt. Dahinter steckt die Ansicht, dass der heiligste Teil eines Kirchenbaues, das Sanktuarium mit dem Altar, stets nach Osten, also zur aufgehenden Sonne, ausgerichtet sein sollte. Die Westseite ist dieser Richtung entgegengesetzt und muss mit abschreckenden Masken und Figuren vor allem Schlechten geschützt werden.

Worauf in der Kapelle der Neuenburg verzichtet wurde, ist eine erzählende Bilddarstellung, wie sie in anderen mittelalterlichen Kircheninnenräumen und Klosterkreuzgängen vorkommt. Szenen aus dem Alten Testament, Taten der Heiligen oder die Passion Christi stellte man über mehrere Kapitele hinweg dar (u. a. im Kreuzgang der ehemaligen Benediktinerabtei St.-Pierre im südfranzösischen Moissac aus der Zeit um 1100). In Sachsen-Anhalt kennt man die aus dem 12. Jahrhundert stammenden, reich geschmückten Langhauskapitelle der Augustinerchorherren-Stiftskirche St. Pankratius in Hamersleben (s. Abb. 69), an denen eine Steigerung der Ornamentformen von Westen nach Osten ablesbar ist. Tiere, Fabelwesen und Engelsfiguren sind teilweise emblematisch, teilweise in Kampfhandlungen wiedergegeben. Solche Zyklen hängen mit Prozessionswegen zusammen, bei dessen Abschreiten man die Bildnisse in sich aufnehmen konnte. Die geringen Ausmaße der Neuenburger Oberkapelle ließen wenig Raum für das Wandeln zwischen den Stützen, so dass auf einen erzählenden Charakter verzichtet wurde. Eher wie bildliche Kürzel neigen die königlichen Tiere Adler und

Die Doppelkapelle als Beispiel herrschaftlicher Repräsentation

69. Hamersleben, Kapitellschmuck im Langhaus der Augustinerchorherren-Stiftskirche

Löwe ihre Köpfe zum Altar hin, wacht das aufgerichtete Löwenpaar in der Südwestecke nahe des ehemaligen Zugangs und schrecken die apotropäischen Wesen nach Westen gerichtet mögliche Feinde ab.

Eine Besonderheit der Bauornamentik stellt ihre Farbigkeit dar. Die schwarzen Schäfte bestehen teilweise aus Kohlenkalk der belgischen Ardennen, wie sie auch auf der Runneburg in Weißensee anzutreffen sind.[12] Diese Anlieferung bedeutete einen weiten Transportweg, dessen Kosten der Bauherr nicht scheute. Der Grund für diesen Aufwand ist nicht belegt. Es gab jedoch familiäre Kontakte ins Rhein-Maas-Gebiet, die hierbei möglicherweise eine Rolle spielten. Die Wandsäulen in der Mitte der Nord-, West- und Südseite bestehen aus anderem Gestein und wurden später schwarz überstrichen, wahrscheinlich um das ungewöhnliche Material zu imitieren und eine optische Vereinheitlichung zu bewirken. Wann dies geschah, ist ungeklärt. Die heutige Farbfassung der übrigen Elemente geht nur in Teilen auf Farbbefunde zurück.

Bereits 1839 stellte Carl Peter Lepsius eine Verbindung zur Kölner Kapitellgestaltung fest, die bis heute unbestritten ist.[13] Franz Kugler verwies in den 1850er Jahren auf das konkrete Beispiel St. Andreas in Köln (s. Abb 37).[14] Bereits Anfang des 20. Jahrhunderts wurde die annähernde Gleichzeitigkeit des Baues von Unter- und Oberkapelle erkannt.[15] 1994 listete der Bauforscher Reinhard Schmitt den niederrheinischen Einfluss auf Magdeburg, Naumburg, Freyburg, die Wartburg, die Runneburg und andere Stätten der Region auf.[16] Über einen längeren Zeitraum also wirkte sich die Tätigkeit der Steinmetzen aus dem Gebiet um Köln auf Arbeiten der östlich gelegenen Region aus. Problematisch waren die Unklarheiten bei der Datierung der niederrheinischen Vorbilder, die bis heute nicht bis ins Letzte beseitigt werden konnten. Die Untersuchungen auf der Neuenburg waren zudem noch nicht vollständig abgeschlossen. Die späte Einordnung der Umbauarbeiten von der eingeschossigen Saalkirche zur Doppelkapelle (um 1220) ist heute aufgrund der Verbindungen zur Kapitellplastik des letzten Viertels des 12. Jahrhunderts unwahrscheinlich. Reinhard Schmitt fasste 1997 ausführlich die Ergebnisse der baugeschichtlichen Untersuchungen zusammen.[17] Wesentlich ist dabei die Erkenntnis, dass die verschiedenen Bauphasen an der Kapelle gegen größere Zeitabstände sprechen: „Inzwischen wird jedoch für die Ornamentik der Unter- und Oberkapelle aufgrund stilistischer Vergleiche mit rheinischer Ornamentik (Köln, Maria Laach, Brauweiler, Kleve) eine Entstehung bereits um 1180/90 in Erwägung gezogen […] Belege für diese frühere Datierung wären u. a. der Bezug der Neuenburger Doppelkapelle zu St. Andreas in Köln, deren Treppenturm-Kapitelle von Kaelble in das dritte Viertel des 12. Jahrhunderts eingeordnet worden sind und die jüngsten dendrochronologischen Untersuchungen der an die Freyburger Doppelkapelle angrenzenden Gebäudeteile (ehemaliger

Palas?), die das Datum 1171 +/- 5 ergaben."[18] Reinhard Schmitt räumte daraufhin ein, dass eine Erweiterung der Saalkirche zur Doppelkapelle unter Ludwig III. und ein intensiver Ausbau unter Hermann I. möglich gewesen wäre und nahm dabei Rücksicht auf die Ergebnisse von Dendrodaten und Stilvergleichen.[19] Die Erkenntnisse nahm der Autor in seinen Ausführungen von 2007 auf und datierte den Umbau der Kapelle ins letzte Drittel des 12. Jahrhunderts, der somit zeitgleich mit dem Neubau des Palas erfolgte.[20]

Während die meisten Kapitelle demnach um 1170/75 mit dem Bau von Kapelle und Palas entstanden, stammen die Kapitelle des Bündelpfeilers, die Konsole im Osten und die mittlere Wandsäule im Westen aus einer zweiten Umbauphase zwischen 1200 und 1220. Zwei Kapitelle der unteren Kapelle wurden im 19. Jahrhundert erneuert.

Einige Ornamentformen der Neuenburger Doppelkapelle, wie Würfelfriese und Palmettenranken, können zwar ebenfalls im sächsischen Raum geortet werden, doch Details wie die Lilienfenster wurden bislang im thüringisch-sächsischen Raum nicht entdeckt.[21] Die Dominanz niederrheinischer Vorbilder ist insgesamt ersichtlich. St. Andreas in Köln spielt dabei die wichtigste Rolle. Daneben hat die Forschung bereits ganz konkrete Vergleichsbeispiele ausfindig machen können (Maria Laach, Brauweiler, Kleve). Dabei ist zu beachten, dass Motivübereinstimmungen nur bedingte Aussagekraft haben. Unterscheiden sich die Stilmerkmale sehr, kann lediglich ein ungefährer zeitlicher Rahmen gesetzt werden. Wo Darstellungen zuerst angewandt wurden und auf welchen Wegen sie sich von dort aus verbreiteten, ist selten mit Sicherheit zu bestimmen. Der Verlust von eventuellen gemeinsamen Vorbildern sowie die Möglichkeit wechselseitiger Beeinflussung, also keiner einseitig verlaufenden Nachahmung niederrheinischer Exemplare im ludowingischen Kerngebiet, macht die Einordnung und Datierung schwierig.

Die Forschung hat bereits nach den Gründen für die Wahl rheinischer Bau- und Zierformen auf der Neuenburg gefragt. Hierfür wurden Besitzungen der Landgrafenfamilie im Rheinland angegeben. Darüber hinaus gab es familiäre Verbindungen ins Rhein-Maas-Gebiet. Ludwig III. hatte Margarete aus dem Grafenhaus Kleve geheiratet, verstieß diese jedoch 1186.[22] Weitere Personen aus dem Umkreis der Ludowinger waren im Westen tätig. So arbeitete Heinrich von Veldeke nicht nur auf der Neuenburg, sondern auch in Kleve und Locz. Andere schriftlich belegte Verbindungen gibt es zwar nicht, doch ist ein Austausch zwischen den wichtigsten Männern des Landes vorauszusetzen.[23] So kann man davon ausgehen, dass die Ludowinger in Kontakt mit Bischöfen standen, die ihrerseits mit dem Erzbischof von Köln korrespondierten. Der alleinige Kontakt wird aber nicht für die Übernahme von Bau- und Zierformen verantwortlich gewesen sein.

Auch die noch heute sichtbare Prachtentfaltung und Qualität der rheinischen Arbeiten ist der Grund für die Anregung. Diese geht wiederum einher mit einem Anspruch, der das rein Künstlerische übersteigt. Was also soll uns die Architektur vermitteln?

Immer wieder wurde die angestrebte Übernahme der Markgrafschaft Meißen durch Ludwig IV. und Elisabeth angeführt. Reinhard Schmitt fragte daher, ob der niederrheinische Einfluss mit konkreten Herrschaftsabsichten zusammenhing.[24] Da Ludwig IV. von 1217 bis 1227 an der Spitze der Landgrafenfamilie agierte, beträfe diese These lediglich den Umbau des Obergeschosses, nicht jedoch den Ausbau zur Doppelkapelle im letzten Drittel des 12. Jahrhunderts. Einzelne Ereignisse können sicher nicht als Begründung für Umbaumaßnahmen herangezogen werden, wie beispielsweise die Übernahme der Vormundschaft über seinen unmündigen Neffen Heinrich den Erlauchten in der benachbarten Markgrafschaft Meißen (1221) durch Ludwig IV., die Schlichtung eines Streits zwischen den Geschwistern, der Markgräfin Jutta und Ludwig IV., durch Herzog Otto von Meranien auf der Neuenburg (1224) oder die vom Kaiser erlangte Eventualbelehnung mit dem Reichsfürstentum (1226). Die Gesamtheit der Nachrichten vermittelt uns jedoch, dass in den 1220er Jahren die Neuenburg durchaus einen hohen Stellenwert hatte, was die Investition in die Kapellenarchitektur zwar nicht allein erklären, jedoch stützen kann.

Die Vergrößerung der eingeschossigen Kapelle zur Doppelkapelle im 12. Jahrhundert geht ebenfalls mit politischer Machterweiterung einher, die in diesem Fall nicht nur angestrebt, sondern auch erreicht wurde: 1181 übernahm Hermann das Pfalzgrafenamt und beim Tod seines Bruders Ludwig III. im Jahr 1190 war Hermann I. Pfalzgraf von Sachsen und Landgraf von Thüringen und Hessen.[25] Sicher hatte auch der zumindest chronikalisch überlieferte Besuch Friedrich Barbarossas auf der Neuenburg im Jahr 1171 nicht nur familiären Charakter, immerhin war Hermanns Mutter die Halbschwester des Kaisers, sondern trug der wachsenden Bedeutung der Ludowinger Rechnung.

Neben diesen politischen Aspekten erscheint Hermann als Förderer von Kunst und Kultur. „In der Generation nach Heinrich dem Löwen darf der Hof des Landgrafen Hermann I. als Inbegriff höfischer Kultur gelten. Hermann agierte als der bedeutendste Förderer der volkssprachlichen Literatur seiner Zeit. Seines Mäzenatentums erfreuten sich Heinrich von Veldeke, Wolfram von Eschenbach und Walther von der Vogelweide. Sein Hof ist auch im Bereich der Sachkultur sehr gut fassbar. Neben den beiden Landgrafenpsalterien, von denen der Einband des Elisabethpsalters seit dem Nachweis seiner Zugehörigkeit zum Codex zudem den Bereich der Schatzkunst für den Thüringer Landgrafenhof repräsentiert, sind die prachtvollen Wohnbauten der Landgrafen in ihren Städten und auf ihren Bur-

Die Doppelkapelle als Beispiel herrschaftlicher Repräsentation

70. Luke zwischen unterem und oberem Kapellenraum

gen hervorzuheben. Unter diesen ragen der in enger Anlehnung an den Formenapparat kirchlicher Bauten des Rhein-Maas-Gebietes und mit kostbaren Baustoffen aus dieser Region errichtete Palas der Wartburg hervor, daneben Burg Weißensee sowie die Neuenburg bei Freyburg mit ihrer bedeutenden Doppelkapelle."[26]

Der dritte und – für einen Kapellenbau – sehr wichtige Aspekt ist der der Religiosität. „Wie weit der thüringische Hof sich auf diesen Grundlagen in der Zeit Elisabeths zu einem nicht nur politischen, sondern auch kulturellen Mittelpunkt mit hoher Anziehungskraft fortentwickelt hatte, lassen das an westlichen Vorbildern orientierte literarische und künstlerische Mäzenatentum Landgraf Hermann I. ebenso erkennen wie seine Förderung von Frömmigkeit und Liturgie am Hofe."[27] Die direkte Erreichbarkeit des Obergeschosses der Kapelle von den Palasräumen aus bedeutete eine enge Anbindung an das tägliche Leben. Bequem und schnell konnte der sakrale Ort aufgesucht werden. Die offensichtlich schon immer eher kleine Öffnung zur Unterkapelle betont die gewünschte Privatheit (s. Abb. 70). Die Forschung brachte diese Ausführungen stets in Verbindung mit der später heilig gesprochenen Elisabeth. Doch der zeitgleiche Ausbau des Palas und der Kapelle vor 1200 zeigt, dass bereits zuvor die Koppelung von Wohnen und der Kapelle vor 1200 zeigt, dass bereits zuvor die Koppelung von Wohnen und Spiritualität erwünscht war.[28] Ulrich Stevens führte nicht nur Elisabeth als mögliche Förderin der gewählten Architekturform an, sondern zieht auch die Veränderungen im Ausdruck privater Frömmigkeit in Betracht. „Dafür [Oberkapelle als Herrschaftsempore und Möglichkeit zur privaten Andacht] spreche die Verschränkung der Kapelle mit den Wohnräumen. Deshalb habe man eine unauffällige, fallweise verschließbare Öffnung zur Unterkapelle gewählt. Damit sei die Neuenburger Kapelle durchaus modern im Sinne einer sich in dieser Zeit entwickelnden privaten Frömmigkeit. In diesem Fall liegt der Gedanke an eine Einflussnahme der Gattin des Landgrafen, der heiligen Elisabeth, nahe. Es ist aber auch dieselbe Zeit, in der die Form der Hauskapelle als Ort privater Frömmigkeit entsteht."[29] Ein Wandel in der Ausübung von Religiosität begann im 11. Jahrhundert und verstärkte sich im späten 12. sowie frühen 13. Jahrhundert – fiel also in die Zeit, in der die Neuenburger Kapelle aufwendig ausgebaut wurde. Doch ging es sicherlich nicht nur um die Frömmigkeit eines einzelnen Familienmitglieds oder um die Teilnahme an einer allgemeinen Verstärkung religiösen Lebens. Die Kontakte der Ludowinger zum Deutschen Orden seit 1198 zeigen möglicherweise eine Aktivität, die Religiosität und Machtanspruch zu vereinen suchte. Das Fernziel des Ordens, das den ehrgeizigen Ludowingern sicher nicht unbekannt war, bestand nicht allein darin, „das dortige Volk der Pruzzen zu christianisieren oder neue Gebiete für die deutsche Nation zu gewinnen, sondern [...] einen eigenen Staat zu gründen".[30] Die Verbindungen zum Deutschen Orden gipfelten in der Ernennung Konrads, des Bruders Ludwigs IV., zum Hochmeister des Deutschen Ordens für die Jahre 1239/40.[31]

Von der Förderung der Frömmigkeit durch Hermann I. über die selbstlose Hingabe Elisabeths innerhalb der franziskanischen Armenfürsorge bis hin zum höchsten Amt des Deutschen Ordens durch Konrad entwickelte sich die ludowingische Teilnahme am religiösen Leben vor und nach 1200. Gekoppelt an den politischen Machtanspruch, die finanziellen Möglichkeiten, die Kontakte zu entsprechenden Bautrupps und das Repräsentationsbedürfnis einer aufstrebenden Landgrafenfamilie ist der prächtige Ausbau der Neuenburger Doppelkapelle zu verstehen.

Anmerkungen

1 „Mit einer ursprünglichen Grundfläche von ca. 6000 qm zählt die Neuenburg zu den großen ihrer Zeit. Machtbasis und finanzielle Möglichkeiten des Bauherrn sind weitgehend unbekannt." Schmitt, Reinhard: Burgenbau und Gründung von Klöstern in Burgen nördlich, öst-

lich und südlich des Harzes. In: Schmitt, Reinhard, Hans-Wilhelm Heine, Mathias Hensch und Andreas Otto Weber: Burgenbau in der zweiten Hälfte des 11. Jahrhunderts und im frühen 12. Jahrhundert in ausgewählten Landschaften des Reiches. In: Canossa 1077 – Erschütterung der Welt. Geschichte, Kunst und Kultur am Aufgang der Romanik. Katalog zur Ausstellung in Paderborn. 2 Bde. München 2006, Bd. 1, S. 221.

2 Schmitt, Reinhard: Schloß Neuenburg bei Freyburg (Unstrut). Zur Baugeschichte vom späten 11. bis zum mittleren 13. Jahrhundert nach den Untersuchungen der Jahre 1986 bis 2007. In: Burgen und Schlösser in Sachsen-Anhalt 16 (2007), S. 6–138, hier S. 96–100.

3 Ebd. S. 105.

4 Ebd.

5 Die Bögen auf der Neuenburg besitzen „in Deutschland wohl nur eine einzige Parallele in der sogenannten Westvorhalle (dem ursprünglich östlichen Kreuzgangflügel) der Kölner Andreaskirche". Schmitt: Schloß Neuenburg, wie Anm. 2, S. 110. Dazu auch ders.: Zu den „Zackenbögen" der Freyburger Doppelkapelle. In: Forschungen zu Burgen und Schlössern. Bd. 1. Hrsg. von der Wartburg-Gesellschaft zur Erforschung von Burgen und Schlössern. München/Berlin 1994, S. 39–49. Wohl weil diese Bogenform in Deutschland so selten ist, gibt es dafür keine wirklich griffige Bezeichnung. Möglich ist für diese sowohl mit dem weit verbreiteten Rundbogenfries als auch mit dem Vierpassfenster verwandte Form – in Abgrenzung zum Zackenfries und in Anlehnung an die Bezeichnung gotischer Formen – der Begriff „Vielpassbogen".

6 Zur Raumverbindung siehe Schmitt, Reinhard: Die Doppelkapelle der Neuenburg bei Freyburg (Unstrut) – Überlegungen zu typologischen Aspekten. In: Burgen und Schlosskapellen. Bd. 3. Hrsg. von Hartmut Hofrichter (= Veröffentlichungen der Deutschen Burgenvereinigung e. V., Reihe B–Schriften). Stuttgart 1995, S. 71–78.

7 „Lediglich die Oberflächenbearbeitung weist wohl in die Zeit vor der Mitte des 12. Jahrhunderts. Da diese jedoch identisch ist mit der der ältesten Gebäude (Wohnbau C, Wohnturm I), wird man davon ausgehen können, daß die Kapelle aus der Frühzeit der Burg stammt." Schmitt: Schloß Neuenburg, wie Anm. 2, S. 112 f. Seifert, Volker: Rezension zu: Glaeseker, Michael: Der hoch- und spätromanische Bauschmuck des Naumburger Domes im Zusammenhang der Baugeschichte. Studien zu Stützensystem und Bauornament im späten 12. und frühen 13. Jahrhundert. In: Sachsen und Anhalt 24 (2002/2003). S. 540–543, hier S. 542.

8 Die Kilianskirche befand sich in unmittelbarer Nähe der Burg. Sie war mit Pfarrrechten ausgestattet, was für die Kapellen auf der Burg nicht belegt ist. Zur Kilianskirche siehe Schmitt, Reinhard: Die ehemalige Kilianskirche bei Freyburg – erste Burgkirche der Neuenburg. In: Burgen und Schlösser 2 (1993), S. 15–22.

9 Schmitt: Schloß Neuenburg, wie Anm. 2, zur Doppelkapelle besonders S. 95–115; Dombrowski, Susanne: Die Bauzier der Doppelkapelle der Neuenburg in Freyburg (Unstrut). Ihre regionalen und überregionalen Verflechtungen. In: Niederdeutsche Beiträge zur Kunstgeschichte, Bd. 37 (1998), S. 8–27; Lieb, Stefanie: Die romanische Kapitellornamentik der Runneburg in Weißensee. In: Burg Weißensee, „Runneburg", Thüringen, Baugeschichte und Forschung. Hrsg. vom Thüringischen Landesamt für Denkmalpflege (= „Europäische Baukunst", Bd. 3). Frankfurt am Main 1998, S. 280–298; Strickhausen, Gerd: Burgen der Ludowinger in Thüringen, Hessen und dem Rheinland. Studien zu Architektur und Landesherrschaft im Hochmittelalter (= Quellen und Forschungen zur hessischen Geschichte, Bd. 109). Darmstadt/Marburg 1998; Badstübner, Ernst: Zur Kapitellornamentik der ludowingischen Haupt-

10 burgen in Thüringen. In: Wartburg-Jahrbuch 1997. Hrsg. von der Wartburg-Stiftung. Regensburg 1998.

10 Die Schäfte sind im mittleren 19. Jahrhundert z. T. erneuert und mit Eisenankern stabilisiert worden. Die Kapitelle wurden überarbeitet, zwei sogar gänzlich erneuert. Schmitt, Reinhard: Die Doppelkapelle der Neuenburg bei Freyburg (Unstrut). Bericht über neue baugeschichtliche Untersuchungen. In: Sachsen und Anhalt 19 (1997), S. 90.

11 Zum Adlermotiv siehe Voss, Georg: Amtsgerichtsbezirk Eisenach – Die Wartburg (= Bau- und Kunstdenkmäler Thüringens. Großherzogtum Sachsen-Weimar-Eisenach. Bd. 3: Verwaltungsbezirk Eisenach, Heft 41). Hrsg. von Paul Lehfeldt und Georg Voss. Jena 1917, S. 109–113; Kaelble, Brigitte: Zu den frühesten Kapitellen im staufischen Neubau von St. Andreas. In: Colonia Romanica V (1990), S. 69–78; Badstübner: Kapitellornamentik, wie Anm. 9, S. 21–26; Dombrowski: Bauzier, wie Anm. 9, S. 18 f. und Lieb: Kapitellornamentik, wie Anm. 9, S. 296.

12 Schmitt: Schloß Neuenburg, wie Anm. 2, Anm. 150–152 und Schmitt: „Zackenbögen", wie Anm. 5, S. 42.

13 Lepsius, Carl Peter: Die Stadtkirche und die Schloßkapelle zu Freyburg an der Unstrut. In: Denkmale der Baukunst des Mittelalters in Sachsen. Hrsg. von Ludwig Puttrich. Bd. II, Heft 1. Leipzig 1839, S. 10, Anm. 1.

14 Kugler, Franz: Kleine Schriften und Studien zur Kunstgeschichte. Bd. 1. Stuttgart 1853, S. 177 f. und vor allem Bd. 2. Stuttgart 1854, S. 203.

15 Bergner, Heinrich: Kreis Querfurt (= Beschreibende Darstellung der älteren Bau- und Kunstdenkmäler der Provinz Sachsen, Heft 27). Halle 1909, S. 94–108.

16 Schmitt: „Zackenbögen", wie Anm. 5, S. 39–49. Zu Einflüssen niederrheinischer Skulptur auf sächsische Bauornamentik siehe Lieb, Stefanie: Die Adelog-Kapitelle in St. Michael zu Hildesheim (= 51. Veröffentlichung der Abteilung Architekturgeschichte des Kunsthistorischen Instituts der Universität zu Köln). Köln 1995; Bräuer, Uta Maria: Romanische Bauornamentik im ehemaligen Herzogtum Sachsen: Riechenberg, Huysburg, Ilsenburg (= 86. Veröffentlichung der Abteilung Architekturgeschichte des Kunsthistorischen Instituts der Universität zu Köln). Köln 2006.

17 Schmitt: Schloß Neuenburg, wie Anm. 2, S. 105.

18 Lieb: Kapitellornamentik, wie Anm. 9, Anm. 47 und S. 298.

19 Schmitt, Reinhard: Zur Geschichte und Baugeschichte der Neuenburg bei Freyburg (Unstrut). Wege der Forschung seit 1984. In: Burgen und Schlösser in Sachsen-Anhalt 7 (1998), S. 202–239.

20 Schmitt: Schloß Neuenburg, wie Anm. 2, S. 18.

21 Schmitt: Die Doppelkapelle der Neuenburg, wie Anm. 10, S. 104.

22 Siehe dazu den Beitrag von Stefan Tebruck in diesem Band.

23 Schmitt: „Zackenbögen", wie Anm. 5, S. 45 f.

24 Schmitt: Die Doppelkapelle der Neuenburg, wie Anm. 10, S. 131.

25 „Nachdem Ludwig III. die neuerworbene Pfalzgrafenwürde 1181 an Hermann abgetreten hatte, baute dieser die Neuenburg entsprechend seinem fürstlichen Rang repräsentativ aus und erhöhte zugleich deren militärische Stärke. Beim Bau der doppelgeschossigen Kapelle beschäftigte er qualifizierte Bauleute vom Niederrhein." Strickhausen: Burgen der Ludowinger, wie Anm. 9, S. 26.

26 Wolter-von dem Knesebeck, Harald: Zur materiellen und künstlerischen Seite der Hofkultur der Stauferzeit, insbesondere am Landgrafenhof in Thüringen. In: Elisabeth von Thüringen – eine europäische Heilige. Begleitpublikation zur 3. Thüringer Landesausstellung auf der Wartburg/Eisenach. Hrsg. von Dieter Blume und Matthias Werner unter Mitarbeit von Uwe John und Helge Wittmann. Petersberg 2007, hier Katalogband, S. 59 f. Siehe auch den Beitrag von Stefan Tebruck in diesem Band.

27 Kälble, Mathias und Stefan Tebruck: Einleitung. In: Elisabeth von Thüringen, wie Anm. 26, hier Katalogband, S. 58. Siehe dazu auch die Beiträge von Stefan Tebruck und Manfred Lemmer in diesem Band.

28 „Das betont klein (‚intim') gehaltene, aber aufwendig, ‚fürstlich' ausgestaltete Privatoratorium für das landgräfliche Paar war von dort direkt zu erreichen, beinahe in den Wohnbereich einbezogen, eine Treppenverbindung ins Untergeschoß der Kapelle gab es nicht. So war es womöglich in Freyburg überhaupt nicht das Anliegen, im baukünstlerischen Wettstreit mit anderen Landesherren eine der unter jenen zunehmend üblich gewordenen Doppelkapellen zu errichten, sondern, davon weitgehend unberührt, eine den eigenen Vorstellungen gemäße Lösung zu verwirklichen. Dies würde dann in der Tat sehr für eine starke Einflußnahme der hl. Elisabeth, Gattin des Landgrafen, sprechen. […] Elisabeths eigenwillige, franziskanisch geprägte Frömmigkeit mag sehr wohl Ausdruck in der während ihrer Regierungszeit entstandenen Doppelkapelle gefunden haben: Das private Oratorium im Obergeschoss war einerseits bestens geeignet, in räumlicher Abgeschiedenheit im persönlichen Gebet zu verharren, verwies jedoch andererseits durch seine vornehme Architektur auf die auch weiterhin von Elisabeth wahrgenommenen Pflichten einer Landgräfin etwa zu repräsentieren." Schmitt: Doppelkapelle, wie Anm. 6, S. 76 f.

29 Stevens, Ulrich: Burgkapellen. Andacht, Repräsentation und Wehrhaftigkeit im Mittelalter. Darmstadt 2003, S. 107.

30 Kutzner, Marian: Gestalt, Form und ideologischer Sinn der Deutschordensburgen in Preußen. In: Forschungen zu Burgen und Schlössern 7 (2002), S. 199.

31 Siehe dazu den Beitrag von Stefan Tebruck in diesem Band.

Manfred Lemmer †

BURGEN, BURGHERREN UND MITTELALTERLICHE LITERATUR UNTER BESONDERER BERÜCKSICHTIGUNG DER NEUENBURG UND DES THÜRINGER LANDGRAFENHOFES[1]

Die Burg als „literarischer Ort"

Mittelalterliche Burgen, erhalten oder ruinös, besitzen oft nicht nur landschaftsbeherrschenden oder -gestaltenden Charakter, sondern üben gleichzeitig auf Ausflügler und Touristen großen Reiz aus. Man genießt gern das „romantische" Flair und die schöne Aussicht, nur, was sich in diesen alten Gemäuern einst abspielte und wie viele Funktionen Burgen gehabt haben (können), das bleibt dem Besucher weitgehend unbekannt.

Dass Burgen in der Vergangenheit Wehr- und Wohnbauten zugleich waren und dabei der Wehrhaftigkeit Priorität zukam, lässt sich meist noch gut erkennen. Aber schon dass sie in ihren Vorburgen auch Wirtschafts- oder Bauernhöfe beherbergten, ist wenig bekannt, weil die einstigen „vergänglichen" Gebäude (Lehm-/Fachwerkbauten) meist verloren gingen. Außerhalb der Kernburgen befanden sich Ställe für Pferde und Schlachtvieh, Scheunen, Werk- und vielleicht Wohnstätten von Handwerkern. Ebenso sind „Baumgärten" und „Würzgärtlein", die es zuweilen gegeben hat, verschwunden.

Von ihrer baulichen Gestalt her sagen Burgen etwas über den gesellschaftlichen Status eines Burgherren aus: War er ein kleiner Ministeriale, gehörte er dem Grafen- oder Fürstenstand oder dem hohen Klerus an? Die Burg ist nicht zuletzt Herrschaftssymbol. Bei Höhenlage trennt sie augenfällig die „potentes" („die da oben") von den „pauperes" („die da unten"). Der Dichter Freidank hat um 1230 in seiner „Bescheidenheit" geschrieben: „dar umbe hât man bürge, daz man die armen würge."[2]

Viele Burgen zu besitzen, stellte ein Zeichen der Macht dar. Sie sind für die hohen Herren wichtige Elemente das Landesausbaus gewesen[3], sie waren Verwaltungszentren, auf ihnen lieferten die Untertanen nicht nur ihre Abgaben ab oder leisteten Frondienste (zum Beispiel bei Bauarbeiten), sondern in ihnen saß man zuweilen auch über sie zu Gericht. Seit dem 14. Jahrhundert gewann manche Burg den Charakter einer Residenz und wurde entsprechend ausgebaut.

Um auf die heutigen Burgbesucher zurückzukommen, auch über die „Wohnqualität" und die sonstige Lebensform ihrer mittelalterlichen Bewohner sind sie kaum informiert[4], zumal in wohlerhaltenen Burgen weniger die mittelalterlichen als vielmehr die frühneuzeitlichen Wohnverhältnisse vor Augen stehen.

Vom Leben auf Burgen erfahren wir zwar allerlei aus den zahlreichen Ritterdichtungen des Mittelalters, aber diese Schilderungen müssen mit Vorsicht beurteilt und dürfen nicht für historisch authentisch genommen werden, weil die Überhöhung der Wirklichkeit (bis hin zum Phantastischen) zu den Merkmalen der ritterlich-höfischen Literatur gehört. Andererseits aber beweisen gerade diese Dichtungen das starke geistige Interesse weiter (hoch)adliger Kreise.

Dass Burgen in den Ritterromanen eine große Rolle zukommt, ist verständlich, denn wenn sich das literarische Geschehen nicht unter freiem Himmel abspielte („âventiure"-Fahrt, Turnier, Fest auf dem Anger oder Schlacht), so waren die Burgen Schauplätze der Handlung. Über sie wird folglich in der Literatur vieles ausgesagt.[5]

Aber noch ein anderer Umstand muss erwähnt werden, ja, er bildet überhaupt die Grundlage für das Thema Adel, Burgen und Literatur. Gemeint ist die Etablierung des Ritterstandes innerhalb der mittelalterlichen Gesellschaft zum Wehrstand des Reiches im 11./12. Jahrhundert. Von dieser historischen Aufgabe durchdrungen, bildeten sich ein stolzes Standesbewusstsein und – unter starkem Einfluss von Frankreich her – eine neue ritterliche Laienkultur heraus. Bis zur Mitte des 12. Jahrhunderts war die Geistlichkeit die kulturell tragende Schicht. Auch die Literatur lag in ihren Händen und besaß im Wesentlichen religiösen Charakter. Erst von da an öffnete sich die Dichtung der „Welt" und wurde auch von Laien gepflegt.

Die „Leitwörter" dieser neuen ritterlichen Gesellschaft lauteten „minne" (dienende Frauenverehrung), „êre" (gesellschaftliches Ansehen als Folge eines ehren- und vorbildhaften Lebens), „mâze" (Beherrschung von Trieben und Leidenschaften), „zuht" (beständige Selbsterziehung), „staete" (Beständigkeit, Treue), „âventiure" (Bewährung in ritterlichem Kampf) und „fröude" (Frohsinn, Freude). Aus alledem sollte dem höfischen Menschen „hôher muot" (freudige Hochstimmung) erwachsen. Damit waren dem Adel Ideale vorgestellt, und nach ihnen zu streben, wurde zur höfischen Lebensaufgabe.

Die ritterlichen Dichtungen der Zeit spielten in diesem Prozess der Erziehung von Haudegen und Schlagetots zu feingebildeten höfischen Menschen eine entscheidende Rolle, denn die literarischen Gestalten führten der adligen Gesellschaft diese Ideale nach Erfüllung und Verstoß vor Augen. Insbesondere die Epen/Romane darf man mit einigem Recht als „höfische Lehrbücher" ansehen.

Wer aber an dieser neuen höfischen Kultur beteiligt sein wollte, konnte dies zeigen, indem er in die Rolle des Minnesängers schlüpfte. Das taten etliche Angehörige des Hochadels wie Kaiser Heinrich VI., Markgraf Heinrich III. von Meißen, Markgraf Otto IV. von Brandenburg, der Markgraf von Hohenburg, Herzog Heinrich IV. von Breslau, König Wenzel II. von Böhmen und andere.

Die häufigste Form der Teilhabe des Adels am literarischen Leben bildete das Mäzenatentum. Es darf nicht missverstanden werden als eine Art Stipendium. Dichter fanden vielmehr Aufnahme an einem Hof (und waren damit für eine bestimmte Zeit versorgt), konnten dort arbeiten und zu bestimmten Anlässen Dichtung vortragen. Für ihre Tätigkeit galt es jedoch erst einmal bestimmte Voraussetzungen zu schaffen: Wachstäfelchen mit Griffel zum Ausarbeiten, teures Pergament und Tinte, gegebenenfalls ein Schreiber mussten gestellt werden. Ohne solche Hilfe wäre den Dichtern ihre Arbeit unmöglich gewesen. Der Adel hatte zudem dynastische Verbindungen und konnte nach Beschaffung von Vorlagen (lateinischen/französischen Handschriften) deutsche Bearbeitungen in Auftrag geben. Die Rolle des Gönners gehörte im hohen Mittelalter zu den Formen adliger Repräsentation.

Am verbreitetsten war es jedoch, dass fahrende Sänger an Höfen Aufnahme fanden, dort das Publikum mit ihrer Kunst erfreuten – und dafür (mehr oder minder reich) belohnt wurden. Wenn sie weiterzogen, berichteten sie in ihren Sprüchen von ihren Erfahrungen, d. h. Herrenlob und -tadel wurden erteilt.[6] Das geschah jedoch nicht ohne Eigennutz: Diese Dichter, in der Regel arme Schlucker[7], wollten die neuen Herren, die sie aufsuchten, animieren, an „milte" gegenüber anderen Standesgenossen nicht zurückzustehen. Die Freigebigkeit galt als die oberste Herrschertugend. Walther von der Vogelweide hat den berühmten Sultan Saladin von Ägypten und Syrien als Vorbild hingestellt, der gesagt haben soll, „daz küneges hende dürkel [durchlässig] solten sîn".[8] Das Leben der Dichter bestand zu einem guten Teil im Buhlen um die Gunst eines Herren und deren Erhalt. Dazu gehörte, bis zum Verdruss einen Herren wegen seiner „milte" zu preisen. So machen dann die Gönnersprüche zur Frage mittelalterlichen Mäzenatentums auch den Hauptteil der Zeugnisse aus. Gleichwohl wird durch sie literarische Offenheit an diesem oder jenem Hofe bezeugt, wenngleich die vagen und oft formelhaften Lobstrophen wenig Detailliertes über das jeweilige literarische Leben auf einer Burg liefern.

Das Lob der Dichter konnte unter Umständen die politischen Schattenseiten eines Herren vergessen machen. Ein klassisches Beispiel ist Hermann I., Landgraf von Thüringen, den Walther von der Vogelweide als „Blume Thüringens" gefeiert hat und an dessen Hof der sagenhafte Sängerwettstreit stattgefunden haben soll. Sein Mäzenatenruhm wurde noch Generationen lang gesungen, doch seine Rolle als skrupelloser und wankelmütiger Realpolitiker hat erst die

Geschichtswissenschaft ins Bewusstsein gehoben. Übrigens spannten die Gönner die Sänger nicht selten vor ihren politischen Wagen.

Wo nun spielte sich das literarische Leben im Hochmittelalter ab? Natürlich an den Adelssitzen, den Pfalzen und Burgen. Die hohe Zeit des Burgenbaus (ca. 1150 bis 1300) fällt in etwa mit der Epoche zusammen, in der die höfisch-ritterliche Gesellschaft zu einem Literaturträger wurde und die mittelhochdeutsche Lyrik und Epik in Blüte standen.

Die Neuenburg und der Musenhof Landgraf Hermanns I. von Thüringen

Ein Paradebeispiel dafür stellt die Neuenburg über Freyburg (Unstrut) dar. Für sie ist – wohl als einziger Burg in Deutschland – bezeugt, dass sich hier mehrere Jahre ein Dichter aufhielt und im Auftrag eines Gönners einen Versroman vollendete. Der „phalenzgrâve Herman von der Nûwenborch bî der Unstrût"[9] war es, der den Dichter Heinrich von Veldeke (Henric van Veldeken) auf seine Burg bat.[10] Diese Einladung hatte eine merkwürdige Vorgeschichte. Landgraf Ludwig III. von Thüringen heiratete im Jahre 1174 die Gräfin (Margareta?) von Cleve. Aus diesem Anlass dürfte sich die landgräfliche Familie am Hochzeitsort befunden haben. Wie bei festlichen Ereignissen üblich, wollte man den Gästen zur Unterhaltung etwas bieten, und dazu waren Auftritte von Sängern oder Dichterlesungen ein probates Mittel. In Cleve wurde wohl aus dem Versroman „Eneit" dieses Heinrich von Veldeke aus der Gegend von Maastricht vorgetragen. Das Werk war zu dieser Zeit erst zu vier Fünfteln ausgeführt. In einem Epilog wird nun berichtet, dass die Handschrift während der Hochzeitsfeierlichkeiten abhanden gekommen sei:

> *dô wart daz bûch ze Cleve verstolen*
> *einer frouwen, der ez was bevolen.*
> (Das Buch wurde in Cleve einer Zofe, der es die Gräfin zur Verwahrung anvertraut hatte, gestohlen.)

Den Dieb kannte man:

> *des wart diu grâvinne gram*
> *dem grâven Heinrîch, der ez nam*
> *unde ez dannen sande*
> *ze Doringen heim ze lande.*[11]
> (Die Gräfin zürnte dem Grafen Heinrich, der die Handschrift gestohlen und sie in seine Heimat nach Thüringen geschickt hatte.)

Burgen, Burgherren und mittelalterliche Literatur

71. Heinrich von Veldeke, Miniatur in der Großen Heidelberger Liederhandschrift, um 1300 bis 1330/40

72. *Sturm auf Troja, Heinrich von Veldeke, Berliner Bilderhandschrift des Eneasromans, um 1220*

Neun Jahre blieb der Dichter ohne sein Handexemplar, bis ihn Pfalzgraf Hermann und dessen Bruder Friedrich baten, auf die Neuenburg zu kommen, sein Werk wieder in Empfang zu nehmen und es auf der Burg zu vollenden.

Vermutlich war die Handschrift aus dem „Nachlass" des 1180 verstorbenen „Bücherdiebes" Heinrich Raspe III., Bruder der beiden genannten Grafen und des Bräutigams Landgraf Ludwig III., wieder aufgetaucht. Es bleiben Fragen: Veldeke weilte vermutlich nicht auf der Hochzeit, sonst hätte er wohl ein Auge auf seine Handschrift gehabt. Merkwürdig ist ferner, dass die neue Landgräfin ihren Gatten und ihre Schwäger nicht dazu bewegen konnte, den für die Familie ehrenrührigen Fall durch Rückgabe des Diebesguts aus der Welt zu schaffen. Und warum geschah das erst drei Jahre nach dem Tod des Diebes? Wie dem auch sei, Veldeke war zu Recht über den Vorgang empört, und nur auf die dringliche Bitte Pfalzgraf Hermanns kam er auf die Neuenburg, wo er zwischen 1183 und 1189 sein Werk zu Ende dichtete und die Burg dadurch zum „literarischen Ort" machte.[12] Die fatale Geschichte von Cleve besaß jedoch für Thüringen die größte literarische Tragweite. Durch sie gelangte die junge höfische Dichtkunst nach Thüringen und fand im neuen Landgrafen Hermann I. einen der bedeutendsten Mäzene der Zeit um 1200.

Von diesem Fürsten heißt es in der Reinhardsbrunner Chronik (1340/49), er habe sich vor dem Einschlafen zuweilen aus religiösen Schriften oder aus Geschichten von Tapferkeit und Großmut der Fürsten aus vergangenen Zeiten, teils in lateinischer, teils in deutscher Sprache, vorlesen lassen. Dass er in Paris studiert hat, wie man lange glaubte[13], ist zwar nicht nachzuweisen, aber er könnte seine Bildung sehr wohl im ludowingischen Hauskloster Reinhardsbrunn erlangt haben.[14]

Der Zufall führte diesem Pfalzgrafen zu Sachsen und seit 1190 Landgrafen von Thüringen den führenden Vertreter der neuen höfischen Epik von Rhein und Maas an seinen Hof, jenen Heinrich von Veldeke, der bereits von seinen Zeitgenossen und noch generationenlang hoch gepriesen worden ist. Gottfried von Straßburg sagte in seinem „Tristan"-Roman von ihm:

er inpfete daz erste rîs
in tiutischer zungen:
dâ von sît este ersprungen,
von den die bluomen kâmen,
dâ sî die spaehe ûz nâmen
der meisterlîchen vünde.[15]
(Er setzte das erste Pfropfreis auf den Baum der deutschen Dichtung, daraus später Äste entsprossen und Blüten daran. Spätere Dichter haben ihre Kunst daher gelernt.)

Dieser „künsterîche meister" hat in seinem Eneasroman das Thema von Vergils römischem Nationalepos „Aeneis" aufgegriffen, das von der Flucht des Aeneas aus dem brennenden Troja erzählt, von dessen Irrfahrt bis zur Landung in Karthago, der Liebesepisode mit Königin Dido, die – von ihm verlassen – den Freitod wählte, von der Hadesfahrt des Helden, seiner Landung in Italien und von den Kämpfen um das von den Göttern verheißene Land, der Ansiedlung dort und der Ehe mit der Latinerin Lavinia. Schließlich wird ein Ausblick auf die Gründung Roms und seine künftige Größe gegeben.

Veldeke stützte sich nicht direkt auf Vergil, sondern dichtete nach dem französischen „Roman d'Eneas", in dem die antike Welt bereits vermittelalterlicht und verhöfischt ist. Der adligen Gesellschaft sollten die neuen Ideale der ritterlichen Kultur nahegebracht werden. Veldeke betonte vor allem „minne" und „mâze", die verzehrende Gewalt der Liebe und die menschliche Beherrschtheit, als vorbildliches höfisches Verhalten. Ob Veldeke über 1189 hinaus am thüringischen Hof lebte und dort vielleicht auch Minnelieder dichtete, ist ungewiss.

Als neuer Landgraf verlagerte Hermann I. seinen Herrschaftsschwerpunkt vom pfalzgräflichen Sitz auf der Neuenburg nach Eisenach. Dorthin zog es später hochrangige Dichter wie Walther von der Vogelweide und Wolfram von Eschenbach, nachdem der Fürst bereits seinen Ruf als literarischer Mäzen erlangt hatte. Vor allem wegen des sagenhaften Sängerkrieges erklärte man im 19. Jahrhundert die Wartburg für den Schauplatz des höfisch-kulturellen Lebens am Hofe Hermanns I. Dafür gibt es jedoch keine historisch verbürgten Nachrichten.[16]

Der Landgraf fand – offenbar im Anschluss an den Eneasroman – Geschmack an antiken Stoffen, denn er gab zwei weitere Dichtungen mit solcher Thematik in Auftrag. Der Kleriker Herbort von Fritzlar sollte ihm nach einer französischen Vorlage, die Graf Friedrich von Leiningen dem Landgrafen verschafft hatte, die Kämpfe um Troja und den Untergang der Stadt bis zur Flucht des Aeneas bedichten, d. h. der „Eneit" wurde die Vorgeschichte vorangestellt. Damit entstand die erste komplette literarische Bearbeitung des Trojastoffes in der deutschen Literatur.[17]

Den anderen Dichtungsauftrag erteilte Hermann dem Chorherren des Klosters Jechaburg (jetzt Sondershausen-Jechaburg), Albrecht von Halberstadt.[18] Er sollte Ovids „Metamorphosen" verdeutschen. Das war eine fatale Aufgabe für einen Kleriker, die diesen wenig entzückte. Er konnte sich ihr aber nicht entziehen, „denn der Fürst ist mächtig", seufzte er im Prolog seiner Dichtung."[19]

Schließlich regte Hermann I. auch Wolfram von Eschenbach, der möglicherweise schon Teile seines „Parzival" am thüringischen Hofe verfasst hatte, zu einem Werk an. Diesmal ging es um einen Stoff aus der französischen Gattung der Chansons de geste, in der historisch-heldische Ereignisse dichterisch behandelt

73. Dido empfängt Eneas (oben). Die Geschenke werden an Dido überreicht (unten).
Heinrich von Veldeke, Berliner Bilderhandschrift des Eneasromans, um 1220

74. *Wolfram von Eschenbach, Miniatur in der Großen Heidelberger Liederhandschrift, um 1300 bis 1330/40*

wurden. Wolframs „Willehalm"-Roman mit seinen zwei großen Schlachten zwischen heidnischen und christlichen Heeren ist von Kreuzzugstimmung erfüllt, und gerade das dürfte dem Landgrafen gefallen haben, hatte er doch selbst im Heiligen Land gekämpft.[20]

Weniger nach dem Geschmack Hermanns I. war wohl die um 1200 blühende Ritterdichtung aus dem Kreis von König Artus und seiner Tafelrunde. Eine direkte Verbindung von Wolframs „Parzival" zum Landgrafen hat offenbar nicht bestanden. Zu erwähnen bleibt dennoch, dass im landgräflichen „Hessenhof" in Schmalkalden um 1220/30 Wandmalereien entstanden, die 26 Szenen aus dem „Iwein" Hartmanns von Aue zeigen.[21] So ganz unbekannt ist die Artusepik in Thüringen also nicht gewesen. Dem thüringischen Literaturkreis um Hermann I. ordnete man noch andere Dichtungen zu, aber das meiste davon muss als unsicher gelten.[22]

Ob am Thüringer Hof der Minnesang, die andere große Gattung der mittelhochdeutschen Blütezeit, gepflegt wurde, ist unbekannt. Die Anwesenheit von Veldeke, Wolfram und vor allem Walthers von der Vogelweide, die alle (auch) Lyriker waren, könnte dafür sprechen; und wohl ebenso jener „tugendhafte Schreiber", der mit einem „Henricus notarius" oder „Henricus scriptor" gleichgesetzt wird, welcher von 1208 bis 1228 häufig in landgräflichen Urkunden vorkommt. In ihm vermutet man einen Heinrich von Weißensee aus der landgräflichen Stadt (bei Sömmerda) und ihrer Runneburg (Burg Weißensee). Die Große Heidelberger Liederhandschrift (Manesse) liefert elf Stücke dieses Dichters.

Dass Heinrich von Morungen, der bedeutendste Minnesänger der Zeit neben Walther von der Vogelweide, irgendwann am landgräflichen Hof gelebt hätte, ist nicht erweislich. Geistige Einflüsse von dorther können freilich nicht ausgeschlossen werden. Morungens Auffassung der Minne als bannende Macht erinnert an Veldekes „Eneit", und der „ovidianische" Zug in seiner Lyrik könnte auf Kenntnis der „Metamorphosen"-Übersetzung Albrechts von Halberstadt deuten. Auf der Burg Alt-Morungen, die Friedrich Barbarossa 1157 erworben hatte, saß ein Grafengeschlecht in Reichsministerialität. Diesem entstammte Heinrich von Morungen. Über sein Leben weiß man sehr wenig. Geboren ist er um 1150. Mit dem Minnesang dürfte er im Umkreis des staufischen Hofes bekannt geworden sein, denn dort war in den letzten Jahrzehnten des 12. Jahrhunderts das Zentrum dieser höfischen Kunstlyrik. Morungen trug sie als erster in den thüringisch-sächsischen Raum. Gelebt und gesungen hat er am Meißener Hof Markgraf Dietrichs des Bedrängten, wo er wohl auch mit Walther von der Vogelweide zusammentraf.

Der Einfluss Morungenscher Minnelieder zeigt sich im 13./14. Jahrhundert bei einigen thüringischen Minnesängern, so dass man von einer regelrechten

„Morungen-Schule" sprach. Dazu gehörten Ende des 13. Jahrhunderts Kristan von Luppin, ein Ministeriale der Grafen von Beichlingen auf der Rothenburg am Kyffhäuser, und in der ersten Hälfte des 14. Jahrhunderts Heinrich Hetzbold von Weißensee, Kastellan auf der strategisch wichtigen landgräflichen Runneburg (Burg Weißensee).

Eher als der Minnesang ist wohl die Spruchdichtung nach dem Sinn Landgraf Hermanns I. gewesen. Diese literarische Form bezog alle großen Fragen der Zeit ein, nicht zuletzt die politischen, und nicht selten wurden die Dichter zu Sprachrohren der territorial- oder reichsgeschichtlichen Interessen ihrer Mäzene gemacht. Das galt auch für Hermann I., der im tagespolitischen Ränkespiel seiner Zeit ein Virtuose war und zeitlebens mehrfach zwischen Staufern und Welfen die Partei gewechselt hat. Es gibt eine Reihe Waltherscher Sprüche, die mit hoher Wahrscheinlichkeit im Zusammenhang mit seinem Eisenacher „Dienstverhältnis" gesehen werden können.

Dass es an einem so viel gepriesenen „Musenhof" wie dem des Thüringer Landgrafen auch einigermaßen raubeinig zugegangen ist, dafür geben uns Walther von der Vogelweide und Wolfram von Eschenbach aus ihrer Erfahrung einige aufschlussreiche Hinweise. Eine so deutliche Hofschelte konnten sie freilich nur wagen, weil sie diese mit dem Lob der Vortrefflichkeit („milte") Hermanns verbanden und mit dem Ratschlag, er möge bei der Wahl seiner ritterlichen Hofgesellschaft sorgsamer sein.

Im „Parzival" erwähnt Wolfram den Seneschall Keie als Zuchtmeister der Sitten am Hofe des Königs Artus und wendet sich an den Landgrafen direkt mit den Worten:

von Düringen fürste Herman,
etslîch dîn ingesinde ich maz,
daz ûzgesinde hieze baz.
dir waere och eines Keien nôt,
sît wâriu milte dir gebôt
sô manecvalten anehanc,
etswâ smaehlîch gedranc
unt etswâ werdez dringen.[23]

(Fürst Hermann von Thüringen, einige Deiner Höflinge habe ich mir genau angesehen, und sie sollten besser Ausgesinde als Ingesinde heißen und hier nichts zu suchen haben. Du brauchtest einen Keie! Da Du wegen Deiner echten Freigebigkeit so unterschiedliche Leute in Dein Gefolge ziehst, befinden sich darunter schändliche Gesellen ebenso wie edle Männer.)

Und gleichsam als Zeugen für seine Beobachtungen ruft er Walther an und zitiert aus dessen (verlorenem) Gedicht: „des muoz hêr Walther singen ‚guoten tac, boes unde guot'" (Herr Walther musste singen: „Seid mir gegrüßt, Edle und Unedle."). Dann „kommentiert" er den Vers gleichsam mit der Bemerkung: „swâ man solhen sanc nu tuot, des sint die valschen gêret"[24] (Wo solch ein Lied am Platze ist, da werden – durch Gleichsetzung mit den Edlen – Leute geehrt, die das beileibe nicht verdienen.).

Walther kritisiert das rüde Leben am Eisenacher Hof und rät jedem, der empfindliche Ohren habe, diesen Ort zu meiden, wenn er nicht taub werden wolle. Es herrsche dort ein ewiges Rein und Raus, bei Tag und Nacht. Der Landgraf aber

ist sô gemuot,
daz er mit stolzen helden sîne hab vertuot,
der iegeslîcher wol ein kenpfe waere.
mir ist sîn hôhe fuor wol kunt:
und gulte ein fuoder guotes wînes tûsent pfunt,
dâ stüend doch niemer ritters becher laere.[25]

(Die Art des Landgrafen ist es, sein Hab und Gut mit stolzen Haudegen durchzubringen, von denen jeder für Geld kämpfen würde [was ein wahrer Ritter nie täte]. Die aufwendige Lebensart des Landgrafen kenne ich wohl: Wenn er für ein Fuder guten Weins gleich eine Unsumme zahlen müsste, vor leerem Becher säße dennoch keiner seiner Kumpane.)

Diese Beispiele geben einen Einblick in die Alltagswirklichkeit des landgräflichen Hoflebens. An persönlichem Ärger hat es Walther in Eisenach offenbar auch nicht gefehlt. In einem Spruch wendet er sich gegen banausische Schreihälse am Hof, die keinen Sinn für seine Kunst haben[26], und in einem anderen straft er einen Herrn Wicmann ab, offenbar einen Berufskollegen, der an Walthers Poesie herumnörgelte. Stolz nennt er sich selbst „Weizen" und seinen Kritiker „Spreu".[27] Schließlich hat ein Herr Atze dem Dichter „ein pfert erschozzen zIsenache"[28], und vor Gericht ist sein Schadenersatzanspruch abgewiesen worden. Im Prozess schnitt man ihm sogar die Ehre mit der Bemerkung ab, da er kein Ritter sei, dürfte er ein solch kostbares Pferd gar nicht besitzen. Der als fahrender Sänger rechtlose Walther rächte sich für die erlittene Unbill dichterisch mit einem Spottgedicht auf Atze, durch welches er seinen Widersacher öffentlich der Lächerlichkeit preisgab.[29] Bei einem späteren Aufenthalt in Eisenach (zwischen 1214 und 1216) machte Walther wohl bessere Erfahrungen, wie sein Spruch beweist, in dem er sich stolz zum „Ingesinde" des Landgrafen zählt und diesen wegen seiner „milte" als „Blume Thüringens" feiert.[30]

75. Wolfram von Eschenbach als Erzähler, symbolhafte Darstellung in der Großen Bilderhandschrift des „Willehalm", um 1250/70

Der Dichterfreund Hermann ist im „Fürstenlob" des sogenannten Wartburgkrieg-Zyklus sogar selbst zur literarischen Gestalt geworden.[31] Im berühmten Sängerwettstreit ging es um die Frage, welcher von drei Fürsten der vortrefflichste sei. Der „tugenthafte Schreiber" und Walther von der Vogelweide stellten den Landgrafen über den Herzog von Österreich, für den der sagenhafte Heinrich von Ofterdingen plädiert hatte.

Der Tod Hermanns I. im Jahre 1217 bedeutete einen Wandel der literarischen Situation am Thüringer Landgrafenhof. Sein Sohn und Nachfolger, Ludwig IV., ist nicht in die Mäzenatenrolle seines Vaters eingetreten. Der Gatte Elisabeths, der späteren Heiligen, war anderen Sinnes. Er ließ nach dem Zeugnis des Caesarius von Heisterbach durch Kleriker in Eisenach geistliche Spiele aufführen.[32]

Die Wirkung des Thüringer Landgrafenhofes am Beispiel der verwandten Häuser Anhalt und Meißen

Kulturelle Aufgeschlossenheit war im Hochmittelalter Gebot für den Hochadel und mitentscheidend für dessen gesellschaftliches Prestige. Die höfische Kultur des hohen Mittelalters, die sich in den oberen und unteren Adelsrängen, d. h. dem freiherrlichen und dem Dienstadel (Ministerialität), zuvörderst in Frankreich herausbildete, gelangte seit der Mitte des 12. Jahrhunderts nach Deutschland. Sie fand ihre Heimstatt zuerst an den Höfen im Südwesten und Süden, wurde aber allmählich auch in den östlichen Territorien rezipiert. Maßgeblich von Thüringen ausgehend, zeigten sich im 13. Jahrhundert dann ebenso die Höfe Sachsens, Meißens, Mecklenburgs, Pommerns, Rügens, Brandenburgs, Schlesiens und Böhmens als dichterfreundlich. Dabei spielten politische und dynastische Interdependenzen keine geringe Rolle. Landgraf Hermann I., der Dichter an seinen „Musenhof" zog, wirkte nicht nur dadurch als Vorbild für andere Vertreter des Hochadels, sondern zwei seiner Töchter, die im literarischen Klima Thüringens aufgewachsen waren, könnten nach ihrer Verheiratung Einfluss auf ihre Gatten und deren geistig-literarische Haltung ausgeübt haben.

Anhalt

Heinrich I., Graf von Askanien und Fürst von Anhalt[33], der, um 1170 geboren, von 1212 bis 1245 regierte und 1252 starb, wurde durch seine 1211 geschlossene Ehe mit der thüringischen Landgrafentochter Irmengard zum Schwiegersohn Hermanns I. Gleichzeitig war er damit Schwager Markgraf Dietrichs von Meißen und Onkel von dessen Sohn Heinrich III. (dem Erlauchten). Wie Letzterer hat auch Heinrich I. Minnelieder gedichtet. Unter seinem Namen sind deren zwei überliefert. Im ersten tut er etwas für einen Minnesänger ziemlich Ungewöhnliches: Er verwünscht die Winterzeit nicht, sondern er gesteht: „Ich wil den winter enphahen mit gesange." Und warum? Weil er eine Minnedame hat mit „rôtem munt, roeselehter [rosenfarbener] wange, güete und [...] wol liehtvarwem schîn, zieret ein lant wol al umbe den Rîn"[34] (Vollkommenheit und [...] eine lichtvolle Erscheinung, eine Zierde des gesamten Rheingebiets). Was immer geschieht, nichts kann ihm seine Freude vergraulen.

Im zweiten Lied greift er das provenzalische Motiv auf, von dem Wind entzückt zu sein, der ihm von der Geliebten herweht. Und dürfte ich sie nur einmal küssen, gesteht er, bliebe ich ewig jung. In der zweiten Strophe rutscht er jedoch beträchtlich aus:

Müest ich bî der wolgetânen liebiu kint punieren
und eine ganze naht bî ir dormieren![35]
(Wäre es mir vergönnt, bei der Schönen eine Nacht zu verbringen und mit ihr süße Kinder zu zeugen.)

Das war schon nicht mehr die feine Denkungsart eines Sängers der hohen Minne!
Am anhaltinischen Hof haben die literarischen Interessen nach dem Tod Heinrichs I. noch eine Weile fortgedauert. In der Jenaer Liederhandschrift ist ein Sangspruch eines fahrenden Dichters namens Urenheimer überliefert, dessen Lob sich entweder auf Graf Otto I. oder Graf Otto II. von Anhalt-Aschersleben bezieht. Darin heißt es:

mit saelde müez er werden alt:
er heizet wol von Anehalt
grave Otto, ein edel vürste
wol der eren kronen treit.[36]
(Glück und Heil mögen ihn bis ins Alter begleiten: sein Name ist Graf Otto, er trägt die Krone fürstlicher Tugenden.)

Meißen

Markgraf Dietrich (der Bedrängte) von Meißen
Durch die Heirat mit Landgraf Hermanns I. Tochter Jutta 1197 war Markgraf Dietrich von Meißen (der Bedrängte) aus dem Hause Wettin Schwiegersohn des thüringischen Landgrafen. Nach dem thüringischen Vorbild öffnete er seinen

Hof, dessen wichtigstes Zentrum die Meißener Burg darstellte[37], ebenfalls den Dichtern. Zwei der bedeutendsten Lyriker der Zeit um 1200 haben sich kürzer oder länger in seinem Umfeld aufgehalten.

Der ältere von ihnen war der schon erwähnte Heinrich von Morungen.[38] Einige historische Nachrichten weisen auf einen (längeren) Aufenthalt des Sängers am Meißener Hof hin. Man sieht in ihm jenen gealterten Ritter „Heinricus de Morungen", der von Markgraf Dietrich wegen großer Verdienste eine jährliche Rente von zehn Talenten bekommen hat und dem von seinem Gönner urkundlich verbrieft worden ist (wohl 1217), diese Summe dem Leipziger Thomaskloster zu übertragen. Dieser „Heinricus" kommt auch als Zeuge in einer Urkunde von 1218 vor. Das im 15. Jahrhundert entstandene „Chronicon terrae Misnensis sive Thomanum Lipsiense" berichtet, dass Morungen an seinem Lebensabend selbst in das Thomaskloster eingetreten und dort 1222 gestorben sei.[39]

Im 14. Jahrhundert wurde der Dichter zur Sagengestalt.[40] In einer Ballade („Der edle Moringer") übertrug man den weit verbreiteten Erzählstoff vom lang abwesenden Gatten, der bei seiner überraschenden Rückkehr die Gattin kurz vor einer neuen Eheschließung antrifft, auf ihn.[41] Von Morungen sind 33 Gedichte (115 Strophen) überliefert, die zu den besten Minneliedern der klassischen mittelhochdeutschen Literatur gehören. Sie verraten Kenntnis der provenzalischen Sangeskunst, die er am staufischen Hof erlangt haben dürfte. Seine Vorliebe für Motive aus der Antike, aber auch seine Auffassung der Minne als einer bannenden, zauberisch-dämonischen Kraft liegen durchaus auf der Linie des literarischen Geschmacks, der am Hofe Landgraf Hermanns I. herrschte. Bei allen minnesängerischen Konventionen war Heinrich ein blutvoller Dichter, ein Sinnenmensch von leicht erregbarem Gefühl. Seine Dichtung ist nicht nur von hoher Formkünstlerschaft geprägt, sondern auch von starker Erlebnisfähigkeit. Er besingt den Liebreiz seiner Geliebten, ihren roten Mund, ihre lebhaften Augen und ihre Haut so weiß wie Schnee. Er glaubt, sie sei Venus in Person, ihre strahlenden Augen haben ihn so entflammt wie das Feuer den dürren Zunder, aber er vergleicht seine Minnedame ebenso mit einer Elbenfrau, deren dämonischer Blick der Sage nach denjenigen ein Leben lang zeichnet, der von ihm getroffen worden ist. Seine Klage über ausbleibenden Minnelohn fasst er in das Bild:

Mir ist geschehen als einem kindelîne,
daz sîn schoenez bilde in einem glase gesach
und greif dar nâch sîn selbes schîne
sô vil, biz daz ez den spiegel gar zerbrach.[42]
(Mir ist's ergangen wie einem kleinen Kind, das sein Bild im Spiegel erblickte und so heftig nach ihm grapschte, dass das Glas zerbrach.)

In einem anderen Lied fleht er:

Vrowe, mîne swaere sich,
ê ich verliese mînen lîp.
ein wort du spraeche wider mich:
verkêre daz, du saelic wîp!
Du sprichest iemer neinâ neinâ nein,
neinâ neinâ nein.
daz brichet mir mîn herze enzwein.
maht dû doch eteswenne sprechen jâ,
jâ jâ jâ jâ jâ jâ jâ ?
daz lît mir an dem herzen nâ.[43]
(Schau, Herrin, meinen Kummer an, eh ich versterbe. Du sagst mir immer nur dasselbe Wort: Ändere das, du beglückende Frau! Immer sagst du nein, nein, nein [und immer wieder] nein, nein, nein! Das bricht mir das Herz; kannst du nicht endlich ja sagen, ja, ja, ja, ja, ja, ja, ja? Das läge mir am Herzen!)

Des Weiteren klagt der Dichter:

Vil süeziu senftiu toeterinne,
war umbe welt ir toeten mir den lîp,
und ich íuch sô herzeclîchen minne,
zwâre, vróuwè, vür elliu wîp?[44]
(Du liebe, sanfte Mörderin, warum willst du mich umbringen, wo du mir von Herzen lieb bist, glaube, Herrin, mehr als alle anderen Frauen.)

Sogar mit solch einem Lied versucht Morungen seine Minneherrin zu „erweichen":

Wan sol schrîben kleine
reht ûf dem steine,
der mîn grap bevât,
wie liep sî mir waere
und ich ir unmaere;
swer danne über mich gât,
Daz der lese dise nôt
und ir gewinne künde,
der vil grôzen sünde,
die sî an ir vründe
her begangen hât.[45]

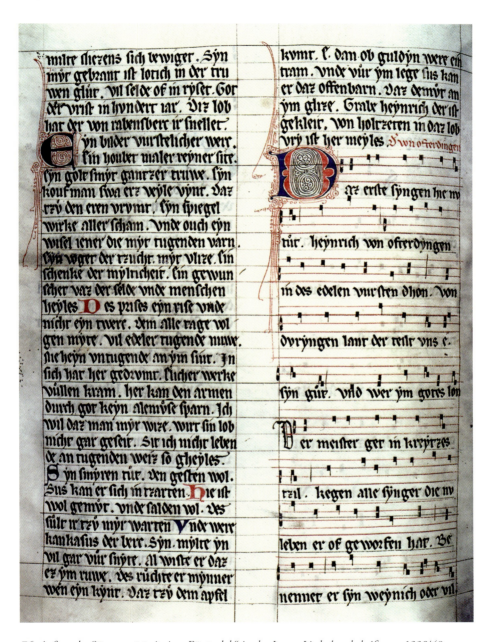

76. Anfang des Sängerwettstreits im „Fürstenlob" in der Jenaer Liederhandschrift, um 1330/40

77. Heinrich von Morungen, Miniatur in der Großen Heidelberger Liederhandschrift, um 1300 bis 1330/40

(Man soll es zierlich in meinen Grabstein meißeln, wie lieb sie mir war und wie gleichgültig ich ihr. Wer immer da vorübergeht, der lese von meinem Kummer und erfahre von der großen Sünde, die sie an ihrem Geliebten begangen hat.)

Auch im Formalen weiß Morungen zu bestechen, etwa mit den Schlagreimen des Liedes:

Ich hôrte ûf der heide
lûte stimme und süezen sanc.
dâ von wart ich beide
vröiden rîch und an trûren kranc.
Nâch der mîn gedánc sêre ránc ùnde swanc,
die vant ich ze tanze, dâ si sanc.
âne leide ich dô spranc.[46]

(Auf der Heide vernahm ich laute Stimmen und lieblichen Gesang. Das machte mich froh und traurig zugleich. Aber die, auf die alle meine Gedanken gerichtet sind und um die sie kreisen, die tanzte singend mit. Da reihte ich mich mit Freuden ein.)

Heinrich von Morungen beherrscht es wie kein zweiter die immer wiederkehrenden Inhalte des Minnesangs – Preisen der Geliebten, ihrer Tugend und Schönheit, hingebungsvoller Dienst an ihr, Hoffnung auf Minnelohn, Klagen über dessen Weigerung, Ausphantasieren einer Liebesnacht und Schmerz der morgendlichen Trennung (Tagelied) – auf eine individuelle Weise in Worte zu fassen, die sich vom sprachlichen Klischee der meisten zeitgenössischen Lyriker unterscheidet, so dass das Minne-Rollenspiel bei ihm den Eindruck erweckt, es sei ihm mehr als nur ein eitles Posieren vor einer höfischen Zuhörerschaft. So versteht man das Eingeständnis des bekannten Altgermanisten Georg Baesecke, er „wüßte vor Goethe keinen deutschen Liebeslyriker so mächtig wie diesen Thüringer".[47]

Walther von der Vogelweide hat sich wesentlich kürzere Zeit in Meißen aufgehalten. Ein historisches Ereignis gibt den Hinweis, dass er 1212 dort weilte, denn er mischte sich wieder einmal, diesmal im Dienste des Markgrafen, in die Politik ein. Während der Abwesenheit Ottos IV. formierte sich in Deutschland eine Fürstengruppe und wählte im Herbst 1211 Friedrich II. zum neuen König. Aber Otto, der 1209 in Rom zum Kaiser gekrönt worden war und sich längere Zeit in Italien aufgehalten hatte, erschien zur Überraschung seiner Gegner plötzlich in Deutschland und hielt am 18. März 1212 in Frankfurt am Main einen Hoftag ab. Walthers Spruch sollte nun die oppositionelle

Verbindung von 1211 vergessen machen, und vor allem für seinen neuen Herrn legte er beim Kaiser ein gutes Wort ein: „und ie der Mîssenaere, der ist iemer iuwer âne wân, von gote wurde ein engel ê verleitet"[48] (Und besonders der Meißener hängt Euch treu an, des könnt Ihr gewiss sein. Ihr würdet leichter einen Engel dazu bringen, von Gott abzufallen [als seine Treue zu Euch zu erschüttern].).

Die „unwandelbare" Treue währte jedoch nicht lange; im Herbst 1213 trat Dietrich zum Staufer Friedrich II. über. Parallel dazu entstand (wohl im Sommer 1212) ein Spruch, in dem bei Otto um gut Wetter für Hermann I. gebeten wird, und es erscheint nicht abwegig, dass Walther ihn auf Bitten Dietrichs von Meißen verfasst hat, der dadurch seinen Schwiegervater entlasten wollte. Darin wird um Vergebung der landgräflichen „Missetat" ersucht mit dem Argument, Hermann sei doch ein offener Gegner gewesen und habe nicht aus dem Versteck gehandelt wie andere feige Fürsten.[49]

Am Meißener Hof kann auch nur jenes Winterlied (Vokalspiel)[50] entstanden sein, dessen letzte Strophe mit der Pointe endet (die andernorts kaum verstanden worden wäre), dass nämlich, wenn der kalte Winter nicht endlich dem Frühling weiche, der Dichter sich aus (gespielter) Verzweiflung den harten Lebensbedingungen im Zisterzienserkloster Dobrilug, das ca. 50 Kilometer von Meißen entfernt im wilden Kolonisationsland lag, unterwerfen wolle.[51]

Der „stolze Meißener" hat dem Dichter sogar vom Wittelsbacher Ludwig I. (dem Kelheimer) „ein liet von Franken"[52] mitgebracht, einen Spruch unbekannten Inhalts. Dieser Botendienst des Markgrafen darf als Zeichen freundlicher Gesinnung gewertet werden.

Aber das gute Verhältnis zwischen Dichter und Gönner sollte nicht lange währen. Walther hat sich für seine Dienste in Meißen nämlich nicht angemessen belohnt gesehen und – wie das bei den fahrenden Dichtern der Zeit üblich war – zur öffentlichen Herrenschelte gegriffen. In einem ersten Unmutslied warnte Walther den Markgrafen noch:

Der Mîssenaere solde
mir wandeln, ob er wolde.
mînen dienst lâz ich allez varn,
niewan mîn lop alleine.
deich in mit lobe iht meine,
daz kan ich schône wol bewarn.
Lobe ich in, sô lobe er mich.
des andern alles des wil ich
in minneclîch erlâzen.

Burgen, Burgherren und mittelalterliche Literatur

78. Walther von der Vogelweide, Miniatur in der Großen Heidelberger Liederhandschrift, um 1300 bis 1330/40

sîn lop daz muoz och mir gezemen,
oder ich wil mînez her wider nemen
ze hove und an der strâzen,
sô ich nû genuoge
gewarte sîner vuoge.[53]

(Der Meißener sollte mir gefälligst Schadenersatz leisten. Auf das, was ich ihm gedient habe, will ich verzichten; aber nicht auf Lohn für das Lob, das ich ihm gespendet habe. Ich weiß mich wohl zu hüten, das zu wiederholen. Lobe ich ihn, so erwarte ich auch für mich Anerkennung. Alles andere will ich ihm gnädig erlassen. Ihn zu preisen, muss mir angemessenen Vorteil bringen – oder ich nehme überall mein Lob zurück. Ich habe doch eine lange Anwartschaft auf sein gebührendes Betragen.)

Und dann hat Walther mit einem zweiten Unmutspruch nachgeschlagen:

Ich hân dem Mîssenaere
gevüeget menic maere,
baz danne er nû gedenke mîn.
waz sol diu rede beschoenet?
möhte ich in haben gecroenet,
diu crône waere hiute sîn.
Het er mir dô gelônet baz,
ich dient im aber eteswaz,
noch kan ich schaden vertrîben.
er ist aber sô vüege niht,
daz er mir biete wandels iht,
dâ lâzen wirz belîben.
wan vil verdirbet
des man niht enwirbet.[54]

(Ich habe dem Meißener mehr Lob eingebracht, als er dessen eingedenk ist. Was soll die Angelegenheit beschönigt werden? Hätte ich ihm einst zur Krone verhelfen können, er trüge sie jetzt. Hätte er meine Dienste nur besser gelohnt, ich stünde noch heute zu ihm. Ich könnte auch jetzt noch Ansehensverlust von ihm wenden. Es geht ihm jedoch ab, mich zufrieden zu stellen. Dann lassen wir's eben. Wie viel geht doch verloren, um das man sich nicht bemüht.)

Markgraf Heinrich III. (der Erlauchte) von Meißen

Der Meißener Hof kam unter Dietrichs Sohn Heinrich III. (mit dem Beinamen „der Erlauchte") zu noch größerem literarischen Ruf. Dieser, 1215 oder 1216 geboren, war nach dem Tode des Vaters (1221) mit seiner Mutter Jutta, die 1223 den Grafen Poppo VII. von Henneberg geheiratet hatte, an den Hof seines Stiefvaters gekommen und wuchs dort in eine kulturfreundliche ritterliche Gesellschaft hinein. Den Minnesänger Otto von Botenlauben, den Bruder Poppos, könnte er sehr wohl selbst kennengelernt haben. Aber am Henneberger Hofe dürfte er auch mit der Lyrik des deutschen Westens und Südens vertraut geworden sein.

Als er 1230 für volljährig erklärt worden war und die Regierungsgewalt übernommen hatte, bemühte sich der Markgraf um die Erweiterung seiner Macht. Das gelang ihm auch; 1264 herrschte er über die Mark Meißen, die Landgrafschaft Thüringen, die Pfalzgrafschaft Sachsen und das Pleißenland. Zwei Ehen brachten ihn in Verbindung mit Höfen, an denen ein entwickeltes geistig-literarisches Leben herrschte. Seine erste Gemahlin war Constantia, die Schwester des Babenbergers Friedrich des Streitbaren, die zweite Agnes, die Tochter Wenzels I. von Böhmen. Heinrichs gesellschaftlicher Status erforderte entsprechende höfische Repräsentation. Dieser Erwartung entsprach er vollends. Eine glanzvolle Hofhaltung wird ihm allenthalben nachgerühmt. Er sei am Kaiserhofe in solcher Pracht erschienen, dass nicht nur alle Fürsten und Herren, sondern der Kaiser selbst in Staunen versetzt wurden. Die „Altzeller Chronik" hat Heinrich über alle seine Vorfahren gestellt und ihn einen Fürsten des Friedens (trotz des langen eigennützigen thüringischen Erbfolgekrieges!), einen eifrigen Pfleger der Gerechtigkeit und einen mit zahlreichen Tugenden begabten Herrscher genannt.[55] Berühmt waren aufwendige Turniere und Hoffeste, die er veranstaltete (in Meißen, Nordhausen und Merseburg). Natürlich priesen ihn ebenso die Dichter, nicht zuletzt wegen seiner Freigebigkeit (im 14. Jahrhundert kam deswegen auch der Beiname „der Milde" auf). Reinmar von Zweter lobte den Markgrafen auf eine recht originelle Art, indem er sein „Ist" mit seinem „War", d. h. seine gegenwärtige Art mit seiner früheren, verglich – und er hat dabei natürlich nur Positives gefunden.[56]

Der Tannhäuser widmete dem Fürsten zwei Strophen:

An den man ie des besten iach,
Heinrîch der Mîzenaere,
der sîne triuwe nie zerbrach,
der ist alles wandels laere,

MANFRED LEMMER †

79. Markgraf Heinrich III. von Meißen, Miniatur in der Großen Heidelberger Liederhandschrift, um 1300 bis 1330/40

Er solte des rîches krône tragen,
der vater mit den kinden.
ich kunde nie bî mînen tagen
kein wandel an im vinden.[57]
(Von Heinrich von Meißen hat man stets nur das Beste gehört. Er war immer von unerschütterlicher Zuverlässigkeit und ohne jeden Makel. Er und seine Nachkommen wären würdig, die Königskrone zu tragen.[58] Ich habe zeitlebens keinen Fehler an ihm entdecken können.)

An seinem Hofe lebten – kürzer oder länger – außer Reinmar von Zweter und dem Tannhäuser vielleicht noch Hermann der Damen und einige thüringische Dichter, die in Meißen mit den Liedern Heinrichs von Morungen Bekanntschaft gemacht haben könnten. Daraus würde sich die nordthüringische Morungen-Tradition erklären. Man hat auch daran gedacht, dass die aus Sachsen stammenden Dichter „der Meißner" und Heinrich von Meißen (genannt „Frauenlob") ihre poetische „Ausbildung" möglicherweise am Hofe Heinrichs des Erlauchten erhielten, ehe sie bei anderen Herren ihr Glück suchten.

Das Besondere an Heinrich ist, dass er nicht nur seinen Hof in Meißen (nach ca. 1250 dann vor allem in Dresden, Grimma und Tharandt) zum bedeutendsten literarischen Zentrum Deutschlands im 13. Jahrhundert gemacht hat, sondern dass er darüber hinaus selbst dichtete und komponierte.

Die Überlieferung kennt von ihm sechs Lieder, die in der Tradition des höfischen Minnesangs stehen und in denen sich der mächtige Fürst in der Rolle eines um Minne dienenden und flehenden Liebhabers versteht (der – ungeachtet dreimaliger Verheiratung – einer fiktiven Dame huldigte, wie im Minnesang gebräuchlich). Dichterisch ist er an Morungen und Walther von der Vogelweide geschult.

Die Kompositionen Heinrichs waren geistliche Stücke. Ein „Kyrie eleison" und ein „Gloria in excelsis deo" schickte er nach Rom, und Papst Innozenz IV., nachdem er sich vom Wohlklang dieser Musik überzeugt hatte, erteilte in einer Bulle vom 23. Januar 1253 die Genehmigung zu ihrer Verwendung in allen Kirchen der markgräflichen Lande.[59]

Heinrich spielt aber auch noch in anderen literarischen Zusammenhängen eine Rolle. In der zweiten Hälfte des 13. Jahrhunderts entstand in der Landgrafschaft eine Weltchronik (nach den Eingangsworten „Christherre-Chronik" genannt), in der drei Gönnerzeugnisse einen Hinweis auf einen thüringischen Landgrafen enthalten: „min here lantgreve Heinrîch von Duringen, der vurste wert; von Duringen dem Herren mîn; mîn herre, der lantgreve Heinrîch". Seinen eigenen Namen nennt der Dichter, der den Auftrag eines Gönners ausführt, nicht. Welcher Landgraf kommt dafür in Frage? Der Germanist Kurt Gärtner hat die möglichen Kandidaten durchgemustert und findet es am wahrscheinlichsten, dass Heinrich der Erlauchte hinter dem Auftrag an den Dichter steht. Er dürfte zwischen 1250 und 1263 ausgeführt worden sein.[60]

Die beiden größten Epiker der klassischen mittelhochdeutschen Literatur, Gottfried von Straßburg und Wolfram von Eschenbach, haben Werke als Torsi hinterlassen, gewiss nicht zur Freude einer wissbegierigen, literaturbeflissenen höfischen Gesellschaft. So erklärt es sich, dass im 13. Jahrhundert Epigonen – meist im Auftrag von Gönnern – darangegangen sind, diese Werke zu vollenden. Gottfrieds Roman „Tristan und Isolde" fand Fortsetzer in Ulrich von Türheim (um 1235) und Heinrich von Freiberg/Sachsen (vollendet um 1290), Wolframs „Willehalm" ebenfalls in Ulrich von Türheim („Rennewart", um die Mitte des 13. Jahrhunderts) und in Ulrich von dem Türlin („Willehalm", zwischen 1261 und 1269, zu besserer Unterscheidung vom Germanisten Werner Schröder „Arabel" genannt). Dieser behandelt die Vorgeschichte von Wolframs Werk, der Türheimer dessen Nachgeschichte. Wolfram hat ferner ein kleines Bruchstück hinterlassen, den „Titurel", dessen Fortsetzung (der „Jüngere Titurel") von einem Dichter stammt, der sich erst gegen Ende Albrecht nennt, während er bis dahin den Eindruck zu erwecken sucht, der Text sei von Wolfram selbst. Dieser Albrecht hat es fertig gebracht, aus Eschenbachs lediglich 170 vierzeiligen (Titurel) Strophen einen umfänglichen Roman von 6207 Strophen zu machen!

Der Fortsetzer nennt drei fürstliche Auftraggeber für sein Werk, freilich ohne Namen anzugeben: „wer si sin, des darf mich nieman vragen"[61] (Um wen es sich handelt, danach sollte mich niemand fragen.). Gegen Ende des Werkes heißt es dann:

Wer dise fursten waeren, der wil ich gerne swigen.
si lant sich niht vermaeren, wan ich ir gabe nimmer darf genigen.
si sint der mitte wol uf duetscher terre
und sint der kerge nahen: diu milte, diu hat in gehuset verre![62]

(Über diese Fürsten sage ich lieber nichts. Sie sind nicht wert, dass man Rühmliches über sie berichtet, für ihren Lohn weiß ich ihnen keinen Dank. Sie leben in Deutschlands Mitte, dem Geize eng benachbart. Freigebigkeit hat bei ihnen keine Bleibe gefunden.)

Um welche drei Fürsten in Mitteldeutschland es sich dabei handelte, ist in der germanistischen Forschung umstritten. Walter Röll hat sie am Hofe Albrechts II. von Sachsen-Wittenberg gesucht[63]; von Helmut de Boor stammt die These, es seien Heinrich der Erlauchte und seine beiden Söhne, Dietrich und Albrecht (der

Burgen, Burgherren und mittelalterliche Literatur

80. Landgraf Hermann I. mit seiner Gemahlin Sophia (oben) und den Teilnehmern des sagenumwobenen Sängerwettstreits (unten), Miniatur in der Großen Heidelberger Liederhandschrift, um 1300 bis 1330/40

Entartete), gemeint.⁶⁴ Das Zitat vom Schluss des Werkes muss so verstanden werden, dass der Dichter seine Arbeit abbrach, weil er sich von seinen Auftraggebern nicht angemessen entlohnt fühlte. Ein solcher Gönnerwechsel stellt in der mittelhochdeutschen Literatur keinen Einzelfall dar. Wenn die Annahme von de Boor richtig ist, könnte der Grund für den Abbruch der Dichtung Albrechts in dem Familienstreit zwischen Heinrich dem Erlauchten und seinen Söhnen liegen, der das Interesse an dem Riesenwerk zum Erliegen kommen ließ.

Auf Vermutungen ist man auch im Blick auf die Jenaer Liederhandschrift angewiesen, die sich gegenüber anderen Liedersammlungen, die nur Texte bieten, durch die Melodien auszeichnet. Zwar erfolgte die Zusammenstellung wahrscheinlich in Wittenberg im Auftrag des Askaniers Rudolf I., aber es bestehen keine Zweifel daran, dass ein Gutteil ihres Bestandes aus dem Kreis des Meißener Hofes stammt.⁶⁵

Der Sängerhof wird Dichtung –
noch einmal Landgraf Hermann I. von Thüringen

Unter den Namen „Klingsor von Ungerlant" in der Großen Heidelberger Liederhandschrift (um 1300–1330/40) sowie „Der von Ofterdingen" und „Her Wolfram" in der Jenaer Liederhandschrift (um 1330/40) ist jeweils eine Reihe unabhängig voneinander entstandener Spruchgedichte überliefert, deren älteste wahrscheinlich um 1239 im ostmitteldeutsch-thüringischen Raum entstanden.⁶⁶ Die namentliche Zuordnung in den benannten Handschriften reflektiert dabei wohl eher den Inhalt als die Verfasserschaft der wahrscheinlich anonym geschriebenen und erst durch spätere Bearbeitungen in einen Zusammenhang gebrachten Dichtung. Am Anfang steht das 24 Strophen umfassende „Fürstenlob", welches einen Sängerwettstreit am Hof Landgraf Hermanns I. von Thüringen beschreibt. Dies war der Anlass dafür, dass der Zyklus im 19. Jahrhundert die Bezeichnung „Wartburgkrieg" bekam.

Darin heißt es aus der Sicht der Sänger, dass der Thüringer Fürst sie für ihren Dienst entlohnt und im Gegenzug ihren Lobpreis erfährt.⁶⁷ Auch sie haben also ihre Gönner. Rückblickend wird Hermann I., dem großen Dichterfreund, gehuldigt von denen, die sich nun „Meister" (der Sangeskunst) nennen und ihrer Zunft eine historische Dimension, d. h. eine für das Mittelalter so wichtige Tradition, geben wollten. Eine Entstehung des Gedichts wird um 1260/70 angenommen, weil sich unter den Laudatoren Reinmar von Zweter findet, der schätzungsweise zwischen 1250 und 1270 gestorben sein dürfte. 1289 wusste der Dominikaner Dietrich von Apolda vom Sängerkrieg.⁶⁸ Wer als Auftraggeber hinter dem „Fürs-

81. Der Sängerkrieg, Fresko im „Sängersaal" der Wartburg, Moritz von Schwind, 1853/55

tenlob" steht, ist nicht bekannt, aber man vermutet, dass es einer war, der sich vom Ruhm eines Vorfahren erhoffte, dass von diesem ein Lichtstrahl auf ihn selbst falle. Im Blick auf die höfische Prachtentfaltung und die literarischen Interessen käme da Hermanns Enkel, Heinrich der Erlauchte, in Betracht. Dazu könnte passen, dass Reinmar von Zweter, der sich eine Zeitlang am Meißener Hof aufgehalten hat, in die Reihe der Wettstreiter geraten ist. Da sich im Gedicht auch ein Graf von Henneberg unter den zu rühmenden Fürsten findet, wäre denkbar, dass zusammen mit Heinrich, der als Kind am Henneberger Hof lebte, dessen Halbbruder Hermann I. von Henneberg als Initiator anzusehen ist.[69]

Die thüringische Geschichtsschreibung des Spätmittelalters hielt das Ereignis „Sängerkrieg" für historisch wahr und datierte es auf die Jahre 1206/07. Beweise für ein tatsächliches Geschehen gibt es jedoch nicht. Wahrscheinlicher ist, dass sich Wirklichkeit und Sage vermischten und zur Verklärung des Landgrafenhofes beitrugen. Aus dem 13. Jahrhundert nur fragmentarisch überliefert, fand der Stoff im 14. und 15. Jahrhundert eine weite Verbreitung.[70] Eine klare Lokalisierung bietet die ältere Überlieferung nicht, erst im Spätmittelalter wurde die Geschichte eindeutig auf der Wartburg verortet[71]. Davon ausgehend, blieb das berühmte Mäzenatentum Landgraf Hermanns I. in zahlreichen Variationen der Erzählung bis heute lebendig.

MANFRED LEMMER †

Der Sängerkrieg auf der Wartburg

Am Hofe des Landgrafen Hermann von Thüringen hatten sich sechs edle und tugendsame Männer zusammengefunden, die hübsche Lieder dichten konnten. Sie erfanden ebenso neue Gesänge, mit denen sie im Wettstreit gegeneinander antraten. Und weil dieser Sängerwettstreit auf der Wartburg über Eisenach geschah, so heißt man ihn noch heute den Sängerkrieg auf der Wartburg.

Der erste Sänger hieß Heinrich Schreiber und war ein guter Ritter; der zweite Walther von der Vogelweide; der dritte Reinhart von Zwetzen, auch Reinmar Zweter genannt; der vierte Wolfram von Eschenbach; diese waren alle ritterbürtige Mannen und gute Wappner. Biterolf, der fünfte, gehörte zu der Landgräfin Dienerschaft und der sechste, Heinrich von Ofterdingen, war ein Bürger der Stadt Eisenach aus einem frommen Geschlecht.

In ihrem Wettkampf priesen sie laut das Lob guter Fürsten und vornehmlich das des gastlichen und kunstsinnigen Landgrafen Hermann. Nur Heinrich von Ofterdingen lobte in seinem Gesange den Herzog von Österreich und hob ihn hoch über alle anderen Fürsten. Da entbrannte der Streit unter ihnen so hart, dass sie beschlossen, der Verlierer solle sofort dem Scharfrichter übergeben werden.

Nun sangen alle gegen Heinrich von Ofterdingen, denn sie hassten ihn, waren neidisch auf seine Kunst und hätten ihn gern vom Hof vertrieben. Ofterdingen verglich den Herzog von Österreich mit der Sonne und gestand allen anderen Fürsten nur den Glanz der Sterne zu. Die übrigen Sänger aber erhoben den Landgrafen von Thüringen über alles und nannten ihn den Tag, dem die Sonne erst nachfolge. Endlich schien die Überzahl zu siegen, fünf gegen einen, und Ofterdingen rief sehnsuchtsvoll nach dem Meister aller Sänger, nach Klingsor von Ungarnland. Denn dieser, so meinte er, würde seine Meisterschaft und die Tugendhaftigkeit des Österreichers bezeugen.

Doch die anderen Sänger wollten auf der Stelle Ofterdingens Tod und riefen den Scharfrichter. Daraufhin floh Heinrich von Ofterdingen zu der Landgräfin und bat um ihren Schutz. Die Fürstin aber forderte alle auf, Gerechtigkeit walten zu lassen. Und so beschloss man, dass Ofterdingen Meister Klingsor rufen solle. In Jahresfrist wollte man sich dann wieder treffen und sich dem Urteilsspruch des großen Magiers beugen. [...]

So geschah es dann nach einem Jahr zur Wartburg auf dem Ritterhaus. Klingsor sprach, dass der Tag von der Sonne komme, und wenn die Sonne die Erde nicht beleuchte, so wäre kein Tag. Mit diesen weisen Worten zeigte er, dass Heinrich von Ofterdingen keinesfalls verloren hatte und sühnte gütlich ihren Streit.[72]

Anmerkungen

1 Der Beitrag stellt eine überarbeitete, auf die Thematik „Neuenburg/Thüringer Landgrafenhof" ausgerichtete, gekürzte Fassung der Aufsatzfolge „Burgen, Burgherren und mittelalterliche Literatur" von Manfred Lemmer dar. Diese erschien in vier Teilen in: Burgen und Schlösser in Sachsen-Anhalt 8 (1999), S. 6–24; 9 (2000), S. 8–27; 11 (2002), S. 8–28; 13 (2004), S. 7–30.
Der am 27. Juli 1928 geborene Hallenser Altgermanist und Philologe Professor Dr. Manfred Lemmer gehörte zu den herausragenden Wissenschaftlern seines Fachs. Hauptgegenstand seiner Forschungen waren die deutsche Literatur des Mittelalters und der Frühen Neuzeit sowie die Sprachwissenschaft. In zahlreichen Studien widmete sich Manfred Lemmer der regionalen Literatur-, Sprach- und Kulturgeschichte. Zugleich agierte er als brillanter Vortragender weit über die Grenzen der Martin-Luther-Universität Halle–Wittenberg hinaus. Mit der Neuenburg war Manfred Lemmer eng verbunden: einerseits durch den wissenschaftlichen Gegenstand, z. B. die Beschäftigung mit Heinrich von Veldeke oder dem Musenhof Landgraf Hermanns I. von Thüringen, andererseits unterstützte er den Wiederaufbau der verfallenen Burg nach 1989 und hielt auch einen der ersten Vorträge auf Einladung des neu gegründeten Vereins zur Rettung und Erhaltung der Neuenburg e. V., dem er sein Manuskript zur Veröffentlichung überließ (Die Neuenburg in Geschichte, Literatur und Kunst des hohen Mittelalters [= novum castrum. Schriftenreihe des Vereins zur Rettung und Erhaltung der Neuenburg e. V. Heft 2]. Freyburg (Unstrut) 1993). So lag es nur nahe, Manfred Lemmer um einen Beitrag in der nunmehr vorliegenden Neuenburg-Monografie zu bitten, der den Titel „Der »Thüringische Musenhof« und seine Wirkung auf die höfische Literatur in Mittel- und Nordostdeutschland" tragen sollte. Geistig hellwach, noch mit vielfältigen Forschungsthemen befasst, hinderten Krankheit und Alter Manfred Lemmer zunehmend an der Realisierung. Noch im Januar 2009 wurde vereinbart, eine „neuenburgspezifisch" ausgerichtete Überarbeitung der Aufsatzfolge „Burgen, Burgherren und mittelalterliche Literatur" gemeinsam zu erstellen und so das Thema erstmals zusammengefasst zu publizieren. Dies verhinderte leider der Tod Manfred Lemmers am 2. Februar 2009. Der vorliegende Beitrag wurde für den Druck von Jörg Peukert überarbeitet.

2 Grimm, Wilhelm: Freidank. 2. Ausgabe. Göttingen 1860, 121, 12–13.

3 Für Thüringen vgl. Lemmer, Manfred: Die Burgen und Städte der Landgrafen von Thüringen als Stützpfeiler ihrer Macht. In: Festschrift zur 825-Jahr-Feier der Runneburg in Weißensee (= castrum wiszense. Schriftenreihe des Vereins zur Rettung und Erhaltung der Runneburg in Weißensee/Thür. e. V., Heft 2). Weißensee 1993, S. 133–149; Müller, Christine: Landgräfliche Städte in Thüringen. Die Städtepolitik der Ludowinger im 12. und 13. Jahrhundert (= Veröffentlichungen der Historischen Kommission für Thüringen, Kleine Reihe 7). Köln/Weimar/Wien 2003.

4 In den Mitteilungen der Landesgruppe Sachsen-Anhalt der Deutschen Burgenvereinigung e. V. hat Manfred Lemmer in zwei Beiträgen eine Annäherung an dieses kulturgeschichtliche Thema versucht: »Schmeckt gut / ist lustig zu essen«. Was man auf Burgen speiste. In: Burgen und Schlösser in Sachsen-Anhalt 2 (1993), S. 103–115; Die mittelalterliche Burg als Lebensraum. In: Burgen und Schlösser in Sachsen-Anhalt 4 (1995), S. 6–27.

5 Dazu Lemmer, Manfred: Literarische Quellen. In: Burgen in Mitteleuropa. Ein Handbuch. Hrsg. von der Deutschen Burgenvereinigung e. V. durch Horst Wolfgang Böhme u. a., Bd. II. Stuttgart 1999, S. 13–16.

6 Selbst die Herrscher des Reiches (Philipp, Otto IV.) mussten sich von Walther von der Vogelweide in aller Öffentlichkeit – „ze hove und an der strâze", wie es in einem Spruch heißt (76/II) – wegen mangelhafter „milte" tadeln lassen (vgl. 9/III, 8/I–10/XV, 11/II–III). Zur Werkausgabe s. Anm. 8.

7 Von einem fahrenden Spruchdichter stammt das Bekenntnis: „Man singet minnewîse dâ ze hove und inme schalle; sô ist mir sô nô nâch alder wât, deich niht von frouwen singe" (Man singt bei Hofe laut und frohgemut von der Minne. Ich brauchte getragene Kleidung als Lohn und deshalb besinge ich keine höfischen Damen.). D. h., ein Minnesänger bekommt keine materiellen Geschenke.

8 Cormeau, Christoph (Hg.): Walther von der Vogelweide. Leich, Lieder, Sangsprüche. 14., völlig neu bearb. Aufl. der Ausgabe Karl Lachmanns. Berlin/New York 1996, 9/III.

9 Kartschoke, Dieter (Hg.): Heinrich von Veldeke. Eneasroman. Mittelhochdeutsch/Neuhochdeutsch. Stuttgart 1986, V. 13 476 f.

10 Aufgrund der Titulatur Hermanns I. als „Pfalzgraf von der Neuenburg bei der Unstrut" im Epilog des Eneasromans wurde immer wieder angenommen, dass der Dichter hier auch kontinuierlich an der Vollendung seines Werks gearbeitet hat. Allerdings liefert der Epilog dafür eben keinen eindeutigen Beweis, und andere Belege existieren nicht. Zumindest aber wird mit einiger Wahrscheinlichkeit davon auszugehen sein, dass Heinrich von Veldeke im Umfeld des Hofs seines Auftraggebers arbeitete bzw. dort auftrat. Vor dem Hintergrund der fürstlichen Reiseherrschaft mit ihren wechselnden Aufenthaltsorten wären verschiedenste Wirkungsstätten Veldekes denkbar, ohne dass man sie genau benennen könnte. In Betracht käme dann auch ein zumindest zeitweiser Aufenthalt des Dichters auf der Neuenburg. (J. P.)

11 Kartschoke: Eneasroman, wie Anm. 9, V. 13 455–13 460.

12 Der Vorname „Margareta" der Gräfin von Cleve ist für die fragliche Zeit nicht nachweisbar. Es handelt sich hier um einen Zusatz aus dem 15. Jahrhundert. Ort und genauer Zeitpunkt der Hochzeit mit Landgraf Ludwig III., für die außer dem Epilog kein weiteres Quellenzeugnis bekannt ist, sind nicht eindeutig überliefert. Aufgrund verschiedener Untersuchungen datiert man sie in die Jahre 1174 oder 1175; die Überlegungen zur Lokalisierung verweisen eher auf den Herrschaftsbereich der Ludowinger als auf Cleve. Insgesamt ist die Entstehungsgeschichte des Eneasromans in der Forschung ein viel diskutierter Gegenstand. Aktuelle Positionen finden sich bei Bastert, Bernd: Dô si der lantgrâve nam. Zur Genese des Eneas-Romans. In: Zeitschrift für deutsches Altertum und deutsche Literatur 123 (1994), S. 253–273, und Hahn, Reinhard: unz her quam ze doringen in daz lant. Zum Epilog von Veldekes Eneasroman und den Anfängen der höfischen Dichtung am Thüringer Landgrafenhof. In: Archiv für das Studium der neueren Sprachen und Literaturen 237 (2000), S. 241–266. Eine Zusammenfassung bietet auch Peukert, Jörg: Der Fürst der Dichter – Landgraf Hermann I. In: Burg und Herrschaft. Die Neuenburg und die Landgrafschaft Thüringen im hohen Mittelalter. Beiträge zur Ausstellung. Hrsg. vom Museum Schloss Neuenburg und dem Verein zur Rettung und Erhaltung der Neuenburg e. V. Freyburg (Unstrut) 2004, S. 102–121 und S. 190-193. (J. P.)

13 Diese Annahme stützte sich auf einen Brief Landgraf Ludwigs II. an den französischen König Louis VII. aus dem Jahre 1162, darin er die Absicht geäußert haben soll, seine Söhne zum Studium nach Paris zu schicken. Dazu Brandt, Wolfgang: Hermann I. von Thüringen in Paris? Abbau einer germanistischen Legende. In: Festschrift für Friedrich von Zahn. Bd. II. Köln/Wien 1971, S. 200–222.

14 Die „Alphabetisierung" des Adels ist ein Vorgang, der sich im 12. Jahrhundert allmählich vollzog. König Konrad III. (1138–1152) soll die Meinung vertreten haben: „rex illiteratus est quasi asinus coronatus" (Ein König, der nicht lesen und schreiben kann, gleicht einem gekrönten Esel.). Auch Barbarossa wird in den „Friderici gesta metrice" als „imperator literatus" gerühmt.

15 Krohn, Rüdiger (Hg.): Gottfried von Straßburg. Tristan und Isolde. Stuttgart 1980. V. 4738–4743.

16 Keiner unserer Dichter erwähnt die Wartburg; es ist nur die Rede vom „hof ze Düringen" und von Eisenach (Caesarius von Heisterbach schreibt sogar „in castro Ysennacke".). In der Stadt, die den Charakter eines ludowingischen Herrschaftszentrums erlangt hatte (ohne dass dadurch die Reiseherrschaft aufgehoben gewesen wäre), lag der „Steinhof", auch „Landgrafenhof" genannt. Er wurde bis 1741/42 noch benutzt und erst dann niedergelegt. – Ernst Badstübner hat sich jüngst ebenfalls für eine städtische Hofhaltung ausgesprochen: „Vielleicht ist er [der Wartburgpalas] auch für längere Zeit unbenutzt geblieben. Man hatte für das Hofleben und -zeremoniell inzwischen die ‚Steinhäuser' in der Stadt Eisenach." (Badstübner, Ernst: Der Palas der Wartburg als Festarchitektur. In: Forschungen zu Burgen und Schlössern. Bd. 5. München/Berlin 2000, S. 9–13, hier S. 12). Dazu auch Strickhausen, Gerd: Die Baupolitik Landgraf Ludwigs II. von Thüringen und die Bedeutung des Palas der Wartburg. In: Ebd., S. 71–90. Ausführlicher zu dem Problem bereits Lemmer, Manfred: Die Wartburg – Musensitz unter Landgraf Hermann I.? In: Deutsche Sprache und Literatur in Mittelalter und früher Neuzeit. Heinz Mettke zum 65. Geburtstag. Wissenschaftliche Beiträge der Friedrich-Schiller-Universität Jena. Jena 1989, S. 113–129.

17 Werkausgabe Frommann, Karl Georg (Hg.): Herbort's von Fritslâr. Liet von Troye (= Bibliothek der gesammten deutschen National-Literatur 5). Quedlinburg/Leipzig 1837. Nachdruck: Amsterdam 1966.

18 Die Identifikation des Dichters ist unsicher. Möglicherweise handelt es sich um einen zwischen 1189/90 und 1193 urkundlich bezeugten Halberstädter Domherren oder eben um einen Chorherren des Stifts Jechaburg bei Sondershausen, der im Zeitraum von 1217 bis 1251 als „albertus scolasticus" in einigen Urkunden erwähnt wird. Der Dichter selbst bezeichnet sich lediglich als einen Sachsen, der in Halberstadt geboren wurde. Im Fall des Halberstädter Domherren müsste aufgrund der genauen Lokalisierung im Prolog davon ausgegangen werden, dass dieser nur temporär zur Abfassung des Werks im Kloster Jechaburg weilte. Vgl. zur Problematik insgesamt Link, Heike: Die Metamorphosenverdeutschung des Albrecht von Halberstadt. In: Seidel, Andrea und Hans-Joachim Solms (Hg.): Dô tagte ez. Deutsche Literatur des Mittelalters in Sachsen-Anhalt. Dößel 2003, S. 97–112, hier S. 100 f. (J. P.)

19 Werkausgabe Bartsch, Karl (Hg.): Albrecht von Halberstadt und Ovid im Mittelalter (= Bibliothek der gesammten deutschen National-Literatur 38). Quedlinburg/Leipzig 1861. Nachdruck: Amsterdam 1966.

20 Werkausgabe Heinzle, Joachim (Hg.): Wolfram von Eschenbach. Willehalm (= Bibliothek des Mittelalters 9). Frankfurt am Main 1991.

21 Dazu Zießler, Rudolf: Die Iwein-Malereien im Hessenhof zu Schmalkalden. In: Wissenschaftliche Zeitschrift der Friedrich-Schiller-Universität Jena. Gesellschafts- und sprachwissenschaftliche Reihe 35 (1986), Heft 3/4, S. 249–260; Möller, Roland: Untersuchungen an den Wandmalereien des Iwein-Epos Hartmanns von Aue im Hessenhof zu Schmalkalden. In: Sachsen und Anhalt. Jahrbuch der Historischen Kommission für Sachsen-Anhalt 19 (1997), S. 389–453.

22 Dazu Knape, Joachim: Die mittelhochdeutsche Pilatus-Dichtung und die Literatur im Umfeld des Thüringerhofs 1190–1227. In: Jahrbuch der Oswald von Wolkenstein-Gesellschaft 6 (1990/91), S. 45–57, besonders S. 51–53.

23 Nellmann, Eberhard (Hg.): Wolfram von Eschenbach. Parzival. Übertragung: Dieter Kühn. Frankfurt am Main 2006, 297, 16–22.

24 Ebd., 297, 24–27.

25 Cormeau: Walther, wie Anm. 8, 9/V.

26 Ebd., 73/II.

27 Ebd., 8 a (Textfassung nach der Großen Heidelberger Liederhandschrift. Heidelberg, Universitätsbibliothek, Cod. Pal. Germ. 848). Hier heißt Walthers Kontrahent „Her Volcnant". (J. P.)

28 Ebd., 73/III.

29 Ebd., 55/I.

30 Ebd., 12/XV.

31 Den Namen „Wartburgkrieg" haben die Germanisten des 19. Jahrhunderts aufgebracht. Im Sängerstreit-Teil ist die Wartburg als Austragungsort gar nicht erwähnt. Erst Ende des 13./Anfang des 14. Jahrhunderts wird sie mit dem „Sängerkrieg" in Verbindung gebracht.

32 Allerdings ist Ludwig IV. in einem höfischen Epos, „Landgraf Ludwigs Kreuzfahrt", das ein Anonymus 1301 abschloss, selbst zur literarischen Gestalt geworden. Vgl. Hagen, Friedrich Heinrich von der (Hg.): Des Landgrafen Ludwigs des Frommen Kreuzfahrt. Leipzig 1854.

33 In der Großen Heidelberger („Manessischen") Liederhandschrift ist ihm der Herzogstitel beigelegt. Zentrum seiner repräsentativen Hofhaltung dürfte die Burg Anhalt über dem Selketal (Harz) gewesen sein.

34 Kraus, Carl von (Hg.): Deutsche Liederdichter des 13. Jahrhunderts. Bd. 1, Text. Tübingen 1952, 2, I.

35 Vgl. ebd., 2, II.

36 Holz, Georg, Franz Saran und Eberhard Bernoulli (Hg.): Die Jenaer Liederhandschrift. Bd. 1, Texte. Hildesheim 1966, XXII, 3.

37 Zur markgräflichen Burg Meißen und den archäologischen Funden auf dem Burgberg vgl. Dehio, Georg: Handbuch der deutschen Kunstdenkmäler. Sachsen I. Dresden/München/Berlin 1996, S. 556–558. Zum Fundament eines 1959 freigelegten Wohnturms, der 1997 als „Roter Turm" identifiziert wurde, vgl. Kobuch, Manfred: Zur Nutzung von Quellen bei der Datierung des Roten Turmes zu Meißen. In: Burgenforschung aus Sachsen 12 (1999), S. 48–52.

38 Von der Stammburg Alt-Morungen über dem Dorf Morungen bei Sangerhausen sind noch ruinöse Reste erhalten. Diese Burg, auf der der Dichter geboren ist, wurde Ende des 12. Jahrhunderts aufgegeben. Unweit davon entstand wahrscheinlich im späten 12. oder frühen 13. Jahrhundert als Nachfolgerin Neu-Morungen.

39 Zur Biografie des Dichters allgemein vgl. Tervooren, Hellmut (Hg.): Heinrich von Morungen. Lieder. Stuttgart 1992, S. 208–214. Vor dem Hauptportal der Leipziger Thomaskirche befindet sich eine Gedenktafel.

40 Es wird berichtet, dass Heinrich von Morungen auf langer Orientfahrt gewesen und sogar bis ins St. Thomas-Land („beatum Thoman in India visitavit") gekommen ist.

41 Wie es dazu kommen konnte, ist unbekannt. Die Pilgerfahrt nach St. Thomas-Land (Persien, für das nach mittelalterlichem Sprachgebrauch „India" steht) könnte mit einer Kreuzzugsbeteiligung (1197?) und seinem Eintritt ins Leipziger Thomaskloster zusammenhängen. Da man im Mittelalter afrikanische und Länder des Vorderen Orients auch mit der Sammelbezeichnung „môrlant" (Mohrenland) benannte, könnte der Anklang an den Namen Morungens ein Übriges zur Sagenbildung beigetragen haben.

42 Tervooren: Heinrich, wie Anm. 39, XXXII, 1.

43 Ebd., XX.

44 Ebd., XXXIV.

45 Ebd., VIII, 3.

46 Ebd., XXIII, 1.

47 Baesecke, Georg: Heinrich von Morungen. Liebeslieder. München o. J. (1922), S. VII.

48 Cormeau: Walther, wie Anm. 8, 4/III.

49 Ebd., 76.

50 Ebd., 52, I–V.

51 Dazu Lemmer, Manfred: Münch ze Toberlû. Anmerkungen zu Walther L 76, 21. In: Röllwagenbüchlein. Festschrift für Walter Röll zum 65. Geburtstag. Tübingen 2002, S. 43–49.

52 Cormeau: Walther, wie Anm. 8, 8 b.

53 Ebd., 76/II.

54 Ebd., 76/III.

55 Vgl. hierzu auch Lutz, Wolf Rudolf: Heinrich der Erlauchte (= Erlanger Studien 17). Erlangen 1977, S. 461 f. mit den Anm. 33–35.

56 Hagen, Friedrich Heinrich von der (Hg.): Minnesinger. Bd. 2, Teil 2. Leipzig 1838, S. 218 f., Spruch 232.

57 Steinmetz, Ralf-Henning (Hg.): Die Dichtungen des Tannhäusers. Kieler Online-Edition. Kiel 2006–2011, Nr. 6, XXVII–XXVIII.

58 Der Königsherrschaft wert zu sein, war damals ein dichterischer Topos, der für einen Fürsten ein non plus ultra an Lob zum Ausdruck bringen sollte. Walther von der Vogelweide hatte diesen ja auch schon in seinem Spruch auf Heinrichs Vater Dietrich angewendet.

59 Vgl. Lutz: Heinrich, wie Anm. 55, S. 463 f. mit Anm. 44.

60 Gärtner, Kurt: Der Landgraf Heinrich von Thüringen in den Gönnerzeugnissen der ‚Christherre-Chronik'. In: Von wyßheit würt der mensch geert […] . Festschrift für Manfred Lemmer zum 65. Geburtstag. Frankfurt am Main/Berlin/Bern/New York/Paris/Wien 1993, S. 65–85.

61 Wolf, Werner (Hg.): Albrechts Jüngerer Titurel. Bd. 1 (= Deutsche Texte des Mittelalters XLV). Berlin 1955, Strophe 64.

62 Nyholm, Kurt (Hg.): Albrechts Jüngerer Titurel. Nach den Grundsätzen von Werner Wolf kritisch hrsg. Bd. III, 2 (= Deutsche Texte des Mittelalters LXXVII). Berlin 1992, Strophe 5844.

63 Röll, Walter: Studien zu Text und Überlieferung des sogenannten Jüngeren Titurel. Heidelberg 1964, S. 64 ff.

64 Boor, Helmut de: Drei Fürsten im mittleren Deutschland. In: Festschrift für Ingeborg Schröbler zum 65. Geburtstag (= Beiträge zur Geschichte der deutschen Sprache und Literatur 95, Sonderheft). Tübingen 1973, S. 238–257.

65 Pickerodt-Uthleb, Erdmute: Die Jenaer Liederhandschrift (= Göppinger Arbeiten zur Germanistik 99). Göppingen 1975.

66 Diese sind das „Rätselspiel", ein Wettstreit zwischen Wolfram von Eschenbach und Klingsor, und „Aurons Pfennig", ein Text mit Anklagen gegen die Geistlichkeit. Auch die Kolmarer Liederhandschrift enthält Teile der „Wartburgkriegs"-Überlieferung. (J. P.)

67 Vgl. Holz, Saran und Bernoulli: Die Jenaer Liederhandschrift, wie Anm. 36, XXX a.

68 Vgl. Lemmer, Manfred (Hg.): Das Leben der heiligen Elisabeth. Von einem unbekannten Dichter aus dem Anfang des 14. Jahrhunderts. Berlin 1981, S. 8 f. mit Anm. 18.

69 Wilmans, Wilhelm: Das Fürstenlob des Wartburgkrieges. In: Zeitschrift für deutsches Altertum 28 (1884), S. 207.

70 Vgl. zum Thema generell Wachinger, Burghart: Sängerkrieg. Untersuchungen zur Spruchdichtung des 13. Jahrhunderts. München 1973.

71 Vgl. Lemmer, Manfred: »der Dürnge bluome schînet dur den snê«. Thüringen und die deutsche Literatur des hohen Mittelalters. Hrsg. von der Wartburg-Stiftung Eisenach. Eisenach 1981, S. 92.

72 Nach Richter-Heimbach, Arthur: Thüringens Sagenschatz. Quedlinburg 1912, S. 28–30. (J. P.)

Reinhard Schmitt

Die „gotische Neuenburg" –
ein geplanter Ausbau zur Residenz?

„Der Wissensstand zur spätmittelalterlichen Burg in Mitteleuropa erweist sich – von Ausnahmen freilich abgesehen – als ausgesprochen unbefriedigend. Das ist umso verwunderlicher, als die ‚Masse' der erhaltenen Bauten keineswegs dem Hochmittelalter entstammt, sondern dem Spätmittelalter und hier besonders dem 15. Jahrhundert." So lautet das ernüchternde Resümee des Burgenforschers Gerd Strickhausen in einem kurzen Beitrag zur „Burg des 15. Jahrhunderts – Bemerkungen zum Stand der Burgenforschung".[1]

Eine detailliertere baugeschichtliche Darstellung der Neuenburg zwischen dem mittleren 13. und dem frühen 16. Jahrhundert steht bislang ebenfalls aus. Über die dort seit 1985 durchgeführten Bauforschungen des Verfassers ist in zahlreichen Aufsätzen mehr oder weniger ausführlich berichtet worden. Dabei stand die Burg mit ihrer umfangreich erhaltenen Bausubstanz aus gotischer Zeit jedoch noch nie im Zentrum einer eigenen Studie. Das soll nunmehr und endlich in der hier gebotenen Kürze nachgeholt werden. Allerdings finden sich knappe Bemerkungen in einigen Aufsätzen, vor allem jedoch zusammenfassend in den Schlossführern. Außerdem behandeln zahlreiche unveröffentlichte Dokumentationen zu einzelnen Gebäuden der Burg die fragliche Zeit anhand der archivalischen Quellen und teilweise auch der Baubefunde.[2]

Von burgenkundlicher Seite hat sich insbesondere der Architekt und Burgenforscher Hermann Wäscher mit den Bauten der Burg beschäftigt. Sein Fazit ist aufschlussreich: Er erkennt fünf Bauperioden, drei romanische, davon die dritte zwischen 1190 und 1227; die vierte Phase ordnet er erst zwischen 1552 und 1557 ein. Dieses „Verdikt über die gotische Neuenburg" hat den Forschungsstand bis in die frühen 1990er Jahre bestimmt. Immerhin stellt er fest: „Im 14. Jahrhundert wurden in der Burg einige neue Gebäude errichtet und Verstärkungen der Ringmauer durch Mauertürme vorgenommen, die aber das Bild der Burg nur unwesentlich beeinflußten." Der Text im „Handbuch der deutschen Kunstdenkmäler" von 1976 erwähnt nur die gotischen Fenster im Obergeschoss der Doppelkapelle; die ebenso großen Kreuzstockfenster im Fürstenbau werden dagegen völlig ignoriert. Der einzige Schlossführer, der

82. Schloss Neuenburg, Luftbildaufnahme von Südwesten, 1999

schon vor 1989 erschien, gibt ebenfalls keinen einzigen Hinweis auf eine gotische Bauphase.[3]

Bemerkenswert hinsichtlich der erhaltenen und eindrücklich sichtbaren mittelalterlichen Bausubstanz ist die Einschätzung des Kunsthistorikers Heinrich Bergner, der schon zu Beginn des 20. Jahrhundert bemerkte: „Der Gesamteindruck ist nicht mehr der einer mittelalterlichen Burg, sondern eines nüchternen, fast kasernenmäßigen Bergschlosses. Von den Befestigungswerken ist nur wenig, von den Wohngebäuden fast nichts aus dem Mittelalter erhalten und selbst die allgemeine Lage hat nicht unbedeutende Änderungen erlitten."[4] (s. Abb. 82)

Archivalische Quellen

Was geschah nach 1247, dem Aussterben der Ludowinger in männlicher Linie, auf der Neuenburg? Für das Jahr 1294 bekunden die chronikalischen Überlieferungen die Belagerung und Eroberung der Burg durch König Adolf von Nassau.

Brandschäden, die sich an mehreren Stellen wie Wohnbauten, Kapelle, Mauern und Türmen finden, wurden bereits mit den Ereignissen von 1294 in Verbindung gebracht. Doch irrte die Forschung des 19. Jahrhunderts: Tatsächlich fand ein Feldzug des Königs im Jahr 1296 gegen Freiberg in Sachsen und das dortige „castrum Fribergense" statt.[5] Es muss demzufolge andere Ursachen für die Schäden geben, die nicht kriegsbedingt waren und vermutlich weiter verborgen bleiben werden.

Im Lehnbuch des Markgrafen Friedrichs des Strengen von 1349/50 werden sowohl die „Nuwenburg daz sloß, hus" als auch vor und in ihr gelegene „curiae" erwähnt, die offensichtlich von Burgmannen bewohnt wurden.[6] Das dürfte sich innerhalb der Burg wohl auf Ansitze im Areal der Vorburg – etwa im Bereich des sogenannten kleinen Domänenhofes – beziehen, vielleicht aber ebenso auf einige der älteren Wohnbauten in der Kernburg entlang der Ringmauern der späteren Galerieflügel.

Bischof Friedrich von Merseburg bestätigte am 5. Juli 1375, dass die Markgrafen von Meißen, Friedrich, Balthasar und Wilhelm, ihm und der Domkirche zu Merseburg das Haus Neuenburg mit den Städten Freyburg und Mücheln gegen einen jährlichen Zins überlassen haben. Daran sollte er an Stellen, wo es nötig sei, bis zu 100 Lot Mark für Bausachen ausgeben.[7] Die Markgrafen bekannten am 2. Juli 1377 nochmals und zudem konkret, dass der Bischof 100 Schock[8] Freiberger Groschen an der Ringmauer des Schlosses Neuenburg zu verbauen habe.[9] Ob es dazu gekommen ist und auf welche Ringmauer der Burg diese zu beziehen sind, muss offen bleiben. Die Geldsumme entsprach in etwa den Geleitseinnahmen der Ämter Altenburg oder Grimma, was einen durchaus stattlichen Betrag bedeutete.[10]

Für die Jahre 1401 bis 1404 liegen die ältesten erhaltenen Amtsrechnungen vor, aus denen zumeist auf kleinere Reparaturen zu schließen ist. Wichtig sind diese historischen Quellen vor allem wegen der darin genannten Gebäude und Räume, auch wenn sich nicht alle identifizieren lassen. Erwähnt werden drei Tore und Pforten, die Hofstube, mehrere Türme (darunter der innere Turm mit einer „Dornze" genannten beheizbaren Stube und einem Gemach sowie ein weiterer, zur Stadt hin gelegener Turm mit ebenfalls einem Gemach), das Malhaus, die Ritterkemenate, ein Erker auf der Mauer, der Langstall (1401), das „innerste Tor", ein Erker an der Kemenate „pover" der Hofdornze (-stube), ein neues Torhaus am Tor zur Göhle (1402)[11], ein hoher Erker Richtung Stadt, ein neues Mühlhaus (1403) und ein Brauhaus (1404).

Seit dem 20. Juni 1401 ließ der Vogt eine neue Küche errichten.[12] Die Arbeiten erstreckten sich über die gesamte zweite Jahreshälfte bis zum 4. Dezember 1401. Erwähnt werden u. a. die Fundamente, etliche Pfeiler unter dem

Rauchfang, Mauerlatten, Balken, Schindeln, Estrich für die Küche und die Treppen. Die Summe aller Ausgaben betrug 28 Schock, 38 Groschen und 4 Denare sowie Getreide.[13]

Auch in den Rechnungen der Jahre 1408 bis 1432 werden gelegentlich Gebäude genannt[14], so 1428 eine Kemenate – ein Haus mit einer Heizung.[15] Für 1445 wird unter den geistlichen Lehen in Freyburg eine Kapelle in der Vorburg zu Freyburg angeführt. Nach verschiedenen Erwägungen ist hierbei an das spätere Vorwerk (Domäne) zu denken.[16] Einträge in den zahlreich erhaltenen, aber bislang noch nicht vollständig eingesehenen Küchen-, Reise- und Lagerbüchern der Markgrafen belegen außerdem verschiedene herrschaftliche Aufenthalte auf der Neuenburg.[17]

1447 waren die wettinischen Markgrafen Friedrich und Wilhelm, die zwei Jahre zuvor eine Landesteilung vorgenommen hatten, bei der Letzterer das Amt Freyburg erhielt, auch auf der Neuenburg gewesen.[18] Im gleichen Jahr befand sich Wilhelm in kriegerischen Auseinandersetzungen mit dem Naumburger Bischof Peter.[19] Aus dieser Zeit hat sich ein Register mit der Aufzählung von Waffen auf der Burg erhalten: Aufgelistet werden darin drei Steinbüchsen, eine Tarrasbüchse, 13 Haken- und Handbüchsen, zehn Armbrüste, fünf Tonnen Pulver, eine Tonne Hufeisen, 4000 Pfeile und 200 Büchsensteine.[20]

In den folgenden Jahren weilte Herzog Wilhelm III. häufiger auf der Neuenburg. Über jene Zeit berichten nun ebenso die zwischen 1449 und 1459 erhaltenen Amtsrechnungen.[21] Sie dokumentieren die wichtigste spätgotische Ausbauphase zumindest in Teilen unter der Rubrik „Vßgabe zcum gebuwe vff der Burg". Bereits 1449/50 wurden Schindeln zu dem Bollwerk gegenüber dem Burglehn und zu einer Torbude benötigt sowie auf dem äußersten Turm gearbeitet.[22] 1450/51 finden der Erker am hohen Stall „bie der Küchen", die Kemenate, ein Kachelofen in der Vogtei, Fenster in der Herrenstube sowie der innerste und der äußerste Turm Erwähnung.[23] Ein Jahr später mussten ein Stück Mauer an der Küche und Glasfenster in der Hofstube repariert werden.[24] 1452/53 wurden Ziegeldächer erneuert, Schindeln auf das äußerste Torhaus gebracht, ein „stugke muren mit dreyen philern" bei der Scheune ausgebessert, Geld ausgegeben „zcu de stoben vor der Cappelle" und das Gehäuse „obir dy gewelbete stobe tzu machen".[25] Im folgenden Jahr gab es erneut Bauarbeiten in der gewölbten Herrenstube.[26] 1454/55 ist die Rede von Rinnen am Kornhaus, an der hohen Kemenate und am langen Stall, vom Giebel über „mgH [meines gnädigen Herrn] Obergaden" sowie von einem Stück Mauer mit drei Pfeilern bei der „Schutt".[27] Vermutlich war mit Letzterer die wallartige Anschüttung um den Bergfried III gemeint, deren äußerster Bereich nur ein Jahr später ebenso repariert wurde wie der Turm selbst.[28]

Landgraf Wilhelm III. bekannte am 12. Oktober 1456 in einem Brief, dass er seinem Büchsenmeister Burkhardt Brunaw[29] und seinen Erben einen Hopfengarten im Burgholz zu Freyburg, den er selbst von neuem aufgerichtet hatte, ebenso das „Hinderthorhus", zu Lehen gegeben hat. Mit Letzterem ist vielleicht das äußerste (östliche) Burgtor gemeint.[30]

Neben kleinen Ausgaben in den Jahren 1456 bis 1458[31] sind dann die Angaben aus dem Rechnungsjahr 1458/59 höchst bedeutend, denn sie zeigen den Beginn umfangreicher Ausbauarbeiten in der Burg an, die mit 61 Schock und 50 Groschen zu Buche schlugen. Die Quellen dokumentieren den Umbau des Fürstenbaus, damals Große Kemenate genannt, der sich über das gesamte Gebäude erstreckte, vor allem dort die Hofstube betraf. So ist u.a. von Arbeiten im Keller und an den Gewölben, von Kachelöfen und neuen Fenstern die Rede. Auch werden Bauausführende und Handwerker namentlich bekannt: unter ihnen ein Kersten Topper, Hans Doringe, Meister Lucas, Meister Merten, Meister Nickel und Meister Peter mit ihren Gehilfen.[32] Für die Jahre 1479 bis 1485 sind nur unspezifische Ausgaben für Bausachen in Höhe von drei bis sechs Schock bzw. 26 Schock überliefert.[33] Die jüngsten – wenn man so will – spätgotischen Bauarbeiten lassen sich für das Jahr 1535 anführen. Sie umfassten die Ausbesserung der Dächer und die Erneuerung von Fenstern, „welche der grose windt zw brochen".[34]

Es war ab 1459 offensichtlich beabsichtigt, Teile des romanischen Palas und südlich angrenzende Wohnbauten grundlegend, d. h. vom Keller aufwärts, zu modernisieren bzw. neu zu errichten. Erstmals wird ein „palacium" im Jahr 1267 in den Quellen erwähnt. Dies ist äußerst bemerkenswert, weil es sich einerseits um die älteste Überlieferung eines Gebäudes in der Neuenburg handelt, und andererseits diese Bezeichnung für das repräsentativste Hauptgebäude einer Burg überhaupt sehr selten ist.[35]

Zwei weitere Quellen verdeutlichen den Zustand der Neuenburg am Ende der Gotik: Aus dem späten 15. Jahrhundert stammt eine Altartafel eines unbekannten Künstlers in der Freyburger Stadtkirche St. Marien, die oberhalb der Darstellung der heiligen Familie eine Landschaft mit einer Stadt wiedergibt (s. Abb. 119). Vermutlich handelt es sich dabei um Freyburg. Oberhalb der Stadtkirche mit zwei Westtürmen und einem Vierungsturm erhebt sich eine Burg mit zwei Türmen und weiteren Gebäuden, darunter ein hoch aufragendes. Vielleicht ist es der Palas bzw. die große Kemenate. Für Burg und Stadt wäre das Altargemälde die älteste Darstellung, die bisher bekannt geworden ist.[36]

Ein Schlossinventar vom 10. Januar 1547 erwähnt sowohl repräsentative Wohnräume als auch Wirtschaftgebäude: „Inn der grün stubenn [...] Im Neuen furstengemach [...] In der Kamer doneben [...] In der grün Kamer [...] Ins schenckn Kamer [...] In der altenn Fürstenstuben [...] In der Kamer donebenn [...] In der Kirchen [...] In der schosserey [...] In der schreiber Kamer [...] Ins Kochs Kamer [...] Ins Heuptman stubn [...]. Im Vihehoffe [...]. In der Speisekamer [...] In der Fleischkamer [...] In der Kuchen [...] Im alten Hause neben der Kuchen [...] Im Backhaus [...] Im Kelterhaus [...] Im Bir Keller [...] Im gerhause [...] Im altenn Keller [...] Im Wagenstall [...] In der alten Hoffstuben [...] Inn der Fuchsstubn [...] In scheunen [...]." Zur Wohnung des Schossers[37] Valentin Schillingstädt gehörten demnach eine Stube, eine Küche und eine Scheune."[38] Leider sind in jüngeren Quellen, so aus den Jahren 1646 und 1655/56 keine weiterführenden Angaben zu den im Schlossinventar von 1547 benannten herrschaftlichen Wohnräumen zu finden.[39]

Fazit

Abgesehen von der Erwähnung des Palas (1267) und der Ringmauern (1375/77) enthalten die bruchstückhaft überlieferten Amtsrechnungen des 15. Jahrhunderts wertvolle Hinweise zu den wichtigsten Gebäuden der Burg: den Ringmauern, den Toren samt Torhäusern, den Türmen, der Kapelle, den Wohnbauten (Ritterkemenate, Kemenate, Hofstube, Malhaus, Große Kemenate), der Küche, zu Ställen, Scheunen, einem Kornhaus und einer weiteren Kapelle in der Vorburg. Das Inventar von 1547 ist in der Bau- und Raumfolge erstmals überhaupt etwas genauer: Neben repräsentativen Gemächern im Fürstenbau und im romanischen Wohnturm II neben dem Tor sowie der Kirche werden die Schosserei und Wirtschaftsbauten in der Kern- und in der Vorburg aufgezählt. Vollständig sind diese Angaben indes nicht. Sie bezeugen jedoch die hervorgehobene Bedeutung der genannten Bauten und Räume. Vier Jahre zuvor wurde im dritten Obergeschoss des Wohnturmes II ein Renaissanceportal eingebaut und der Raum somit aufgewertet.

Bauten

In den Jahren um 1459/68 war die Neuenburg eine Großbaustelle: Südlich des romanischen Palas entstand die „Große Kemenate". Der Wohnturm II und die Latrinenanlage von 1215/27 wurden umgebaut, ebenso das Torhaus, mehrere Stallgebäude im westlichen Burghof wahrscheinlich über romanischen Bauten neu errichtet. Einige Baumaßnahmen reichen jedoch schon bis an den Anfang des Jahrhunderts zurück. Im Folgenden sollen die wichtigsten Gebäude und die

Die „gotische Neuenburg"

83. Neuenburg, Kellergeschoss, Bestandsgrundriss mit Markierung der in gotischer Zeit errichteten Mauern (kein Bauphasenplan)

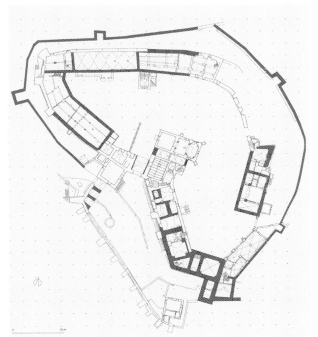

84. Neuenburg, Erdgeschoss, Bestandsgrundriss mit Markierung der in gotischer Zeit errichteten Mauern (wie Abb. 83)

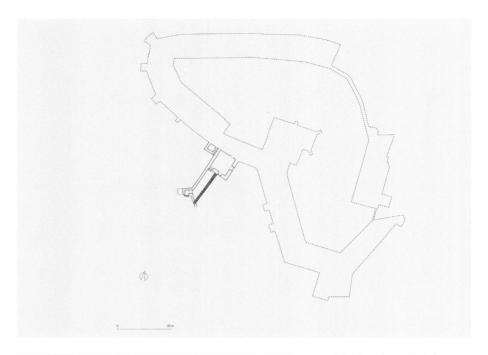

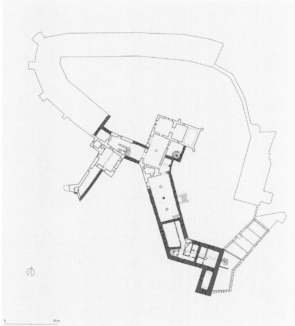

85. Neuenburg, Zwischengeschoss I, Bestandsgrundriss mit Markierung der in gotischer Zeit errichteten Mauern (wie Abb. 83)

86. Neuenburg, Zwischengeschoss II, Bestandsgrundriss mit Markierung der in gotischer Zeit errichteten Mauern (wie Abb. 83)

Die „gotische Neuenburg"

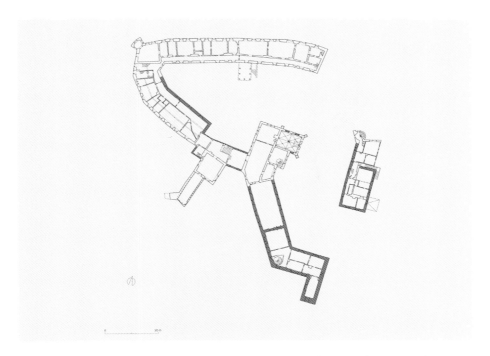

87. Neuenburg, Obergeschoss, Bestandsgrundriss mit Markierung der in gotischer Zeit errichteten Mauern (wie Abb. 83)

dort in der Gotik nachweisbaren Baumaßnahmen vorgestellt werden. Die beigefügten Grundrisse aller Geschosse verdeutlichen, in welchem Umfang gotische Um- und Neubauten vorgenommen worden sind (s. Abb. 83–87).

Ringmauern

Die meisten Abschnitte der Kernburgmauern stammen noch aus romanischer Zeit. In der Nordwand des nördlichen Galerieflügels findet sich etwa in der Mitte ein Mauerrücksprung, von dem aus die nach Osten ziehende Mauer in gotischer Zeit erneuert wurde. Auch die Südwand des südlichen Galerieflügels ist damals teilweise modernisiert worden. In diese Phase gehört ebenso der östliche Strebepfeiler. Das Areal des Brunnenhofes war schon seit dem Bau des spätromanischen Wohnturmes II um 1215 +/- 5 bzw. dem Anbau der Latrinenanlage um 1226/27 der Südostseite der Kernburg vorgelagert. Teile dieser Außenmauer, einer frühen Zwingermauer, sind in der Gotik erneuert worden; dazu dürften gleichfalls die meisten der Strebepfeiler gehören. An Stelle des barocken Jägerhauses könnte sich eine Streichwehr, eine vorgelagerte Befestigungsanlage, befunden haben.

Unter der Voraussetzung, dass die heutige Küchenmeisterei ab 1401 als neue Burgküche errichtet worden ist, muss zuvor mindestens die hofseitige innere Ringmauer aus romanischer Zeit beseitigt worden sein, vielleicht aber auch die auf dem dortigen Wall befindliche äußere Mauer, deren Verlauf nur nördlich der Küchenmeisterei einigermaßen genau bekannt ist. Sollte diese damals ebenfalls abgetragen worden sein, wäre unklar, wie die Lücke bis zum späteren Osttorhaus

88. Neuenburg, Osttorhaus mit Vortor, Blick von Osten, 2011

geschlossen worden ist. Das trifft ebenso auf die Zeit nach Errichtung der Großen Kemenate mit dem Osttorhaus ab etwa 1467/68 zu.

Erst mit dem Bau einer Zwingermauer, die die Kernburg im Südwesten, Westen, Norden und Osten bis ans Osttorhaus umzog, erhielt die Neuenburg eine nahezu ringsum geschlossene moderne Befestigung mit mindestens vier vortretenden Schalentürmen. Eine Datierung aller Baumaßnahmen an den Ring- und Zwingermauern war bisher nicht möglich. Es wäre sowohl eine Entstehung in der zweiten Hälfte des 14. Jahrhunderts denkbar (wie zum Beispiel auf Burg Kapellendorf), als auch eine im Laufe des 15. Jahrhunderts.[40] Wenn man aber berücksichtigt, dass der östliche Zwinger erst nach etwa 1468 angelegt worden sein kann,

89. Neuenburg, Osttorhaus, Südgiebel mit Konsolsteinen der beiden Latrinenerker, Blick von Südwesten, 1993

dürfte von einer Erweiterung, Verstärkung und Modernisierung der Neuenburg mit umfänglichen Zwingermauern im dritten Viertel des 15. Jahrhunderts auszugehen sein. Dem scheinen aber die ausgesprochen schlichten Schießscharten ohne Verwendung von Hakenbüchsen zu widersprechen; Prellhölzer fehlen überall. Eine Klärung war bisher nicht möglich. An welcher Stelle 1375/77 gebaut werden sollte, muss ebenfalls offen bleiben.

1454/55 erfolgte eine Reparatur an einem Stück Mauer bei der „Schutt". Die Ostmauer des barocken Jagdzeughauses von 1668 saß darauf mit drei Pfeilern auf.[41] 1455/56 wurde die äußerste „Schutt" selbst instandgesetzt. (s. Abb. 110).

An der für die erste romanische Bauphase mauerlosen Nordwestecke der Burg könnte der Turm gestanden haben, der zu 1401 als in Richtung Stadt gelegen erwähnt wird. Die beiden anderen Bergfriede waren gegen die Feldseite der Burg gerichtet.

Osttor

Das heute sogenannte Osttorhaus mit spitzen Torbögen besteht aus zwei Bauteilen: dem westlichen Kernbau, der mit dem südöstlichen Teil des gotischen Fürstenbaues baueinheitlich errichtet und von einem Fachwerkgeschoss mit

90. Neuenburg, Brunnenhof mit Westtorhaus, Wohnturm II, Torhaus und Fürstenbau (von links), Blick von Südosten, 2011

Dachtürmchen bekrönt wurde, sowie einem nachträglich davor gebauten Vortor mit Zinnen und einer Schießscharte südlich des Torbogens (s. Abb. 88). Letzteres entstand im unmittelbaren Zusammenhang mit dem Bau der Zwingermauern. Die beiden Torfahrten sind überwölbt – die des Kerntores mit einer Quertonne, die des Vortores mit einem Kreuzgratgewölbe. Beide besitzen keine Fußgängerpforten. Der die Torangeln aufnehmende Balken datiert in die Jahre 1428 +/- 3[42], ist also ein wiederverwendetes Stück Holz.

Unter dem Kerntor steht der Fels sehr hoch an, so dass hier nie ein Graben existierte – das Vortor dürfte demzufolge alsbald hinzugefügt worden sein. Vor ihm senkte sich ein tiefer Graben.

Aus dem Kernbau kragten auf der Südseite des zweigeschossigen Torhauses zwei Latrinenerker aus (s. Abb. 89). In der Südwand haben sich mehrere Rüstlöcher[43] sowie romanische Spolien erhalten. Der untere Erker wurde erst nach 1840 abgebrochen; in seiner Mauernische befindet sich noch originaler Wandputz.

Der steinerne Stufengiebel ersetzt seit 1852 den Fachwerkaufsatz mit Dachtürmchen. Das Giebelmauerwerk selbst ist mittelalterlich und besitzt drei bauzeitliche Rechteckfenster.

Torhaus zur Kernburg (s. Abb. 90)

Das gotische Tor zur Kernburg erhebt sich über Resten des romanischen Vorgängers, die teilweise als vorspringendes Fundamentmauerwerk im Torgewölbe zu sehen sind. Damals wurde das Laufniveau um ca. 0,30 Meter abgesenkt. Der unmittelbar über dem Torgewölbe gelegene Raum weist im Norden und Süden Rechteckfenster mit einfachen Kehlprofilen auf, wie sie ebenfalls am 1462/63 ausgebauten Westtorhaus anzutreffen sind. Gewiss kann hieraus auf die Errichtung dieses Tores im mittleren 15. Jahrhundert geschlossen werden. Die Holzdecke wird von einem Unterzug getragen, dem jedoch die untere Profilierung fehlt. Da dieser aber ringsum von gotischem Wandputz umzogen ist, war er nie anders gestaltet. Nach Osten erreichte man über eine gotisch erneuerte Tür den Palas. Die Anbindung der westlich gelegenen Räume ist durch den Einbau des barocken Treppenhauses von 1714 gestört.

Der Fachwerkaufbau im Obergeschoss[44], der etwa 1459/60 ausgeführt wurde, enthält eine hölzerne Stube, die aufgrund ihrer Konstruktion zu den in Burgen seltenen „Blockstuben"[45] zu zählen ist und bei Reparaturarbeiten um 1973 freigelegt wurde. Dem Schicksal der Burg bis 1989 geschuldet, blieb dieser Bauzustand nahezu unverändert erhalten (s. Abb. 91).[46] Die Feuerstelle ihrer Ofenheizung war auf der Hofseite über einen Treppenturm, in dem sich unten noch heute

91. Neuenburg, Torhaus, Obergeschoss, Blockstube, Blick von Osten, 1996

ein Hundezwinger befindet, und eine hölzerne Galerie erreichbar. Zum Brunnenhof hin öffnete sich die Stube in einen Erker, der von einer hohen Spitze bekrönt war. Reste dieses 1822 beseitigten Türmchens haben sich im Dachwerk erhalten. Der Zugang zur Blockstube muss in der Westwand gelegen haben, denn im östlich angrenzenden Raum des Palas, dem heutigen „Kirchsaal", existierte damals ein deutlich anderes Fußbodenniveau. Ein mehrfach profilierter Unterzug stellte die aufwendigste architektonische Gliederung des Raumes dar. Nur wenige Farbreste ließen sich an einigen Deckenbrettern feststellen. Durch die Neuausmalung im mittleren 16. Jahrhundert sind die meisten Spuren verwischt.

Der 1459/60 geschaffene Raum mit Erker zum Vorhof steht beispielhaft für damals neu geschaffene Wohnraumqualitäten, die heute zumeist nicht mehr nachvollziehbar sind.

Gebäude zwischen Torhaus und südlichem Galerieflügel (s. Abb. 92)

Zwischen dem Torhaus und dem südlichen Galerieflügel erstrecken sich mehrere Räume in drei Geschossen, zwei davon in Stein und teilweise aus romanischer Zeit stammend, das obere mit einer Fachwerkwand, die sich über alle älteren Bauteile erhebt und um 1459/60 errichtet wurde. Allerdings gibt es eine deutliche Baufuge zwischen der Wand oberhalb des spätromanischen Mauerwerks und dem

Abschnitt über der spätgotischen Aufmauerung westlich davon. Das Dachwerk zeigt ebenfalls diese Trennung und ist vollständig in der ursprünglichen Konstruktion erhalten. Es besteht aus einem Kehlbalkendach mit liegendem Stuhl über dem Torhaus und einem stehenden Stuhl über dem westlich angrenzenden Dachwerk. An den Balken finden sich zahlreiche Kritzeleien, zumeist aus der Neuzeit. Nach Westen zu zeigen sich in Höhe des Dachgeschosses mächtige Konsolsteine, die die Dachkonstruktion über der Ostwand des Stallgebäudes im südlichen Galerieflügel tragen.

In einen romanischen Raum öffnet sich vom Hof eine spitzbogige Tür. Zum gotischen Bauabschnitt gehören ein weiteres Tonnengewölbe daneben und im Erdgeschoss darüber ebenfalls eine Tonne mit einer Tür zum Hof und einer Treppe nach oben zum dritten Obergeschoss des Wohnturmes II sowie ein kreuzgratgewölbter Raum im Bereich der barocken Treppe. Deren Reste wurden 2002 freigelegt. Einzelne Fundament- bzw. Mauerzüge stehen in unmittelbarem baulichem Zusammenhang mit der Ostwand des Stalles im südlichen Galerieflügel.

Unstrittig existierten in diesem Bereich westlich des Tores seit der Zeit um 1100 Wohnbauten, die zunächst mit einer einfachen Mauerlatrine und später mit einem aufwendigen Latrinenturm versehen waren. Die spätgotischen Umbauten schufen offensichtlich modernere Wohnqualitäten wie sich auch am Wohnturm II zeigen lässt.

92. Neuenburg, Torhaus (links) und Gebäude zwischen diesem und dem südlichen Galerieflügel (rechts), Blick von Norden, 2011

Wohnturm II (s. Abb. 93)

An der Nordostecke des Wohnturmes wurde in den 1990er Jahren ein Putzfragment mit der Darstellung eines Kruzifixes entdeckt, das älter als der Bau der Blockstube von 1462/63 sein muss. Vermutlich gehörte es zu einer älteren hölzernen Galerie an der Ostwand des Turmes.

Zeitgleich mit dem umfassenden Ausbau der Großen Kemenate im Bereich des Fürstenbaues ist der Wohnturm gründlich modernisiert worden. Sämtliche Deckenbalken wurden damals ausgetauscht; sie datieren alle in die Jahre 1462/63. Weshalb diese Maßnahme erforderlich war, ist unklar: Vielleicht gab es gravierende Holzschäden? Zuvor waren die beiden romanischen Kamine beseitigt worden, ohne dass es in diesen Räumen Belege für neue Öfen gibt. Einige der romanischen Fenster in der Südwand des Wohnturmes mussten damals von außen abgemauert werden. Als 1976 eine solche Vermauerung entfernt wurde, kamen vermutlich romanische hölzerne Fensterläden mit einem Verriegelungsmechanismus zum Vorschein.

93. Neuenburg, Wohnturm II und Torhaus, Blick von Südosten, 1993

94. Schloss Neuenburg mit Dachtürmchen und Fachwerkaufbauten, Blick von Süden, Detail der Ansicht von Carl Benjamin Schwarz, 1786

Im Zwischengeschoss II (im zweiten Obergeschoss des Baues) brach man in die Nordwand eine neue Tür ein, die als Verbindung zum älteren Treppenhaus dahinter diente. Vom Wohnturm aus ist sehr schön zu sehen, wie sauber die Kalksteine der Türnische im Vergleich zum älteren romanischen Mauerwerk mit seiner intensiven Verrußung wirken.

Das Obergeschoss des Baues erhielt an Stelle der offenen romanischen Fensterarkaden verschließbare Kreuzstockfenster, dazu Sitzbänke in den tief herabgezogenen Fensternischen. Das Südwestfenster wurde in einer ersten gotischen Bauphase gänzlich vermauert und mit zwei Wandnischen versehen.[47] Eine weitere Nische kam in der Westwand hinzu.

Neue Zugänge schuf man in der Nordwestecke und in der Nordwand östlich des Portals von 1543. Sie ersetzten den alten Einlass in der Ostwand, der vermauert wurde und die Figur des Haingottes aufnahm (s. Abb. 38 und 166). Die Tür in der Nordwestecke konnte über eine Treppe, die ein Geschoss tiefer im Raum vor dem Latrinenturm ansetzte, erreicht werden. Sie störte bereits die benachbarte Wandnische, die demzufolge älter ist und vor 1462/63 errichtet worden sein muss.

95. Schloss Neuenburg mit Dachtürmchen, Blick von Südwesten, Detail der Ansicht von Adrian Zingg, um 1790
Das Fachwerkgeschoss über dem Westtorhaus fehlt.

Für ein im mittleren 16. Jahrhundert über dem Westtorhaus aufgesetztes Fachwerkobergeschoss durchbrach man das südwestliche Wandfeld des Raumes, um dort eine Renaissancetür einzubauen.

Neben dem Portal von 1543 ist eine Heizstelle erhalten, die zu einem typischen Hinterladerofen gehört: In der Stube, die rauchfrei beheizt werden musste, stand ein Kachelofen. Die dazugehörige Feuerstelle befand sich außen im Flur. Bemerkenswert ist dabei das Vorhandensein eines Rauchabzugs unmittelbar über der Feuertür. Das ermöglichte das Absaugen des eventuell aus der Tür austretenden Rauches bevor er sich im Raum verteilen konnte. In einer Höhe von ca. 2,5 Metern vereinigte sich dieser Abzug mit dem des Ofens. Es war während der jüngsten Baumaßnahmen nicht zu klären, ob diese Heizstelle schon aus dem 15. Jahrhundert stammt, da das Ofenloch zur Stube erst im 16. Jahrhundert angelegt worden ist. Ähnliche Feuerstellen gab es auch an anderen Orten, wie beispielsweise in der Burg Křivoklát in Böhmen, die zur Zeit König Wenzels IV. umgebaut wurde.[48]

Über dem dritten romanischen Obergeschoss wurde schließlich ein Satteldach aufgesetzt, dessen Südgiebel aus Fachwerk bestand und nach oben etwas abgewalmt war. Auf der Südostecke saß ein Dachtürmchen. Der ehemals mit Ziegeln ausgefachte Giebel und das Türmchen sind bei Carl Benjamin Schwarz (1786) noch abgebildet (s. Abb. 94). Ersterer wurde 1791 durch einen backsteinernen ersetzt. Eine um 1790 datierte Sepiazeichnung von Adrian Zingg[49] zeigt dann auch das Ecktürmchen nicht mehr (s. Abb. 95).

Westtorhaus (s. Abb. 90)

Die in zwei Geschossen angeordneten Gänge zu den romanischen Latrinen wurden 1462/63 im Kontext der Umbauten im Wohnturm beseitigt und durch eine steinerne Wand zum Brunnenhof hin zu einem etwas breiteren Gebäude erweitert – dem heute so benannten Westtorhaus. Es ruht im Untergeschoss auf hohen, tonnengewölbten Nischen. Ebenso waren hier zuvor sämtliche romanische Deckenbalken beseitigt worden. Die Fenster im Zwischengeschoss I sind

96. Neuenburg, Westtorhaus, Zwischengeschoss II mit gotischer Sitznische im romanischen Fenster (links) und gotischem Sitznischenfenster, Blick von Süden (2004)

97. Schloss Neuenburg mit zwei Bergfrieden, den Dachtürmchen und Fachwerkaufbauten, Blick von Westen, Detail der Ansicht von Wilhelm Dilich, 1626/29

unprofiliert. Die Fenster des Zwischengeschosses II weisen schlichte Kehlprofile auf wie sie am Osttorhaus, an den meisten Fenstern des Fürstenbaues sowie im Zwischengeschoss II im Torhaus zu finden sind. Sie besitzen einen Mittelpfosten, sind also keine Kreuzstockfenster, und haben innen Sitznischen. Im Zwischengeschoss II haben sich um die Nischen Begleitstrichmalereien erhalten. Dort wurde zudem ein romanisches Fenster in der Westwand verändert und mit steinernen Sitzen ausgestattet (s. Abb. 96).

Die Latrinen sind damals offensichtlich noch weiter benutzt worden. Die neue hofseitige Wand verstellt zum Teil die romanischen Fenster im Wohnturm.

Ein drittes Obergeschoss, das sich in Höhe des jetzt so benannten Obergeschosses der Burg befand, bestand völlig aus Fachwerk. Es ist vermutlich aber erst in der Mitte des 16. Jahrhunderts aufgesetzt worden.[50] Das Satteldach darüber besaß schon um 1626/29 keine Dachtürmchen mehr (s. Abb. 97) – etwa im Gegensatz zum Osttorhaus. Vermutlich gleichzeitig baute man in der Südostecke des Gebäudes eine steinerne Wendeltreppe ein, die die beiden Geschosse über der Torfahrt miteinander verband. Innerhalb des Baues von 1462/63 war sie auf jeden Fall nachträglich hinzugefügt worden und – wie Grundrisse bezeugen – bereits im mittleren 18. Jahrhundert wieder verschwunden.[51] Große statische Probleme, die 1991/92 zum Teilabbruch, Wiederaufbau und zur Verstärkung mit einem zusätzlichen Strebepfeiler führten, sind eine späte Folge dieses Treppenein- und -ausbaus. Das Fachwerkgeschoss wurde schließlich 1790 beseitigt.[52]

Kapelle

Für das Untergeschoss der bedeutenden romanischen Doppelkapelle lässt sich zum Jahr 1495 ein Nikolausaltar nachweisen[53]; das Obergeschoss wird bereits 1458/59 als „Elysabethin Capelln" bezeichnet. Die Neuenburg gehört damit zu den wenigen landgräflichen Burgen, für die eine Elisabethverehrung in der Burgkirche – zumindest im Spätmittelalter – gesichert ist.

Als bauliche Veränderungen sind – soweit heute nachvollziehbar – nur drei gotische Maßwerkfenster im Obergeschoss zu erwähnen (s. Abb. 98). Aufgrund ihrer schlichten Formen können sie schon in der zweiten Hälfte des 14. Jahrhunderts entstanden sein, vermutlich gehören sie aber ebenfalls in die große Umbauphase in der Mitte des 15. Jahrhunderts. Ansonsten haben sich keine weiteren Umbauten oder Neufassungen der Kapellenräume belegen lassen.

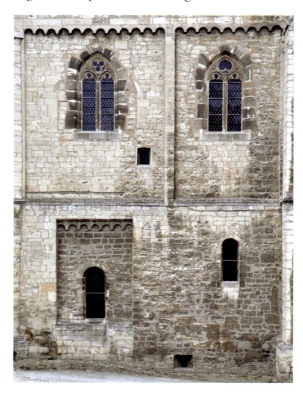

98. Neuenburg, Kapelle, Nordwand mit zwei gotischen Maßwerkfenstern, Blick von Norden, 2011

99. Neuenburg, Fürstenbau von Südwesten mit romanischem und gotischem Mauerwerk, der Baufuge zur südlichen Verlängerung, einem Schlitzfenster sowie vermauerten und offenen gotischen Kreuzstockfenstern, 1997

Außerdem bezeugen Inskriptionen an der Nordwand des oberen Kapellenraumes sehr wahrscheinlich, dass die in Folge des Bauernkrieges vom Amtmann Christoph von Taubenheim am 5. Mai 1525 auf der Neuenburg in Sicherheit gebrachten Nonnen des nahe gelegenen Klosters Zscheiplitz diese Gebetsanrufe auf die Wand geschrieben haben: „Assumpta B[eata] maria in celum", „Elizabet venerande", „Hillff Sancta Anna selb dritt", „Sancta Katharina ora pro nobis" (s. Abb. 55).[54] Im Visitationsprotokoll der Stadt Freyburg von 1539 werden nur die Altäre Allerheiligen und Nikolaus genannt.[55]

Fürstenbau (Abb. 99)

Zwischen der Doppelkapelle und dem Osttorhaus steht der heute so benannte große „Fürstenbau". Er erhebt sich wie die meisten Bauten der Burg über romanischen Bauteilen. Ob die Hofstube oder die Ritterkemenate von 1401, eine für 1402 bezeugte Reparatur eines Erkers an der Kemenate, die Kemenate und die

Hofstube von 1450/52 auf diese Bauten zu beziehen sind, muss offen bleiben. Es liegt aber nahe, zumindest Teile des romanischen Palas als Kemenate anzusehen. Der 1403 erwähnte, zur Stadt gerichtete Erker kann nicht lokalisiert werden. Die hohe Kemenate von 1454/55 verweist aber ganz gewiss auf den sich hoch über der Kapelle erhebenden Palas. Das Gemälde in der Stadtkirche Freyburg aus dem späten 15. Jahrhundert zeigt diese ebenfalls, bevor sie in der Mitte des 16. Jahrhunderts beseitigt wurde.

Nachdem seit 1458/59 größere Mauerabschnitte abgetragen worden sind, entstand ein regelmäßig rechteckiger Baukörper von ca. 20 x 10 Meter, die „Große Kemenate". Vom romanischen Wohnturm I blieb nur noch die Westhälfte der Nordwand erhalten. Begonnen wurde, wie die Bauakte bezeugt, mit der Einwölbung des Kellers mit einer großen Rundtonne. Der neue Kellerabgang von Norden zerstörte den romanischen Eingang ins Erdgeschoss, wo sich mehrere gewölbte Räume befanden und ein romanisches Türgwände sekundär verwendet wurde. Eine Warmluftheizung[56] in der Nordwestecke diente zur teilweisen Beheizung der Hofstube im darüberliegenden Zwischengeschoss II (s. Abb. 100). Diese besaß auf der Hof- und auf der Talseite zunächst drei schmale und hohe Schlitze, die hölzerne Stürze hatten. Der einzige der Südwand – die demzufolge

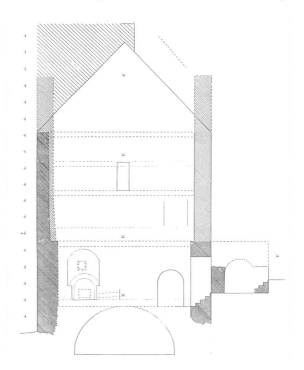

100. Neuenburg, Fürstenbau, Nordwand der Großen Kemenate mit Keller, Heizung und romanischem Zugang zum Erdgeschoss des Wohnturmes I unterhalb eines Altans

damals noch frei stand – datiert in die Jahre um 1460. Bei den Untersuchungen 1991/93 konnte deutlich festgestellt werden, dass die Wandflächen einschließlich der sieben Fenster intensiv verrußt waren.

Die Decke des großen Saales trugen drei Unterzüge, wie die Baurechnung berichtet. Der mittlere wurde von einer steinernen Säule gestützt, die noch heute zwei Säulen flankieren, die erst 1675 eingebaut wurden. Teile dieses Unterzuges datieren um 1449, könnten also tatsächlich in der Baumaßnahme ab 1458/59 gefertigt worden sein.

Das gleich große Obergeschoss nahm einen weiteren Saal auf, das später als Tafelgemach bezeichnet wurde. Je drei große Kreuzstockfenster mit Sitzen in den Nischen belichteten ihn an den Längsseiten. Die Profilierungen der Fenstergewände sind diffiziler als an den übrigen gotischen Fenstern ausgeführt. Türen nach Süden gab es nicht, wohl aber nach Norden zu den Räumen des ehemaligen Palas.

Vermutlich zeitnah wurde dieser Kemenatenbau nach Süden verlängert. Nach etwa 14 Metern knickte er auf der Talseite in südöstliche Richtung um. Nach weiteren 20 Metern endete der vergrößerte Bau mit einem großen Ostgiebel. Nach Süden bog dort das Osttorhaus um. Der dieses nicht mit überspannende Südostgiebel stammt erst von 1852. Im Erdgeschoss öffnete sich ein kleines Fenster. Im Zwischengeschoss II existierten vermutlich zwei kleine Fenster und im Obergeschoss zwei Kreuzstockfenster, wobei das östliche reich profiliert ist. Ursprünglich erhob sich über dem Torhaus und dem nördlich anstoßenden Flügel noch ein Fachwerkgeschoss, auf dem sich vier Dachtürmchen befanden. Dieser „Anbau" an die Kemenate wurde ebenfalls unterkellert. Die Räume sind alle mit Kreuzgratwölben, die Eingänge mit Tonnengewölben überspannt. Das hoch gelegene Zwischengeschoss II wie auch das Obergeschoss dürften aus je einem großen winkelförmigen Raum bestanden haben. Von beiden gelangte man zu den Latrinen am Osttorhaus (s. Abb. 89). Dreibahnige Kreuzstockfenster mit Sitzbänken gaben den Räumen viel Licht. Vorhandene spätgotisch profilierte Unterzugteile wurden an dieser Stelle vermutlich sekundär verwendet, stammen aber aus der Zeit nach 1449.

In der südöstlichen Hofwand ist im Obergeschoss das westliche Kreuzstockfenster erst um 1700 wegen der barocken Achsenbildung etwas nach Osten versetzt worden. Darunter befindet sich im Zwickel eine Segmentbogenöffnung als Zugang ins Gebäude, die über ein Podest zu erreichen war und vielleicht zu einer Heizstelle führte. Unter diesem befand sich ein Abgang zum Keller.

Im hofseitigen Zwickel stand im Obergeschoss ein Kamin, dessen Reste ca. drei Meter über dem Fußboden nachgewiesen werden konnten. Für eine sichere Rekonstruktion ist allerdings zu wenig freigelegt worden.

Zwei hofseitige Eingänge ins Kellergeschoss sind heute noch vorhanden. Ein dritter aus romanischer Zeit befand sich unter einem altanartigen Vorbau an der Nordostecke des Fürstenbaus, von dem aus man zugleich ins Erdgeschoss der Kemenate und des romanischen Palas gelangte. Ein gotisches Türgewände steckt außen in der Wand vor der Garderobe des Festsaals. Die Türschwelle zur Hofstube oberhalb der aus romanischer Zeit stammenden befindet sich unter dem großen Rundbogen vom Festsaal zum heutigen Garderobenraum.

Wie man damals ins Obergeschoss gelangte, ließ sich bislang nicht klären. Außentüren sind nicht vorhanden, ebenso wenig Mauer- oder Wendeltreppen. Offensichtlich erreichte man das Obergeschoss der Kemenate wie auch das des Palas aber nicht mehr über jenes Treppenhaus über dem Altan, das für die romanischen Bauphasen erschlossen worden ist, denn im Zwickel von Doppelkapelle und Kemenate erfolgten in den Jahren um 1460 ebenfalls gravierende Umbauten. Dennoch gab es nach derzeitigem Kenntnisstand keine andere Zugangsmöglichkeit als in diesem Bereich. Man musste hier vom Zwischengeschoss I eine Etage höher kommen, um über das zweite Obergeschoss des Palas schließlich in das Obergeschoss der Großen Kemenate zu gelangen. Einzelheiten sind mangels Befunden nicht bekannt.

Vermutlich im Zusammenhang mit der Vergrößerung der Kemenate wurden die Schlitzfenster im Zwischengeschoss II durch Kreuzstockfenster ersetzt, die keinerlei Rußspuren aufweisen – drei auf der Hofseite, vier zum Tal gerichtet. Möglicherweise ging dem ein Brand voraus, wie die starke Verrußung des Saales vermuten lässt. Allerdings war im Obergeschoss davon nichts zu beobachten. Vielleicht funktionierte aber auch die Heizung nicht. Die genaue Ursachenklärung muss daher weiter offen bleiben.

Die gesamte Dachlandschaft im Bereich des Fürstenbaues mit Osttor sowie des Westtorhauses war von einer Reihe „spitziger Türmchen" gekrönt. Eine zeitliche Einordnung dieser Baumaßnahmen ist durch Quellen nicht abzusichern. Das Dachwerk über dem Fürstenbau wurde im Jahre 1852 vollständig erneuert, wobei man das konstruktive Prinzip veränderte, wie ältere Zeichnungen dokumentieren. Wiederverwendete Balken stammen von 1466/67 und 1467/68 – vermutlich ein Hinweis darauf, dass das Baugeschehen zu dieser Zeit mit dem Dachwerk weitgehend zum Abschluss gekommen ist. Die beeindruckende spätmittelalterliche Dachlandschaft ist bei Wilhelm Dilich (1626/29) und noch auf zwei Schlossansichten von 1786 dargestellt (s. Abb. 94 und 97).

Das insbesondere von Stephan Hoppe in den vergangenen 15 Jahren untersuchte Appartementsystem im spätmittelalterlichen und frühneuzeitlichen Schlossbau[57] konnte in der neuen „Großen Kemenate" (noch) nicht nachgewiesen werden. Die Funktionen einzelner Räume sind dennoch unstritig: der Keller und das Erdgeschoss mit mehreren gewölbten Räumen wurden teilweise wirtschaftlich, aber ebenso als Aufenthaltsräume genutzt. Dafür sprechen die zahllosen Graffiti, die sich dort – aber auch in den Obergeschossen – aus dem 15. und 16. Jahrhundert erhalten haben (s. Abb. 101 und 102). Besonders eindrückliche Beispiele wurden in der heutigen Damentoilette sichtbar belassen. Neben Bibelsprüchen, Namen, Jahreszahlen (zum Beispiel 1507 im nördlichen Raum des „Anbaues"), Schiffs-, Turm- und menschlichen Darstellungen finden sich Strichlisten und anschauliche Worte wie etwa „Ich bin hir gewest".

Auf den sehr sorgsam geglätteten Putzflächen fehlt jedoch überall ein bauzeitlicher Anstrich. Vielleicht könnten sie als gewollte Oberflächen verstanden werden. Ein unfertiger Zustand ist aber ebenso möglich.

Das Zwischengeschoss II nahm die Hofstube[58] und südlich angrenzende Räume mit Heizung und Latrine über dem Osttor auf. Gesichert ist nur eine dicke Querwand; weitere Wände aus Fachwerk waren vielleicht ebenfalls vorhanden. Ähnlich verhält es sich im Obergeschoss. Auch dort besaß der Südteil einen Kamin und eine Latrine.

Nördlich der sogenannten Großen Kemenate wurden in jener Zeit ebenfalls mehrere ältere Räume umgebaut. Der Bereich zwischen der südlichen Kapellenwand und dem romanischen Wohnturm I erhielt ein neues Zugangsgeschoss in Höhe des Zwischengeschosses II und darüber einen vielleicht hölzernen Gang. An der Südwand dieses Ganges, der Nordwand der hier um 1460 erneuerten Nordostecke der Kemenate, wurden neben Dachanschlägen aus romanischer und gotischer Zeit auch Malereien entdeckt, u. a. ein Gebäude mit zwei Dachtürmchen und Kugelspitzen. Über dem Durchgang zwischen den Höfen spannte sich zur Kapellensüdwand ein Schwibbogen, dessen Konsolrest in der Kapellenwand erhalten geblieben ist. Er ist offensichtlich nachromanisch, aber älter als die großen Umbauten um 1460. Die Westseite des Ganges verschließt ein spätgotisches, kreuzstabprofiliertes, aber schon rundbogiges Portal von ca. 1520/30.

Nach Abbruch des Schwibbogens entstand östlich des Palas und unmittelbar südlich der Kapelle ein annähernd quadratischer Baukörper mit einem großen Raum in Höhe des Zwischengeschosses II. In der Ostwand saß ein Fenster mit Sitznische. Ob es ein Obergeschoss gegeben hat, ist unklar. Das heute vorhandene Mauerwerk gehört zu den Renaissancefenstern. Vielleicht blieb die ältere hölzerne Galerie in Resten erhalten?

Im Zwickel zwischen Palas und gotischer Kemenate wurde die romanische Warmluftheizung, die vielleicht schon lange nicht mehr in Benutzung stand, durch eine spätgotische Feuerstelle ersetzt, die vermutlich eine Badestube erwärmte (s. Abb. 103).[59]

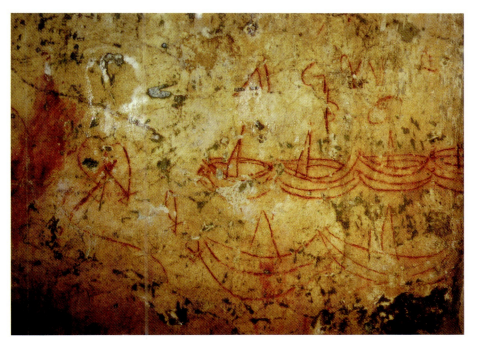

101. und 102. Neuenburg, Fürstenbau, Obergeschoss, Graffiti in einer Fensternische hinter der Wendeltreppe, 1995

103. Neuenburg, Fürstenbau, Zwischengeschoss II, ehemalige romanische Warmluftheizung nach Umbau im mittleren 15. Jahrhundert zu einer Feuerstelle, oben der Rauchabzug, Blick von Südosten, 1992

Schließlich sei noch auf den einstigen Palas eingegangen: Im Erdgeschossraum, der heutigen Museumskasse, wurde um 1432 ein Unterzug eingebaut, der zu einer Balkendecke eines neu geschaffenen Zwischengeschosses gehörte. Das Hauptgeschoss darüber erhielt eine neue Tür zum Raum über dem Torhaus sowie ein Kreuzstockfenster mit Sitzbänken in derselben, zum Hof gelegenen Wand. Der bereits erwähnte Raum östlich davon war von hier zugänglich und wurde zudem von hier aus geheizt. Die Feuerstelle entspricht der im Obergeschoss des Wohnturmes II. Gotische Begleitstrichmalerei umzieht den Schlot.

In der Südwand öffnete sich eine große Wandnische, die in schlechter Qualität gemauert worden ist und vielleicht durch die Feuerstelle der Badestube erwärmt wurde. Sie gehörte zum zweiten Obergeschoss des Palasgebäudes.

Unter Einbeziehung des romanischen Palas war über weiteren romanischen Bauten mit der Großen Kemenate ein beeindruckendes Bauensemble geschaffen worden, das für höhere Ansprüche gedacht war.

Der Freyburger Schlossneubau war in jener Zeit in Mitteldeutschland kein Einzelfall. Durch die bau- und kunstgeschichtlichen Forschungen der letzten Jahre sind Kemenatenbauten beispielsweise in den Burgen Leisnig, Rochlitz, Dresden, Grimma, Merseburg, Wolmirstedt und Calbe untersucht worden.[60] Auf der Eckartsburg fanden zeitnah im Südflügel der Kernburg Umbauten statt, wovon einige Kreuzstockfenster künden.[61] Die Burg diente von 1457 bis 1462 Anna von Österreich, der Gemahlin Wilhelms III., als Wohnsitz, laut chronikalischer Überlieferung sogar als Gefängnis. In Sangerhausen wurde das (alte) Schloss, die aus romanischer Zeit stammende Burg der Ludowinger – seit 1446 oberhalb vermutlich älterer gewölbter Räume (im Keller?) weitgehend neu errichtet.[62] Im heutigen Gebäude sind die Bauteile einer Kemenate aus der Mitte des 15. Jahrhunderts noch weitgehend erhalten, allerdings äußerlich nicht mehr wahrnehmbar. Hinzuweisen ist auf das ursprünglich zweischiffige Erdgeschoss, dessen Gewölbe auf kräftig profilierten Bündelpfeilern ruhen. Das an der nördlichen Hangkante errichtete Bauwerk reichte ursprünglich bis zur östlichen Burg- bzw. Stadtmauer. Dieses gewaltige Gebäude mit einer beeindruckenden Fernsicht könnte ein Hinweis darauf sein, dass Herzog Wilhelm III. auch in Sangerhausen größere Bau- sowie anschließend Repräsentations- und Residenzabsichten verfolgt haben dürfte. Aus der späteren Geschichte ist bekannt, dass dieses Vorhaben hier wie anderenorts nicht umgesetzt werden konnte. Das Schloss verlor an Bedeutung und verfiel schnell, so dass zwischen 1616 und 1622 in der Nachbarschaft des Rathauses ein neues Schloss errichtet werden musste.

Küche

Der erst im 19. Jahrhundert aufgekommene Name „Küchenmeisterei" deutet an, dass dieses Gebäude an der Ostseite der Kernburg die ehemalige Schlossküche enthalten hat. Die hofseitige Wand steht zum größten Teil über der inneren romanischen Kernburgmauer, die partiell sogar noch bis zu vier Metern Höhe oberirdisch sichtbar ist. Bei Ausgrabungen kam der weitere Verlauf dieser etwa 1,5 Meter starken Mauer im Gebäude selbst und südlich davon auch außerhalb zum Vorschein. In romanischer und in gotischer Zeit baute man zum Teil auf diese Mauer und auf den Wall Gebäude, deren Funktionen allerdings unklar sind. Von dem gotischen Haus sind zum Hof hin in Höhe des heutigen zweiten Obergeschosses drei schlichte Rechteckfenster, im Erdgeschoss zwei Bogenreste von Öffnungen zwischen zwei Renaissancefenstern erhalten. Zwischen diesen beiden mündete eine Treppe, die längst wieder vermauert ist – vermutlich seit 1592, als der benachbarte Wendelstein errichtet wurde. Sie ist jünger als die zwei Bogenreste (s. Abb. 104).

Der Südgiebel jenes Gebäudes ist in der Küchenmeisterei in Resten überkommen. Diese Wand selbst stammt aber aus der Bauzeit der Küche ab 1401, da sie bis zum Fußboden sauber gemauert ist, während die Vorgängerwand des nördlich stehenden Gebäudes höher im Wall endete.

Die Nordwand des älteren gotischen Gebäudes weist eine komplizierte Bauabfolge auf: Es finden sich hier Reste der äußeren romanischen Ringmauer, an die von Westen die gotische Wand angeschoben ist. Außen ist noch eine bauzeitliche Tür zu sehen, die spätestens seit dem 16. Jahrhundert in den „Zehrgarten", einen Nebenraum der Küche, führte. Die nördliche Begrenzung dieses Gebäudes ist nicht mehr nachweisbar.

Östlich an das nördliche gotische Gebäude wurde im 15. oder 16. Jahrhundert ein Bauteil mit einer kleinen Küche angefügt (s. Abb. 105). Dieser ist auf allen Grundrissen seit der Mitte des 18. Jahrhunderts dargestellt und wurde 1832 beseitigt. Der zu 1450/51 genannte Erker am hohen Stall bei der Küche kann nicht lokalisiert werden.

Ebenfalls in gotischer Zeit wurde unmittelbar südlich davon eine große Schlossküche angebaut, die die in dem älteren Bau gelegenen Räume wohl von Anfang an mit benutzte (Küchenstube, Zehrgarten, Kammern). Deren Gewölbe sind indes erst im 16. Jahrhundert eingezogen worden. Das Hofniveau lag damals – wie die heute sichtbare Fundamentoberkante bezeugt – etwa einen Meter höher. Im Fundament sowie an den Eckquaderungen im Südosten und Südwesten finden sich noch romanische Quader. Von dieser Küche sind sämtliche vier Außenwände erhalten geblieben. In der Westhälfte der Südwand befand sich einst eine große Öffnung, wohl eine Durchreiche für Speisen, wie sie in Allstedt sehr schön erhalten ist.[63] Die Westwand enthält im Erdgeschoss Reste von zwei Kreuzstockfenstern.

104. Neuenburg, Küchenmeisterei, älterer nördlicher Bau, Blick von Westen, 1992

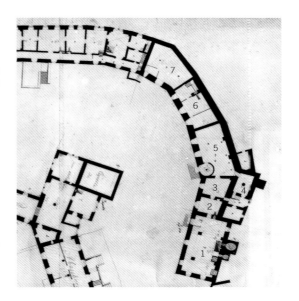

105. Neuenburg, ehemaliges Krummes Haus und Küchenmeisterei, Ausschnitt aus einem Grundriss von 1819
1) Küche mit Feuerstelle
2/3) Nebenräume der Küche in einem älteren Gebäude, 1771 Küchenstuben
4) Küchenanbau (vermutlich 16. Jahrhundert)
5) sogenannter Zehrgarten der Küche (1681, 1771), im Krummen Haus
6) Jägerwohnung (1771) im Krummen Haus
7) Kelter (um 1750) im Krummen Haus

Der sehr große Innenraum besteht aus der von einem Rauchfang (Schlot, Kamin) überdeckten Feuerstelle, die mit 5,2 x 6,1 Metern eine beachtliche Größe aufweist (31,7 m²). Im Vergleich dazu beträgt die Herdfläche in Allstedt lediglich 4 x 4,5 Meter (18 m²).[64] Drei starke Rundbögen, die in die Ostwand eingebunden sind und im Westen auf zwei Freipfeilern ruhen, tragen den Rauchfang. Am nordwestlichen Freipfeiler sind Reste eines Rauchfangbogens sichtbar, dessen Unterkante ein abgefasstes Profil zeigt. Bedauerlicherweise wurde der gewaltige Rauchfang zwischen 1822 und 1913/14 nahezu vollständig beseitigt.[65]

Um Herdstelle und Rauchfang liegen gewölbte Raumkompartimente – voneinander abgegrenzte Bereiche –, die einerseits als Nebenräume der Küche, andererseits aber auch als statisches Stützgerüst für den hohen Schlot gedient haben können. Ein Rauchabzug im südöstlichen Wandfeld gehört vermutlich zu einem ehemals darunter befindlichen Backofen. Er zeigt das gleiche Konstruktionsprinzip wie der Abzug im dritten Obergeschoss des Wohnturmes.

Eine Gleichsetzung mit der 1401 erwähnten neuen Küche ist nicht sicher, aber sehr wahrscheinlich. Letztlich reichen die wenigen Quellenaussagen von 1401 nicht aus, um diese Frage sicher zu beantworten. Eine Entstehung im mittleren 16. Jahrhundert – im Kontext der enormen Aufwertung der Neuenburg – ist ebenfalls möglich.

Der Südgiebel stammt aus der Mitte des 16. Jahrhunderts, der Dachstuhl von ca. 1553. Am Rauchfang musste repariert werden; die Gewölbe der angrenzenden Räume wurden erneuert bzw. hinzugefügt.[66]

106. Neuenburg, Innenraum der Küchenmeisterei, ehemalige Herdstelle mit drei großen Rundbögen auf Freipfeilern, am hinteren Pfeiler rechts der Ansatz eines Rauchfangbogens, Blick von Süden, 1997

Unstrittig ist, dass sich diese aus dem frühen 15. Jahrhundert stammende Küche auf der Südseite an ein bereits existierendes Gebäude angelehnt hat, dessen Erdgeschossräume in die Küchennutzung mit einbezogen waren. Der mittels eines großen Rauchfanges überdeckte Herdraum gehört zu den größten, die bisher auf deutschen Burgen des 15. Jahrhunderts bekannt geworden sind. Eine gute Vorstellung eines intakt überkommenen Rauchfanges kann man sich auf Burg Allstedt (drittes Viertel des 15. Jahrhunderts), in der Burg Aggstein (Wachau) (1429/36) oder in Schloss Burgk (um 1600) machen.[67]

Galerieflügel (s. Abb. 107)

An die nördliche Ringmauer wurde im Westen in gotischer Zeit ein Gebäude angefügt, das aus einem Erd- und einem Obergeschoss bestand. Oben zeigen sich vier Paare von vermauerten Segmentbogenfenstern. Die Aufstockung zur heutigen Mauerkrone erfolgte vermutlich in der Mitte des 16. Jahrhunderts. In der Westwand sitzt ein großes Spitzbogenportal, das damals in den Außenraum führte. Es ist zu vermuten, dass das Gebäude wirtschaftlichen Zwecken diente (s. Abb. 108).

Ein weiteres Gebäude schloss sich östlich mit einer Fuge und ohne eigenen Westgiebel bis zum Mauerknick in der hofseitigen Wand an (s. Abb. 108). Zumindest gehörte, an Stelle eines romanischen Vorgängers, zu diesem Bau ein Kellergeschoss. In dessen Ostwand befand sich ein Schlitzfenster, das hoch ins Erdgeschoss bzw. ursprünglich ins Freie ragte, um Licht und Luft in den Keller zu führen. In der in diesem Bereich erneuerten Ringmauer sitzt im Erd- und im Obergeschoss je ein kleines Fenster[68]; zum Hof hin weisen mindestens zwei Schlitzfenster, eins davon ist vom Kellerhals des 16. Jahrhunderts verdeckt.

Die „gotische Neuenburg"

Nach Beschreibungen von 1547, 1646 und 1655/56 befanden sich in diesem Bereich das Backhaus und ein Holzstall, die beide demnach unter einem Dach lagen. Der Holzstall war im unteren Bereich aus Stein gefertigt und enthielt dort ursprünglich ein Schlitzfenster, das später hinter dem Kellerhals des 16. Jahrhunderts verschwand. Im oberen Teil bestand er aus Fachwerk. Bis zu seinem Ostgiebel maß der Bau 21 x maximal 11 Meter. Erwähnung fanden noch das Gärhaus und daneben die kleine sowie die große Kelter.

Mit einer Südwestecke[69] schloss die sogenannte Bettenmeisterei an, ein im 16. Jahrhundert geschaffener Neubau mit einer rundbogigen, zweiflügeligen Tür, die gewiss zur großen Kelter führte. Das hofseitige Mauerwerk erstreckt sich bis an die Nordostseite des romanischen Achteckturmes. Danach setzt sich die romanische Ringmauer fort. Das dazugehörige Mauerwerk auf der nördlichen Außenseite ist fast vollständig verloren gegangen. Dieses Gebäude ist also einerseits jünger als der Abbruch des Achteckturmes, der zu einem unbekannten Zeitpunkt vor den Baumaßnahmen des mittleren 16. Jahrhunderts stattfand, andererseits älter als der Lückenschluss zwischen ihm und dem westlich gelegenen gotischen Gebäude. Hier dürften sich die in den historischen Dokumenten beschriebenen Ställe, das Gärhaus und die kleine Kelter befunden haben. Die „Lücke" ist erst nach 1655/56 geschlossen und in die heutige Form gebracht worden.

Die Bettenmeisterei erscheint in den Quellen seit 1583 als „Krummes Haus". Mit ihr dürfte auch die kleine Küche neben der Schlossküche entstanden sein. Ein Grundriss von 1819 hält diese Bebauung letztmalig sehr detailliert fest (s. Abb. 105).

107. Neuenburg, südlicher (links) und nördlicher Galerieflügel, Blick von Osten, 2011

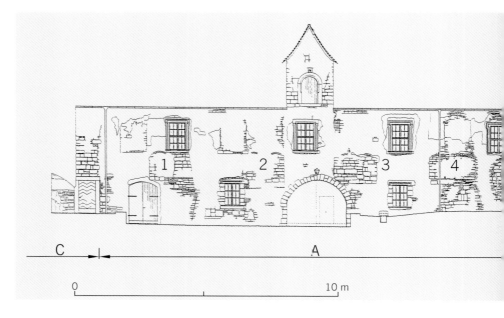

Die großen Schlosskeller unter dem nördlichen Galerieflügel, die vermutlich bereits 1547 existierten und zur Lagerung von Bier genutzt wurden, weisen keine gotischen Bauelemente auf.

Die verbleibende Fläche westlich des ältesten gotischen Gebäudes entlang der nördlichen Ringmauer und das Areal an der südlichen Ringmauer wurde ebenfalls in gotischer Zeit neu bebaut. Unstrittig ist, dass dieses Haus nachträglich an das älteste der Nordseite angebaut wurde. In welchem zeitlichen Verhältnis es aber zu den anderen Gebäuden an der Nordmauer steht, ließ sich nicht klären. Der neue Stall reicht bis an die romanisch-gotischen Wohnbauten neben dem Burgtor. Zeitgleich wurde die südliche Ringmauer teilweise erneuert. Der eingeschossige Bau besitzt in der hofseitigen Wand zwei spitzbogige Öffnungen, eine Tür und ein größeres Portal[70] sowie drei hochrechteckige Fenster. Die Mauerkrone lag damals ca. einen Meter tiefer als 1559/60, als der Stall in zwei Geschosse unterteilt wurde. Wiederverwendete Balken aus dem Obergeschoss konnten dendrochronologisch in die Jahre zwischen 1315 und 1427, nach 1457, 1475/76, 1519/20 und 1522 datiert werden. Sie dürften aus Vorgängerbebauungen an dieser Stelle und von anderen Orten der Burg stammen.

Im Zwickel der beiden Galerieflügel führt eine Tür vom Ende des 18. Jahrhunderts ins Gebäude. Nördlich daneben konnten die Reste eines gotischen, bauzeitlichen Portals entdeckt werden, das in den Nordwestraum führte. Dort steht ein spätgotisch profilierter Steinpfeiler, der vielleicht nicht zum ursprünglichen

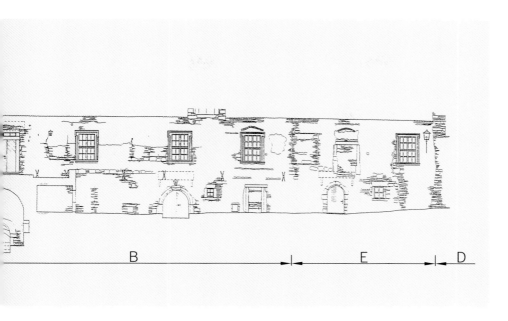

108. Neuenburg, nördlicher Galerieflügel, Hofseite: Wiedergabe der einzelnen gotischen Gebäude:
   A) ältestes Gebäude
   B) Gebäude nachträglich an A angebaut, 1655/56 das Backhaus und einen Holzstall enthaltend
   C) Anschluss des Westflügels an Gebäude A
   D) „Bettmeisterei", Krummes Haus des 16. Jahrhunderts, hier die große Kelter von 1655/56
   E) Gärhaus und kleine Kelter von 1655/56, danach in Stein ausgebaut
1 bis 4) Fensterreste des ursprünglich niedrigeren zweigeschossigen Baues A

Bestand gehört. Auch der Unterzug aus der Zeit um 1472 könnte hier wiederverwendet worden sein.

Zusammenfassend lässt sich sagen, dass an Stelle von kleineren romanischen Gebäuden entlang der nördlichen und der südlichen Ringmauer im Laufe des 15. Jahrhunderts drei größere Stall- und Wirtschaftsgebäude errichtet worden sind. Wie das Areal im Nordosten um den Achteckturm bebaut war, ist nicht bekannt.

Latrinenturm

Der Anbau stammt aus der zweiten romanischen Hauptbauphase um 1170/75. Er wurde mit Bauschutt, Ofenkacheln und Keramik in der Mitte des 15. Jahrhunderts zugeschüttet und erst 1976/77 wieder freigelegt. Die beiden Latrinen waren längst nicht mehr funktionsfähig; der ihnen westlich benachbarte Raum mit einem tiefen Schacht darunter könnte aber noch benutzt worden sein.[71]

Bei den Umbauarbeiten im mittleren 15. Jahrhundert wurden die letzten Reste der einstigen oberen Latrinenebene beseitigt, der Turm anschließend in Bruchstein (Westwand) und in Fachwerk (Südwand) wieder aufgestockt – ca. 4,5 Meter höher als zuvor. Dieses Geschoss nahm eine von unten aus dem Gebäude zwischen heutigem Torhaus und südlichem Galerieflügel heraufführende Treppe auf, über die man zur Tür in der Nordwestecke des dritten Obergeschosses im Wohnturm gelangte.

Vorburg/Vorwerk

Seit dem dritten Viertel des 12. Jahrhunderts entstand östlich der ursprünglichen Kernburg eine sehr große Vorburg, von der außer den Ringmauern mit dem Haupttor im Nordosten, zwei Bergfrieden und einem den Hof in Ost-West-Richtung teilenden Spitzgraben bisher keine Baureste bekannt sind. Über ein neues Torhaus am Tor zur Göhle, also nach Osten hin, wird 1402 berichtet. Die Quellen enthalten auch Angaben über Arbeiten an der Torbude in den Jahren 1449/50 und 1456/57. Bereits 1452/53 wurde das äußerste Torhaus mit Schindeln neu gedeckt (s. Abb. 110).

Wozu diente diese Vorburg überhaupt? Neben wirtschaftlichen und handwerklichen Funktionen wurde sie zusätzlich zur Unterbringung von Gefolge genutzt, das mit der landgräflichen Familie reiste. Eine überlieferte Nachricht veranschaulicht, mit wieviel Personen zu rechnen war: Die drei Markgrafen Friedrich IV., Wilhelm II. und Georg kamen am 28. Januar 1402 „cum ccc hominibus et ultra", also mit dreihundert und mehr Leuten.[72] Diese mussten alle eine entsprechende Unterkunft finden. Vermutlich wurden sie in Zelten untergebracht. Die Auswirkungen häufiger Aufenthalte des Fürsten und seiner Räte in den Amtsburgen auf den Nettoertrag in den Amtskassen diskutierte jüngst Uwe Schirmer. Trotz aufwendiger Bauunterhaltungen sowie Beköstigung der Gäste und Versorgung der Pferde gehörte das Amt Freyburg in den Jahren 1488 bis 1496 zu den erfolgreichsten. Es lag im Mittel sogar hinter Weißenfels an zweiter Stelle aller sächsisch-albertinischen Ämter![73]

Archivalische Belege für Gebäude in der Vorburg liegen seit 1401 vor. Der bis ins frühe 19. Jahrhundert gebräuchliche Terminus „Vorwerk" taucht – soweit in den umfangreichen Rechnungsbänden bislang festgestellt – erstmals 1449 auf.[74] Über die 1445 in den Quellen erwähnte „Capelle in der vorborg zcu Friburg" lassen sich leider keine Aussagen treffen. Weder über ihre Baugestalt noch über ihre Funktion finden sich Angaben. Dass Kapellen in Vorburgen auch andernorts vorkommen, zeigt das Beispiel Seeburg.[75]

109. Neuenburg, mehreckige Befestigung an der Südostecke der Vorburg, Blick von Norden, 2011

Beim Umbau der langen Scheune neben dem Bergfried „Dicker Wilhelm" wurde 1879 ein Inschriftstein mit der Jahreszahl 1518 gefunden, der leider nicht erhalten ist (s. Abb. 110). Es bleibt unklar, ob er sich auf eine Baumaßnahme an diesem Platz bzw. an einem Vorgängerbau bezieht.[76]

Im Inventar von 1547 werden neben dem Wohnhaus des Schossers eine Scheune und Viehställe erwähnt. Genauere Angaben sind erst seit 1589 bekannt, als die heute noch zumeist existierenden Gebäude aufgelistet wurden.[77]

Befestigungen an der Ostseite der Vorburg

Zunächst ist allein aus archivalischen Quellen zu erfahren, dass 1449 am Bollwerk gegenüber dem Burglehn gearbeitet wurde.[78] Diese Angabe bezieht sich auf ein Areal östlich der Vorburg. Vielleicht ist hiermit ein rondellartiges „Bollwerk" gemeint, das an der Südostecke der Ringmauer erhalten geblieben ist (s. Abb. 109 und 110). Der Grundriss scheint innen achteckig gewesen zu sein. Eine Freilegung und Bauuntersuchung hat bisher nicht stattgefunden. Es ist aber davon auszugehen, dass in den nächsten Jahren bei notwendigen Sanierungsmaßnahmen an der Ringmauer entsprechende Arbeiten durchgeführt werden könnten.

Bergfried II (s. Abb. 110)

In den Amtsrechnungen des 15. Jahrhunderts wird zwischen einem „innersten" und einem „äußersten" Turm unterschieden. Damit sind sehr wahrscheinlich der Bergfried II und der weiter außen gelegene Bergfried III gemeint.

Der die Vorburg sichernde Turm II aus dem dritten Viertel des 12. Jahrhunderts wurde 1401 repariert. 1450/51 waren Läden an diesem zu erneuern.

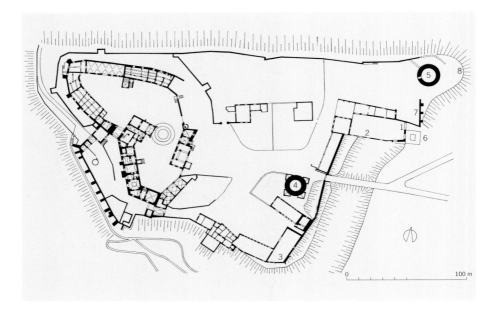

110. Neuenburg, Vorburg mit Markierung der gotischen Befestigungsreste:
1) Stelle des äußeren Burgtores von 1402
2) Scheune, in der 1879 ein Inschriftstein von 1518 gefunden wurde
3) Mauerreste eines mehreckigen Bauwerkes, vermutlich das 1449 erwähnte Bollwerk
4) Bergfried II
5) Bergfried III
6) „Thurm Fundament" auf Lageplänen der Domäne Freyburg von ca. 1900 eingezeichnet
7) Mauer mit drei Pfeilern, nahe der „Schutt" gelegen (1454/55)
8) vermutliche Lage der „äußersten Schutt" (1455/56)

1455/56 wurden in einem der beiden Bergfriede ein Boden eingezogen und etliche Gänge und Fenster erneuert. Es ist noch nicht klar, auf welchen der beiden Türme sich diese Angaben beziehen – vermutlich aber auf Bergfried II.

1503 wird ein Gefängnis im Amt erwähnt. Hermann von Bilzingsleben und Heinrich von Wintzingerode waren „Zu Fryburg [...] Ins gefengknus" gekommen und wurden nunmehr freigelassen.[79] Schlecht lesbar ist ein Eintrag vom 18. April 1515: „gefenglich" in Freyburg; es ist unklar, ob sich dies auf die Neuenburg bezieht.[80]

Ein Schreiben des Freyburger Amtmanns Christoph von Taubenheim an Herzog Georg vom 6. Juni 1525 berichtet des Weiteren über einen Mann, „so hir im torm Freiburgk gestorben" ist, der wohl zu den Aufständischen des Bauernkriegs gehörte. Diese Vermutung wird in einem Bericht Wolfs von Nißmitz an den Herzog vom 25. August 1525 bestätigt, in dem es heißt: „Es sein auch zwein vom Aldenroda zu Memleben gwest, ist der eine zu Freyborgk im torm gestorben [...]".[81]

Bergfried III (s. Abb. 110)

Der ebenfalls im dritten Viertel des 12. Jahrhunderts bzw. spätestens ab ca. 1170/75 errichtete und beeindruckendste Bergfried – der äußerste Turm – wurde 1449/50 repariert. 1450/51 wurde ein Töpfer bezahlt, der sich den Winter über darin aufgehalten hatte.

Da die oberen Mauerpartien spätestens vor dem Aufsetzen der Renaissancehaube im Jahre 1550 beseitigt worden sind, kann über einen dortigen Innenausbau nichts mehr gesagt werden.

Quadratischer Turm

Pläne der Domäne Freyburg zeigen um 1900 einen rechteckigen Turm an der Südostecke des ehemaligen Schafstalles, der im Jahr 1904 mit „Thurm Fundament" bezeichnet wird (s. Abb. 110).[82] In den dazugehörigen Bauakten ist er allerdings nie erwähnt worden. Die Bedeutung der gezeichneten Mauern bleibt also vorerst unklar, zumal auch sonst nichts über einen derartiges Bauwerk an dieser Stelle bekannt ist. Ein das Haupttor flankierender gotischer Turm hätte dort aber durchaus seine Berechtigung gehabt.

Fazit

Bleibt abschließend zu klären: Welche Hinterlassenschaften der Gotik gibt es auf der Neuenburg? Bei der Frage nach der Romanik sind gewiss schnell einige Antworten parat: Palas, Doppelkapelle, Rundbögen, Kapitelle und Basen. Was blieb dagegen von der nachfolgenden Bauepoche? Nun: das Maßwerk der drei Kapellenfenster, ihre Spitzbögen. Und sonst? Die großen, zumeist dreibahnigen rechteckigen Kreuzstockfenster mit Sitzbänken, die Profilierungen an den Unterzügen im Wohnturm, die großen Baumassen des Fürstenbaues. Die einst vorhandenen Dachtürmchen und Erker sind wie manch anderes Detail längst verloren gegangen. Näheres offenbart erst der Blick in die Quellen. Das Inventar von 1547 markiert das Ende der gotischen Ausbauphasen. Es hält aber nur die für den damaligen Inventarisator wichtigen Gebäude und Räume fest. Die baukundlich höchst aufschlussreiche Zeichnung von Wilhelm Dilich aus den Jahren 1626/29 ist für die Kenntnis der einstigen Dachlandschaft mit ihren Türmen wertvoll. Die zwei Zeichnungen von Carl Benjamin Schwarz von 1786 sowie einige Darstellungen aus der ersten Hälfte des 19. Jahrhunderts dokumentieren die langsam, aber stetig verschwindenden Dachtürme, bis schließlich 1852 die letzten am Osttorhaus entfernt wurden.[83] Der große Erker mit dem mächtigen Turm über dem barocken Löwentor war schon 1822 beseitigt worden.

Gründe für den tiefgreifenden Um- und Ausbau des Schlosses Freiburg, wie es damals genannt wurde, sind nicht bekannt. Anhand weniger schriftlicher Überlieferungen lassen sich drei Bauphasen ableiten: Die erste kann in das Jahr um 1375 datiert werden, ab 1401 fand mit dem Bau einer neuen Burgküche eine zweite Bautätigkeit statt, die dritte Bauphase erfolgte in der Zeit zwischen 1458/59 und 1467/68. Die tatsächlich nachgewiesenen Baumaßnahmen stimmen teilweise mit den Quellenangaben überein. Es gibt aber auch Bautätigkeit, die „irgendwann gotisch" ist, aber zeitlich nicht näher bestimmt werden kann.

Nach dem Aussterben der ludowingischen Familie im Mannesstamm im Jahr 1247 setzten die Wettiner lange Zeit auf andere Herrschaftsschwerpunkte, insbesondere Weißenfels. Dies unterstreicht auch die Verpfändung der Neuenburg an den Merseburger Bischof ab 1375/77. Die vertraglich festgelegte Verpflichtung, Arbeiten an den Ringmauern auszuführen, macht aber deutlich, dass die Markgrafen durchaus an einer starken Burg Interesse hatten, die insbesondere Friedrich IV., Wilhelm II. und Georg gelegentlich nutzten. Die ab 1401 nachweisbare Bautätigkeit könnte damit ebenfalls erklärt werden.

Die Neuenburg diente innerhalb der noch immer üblichen Reisetätigkeit des Hofes als eine eher untergeordnete Station. Herzog Sigismund, zu dessen Herrschaftsgebiet die Anlage 1436 und 1437 gehörte, wurde seitdem bis 1440 auf ihr gefangen gehalten. Die umfängliche Bautätigkeit unter Herzog Wilhelm III. hatte vermutlich zwei Ziele: Die Neuenburg, die ohnehin gut zu verteidigen war, sollte als eine wichtige Rückzugsbastion ausgebaut werden, da sie ohne Zweifel eine der stärksten Burgen Wilhelms, vielleicht sogar die am besten befestigte überhaupt gewesen ist. Vermutlich wollte er sie auch zu einer seiner Residenzen aufwerten, wofür insbesondere der aufwendige Ausbau der Großen Kemenate und des Wohnturmes mit dem Westtorhaus sprechen.[84]

Herzog Wilhelms Anwesenheit ist laut erhaltener Rechnungen allerdings nur für die Jahre 1447/48, 1456, 1458, 1460 und 1462 bezeugt. Er kam dann mit seinem Gefolge meist in den späten Tagesstunden an, speiste zu Abend und frühstückte am nächsten Morgen, bevor er weiterzog. Die meiste Zeit – und vor Ort jeweils sehr viel länger – hielt er sich in jenen Jahren allerdings in Weimar auf.

Möglicherweise waren der Baubetrieb auf der Neuenburg und die damit verbundenen Unannehmlichkeiten Ursache dafür, dass der Hof von weiteren Besuchen absah.

Auch Kurfürst Friedrich mied offensichtlich die Anlage hoch über Freyburg und hielt sich vielmehr in Naumburg und Merseburg auf (1448/49, 1449/50, 1451, 1451/52, 1455/57, 1457/59). Die Neffen Wilhelms, Ernst und Albrecht, Friedrichs Söhne, waren ebenfalls selten auf der Burg (1467/71, 1478, 1482/83).[85]

Warum aber wurde der Ausbau nicht zu Ende gebracht? Das Baugeschehen im Fürstenbau erfolgte ab 1458/59 bis vermutlich 1467/68, über dem Torhaus in den Jahren 1459 und 1460 und im romanischen Wohnturm samt Westtorhaus von 1462 bis 1463. Seiner zweiten Gemahlin Katharina von Brandenstein übergab Herzog Wilhelm in einer Leibgedingeverschreibung von 1463 neben anderem auch die Ämter Weimar, Weißensee und Weißenfels sowie „Sloss Stad vnd ampt Zu Freyburg". Als er am 17. September 1482 starb, trat Katharina dieses Wittum bereits am 30. Oktober 1482 an die Herzöge Ernst und Albrecht, Neffen und Erbfolger des Verstorbenen, ab.[86] Hatten sich bereits 1463 Wilhelms Interessenschwerpunkte wieder stärker nach Weimar verlagert, als er das Amt Freyburg mit der gerade im Ausbau befindlichen Burg seiner Gemahlin überließ? Wurde der Ausbau zunächst noch für Katharina fortgesetzt? Könnte die Neuenburg zwischenzeitlich gar als Witwensitz vorgesehen gewesen sein? Eine Beantwortung dieser Fragen ist nach derzeitigem Kenntnisstand noch nicht möglich. In diesem Zusammenhang ist künftig ebenso die Sangerhausen zugedachte Rolle zu untersuchen. Für Herzog Wilhelm III. fehlt leider eine moderne Studie, wie sie für Markgraf Wilhelm I. als Bauherrn vorliegt.[87]

Schließlich muss ein weiterer Tatbestand in die Überlegungen einbezogen werden: Wilhelm III., der ein großer Verehrer der heiligen Elisabeth, der „Familienheiligen"[88] der wettinischen Landgrafen war, könnte der Neuenburg auch deshalb besondere Beachtung geschenkt haben, weil sich die später heilig gesprochene Landgräfin hier nachweislich aufgehalten hatte. Das sogenannte Kreuzwunder besaß damals hohen Bekanntheitsgrad und wurde auf der Neuenburg verortet. Er lieh mehrfach Elisabethreliquien (Kopf, Gürtel, Becher und Tasche) von Weimar und Eisenach an zahlreiche interessierte Fürstinnen aus.[89] Der Gürtel der Heiligen befand sich zeitweise im Besitz des Klosters Pforte, vielleicht war er sogar auf der Neuenburg?[90] Unstrittig ist indes, dass Elisabeth durch die landgräfliche Familie seit der Mitte des 15. Jahrhunderts zur „heilgen unser heubtfrauwen sant Elisabeth" stilisiert wurde.[91]

Die seit etwa 1900 auf der Neuenburg bekannte hölzerne Figur einer heiligen Elisabeth aus der zweiten Hälfte des 14. Jahrhunderts[92] könnte ein Hinweis darauf sein, dass die Anschaffung der Heiligenfigur und der Umbau des oberen Kapellenraumes zur selben Maßnahme gehören. Wenn die neuen Maßwerkfenster aber erst im mittleren 15. Jahrhundert eingebaut worden sind, dann wäre die (unstrittig ältere) Figur vielleicht auf Initiative von Wilhelm III. von einem anderen Ort auf die Neuenburg gebracht worden. Aus Sicht des Verfassers ist die Modernisierung des oberen Kapellenraumes wohl durch eine verstärkte Verehrung der heiligen Elisabeth ausgelöst worden – unabhängig davon, wann dies geschah.

Anmerkungen

1 Strickhausen, Gerd: Die Burg des 15. Jahrhunderts – Bemerkungen zum Stand der Burgenforschung. In: Die Burg im 15. Jahrhundert. Im Auftrag der Deutschen Burgenvereinigung hrsg. von Joachim Zeune (= Veröffentlichungen der Deutschen Burgenvereinigung e. V. Reihe B: Schriften, Bd. 12). Braubach 2011, S. 9–12.

2 Ausnahmen: die seit 1992 in mehreren Auflagen erschienenen Schlossführer, zuletzt: Glatzel, Kristine, Beate Hellwig und Reinhard Schmitt: Schloss Neuenburg Freyburg (Unstrut). 4. Aufl. (= Große Baudenkmäler, Heft 516). München/Berlin 2008; Dehio, Georg: Handbuch der deutschen Kunstdenkmäler. Sachsen-Anhalt II: Regierungsbezirke Dessau und Halle. Bearb. von Ute Bednarz, Folkhard Cremer, Hans-Joachim Krause u. a. München/Berlin 1999, S. 185–190 (Reinhard Schmitt). – Außerdem Schmitt, Reinhard: Mittelalterliche Burgen in Sachsen-Anhalt. Statistische Angaben. In: Burgen und Schlösser in Sachsen-Anhalt 9 (2000), S. 28–38; ders.: 600 Jahre Schloßküchenbau auf der Neuenburg. In: Unsere Neuenburg (= Mitteilungen des Vereins zur Rettung und Erhaltung der Neuenburg e. V., Heft 3). Freyburg (Unstrut) 2002, S. 7–17; ders.: Die Füllung eines Latrinenturmes von Schloß Neuenburg bei Freyburg an der Unstrut. In: Depotfunde aus Gebäuden in Zentraleuropa. Hrsg. von Ingolf Ericsson und Rainer Atzbach (= Bamberger Kolloquien zur Archäologie des Mittelalters und der Neuzeit [Bd. 1]; Archäologische Quellen zum Mittelalter [Bd. 2]). Berlin 2005, S. 21–30; ders.: Schlossbau in der zweiten Hälfte des 15. Jahrhunderts im heutigen Bundesland Sachsen-Anhalt. In: Schlossbau der Spätgotik in Mitteldeutschland. Tagungsband. Hrsg. von den Staatlichen Schlössern, Burgen und Gärten Sachsen in Zusammenarbeit mit dem Kuratorium Schloß Sachsenburg e. V. und der Deutschen Burgenvereinigung e. V. Landesgruppe Sachsen. Dresden 2007, S. 126–136; ders.: Schloß Neuenburg bei Freyburg/Unstrut. Archivalische Quellen zur Geschichte und Baugeschichte von 1267 bis 1699 (mit Nachträgen für die Zeit von 1700 bis 1815). In: Burgen und Schlösser in Sachsen-Anhalt 19 (2010), S. 181–275, hier S. 267. Ungedruckte Dokumentationen zusammengestellt bei Schmitt, Reinhard: Schloß Neuenburg bei Freyburg (Unstrut). Archivalische Quellen zur Geschichte und Baugeschichte von 1700 bis 1815. In: Burgen und Schlösser in Sachsen-Anhalt 13 (2004), S. 229–305, hier S. 295 f.

3 Wäscher, Hermann: Die Baugeschichte der Neuenburg bei Freyburg an der Unstrut (= Schriftenreihe der Staatlichen Galerie Moritzburg in Halle, Heft 4). Halle 1955, hier das Zitat S. 8; S. 40 (Chronologie): „1300–1310 Bauarbeiten auf der Neuenburg." Diese Angaben werden nirgends belegt. Außerdem ders.: Feudalburgen in den Bezirken Halle und Magdeburg. Berlin 1962, Textband S. 170–175, Abbildungsband Abb. 569–590. Vgl. auch: Bergner, Hein-

rich: Beschreibende Darstellung der älteren Bau- und Kunstdenkmäler des Kreises Querfurt (= Beschreibende Darstellung der älteren Bau- und Kunstdenkmäler der Provinz Sachsen und angrenzender Gebiete, Heft 27). Halle 1909, S. 94–108; Dehio, Georg: Handbuch der deutschen Kunstdenkmäler. Der Bezirk Halle. Berlin 1976, S. 115–118; Müller, Hans: Freyburg (Unstrut). Die Neuenburg (= Baudenkmale, Heft 12). Leipzig 1965.

4 Bergner: Bau- und Kunstdenkmäler Kreis Querfurt, wie Anm. 3, S. 96.

5 Schmitt: Schloß Neuenburg. Archivalische Quellen von 1267 bis 1699, wie Anm. 2, S. 181–275, hier Anm. 4. Für freundliche Hinweise ist Herrn Dr. André Thieme und Herrn Dr. Mathias Kälble, Dresden, sehr herzlich zu danken. – Die folgenden Quellenangaben sind in dieser Arbeit ausführlicher abgedruckt.

6 In der Quelle heißt es: "curiam infra castrum Nuenburg". Siehe dazu Lippert, Woldemar und Hans Beschorner: Das Lehnbuch Friedrichs des Strengen, Markgrafen von Meißen und Landgrafen von Thüringen 1349/1350 (= Schriften der Königlich Sächsischen Kommission für Geschichte, Bd. 8). Leipzig 1903, S. 144, 147, 152 f. Zu den Herren von Haldecke siehe Säckl, Joachim: Die wüste Burg Haldecke zwischen Schloß Neuenburg und Stadt Freyburg (Unstrut). In: Burgen um Freyburg und Naumburg (= Burgen und Schlösser in Sachsen-Anhalt, Sonderheft 1996). Halle (Saale) 1996, S. 49–89.

7 "[…] daz wir daran hundert lotige mark des egnanten geldes mogen vorbuwen, wor es not ist […]". In: SHStAD, 10001 Ältere Urkunden, Nr. 4124. Lesung von Markus Cottin M. A., Leipzig, dem dafür sehr herzlich gedankt sei. – Abschrift: SHStAD, 10004 Kopial Nr. 31, Bl. 36^r–37^r; auch Nr. 30, Bl. 41^r–41^v mit undatiertem Vermerk über eine Erhöhung der Pfandsumme. Herrn Dr. Eckhart Leisering vom SHStAD ist für seine Unterstützung ebenfalls herzlich zu danken.

8 Anm. der Redaktion: Ein Schock ist ein altes Zählmaß. In diesem Fall entspricht es dem Wert von 60 Groschen.

9 "[…] an der ringmuern unßes slozzes Nuenburg […] hundert schog friberche groschen […] czu vorbuene […]", in: Abschrift: SHStAD, 10004 Kopial Nr. 31, Bl. 37^v, auch Nr. 30, Bl. 62^r (kurze Zusammenfassung in Latein). Lesung von Markus Cottin, M. A.

10 Freundliche Information von Prof. Dr. Uwe Schirmer, Jena, an den Verfasser am 28. Oktober 2008.

11 "[…] vnde lassin machen eyn nuwe törhus an das tör keyn der göel […].", in: ThHStAW, EGA, Reg. Bb 1858, Bl. 5^r, 35^v.

12 "An dem montage nach ßenth Vits tage hup ich an eyne nuwe Kuche tzu buwen von geheisse myns Herrn." Außerdem ist insbesondere bemerkenswert: "An deme mantage nach Iubilate do hüp ich an unde lies aberumen dy gevallene (?) mure kegen deme malhuse und lies undir sich brechen inden berg eyn(er) ½ messegerten tyeff czu ein(e) gewissen grüntvestin, darczu ich czwene knechte mytte, dy das rümeten und dy vrone anrichten, dy ich ön darczu schigkete. […] Item 1 schog 44 gr. vör 52 dehil unde 9 holczer czu rüstene czu der müren. Item 8 gr. vör 1 schog best rustunge czu rusten unde also had man an der muren vörsich gearbeid. Aber czwen knechte hatte ich gedinged, dy den murern helfen mosten, der eyne machte kalig, der andere vorte den muren und steynen, daz ander taden dy lüte von dem lande czü vrone." "Am Montag nach Jubilate hub ich an und ließ die eingefallene Mauer bei dem Malhaus abräumen und ließ unter diese in den Berg (Boden) eine halbe Messgerte tief für eine gewisse Grundfeste (?) – das Fundament – brechen, wozu ich zwei Knechte mietete, die das ausräumten und die Fröner anrichteten, die ich dazu schickte. […] Ebenso 1 Schock 44 Groschen für 52 Bretter (Dielen) und 9 Hölzer zum Einrüsten der Mauer. Ebenso 8 Groschen für 1 Schock beste

Rüstung zum Rüsten, und also hat man an der Mauer nach vorn (Nach oben) gearbeitet. Aber zwei Knechte hatte ich gedingt, die den Maurern helfen mussten, der eine machte Kalk, der andere führte (? teilte?) die Mauern und Steine, das andere taten die Leute vom Lande als Fron." In: ThHStAW, EGA, Reg. Bb 1858, Bl. 34^r–34^v. Beim Lesen auch dieser schwierigen Textstellen half Markus Cottin, M. A.

13 Ebd. Anm. der Redaktion: Ein Denar ist ursprünglich die Bezeichnung für eine Silbermünze. Im Spätmittelalter durch größere Geldeinheiten ergänzt, steht der Begriff fortan für das gebräuchlich werdende Kleingeld, das alternativ auch als Pfennig bezeichnet wird.

14 SHStAD, 10005 Wittenberger Archiv, Loc. 4333 Nr. 6: Rechnungen der Amtleute 1406–1433, Bl. 41$^{r/v}$ zu 1408, Bl. 68^r zu 1408, Bl. 70^v–71^r zu 1410, Bl. 75$^{r/v}$ zu 1411, Bl. 97$^{r/v}$ zu 1415, Bl. 122^v zu 1419, Bl. 123^r–124^v zu 1419, Bl. 132$^{r/v}$ zu 1422, Bl. 137^r–138^r zu 1424, Bl. 140^v zu 1423, Bl. 144^r–145^v zu 1424, Bl. 153^r–154^r zu 1428, Bl. 172^r zu 1432.

15 SHStAD, 10005 Wittenberger Archiv, Loc. 4333 Nr. 6: Rechnungen der Amtleute 1406–1433, Bl. 153^r.

16 SHStAD, 10005 Wittenberger Archiv, Loc. 4334 Nr. 12b vol. II, Verzeichnis der Einkünfte und Zubehörungen der Ämter, Städte und Schlösser 1445, Bl. 87^r.

17 ThHStAW, EGA, Reg. Bb 5110, z. B. Bl. 60^r – Aufenthalte der Markgrafen: Friedrich III.: 1354, 1355 (4 x), 1357, 1358, 1359, 1363 (2 x), 1364; Balthasar: 1354, 1355, 1358, 1364; Wilhelm I.: 1354, 1358, 1363, 1364. Für die Jahre 1382 bis zum Tode 1407 war Wilhelm I. nicht ein einziges Mal auf der Neuenburg, dafür 193 x in Meißen, 9 x in Naumburg, 2 x in Eckartsberga. Die Neuenburg kann für diese Zeit als eine der Nebenresidenzen wie Coburg, Freiberg, Meißen, Rochlitz, Torgau, Weißensee angesehen werden und war freilich weniger bedeutend. Nach Leisering, Eckhart: Die Wettiner und ihre Herrschaftsgebiete 1349–1382. Landesherrschaft zwischen Vormundschaft, gemeinschaftlicher Herrschaft und Teilung (= Veröffentlichungen des Sächsischen Staatsarchivs. Reihe A, Bd. 8). Halle (Saale) 2006, S. 381–394, 449 und 592–597; Wilhelm der Einäugige. Markgraf von Meißen (1346–1407). Tagungsband (= Saxonia, Bd. 11). Dresden 2009, S. 87 f. SHStAD, 10024 Geheimes Archiv, Loc. 7358, Ämter und alte Rechnungen 1440 ff., Bl. 181^r, 183^r–184^r, 205^r–206^v; Urkundenbuch des Klosters Pforte. Zweiter Teil. Erster Halbband (1351 bis 1500). Bearb. von Paul Boehme (= Geschichtsquellen der Provinz Sachsen und angrenzender Gebiete, Bd. 34). Halle 1909, S. 212, Nr. 269: Urkunde vom 24. April 1447 in Freyburg (sehr wahrscheinlich auf der Neuenburg) ausgestellt.

18 SHStAD, 10024 Geheimes Archiv, Loc. 7358, Ämter und alte Rechnungen 1440 ff., Bl. 181^r, 183^r–184^r, 205^r–206^v; Urkundenbuch des Klosters Pforte. Zweiter Teil. Erster Halbband (1351 bis 1500). Bearb. von Paul Boehme (= Geschichtsquellen der Provinz Sachsen und angrenzender Gebiete, Bd. 34). Halle 1909, S. 212, Nr. 269: Urkunde vom 24. April 1447 in Freyburg (sehr wahrscheinlich auf der Neuenburg) ausgestellt.

19 Zu diesen Ereignissen Rogge, Jörg: Herrschaftsweitergabe, Konfliktregelung und Familienorganisation im fürstlichen Hochadel. Das Beispiel der Wettiner von der Mitte des 13. bis zum Beginn des 16. Jahrhunderts (= Monographien zur Geschichte des Mittelalters, Bd. 49). Stuttgart 2002, S. 141–212.

20 ThHStAW, Kopial D Nr. 3, Bl. 58^r.

21 ThHStAW, EGA, Reg. Bb 1263.

22 „[…] zcu dem bolwerke ken den burglehn vnd zcu eyner thorbuden […]". In: ThHStAW, EGA, Reg. Bb 1263, Bl. 70^r, 75^r.

23 ThHStAW, EGA, Reg. Bb 1263, Bl. 83ʳ–83ᵛ, 91ʳ.
24 Ebd. Bl. 101ʳ.
25 Ebd. Bl. 114ʳ–114ᵛ, 118ᵛ.
26 Ebd. Bl. 128ᵛ–129ʳ, 135ʳ.
27 Ebd. Bl. 143ᵛ–144ʳ.
28 Ebd. Bl. 160ʳ–160ᵛ.
29 In den Quellen findet sich gelegentlich auch die Schreibweise „Brunow".
30 SHStAD, 10004 Kopial Nr. 50, Bl. 30ʳ.
31 Angesprochen wurden Torbude, Küche und Vorwerk. In: ThHStAW, EGA, Reg. Bb 1263, Bl. 178ʳ, 191ᵛ, 196ᵛ.
32 „[…] stehet die grosse kemenate vorlont uff gebeue somer biß uff den suntag nach Egidii […]" (Steinmetzen, Zimmerleute). „Also vil habe ich ußgegeben von der grossen kemenaten tzcu fertigen": „Bogengestellen tzcu machen tzcu dem Keller vnd gewelben vnd von den alden balgken vnd die boden abe tzcu nemen"; „vor v grosse Holtzer In die Hoffestoben dry tzcu vndertzogen vnd ii In die mur"; „vom thorme tzcu bestigenn vnd die Kuchenn tzcu bussen"; „vor iii Iserne gegitter vnd vor stebe In den Kacheloffen"; „Kersten Topper vor stugke tzcu dem fuße an den Kacheloffen"; „Hanse Doringe von dem fusse tzcum Kacheloffen In der Hofestoben"; „Hanse Homelshayns Knechten von der Degken geyben"; „vor iii blechschloß viii Luchter an die sule vnd vor ettliche band soyler dem kleyn smede"; „vor eyn nuwe fenster vor die votie vnd von den fenstern In der Hoffestoben vnd vor sante Elysabethin Cappelln In der stoben tzcu bussen"; Meister Peter und seinen Gesellen zu mauern ab 19. März 1458: Kalk zu stoßen, Arbeit am Tor; in der Woche ab 28. Mai zu wölben; Meister Peter, Meister Lucas und Helfersknechte; auch Meister Merten und Meister Nickel; Arbeiten bis Weihnachten 1458, weiter ab 28. Januar 1459 bis 1. September 1459 (zuletzt Meister Peter, Merten, Hans Doringe und Gesellen und Helfersknechte), in: ThHStAW, EGA, Reg. Bb 1263, Bl. 205ʳ, 371ʳ/ᵛ, 372ʳ–376ʳ.
33 ThHStAW, EGA, Reg. Bb 112 und 113.
34 „[…] bessert an der Bedachung dem schifferdecker zw freiburgk […] zw besserung der gebeude […] von fenstern zw Machenn welche der grose windt zw brochen […]". In: SHStAD, 10024 Geheimes Archiv, Loc. 7358, Der Ämter Rechenbuch, nicht foliert.
35 „Anno Domini […] 1267 […] Otto cellerarius de Vriburg […] Novo castro in pallacio […]." In: Karlsruhe, Badische Landesbibliothek, Handschrift St. Peter perg 9, Ausgelöstes Fragment, vermutlich aus einem Zinsbuch der Markgrafen von Meißen stammend. Mehrfache Erwähnung des Cellerarius Otto von Vriburg. Dazu kurz Heinzer, Felix und Gerhard Stamm: Die Handschriften von St. Peter im Schwarzwald: Teil 2. Die Pergamenthandschriften. Wiesbaden 1984, S. b24–b25. Zur Verwendung des Begriffes „Pfalz" siehe Thon, Alexander: Studien zu Relevanz und Gültigkeit des Begriffes „Pfalz" für die Erforschung von Profanbauwerken des 12. und 13. Jahrhunderts. In: Burgenbau im 13. Jahrhundert. Hrsg. von der Wartburg-Gesellschaft zur Erforschung von Burgen und Schlössern in Verbindung mit dem Germanischen Nationalmuseum (= Forschungen zu Burgen und Schlössern, Bd. 7). München/Berlin 2002, S. 45–72. Den Hinweis auf diese wichtige, im Einzelnen noch nicht edierte Quelle verdankt der Verfasser Herrn Dr. Holger Kunde, Naumburg.
36 Freyburg an der Unstrut – Ein Katalog historischer Ansichten von den Anfängen bis 1950. Bearb. von Kordula Ebert, Frank-Dietrich Jacob, Fritz Lenz, Joachim Säckl und Reinhard Schmitt. Petersberg 2003, S. 28, Nr. 1.

37 Anm. der Redaktion: Im Spätmittelalter und in Früher Neuzeit Bezeichnung für einen Steuereinnehmer.
38 ThHStAW, EGA, Reg. Kk pag. 381 SS Nr. 12, Bl. 20ʳ–29ᵛ. Freundlicher Hinweis von Herrn Markus Cottin, Leipzig, dem für diese wichtige Information sehr herzlich gedankt sei!
39 LHASA, Rep. D Freyburg A VIII 6 Nr. 5a, Bl. 12ʳ–18ᵛ; Rep. D Freyburg A VII Nr. 1.
40 Zur Thematik der Zwinger zuletzt: Zwinger und Vorbefestigungen. Tagung vom 10. bis 12. November 2006 auf Schloss Neuenburg bei Freyburg (Unstrut). Hrsg. im Auftrag der Landesgruppen Sachsen, Sachsen-Anhalt und Thüringen der Deutschen Burgenvereinigung e. V. von Heinz Müller und Reinhard Schmitt. Langenweißbach 2007.
41 LHASA, MER, C 48 IX Plankammer Merseburg K 116 (1861). Nach 1930 mit dem Brandschutt des Jagdzeughauses zugeschüttet.
42 Auf Einzelnachweise sei hier und im Folgenden verzichtet. Die Belege sind in umfänglichen Dokumentationen zusammengestellt und im Landesamt für Denkmalpflege und Archäologie Sachsen-Anhalt sowie im Archiv der Stiftung Dome und Schlösser in Sachsen-Anhalt, Museum Schloss Neuenburg aufbewahrt.
43 Holz wurde zur Beprobung entnommen, ist aber nicht datierbar.
44 Die Bezeichnungen der einzelnen Geschosse sind bisher nicht vereinheitlicht worden. In älteren Inventarbeschreibungen gibt es zwar die drei Hauptgeschosse, doch fehlen Zwischengeschosse. Erschwerend kommt hinzu, dass die Geschossebenen von Gebäude zu Gebäude springen. Ein Vorschlag für diesen Beitrag: Kellerschoss (Keller unter dem Fürstenbau, unter dem nördlichen Galerieflügel und unter dem Westtorhaus); Erdgeschoss (tief liegende gewölbte Räume im Fürstenbau, unterste Ebene in der Küchenmeisterei, Kapelle, Tore, untere Ebene im Wohnturm II, Ställe der Galerieflügel); Zwischengeschoss I (untere Ebene im Westtorhaus, erstes Obergeschoss im Wohnturm II); Zwischengeschoss II (mittlere Ebene im Westtorhaus, zweites Obergeschoss im Wohnturm II, Raum über dem Tor, mittlere Ebene im Westteil der Doppelkapelle, sog. Fechtsaal [erstes Obergeschoss des Palas], Festsaal [Hofstube] und südlich angrenzende Räume); Obergeschoss (alle Räume im Obergeschoss der Galerieflügel, drittes Obergeschoss des Wohnturmes II, Blockstube, Kirchsaal [zweites bzw. drittes Obergeschoss des Palas], Obergeschoss der Kapelle und benachbarter Räume, „Fürstensaal" [Tafelgemach, großer Saal] und südlich angrenzende Räume, Obergeschoss der Küchenmeisterei).
45 Dazu Pennewiß, Yvonne: Holzstuben in Halle (Saale). In: Burgen und Schlösser in Sachsen-Anhalt 16 (2007), S. 308–352 mit einer Vorbemerkung von Reinhard Schmitt (S. 308–313). Zu Holzstuben in Burgen vgl. etwa Durdík, Tomáš: Archäologische Belege von Fachwerkkonstruktionen auf böhmischen Burgen. In: Château Gaillard XVIII (1996), S. 59–64; Rykl, Michael: Die Feste Litovice und ihre Holzstube. In: Jahrbuch für Hausforschung 51 (2002), S. 107–122 (zweites Viertel des 14. Jahrhunderts). Auf Herrenhäuser in Blockbauweise in der Innerschweiz und aus der Zeit zwischen 1176 und 1341 (!) geht ein: Descoeudres, Georges: Herrenhäuser aus Holz. Eine mittelalterliche Wohnbaugruppe in der Innerschweiz (= Schweizer Beiträge zur Kulturgeschichte und Archäologie des Mittelalters, Bd. 34). Basel 2007.
46 Im Winter 1991/92 erarbeitete Eckhard Lemke seine Abschlussarbeit an der Fachschule für Baugestaltung Potsdam, Fachrichtung Restaurierung von Architekturfassungen (veröffentlicht 1992). Zur Geschichte der Burg nach 1945 siehe auch den Beitrag von Jörg Peukert in diesem Band.
47 Die obere Wandnische scheint aus einem zunächst eingebauten Schlitzfenster herausgearbeitet worden zu sein.

48 Durdík, Tomás: Lucemburský Křivoklát ve svetle archeologického výzkumu. In: archaeologia historica 22 (1997), S. 217–228. – Jean-Claude Kuhn, Reichstett (Elsaß), teilte dem Verfasser am 2. Dezember 1996 mit, dass „die Datierung solcher komplizierten Systeme mehr in das XVI. Jahrhundert als in das XV. Jahrhundert" verweist. Er hält eine bessere Ableitung kalter Luft nach außen und des Rauches nach oben für möglich.

49 Angermuseum Erfurt; auch als Postkarte vervielfältigt. Abgebildet in: Freyburg, wie Anm. 36, S. 74 f.

50 Ein älterer Aufbau ist aber nicht auszuschließen. Vielleicht gehört die Vermauerung der südwestlichen romanischen Fensterarkade im dritten Obergeschoss des Wohnturmes mit Einbau eines Schlitzfensters in eine solche frühere gotische Phase.

51 Ehemals im Bestand des Schlossarchivs Pförten in der Lausitz, Wohnsitz des Grafen Brühl. Das Archiv wird heute verwahrt in: Wojewodzkie Archivum Panstwowe w Zielonej Gorze. Einem im SHStAD vorhandenen Mikrofilm des Findbuches waren keine Angaben zu diesen Plänen zu entnehmen. Großformatige Glasnegative, 13 x 18 cm, besitzt das LDA; sie wurden 1940 angefertigt.

52 SHStAD, 10036 Finanzarchiv, ehem. Magdeburger Rep. A 25a II, I Nr. 978 vol. III. Bauanschlag Johann August Schützes vom 1. Juni 1790. Eine im Nachlass Johann Gottfried Panses aufgefundene, nicht erhaltene Zeichnung von abzutragenden Türmen im Amt könnte auf die Dachtürmchen bezogen werden: SHStAD, 10036 Finanzarchiv, Loc. 35754 Nr. 75c.

53 26. August 1495: „Eod die eyne presentatio ex Benedicto Cuntzel uf die capella sancti Nicolai uf dem Slosse Zu Friburg an den Ertzprister Zu Quernfurt [...]". In: SHStAD, 10004 Kopial Nr. 105, Bl. 207ᵛ.

54 Glatzel, Kristine: Zu einer mittelalterlichen Inschrift im Obergeschoß der Doppelkapelle der Neuenburg. In: Burgen und Schlösser in Sachsen-Anhalt 2 (1993), S. 23–25; Säckl, Joachim: Nochmals zur mittelalterlichen Inschrift im Obergeschoß der Doppelkapelle der Neuenburg. In: Burgen und Schlösser in Sachsen-Anhalt 3 (1994), S. 52–59; Schmitt, Reinhard: Zur Geschichte und Baugeschichte der „Curtis", des Klosters und des Rittergutes Zscheiplitz. In: Zscheiplitz. Pfalzgrafenhof, Kirche, Kloster und Gut (= Burgen und Schlösser in Sachsen-Anhalt, Sonderheft 1999). Halle (Saale) 1999, S. 36–168, hier S. 44, gleichzeitig erschienen in: novum castrum (= Schriftenreihe des Vereins zur Rettung und Erhaltung der Neuenburg e. V., Heft 7); Glatzel, Kristine: Elisabeth-Rapport. In: Burg und Herrschaft. Die Neuenburg und die Landgrafschaft Thüringen. Beiträge zur Ausstellung. Hrsg. vom Museum Schloss Neuenburg und dem Verein zur Rettung und Erhaltung der Neuenburg e. V. Freyburg (Unstrut) 2004, S. 149–169, hier S. 169. Zum 5. Mai 1525 Gess, Felician: Akten und Briefe zur Kirchenpolitik Herzog Georgs von Sachsen. Zweiter Band. Berlin 1917, S. 179 f., Nr. 929: „Idoch so haben die jungfrauen im closter zu Schiplitz bemelt closter reumen mussen." Joachim Säckl dachte aber außerdem an Angehörige der Geistlichkeit, die sich auf der Burg aufgehalten haben können, wie Mönche aus Reinsdorf oder Vikare. Siehe dazu auch die Beiträge von Kristine Glatzel und Kordula Ebert in diesem Band.

55 LHASA, Rep. A 29a I, II Nr. 1b, Bl. 656ᵛ; Burkhardt, Carl August Hugo: Geschichte der sächsischen Kirchen- und Schulvisitationen 1524 bis 1545, Leipzig 1879, S. 247.

56 Grundsätzlich Bingenheimer, Klaus: Die Luftheizungen des Mittelalters. Zur Typologie und Entwicklung eines technikgeschichtlichen Phänomens (= Antiquitates. Archäologische Forschungsergebnisse, Bd. 17). Hamburg 1998; Glatzel, Hellwig und Schmitt: Schloss Neuenburg, wie Anm. 2, S. 41 f. In der Burg in Forchheim wurde eine ähnliche Heizung vor 1391 dokumentiert: Kohnert, Tillmann: Die Forchheimer Burg genannt „Pfalz". Geschichte und

Baugeschichte einer fürstbischöflich-bambergischen Stadtburg (= Schriften des Deutschen Burgenmuseums, Bd. 4; Forschungen zu Burgen und Schlössern, Sonderband 4). Petersberg 2008, S. 59–68.

57 Hoppe, Stephan: Die funktionale und räumliche Struktur des frühen Schloßbaus in Mitteldeutschland. Untersucht an Beispielen landesherrlicher Bauten der Zeit zwischen 1470 und 1570 (= 62. Veröffentlichung der Abteilung Architekturgeschichte des Kunsthistorischen Instituts der Universität zu Köln). Köln 1996.

58 Zu Saal, Hofstube und Ausstattungselementen wie Kaminen, Aborten, Wandschränken, Fußböden etc. Wirtler, Ulrike: Spätmittelalterliche Repräsentationsräume auf Burgen im Rhein-Lahn-Mosel-Gebiet (= 33. Veröffentlichung der Abteilung Architektur des Kunsthistorischen Instituts der Universität zu Köln). Köln 1987.

59 Diese Erkenntnis ist insbesondere Wilfried Weise, Museum Schloss Neuenburg, zu verdanken, da er sich seit Jahren intensiv und immer wieder mit der Problematik der mittelalterlichen Heizungen in der Neuenburg beschäftigt hat. Dazu Schmitt, Reinhard: Katalogtext „Romanische Warmluftheizung im Palas der Neuenburg (0645c)". In: Burg und Herrschaft. Eine Ausstellung des Deutschen Historischen Museums Berlin 25. Juni bis 24. Oktober 2010. Hrsg. von Rainer Atzbach, Sven Lüken und Hans Ottomeyer. Dresden 2010, S. 281 f.

60 Magirius, Heinrich: Schlossbauten der zweiten Hälfte des 15. Jahrhunderts in Obersachsen – Traditionen und Innovationen. In: Schlossbau der Spätgotik, wie Anm. 2, S. 11–30; Schmitt: Schlossbau, wie Anm. 2; Gräßler, Ingolf und Thomas Schmidt: Ergebnisse bauhistorischer Untersuchungen an der Burg Mildenstein/Leisnig. Teil 2 – Neu erschlossene Baubefunde in Vorder-, Mittel- und Hinterschloss. In: Burgenforschung aus Sachsen 21 (2008), S. 140–161; dies.: Die Bautätigkeit in der Zeit Markgraf Wilhelms I. auf der Burg Mildenstein/Leisnig – Ergebnisse der restauratorischen und bauhistorischen Untersuchungen. In: Wilhelm der Einäugige, wie Anm. 17, S. 185–196; Ramm, Peter: Zur Baugeschichte von Dom und Schloss Merseburg im späten Mittelalter. In: Zwischen Kathedrale und Welt. 1000 Jahre Domkapitel Merseburg. Katalog. Hrsg. von Karin Heise, Holger Kunde und Helge Wittmann. Gesamtredaktion Uwe John (= Schriftenreihe der Vereinigten Domstifter zu Merseburg und Naumburg und des Kollegiatstifts Zeitz, Bd. 1). Petersberg 2004, S. 171–204; Mock, Markus Leo: Die Schlosskapelle in Wolmirstedt. Ein erzbischöflicher Repräsentationsbau an der Grenze zu Kurbrandenburg. In: Tacke, Andreas (Hg.): Kontinuität und Zäsur. Ernst von Wettin und Albrecht von Brandenburg (= Schriftenreihe der Stiftung Moritzburg, Bd. 1). Göttingen 2005, S. 119–142; ders.: Kunst unter Erzbischof Ernst von Magdeburg. Berlin 2007, S. 182 f.; Scholz, Michael: Amtssitze als Nebenresidenzen. Wanzleben, Wolmirstedt, Calbe und Kloster Zinna als Aufenthaltsorte der Erzbischöfe von Magdeburg. In: Sachsen und Anhalt 21 (1998), S. 151–181; Stahl, Andreas: Calbe an der Saale. Auf den Spuren einer verschwundenen Nebenresidenz der Erzbischöfe und Administratoren des Erzstifts Magdeburg. In: Burgen und Schlösser in Sachsen-Anhalt 14 (2005), S. 154–185; Mock, Leo Markus: Das Schloß in Calbe an der Saale: Baugeschichte und Baugestalt einer erzbischöflichen Nebenresidenz. In: Burgen und Schlösser in Sachsen-Anhalt 14 (2005), S. 186–206.

61 Schmitt, Reinhard: Baugeschichte und Denkmalpflege. In: Die Eckartsburg (= Schriftenreihe der Stiftung Schlösser, Burgen und Gärten des Landes Sachsen-Anhalt, Bd. 1). Halle (Saale) 1998, S. 14–53, 357–366.

62 „Den gebuw vff die Kemenatin zcu Sangerhußen". Seitens des LDA vom Verfasser 1991 begrenzte Bauuntersuchungen; eine Auswertung konnte bisher nicht erfolgen. Umfangreichere Ausgrabungen im östlichen Schlosshof 2011 mit bemerkenswerten Baubefunden aus ludowingischer Zeit. Der Verfasser ist dem Grabungsleiter, Dr. Matthias Sopp, für Informationen

und Gespräche sehr dankbar. – Die Quellen zusammengestellt bei Schmidt, Friedrich: Geschichte der Stadt Sangerhausen. Erster Teil, Sangerhausen 1906, S. 516–534; zu 1446: LHASA, Rep. Cop. 1215a, Bl. 92$^{r/v}$.

63 Rüger, Reinhard und Reinhard Schmitt: Schloß Allstedt. Baugeschichte und Denkmalpflege. Allstedt 1989 (1990), Abb. 11, 91 f.

64 Ebd., S. 37 f. Leider sind mittelalterliche Burgküchen noch nie zusammenfassend bearbeitet worden. Das hat der Verfasser bereits 1989 beklagt: Ebd., S. 82, Anm. 428.

65 Schmitt: Schloßküchenbau, wie Anm. 2.

66 SHStAD, 10004, Kopial 234, Bl. 76^v–78^r.

67 Zeune, Joachim (mit einem Beitrag von Marina Kaltenegger): Burg Aggstein in der Wachau, Niederösterreich. Großer Burgenführer. Schönbühel 2006, S. 45 f.; Museum Schloss Burgk. Halle (Saale) 1997.

68 Ein romanisches Plattenfenster wurde wiederverwendet. Das zweite Fenster wird vom Tonnengewölbe des im mittleren 16. Jahrhundert tiefer gelegten Kellers mit dem Kellerhals zugesetzt und ist demzufolge gotisch.

69 Nach dem Abbruch der Bettenmeisterei im Jahre 1832 ist deren Westgiebel der neue Ostgiebel des nördlichen Galerieflügels geworden.

70 Die spitzbogige Tür neben dem Portal stammt aus den Jahren zwischen 1891 und 1903.

71 Schmitt: Füllung eines Latrinenturmes, wie Anm. 2.

72 Urkunden der Markgrafen von Meißen und Landgrafen von Thüringen 1396–1406. Hrsg. von Hubert Ermisch. Leipzig 1902, S. 270, Nr. 404 (Codex diplomaticus Saxoniae regiae I B 2) nach ThHStAW, EGA, Reg. Bb 1858, Bl. 10^r.

73 Schirmer, Uwe: Die finanziellen Einkünfte Albrechts des Beherzten (1485–1500). In: Herzog Albrecht der Beherzte (1443–1500). Ein sächsischer Fürst im Reich und in Europa. Hrsg. von André Thieme (= Quellen und Materialien zur Geschichte der Wettiner, Bd. 2). Köln/Weimar/Wien 2002, S. 143–176, hier S. 157–162.

74 ThHStAW, EGA, Reg. Bb 1263, Bl. 196^v (im Vorwerk zu bessern). Danach in den Rechnungen häufig.

75 Wäscher: Baugeschichte, wie Anm. 3, S. 195, Abb. 665.

76 LHASA, MER, C 48 IIIa Nr. 11249, Bl. 94^r–94^v; Archiv der SDS, MSN, Akte Nr. 89.

77 LHASA, Rep. D Freyburg A I Nr. 1, Bl. VIII^r und VIII^v.

78 ThHStAW, Reg. Bb 1263, Bl. 70^r (1449/50).

79 SHStAD, 10004 Kopial Nr. 108, Bl. 238^r.

80 SHStAD, 10004 Kopial Nr. 119, Bl. 279^r und 280^r.

81 Fuchs, Walther Peter und Günther Franz: Akten zur Geschichte des Bauernkriegs in Mitteldeutschland, Bd. II (= Schriften der Sächsischen Kommission für Geschichte, Bd. 37). Jena 1942, S. 443 f., Nr. 1636 bzw. S. 849, Nr. 2052.

82 Archiv der SDS, MSN, Plansammlung.

83 Am 20. November 1789 heißt es: „Von denen, auf den hiesigen Schloß Gebäuden stehenden 11. spizigen Thürmen sind verschiedene so wandelbahr geworden", dass sie abgetragen werden müssten. Baumeister Johann August Schütze lieferte daraufhin Anschläge (1789/90): Sechs Türmchen sollten abgetragen, fünf repariert werden. SHStAD, 10036 Finanzarchiv, ehem. Magdeburger Rep. A 25a II, I Nr. 978 vol. III.

84 Hierzu soeben Uhl, Stefan: Wohn- Repräsentations- und Wirtschaftsgebäude. Wandel und Innovation im 15. Jahrhundert, dargestellt an Beispielen der Innengliederung von Burggebäuden aus Südwestdeutschland. In: Die Burg im 15. Jahrhundert, wie Anm. 1, S. 179–192; Möller, Roland: Von der Burg zum Burgschloss – Innenraumgestaltung im ausgehenden 15. Jahrhundert. In: ebd., S. 193–211.

85 Dazu ThHStAW, EGA, Reg. Bb 5110, 5111, 5112, 5114, 5118, 5119, 5122, 5478, 5480, 5482–5489, 5490, 5492, 5494. Zur Bedeutung der Neuenburg im Residenzsystem der Wettiner siehe auch den Beitrag von André Thieme in diesem Band.

86 ThHStAW, EGA, Reg. D 28, Bl. 8^r, 63^r–64^r, 74^r–78^r, 80^r.

87 Zuletzt: Holtz, Eberhard: Wilhelm III. (der Tapfere). In: Sächsische Biographie. Hrsg. vom Institut für Sächsische Geschichte und Volkskunde e. V. Bearb. von Martina Schattkowsky. Online-Ausgabe: http://www.isgv.de/saebi/ (27. Februar 2011). – Magirius, Heinrich: Markgraf Wilhelm als Bauherr. Architektur „um 1400" in der Mark Meißen. In: Landesgeschichte als Herausforderung und Programm – Karlheinz Blaschke zum 70. Geburtstag (= Quellen und Forschungen zur sächsischen Geschichte, Bd. 15). Leipzig/Stuttgart 1997, S. 123–156; verschiedene Beiträge in Wilhelm der Einäugige, wie Anm. 17. – Umfangreicher Schriftverkehr und Urkunden, doch größtenteils schwer lesbar, beispielsweise: ThHStAW, EGA, Reg. A fol. 1^a–28^b; SHStAD, 10004, Kopial Nr. 41 und 47.

88 Krüger, Klaus: Elisabeth von Thüringen und Maria Magdalena. Reliquien als Geburtshelfer im späten Mittelalter. In: Zeitschrift des Vereins für Thüringische Geschichte 54 (2000), S. 75–108. – Auch eine Reise Wilhelms zum Heiligen Grab in Jerusalem im Jahre 1461 ist als Anzeichen einer besonderen Frömmigkeit zu sehen. In seinem zuvor gemachten Testament bedachte er die Martinskirche in der Burg Weimar und das alte ludowingische Kloster Reinhardsbrunn besonders: ThHStAW, EGA, Reg. A 63.

89 Burkhardt, Carl August Hugo: Über Kopf und Becher, Gürtel und Tasche der heiligen Elisabeth. In: Zeitschrift des Vereins für thüringische Geschichte und Alterthumskunde 4 (1860), S. 228–230. Zum Beispiel Wunsch der Herzogin Margarete von Sachsen im Jahre 1469, den Gürtel auszuleihen: ThHStAW; EGA, Reg. B 106, Bl. 3^r.

90 Urkundenbuch des Klosters Pforte, wie Anm. 18, S. 286 f., Nr. 369; Krüger: Elisabeth und Maria Magdalena, wie Anm. 88, S. 98 f. Freundlicher Hinweis von Kristine Glatzel vom 8. Januar 2009. Siehe dazu auch die Beiträge von Kristine Glatzel und Kordula Ebert in diesem Band.

91 Werner, Matthias: Mater Hassiae – Flos Ungariae – Gloria Teutoniae. Politik und Heiligenverehrung im Nachleben der heiligen Elisabeth von Thüringen. In: Politik und Heiligenverehrung im Hochmittelalter. Hrsg. von Jürgen Petersohn (= Vorträge und Forschungen, Bd. XLII). Sigmaringen 1994, S. 449–540, hier S. 510.

92 Schmitt, Reinhard: Die heilige Elisabeth von Thüringen – Ein Bildwerk des späten 14. Jahrhunderts auf der Neuenburg bei Freyburg (Unstrut). In: Burgen und Schlösser in Sachsen-Anhalt 4 (1995), S. 180–190; Heine, Stefanie: Die Skulptur der heiligen Elisabeth in Freyburg. Magisterarbeit an der Friedrich-Schiller-Universität Jena 2007. Siehe dazu auch den Beitrag von Kordula Ebert in diesem Band.

André Thieme

Die Neuenburg unter wettinischer Herrschaft im späten Mittelalter – Ein Spielball der politischen Mächte

Vom Anfall an die Wettiner bis zur Chemnitzer Teilung von 1382

Die in ihren Anfängen in das 11. Jahrhundert zurückreichende Neuenburg über dem Städtchen Freyburg an der Unstrut zählte neben der Wartburg, der Creuzburg und der Runneburg (Weißensee) zu den wichtigsten Burgen der ludowingischen Landgrafen von Thüringen. Auf der Neuenburg setzten die Ludowinger in der zweiten Hälfte des 12. Jahrhunderts enge Gefolgsleute als Burggrafen ein[1] und unterstrichen damit die Bedeutung der Anlage für die landgräfliche Herrschaft. Von alters her kontrollierte die Neuenburg dabei einen verkehrsmäßig wichtigen Punkt auf der nördlichen Wegeroute zwischen Meißen und Thüringen, den beiden wettinischen Kernherrschaften des späten Mittelalters.[2] Dies schien sie seit der Mitte des 13. Jahrhunderts als Aufenthaltsort des umherziehenden wettinischen Hofes und der nunmehr wettinischen Landgrafen und Markgrafen zu prädestinieren. Dennoch erlangte die Neuenburg mit dem Anfall des thüringischen Erbes der Landgrafen an die Wettiner (1247/1264) und dann auch im 14. Jahrhundert keine wirkliche residenzielle Bedeutung innerhalb der wettinischen Reiseherrschaft. Nur gelegentlich wurde sie von den wettinischen Fürsten aufgesucht.

Markgraf Heinrich (der Erlauchte) urkundete wenigstens zu Beginn seiner Herrschaft in Thüringen mehrfach auf der Neuenburg: zum 18. Mai 1248, zum 24. Dezember 1250 und zum 17. April 1255.[3] Die Rolle der Burg als wichtiger Stützpunkt wettinischer Herrschaft im neu erworbenen und noch umkämpften Thüringen wird dadurch offenkundig, ebenso wie durch die Tatsache, dass der Neuenburger Burggraf Hermann häufiger für wettinische Urkunden zeugte, oft im markgräflichen Gefolge reiste und zu den wichtigeren Parteigängern des Wettiners gehörte.[4] Nach 1255 lässt sich Markgraf Heinrich nicht mehr auf der Neuenburg nachweisen. Er verlagerte den Schwerpunkt seiner herrscherlichen Tätigkeit in den meißnischen Raum, den er sich auch nach der Teilung der Gesamtherrschaft mit seinen Söhnen vorbehielt.[5]

In Thüringen agierte seit 1263 deshalb Heinrichs ältester Sohn Albrecht, der von der Nachwelt den wenig schmeichelhaften Namen „der Entartete" erhalten hat. Welche Bedeutung die Neuenburg im Itinerar und als Residenz Landgraf

Albrechts ganz konkret hatte, bleibt allerdings unklar.[6] Gegenüber der Wartburg, die Albrecht spätestens nach 1288 zu seiner fast dauerhaften Hauptresidenz erkor, fiel ihre Bedeutung jedenfalls weiter ab.[7] An die Rolle, die die Neuenburg in ludowingischer Zeit als faktisch „zweite" Burg der Landgrafschaft gespielt hatte, konnte die Anlage unter wettinischer Herrschaft also nicht anknüpfen.

Ganz anschaulich wird dieser Bedeutungsverlust in der wenig später erfolgten Aussetzung der Burg als Eventualpfand an den Merseburger Bischof Heinrich III. bzw. den brandenburgischen Markgrafen Otto IV. (mit dem Pfeil) zum Jahr 1292. Davon war gleichzeitig die ebenfalls traditionsreiche Eckartsburg betroffen.[8] Die Vorgänge und ihre Folgen sind verwickelt und schwer zu erhellen, weil sich hinter der widersprüchlichen urkundlichen Überlieferung ein kaum konkreter greifbares machtpolitisches Ringen verbirgt.[9] Die Hintergründe sind in der nach dem Tod Heinrichs des Erlauchten im Jahre 1288 aufziehenden Krise der wettinischen Landesherrschaft zu suchen: Während zwischen den Söhnen und Enkeln Markgraf Heinrichs Streitigkeiten und Fehden ausbrachen, bemühte sich das Königtum darum, seine einstmals machtvolle Stellung in Mitteldeutschland wiederherzustellen und auszubauen.[10] Als nach dem söhnelosen Tod Markgraf Friedrich Tutas, eines Neffen Landgraf Albrechts, im Jahr 1291 eine erneute Belehnung der Wettiner mit der Mark Meißen durch den König ausblieb, suchte sich Albrecht meißnische Besitzungen und Rechte gegen die Ansprüche der eigenen Söhne und mögliche königliche Ambitionen auf andere Weise zu sichern. Deshalb nahm er die wettinische Stadt Leipzig neben dem ebenfalls althergebracht wettinischen Grimma und verschiedenen weiteren Rechten vom Merseburger Bischof zu Lehen, dem er dafür überdies die Zahlung von 2000 Mark zusicherte.[11] Ganz ähnlich ging übrigens Albrechts Sohn Friedrich (der Freidige) vor, der meißnische Rechte 1292 vom Kloster Hersfeld zu Lehen nahm.[12] Für den Fall, dass Landgraf Albrecht die für die Lehnsvergabe geforderte Summe nicht wie vereinbart innerhalb der nächsten beiden Jahre hätte zahlen können, wurden auf drei Jahre vom ersten Zahlungstermin an feste Zinsen vereinbart. Bliebe das Geld danach immer noch aus, dann sollte Markgraf Otto von Brandenburg die ausstehende Summe begleichen und dafür die Neuenburg mit der Stadt Freyburg ebenso wie Eckartsberga mit allen Zugehörungen zum Pfand erhalten.

Bis auf die permanente Zahlungsunfähigkeit Landgraf Albrechts bleiben die folgenden Geschehnisse im Detail ungewiss. Nach den Abmachungen von 1292 hätte die Neuenburg frühestens um 1295 in den Pfandbesitz Markgraf Ottos IV. von Brandenburg gelangen dürfen. Doch eine Urkunde Landgraf Diezmanns vom 28. September 1293 zeigt die Neuenburg und Eckartsberga dann bereits als an wen auch immer ausgereichte Pfänder an, die Diezmann für nun schon 11 000 Mark lösen soll – einen erheblich höheren Betrag als die ursprüngliche

Die Neuenburg unter wettinischer Herrschaft

111. Markgraf Heinrich (der Erlauchte), Darstellung in der „Chronik der Sachsen und Thüringer", um 1520

Pfandsumme.[13] Diezmann hat dann folgerichtig weder die Neuenburg noch Eckartsberga auslösen können. Ob die Neuenburg damals schon, entgegen den anfänglichen Abmachungen, in merseburgische oder in brandenburgische Pfandherrschaft gefallen war, bleibt unklar.[14] Ihr Verlust ordnet sich jedenfalls folgerichtig in die dynamische Erosion wettinischer Macht in Mitteldeutschland zum Ende des 13. Jahrhunderts ein.

Die verworrene Rechts- und Verpfändungslage um beide Burgen bekam wenig später König Adolf von Nassau zu spüren. Er hatte im Frühjahr 1294 die Anwartschaft auf die Landgrafschaft Thüringen vom alten Landgrafen Albrecht erworben und bemühte sich in der Folge auch um die Auslösung und Inbesitznahme von Neuenburg und Eckartsburg. Mit einem Feldzug im Herbst 1294 versuchte König Adolf zunächst, seine thüringischen Ansprüche gegen diejenigen der Söhne Landgraf Albrechts, Friedrichs (des Freidigen) und Diezmanns, durchzusetzen. Die Neuenburg selbst berührte das königliche Heer dabei anscheinend nicht: Der Feldzug führte auf der südöstlichen Route über Zeitz, Pegau, Groitzsch und Borna nach Leipzig.[15] Gegen die chronikalische Nachricht, dass die Neuenburg bereits zum Jahre 1293 (!) durch König Adolf von Nassau erobert und zerstört worden ist[16], sprechen demnach die historischen Umstände und die folgende urkundliche Überlieferung. In den Jahren 1295 und 1296 bemühte sich König Adolf bei den brandenburgischen und merseburgischen Pfandherren nachweislich um Auslöse und Übergabe der Burgen, die er demnach vorher weder erobert noch zerstört haben dürfte: 1295 stellte er zunächst dem Markgrafen Otto von Brandenburg einen Schuldschein über 3000 Mark Silber für die beiden Burgen aus.[17] Gleichwohl scheint er diese danach noch nicht unter seine Gewalt gebracht zu haben, denn zum 25. Mai 1296 sah er sich genötigt, auch dem Merseburger Bischof – immerhin einem seiner wichtigen mitteldeutschen Parteigänger[18] – 3500 Mark Silber zu versprechen, damit dieser die beiden Burgen herausgibt.[19] Rekonstruiert man die Vorgänge und ihre urkundliche Widerspiegelung, dann wird es wahrscheinlich, dass weder von den Wettinern noch vom brandenburgischen Markgrafen oder später von König Adolf die Pfandsumme in ihrer vollen Höhe jemals gezahlt worden ist – eine Ausgangssituation, aus der die widerstreitenden Besitzansprüche auf die Neuenburg resultierten.[20]

Darüber, ob, wann und wie lange König Adolf bzw. sein thüringischer Landfriedenshauptmann Gerlach von Breuberg die Neuenburg in der Folge besetzt haben, gibt es keinen Hinweis. Aus der verworrenen und unklaren Rechtslage heraus setzte sich dann wohl schon der Merseburger Bischof Heinrich III., möglicherweise nach König Adolfs Tod in der Schlacht bei Göllheim 1298, erneut in den Besitz der Neuenburg, die der Bischof und seine Nachfolger dann für über dreißig Jahre behaupteten. Offensichtlich sah sich Landgraf Friedrich I. (der Frei-

112. *Markgraf Albrecht (der Entartete), Darstellung in der „Chronik der Sachsen und Thüringer", um 1520*

113. Landgraf Friedrich II. erhält 1333 die Neuenburg zurück. Darstellung in der „Chronik der Sachsen und Thüringer", um 1520

dige), ältester Sohn Albrechts des Entarteten und nach 1307 alleiniger Erbe der wettinischen Gesamtherrschaft, auch nach der Wiederherstellung der wettinischen Macht über Mitteldeutschland in den Jahren 1307 und 1308 nicht in der Lage, die wichtige Burg auszulösen bzw. wieder unter seine Verfügung zu bringen. Zu sehr blieb Friedrich der Freidige in wechselvolle anderweitige Fehden verstrickt, zu angespannt schien wohl auch die wettinische Kassenlage.[21]

Mit einer Pfandhoheit waren im späten Mittelalter immer auch herrschaftliche Ansprüche verbunden. Im 14. Jahrhundert sollten Verpfändungen dann sogar häufiger an die Stelle der klassischen Lehnsvergaben treten.[22] Zahlreiche Pfänder, wie etwa das Pleißenland, blieben dauerhaft im Besitz der Pfandinhaber und wurden integraler Bestandteil von deren Gesamtherrschaft. Die Merseburger Bischöfe agierten deshalb als faktische Herren der Neuenburg und möglicherweise ließen sie umfängliche bauliche Reparaturen und Erweiterungen vornehmen.[23] Noch 1327 urkundete Bischof Gebhard von Merseburg als Besitzer über die Neuenburg und die von dort ausgehenden Rechte.[24] Wenig später allerdings scheint der zur Volljährigkeit gereifte neue Landgraf, Friedrich II. (der Ernsthafte), die Merseburger Rechte an der Neuenburg infrage gestellt zu haben. Zum Anfang der dreißiger Jahre des 14. Jahrhunderts entbrannte daraufhin eine größere Fehde zwischen dem Wettiner und dem Bischof, bei der auf Seiten des Landgrafen auch ein Aufgebot des Herzogs Magnus von Braunschweig kämpfte. Parallel zu den Kampfhandlungen versuchte sich Bischof Gebhard der Rechtsgrundlage seiner Herrschaft über die Neuenburg zu versichern und erlangte von Kaiser Ludwig dem Bayern im August 1332 eine Bestätigung darüber, dass die Neuenburg aus königlicher Hand für 5000 Silbermark wiederkäuflich an Merseburg ausgegeben worden sei.[25] Doch nützte ihm dieses Privileg Kaiser Ludwigs – immerhin Schwiegervater Friedrichs des Ernsthaften – kaum, denn bereits am 25. September 1332 sah er sich gezwungen, mit Landgraf Friedrich II. auf der Neuenburg einen Waffenstillstand zu schließen.[26] Die daraufhin von beiden Seiten eingesetzten Vermittler lancierten einen für den Landgrafen günstigen Vergleich, der dem realen Kräfteverhältnis und wohl auch dem militärischen Geschehen der Fehde Rechnung trug und zum 21. Juni 1333 beurkundet wurde: Neben anderen Besitzungen sollte Landgraf Friedrich II. nun endlich auch die Neuenburg zurückerhalten. Insgesamt hatte der Wettiner den Merseburger Bischof dafür mit 2000 Schock Groschen zu entschädigen, von denen 450 Schock Groschen abgezogen wurden, die „sine lute vorlurn von der Nuenburch".[27] Damit war die Neuenburg unter die Botmäßigkeit der wettinischen Land- und Markgrafen zurückgefallen – ohne dass damit freilich eine Wiederbelebung der vormaligen herausragenden residenziellen Stellung der Burg verbunden gewesen wäre. Friedrich der Ernsthafte selbst scheint die Freyburger Burg nur gelegentlich als Reisestation genutzt zu haben. Zum Weihnachtsfest des Jahres 1333 lässt er sich auf der Neuenburg nachweisen, danach nicht mehr![28] Wie sein Vater und sein Großvater residierte der Wettiner vor allem auf der Eisenacher Wartburg. Für Aufenthalte im Saale-Unstrut-Gebiet bevorzugte er Weißenfels.[29]

Moderne Untersuchungen über die Reisestationen des wettinischen Hofes liegen erst für die Zeit ab der Mitte des 14. Jahrhunderts vor. Während des brüderlichen Regiments der Söhne des früh verstorbenen Landgrafen Friedrichs II. unter abwechselnder Vormundschaft blieb die Neuenburg zwischen 1349 und 1382 demnach eine höchstens drittrangige Station im Itinerar der Wettiner.[30] Landgraf Balthasar ist auf der Burg bis 1382 überhaupt nicht nachweisbar, Markgraf Wilhelm I. (der Einäugige) nur fünf Tage. Selbst Friedrich III. (der Strenge) lässt sich mit acht nachweisbaren Aufenthaltstagen vergleichsweise selten auf der Burg fassen: erstmals am 5. April 1354 gemeinsam mit seinem jüngeren Bruder Wilhelm; Mitte Januar 1355 sogar für einige Tage; wie auch nochmals zwischen dem 26. und 30. April desselben Jahres[31]; im März und im August 1357 urkundet er jeweils einmal in Freyburg; am 24. März 1358 ist er wieder auf der Neuenburg gemeinsam mit seinem jüngeren Bruder Wilhelm; ebenso am 23. August 1359; am 23. Februar 1363 und am 16. März 1364. Später scheint er die Neuenburg nicht mehr berührt zu haben.

Zum Jahr 1355 legte der Inhaber des Jenaer Gerichts vor dem wettinischen Hofrichter und dem wettinischen Kanzler in Freyburg, also wohl auf der Neuenburg, Rechnung[32] – ein Indiz dafür, dass die Burg in der Mitte des 14. Jahrhunderts wenigstens noch gelegentlich vom wettinischen Hof bzw. wettinischen Spitzenbeamten aufgesucht wurde und dass sie als regionales Herrschaftszentrum fungierte.

Markgraf Wilhelm I. (der Einäugige) suchte die Neuenburg 1354, 1358, im Februar 1363 und im März 1364 im Gefolge seines älteren Bruders Friedrich auf; zum 28. August 1363 lässt er sich dort allein nachweisen. Spätere Aufenthalte nach 1364 bleiben aus, obwohl die Neuenburg seit Mai 1372 gemeinsam mit Schellenberg (Augustusburg), Zörbig und Grimma von Friedrich (dem Strengen) und Balthasar dem jüngeren Bruder allein verpfändet war. Diese Entschädigung hatte Wilhelm erhalten, da er aus dem 10 000 Schock Prager Groschen zählenden Heiratsgut seiner Gemahlin Elisabeth von Mähren immerhin 1880 Schock Groschen zum gemeinsamen Nutzen aller Brüder ausgegeben hatte.[33]

Anstelle der Neuenburg rückte das nur wenige Kilometer entfernte Weißenfels immer stärker als regionaler wettinischer Aufenthaltsort in den Vordergrund. Weißenfels zählte bei allen drei Brüdern bis 1382 zu den wichtigen Stationen (Friedrich III.: 77 Tage; Balthasar: 25 Tage; Wilhelm I.: 18 Tage) und steht hinsichtlich der Aufenthaltshäufigkeit in einer Reihe mit Altenburg, Leipzig und

Die Neuenburg unter wettinischer Herrschaft

114. Markgraf Wilhelm I. (der Einäugige), Darstellung in der „Chronik der Sachsen und Thüringer", um 1520

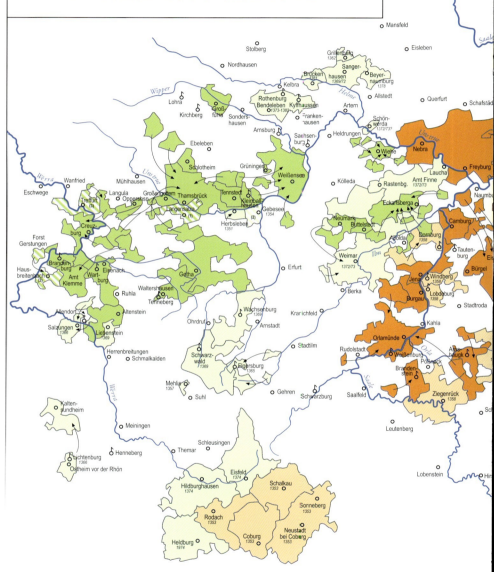

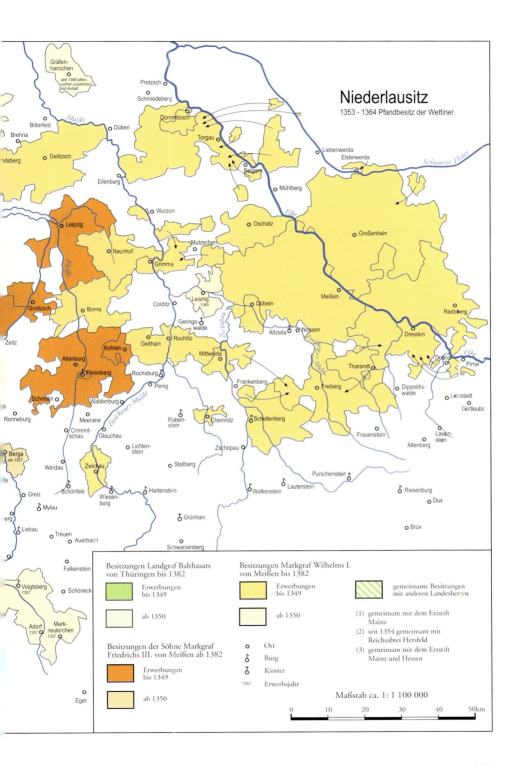

der Wartburg, signifikant nur übertroffen von Gotha und Dresden (etwa Gotha: Friedrich III.: 230 Tage; Balthasar: 109 Tage; Wilhelm I.: 59 Tage).[34] Vor allem Weißenfels kann damit als erfolgreicher, aufstrebender Konkurrenzstandort zur Freyburger Neuenburg angesehen werden. Letztere verlor gerade während der Jahre des brüderlichen Regiments bis zur Landesteilung im Jahre 1382 erheblich an Bedeutung und fiel mit ihren lediglich neun nachweisbaren Aufenthaltstagen auf der Neuenburg und zweien in Freyburg[35] in 33 Jahren als fester Itinerarort faktisch aus. Im besten Falle kann sie als fernere Nebenresidenz gewichtet werden.[36]

So verwundert es nicht, dass die Neuenburg zur herrschaftlichen Verfügungsmasse absank: Die mehrjährige Verpfändung aus der gemeinsamen Herrschaft an den jüngsten Bruder Wilhelm belegt dies ebenso wie die Aussetzung zum Eventualpfand im Jahre 1362 für den im Krieg gegen die Grafen von Mansfeld in wettinischen Diensten stehenden Hauptmann Gebhard XI. von Querfurt für den Fall, dass die Wettiner dessen Lohn von 913 Mark Silber nicht zahlen könnten.[37] Dem folgte die kurzzeitige Verpfändung an den Bischof von Merseburg zum Jahre 1375 für 2400 Mark lötigen Silbers Erfurter Währung[38], der immerhin verpflichtet wurde, für 100 Schock Groschen die Ringmauer instand setzen zu lassen.[39] Gleichwohl war damit die verhängnisvolle Abwärtsspirale aus baulicher Vernachlässigung, residenzieller Unattraktivität, weitgehender Nichtberücksichtigung als Reiseort und schließlich auch herrschaftlich-symbolischer Randständigkeit in Gang gesetzt, die zum dauerhaften Niedergang von Burgen als fürstlicher Residenz und dem Absinken auf den Status einer reinen Amtsburg führen konnten – ein Schicksal, das zahlreiche einst stolze thüringische und sächsische Burgen im 15., 16. und 17. Jahrhundert erleiden mussten. Allein die folgenden Teilungen des wettinischen Herrschaftsgebietes sollten der Neuenburg im 15. Jahrhundert dieses Los ersparen und einen gewissen residenziellen Wiederaufstieg ermöglichen.

Die Neuenburg im 15. Jahrhundert

Nach dem Tod Friedrichs des Strengen teilten seine überlebenden Brüder und seine Söhne das Land zum Jahr 1382 in eigenständige Herrschaften. Bis auf die ganz kurzen Phasen zwischen 1440 und 1445 sowie 1482 und 1485 sollten die wettinischen Lande von da an nie mehr unter gemeinsamer Hoheit vereinigt werden. Wechselnde herrschaftliche Zuschnitte und immer neue Aufspaltungen bestimmten das Geschehen bis zur Leipziger Teilung des Jahres 1485, von der ab der wettinische Herrschaftskomplex in zwei dauerhaft entstehende wettinische Staatswesen gegliedert bleiben sollte.

Die Chemnitzer Teilung von 1382 brachte die Neuenburg mit Freyburg zunächst an die Söhne Friedrichs III.: an Friedrich IV. (den Streitbaren), Wilhelm II. (den Reichen) und den früh verstorbenen Georg, die den mittleren, vor allem aus den vogtländischen und osterländischen Ämtern bestehenden Landesteil mit Weißenfels, Leipzig und Altenburg erhalten hatten.[40] Doch auch in diesem kleineren Herrschaftsgebiet blieb die Neuenburg höchstens Nebenresidenz. Bis zum Jahr 1407, als nach dem kinderlosen Tod Markgraf Wilhelms I. große Teile der meißnischen Herrschaft zusätzlich an die Brüder Friedrich und Wilhelm fielen (1410), erscheinen stattdessen Altenburg, Leipzig und Weißenfels als Hauptresidenzen. Die Mutter der zunächst noch minderjährigen Brüder nahm im fränkischen Coburg Sitz.[41] Immerhin begann 1401/1404 der Bau einer neuen Schlossküche auf der Neuenburg, die damit wenigstens auf eine stärkere residenzielle Nutzung vorbereitet wurde.[42]

Zum Jahr 1411 ordneten die Brüder Friedrich IV. und Wilhelm II. die Verhältnisse in ihrem osterländisch-meißnischen Landesteil neu, indem sie zwei voneinander geschiedene Verwaltungsbezirke einrichteten – ohne allerdings das Land förmlich zu teilen. Die Neuenburg gelangte dabei neben anderen Ämtern an Markgraf Wilhelm II.[43], der seinen residenziellen Schwerpunkt ins traditionsreiche Altenburg verlegte, wo er das Georgenstift begründete, umfangreiche Bauarbeiten am Schloss veranlasste und die Schlosskapelle neu errichten ließ.[44] Die Neuenburg kam deshalb auch zu Zeiten Wilhelms II., der 1425 ohne Kinder zu hinterlassen verstarb, nicht über eine randständige Bedeutung hinaus. Sie diente als gelegentliche Reisestation und erreichte wohl kaum die Qualität einer Nebenresidenz.

Wilhelms älterer Bruder Friedrich IV. verlor mit der Aufteilung von 1411 zunächst den unmittelbaren herrschaftlichen Bezug zur Neuenburg, die erst 1425 wieder unter seine Hoheit fiel – ohne in den folgenden Jahren größeres Gewicht als Residenz zu erlangen. Friedrich hatte im Jahr 1423 die sächsische Kurwürde erhalten, war in den Kreis der ranghöchsten Fürsten des Reiches aufgestiegen und erscheint fürderhin neu gezählt als Friedrich I. Sein Tod im Jahr 1428 führte in der Folge zu neuen Herrschaftsverteilungen im Land: Mit der im Coburger Vertrag von 1436 beschlossenen Teilung der Lande zwischen seinen Söhnen, den wettinischen Brüdern Friedrich II. (dem Sanftmütigen), Sigismund und Wilhelm III. (dem Tapferen) erhielt Sigismund neben dem fränkischen Gebietsteil auch den mittleren Teil des Osterlandes mit Weißenfels, Freyburg/Neuenburg und Weißensee zugesprochen.[45] Ob Sigismund auf der ihm zugeschlagenen Neuenburg umgehend größere Umbauten veranlasst hat[46], bleibt unklar, zumindest verschuldete sich der junge Wettiner binnen weniger Monate beträchtlich.[47] Bereits ein Jahr später, 1437, resignierte Sigismund seinen Herrschaftsbereich allerdings wieder in die Hände seiner Brüder, die ihn in eine geistliche Karriere drängten. Bis man für Sigismund jedoch ein entsprechendes geistliches Amt erringen konnte, wurde er mit verschiedenen Gütern und Einkünften provisorisch versorgt und ausgestattet, unter denen sich die Neuenburg schon nicht mehr befand.

Dennoch sollte sich das Schicksal Herzog Sigismunds noch einmal enger mit der Neuenburg verbinden. In Opposition gegen seine Brüder hatte sich der in Warteposition kaltgestellte Wettiner 1437 mit dem Burggrafen Heinrich II. von Meißen aus dem Hause Plauen verbunden, der zu einer Fehde gegen Kurfürst Friedrich und Herzog Wilhelm rüstete.[48] Ende 1437 oder Anfang 1438 setzten die Brüder Sigismund deshalb gefangen und verbrachten ihn auf die Burg[49], wo er so lange in komfortabler Haft gehalten werden sollte, bis ein geistliches Amt zur Verfügung stünde. Diese Option sollte sich jedoch erst im Jahr 1440 eröffnen, in dem Sigismund zum Würzburger Bischof erwählt wurde.[50] Fast zwei Jahre brachte der Wettiner also zwangsweise auf der Neuenburg zu – auch dieser Zeitabschnitt kommt für kleinere Umbauten und Modernisierungen infrage, war doch zunächst nicht absehbar, wie lange der Aufenthalt Sigismunds an der Unstrut dauern würde.

Die Neuenburg befand sich also seit 1437 wieder in den Händen der Brüder Friedrich und Wilhelm. Seit 1440 kam sie als (Neben-)Residenz für die regierenden Fürsten erneut in Betracht. Allerdings ist zwischen 1442 und der Landesteilung des Jahres 1445 kein Aufenthalt des kurfürstlichen Hofes auf der Neuenburg oder in Freyburg fassbar. Stattdessen logierte Kurfürst Friedrich II. häufiger in Weißenfels.[51] Für Herzog Wilhelm III. liegen keine genauen Itinerardaten vor, doch hielt sich Wilhelm nach seiner Rückkehr aus Würzburg 1441 vor allem im thüringischen Landesteil auf.[52] Ob und wie häufig er dabei die Neuenburg aufgesucht hat, bleibt vorerst offen.

Die mehr oder weniger gemeinsame Herrschaft der ungleichen wettinischen Brüder blieb ein Intermezzo. Schon im Herbst des Jahres 1445 schritten Friedrich II. und Wilhelm III. in Altenburg zur Teilung des Landes. Dabei fiel die Neuenburg zunächst an Kurfürst Friedrich II. Aber mit dem Halleschen Machtspruch vom 11. Dezember 1445, der Streitigkeiten über die Teilung ausräumen sollte, gelangte sie an Herzog Wilhelm III., der wiederum Altenburg, Burgau und Zwickau abgeben musste.[53] Diese territoriale Regelung hatte dann über den verheerenden Bruderkrieg der Jahre 1446 bis 1451 hinaus Bestand: Die Neuenburg mit den ihr zugeordneten Orten Freyburg, Mücheln und Naumburg blieb bis zu dessen Tod im Jahr 1482 bei Herzog Wilhelm und damit dem thüringischen Landesteil enger verbunden.

Zunächst aber wurde auch die Neuenburg in die Streitigkeiten und Kriegshandlungen des Bruderkrieges verwickelt. Nicht zuletzt am Zwist über die kon-

116. *Markgraf Friedrich IV. (der Streitbare), Darstellung in der „Chronik der Sachsen und Thüringer", um 1520*

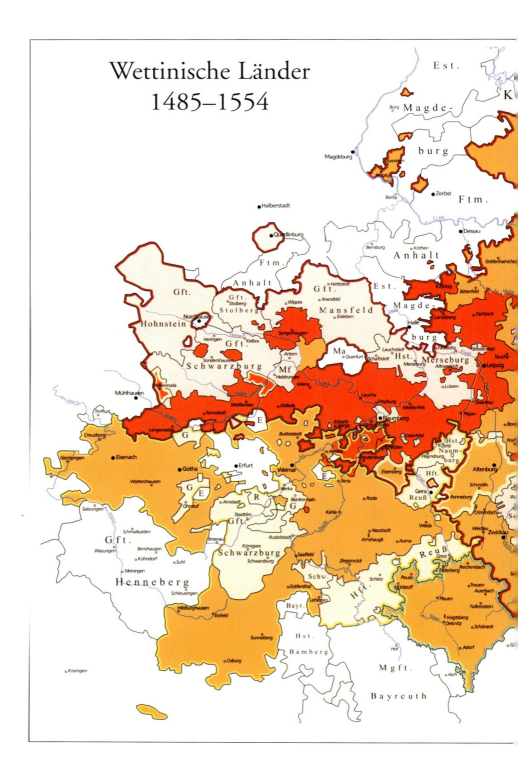

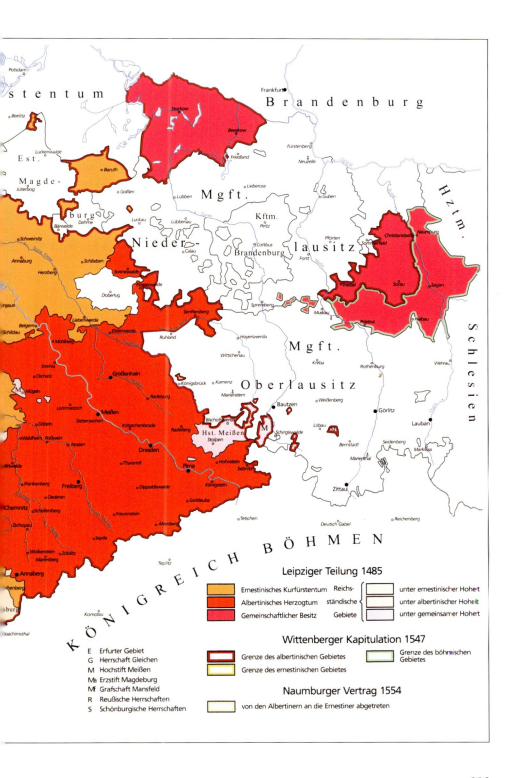

kreten Herrschaftszusammenhänge in der Region entzündete sich die Auseinandersetzung, denn für Wilhelm III. war mit Freyburg und Mücheln auch das gesamte zugehörige Amtsgebiet an ihn gefallen. Dort aber übten die Vögte des Kurfürsten und die des mit Wilhelm seit geraumer Zeit verfeindeten Bischofs von Naumburg weiter Gerichtsrechte aus. Gegen Bischof Peter richteten sich dann auch die ersten Rüstungen Herzog Wilhelms im September 1446.[54]

Die Kampfhandlungen entbrannten bald allerorten. Von der Neuenburg aus raubte der herzogliche Gefolgsmann Wilhelm von Goch noch im Herbst 1446 dem Naumburger Vogt der Schönburg 24 Pferde.[55] Im Januar rückte daraufhin ein bischöflich-naumburgisches Aufgebot gegen Freyburg aus, plünderte die Gegend und versuchte schließlich vergeblich unter größeren Verlusten die Stadt einzunehmen.[56] Ende November 1446 weilte dann Herzog Wilhelm III. selbst für einige Tage auf der Neuenburg.[57] Als beide Parteien im Februar 1447 in Naumburg über einen Frieden verhandelten, nahmen die herzoglichen Räte in Freyburg, also wohl in der Neuenburg Aufenthalt[58], wo wenig später auch Herzog Wilhelm III. selbst Quartier bezog.[59] Hier in Freyburg haben die beiden Vermittler, Markgraf Albrecht Achilles und Kurfürst Friedrich II. von Brandenburg, den Herzog aufgesucht und erfolgreich zum vorläufigen Frieden gedrängt.[60] Als die verfeindeten Brüder und die Landstände ihrer Herrschaften im April und Mai 1447 erneut in Naumburg zu Verhandlungen zusammenkamen, residierte Herzog Wilhelm III. wiederholt für längere Zeit auf der Neuenburg.[61] Im zwischenzeitlichen Erfurter Frieden vom September 1447 einigten sich die Parteien auch über das Amt Freyburg, zu dem nun die strittigen Orte Mücheln und Naumburg mit den dortigen Gerechtigkeiten geschlagen werden sollten.[62]

Doch der Friede blieb brüchig und bald schon begannen noch heftigere Auseinandersetzungen. Im Dezember 1448 verbrachte Herzog Wilhelm III. anlässlich erneuter Verhandlungen einige Tage auf der Neuenburg[63], ebenso im Januar und im Juni 1450.[54] Im Juli 1450 zog das kurfürstliche Heer unter Friedrich II. über Freyburg in Eilmärschen auf Gera.[65] Zum Weihnachtsfest des Jahres 1450 lässt sich Herzog Wilhelm III. erneut für einige Zeit in Freyburg nachweisen.[66] Schließlich sollte auch das Ende des Bruderkrieges abermals in Freyburg und Naumburg verhandelt werden. Am 12. Januar 1451 trafen Herzog Wilhelm III. auf der Neuenburg und Kurfürst Friedrich II. in Naumburg ein. In Freyburg nahmen auch Markgraf Albrecht Achilles und Kurfürst Friedrich II. von Brandenburg Quartier.[67] Wenig später fand der Krieg im zweiten Frieden von Naumburg sein Ende, die Brüder kehrten zum status quo ante zurück.

Im Zusammenhang mit den Kriegszügen, vor allem aber mit den mehrfach in Naumburg stattfindenden Verhandlungen hatte Herzog Wilhelm III. über die Jahre des Bruderkriegs hinweg einige Zeit auf der Neuenburg verbracht. Es liegt

118. Herzog Wilhelm III., Grabplatte in der Stadtkirche Weimar

nahe, dass die Burg ihm hierdurch nachdrücklich als residenzwürdige Anlage ins Bewusstsein gerückt ist. Leider verfügen wir für die Regierungsjahre nach 1450 über kein Itinerar Wilhelms (des Tapferen).[68] Auch wenn unter dessen Herrschaft das bereits von Friedrich (dem Friedfertigen) als Residenz geförderte Weimar[69] weiterhin eine erstrangige Rolle als höfischer Aufenthaltsort spielen sollte, so belegen doch die umfangreichen für die Mitte des 15. Jahrhunderts greifbaren, in den Baurechnungen von 1449/59 dokumentierten Bauarbeiten, dass Herzog Wilhelm sich nachdrücklich um den Aus- und Umbau der Neuenburg bemühte.[70] Die Grundlagen, um der Burg ein größeres residenzielles Gewicht zu verleihen, scheinen jedenfalls gegeben gewesen zu sein.

Nach dem Tod Herzog Wilhelms III. fiel dessen Herrschaftsgebiet mit der Neuenburg 1482 an die Neffen Kurfürst Ernst und Herzog Albrecht (den Beherzten), die das Land für fünf Jahre zunächst gemeinsam regierten. Doch nur im Dezember 1482 lässt sich der kurfürstliche Hof drei Tage auf der Neuenburg nachweisen.[71] Im thüringischen Landesteil konzentrierten sich die fürstlichen Aufenthalte stattdessen auf Weimar, Jena und Eisenach.[72] Mit der Leipziger Teilung von 1485 kamen Freyburg und die Neuenburg an Herzog Albrecht[73], der schon seit 1487 in ausgedehnten Kriegsdiensten für das Reich und das Haus Habsburg stand, die ihn über Jahre außer Landes führten.[74] Sein zunächst noch minderjähriger Sohn Herzog Georg (der Bärtige), der mit dem Hofrat die Geschäfte übernahm, residierte dauerhaft in Dresden, das fortan die maßgebliche albertinische Hauptresidenz darstellte. Die Neuenburg im fernab gelegenen, selten aufgesuchten thüringischen Landesteil verlor ihre Residenzfunktion und gewann fortdauernde Bedeutung allein als Sitz des Amtes Freyburg, das immerhin eines der ertragreichsten albertinischen Ämter gewesen ist.[75]

Über das 15. Jahrhundert hinweg hatten sich demnach die Reisegewohnheiten von Fürst und fürstlichem Hof im wettinischen Herrschaftsgebiet erheblich verändert, mit gravierenden Folgen für die mitteldeutsche Residenzenlandschaft.[76] Vor allem seit der Mitte des Jahrhunderts verfestigten sich nicht zuletzt aus Kostengründen und unter dem Druck der Stände die Reisewege und -stationen. Unter Kurfürst Friedrich II. (dem Sanftmütigen) trennte sich die stetiger werdende Hofhaltung von den Reisewegen des Fürsten und seiner Gemahlin. Das Hoflager wurde zum Fixpunkt der verwaltungsmäßigen Herrschaft und lagerte in festem, mehrwöchigem Rhythmus an nur noch wenigen Orten, den Hauptresidenzen Meißen, Torgau, Leipzig und Weimar. Dadurch sank die residenzielle Relevanz der vormaligen zweit- und drittrangigen Itinerarorte, zu denen auch die Neuenburg gehörte, generell und allgemein erheblich ab. Neben den Hauptresidenzen etablierten sich als Nebenresidenzen solche Burgen und Schlösser, die vom Fürsten, etwa zu Jagdzwecken, regelmäßiger aufgesucht wurden, wo der Frauenhof häufiger Aufenthalt nahm, weitere Familienangehörige untergebracht waren oder die zum Leibgedinge bzw. Witwensitz ausgesetzt wurden. Diese Anlagen waren es, die eine bauliche Modernisierung und Weiterentwicklung erfuhren.

Wenigstens um die Mitte des 15. Jahrhunderts erfüllte auch die Neuenburg durch die zweijährige Festsetzung Herzog Sigismunds, wenig später durch die mehrfachen längeren Aufenthalte Herzog Wilhelms III. während des Bruderkriegs und nicht zuletzt durch die folgenden Umbauten diese Kriterien einer Nebenresidenz. Die von Wilhelm dem Tapferen mit der umfänglichen baulichen Erneuerung auf der Neuenburg gebotene residenzielle Option ist dann allerdings nach 1482 von Kurfürst Ernst und Herzog Albrecht nicht eingelöst worden. Die Neu-

119. Älteste bekannte Darstellung Freyburgs (rechts oben), Bildausschnitt aus einem Altarflügel in der Freyburger Stadtkirche St. Marien, Ende 15. Jahrhundert

enburg konnte sich zum Ende des 15. Jahrhunderts nicht mehr als einer der wichtigeren Itinerarorte, gar als eine der wettinischen Residenzen oder wenigstens Nebenresidenzen behaupten. Immerhin behielt sie in gegebenen Fällen durch räumliche Lage und baulichen Zustand ihren Nutzen für fürstliche Aufenthalte. Herzog Georg (der Bärtige) etwa nahm während der Kämpfe des Bauernkrieges 1525 mit dem gesamten Hof auf der Neuenburg Quartier.[77] Trotz alledem versank die Anlage angesichts der gleichzeitigen rasanten baulichen Entwicklungen in Weimar, Torgau, Meißen und Dresden nach 1482 erneut in einem residenziellen Dornröschenschlaf, aus dem sie erst durch die gewaltigen Umbauten unter den Kurfürsten Moritz und August ab der Mitte des 16. Jahrhunderts wieder erweckt werden sollte.

Anmerkungen

1 Zur Burggrafschaft Neuenburg allgemein: Helbig, Herbert: Der wettinische Ständestaat. Untersuchungen zur Geschichte des Ständewesens und der landständischen Verfassung in Mitteldeutschland bis 1485 (= Mitteldeutsche Forschungen, Bd. 4). Münster/Köln 1955, S. 239 ff.

2 Vgl. zur Geschichte der Wettiner im späten Mittelalter allgemein: Streich, Brigitte: Zwischen Reiseherrschaft und Residenzbildung. Der Wettinische Hof im späten Mittelalter (= Mitteldeutsche Forschungen, Bd. 101). Köln/Wien 1989; Rogge, Jörg: Herrschaftsweitergabe, Konfliktregelung und Familienorganisation im fürstlichen Hochadel. Das Beispiel der Wettiner von der Mitte des 13. bis zum Beginn des 16. Jahrhunderts (= Monographien zur Geschichte des Mittelalters, Bd. 49). Stuttgart 2002; Leisering, Eckhart: Die Wettiner und ihre Herrschaftsgebiete 1349–1382. Landesherrschaft zwischen Vormundschaft, gemeinschaftlicher Herrschaft und Teilung (= Veröffentlichungen des Sächsischen Staatsarchivs. Reihe A 8). Halle 2006.

3 Regesten deutscher Minnesänger des 12. und 13. Jahrhunderts. Hrsg. von Uwe Meves unter Mitarbeit von Cord Meyer und Janina Drostel. Berlin/New York 2005 (Markgraf Heinrich III. von Meißen, S. 431–650), Nr. 125, 152, 225.

4 Vgl. Regesten Minnesänger, Heinrich der Erlauchte, wie Anm. 3, Nr. 125, 151, 161, 185, 199, 203 f., 214, 222, 225, 230, 238, 247, 249–251, 269, 298, 308. Diese hohe Belegdichte, zudem an exponierter Stelle der Zeugenreihen, ist bemerkenswert und unterstreicht die wichtige Rolle des aus dem Geschlecht derer von Werben stammenden Neuenburger Burggrafen Hermann für die Durchdringung der wettinischen Herrschaft in Thüringen.

5 Zu Markgraf Heinrich vgl. vor allem Lutz, Wolf Rudolf: Heinrich der Erlauchte (1218–1288), Markgraf von Meißen und der Ostmark (1221–1288), Landgraf von Thüringen und Pfalzgraf von Sachsen (1247–1263) (= Erlanger Studien, Bd. 17). Erlangen 1977; Hillen, Christian: Heinrich (der Erlauchte). In: Sächsische Biografie. Hrsg. vom Institut für Sächsische Geschichte und Volkskunde e. V. Bearb. von Martina Schattkowsky. Online-Ausgabe: http://www.isgv.de/saebi/ (19. März 2007).

6 Grundlage dafür ist eine Fortsetzung des Hauptteils I, Reihe A, des Codex diplomaticus Saxoniae, wie sie mit dem Jahr 2008 begonnen hat. Die Angaben bei Streich: Reiseherrschaft, wie Anm. 2, S. 256 ff. bleiben insgesamt zu ungenau.

7 Streich: Reiseherrschaft, wie Anm. 2, S. 256 f. verzeichnet für die Jahre zwischen 1288 und 1306 immerhin 60 Prozent aller Aufenthalte Landgraf Albrechts auf der Wartburg. Das entspricht schon fast einer festen Residenz, von der aus Albrecht nur zu gelegentlichen Reisen in die Landgrafschaft aufbrach. Hierin gleicht das Itinerar Landgraf Albrechts dem späten Itinerar seines Vaters Heinrich (des Erlauchten), der seine letzten 16 Lebensjahre fast ununterbrochen in Dresden verbrachte; vgl. ebd. S. 253 ff.

8 Urkundenbuch des Hochstifts Merseburg. Teil 1: 962 bis 1357. Bearb. von Paul Fridolin Kehr (= Geschichtsquellen der Provinz Sachsen, Bd. 36). Halle 1899, Nr. 568.

9 Vgl. dazu auch Wegele, Franz Xaver: Friedrich der Freidige, Markgraf von Meißen, Landgraf von Thüringen und die Wettiner seiner Zeit. Ein Beitrag zur Geschichte des deutschen Reiches und der wettinischen Länder. Nördlingen 1870, S. 153 ff.

10 Vgl. zur Sache ebd.; Leist, Winfried: Landesherr und Landfrieden in Thüringen im Spätmittelalter (= Mitteldeutsche Forschungen, Bd. 77). Köln/Wien 1975; Thieme, André: Die Burggrafschaft Altenburg. Studien zu Amt und Herrschaft im Übergang vom hohen zum spä-

ten Mittelalter (= Schriften zur sächsischen Landesgeschichte, Bd. 2). Leipzig 2001, S. 224–277; Rogge: Herrschaftsweitergabe, wie Anm. 2, S. 17–48.

11 UB Merseburg, wie Anm. 8, Nr. 568.

12 Gedruckt bei Gautsch, Karl: Das Lehnsverhältnis zwischen dem Stifte Hersfeld in Hessen und den Markgrafen von Meißen. In: Archiv für Sächsische Geschichte 5 (1867), S. 262 f.; vgl. zur Sache jetzt Kobuch, Manfred: Der Rote Turm zu Meißen – ein Machtsymbol wettinischer Landesherrschaft. In: Landesgeschichte als Herausforderung und Programm. Karlheinz Blaschke zum 70. Geburtstag. Hrsg. von Uwe John und Josef Matzerath. Stuttgart 1997, S. 53–89, bes. S. 70 ff.

13 Wegele: Friedrich der Freidige, wie Anm. 9, S. 156 f., Anm. 2.

14 Zum Jahre 1296 steht sie dann aber unter merseburgischer Hoheit; vgl. UB Merseburg, wie Anm. 8, Nr. 586. Dass die Neuenburg zwischendurch unter brandenburgische Pfandherrschaft geriet, ist allerdings nicht auszuschließen; vgl. etwa Wegele: Friedrich der Freidige, wie Anm. 9, S. 156 f., Anm. 2.

15 Dazu Leist: Landesherr und Landfrieden, wie Anm. 10, S. 60; Kobuch, Manfred: Zur Geschichte der Burg Groitzsch im Spätmittelalter. In: Arbeits- und Forschungsberichte zur Bodendenkmalpflege 24/25 (1982), S. 389–397.

16 So bei Wäscher, Hermann: Die Baugeschichte der Neuenburg bei Freyburg an der Unstrut (= Schriftenreihe der Moritzburg, Heft 4/1955), S. 40.

17 Wegele: Friedrich der Freidige, wie Anm. 9, S. 156 f., Anm. 2.

18 Dazu Schlesinger, Walter: Kirchengeschichte Sachsens im Mittelalter. 2 Bde. (= Mitteldeutsche Forschungen, Bd. 27). Köln/Graz 1962, Bd. 2, S. 162.

19 UB Merseburg, wie Anm. 8, Nr. 586.

20 Vgl. etwa den ausführlich behandelten, in seiner Komplexität vergleichbaren Fall der Verpfändung des Reichslandes Pleißen bei Thieme: Burggrafschaft Altenburg, wie Anm. 10, S. 279 ff.

21 Dazu ausführlich Wegele: Friedrich der Freidige, wie Anm. 9. Vor allem die Fehde mit den brandenburgischen Markgrafen brachte Friedrich in Bedrängnis.

22 Zur Sache vgl. Landwehr, Götz: Die rechtshistorische Einordnung der Reichspfandschaften. In: Der deutsche Territorialstaat im 14. Jahrhundert. Bd. 1. Hrsg. von Hans Patze (= Vorträge und Forschungen, Bd. 13;1). Sigmaringen 1970, S. 97–116.

23 Wäscher: Baugeschichte der Neuenburg, wie Anm. 16, konstatiert für die Jahre 1300 bis 1310 eine Bautätigkeit auf der Neuenburg.

24 UB Merseburg, wie Anm. 8, Nr. 794: Bischof Gebhard übertrug das Patronatsrecht in Zorbau an das Kloster Kaltenborn „sine omni impetitione seu repetitione nostra vel nostrorum in castro Neumburg".

25 Ebd., Nr. 869 vom 16. August 1332.

26 Ebd., Nr. 873.

27 Ebd., Nr. 879. Vereinbart wurden auch ein lösegeldfreier Austausch der Gefangenen und die Zahlungsmodalitäten.

28 Vgl. Meyer, Heinrich B.: Hof und Zentralverwaltung der Wettiner in der Zeit der einheitlichen Herrschaft über die meissnisch-thüringischen Lande 1248–1379 (= Leipziger Studien aus dem Gebiet der Geschichte, Bd. 9, Heft 3). Leipzig 1902, S. 130 ff.

29 Vgl. ebd., S. 130 ff.; ergänzend dazu Streich: Reiseherrschaft, wie Anm. 2, S. 259 f. Die bei Streich: Reiseherrschaft, wie Anm. 2, S. 258, 264 und 270 gebotenen Karten über die Itinerare der Markgrafen von Meißen sind hinsichtlich der Neuenburg unbrauchbar! Die Neuenburg wird hier geographisch falsch zugeordnet und zu Weißensee (anstatt der dortigen Runneburg) gestellt; die Belege sind summarisch für „Weißensee/Neuenburg" dargeboten.

30 Zum Itinerar vgl. über Streich: Reiseherrschaft, wie Anm. 2, S. 260 ff., hinausgehend Leisering: Die Wettiner, wie Anm. 2, S. 373 ff., 532 ff. und die dort beiliegenden Karten.

31 Zu diesen Aufenthalten im Jahre 1355 ist wohl auch die Nachricht zu stellen, dass der Inhaber des Jenaer Gerichts vor dem wettinischen Hofrichter und dem wettinischen Kanzler in Freyburg, also wohl auf der Neuenburg, Rechnung legte; vgl. Urkundenbuch der Stadt Jena und ihrer geistlichen Anstalten. Teil 1: 1182–1405. Hrsg. von J. E. A. Martin (= Thüringische Geschichtsquellen: Neue Folge 3,1), Nr. 262; Streich: Reiseherrschaft, wie Anm. 2, S. 199.

32 UB Jena, wie Anm. 31, Nr. 262; Streich: Reiseherrschaft, wie Anm. 2, S. 199.

33 Leisering: Die Wettiner, wie Anm. 2, S. 248; Ahrens, Hermann: Die Wettiner und Kaiser Karl IV. Ein Beitrag zur Geschichte der Wettinischen Politik 1364 bis 1379 (= Leipziger Studien aus dem Gebiet der Geschichte, Bd. 1/2). Diss. Leipzig 1395, S. 100; Rogge: Herrschaftsweitergabe, wie Anm. 2, S. 70 (mit falscher Summe).

34 Leisering: Die Wettiner, wie Anm. 2, S. 532 ff. und die beiliegenden Karten.

35 Die gemeinsamen Aufenthalte Friedrichs III. und Wilhelms I. sind hierbei nur einfach gerechnet!

36 So, als osterländische Nebenresidenz gewertet – meines Erachtens nach etwas zu optimistisch – bei Leisering: Die Wettiner, wie Anm. 2, S. 392.

37 Ebd., S. 166 f.

38 Vgl. ebd., S. 360.

39 Glatzel, Kristine, Beate Hellwig und Reinhard Schmitt: Schloss Neuenburg. Freyburg/Unstrut (Sachsen-Anhalt) (= DKV-Kunstführer, Bd. 516). 4. erw. Aufl. München/Berlin 2008, S. 10.

40 Zur Chemnitzer Teilung jetzt Leisering: Die Wettiner, wie Anm. 2, S. 322 ff. und Karte 1.

41 Streich: Reiseherrschaft, wie Anm. 2, S. 273. Auch hier bleiben die Itinerar-Angaben hinsichtlich der Neuenburg unbrauchbar, weil diese von Streich Weißensee zugeordnet wurden (Karte S. 278)!

42 Schmitt, Reinhard: Zur Geschichte und Baugeschichte der Neuenburg bei Freyburg/Unstrut. Wege der Forschung seit 1984. In: Burgen und Schlösser in Sachsen-Anhalt 7 (1998), S. 202–240, hier S. 215; vgl. auch den Beitrag von Reinhard Schmitt im vorliegenden Band.

43 Vgl. Rogge: Herrschaftsweitergabe, wie Anm. 2, S. 127 f.

44 Streich: Reiseherrschaft, wie Anm. 2, S. 91 ff. und 277. Die Itinerar-Angaben bleiben hinsichtlich der Neuenburg unbrauchbar, weil diese von Streich Weißensee zugeordnet wurden (Karte S. 278)!

45 Ebd., S. 17; Rogge: Herrschaftsweitergabe, wie Anm. 2, S. 137.

46 Vgl. zum Baugeschehen Schmitt: Geschichte und Baugeschichte der Neuenburg (1998), wie Anm. 42, S. 215, und jetzt den Beitrag von Reinhard Schmitt im vorliegenden Band, der zumindest für das zweite und dritte Viertel des 15. Jahrhunderts größere Umbauten fassen kann. Hypothetisch könnten diese auch schon mit Herzog Sigismund in Verbindung gebracht werden, wenn auch sichere Belege fehlen.

47 Rogge: Herrschaftsweitergabe, wie Anm. 2, S. 142.

48 Dazu Billig, Gerhard: Die Burggrafen von Meißen aus dem Hause Plauen – ein Nachspiel zur reichsunmittelbaren Stellung und Herrschaft der Vögte von Weida, Gera und Plauen. In: Mitteilungen des Vereins für vogtländische Geschichte und Volks- und Landeskunde 4 (1995), S. 13–48 (Teil 1) und 6 (1998), S. 51–82 (Teil 2).

49 Rogge: Herrschaftsweitergabe, wie Anm. 2, S. 148.

50 Auch in Würzburg sollte Sigismund scheitern: 1442 wurde er als Bischof abgesetzt, 1443 kehrte er fast mittellos nach Sachsen zurück, wo ihn seine Brüder erneut in Haft nahmen und erst auf Burg Scharfenstein (Erzgebirge) und dann fast 28 Jahre lang bis zu seinem Tode in Rochlitz festhielten. Dazu Rogge: Herrschaftsweitergabe, wie Anm. 2, S. 148 ff.

51 Streich: Reiseherrschaft, wie Anm. 2, S. 549 ff.

52 Goldfriedrich, Rolf: Die Geschäftsbücher der kursächsischen Kanzlei im 15. Jahrhundert. Diss. Leipzig 1930, S. 122 f.

53 Streich: Reiseherrschaft, wie Anm. 2, S. 20; Rogge: Herrschaftsweitergabe, wie Anm. 2, S. 167 f.; ausführlich dazu Koch, Herbert: Der Sächsische Bruderkrieg 1446–1451. Erfurt 1910, S. 41 f.; Naumann, Martin: Die wettinische Landesteilung von 1445. In: Neues Archiv für sächsische Geschichte 60 (1939), S. 171–213.

54 Dazu Koch: Der Sächsische Bruderkrieg, wie Anm. 53, S. 64–66.

55 Ebd., S. 74.

56 Ebd., S. 82.

57 Ebd., S. 231.

58 Ebd., S. 90.

59 Ebd., S. 232.

60 Ebd., S. 92.

61 Ebd., S. 96 f., 232 f.; nachweisbar mindestens zwischen dem 24. April und 12. Mai.

62 Ebd., S. 121.

63 Ebd., S. 237.

64 Ebd., S. 241 f.

65 Ebd., S. 160, 222.

66 Ebd., S. 243.

67 Ebd., S. 177 f., 181.

68 Streich: Reiseherrschaft, wie Anm. 2, S. 549 ff. bringt nur gelegentlich auch für Herzog Wilhelm Aufenthaltsorte bei, nämlich dann, wenn dieser in den sächsischen Büchern bezeugt wurde, vor allem also bei Aufenthalten im östlichen meißnischen Herrschaftsteil.

69 Ebd., S. 281 ff.

70 Schmitt: Geschichte und Baugeschichte der Neuenburg, wie Anm. 42, S. 215, und jetzt den Beitrag von Reinhard Schmitt im vorliegenden Band.

71 Streich: Reiseherrschaft, wie Anm. 2, S. 586.

72 Ebd., S. 299.

73 Dazu Hänsch, Ernst: Die wettinische Hauptteilung von 1485 und die aus ihr folgenden Streitigkeiten bis 1491. Diss. Leipzig 1909; Blaschke, Karlheinz: Die Leipziger Teilung der wettinischen Länder 1485. In: Sächsische Heimatblätter 31 (1985), S. 276–280; Rogge: Herrschaftsweitergabe, wie Anm. 2, S. 222 ff.

74 Dazu Thieme, André: Herzog Albrecht der Beherzte im Dienste des Reiches. Zu fürstlichen Karrieremustern im 15. Jahrhundert. In: Herzog Albrecht der Beherzte. Ein sächsischer Fürst im Reich und in Europa. Hrsg. von André Thieme (= Quellen und Materialien zur Geschichte der Wettiner, Bd. 2). Köln/Weimar/Wien 2002, S. 73–102.

75 Vgl. Schirmer, Uwe: Die finanziellen Einkünfte Albrechts des Beherzten (1485–1500). In: Herzog Albrecht der Beherzte, wie Anm. 74, S. 143–176, hierzu S. 157 ff.; ders.: Die thüringischen Ämter Weißensee, Eckartsberga, Sangerhausen, Weißenfels und Freyburg/Unstrut von der Mitte des 14. bis zur Mitte des 16. Jahrhunderts. In: Sömmerdaer Heimatheft. Beiträge zur Heimatkunde des Landkreises Sömmerda und der Unstrut-Finne-Region, Heft 9, Sömmerda 1997, S. 19–28.

76 Dazu Streich: Reiseherrschaft, wie Anm. 2, S. 285 ff.

77 Wäscher: Baugeschichte der Neuenburg, wie Anm. 16, S. 41.

Joachim Säckl

Schloss Neuenburg als Jagdschloss der albertinischen Herzöge von Sachsen-Weissenfels im 17. und 18. Jahrhundert

Einleitung

In der Wahrnehmung des Schlosses Neuenburg dominieren der Gründungsmoment und die sich anschließende Zeit der Thüringer Landgrafen. So erscheinen die Anfänge und das hohe Mittelalter als diejenige Epoche, in der fürstliche Residenz und höfisches Leben auf dem Burgberg oberhalb der Unstrut ihren Höhepunkt fanden. Dieser Fokus ist gewiss richtig und gut begründbar. Die Neuenburg gehörte zu einer der wichtigsten Burgen der gräflichen Gründerfamilie, die kurz nach der Errichtung des Bauwerks zum Landesherrn in Thüringen und Mitglied des Reichsfürstenstandes aufstieg. Das Schloss an der Unstrut besaß tatsächlich besondere Bedeutung und Funktion im Herrschaftskonstrukt der Ludowinger.[1] Gewiss ist weiter, dass diese Zeit maßgeblich und grundsätzlich den Baubestand der Burganlage prägte sowie deren außergewöhnlichstes Architekturdenkmal – die Doppelkapelle[2] – hervorbrachte. Diese Epoche strahlte auf alle nachfolgenden Generationen aus – und so blieb es bis heute.

Dennoch ist an dieser Sichtweise auch Kritik angebracht. Das Schloss durchlebte in seiner Geschichte mehrmals Phasen fürstlicher Aufmerksamkeit – aber auch Etappen höfischer Ferne. Die Einbindung in die Herrscherpräsentation und das Hofleben eines regierenden Landesfürsten führten letztmals in der Frühen Neuzeit zu einer besonderen kulturgeschichtlichen Bedeutung. Seit dem mittleren 16. Jahrhundert geriet das Bauwerk in Residenzbildungsprozesse der Albertiner, einer einflussreichen und spätestens seit der Eroberung der sächsischen Kurwürde (1547) im thüringisch-sächsischen Raum dominierenden Fürstenfamilie. Diese Entwicklung setzte bereits 1548/49 ein, als der jüngere Prinz des Hauses, Herzog August von Sachsen, Ämter in Thüringen und dem Erzgebirge erhielt und als Residenz Burg Weißenfels zugewiesen bekam. Dies löste auf der Neuenburg eine bedeutende Bautätigkeit aus. Ihr folgte indes nicht die Nutzung, denn August wurde 1553 unerwartet Kurfürst. Zu den Schlössern seiner Prinzenzeit verloren Fürst wie dessen Hof bald jeden Kontakt. Seit 1605 sind für seinen Enkel Johann Georg von Sachsen Jagdlager auf Schloss Neuenburg fassbar.

120. *August von Sachsen, Administrator des Erzstifts Magdeburg und Herzog von Sachsen-Weißenfels, Ölgemälde, um 1665*

Die Vorgänge unter beiden Fürsten können an dieser Stelle nicht näher dargestellt und als Etappen der Herausbildung des Schlosses Neuenburg als frühneuzeitlichem höfischem Ort beschrieben werden. Im Folgenden soll die Zeit der albertinischen Herzöge von Sachsen-Weißenfels im Mittelpunkt stehen. Damit richtet sich der Blick auf die Jahrzehnte zwischen 1657 und 1746. In diesen rund einhundert Jahren tritt die traditionsreiche Burg fest verankert mit dem öffentlichen Auftritt der Repräsentanten dieser Fürstenfamilie entgegen. Die Neuenburg war Jagdschloss und neben der Residenz in Weißenfels damit der wichtigste höfische Ort, an dem die jeweils Regierenden ihren Rang sowie ihr Herrschaftsverständnis zum Ausdruck brachten.

Im Gegensatz zu den Anfängen und der Blüte des Hochmittelalters sind für die Neuenburg in dieser letzten Phase fürstlicher Wertschätzung und höfischer Bedeutung zahlreiche aussagekräftige Schriftquellen bekannt. In einzigartiger Weise lassen sie tiefe Einblicke in Beweggründe und Aktivitäten der Schlossherren zu. Ebenso werden Funktion und Nutzung des fürstlichen Baues plastisch fassbar – für jeden Interessenten gewiss eine faszinierende und unbekannte Welt.

Das Jagdschloss des Magdeburger Administrators August von Sachsen

Am 8. Oktober 1656 starb Kurfürst Johann Georg I. von Sachsen. Er hatte ein folgenschweres Testament hinterlassen. Darin wies der Fürst eine Teilung des Landes an. Jeden seiner vier Söhne wollte er, mit Herrschaft und Gebiet aus dem kursächsischen Territorium sowie mit eigener Residenz und Hofhaltung ausgestattet wissen. Dem ältesten standen die Kurwürde, das kursächsische Kernland sowie die Residenz Dresden zu. Daneben sollten drei weitere Herzogtümer mit Hofhaltungen zu Weißenfels sowie an den Bischofssitzen zu Merseburg und Zeitz entstehen.[3] Nachdem sich die vier Erben geeinigt und ihren Konsens am 22. April 1657 vertraglich fixiert hatten, trat die gewünschte Landesteilung am 1. Mai 1657 in Kraft. Mit diesem Tag wurde Herzog August von Sachsen, der zweitgeborene kurfürstliche Sohn, Landesherr in den landgräflichen Besitzungen der Albertiner in Nordthüringen. Sein Gebietsanteil bildete einen schmalen Landstreifen entlang der Unstrut und umfasste die Ämter Langensalza, Weißensee, Sachsenburg, Eckartsberga, Freyburg mit der Neuenburg, Teile des südlichen Harzvorlandes (Amt Sangerhausen) sowie den Saale-Elster-Raum um Weißenfels (Amt Weißenfels). Zugehörig waren auch ehemalige Gebiete des Erzbistums Magdeburg mit den Ämtern Querfurt, Dahme, Jüterbog und Burg sowie die kleineren Herrschaften Heldrungen, Wendelstein und Sittichenbach.

August beanspruchte für diesen Teil des kursächsischen Territoriums hoheitliche Rechte und bestand auf einer weitgehenden Durchsetzung seiner herrscherlichen Stellung. Um diesen Forderungen entgegenzukommen, einigten sich die Brüder im Februar 1663 auf die Bildung eines neuen Reichsfürstentums. Hierzu wurden Teile seines Gebietes zu einem neuen Staatsgebilde vereint. Es entwickelte sich aus der bereits 1496 erloschenen Territorialherrschaft der Edelherren von Querfurt, was ständisch allerdings problematisch war. Deren Burg wurde namengebend für das neue Hoheitsgebiet: Sachsen-Querfurt. Es war formal von Kursachsen unabhängig, und der Kurfürst versprach, ihm auf dem Reichstag Sitz wie Stimme zu verschaffen. Diese staatsrechtliche Miniatur sollte einem Herzog von Sachsen-Weißenfels das Mindestmaß an Souveränität verschaffen, um als wirklicher Regent und Fürst Anerkennung zu genießen.[4]

Für August bedeutete die Erlangung des väterlichen Erblandesanteils im Jahr 1657 jedoch lediglich einen Zuwachs seines Herrschaftsraumes. Bereits seit 1625 war der Fürst im Erzstift Magdeburg Administrator und damit Inhaber einer eigenständigen hoheitlichen Würde und Reichsfürst. Infolge der Kriegswirren vermochte er sich im Stiftsgebiet erst Ende 1642 endgültig als Landesherr durchzusetzen. Dennoch blieb seine Position infolge der besonderen Verhältnisse im Erzstift schwach.

Mit dem 31. Dezember 1642 endeten die Unsicherheiten des Krieges und seine gesicherte Residenz und Hofhaltung in Halle begann. Nun richtete Administrator August das Hauptaugenmerk auf die Sicherung seiner landesherrlichen Stellung sowie auf die wirtschaftliche und gesellschaftliche Gesundung des kriegszerstörten Territoriums. In Halle entfaltete der Fürst seine Landesverwaltung und Hofkultur.

Die „Magdeburger Frage" war ein wichtiger Gegenstand der Friedensverhandlungen von Münster und Osnabrück. Auf diesem diplomatischen Feld konnte August sein Verhandlungsziel nicht erreichen; die dauerhafte Bindung von Erzstift und Administratorenwürde an seine Familie gelang nicht. Vielmehr bestimmte der Westfälische Friede 1648, dass nach seinem Tode das Erzstift als Herzogtum an die Kurfürsten von Brandenburg fallen solle.

Dies bedeutete eine weitere grundsätzliche Beeinträchtigung seiner Stellung als Regent. Dennoch hat Administrator August diese Umstände seiner Herrschaft immer zu ändern gesucht. Dazu nutzte er jedes ihm verbliebene herrschaftliche Regal, auch das Residenzrecht. Seine lebenslange persönliche Anwesenheit im Erzstift zu Halle war daher von programmatischer Natur.[5] 1659 erlangte August Teile der Grafschaft Barby und vereinte seitdem in seiner Person einen aus diesen drei sehr unterschiedlichen Teilen gebildeten Herrschaftsraum – die Zeitgenossen nutzten dafür die Bezeichnungen „Sachsen-Magdeburg" bzw. „Sachsen-

121. Freyburg an der Unstrut, Nachdruck einer Federzeichnung, Wilhelm Dilich, um 1627
Dilichs Federzeichnung ist die bislang älteste bekannte Darstellung der Stadt Freyburg mit einer Beschreibung der Farben des Stadtwappens.

Halle". August heiratete 1647 und erneut 1672. Er wurde Stifter einer neuen Linie des albertinischen Fürstenhauses. Mehrere erwachsene Prinzen sicherten bald die Existenz seiner eigenen Dynastie; gegen Ende seines Lebens galt der Administrator daher als „Fortpflantzer des Weltberuffenen [fürstlich albertinischen] Sachsen=Stammes".[6] Das Anrecht seiner Familie auf die Nachfolge in Kurwürde und Landesherrschaft der Hauptlinie schuf von Anfang an eine besondere Beziehung zur Kurlinie in Dresden.

Als August am 4. Juni 1680 in Halle starb, zerfiel sein instabiles Herrschaftsgebilde sofort. Das Erzstift Magdeburg übernahm, wie 1648 festgelegt, Kurbrandenburg. Dem Erben Herzog Johann Adolph verblieben das Fürstentum Sachsen-Querfurt, die Grafschaft Barby sowie die kursächsischen Erblande. Mit dem Verlust des Erzstifts war ein Residenzwechsel verbunden. Die Dynastie hatte Halle aufzugeben und musste nach Weißenfels ziehen.

Zwischen 1680 und 1746 lenkten insgesamt sieben Regenten die Geschicke des nunmehrigen Gebildes „Herzogtum Sachsen-Weißenfels": August, dem Magdeburger Administrator, folgte als Herzog der Erblande sein ältester Sohn Johann Adolph I.; in der Grafschaft Barby jedoch ein jüngerer Sohn, Herzog Heinrich. Nach dem Tod Johann Adolphs I. traten nacheinander dessen drei Söhne in die Regierungsverantwortung ein: Zuerst der anfangs noch unmündige Herzog Johann Georg, dann Herzog Christian und schließlich Herzog Johann Adolph II. Die Grafschaft Barby regierte zwischen 1728 und 1739 Heinrichs Sohn, Herzog Georg Albert, dann fiel sie an die Hauptlinie. 1746 erlosch das Herzogshaus Sachsen-Weißenfels.

Es ist nicht bekannt, ob sich Administrator August vor 1656 für längere Zeit im thüringischen Landesteil von Kursachsen aufhielt. Das ist wenig wahrscheinlich; allenfalls auf Reisen hat er die eine oder andere Burg kurz aufgesucht. Nach der Testamentseröffnung Ende 1656 und dem im April 1657 getroffenen brüderlichen Vergleich änderte sich die Situation. Nunmehr rückten die thüringischen Landesteile mit ihren Schlössern ins direkte Blickfeld des in Halle residierenden Fürsten. Die dortigen herrschaftlichen Bauwerke wurden differenzierter wahrgenommen und neu bewertet. Einige fanden Aufnahme in die Hofhaltung des Administrators. Andere dienten zur Versorgung von Familienmitgliedern; eine dritte Gruppe blieb ohne jede höfische Nutzung.

Besondere Exklusivität besaß Weißenfels – auch wenn die Burg seit dem Winter 1644/45 in Trümmern lag. Unter den übergebenen Schlössern war es die einzige wettinische Gründung und ein Platz, der mit Herrschaftsgeschichte wie Hofhaltung des Fürstenhauses eng verbunden war. Die Entscheidung, Weißenfels zur künftigen Residenz der neuen Herzogsfamilie zu entwickeln, orientierte sich an dieser Haustradition. Sie knüpfte aber auch unmittelbar an das durch Kurfürst Moritz und seinen Bruder Herzog August im mittleren 16. Jahrhundert verfolgte Konzept einer Residenz im Westen des Kurstaates an. Solcherart Bezüge waren Administrator August sowie seinen fürstlichen Brüdern bewusst. Nicht zufällig benannte er als neuer Landesherr sein monumental im erbländischen Weißenfels begonnenes Residenzschloss im Jahr 1660 um: Aus „Burg Weißenfels" wurde die „Neue Augustusburg" – ein Vorgehen, das doppeldeutig auf den gegenwärtigen Bauherren sowie dessen gleichnamigen fürstlichen Vorfahren und dessen Lebensweg anspielte.[7]

Alle anderen im erworbenen Landesteil gelegenen landesherrlichen Burgen waren ihm durch Erbfolge, Kauf, Eroberung oder Säkularisation zugefallen. Diese landgräflichen, gräflichen oder freiherrlichen Bauten repräsentierten im Kern eigene, meist ständisch mindere Herrschaftstraditionen. Doch gilt dies nicht für deren bedeutendste, das Landgrafentum Thüringen. Von den landgräflichen Schlössern des Administrators – Weißensee, Eckartsberga, Sangerhausen und Neuenburg – war letzteres vorzüglich geeignet, zukünftiger Landesherrschaft Ausdruck zu verleihen. Die geschichtsträchtige thüringische Anlage an der Unstrut war dann in der Tat der einzige höfische Platz der Erblande, an dem August jährlich für längere Zeit sein Hoflager aufschlug.

Der Wiederaufbau der von Krieg und Verfall gezeichneten Burg[8] und deren regelmäßige Nutzung zur Ausübung des Jagdregals entfalteten in der Öffentlichkeit großen Zeugniswert. Er testierte der höfischen Gesellschaft sowie der Bevölkerung des Territoriums Anspruch, Legitimation und Durchsetzungsvermögen seiner neuen Landesherrschaft. Für seine Standesgenossen war dies ein deutliches Zeichen an andere Herrschaftsträger in Thüringen, vornehmlich an die Ernestiner. Altertümlichkeit und Herrschaftstradition der Neuenburg flankierten zudem das ehrgeizige Schlossbauprojekt in Weißenfels. Seine Monumentalität und Modernität bildeten ebenfalls das Selbstverständnis des neuen Landesherrn ab. Beide Schlösser verkörperten ein sich bedingendes System der besonderen Herrschaftspräsentation dieses Fürsten. Wie bereits im mittleren 16. Jahrhundert war die alte Landgrafenburg der Residenz des Landesherren als Jagdschloss beigestellt. Jedoch lag diese nun, im mittleren 17. Jahrhundert, nicht in Weißenfels, sondern in Halle. Administrator August etablierte somit eine ungewöhnliche Symbiose – die Verbindung zweier staatsrechtlich verschiedener Teile: Seine erzstiftische Residenz Halle begleitete als Satellit das landgräfliche (bzw. erbländische) Schloss Neuenburg. Das Residenzsystem Weißenfels-Neuenburg spielte unter seiner Regentschaft dagegen eine sehr marginale Rolle. Dies entsprach gewiss den Realitäten; war aber zugleich ein Versuch, die so unterschiedlichen Territorien seines Herrschaftsraums zu verbinden – sich also als Regent insgesamt mehr Stabilität zu verschaffen. Hierbei kam der Jagd eine zentrale Funktion zu.

In ihrem gemeinsamen Vertrag hatten die vier Erben des Kurfürsten am 22. April 1657 festgelegt, dass die mit der Landesteilung notwendigen Huldigungen im Erbteil von August beginnen sollten – also in Weißenfels und zwar spätestens am 25. Juni 1657.[9] Aber erst im Juli des Jahres begann der Fürst in Halle einen etwa zweiwöchigen Zug, der ihn in die erworbenen thüringischen Erblande führte. Die Reise erlaubte zudem eine Besichtigung des Erbes.[10] In Weißenfels nahm August am 7. Juli die Huldigung an. Am folgenden Tag, einem Mittwoch, weilte er zu diesem Zweck auf Schloss Neuenburg – zum ersten Mal als Landesherr. Die Rechnung dieses Aufenthaltes blieb erhalten[11]; das Ereignis selbst fand Eingang in die städtische Freyburger Chronistik. Die erste Begegnung zwischen dem neuen Regenten und der Freyburger Bürgerschaft ist daher gut dokumentiert. Von Weißenfels kommend traf der Fürst am späten Vormittag auf der Neuenburg ein. Der Administrator passierte die vor dem Schloss in Parade aufgestellte bewaffnete Freyburger Bürgerschaft. An fünf Tischen wurde Mittagstafel gehalten. Dann gewährte August dem Stadtrat „in der Taffel Stuben" Audienz. Der Fürst sei, so der Berichterstatter, den städtischen Gesandten „in etwas entgegen gegangen und [habe] die Handt geboten" – eine durchaus bemerkenswerte Geste. Man gratulierte und übergab Frankenwein. Beim Auszug präsentierte die Bürgerschaft erneut am Wege. Der Fürst überquerte die Unstrut und zog weiter nach Eckartsberga, das er am Abend erreichen wollte.[12]

Der erste Aufenthalt des neuen Landesherrn auf Schloss Neuenburg am 8. Juli 1657 währte also kaum mehr als ein paar Stunden. August dürfte sich von dem Anwesen, dessen Zustand, Geschichte und Umgebung ein erstes unmittelbares Bild gemacht haben. Im Herbst 1656 war es weitgehend als desolates Bauwerk beschrieben worden. Häufig fehlten Türen und Fenster, durch defektes Dachwerk drang Regen ein und durchweichte die Böden der Räume. Das verbliebene Inventar war ärmlich. Auch die herrschaftlichen Wohngemächer mussten als ruinös eingeschätzt werden.[13] Einige Monate später mögen in Vorbereitung des Besuchs des Landesherrn hier und da Mängel beseitigt gewesen sein – Administrator August können im Juli 1657 die grundsätzlichen Schäden und Vernachlässigungen jedoch kaum entgangen sein.

Sein Entschluss, die Neuenburg als Jagdschloss unmittelbar in sein Hofleben einzubeziehen, ist als wesentliche Entwicklungsaufgabe und innovative Leistung zu würdigen. Der Fürst wurde dadurch Gründer einer rund einhundert Jahre währenden letzten höfischen Nutzung. Er und seine Nachfolger haben das Anwesen mit Blick auf ihre hoheitlichen Bedürfnisse gestaltet und als Jagdschloss fortentwickelt. Der ab 1657 eingeleitete Prozess gewann – anders als die Initiative des Herzogs August im mittleren 16. Jahrhundert – nach dem Tod des Administrators 1680 Stabilität und entfaltete weiter Wirkung. Bis heute währt ihr Nachhall.

Der Wiederaufbau der Neuenburg setzte mit der Sanierung der Dächer sowie des Wirtschaftsbereiches in der Vorburg ein. 1658 wurde das komplette Dachwerk des Südflügels neu errichtet. 1659 entstand in der Vorburg ein Stall für Schafe. 1666 erhielt der Bergfried Kornschüttböden und 1677 eine Schlaguhr.[14] August verfolgte zudem ein ehrgeiziges Projekt. Erstmals sollte Brunnenwasser die Schlosswirtschaft versorgen. Dazu ließ er zwischen 1665 und 1677 einen 104 Meter tiefen Schacht abteufen. 1677 wurde das Brunnenhaus mit Hebewerk fertiggestellt – doch lieferte die unterirdische Quelle ungenießbares Wasser.[15]

Für die ersten Hoflager ab 1658 waren die herrschaftlichen Wohnbereiche sowie die Kapelle lediglich gesäubert und zum Gebrauch hergerichtet worden.[16] Seit etwa 1663 ging die Erneuerung des Bauwerks mit einer kompletten Modernisierung des herrschaftlichen Wohntrakts und der zur Hofhaltung nötigen Bereiche (Kapelle, Marstall, Küche) einher. 1667 fanden diese Arbeiten einen vorläufigen Abschluss. 1668 wurde ein Schafstall in der Vorburg zum Jagdzeughaus umgebaut und um 1670 die Umfassungsmauer saniert. Weiterhin entstand nach 1675 in der Vorburg eine Reitbahn. Ab 1673 war die Kapelle erneut renoviert und 1675 zu Ehren der Heiligen Dreifaltigkeit geweiht worden. Wohl im Jahr 1674 ließ der Fürst eine Torfahrt des Schlosses durch Rustizierung und Basiliskenschlussstein architektonisch aufwerten. Dieses sogenannte Löwentor gehört neben dem beeindruckenden Brunnenschacht zur baulichen Hinterlassenschaft dieser Zeit.[17]

Die Ausgangsbedingungen im Jahr 1657, vor allem aber der einsetzende Baufortschritt, sind bei der Einschätzung der aufkommenden fürstlichen Jagd-Hoflager zu beachten. Zunächst war die lange vernachlässigte Neuenburg für längere

122. Neuenburg, Wappentafel des Jagdzeughauses, Sandstein, 1668
Die inschriftliche Datierung des herzoglich-albertinischen Allianzwappens des Magdeburger Administrators August steht im Zusammenhang mit baulichen Aktivitäten auf Schloss Neuenburg. Es ist ein selten erhaltenes Beispiel herrschaftlicher Kennzeichnung von Wirtschaftsbauten.

Aufenthalte ungeeignet. Nur langsam – noch im Juli 1665 betonte man allgemeinen Reparaturbedarf[18] – wurde dieser Zustand überwunden. Erst Mitte der 1670er Jahre war die Sanierung weit genug vorangeschritten. Die herrschaftlichen Bereiche verfügten über zeitgenössisch moderne Einrichtungen; das Gesamterscheinungsbild der Burg war intakt und die Vorwerkswirtschaft funktionstüchtig. Der 15 Jahre währende Wiederaufbau ist gewiss der im Dreißigjährigen Krieg geschädigten Wirtschaftssituation geschuldet. Nach dieser Aufbauleistung hat der Fürst das Schloss nur noch wenige Jahre nutzen können. Sein letztes Hoflager verbrachte August im Herbst 1679 auf der Neuenburg.

Neben der Wiederherstellung der durch die Kriegseinwirkungen direkt oder indirekt geschädigten landesherrlichen Bauten hatte der Administrator seine Hofhaltung allgemein aufzubauen und standesgemäß auszustatten – auch mit Jagdgerätschaften aller Art. Obgleich kurfürstliches Testament (1652) und brüderlicher Hauptvergleich (1657) jedem der drei jüngeren Erben für deren Gebietsanteil das Jagdregal ausdrücklich bestätigten[19], blieb deren Ausstattung mit Jagdgerät und Waffen aus den kurfürstlichen Zeughäusern dürftig.[20] August musste daher eine eigene Hofjägerei errichten sowie einen Bestand an Jagdwaffen, Hunden und teurem Jagdzeug (Zelte, Netze, Lappen, Seile, Tücher, Stangen, Schirme, Wagen usw.) anschaffen. Zwar standen ihm in Halle 1667 ein „Jagdhaus" (Zeughaus) und für seine Jagdhunde ein „Hundehaus" zur Verfügung[21], doch nahm der Fürst sein Recht zur Jagd im Stiftsgebiet erstaunlicherweise erst ab Ende 1662 und danach auch nur sehr selten wahr.[22] Der Landesherr konzentrierte sein Jagdwesen auf die Hallesche Residenz, wo es in der Festkultur des Hofes eine gewisse Regelmäßigkeit erhielt.[23] Diese Ausprägung landesfürstlicher

Jagd im Erzstift ist gewiss Zeugnis einer wenig vorteilhaften Herrscherposition des Administrators. Doch nutzte er spätestens ab 1662 erzstiftische Mittel, um einen Bestand an Jagdzeug aufzubauen und zu pflegen.[24]

1668 ließ August in der Neuenburg unmittelbar am östlichen Tor und den Wegen in die Wildbahn ein weiteres Jagdzeughaus einrichten. Seine Entstehung verdeutlicht die inzwischen gefestigte Nutzung als landesherrliches Jagdschloss. Den Bau zierte das Allianzwappen des Magdeburger Administrators – eine bemerkenswerte hoheitliche Bezeichnung. Offensichtlich gebrauchte der Fürst das Jagdregal, um in beiden Teilen seines Herrschaftsgebietes als Landesherr aufzutreten. Hierfür sprechen weitere Indizien. So ist die Verpflichtung erzstiftischer Untertanen zu Jagddiensten in seinen Erblanden herauszustellen. Anlässlich einer außergewöhnlich großen Hirschjagd bei Wendelstein wurden am 6. August 1672 neben rund 1190 Mann aus der Umgebung auch Bewohner des Amtes Giebichenstein befohlen. Danach brachten Gespanne aus Querfurt und Freyburg (zusammen 180 Pferde) das fürstliche Jagdzeug nach Halle ins Jagdhaus der Residenz, also ins Erzstift.[25]

Die kostbaren Jagdhunde – ein Porträt des Fürsten zeigt August mit einem solchen Tier – tauchen in der Überlieferung seit 1659 häufig auf.[26] Im Mai 1660 bedankte sich der Administrator bei Herzog Johann Ernst von Sachsen-Weimar für die Zusendung eines Leithundes; im Gegenzug schickte er einen Welpen.[27] Die Tiere wurden im bereits erwähnten Hundehaus in Halle gehalten, jedoch bei den Jagden des Fürsten natürlich immer in dessen Erblande mitgeführt.[28] Ebenso gehörten zur Jagd gefertigte Fahrzeuge sowie besondere Jagdgerätschaften zum Tross des aus Halle anreisenden Fürsten: 1659 wird eine vierspännige „Jagt Caleße" genannt, zudem ein Rüstwagen, „auf welchem der Jagtkasten gestanden". Im Jahr 1660 ist ein zweispänniger „buchßenwagen" in den Akten erwähnt, wohl zum Transport der herzoglichen Jagdwaffen. 1662 wird ein Jagdzelt fassbar.[29] All diese Gerätschaften, finanziellen Aufwendungen für Jagdzeug und Hunde, ja sogar Fronleistungen erzstiftischer Untertanen kombinierte August in Umsetzung seines Jagdregals recht frei – eine interessante Verquickung und ein wenig bekannter Zug seiner Regentschaft.

Da es innerhalb des Erzstifts offenbar erhebliche Widerstände gegen die Jagden des Administrators gab, fanden sie überwiegend in den Erblanden statt. Von Halle aus begab er sich dazu mit Familie und Hof entweder auf Tagestouren in die Ämter Wendelstein, Weißenfels oder Freyburg. Andererseits kamen seit 1658 regelmäßig durchgeführte Jagdlager auf; sie fanden im Spätsommer und Herbst auf Schloss Neuenburg, seltener auf Burg Wendelstein, statt.

Bereits in den ersten Neuenburger Aufenthalten lassen sich später übliche Verfahrensweisen beobachten. Sie wurden von Anfang an mit waidmännischer

Begrifflichkeit verknüpft und nach der jeweiligen Jagdzeit „Hirschfeist" (Spätsommer) oder „Hirschprunft" (Herbst) benannt (z. B. „Hirschbrunft-Ablager").[30] Mit dem Aufkommen des fürstlichen Jagdbetriebs in den Neuenburger Revieren lässt sich um 1658 erstmals Rotwild, insbesondere der Hirsch, als Jagdwild nachweisen. Dies ist angesichts der älteren, eher auf Schwarzwild deutenden Nachrichten des frühen 17. Jahrhunderts zu betonen. Mit der Hofjagd des Administrators scheint also ein Wandel in der Wildhege verbunden gewesen zu sein. Von Anfang an dürfte der Fürst seine Neuenburger Hoflager auf die Hirschjagd, also auf das repräsentativste jagdbare Wild, ausgerichtet haben. Diese fanden im Sommer von Halle aus als Tagestour in den Freyburger oder Wendelsteiner Revieren, während der herbstlichen Hirschbrunft dagegen ausschließlich von der Neuenburg aus statt.

Für die Neuenburger Hoflager des Fürsten ist im Laufe der Regierungsjahre eine Entwicklung unübersehbar. Fürst und Gefolge weilten zunächst nicht den gesamten September vor Ort. Diese Praxis bildete sich in drei Etappen heraus: Im Herbst 1658 nahm Administrator August erstmals längere Zeit auf dem Schloss Residenz. Sowohl im September als auch im Oktober verbrachte er im Abstand von sechs Wochen einige Tage auf der Neuenburg. Bis 1663 fanden nun mehrere Hoflager statt. 1659 stieg deren Zahl auf vier an. Die Verweildauer wuchs gegenüber dem Vorjahr deutlich. Erstmals waren Sonntage einbezogen, die als kirchliche Festtage besonderen liturgischen Aufwand und dazu geeignete Räume erforderten. Dieser Trend konnte sich in den folgenden Jahren nicht fortsetzen. Die Zahl der jährlichen Hoflager sank, ebenso die Verweildauer, und Sonntage wurden gemieden. Im September 1662 scheint gar kein Jagdlager stattgefunden zu haben. Im Folgejahr weilte der Fürst in diesem Monat nur wenige Tage auf dem Schloss. 1663 markiert das Ende einer ersten Periode, in der Jagdlager auf der Neuenburg unregelmäßig und kurzzeitig stattfanden. Ab 1664 konzentrieren sich die Jagdaufenthalte des Landesherrn auf den Monat September. Die Verweildauer stieg; die Lager währten anfangs zwei, später drei Wochen und schlossen wieder Sonntage ein. Ab 1674 ist eine weitere Steigerung zu beobachten. Nun füllten die Neuenburger Hoflager des Magdeburger Administrators fast den gesamten September aus. Sie reichten bis in den frühen Oktober – wie das letzte große Jagdereignis des Fürsten im Jahr 1679, das vom 1. September bis zum 3. Oktober dauerte.

Das höfische Geschehen sowie das Alltagsleben Augusts auf Schloss Neuenburg sind detailliert überliefert. In der Regel brachen Fürst und Tross gegen Mittag in Halle auf. Sehr wahrscheinlich zogen sie über Lauchstädt und Mücheln Richtung Freyburg. Die Fahrzeit betrug fünf bis sechs Stunden. August wurde von seiner Familie sowie einem Gefolge aus Räten, höfischen Jagdbeamten und

Dienern begleitet. Sie trafen am späten Nachmittag des Reisetages auf dem Schloss ein, wo die Bürgerschaft bewaffnet in Ehrenparade stand.

In den Tagen vor seiner Ankunft galt es, zahlreiche organisatorische Fragen zu klären. Herrschaftliche Möbel und Ausstattungsstücke wurden aus Halle mitgebracht. Das Inventar des Schlosses musste darüber hinaus erheblich erweitert werden, denn neben dem Fürsten und seiner Familie waren Hofleute sowie eine umfangreiche Dienerschaft unterzubringen. Es bestand deshalb ein großer Bedarf an Betten, Bettzeug, Stühlen, Tüchern und Geschirr. Auch Pferde sowie Jagdhunde hieß es unterzubringen und zu versorgen.

Zur Beschaffung des Mobiliars wurde seit 1658 allein die Freyburger Bürgerschaft herangezogen und zum Borgen des benötigten Inventars verpflichtet.[31] Dieses Vorgehen erzeugte beständig Reibungen. Die Bereitstellung erfolgte widerwillig. Häufig gaben bei Rückgabe beschädigte oder verlustig gegangene Gegenstände Anlass zur Klage.[32] Im Jahr 1673 drohte die Amtsverwaltung unwilligen Bürgern mit Geldstrafe, um die Lieferung zu erwirken. Wegen einer ungebührlichen Äußerung („Schimpfrede") ging der Rat am 8. September 1673 gegen die Bürgerin Haußin vor. Sie hatte ein Bett zu liefern, was unter Androhung von zehn Talern Strafe dann sicher geschah.[33] Nach heftigen Streitigkeiten im Jahr 1673 befahl August am 26. Januar 1674 seinen Freyburger Beamten, künftig zu Bett- und Gerätelieferungen auch die Städte Laucha und Mücheln sowie einen Teil des landsässigen Adels heranzuziehen.[34]

Die Neuenburger Hoflager begleitete ein kompliziertes und umfangreiches System von Fronleistungen. Bauern aus den umliegenden Dörfern sicherten durch ihre Hand- und Spanndienste zum einen die Pflege des Waldes, die Hege des Wildes sowie die Jagd ab. Zum anderen deckten sie personell die Vorbereitung, Durchführung sowie Nachbereitung der Hoflager in allen Bereichen – vom Kehren des Schlosshofes über das Bratenwenden in der Küche bis zur Heufuhre für die fürstlichen Pferde – ab.

Den Tagesablauf bestimmte die Jagd des Administrators: August ritt oder fuhr am frühen Morgen in die Wildbahn auf die Pirsch; zur Mittagstafel (11 bis 13 Uhr) kehrte er wieder ein. Gegen 16 Uhr wurde das Jagdrevier erneut aufgesucht. Dort blieb er bis zum Abend. Gegen 21 Uhr schloss eine Abendtafel den Tag ab. Während seiner Aufenthalte begab sich der Fürst in die Waldungen „Neue Göhle" im Norden und „Alte Göhle" im Osten allein oder abwechselnd in Begleitung seiner Söhne; später auch seiner Schwiegersöhne.[35] Von Anfang an zog die unmittelbar östlich vor dem Schloss gelegene „Alte Göhle" mit ihren umliegenden Waldungen das Interesse des Fürsten in besonderem Maße auf sich. Mit seinen abwechselnden Wald- und Feldfluren bot dieses Terrain der Hege und Jagd beste Voraussetzungen. Auf Vorschlag seines Oberforstmeisters kaufte August in diesem Gebiet zur „Verbeßerung hiesiger hohen Wildbahn" 1674 Teile der wüsten Feldflur „Freitagsdorffelder".[36] Der Erwerb rundete die herrschaftliche Wildbahn ab und legte gleichzeitig die Grundlage für die später dort einsetzende besondere höfische Entwicklung.

Die erste Hofjagd des Administrators nahe Schloss Neuenburg fand am 7. September 1658 im Müchelholz statt. Am 19. und 20. Oktober 1658 folgten zwei Jagden bei Schleberoda („Neue Göhle") und Branderoda („Hackens Holz"). Es handelte sich um Treibjagden, bei denen das Wild auf einen mit Tüchern umspannten Freiraum vor den Stand der Jäger getrieben wurde. Bei den Abschüssen herrschte Schwarzwild[37] vor, das vielleicht den Wildbesatz immer noch dominierte. Doch dürfte in den folgenden Jahren der Rotwildbestand auf- bzw. ausgebaut worden sein. Ob dazu die einheimische Population ausreichte oder ein Tierimport nötig war – in seiner Residenz Halle ließ August bereits 1647 Hirsche im Schlossgraben der Moritzburg halten[38] – ist nicht bekannt.

Allgemein darf die Pirsch als die im Neuenburger Revier bevorzugte Jagdart herausgestellt werden.[39] Die dazu nach 1658 angelegten Jagdeinrichtungen sind fast unbekannt. August bat im September 1662 seinen Bruder in Dresden um Anfertigung eines „Jagethäuschens". Erst im September 1676 lässt sich ein in der Wildbahn installierter Jagdstand („Schirm") nachweisen.[40]

Abschusszahlen liegen von den ersten Neuenburger Jagdlagern kaum vor. 1658 wurde bei Mücheln lediglich ein Hirsch geschossen; 1659 während der gesamten Saison sechs – jedoch nur einer in den Wäldern bei der Neuenburg.[41] Ende Juli 1663 konnten im „Müchelholz" schon zehn Hirsche erlegt werden. Während des September-Jagdlagers 1663 brachte der Fürst nur einen Hirsch zur Strecke, 1664 waren es dann vier.[42] Ab 1670 (außer zu 1672) existieren für jedes Neuenburger Jagdlager gesicherte Abschusszahlen. Im Durchschnitt wurden nun in den Freyburger Wäldern pro Hoflager elf Hirsche geschossen. Spitzenjahr war 1671, als August 20 Hirsche, darunter einen 24-Ender, erlegte. Bei seinem letzten Aufenthalt 1679 dagegen streckte der Fürst nur vier Tiere. Da keine Abschüsse anderer Tierarten verzeichnet wurden, scheinen beide Göhle-Wälder von Anfang an exklusiv der fürstlichen Hirschjagd vorbehalten gewesen zu sein.

Am 7. August 1678 fand im „Müchelholz" eine außergewöhnlich große Hirschjagd statt. Unter den 127 geschossenen oder gefangenen Tieren waren 61 Hirsche, 40 Stück Rotwild, neun Hirschkälber, vier Rehe und nur vier Stück Schwarzwild. Danach speiste man in einer extra errichteten „Laubhütten" und kehrte dann nach Halle zurück.[43] Diese Jagd scheint eindrucksvoll den Umschwung im Besatz der Wildbahn anzuzeigen. Sie dürfte in den letzten Regierungsjahren des Fürsten ein leistungsfähiges Hirschrevier gewesen sein.

Die Ergebnisse einer Jagd wurden in speziellen Schusszetteln verzeichnet. Ort, Zeitpunkt sowie Teilnehmer und das erlegte Wild waren darin akribisch aufgelistet. Diese Nachrichten gingen in die Hoftagebücher des Administrators sowie in dessen Korrespondenz, insbesondere an Kurfürst Johann Georg II., ein. Der wohl erste Schusszettel des Herzogshauses Sachsen-Weißenfels datiert vom 7. September 1658 zu einem „Jagen auf dem Lauf" im „Muchelholz".[44]

Seit 1672 ist der durch Administrator August gepflegte Trophäenkult fassbar. Gegen Ende der Jagdlager wurden bei der Mittagstafel, oft in Anwesenheit von Gästen, Geweihe präsentiert. Mit dem Fürsten gelangten sie später nach Halle, wo die Trophäen erneut an der Tafel gezeigt wurden. Sowohl im Jagdschloss Neuenburg als auch in der Halleschen Residenz sind Geweihsammlungen anzunehmen.[45]

Sonntage unterbrachen in der Regel die alltäglichen Jagdgänge, bei denen in der Frühe bisweilen Schalmeien und Chöre zum Wecken auftraten (so 1677 und 1678). Die morgendlichen Kirchgänge der Herrschaft begleitete Glockengeläut; am Nachmittag hielt man Betstunden. Musik spielte in den Jagdlagern eine große Rolle. Wie bei Hofe üblich, bliesen auf Schloss Neuenburg Trompeter auf ihren Instrumenten zur Tafel und begleiteten die einzelnen Tafelgänge. Außerdem traten verschiedene Solisten auf: ein Hallenser Schalmeispieler, der Freyburger Stadtpfeifer, ein „Harfist", ein „Cymbalist", der „Lautist Braune" mit dessen Gattin (1679) sowie zwei „Clarin-Bläsern" oder der Jäger Andreas Beyer mit einer „viol di gamba". Am 28. September 1676 bot Samuel Große, „Musicus aus Halle" mit der „Borbe vnd einem Capell Knaben" ein musikalisches Programm. Am Abend des 5. September 1677 musizierte der „Kammermusico und Altist Bär" (Johann Beer), begleitet von drei Violinen und einem „Regal".[46] 1679 bestallte August mit dem Hallenser Juristen und Ulrichorganisten Balthasar Speckhuhn[47] einen Musiker zum Freyburger Amtsverwalter. Mehrfach bewies Speckhuhn im September-Hoflager 1679 seinem Dienstherren sein Können auf dem „spinet". Auch gab es Besuch von fahrenden Leuten und Gauklern. Am 12. September 1678 zeigte ein „Feuer Freßer" seine Kunststücke.[48]

Gäste kamen fast ausschließlich aus dem engeren Verwandtenkreis des Fürsten. Ranghöchster Besucher war sein jüngster Bruder Herzog Moritz von Sachsen-Zeitz, der vom 15. bis zum 17. September 1678 auf dem Schloss weilte und erfolglos in der „Neuen Göhle" jagte.[49] Für die späten Jagdlager sind seine älteren Söhne anzuführen. Erbprinz Johann Adolph, seit 1671 vermählt, traf dann aus Langendorf mit seiner Gattin ein. Die Söhne August und Christian nahmen bei ihren Reisen auf der Neuenburg Quartier, wenn der Vater anwesend war. Im September 1673 kam sein Schwager Graf Friedrich Wilhelm von Leiningen-Westerburg zur Jagd. Auch Schwiegersöhne besuchten den Fürsten. Herzog Friedrich I. von

Sachsen-Gotha, seit 1669 mit der ältesten Tochter des Administrators verheiratet, weilte im September 1670 mit seiner Frau auf dem Schloss.[50] Erneut und letztmals war der Gothaer Herzog am 4. Oktober 1674 auf der Neuenburg.[51] Fürst Carl Wilhelm von Anhalt-Zerbst kam am 14. September 1676 an. Am Nachmittag ging der Administrator mit seinem Gast in der „Alten Göhle" auf die Pirsch, wo sie einen 18-Ender schossen.[52] Kurz war der Aufenthalt des Herzogs Carl Ludwig von Holstein-Wiesenburg am 28. September 1675. Der Höflichkeitsbesuch galt der Gattin des Administrators.[53]

Insgesamt ist der dynastische Hintergrund dieser Besucherschaft unübersehbar. Der Fürst hielt mit der Familie Hoflager und zog mit den Söhnen auf die Pirsch. Die Neuenburger Jagdlager des Administrators waren ein die Familienmitglieder zusammenführendes Ereignis ohne nennenswerte äußere Repräsentation. Doch es gab auch außergewöhnliche Gäste aus dem Kreis der Reichsfürsten. Als ein solcher darf Landgraf Friedrich von Hessen-Homburg „mit dem silbernen Bein" gelten. Der tollkühne Reitergeneral – seit 1659 mit teurer Prothese und seit etwa 1664 im Erzstift Magdeburg begütert – weilte im September 1664 auf dem Schloss. Man jagte in der „Neuen Göhle" und schoss einen Hirsch.[54] Der Landgraf stand in schwedischen Diensten und besaß gute Verbindungen zum Königshaus. Hintergrund des Besuchs könnte daher ein brisantes Thema gewesen sein: die Versicherung schwedischer Unterstützung bei der Zurückdrängung des kurbrandenburgischen Einflusses im Erzstift. Ähnliche Themen werden am 16. September 1673 den Königlich-Schwedischen Obergeneraladjutant Lattermann auf das Schloss geführt haben.[55] Als Stabsangehöriger des einflussreichen schwedischen Generals Carl Gustav Wrangel gewährte er direkten Kontakt zur schwedischen Krone unter Karl XI. Solcherart „politische Gespräche" waren außerhalb des Erzstifts und fern vom Halleschen Hof wohl freier und sicherer zu führen.

Schließlich trat der auf Schloss Neuenburg lagernde Landesherr mit dem umliegenden landsässigen Adel in Kontakt. Nur ein ausgesuchter kleiner Kreis wurde zur fürstlichen Tafel gelassen. In den späten 1670er Jahren waren dort mehrfach die Herren von Heßler auf Vitzenburg und Balgstädt sowie die von Rockhausen auf Kirchscheidungen zu Gast. 1673 besuchte dagegen der Landesherr die heßlerischen Schlösser in Burgheßler und Balgstädt sowie den Kammerfaktor Gottfried Hoffmann in Großjena.[56]

Außer den Sonntagen unterbrachen Feste den gleichförmigen Alltag sehr selten. Lediglich der Michaelistag – zugleich Geburtstag von Prinz Heinrich (29. September 1657) – trat deutlicher hervor. Von besonderer Bedeutung war die Einweihung der mit Altar, Kanzel und Gestühl eingerichteten Schlosskapelle am 5. September 1675, für die August eine Einweihungspredigt drucken ließ.[57]

Ab 1668 wurde es üblich, den Neuenburger Aufenthalt mit einem Besuch der Schlossbaustelle in Weißenfels zu verbinden. Zu wichtigen Ereignissen, die mit der zeremoniellen Inbetriebnahme der entstehenden Residenz zusammenhingen, wie der ersten Nutzung des Tafelgemachs (25. September 1673) oder des Gartenhauses im Lustgarten (28. September 1676)[58], reiste die Herrschaft aus Schloss Neuenburg an.

Nur selten sind im Hoflager Geheim- und Kammerräte oder andere hohe fürstliche Bedienstete nachzuweisen. Zu den Ausnahmen zählt der Weimaraner Hofmarschall Hans August von Leutzsch. Ihm bot Administrator August 1664 auf der Neuenburg das Kommando der Festungen Heldrungen sowie Querfurt an.[59] Im gleichen Zeitraum weilte der Architekt Johann Moritz Richter auf dem Schloss[60]. Offenbar regelte der Fürst von hier aus Angelegenheiten seines Weißenfelser Residenzbauprojektes.[61] Auch Beförderungen und Anstellungen sind zu fassen – besonders bemerkenswert ist das auf dem erbländischen Jagdschloss datierte Mandat zur Einberufung eines allgemeinen erzstiftischen Landtags im Jahr 1678.[62] Insgesamt zog der Administrator sich während seiner Neuenburger Jagdlager nicht völlig aus den Regierungsgeschäften und der Politik zurück.

Obwohl August von Sachsen, Administrator von Magdeburg, die Neuenburg wie kein anderes Schloss seines thüringischen Landesteils baulich erneuerte und in höfische Nutzung nahm, war er dennoch Zeit seines Lebens ein ferner, in einem anderen Territorium residierender Landesfürst.

Herrschaftszeichen der neuen Dynastie (1680–1746)

August starb am 4. Juni 1680 in Halle. Die Bestimmungen des Westfälischen Friedens von 1648 traten in Kraft: Kurbrandenburgische Truppen besetzten die Stadt und leiteten den Übergang des Erzstifts an den Kurfürsten von Brandenburg ein. Der Sohn des Administrators, Herzog Johann Adolph I. von Sachsen-Weißenfels, musste die Hallesche Residenz aufgeben und das Stiftsgebiet verlassen. Mitte August 1680 zog er in seinen Erblandesteil nach Weißenfels. Dort betrat er ein weitgehend unfertiges Schloss. Standesgemäße Hofhaltung war daher zuerst nur schwer möglich. Hinzu trat in Kursachsen ein wesentlicher Wandel. Kurfürst Johann Georg II., ein maßgeblicher Garant der seit 1657 bestehenden Verhältnisse, starb am 22. August 1680. Sein Nachfolger Johann Georg III. stand dem 1657 etablierten System der „Freundbrüderlichkeit" sehr reserviert gegenüber. Kurz vor Weihnachten 1680 kündigte er in Bautzen die bestehenden Verträge und forderte alle Nebenlinien zur Neuverhandlung auf.

Schloss Neuenburg als Jagdschloss der albertinischen Herzöge

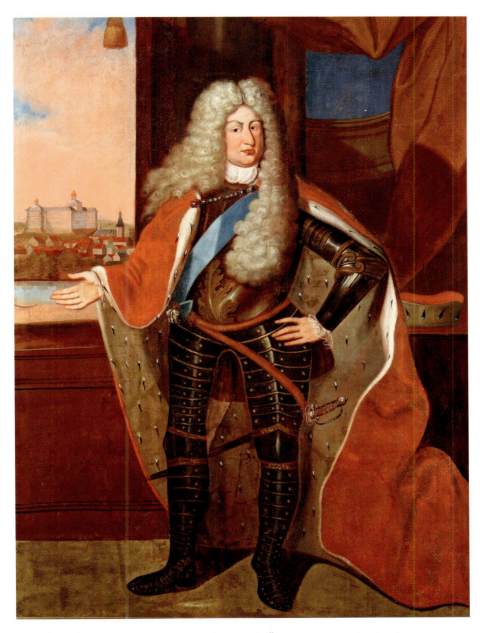

123. Herzog Johann Adolph I. von Sachsen-Weißenfels, Ölgemälde, 17./18. Jahrhundert
Das offizielle Staatsbildnis zeigt Johann Adolph I. in Harnisch und mit rotem hermelingefüttertem Umhang. Am blauen Band trägt er den dänischen Elefantenorden. Mit seiner rechten Hand verweist er auf eine Ansicht der unter seiner Herrschaft fertiggestellten Fürstenresidenz Neu-Augustusburg.

In der Krise seines Regierungsantritts war Herzog Johann Adolph I. auf Zeichen von Kontinuität angewiesen. Gerade nach dem Verlust des Erzstifts galt es, die Fortsetzung hoheitlicher Verhältnisse anzuzeigen, um die eigene und die dynastische Herrschaft zu konsolidieren. Das Neuenburger Jagdlager bot sich hierbei sowohl örtlich als auch institutionell als sinnstiftendes hoheitliches Medium an. Trotz Umzug und unter hohem Druck[63] wurde daher erstmals im Spätsommer 1680 zur landesherrlichen Jagd auf der Neuenburg von Weißenfels – und nicht mehr von Halle – ein Hoflager organisiert. Damit kam das im mittleren 16. Jahrhundert angelegte und durch Administrator August vorbereitete bipolare Residenzsystem Weißenfels (Neue Augustusburg) – Freyburg (Neuenburg) in Funktion. Es erwies sich für die nächsten sechs Jahrzehnte als stabil wie tragfähig und hat bis 1751 – von wenigen Ausnahmen abgesehen – alljährlich den Landesherrn von Weißenfels nach Freyburg zur Jagd geführt. Als Jagdschloss war die thüringisch-landgräfliche Neuenburg wichtigster Trabant der Residenz Neu-Augustusburg, ein Begleiter, den der jeweilige Regent zur Legitimation seiner Fürstenwürde und Landeshoheit nutzte. Die 1680 über Weißenfels an der Saale entfaltete Hofkultur zog der regierende Fürst von nun an – insbesondere durch Hofkapelle und Hofkünstler – auch auf die Neuenburg und in deren Jagdrevier.

Herzog Johann Adolph I. vermochte bis Mitte September 1682 seine Herrschaft erfolgreich zu konsolidieren. In einem mit Kursachsen geschlossenen neuen Vertrag erkannte er die Oberherrschaft des Kurfürsten an, während dieser ihm ein erweitertes Jagdrecht einräumte.[64] Statt Mehrung landeshoheitlicher Rechte trat nun das Erlangen gesteigerter Wertschätzung, das Zeremoniell also, in den Mittelpunkt seiner Politik. Johann Adolph I. zielte auf einen Ausbau seines Ranges innerhalb der albertinischen Dynastie, eine Richtung, der seine Erben folgten.

Gleichzeitig schritt die Fertigstellung der Neuen Augustusburg in Weißenfels voran, wie die Einweihung der Hofkirche im November 1682 zeigt.[65] 1685 und 1688 besuchte Kurfürst Johann Georg III. das herzogliche Residenzschloss. Dies war eine außerordentlich hohe öffentliche Wertschätzung des Gastgebers und ein erster Erfolg seiner Bestrebungen. Die Anwesenheit des Ranghöheren würdigte den Herzog und dokumentierte das stabile gute Verhältnis beider albertinischer Linien.[66] Ab 1689/90 drang Johann Adolph I. auf weitergehende Würdigungen seiner Person und Familie im Dresdner Hofzeremoniell – zunächst jedoch ohne Erfolg.[67] Wahrscheinlich steht hiermit ein Zug des Fürsten zum Neuenburger Jagdlager im Zusammenhang. Am 31. August 1693 begab sich Johann Adolph I. mit etwa 117 Personen und 46 Bewaffneten dorthin. Das auffallend stattliche Gefolge erzeugte gewiss große Aufmerksamkeit und ist als Geste an den nachfolgenden Kurfürsten Johann Georg IV. zu erklären.[68] Der zur Jagd reisende Herzog unterstrich öffentlich seinen besonderen Rang und bekräftigte seine Forderungen. Um 1694/95 erlangte er unter Kurfürst Friedrich August I. die gewünschte zeremonielle Würdigung und nahm den Rang eines Kurprinzen ein.[69] Als dem Kurfürst im Oktober 1696 jedoch ein Sohn und Erbe geboren wurde, kompensierte Friedrich August I. dem Weißenfelser seinen Standesverlust mit dem den Kurprinzen vorbehaltenen dänischen Elefantenorden. Johann Adolph I. empfing die Auszeichnung am 14. Februar 1697 im kurfürstlichen Schloss in Dresden, jedoch in Abwesenheit des Kurfürsten.[70]

Deutlicher als sein Vater wandte sich Johann Adolph I. dem weitgehend thüringisch-landgräflich geprägten Herrschaftsgebiet, den Erblanden, zu. Die Identitätsbildung der Dynastie zum Territorium äußerte sich u. a. in der Förderung des Gesundbrunnens in Bibra (1684), vorrangig jedoch im Ausbau und durch Nutzung landesherrlicher Burgen. Dies betraf vor allem die Neue Augustusburg sowie die Neuenburg als Kern der landesfürstlichen Präsentation des Herzogs. Hinzu trat ab etwa 1685 Schloss Wendelstein, dessen Umgebung zum zweiten zentralen Raum höfischer Jagd im Herzogtum aufstieg.[71]

Für die Neuenburger Hoflager des Fürsten dürfen die bereits unter seinem Vater August geschilderten Verhältnisse grundsätzlich übertragen werden – allerdings fließen die Quellen lange nicht so reichlich wie für die Zeit vor 1680. Auch Johann Adolph I. weilte in der Zeit der Hirschbrunft, also im September sowie im frühen Oktober, alljährlich mehrere Wochen auf dem Schloss.[72] Erneut stand die Pirsch auf den Hirsch im Zentrum des Jagdgeschehens, und wie der Vater dürfte auch er sein Hoflager vorrangig als dynastisches Ereignis organisiert haben. Die Wohnqualität des Schlosses wurde verbessert, wie eine Modernisierung des Schlafgemachs (1683) belegt.[73] Neu war die 1694 erstmals bezeugte Anlieferung Bibraer Heilquellwassers; sie brachte dem Neuenburger Hoflager Momente eines Kuraufenthaltes.[74] Doch blieb die Ausübung des Jagdregals, also die Nutzung der Landgrafenburg als Jagdschloss, im Herrscherauftritt des Fürsten maßgebend. Nahe der „Alten Göhle" entstand 1687 in Pödelist ein Forstgebäude; 1693/94 wurde auf dem Jagdschloss für die herzogliche Jägerei ein Gebäude hergerichtet.[75] Auch das 1699 genannte Pödelister Jagdhaus („Jagdthauß zu Betlitz"), wohl ein herrschaftlicher Bau, wird in der Regierungszeit dieses Fürsten entstanden sein.[76]

Herzog Johann Adolph I. starb nach kurzer Krankheit am 24. Mai 1697 in seinem Weißenfelser Residenzschloss. Während seines Krankenlagers waren Fürstenfamilie und Hofleute voll düsterer Ahnungen: Die Herzogswitwe habe, so Johann Beer in seinem Tagebuch, im Traum die Sonne mit großem Schweif in den Schlosshof stürzen sehen.[77] Zweifellos geriet die Weißenfelser Dynastie durch den Tod des Regenten erneut in eine Krise. Der rechtmäßige Nachfolger, Erb-

124. *Herzog Johann Georg von Sachsen-Weißenfels mit Hermelinmantel und großer Brosche, Kupferstich von Peter Schenk, um 1700*

prinz Johann Georg, war noch minderjährig. Die Befürchtungen erwiesen sich jedoch als unbegründet. Kurfürst Friedrich August I. übernahm die Vormundschaft und führte den jungen Weißenfelser Fürsten vorbehaltlos in die Regentschaft ein. Der ehrgeizige Kurfürst zeigte von Anfang an im Umgang mit Johann Georg großes Geschick. So band er den unmündigen Regierungsneuling in sein „polnisches Unternehmen" ein und entließ ihn im Mai 1698 vorzeitig aus der Vormundschaft. Für den Fall des eigenen Todes bestellte er ihn im Oktober 1698 zum Vormund über den zwei Jahre zuvor geborenen Kurprinzen und zum Administrator der Kurwürde.[78] Im Februar 1700 schließlich übertrug Friedrich August I. dem Weißenfelser formal das kursächsische Direktorium der evangelischen Reichsstände, was diesem Zugang zu Reichstag und Reichspolitik verschaffte.[79]

Die enge Verbindung beider Häuser wurde öffentlich demonstriert. 1699 heiratete die Schwester des Weißenfelser Regenten den Schwager des Kurfürst-Königs. Außerdem gewährte Friedrich August I. Sonderrechte. Ohne seine Zustimmung war es zum Beispiel undenkbar, dass Johann Georg ab Juli 1700 an seiner Residenz bei Tafel „alla Roy, auf Königl. Manier" speiste.[80] In der Tat war der Weißenfelser Mitglied einer königlichen Familie geworden. Seine angesehene Position im albertinischen Fürstenhaus flankierten Ehrenbezeugungen. Wie bereits dem Vater wurde auch ihm der königlich-dänische Elefantenorden am 19. September 1698 verliehen.[81] Zugleich beflügelte sie Johann Georg zu weittragenden Aufstiegsplänen.[82] Der junge Fürst stand daher von Anbeginn seiner Regentschaft unter hohem ständischem Druck und vor bedeutenden Herausforderungen. Sein Auftritt als Herrscher, das Aussehen seiner Residenz und das an seinem Hofe gepflegte Zeremoniell waren dem erlangten hohen Rang gemäß zu gestalten. So ist unter ihm ab 1698 eine Modernisierung und räumliche Erweiterung der Weißenfelser Residenzanlagen sowie eine Intensivierung der Hof- wie Festkultur zu beobachten. In dieser barocken Entfaltung gewann das Streben nach Größe und Maximierung schnell Oberhand. Im Hochgefühl des erlebten Aufstiegs – persönlich wie dynastisch – richtete Herzog Johann Georg den kulturellen Standard auf Schloss Neu-Augustusburg an höchsten Ansprüchen aus. Festliches und Zeichenhaftes bestimmten an seinem Hof den Alltag. Diese Entwicklung blieb innerhalb der fürstlichen Familie nicht ohne Widerspruch. Tatsächlich standen Wollen und Können im krassen Gegensatz. Der junge Fürst beanspruchte die Ressourcen seines Herzogtums über die Maßen, was Verschuldung nach sich zog und die Staatsfinanzen zum Bankrott führte.[83]

Zum Verständnis der Entwicklung der höfischen Anlagen des Weißenfelser Regenten um 1700 ist neben der Klärung des äußeren Umfeldes ein Blick auf die Persönlichkeit des Fürsten erhellend. Neben dem Gespür für aktuelle Veränderungen und künftige Chancen besaß Johann Georg – oder seine beratende Umgebung – offensichtlich ein ausgeprägtes Traditionsdenken. Zugang bot dem jungen Regenten, neben dem Bewusstsein hoher Abstammung, vor allem das Ideal der Ritterlichkeit. Sie galt ihm als ein per Geburt erlangtes Privileg, das im Laufe des Lebens zu vervollkommnen sei. Im Moment des Regierungseintritts hatte es sich zur ehrenhaften Verpflichtung gegenüber den Vorgängern gewandelt.[84] Deren Taten prägten nicht nur den Lauf der Geschichte, sondern böten sich ihrem Erben als Ruhm („Gloire") an. Diesen habe er als Fürst und Regent durch eigene Verdienste zu mehren.[85]

Solcherart fürstliches Traditionsdenken blitzte auf, als Johann Georg seinem Bibliothekar Johann Beer am 22. Oktober 1697 in Weimar befahl, eine den fürstlichen Erbauer des Schlosses würdigende Inschrift zu notieren.[86] In seinem eigenen Herzogtum traten dem Fürsten Geschichte, Taten und Ruhm vorausgegangener Herrscher in seinen landesfürstlichen Schlössern entgegen. Sie boten gewissermaßen ein steinernes Abbild dieser Herrschergeschichte. Es liegt auf der Hand, dass der traditionsorientierte Blick des Weißenfelsers insbesondere die Burgen Weißensee, Eckartsburg, Sangerhausen sowie die Neuenburg ins Visier

125. Herzog Johann Georg von Sachsen-Weißenfels mit Mohr, Kupferstich von Peter Schenk, 1706

126. Schloss Neu-Augustusburg aus der Vogelperspektive, idealisierte Schlossansicht von Peter Schenk dem Älteren, kolorierter Kupferstich, um 1690

nahm.[87] Sie wiederum lenkten die Wahrnehmung des Regenten und seiner Umgebung auf die fürstliche Würde eines Landgrafen von Thüringen.

Zum gegenständlichen Fundus dieser Burgbauten trat eine chronikalische Überlieferung mit ihren legendarischen Berichten über Inhaber und Schicksal dieser Plätze. Dieses Wissen wurde an Fürstenhöfen gelehrt, war landläufig allgemein bekannt und wurde als Zeugnis rechtsgültiger Herrschaft oder ruhmvoller Örtlichkeit interpretiert. Dieses geschichtliche Erbe interessierte Johann Georg und seine Umgebung. Seine Erhaltung und Würdigung, insbesondere aber seine Fortführung versprachen eine stärkere Durchdringung von Dynastie und Territorium. Dies war letztlich einer festen Verankerung der noch jungen Weißenfelser Landeshoheit im erlangten Herrschaftsraum – dem durch das Landgrafentum Thüringen entscheidend geprägten Gebiet Nordthüringens entlang der Unstrut – dienlich. Während der Fürst ständisch in Teilhabe der königlichen Würden der Albertiner auf die europäische Bühne gelangte, lenkte ihn seine Traditionsbildung ins Regionale.

Für einen Rückgriff auf die thüringische Landgrafenwürde bot die Neuenburg besondere Ansatzmöglichkeit. Der Bibliothekar des Fürsten fand in der Residenz Anfang 1698 eine mittelalterliche Handschrift zur thüringischen Landesgeschichte. Es handelte sich um die etwa 1420 in Eisenach verfasste „Thüringische Landeschronik" des Johann Rothe.[88] In ihr treten als bedeutende Burgen der mittelalterlichen thüringischen Landgrafen die Wartburg, Burg Weißensee und die Neuenburg entgegen. Diese Sonderstellung resultiert aus ihrer wiederholten unmittelbaren Beziehung zum Herrscherhaus und dessen Repräsentanten. Einen dieser legendarischen Berichte – den Sagenkreis um Graf Ludwig „den Springer" – griff der herzogliche Bibliothekar auf und machte ihn als bebildertes Büchlein im Sommer 1698 allgemein bekannt. In dem Legendenbericht nimmt die Gründungssage der Neuenburg – im Übrigen eine Jagdsage – eine zentrale Rolle ein.[89] Johann Beer betrieb hierzu weitere Forschungen und stieß in einem Buch des Chronisten Ernst Brotuff auf einen die Neuenburger Gründungssage illustrierenden Volksliedtext.[90] Diese Studien dürfte der Bibliothekar im Auftrag seines fürstlichen Herrn durchgeführt haben. Wahrscheinlich ist dieser mit dem anonymen Widmungsempfänger des Druckes identisch.[91] Gewiss blieben Herzog Johann Georg das Ergebnis der Arbeiten und die Funde des Bibliothekars nicht unbekannt. An seinem Hof wurden chronikalische Berichte aufgegriffen, die insbesondere die Wertschätzung der Neuenburg als traditionsreiches Landgrafenschloss dokumentierten. Deutlich trat damit das Bauwerk als Monument herrschaftlich-dynastischer Geschichte in Thüringen entgegen. Das altertümliche, mit besonderer Historie ausgestattete Schloss ermöglichte Johann Georg direkte Bezugnahme zu Größe und Macht früherer fürstlicher Herrschaftsträger, als deren

Denkmal es wahrgenommen wurde. Diese Wertschätzung dürfte auch seine beiden Vorgänger geleitet haben. Unter Johann Georg ist sie belegbar, und das Schloss rangierte von Anfang an in hohem Ansehen. Wie gewohnt nutzte der Regent die Burg in nun schon traditioneller Weise ab 1697 zu seinen alljährlichen herbstlichen Jagdlagern.[92] Auf der Burg empfing Johann Georg hochrangige Gäste und fertigte wichtige Urkunden aus. Herauszuheben ist die Anwesenheit des Herzogs Johann Wilhelm von Sachsen-Eisenach beim ersten Neuenburger Jagdhoflager im September 1697[93], wodurch eine dauerhafte Verbindung beider Fürstenhäuser begann.[94] Zudem stellte der Herzog eines seiner wichtigsten Dokumente auf der Neuenburg aus: Am 7. September 1699 sicherte er dort Kurfürst Friedrich August I. Loyalität wie Treue zu, worauf dieser ihm wenige Wochen später testamentarisch die Vormundschaft über den Kurprinzen sowie die Administration des Kurfürstentums übertrug.[95]

Die Sonderrolle der Burg zeigt sich auch im Reiseverhalten des Fürsten. Johann Georg brach im September 1699 von der Neuenburg nach Dresden an den Hof des Kurfürsten auf, um an einer Hofjagd teilzunehmen. Nach Beendigung des Besuchs kehrte der Weißenfelser Regent wieder auf sein Jagdschloss zurück.[96] Überhaupt gelangte die Neuenburg in den Rang eines unmittelbar der Weißenfelser Residenz nach- bzw. vorgelagerten Zielortes. Johann Georg begab sich auf seinen Reisen nun regelmäßig auf die Neuenburg, um von dort seinen Herrschaftsraum zu verlassen. Umgekehrt steuerte er zunächst das Schloss an, um kurze Zeit später in die Residenzstadt Weißenfels einzuziehen.[97]

Die gesteigerte Wertschätzung des jungen Fürsten für den traditionsreichen Schlossbau mündete in einem umfassenden Ausbauplan von Neuenburg und Jagdrevier. Die Erneuerung des Schlosses stellte den fürstlichen Bauherren in Beziehung zu seinen Vorgängern, deren Werk er damit fortzusetzen gedachte. Die Fertigstellung der Bauarbeiten wurde während des Jagdlagers 1704 am 16. September feierlich begangen. Der zum Ereignis veröffentlichte Druck würdigte das Geschehen als „Reparatur So wohl des uhralten Schlosses / Nauenburg genannt […] als der Schloß=Capelle / zu Freyburg an der Unstrut". Alter wie ursprüngliche Bezeichnung des Schlosses treten betont entgegen – sie reflektieren den traditionsstiftenden Tenor des Fürsten.[98] Auch der Festgottesdienst thematisierte seine Bauleistung als ein Erinnerung stiftendes Ereignis.[99] Die über dem damaligen Haupteingang des Schlosses platzierte Bauinschrifttafel verkündet die Intensionen Johann Georgs bis heute.[100] Sie ist eines der wenigen Selbstzeugnisse des Fürsten: Genien und Figuren der Jagd stehen für die Nutzung der Neuenburg in seiner Regentschaft als Jagdschloss. Der Tafeltext dagegen verweist auf die Geschichtlichkeit des Ortes und die vorausgegangenen Herrscher. In dieser Traditionsreihe ließ sich Johann Georg als Vollender ehren. Die Ausführung des Tex-

Schloss Neuenburg als Jagdschloss der albertinischen Herzöge

127. Portal am Fürstenhaus mit Genien der Jagd, Andreas Griebstein, Sandstein, 1704

Das Portal bildete den zentralen Eingang in die fürstliche Residenz. Neben der Inschriftenkartusche, die das Selbstverständnis Herzog Johann Georgs von Sachsen-Weißenfels widerspiegelt, sind links ein männlicher Genius mit Wildschwein und rechts ein weiblicher mit Hund dargestellt.

tes in lateinischer Sprache und mit vergoldeten Buchstaben verweist auf den hohen Wert der durch die Worte versinnbildlichten Tradition: „Arcem hanc Novumburgum quondam dictam LUDOVICO Thuringiae comite fundatam a Saxoniae Electore AUGUSTO feliciter restauratum ab AUGUSTO Saxon. duce Magdeb. Archiep. primate insigniter auctam a JOHANNE ADOLPHO duce Saxon. optime conservatam Serenissimus Dux Saxoniae JOHANNES GEORGIUS anno reparatae Salutis humanae M.DCC.IV. gloriose perfecit".[101]

Der Text verdeutlicht historisches Verständnis sowie Traditionsdenken des fürstlichen Bauherrn. Es erscheinen, neben dem Gründer der Burg, Graf Ludwig, Kurfürst August sowie alle Vorgänger Johann Georgs. Der Autor fokussierte die jahrhundertealte Geschichte des Schlosses auf den Gründungsmoment, den kurfürstlichen Ausbau im 16. Jahrhundert sowie die permanente Nutzung seitens des aktuellen Inhabers, des Repräsentanten der albertinischen Nebenlinie Sachsen-Weißenfels. Über Graf Ludwig vereinnahmte er die hochmittelalterliche landgräfliche Zeit des Schlosses, legte jedoch eindeutig den Schwerpunkt auf die Herrschaft der wettinischen Fürsten, insbesondere unter seinen Vorgängern. Man wird hierin sein Geschichtsverständnis erkennen dürfen. Die Neuenburg war für Johann Georg ganz offensichtlich ein besonderer Teil des ihm als Herrscher zugefallenen Erbes. Durch den Umbau des Schlosses griff er im Verständnis seines Standes die Taten der vorausgegangenen Landesfürsten auf – und führte sie „glücklich", wie der Drucktitel formuliert, zur Vollendung.

Wie nie zuvor kam Schloss Neuenburg gegenüber der Neuen Augustusburg in Weißenfels in einen wirkungsvollen Kontrast. Hauptresidenz und begleitendes Jagdschloss versinnbildlichten gemeinsam die beiden Legitimationsstränge der Weißenfelser Landesherrschaft. Modernität wie Traditionsverbundenheit des Herzogs rangen um ein Ziel: das Erreichen der Reichsunmittelbarkeit.

Der konservative Grundton der „Reparatur" von 1704 entsprach dem postulierten Traditionsbild. Man akzeptierte bewusst den vorgefundenen Baukörper, was dem Bauwerk die geschätzte „Ursprünglichkeit" und „Altertümlichkeit" bewahrte. Die Modernisierung des Schlosses dagegen blieb moderat, zeigte aber dennoch seine Einbeziehung in die Hofhaltung des aktuellen Regenten an. Die bauliche Erneuerung führte zu einer Renovierung der zeichenhaften Bedeutung des mit Landeshoheit und reichsfürstlichen Würden des thüringischen Landgrafentums behafteten Schlosses. Die Neuenburger Initiative Johann Georgs unterstützte daher letztlich dessen Bestrebungen um Teilhabe an Sitz und Stimme der Landgrafschaft Thüringen im Reichstag.[102]

Der Ausbau brachte der alten Landgrafenburg zeitgemäß moderne Architekturformen, Raumgliederungen und Ausstattungsstücke. Die Neuenburg wurde in die Lage versetzt, den gestiegenen höfischen Ansprüchen ihres fürstlichen Inha-

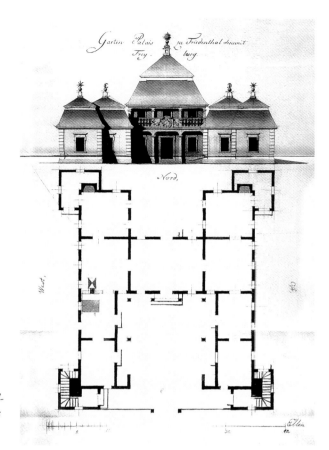

128. Hauptansicht und Grundriss des ehemaligen Jagdschlosses Klein-Friedenthal, Federzeichnung, 1768

bers gerecht zu werden. Wichtige Ergebnisse dieser Modernisierung sind die neuen Erschließungswege und Raumaufteilungen, aber auch die 1707/08 im Fürstenhaus eingerichtete Badestube. Sie diente sehr wahrscheinlich vorrangig einer medizinisch aufgefassten Kuranwendung und weniger der persönlichen Hygiene.[103]

Von der Bauentwicklung der Burg ist der Wandel im dazugehörigen Jagdrevier nicht zu trennen. Zahlreiche Maßnahmen betrafen die Verbesserung der herrschaftlichen Wildbahn, insbesondere dem unmittelbar östlich dem Schloss vorgelagerten Bereich („Alte Göhle"). Zur Arrondierung seines Waldbesitzes kaufte Herzog Johann Georg 1708 dort für 660 Gulden insgesamt 33 Acker Wald. Die Grenzen des landesherrlichen Waldbesitzes wurden 1707 und 1710 mit Steinen neu markiert. Westlich unterhalb des Schlosses baute man 1699 die wüste Kilianuskapelle zum Wildtierzwinger um.[104] 1703 entstand wenige hundert Meter östlich des Schlosses im Burgholz ein „Tiergarten". 1704 taucht dafür die Bezeichnung „Hasengarten" in den Akten auf. In der umzäunten Anlage wurde Damwild gehalten; auch ein Lusthaus sowie gärtnerische Anlagen befanden sich darin.[105] Wildhege und Forstpflege standen stärker denn je unter dem Diktat fürstlicher Hofjagd.

Im Sommer 1703 ließ der Weißenfelser inmitten dieser Wildbahnen einen gänzlich neuen höfischen Bau errichten: ein mit Garten ausgestattetes Lust- und Jagdhaus. Es wurde am 4. August 1703 eingeweiht und erhielt den Namen „Klein-Friedenthal".[106] Das Bauwerk ist eines der frühen Beispiele seiner Art im Reich. Mit seiner Errichtung bewies der Bauherr Kenntnis über aktuelle Architekturentwicklung am französischen Hof.[107] So steht das Jagdhaus gleichsam für Modernität und Weltoffenheit Johann Georgs; die Übernahme königlicher Architekturformen verweist zugleich auf den hohen Rang seiner Person. Der Herzog von Sachsen-Weißenfels zeigte sich im Umgang mit der Neuenburg vor aller Öffentlichkeit als gebildeter Regent, der Traditionen würdigte und modernen Entwicklungen gegenüber aufgeschlossen war. Die Bezeichnung „Klein-Friedenthal" – sie verdrängte die ältere Benennung „Freitagsdorfelder" – entstammt dem höfischen Kontext. Sie ist auf Johann Georg oder auf seine Gemahlin Friederike Elisabeth zurückzuführen, deren Namenswahl sich offensichtlich an topografischer Situation und höfischer Erwartung orientierte. Fern von Residenz und Jagdschloss sollte die Stätte Zurückgezogenheit und friedvolles Naturerlebnis bieten. Neben dem Jagdhaus komplettierten ein 1705/06 errichtetes „Opernhaus" (bzw. „Comoedien Hauß") sowie eine neue Reitbahn die höfische Struktur der Neuenburg.[108]

Erstmals wird in deren Umfeld ab 1705 auch die Allee erwähnt. Sie verband Jagdschloss und Jagdhaus. Mutmaßlich ging die Allee vom Fürstenweg ab und dürfte an der Nordostspitze des Burgholzes begonnen und von dort geradewegs nach Osten zum Garten „Klein-Friedenthal" geführt haben.

Renovierung und Modernisierung von Jagdschloss wie Jagdrevier der Jahre 1703/05 gründeten auf einem umfassenden Plan. Ihre Umsetzung verband die Person des Weißenfelser Regenten wie nie zuvor mit der Neuenburg sowie deren Hoheitstraditionen. Die gesteigerte Wertschätzung seitens des Fürsten spiegelt die Nutzungsintensität der Anlage wider. Im Vordergrund stand weiter das Jagdschloss. Ab 1704 ist eine Verlängerung der herbstlichen Jagdlager bis in den späten Oktober, bisweilen bis zum beginnenden November auszumachen. Zudem weilten Fürst und Hof während des Jahres offenbar häufiger und regelmäßiger auf Schloss Neuenburg. Kürzere und längere Aufenthalte sind insbesondere für die Sommermonate anzunehmen. Der Empfang hoher Gäste sowie die Einbeziehung ins höfische Festwesen, etwa bei der Hochzeit der Herzogin Anna Maria im Juni 1705, zeigen ebenso die besondere Vorrangstellung der Neuenburg unter den landesherrlichen Schlössern an.[109] Einzigartig ist die fürstliche Flussschifffahrt vom 6. Mai 1703, bei der Johann Georg von Freyburg in einem herzoglichen Schiff nach Weißenfels segelte.[110]

Herzog Johann Georg starb am 16. März 1712 nachts auf seiner Residenz in Weißenfels. Am Sterbe- und Totenbett weilte sein 1682 geborener, seit 1711 in Sangerhausen lebender Bruder, Prinz Christian. Da Johann Georg keinen Sohn hinterließ, fiel die Regentschaft an ihn.[111] Christian sollte die Würde 24 Jahre – länger als jeder andere Repräsentant der Dynastie – tragen.

Der neue Regent entfaltete sofort Aktivitäten, über die sich Selbstverständnis und künftige Ausrichtung seiner Herrschaft schnell offenbarten. Im Streben nach Anerkennung zelebrierte Christian seinen Auftritt als Landesherr und Repräsentant seines Hauses als ein über zwölf Monate währendes zeremonielles Großereignis. Die Ausübung des Jagdregals war darin ein zentrales Thema, mit dem der Fürst wesentliche Botschaften zu vermitteln trachtete. Zum einen trat der Herzog zu Beginn seiner Herrschaft als finanziell robuster, tatkräftiger und militärisch begabter Potentat auf. Die Ausübung des Regals erschien ihm zum anderen als das geeignete Mittel, sich als Regent im gesamten Herzogtum – unabhängig von dessen staatsrechtlich sehr verschiedenen Teilen – zu zeigen. Zudem bildeten die Jagdlager im Ablauf seines ersten Regierungsjahres 1712/13 ein wiederkehrendes, andere zeremonielle Handlungen verbindendes Element. So trat Christian in seine Regentschaft als ein fürstlicher Jäger ein. Dementsprechend gewichtig war das Jagdschloss Neuenburg der Dynastie im Auftritt des Fürsten. Die Betonung der Jagd und der damit verbundenen Symbolträchtigkeit ist gewiss Ausdruck des Naturells Christians. Während seiner Regentschaft sollte er tatsächlich in ungewöhnlich starkem Maße auf die Hofjagd und die damit verbundene Symbolhaftigkeit zurückgreifen.

Die mehrmonatigen Feierlichkeiten anlässlich seines Regierungsantritts eröffnete Christian mit einer Jagd am 25. April 1712 nahe der herzoglichen Residenz im Amt Weißenfels, also im Erblandesteil seiner Herrschaft.[112] Die Ausübung des Regals in der Nähe der Residenz ist kein Zufall; sie unterstrich Ansichten des Fürsten über Souveränität seines Hauses, Regierung und Hofhaltung.

Das erste bedeutende Ereignis der neuen Regentschaft war die Hochzeit Christians mit Luise Christiane, Gräfin zu Stolberg, am 11. Mai 1712 im Schloss Stolberg. Den ausgehenden Mai sowie den frühen Juni 1712 verbrachte er dann auf der Neuenburg – wohl erstmals als regierender Fürst. Dort regelte er Wohnung und Versorgung seines jüngeren Bruders Prinz Johann Adolph. Den Aufenthalt unterbrach nur die Beisetzung seines Vorgängers Johann Georg in Weißenfels am 1. Juni 1712.[113] Im Juli empfing Christian auf Schloss Neuenburg wichtige Gäste:

am Monatsbeginn Herzog Moritz Wilhelm von Sachsen-Zeitz[114] sowie am Monatsende Herzog Johann Wilhelm von Sachsen-Eisenach.[115] Der Inhalt der Gespräche ist unbekannt, doch werden Fragen gegenseitiger Verständigung dominiert haben.

Den Spätsommer, die „Hirschfeist-Zeit", bestimmte dann die höfische Jagd. Christian weilte mit seiner Gattin im August und im frühen September in den Jagdlagern bei Ziegelroda und Schnellroda sowie auf Schloss Neuenburg.[116] Während seines ersten Neuenburger Hirschbrunft-Jagdlagers, das von Mitte September bis zum 10. Oktober 1712 währte, brachte der Fürst elf Hirsche zur Strecke.[117] Auch in den restlichen Wochen des Jahres riss seine Jagdaktivität nicht ab. Im Oktober, November und Dezember fanden wieder nahe Weißenfels Jagden statt; die letzte am 28. Dezember 1712 bei Leißling.[118] Insgesamt erlegte Christian in seinen ersten Regierungsmonaten mindestens 88 Tiere, davon 35 Hirsche.

In diese betriebsame Jagdtätigkeit waren weitere, seine künftige Regentschaft umreißende Aktivitäten eingebettet; so die Erhebung seines Prinzensitzes Sangerhausen zur landesherrlichen Residenz und Anfang November 1712 die Stiftung einer neuen Hofkirche vor Ort.[119] Dann richtete Christian die Aufmerksamkeit der Öffentlichkeit auf das Residenzschloss der Herzogslinie, die Neue Augustusburg, in Weißenfels. An zentraler Position des Bauwerks – dem Turm über den Staatsgemächern – ließ er am 15. November 1712 einen goldenen Weltenglobus anbringen. Symbolträchtig stellte sich Christian in die Bautradition des Schlosses[120], das er mittels dieser „Bekrönung" vereinnahmte.

Nachdem ihm am 22. November 1712 in Querfurt die Stände des Fürstentums Sachsen-Querfurt gehuldigt hatten, zelebrierte Christian am 30. November 1712 seinen öffentlichen Einzug in Weißenfels.[121] Damit endete eine erste Etappe seiner Regierungsübernahme. Dem in die Öffentlichkeit eingetretenen Fürsten blieb die äußere Anerkennung nicht versagt. Im Dezember 1712 übertrug ihm Kursachsen in Nachfolge des Vorgängers das Direktorat der evangelischen Reichsstände.[122]

Im neuen Jahr setzte Herzog Christian die Präsentation seiner Landesherrschaft in begonnener Weise fort. Seine erste Hofjagd begann am 6. Februar 1713 mit einem Jagdlager bei Schleberoda nordöstlich der Neuenburg, also im Amt Freyburg.[123] Sie endete am 10. Februar mit einer Wildschweinhatz, bei der Tiere geschossen, aber auch eingefangen wurden.[124] Diese Jagd ist insofern interessant, da ihr Ertrag sehr wahrscheinlich bei den Feierlichkeiten am ersten Geburtstag Christians als regierender Fürst am 23. Februar 1713 eine Rolle spielte.

Dieses Ereignis wurde als mehrtägiges Fest begangen, das wiederum Rang und Qualität des jungen Weißenfelser Regenten in die höfische Öffentlichkeit trug. Im Zeremoniell nahm abermals die Jagd eine zentrale Position ein.

Schloss Neuenburg als Jagdschloss der albertinischen Herzöge

129. Herzog Christian von Sachsen-Weißenfels, Ölgemälde, 17./18. Jahrhundert
Das offizielle Staatsporträt zeigt Christian von Sachsen-Weißenfels in Harnisch und mit rotem hermelingefüttertem Umhang. Zu seiner Rechten liegt sein Jagdhund, den Blick auf den Herrscher gerichtet.

In diesem Kontext entstand eine der bekanntesten Hinterlassenschaften Weißenfelser Hofkultur: die sogenannte Jagdkantate von Johann Sebastian Bach und Salomo Franck.[125] Das Musikstück wurde innerhalb des Festtagszyklus „nach gehaltenen Kampff-Jagen im Fürstl. Jäger-Hof bey einer Tafel-Music aufgeführet".[126] Mit dieser Angabe korrespondiert eine bisher unbeachtete Notiz im „Schuss-Buch", einer Neuenburger Nachrichtensammlung zur Hofjagd der Jahre 1712 bis 1716, die der herzogliche Jagdsekretär Christian Friedrich Warlitz notierte: „Weißenfels Montags den 27. February Anno 1713 hat der Durchlauchtigste Fürst und Herr, Herr Christian, Hertzog zu Sachsen, Jülich, Cleve und Berg, Engern und Westphalen, Mein Gnädigster Herr, in Gegenwart Der Hochgeliebtesten Frau Gemahlin, Frauen Louise Christianen; Hertzogin zu Sachsen, Hochfürstl. Durchl. Meiner auch Gnädigsten Herrschafft bey annoch währenden Solennitäten Höchstgedacht Sr. Hoch Fürstl. Durchl. Hochfürstl. Geburthstages im Jägerhause Ein Lust Jagen gehalten, darinnen gefangen geschoßen und gehatzt 1 Hauend Schwein, 2 Keyler, 2 Bachen. Das hauend Schwein hat gewogen 3 Centr. 75 Pfd.".[127]

An der Identität von „Jäger-Hof" und „Jägerhaus" ist nicht zu zweifeln, auch die Bezeichnungen „Kampf Jagen" und „Lust Jagen" dürften dasselbe Ereignis umschreiben. Die Kantate scheint demnach am 27. Februar 1713 im Jägerhof zu Weißenfels nach einer kleinen Jagd aufgeführt worden zu sein. Da Johann Sebastian Bach schon vom 21. zum 22. Februar 1713 in Weißenfels logierte[128], dürfte nicht er, sondern der Weißenfelser Hofkapellmeister Johann Phillip Krieger die Aufführung besorgt haben.

Diese Jagd im Jägerhof war ein auf das Fürstenpaar ausgerichtetes, eher intimes Ereignis. Ihr Organisator besaß besondere Kenntnis zum Weißenfelser Hofleben. Man wird Herzogin Luise Christiane – sie stand den waidmännischen Neigungen ihres Gatten übrigens aufgeschlossen gegenüber und war selbst eine aktive Jägerin[129] – als Urheberin der Veranstaltung ansprechen dürfen. Über Hofmusiker könnte sie Kontakt zum Weimaraner Hof und den dort bestallten Oberkonsistorialsekretär Franck und Hofmusiker Bach geknüpft und die Kantate in Auftrag gegeben haben. Auch im Kantatentext finden sich Hinweise auf ihre Urheberschaft.[130] Ist es schließlich Zufall, dass das Ereignis unmittelbar nach dem Jahrestag der festlichen Einweihung des Jägerhofes am 26. Februar 1705[131] stattfand?

Art und Zahl der Abschüsse dürften einer Systematik entspringen und damit Hinweis auf die kleine, eher symbolische Jagd geben. Die Tiere – sie könnten dem oben erwähnten Fang vom 10. Februar 1713 entstammen[132] – waren für das Ereignis in Gattern des Jägerhofes vorgehalten worden. Herzog und Herzogin brachten wohl je einen Keiler und eine Bache zur Strecke – der besonders zu ehrende Regent zusätzlich ein ausgewachsenes Wildschwein, einen „hauend Keiler".

Die Feierlichkeiten reichten bis in den frühen März. Einige Tage später eröffnete der Souverän am 16. März 1713, seinem ersten Regierungsjubiläum, den Landtag der Querfurter Stände.[133] Mit dieser hoheitlichen Handlung schloss das erste Regierungsjahr. Über mehrere Monate hatte er sich als regierender Fürst und Repräsentant des albertinischen Hauses in die Öffentlichkeit des Reiches eingeführt. Dieser umfassende zeremonielle Auftritt darf als gelungen angesehen werden. Neben der Aufnahme ins Direktoriat der evangelischen Reichsstände empfing der Weißenfelser weitere Würdigungen. König Friedrich IV. von Dänemark verlieh ihm am 24. Oktober 1713 in Kopenhagen den königlich-dänischen Elefantenorden[134] und der (katholische) Kurfürst Johann Wilhelm II. von der Pfalz nahm ihn in seinen Hausorden, den eng mit höfischer Jagd verbundenen St. Hubertus-Orden, auf. Dessen Insignien nahm Christian am 7. Oktober 1715 auf dem Jagdschloss Neuenburg entgegen.[135] Die Ortswahl zeigt erneut, welch grundlegende Bedeutung Hofjagd und Jagdschloss im Zeremoniell des Weißenfelser Herzogs einnahmen.[136] Seine Verbindung zum Pfälzer Kurfürsten besaß darüber hinaus eine bemerkenswerte Nuance, da beide Vertreter von Nebenlinien kurfürstlicher Häuser waren. Jedoch hatte Johann Wilhelms Vater nach Aussterben der Kurpfälzer Hauptlinie 1685 die Kurwürde erlangt und angetreten. Solche Bezüge werden der höfischen Gesellschaft nicht entgangen sein.

In der frühen Phase der Regentschaft, etwa zwischen 1713 bis 1719, dürfte der sogenannte Weißenfelser Jagdpokal als ein weiteres bedeutendes Zeugnis Weißenfelser Hofkultur entstanden sein. Das aus der Dinglinger-Werkstatt stammende Stück gilt als Auftragsarbeit und Geschenk des Kurfürsten und Königs Friedrich August I. von Sachsen.[137] Das Verhältnis zwischen dem konvertierten katholischen König und dem glaubenstreuen evangelischen Herzog war gewiss von Anfang an schwierig. Doch zunächst überbrückte das gesamtdynastische Interesse die unterschiedlichen Auffassungen beider Regenten. Da Zeichen der Verbundenheit hierbei wichtig waren, ließ Christian am 12. Mai 1715 im Garten Klein-Friedenthal den Geburtstag von Friedrich August I. zelebrieren.[138] Der Jagdpokal kann daher durchaus ein ehrendes Geschenk des Kurfürst-Königs an den Herzog gewesen sein.

Dennoch sollte auch das Weißenfelser Regentenpaar als Urheber erwogen werden – wie kein anderes uns bekanntes Kunstwerk vergegenständlicht der Jagdpokal in Material, Gestaltung und Kunstfertigkeit Herrschaftsauffassung und Selbstverständnis Herzog Christians.[139] Für ihn stand die Pretiose im Rang einer kostbaren Insignie seines Fürstenstandes und seiner Dynastie. Wie andere Ehren- und Repräsentationsstücke der Familie führte er auch dieses Schaustück auf sei-

130. Weißenfelser Jagdpokal, Gold und Email, Johann Melchior und Georg Christoph Dinglinger, Dresden, 1712 bis 1717

nen Reisen von Residenz zu Residenz bisweilen mit sich.[140] Der wertvolle Jagdpokal wird gewiss häufiger auf Schloss Neuenburg gewesen sein und vom Fürsten während der herbstlichen Hirschjagdlager zeremoniell in Gebrauch genommen worden sein.

Da Christian der Jagd grundsätzliche Bedeutung in seinem Herrscherauftritt einräumte, besaßen seine jährlichen Neuenburger Jagdhoflager einen hohen Stellenwert. Wie unter den Vorgängern begannen sie im September und währten vier, maximal fünf Wochen. Ein umfangreiches Transport- sowie Frondienstwesen sicherten sie ab; auch die ungeliebten Lieferungen von Bettzeug und Tischgerät wurden fortgesetzt. Fälle von Ungehorsam sind bekannt, doch war dies gewiss eine beständige Begleiterscheinung aller Neuenburger Hoflager.[141] Neben den vielen Gemeinsamkeiten in Form und Durchführung sind zwei wichtige Unterschiede herauszustellen. Zum einen fehlten Christians Familie – im Gegensatz zum Vater Herzog Johann Adolph I. und Großvater Administrator August – Kinder. Die Dynastie geriet in eine gefährliche Situation, denn das regierende Herzogspaar konnte zu ihrem Fortbestand keinen Beitrag leisten. Wohl auch aus diesem Grund waren die Beziehungen zwischen dem Regenten und seinem jüngeren Bruder, Prinz Johann Adolph, zunehmend angespannt.[142] Die Schwester Johanna Wilhelmine nahm dagegen am Weißenfelser Hofleben rege Anteil. Angesichts des ausbleibenden Nachwuchses und eines zunehmend zerworfenen Innenverhältnisses der Dynastie fehlte Christians Neuenburger Hoflagern der bisher begleitende dynastische Hintergrund. Im Zentrum stand ein kinderloses, von Höflingen und Dienern umgebenes Herrscherpaar.

Zum anderen hat Christian, wie kein Repräsentant vor und nach ihm, Jagdschloss, Hoflager und Jagd zur Herrscherrepräsentation eingesetzt. Grund hierfür war die Entwicklung des Verhältnisses zur Dresdner Kurlinie. Dort hatte sich Friedrich August I. 1696 von bisherigen Richtungen und Prämissen kursächsischer Politik gelöst und sich der frei gewordenen polnischen Krone zugewandt. Um zum König aufzusteigen, musste der protestantische Kurfürst katholisch werden. Im Sommer 1697 konvertierte Friedrich August I. und erwarb das Königtum. Zugleich leitete er einen lange geleugneten Übertritt seines kurfürstlichen Hauses zum katholischen Glauben ein – eine zweifellos notwendige Voraussetzung, um das polnische Königtum dauerhaft mit seiner Familie zu verbinden. Die Teilung des Hauses in mehrere Linien – mit mehreren evangelischen Repräsentanten – erschwerte die Situation. In den Jahren nach 1700 konzentrierte sich die Aufmerksamkeit der Öffentlichkeit auf den Kurprinzen und dessen Religionsbekenntnis. 1710 wurde er noch lutherisch konfirmiert, doch rissen die Gerüchte um einen Glaubenswechsel nicht ab. Auch Herzog Christian war fest im evangelischen Selbstverständnis seines Fürstenhauses verwurzelt. Er sah die Entwicklung in der Kurlinie kritisch. Den Glaubenswechsel des Kurfürsten mag der Prinz allenfalls als persönliche Entscheidung toleriert haben – als Regent lehnte er den Übergang der Kurlinie zum Katholizismus grundsätzlich ab. Der Weißenfelser legte daher von Anfang seiner Regentschaft an großen Wert auf seine Wahrnehmung als Protektor des evangelischen Glaubens und seiner Kirche. Als der Übertritt des Kurprinzen zum Katholizismus am 11. Oktober 1717 öffentlich wurde, entstand eine neue Situation. Die Rekatholisierung der Albertiner war in Gang gesetzt worden. Herzog Christian, ein Bewahrer der evangelischen Tradition der Regenten seines Hauses, distanzierte sich immer mehr von der Dresdner Entwicklung. Eine Vermittlung fand nicht statt oder scheiterte. Der innerdynastische Konsens zerbrach. Als der Kurprinz am 20. August 1719 eine katholische Erzherzogin heiratete und die katholische Erziehung seiner Kinder akzeptierte[143], kündigte Christian der Hauptlinie die Loyalität. Beim Einzug des jungen Ehepaares in Dresden und den mehrtägigen Festivitäten des Hofes im September 1719 fehlte das regierende Weißenfelser Herzogspaar. Seine Abwesenheit war in den Augen der höfischen Gesellschaft gewiss ein Skandal; sie zeigte öffentlich den tiefen Riss innerhalb des albertinischen Fürstenhauses. Er durchzog auch die ranghöchste Nebenlinie selbst. Prinz Johann Adolph, der jüngere Bruder Christians, sowie beide Herzöge der Nebenlinie Sachsen-Weißenfels-Barby nahmen am Dresdner Empfang teil und blieben demnach loyal. Herzog Christian dagegen schritt zum Bruch, und sein Verhältnis zu Kurfürst Friedrich August I., aber auch zum Bruder und den nahen Verwandten in Barby war von nun an zerrüttet.

Angesichts des vollzogenen konfessionellen Umschwungs der Dresdner Kurlinie und seiner isolierten Stellung strebte Christian ab 1719 in besonderem Maße nach Möglichkeiten zur Profilierung. Ziel war es, sich als Abkömmling königlicher und kurfürstlicher Standespersonen, als evangelischer Landesfürst und Wahrer der Haustradition der Albertiner zu etablieren. Doch damit überanstrengte er nicht nur die realen Möglichkeiten seiner Position, er zerstörte auch den Lebensnerv Weißenfelser Fürstenherrlichkeit – die enge Anbindung an die Dresdner Hauptlinie. Offenbar verknüpfte der Fürst mit seiner hohen Abstammung und insbesondere mit dem Direktorat der Evangelischen Reichsstände besondere Erwartungen.

Es genügt hier festzustellen, dass seine Opposition von Anfang an auf tönernen Füßen stand. Schon im Sommer 1718 ließ Kursachsen das reichsständische Direktorat des Herzogs eingehen; eine Belebung wurde trotz Weißenfelser Mahnungen von 1720, 1722 und 1728 nicht vorgenommen.[144] Zudem trat das Zerwürfnis während einer zunehmend labilen Finanzlage der Nebenlinie ein. 1721 kollabierten die Weißenfelser Staatsfinanzen endgültig. Für den Rest seines Lebens wurde Christian nun zum Versorgungsempfänger degradiert.[145] Der Fürst war daher als Regent faktisch demontiert und ein vielleicht erhoffter Beistand der machtvollen Bündnispartner blieb aus. Dennoch hielt Christian zeitlebens an seiner Opposition fest und setzte innerhalb des ihm verbliebenen regionalen Rahmens immer wieder Zeichen seines Standpunktes.

Hierbei gewann die Hofjagd – die hochinteressante Kirchen- und Konfessionspolitik des Fürsten muss hier unberührt bleiben – ein erweitertes Bedeutungsspektrum, was den Stellenwert seines Jagdschlosses in der Herrscherdarstellung weiter hob.

Herzog Christian setzte allgemein die durch seine Vorgänger eingeleiteten baulichen Veränderungen auf der Neuenburg fort. Unter Beibehaltung der altertümlichen Gesamterscheinung des Schlosses wurde sein Baukörper gemäß dem zeremoniellen Bedürfnis, das naturgemäß letztlich immer mit einer Hofjagd verbunden war, partiell modernisiert. Christian konzentrierte sich auf den weiteren Ausbau des fürstlichen Wohntrakts sowie der dem Zeremoniell dienenden Strukturen des Schlosses: 1714 erfolgte der Einbau eines Treppenhauses zum Kirchgemach; in den Jahren zwischen 1715 und 1719 entstand zwischen Fürstenwohnung und Küchenmeisterei eine repräsentative Freiterrasse (Altan) mit Durchfahrt. 1722 schließlich wurde im Nordteil der Vorburg ein Lustgarten eingerichtet; 1729 erhielt er einen Pavillon. Schon 1719 hatte der Fürst für die Hofkirche des Schlosses eine neue Orgel gestiftet.[146]

1716 wurde das innere Osttorhaus der Neuenburg durch einen Umbau aufgewertet. Die bedeutendste Baumaßnahme dieser Regentschaft führte zur Anlegung einer zeremoniellen Achse zwischen Fürstenwohnung und Jagdrevier. 1719 ließ Christian die östliche Schlossmauer durchbrechen, den Graben davor zuschütten und ein neues Eingangstor anlegen. Von diesem Punkt ging ein neuer Weg aus. Eine Allee zog durch die Felder des Burgvorwerks und das nahe Burgholz nach Osten in Richtung des Jagdreviers mit seinem höfischen Zentrum „Klein-Friedenthal".[147] Diese neue Ortsverbindung diente nach Fertigstellung zum einen dem Reisen des Herzogs, zum anderen seiner Fahrt ins Jagdrevier und nach „Klein-Friedenthal". Drittens war sie Prozessionsweg bei der Einbringung erlegter Hirsche in die landesherrliche Residenz. Dieser fürstliche Wegeausbau unterstreicht das gewachsene zeremonielle Bedürfnis Christians und dessen Verwirklichung über die Hofjagd.[148] Hierzu wurde das Jagdschloss aufgewertet. In seinem Bereich und wohl auch im Garten Friedenthal ließ der Fürst Figuren von Hirschen und Jagdhunden aufstellen sowie Geweihtrophäen anbringen.[149]

Darüber hinaus sind zwei bemerkenswerte Selbstzeugnisse herauszustellen. Zum einen befahl Herzog Christian im Jahre 1719, das für seine Vorfahren Herzog August und Herzogin Anna 1552 errichtete Wappenportal im Schloss zu versetzen. Das ebenso prachtvolle wie symbolträchtige Stück wurde dazu vergoldet und an der Südseite des Tafelgemachs (heute „Fürstensaal") neu aufgestellt. Das Portal zierte nun den raumseitigen Durchgang zum südöstlichen Schlossbereich, der Wohnung des Fürsten. Im Jagdlager 1719, als in Dresden der Übergang der Kurlinie zum Katholizismus unübersehbar und ein gefeiertes Ereignis war, dürfte der neue Eingang erstmals genutzt worden sein. Christian betrat den zentralen Raum seiner Hofhaltung durch dieses Portal und stellte sich (ganz im Wortsinn) in die durch beide fürstliche Vorfahren versinnbildlichte Tradition seiner Dynastie. Um das Portal wurden 16 Geweihtrophäen gruppiert. Sie verwiesen auf die erfolgreiche Praxis des Jagdregals durch Christian als Landesherr. Eine beigestellte Texttafel informierte mit deutschem Text über Herkunft und Herrscherqualität des Stifters.[150] Die gesamte Installation ist als Würdigung der Beziehung des albertinischen Kurhauses mit dem dänischen Königshaus zu interpretieren. Ausgehend von der Ehe Augusts von Sachsen mit Anna von Dänemark (1548) festigten beide Seiten durch Heirat und Verträge dieses Bündnis weiter.[151] Die Verbindung brachte im Übrigen den Vornamen „Christian" in das albertinische Fürstenhaus ein, was deren Namensträger eine Identifizierung mit dieser politischen Allianz erleichtern konnte.[152] Wesentliche Grundlage der Verbindung war die gemeinsame evangelische Glaubenshaltung. Sie eröffnete den Albertinern die Anwart-

131. *Sitzstatue eines Jagdhundes, vermutlich Joseph Blüme, Sandstein, nach 1720*

132. Hirschkopf mit Hirschgeweih (Trophäe), Kopf vermutlich Lindenholz, Geweih aus Hirschhorn, vermutlich 18. Jahrhundert

schaft auf den dänischen Königsthron, also die Hoffnung auf ständische Erhöhung.[153] Kurfürst Friedrich August I. hat sich mit gleichen Ambitionen davon ab- und dem katholischen polnischen Königtum zugewandt. 1717 nahm er daher auch den Verlust der dänischen Anwartschaft in Kauf.

Die Einbeziehung des Neuenburger Wappenportals in die unmittelbare Repräsentation Christians ist mit Blick auf die Ereignisse um die öffentliche Konversion der Dresdner Kurlinie zu bewerten. Da mit ihm ein politisches Bündnis gewürdigt wurde, war es zugleich Sinnbild der oppositionellen Haltung des Fürsten. Die Nachricht seiner Translozierung und Ergänzung wird gewiss ihren Weg an die verwandten und benachbarten Höfe gefunden haben.

Wenige Jahre später fügte Christian auf Schloss Neuenburg ein weiteres Selbstzeugnis hinzu. Auf dem Innenhof der Burg ließ er sich 1720/22 ein besonderes Denkmal schaffen – das erste Reiterstandbild in Kursachsen.[154] Anregung gab offenbar Kurfürst Johann Wilhelm von der Pfalz, der sich 1711/13 auf diese Weise ehren ließ. Eine Medaille machte das Kunstwerk reichsweit publik. Christian, Ritter des Kurpfälzer Hubertusordens, dürfte es spätestens nach seiner Ordensaufnahme 1715 näher bekannt geworden sein.

Nun ähneln beide Reiterstandbilder sich nicht nur äußerlich stark, sondern das Neuenburger Stück nahm in seiner Ikonographie auch ein wesentliches Motiv der Übergabe des Kurpfälzer Hubertusordens auf. Die dazu 1715 entstandene Festmusik thematisierte den Sieg eines frommen Fürsten über den Neid.[155] Dieses Motiv griff der Bildhauer in besonderem Maße auf. Bezüge zwischen dem Ordenseintritt Christians und der Kenntnis über das Kurpfälzer Reiterdenkmal sind daher nicht abwegig.

Über die Planungen des Neuenburger Reiters ist nichts überliefert. Das Vorhaben dürfte 1718 mit der Bestallung des Baumeisters Johann Christoph Schütze einen wesentlichen Impuls erhalten haben, der für die Jahre um 1719 allgemein als leitender herzoglicher Architekt angesprochen werden darf. Ausführender Künstler war der Wiener Bildhauer Joseph Blüme. Im Sommer 1720 wurde ein großer Stein – wohl der Rohling des Denkmals – auf die Burg gebracht.[156] Vor Beginn des Winters 1721 war das Standbild wahrscheinlich fertig. Seine Einweihung dürfte anlässlich des zehnjährigen Regierungsfestes Mitte März 1722 stattgefunden haben.[157]

Das Denkmal wurde auf dem oberen Burghof unmittelbar vor dem Eingang in das Fürstenhaus des Schlosses errichtet. Zusammen mit fürstlicher Wohnung und neu geschaffener Eingangssituation bildete es gleichermaßen das zeremonielle Haupt der seit 1719 ins Jagdrevier führenden Wegeachse. Sie bestimmte daher

133. Reiterstandbild des Herzogs Christian von Sachsen-Weißenfels auf dem Marktplatz von Freyburg, Johann Christoph Schütze (Entwurf), Joseph Blüme (Ausführung), 1722

Das anlässlich des 10-jährigen Regierungsjubiläums geschaffene Denkmal stand ursprünglich vor dem Neuenburger Fürstenbau. 1744 wurde es nach Klein-Friedental versetzt und 30 Jahre später an die Stadt Freyburg verkauft. Aufwendig überarbeitet fand es einen repräsentativen Standort auf dem Marktplatz der Stadt bis es 1948 vom Sockel gerissen und zertrümmert wurde. Reste konnten zu Beginn der 1990er Jahre geborgen werden. Der stark beschädigte Reitertorso steht nun wieder im oberen Hof des Schlosses Neuenburg.

134. Portal mit königlich-dänischem und herzoglich-sächsischem Wappen im Fürstensaal des Schlosses Neuenburg, Sandstein, 1552 datiert, 1719 an den heutigen Standort (Fürstensaal) versetzt

Bewegungs- wie Blickrichtung von Pferd und Reiter. Aufrecht, mit weitem Blick, das Gewehr gelassen vor sich haltend, ritt Christian, gekleidet als Jäger, Richtung Osten. Mit seinem Tun überwand er Neid wie Untugend und erschien als gelassener, unerschrockener Landesvater. Nicht nur die Komposition von Ross und Reiter, sondern auch die Vergoldung des Standbilds unterstrichen die Würde und das Ansehen des Dargestellten.

Das Reiterdenkmal konzentrierte sich stark auf die Persönlichkeit des Fürsten. Hoheitliche Zeichen wie Wappen oder Insignien fehlen. Doch beidseitig des Standbildes wurden klar bezeichnete Obelisken postiert. Ihre Schauseite wiesen Fürstenhut, Wappenkartusche, Inschrift und Reliefdarstellung auf. Es handelte sich um Jagddenkmale, gekennzeichnet mit dem herzoglich-sächsischen, fürstlich sachsen-querfurtischen Allianzwappen. Text und Bildschmuck erinnerten an Ereignisse in den Freyburger Wildbahnen von 1713 und 1720.[158] Diese Stücke identifizierten den Reiter und Jäger, Fürst Christian, als Landesherrn von hoher Geburt, den reichsfürstliche Würde und erfolgreiche Regierungspraxis (Jagd) auszeichneten. Die gesamte Komposition überhöhte ihn zum selbstsicheren „Vater des Vaterlandes und wahren Christen" („pater patriae, vere Christianus").

Im Jagdrevier ließ der Herzog die höfischen Anlagen erweitern. Nördlich, nahe des Gartens „Klein-Friedenthal", entstand 1721 oder 1722 auf einem zu Jagdbanketten benutzten neolithischen Grabhügel ein belvedereartiges Bauwerk: das sogenannte Horchhaus.[159] Den Forst prägten die Erfordernisse seiner höfischen Jagd. Neue Teiche entstanden, so beim „Schleberodaer Wasserfang" (1713), in der „Alten Göhle" am „tiefen Schirm" (1714) sowie unmittelbar östlich der Gartenterrasse „Klein-Friedenthal" (1728).[160] Tränken und Suhlen hatten Fronbauern mit Frischwasser zu versorgen.[161] Noch 1765 trug ein Teil der „Alten Göhle" die Bezeichnung „Fürstensaal" – was auf einen aus Solitärbäumen bestehenden Hochwald deutet. 1747 werden im Gelände „Flügel", also für die Jagd eingerichtete Forstwege, erwähnt. Bis ins 19. Jahrhundert kündeten Forstbezeichnungen wie „Heuscheunenschlag", „Tiefer Schirm" oder „Herzogshölzchen" von Hege, Jagd und Hofleben des 18. Jahrhunderts.[162] 1731 begutachtete der kursächsische Oberförster zu Schulpforte „unter der Hand" – also inoffiziell (!) – im Auftrag des Kurfürsten die Weißenfelser Wälder. Er schätzte sie als intakt ein und betonte für „Klein-Friedenthal" und für die „Neue Göhle" den Bestand an starken Eichen.[163] Die Umgebung der Neuenburg war um 1725 als Kulturlandschaft der barocken Hofjagd mehr denn je ausgebildet worden.

Ins Revier ritt Christian oder wurde in einer Kutsche gefahren. Wie zuvor dominierte in der Jagdpraxis die Pirsch (zusammen mit Bediensteten) – doch ist auch Parforce-Jagd anzunehmen.[164] In ihren ersten vier Neuenburger Jagdlagern

(1712/16) erlegten Christian und seine Gattin durchschnittlich zehn Hirsche pro Aufenthalt; im Jahr 1728 waren es dagegen 30 Tiere.[165]

Die Erhöhung der Abschusszahlen spiegelt den gestiegenen Bedarf des fürstlichen Jägers um Reputation. In gleicher Absicht inszenierte sich der Herzog durch ein detailreich ausgefeiltes Jagdzeremoniell. Exemplarisch und anschaulich wird es in der Beschreibung eines Einzugs nach erfolgreicher Pirsch vom September 1719:

„EinZug mit einen hirschgen
1 Reittet der oberJegermester neben sich 4 oberförster alle Riegelbückssen vor sich
2 der hertzog [Christian] neben 4 Jäger zu fuß und Kugelbückssen auf den arm
3 Ein forstmeister hinder dem 12 Jager zu pfertte 3 und 3 auch die buckssen vor sich
4 kamen 12 hunde ein Jäder von einem Jägerbursch gefihret
5 der hirsch auf einen borßkarn mit einem pfertte gefahr[en]
6 der leib wagen mit 6 pfertte[n] bespannet
7 seint Trompetten und baucken wie auch die hoboisten in schloßhoff die lassen sich wacker hören. biß der hirsch vellig zuwircket ist
8 kombt gleich fruh ein Jagtbage mit bruhen vor die herrschaft und ibrige Damens und Caffalier
9 wirth mehr wein gesoffen alß so ein hirschgen schwer ist."[166]

135. Tisch mit Jagdmotiv, Lindenholz, Marmorplatte nicht original, 2. Hälfte 17./ 1. Hälfte 18. Jahrhundert

Die grundsätzliche Bedeutung, die Christian der Jagd in seinem Herrscherauftritt beimaß – oder wegen fehlender adäquater politischer Mittel beimessen musste – hebt schließlich eines der wenigen gesetzgeberischen Werke des Fürsten hervor. Innerhalb des von ihm formal als Souverän regierten Fürstentums Sachsen-Querfurt verfügte Christian am 16. Dezember 1728 eine „Hoch=Fürstlich Sachsen=Qverfurthische Forst= und Jagd=Ordnung".[167] Er ließ das detaillierte Regelwerk veröffentlichen. Dennoch blieb es, dem engen territorialen Rahmen seines Wirkungsraumes verhaftet, ohne weitere Beachtung und Nachwirkung.

Das bedeutungsschwere Aufladen von Hofjagd und Jagdschloss Neuenburg ergab nur Sinn, wenn der Fürst häufig vor Ort weilte, das Schloss also eng mit seinem Hofleben verbunden war. Die wichtigsten konfessionellen Festtage oder Jubiläen (1717, 1730) und seine Geburtstage (21. Januar, 23. Februar) feierte das Herzogspaar auf dem Residenzschloss Neu-Augustusburg in Weißenfels. Eine Sonderstellung besaß Sangerhausen mit dem alljährlichen Hoflager zu Trinitatis. Die Neuenburg wurde zu jährlichen Sommeraufenthalten, insbesondere aber zu herbstlichen Jagdlagern aufgesucht. War der Fürst anwesend, fanden neben den Sonntagsgottesdiensten besondere Betstunden (in der Regel Mittwoch, Freitag, Samstag) statt. An bestimmten kirchlichen Festtagen wurden auf dem Schloss vor dem Herzog Gastpredigten veranstaltet – so auch am 2. Juli 1720 zu Mariae Heimsuchung.[168]

Neben den kirchlichen Feiertagen und den dazu veranstalteten Festivitäten boten sich weitere Ereignisse im Leben des Herrschers an, seine Regentschaft öffentlich zu kommunizieren. Dies gilt insbesondere für die seit 1714 fast ununterbrochen auf der Neuenburg veranstalteten Namenstag- und Regierungsfeste. Der Fürst weilte daher um den 16./21. März eines jeden Jahres auf der Neuenburg.[169] Illustrierend hierzu eine Beschreibung aus dem Jahre 1732: Wie allgemein bei Anwesenheit des Herzogs üblich, hatten die Bürgerschaften von Freyburg, Laucha und Mücheln gerüstet mit Ober- und Untergewehr vor dem Schloss zu erscheinen, Wache zu beziehen und Parade zu stehen. Den wehrfähigen Bürgern von Mücheln wurde am 15. März 1732 befohlen, sich am nächsten Tag früh vier Uhr vor der Neuenburg einzufinden. Nach Meldung bei einem Fähnrich hatten sie durchs Schloss zu paradieren und bis zum Haineberg zu marschieren. Dort sollten sie beim Abfeuern der Kanonen des Schlosses je einmal Gewehrsalve geben.[170]

Auch der Empfang des kurpfälzischen St. Hubertus-Ordens am 7. Oktober 1715 band das Jagdschloss wie nie zuvor in die Festkultur des Weißenfelser Hofes ein. Ob der jährlich auf der Neuenburg begangene Michaelistag (29. September) auch in Würdigung des Hubertusordens zelebriert wurde, ist jedoch bisher nicht erkennbar. Schließlich beging der Herzog das im 18. Jahrhundert noch nicht fest

136. Glasbildstreifen mit Motiven höfischer Jagd, bemaltes Glas, 1730/40

terminierte Erntedankfest häufiger auf der Neuenburg – allerdings immer in Konkurrenz mit Weißenfels und Langendorf.[171]

Allgemein pflegte der Regent an seinem Hof eine hohe Kultur, in die auch die Neuenburg einbezogen war. Insbesondere die qualitativ hochwertige Weißenfelser Hofmusik ist hierbei herauszustellen. Ihrer Pflege räumte Herzog Christian einen außerordentlich hohen Stellenwert ein. Bei gottesdienstlichen oder weltlichen Festanlässen, im Jagdzeremoniell sowie an der täglichen Tafel boten Hofkapelle oder einzelne Solisten musikalische Darbietungen. Die musikgeschichtliche Forschung schätzt, dass zwischen 1714 und 1734 „mehr als 130 kantatenähnliche Gebilde" auf Schloss Neuenburg zur Aufführung kamen.[172] Diese Fülle ist bis heute nicht ergründet oder gar rekonstruiert. Der hochwertigen Hofkapelle standen die Hofkapellmeister Johann Phillip Krieger und dessen Sohn Johann Gotthilf sowie seit 1729 Johann Sebastian Bach als Hofkapellmeister vor.

137. Herzog Johann Adolph II. von Sachsen-Weißenfels, Kupferstich, 1. Hälfte 18. Jahrhundert

Angesichts der dargestellten existenziellen Verbindung zwischen dem Herrscherauftritt Herzog Christians und seiner Hofjagd ist zu erahnen, welche Dramatik mit der schweren Augenerkrankung des Fürsten in dessen letzten Regierungsjahren aufkam. 1730 erblindete er infolge einer akuten Entzündung. Ein zweiwöchiger Bibraer Kuraufenthalt im August 1731 brachte das Augenlicht nicht wieder. Im November 1731 beharrte der Schwerkranke gegenüber dem Kurfürsten auf Fortsetzung seiner Regierungstätigkeit. Ab 1733 stellte sich, verursacht durch Lähmungen und Durchblutungsstörungen, zunehmend Schwäche ein; im Juni 1734 erlitt Christian einen Schlaganfall.[73] Trotz dieser körperlichen Leiden hielt der Herzog an der über die Jahre entfalteten, für seine Person und Regentschaft fundamentalen zeremoniellen Struktur bis zum Schluss fest.

Der todkranke Herzog besuchte sein Jagdschloss wohl letztmalig Ende Mai 1736, als er sich, wie alle Jahre zuvor, zum Trinitatisfest nach Sangerhausen schleppte. Dort starb Christian am 28. Juni 1736 gegen Mittag „bey völligen Verstande und unter beständiger Anrufung Göttlichen Nahmens".[174] Seinen Leichnam begleitete ein fürstliches Gefolge am 24./25. September 1736 über Querfurt und Schleberoda nach Weißenfels. Unter großer Teilnahme des Hofes und der Öffentlichkeit fand dort am 26. September 1726 die feierliche Beisetzung statt. In der Trauerprozession bildete die Hofjägerei mit Büchsenspanner, Leib- und Reise-Jäger, Auswirker, Hühnerfänger, Fasanwärter sowie Pirschmeister und Jägerbursche eine eigene Gruppe. Der Hofjägermeister des Herzogs trug auf einem schwarz-goldenen Samtkissen den dänischen Elefantenorden, das Johanniterkreuz sowie den kurpfälzischen Hubertusorden. Unmittelbar danach folgte sein Ober-Jägermeister mit Fürstenhut und Degen des Verstorbenen.[175] Die wichtigsten öffentlichen Insignien Christians haben im Angesicht des Todes dessen höchste Jagdbedienstete präsentiert – eine letzte Reminiszenz an die Bedeutung der höfischen Jagd in Auftritt und Staatsraison dieses vierten Weißenfelser Regenten.

Christian folgte sein jüngerer Bruder Herzog Johann Adolph II. Sein Eintritt in die Regierungsverantwortung war mehr als ein bloßer Regentenwechsel. Seine Persönlichkeit und Biografie erfüllten Herrscherauftritt und Würde eines Weißenfelser Regenten mit gänzlich neuer Substanz. Seit 1711 in Diensten des Kurfürsten Friedrich August I. stehend, war Johann Adolph im Moment seines Regierungsantritts Träger der höchsten Auszeichnung der polnischen Krone (Weißer Adlerorden), kaiserlicher Generalfeldzeugmeister sowie Generalfeldmarschall der kursächsischen Armee – und am Dresdner Hof wegen seiner Loyalität gern gesehen. Auf dieser Grundlage trat der Fürst in die Regentschaft ein und bemühte sich sofort und mit Erfolg um gute wie stabile Beziehungen zum Kurhaus.

Nach einem Besuch des Dresdner Hofes im August/September 1736 begann Herzog Johann Adolph II. etwa Mitte September 1736 sein erstes Neuenburger Jagdlager. Es währte etwa vier Wochen bis Mitte Oktober und wurde durch die Beisetzung des Vorgängers Christian am 26. September 1736 unterbrochen. Die weiteren Hoflager des fünften Weißenfelser Regenten sind nur lückenhaft überliefert. Lediglich für 1739 und 1743 sind sie fassbar; dagegen in den Jahren 1744 sowie 1745 wegen der politisch-militärischen Entwicklungen in Kursachsen mit großer Wahrscheinlichkeit auszuschließen. Der hohe militärische Rang des Herzogs erforderte Anwesenheit im Führungsstab der kursächsischen Armee sowie am Dresdner Hof. Diese Unterbrechungen beendeten zwar die regelmäßige Durchführung der herzoglichen Jagdlager auf Schloss Neuenburg, taten aber der traditionellen Bedeutung keinen Abbruch. Weiterhin galten sie als besonderes Medium im Herrscherauftritt eines Herzogs von Sachsen-Weißenfels. Die einseitige Überhöhung der Hofjagd jedoch unterblieb. In ein breites und fundiertes Spektrum eingeordnet, behielt sie ihre Wertschätzung. Der Wandel im Umgang mit der Hofjagd war daher der Stellung von Jagdschloss und Jagdrevier im Hofleben des Fürsten keineswegs abträglich. Johann Adolph II. investierte in die Strukturen, so ließ er um 1741 Gebäude und Garten „Klein-Friedenthal" renovieren.[176]

Als der Herzog am 16. Mai 1746 in Leipzig starb, erlosch das Weißenfelser Herzogshaus. Zahlreiche Schau- und Ausstattungsstücke seiner Hofhaltung – darunter Jagdwaffen, Trophäen und Hauspretiosen, wie der Hirschbecher Herzog Christians – gelangten in die königlich-kurfürstlichen Sammlungen zu Dresden.[177]

Neubeginn ohne Zukunft (1746 bis 1763)

Der Gedanke der Landesteilung, um nachgeborene Söhne zu versorgen, war um 1750 im sächsischen Kurhaus noch nicht verworfen. Kurfürst Friedrich August II., als August III. König in Polen, bezog daher die Residenzschlösser der ausgestorbenen Nebenlinien Weißenfels und Merseburg nach 1746 in sein Hofleben ein. Der Regent beschränkte sich auf drei Häuser: die Residenzen in Weißenfels und Merseburg sowie auf das Jagdschloss Neuenburg. Das Vorgehen signalisierte zum einen Herrschaftskontinuität. Vor allem aber korrespondierte es mit Absichten des Kurfürsten, eine erneute Landesteilung und Errichtung von Nebenhöfen zu verfügen.[178]

Am 16. September 1747 brachen Friedrich August II. und seine Gattin mit ihrem Hofstaat morgens um sechs Uhr in Dresden auf. Ihr Weg führte sie Richtung Westen über die Grenze ihrer bisherigen Reisetätigkeit und Hofhaltung hinaus. Nach zehn Stunden erreichten sie Weißenfels und nahmen im Residenzschloss der im Vorjahr erloschenen Nebenlinie für die nächsten Wochen Quartier. Zur gleichen Zeit weilten Kurprinz Friedrich Christian und seine Frau auf Schloss Merseburg.[179]

Das jetzt königlich-polnisch-kurfürstlich-sächsische Jagdschloss Neuenburg suchte der Kurfürst-König mit seiner Gemahlin und kleinem Gefolge von Weißenfels dreimal auf: am 18./19. September, am 22./23. September sowie vom 26. bis 28. September 1747. Von einem eigentlichen Jagdlager kann demnach nicht mehr gesprochen werden. Schloss und Revier erscheinen als unmittelbar zur Weißenfelser Residenz bezogene Plätze, die allein der höfischen Jagd vorbehalten waren. Während der drei Aufenthalte wurden 46 Hirsche, darunter ein 18-Ender, geschossen.[180]

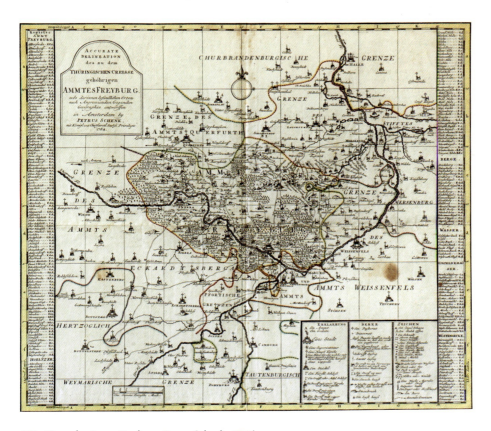

138. Karte des Amtes Freyburg, Petrus Schenk, 1754

Die Schlösser in Weißenfels, Merseburg sowie Freyburg gehörten zu einem 1747 neu eingerichteten Residenzsystem im äußersten Westen des Kurstaates. Es wurde im September/Oktober 1751 zum zweiten Mal in Funktion genommen.[181] Dieser Aufenthalt besaß gegenüber dem des Jahres 1747 Unterschiede. Während Kurprinz Friedrich Christian mit seiner Frau wiederum in Merseburg Hoflager nahm, begleiteten das kurfürstlich-königliche Paar nun die beiden jüngeren Prinzen Xaver und Carl nach Weißenfels. Das Gefolge war deutlich größer. Reisten 1747 mit dem Herrscher 214 Personen und 200 Pferde[182], waren es nun 321 Personen sowie rund 770 Pferde.[183]

Wie 1747 begab sich das königliche Paar, diesmal in Begleitung der beiden jüngeren Prinzen, mehrmals auf die Neuenburg, um „Brunfft-Hirsche zu schießen". Erneut waren es drei Aufenthalte, doch stieg deren Verweildauer: 17. bis

20. September, 21. bis 23. September und 29. September bis 3. Oktober 1751. Ein besonderes Ereignis unterbrach das erste Hoflager, denn am 18. September meldete dort ein Kurier aus Paris die Geburt des Dauphins von Frankreich.[184] Die Großeltern unterbrachen ihr Jagdlager und zogen nach Weißenfels, wo auch der Kurprinz eintraf. Obwohl ein Diarium über den Aufenthalt berichtet, sind leider Aussagen zu den 1751 erzielten Abschüssen nicht möglich. Es dürften jedoch kaum weniger Tiere als im Jahr 1747 gewesen sein.

Im Juli 1755 wurde in Dresden erneut ein Zug an den westlichen Rand des Kurstaates vorbereitet. Allerdings liefen die Planungen zur „Jagd-Reiße nacher Weißenfelß und Freyburg" noch im selben Monat ins Leere. Die Gründe dafür sind nicht bekannt.[185] Möglicherweise war die geringe höfische Kapazität auf Schloss Neuenburg verantwortlich, denn im gleichen Monat begann eine letzte Baumaßnahme. Zur Erweiterung des herrschaftlichen Wohntrakts entstand ein Anbau: der „Neue Flügel". Im Juni 1756 befahl der Kurfürst bei der Ausstattung der Räume Sparsamkeit; bis zum 20. August 1756 waren für den Bau schon 3386 Taler aufgewandt worden.[186]

Der Ausbau der Fürstenwohnung auf Schloss Neuenburg sowie die Pflege der höfischen Anlagen im Jagdrevier zeigen das fortgesetzte Interesse des Dresdner Hofes. Zu weiteren Neuenburger Jagdlagern ist es jedoch nie gekommen. Am 29. August 1756 fiel die preußische Armee in Kursachsen ein; der Siebenjährige Krieg begann. Friedrich August II. verließ das besetzte Land bereits im September 1756 und nahm in Warschau Residenz. Erst nach Friedensschluss Ende April 1763 kehrte er zurück. Wenig später, am 5. Oktober 1763, ist Friedrich August II. in Dresden gestorben.

Die neue Generation des Fürstenhauses stand früh den überholten Versorgungsvorstellungen des Kurfürst-Königs skeptisch gegenüber. Nach 1763 wurden sie mit der Bewältigung der umfassenden Staatskrise endgültig verworfen. Auch die Haus- und Hofhaltung des regierenden Fürstenhauses waren von Sparmaßnahmen betroffen. Im Zuge dieser Reform trennte sich der Kurfürst im Jahr 1770 von zahlreichen Schlössern, darunter auch von der Neuenburg.[187] Als fürstliche Wohnung hatte das Bauwerk ausgedient. Die Verbindung zu Familie und Hofkultur des Landesherrn, eine fundamentale Lebensader des Schlosses seit seiner Gründung um 1090, ging verloren. Die Zeit der Herrschaftsausübung und Repräsentation, die rund 680 Jahre die Geschichte des Bauwerkes geprägt hatten, war nun vorbei.

Anmerkungen

1 Siehe dazu den Beitrag von Stefan Tebruck in diesem Band.

2 Siehe dazu den Beitrag von Uta Maria Bräuer und Karl Bankmann sowie die entsprechenden Textpassagen im Beitrag von Reinhard Schmitt in diesem Band.

3 Testamentseröffnung Dresden, 18. November 1656. Alle Söhne blieben bis zum 15. Dezember 1656 vor Ort. Der Leichenzug brach am 3. Februar 1657 in Dresden auf, am 4. Februar 1657 wurde der Kurfürst in Freiberg beigesetzt. Gleichmann, Michael: Gründliche Beschreibung Derer / Dem weiland Durchleuchtigsten […] Herrn Johann Georgen dem Ersten […] gehaltener […] Churfürstlichen Leichbegängnusse. Dresden [1657].

4 Das Fürstentum bestand bis 1815. Siehe dazu Säckl, Joachim und Karin Heise: Barocke Fürstenresidenzen an Saale, Unstrut und Elster. Petersberg 2007, S. 154 ff.

5 Zur Residenznahme des Fürsten im Magdeburger Stiftsgebiet vgl. Säckl, Joachim: Herrschaftsbildung und dynastische Zeichensetzung: Die Sekundogeniturfürstentümer Sachsen-Weißenfels, Sachsen-Merseburg und Sachsen-Zeitz in der zweiten Hälfte des 17. Jahrhunderts. In: Fürsten ohne Land. Berlin 2009, S. 18–54, hier S. 35 ff.

6 Tschimmer, Gabriel: Die Durchlauchtigste Zusammenkunfft […] im Monat Februario des 1678sten Jahres […]. Nürnberg 1680, S. 199.

7 Zudem sind die Bezüge zur kurfürstlichen Augustusburg im Erzgebirge unübersehbar. Ende 1678 ließ der Administrator den noch unfertigen Weißenfelser Schlossbau einweihen. Siehe dazu Säckl, Joachim: Wieder wandeln im alten Schloß. Wahrnehmung, Innenarchitektur sowie Ausstattung des albertinischen Residenzschlosses Neu-Augustusburg in Weißenfels im Spiegel schriftlicher Quellen. In: Burgen und Schlösser in Sachsen-Anhalt 15 (2006), S. 363–425, hier S. 367 ff.

8 Es war nicht die einzige desolate Anlage. August in seinem Testament Halle, 29. Mai 1670: „Unsere Erblande haben Wir in fast verderbtem Zustande angetreten, und darinnen nicht ein einiges Fürstliches Hauß gefunden, so zur Residenz oder Haltung eines bequemen Nachtlagers geschickt gewesen". Nur durch „angewante große Müh und Spesen" sei alles zu Ansehen und Nutzbarkeit gediehen. In: LHASA, Rep. U III Ba 1, Nr. 2, Bl. 15^v.

9 „Freudbrüderlicher Hauptvergleich" bei Glafey, Adam Friedrich: Kern der Geschichte des Hohen Chur- und Fürstlichen Hauses zu Sachsen. Nürnberg 1753, S. 1053–1080, hier S. 1061.

10 Das Vorgehen erinnert an die Huldigungen von Herzog Georg (1501) und Herzog Heinrich (1539), die ebenfalls persönlich den Eid der Untertanen entgegennahmen. Alte Freyburger Chronik 1355 bis 1786. In: LHASA, Rep. E Freyburg A I 2, Nr. 1, Bl. 30^v und 36^v. Zur Huldigungsfahrt Augusts vgl.: Ambts Weißen[fels] Erbhuldigungs Acta Anno 1657: LHASA, Rep. D Amt Weißenfels, Anhang III, Nr. 718. Die enthaltenen Dokumente legen einen Beginn der Reise am 6. Juli 1657 nahe. Ihr Ende überliefert Johann Olearius zum 13. Juli 1657. Olearius, Gottfried: Halygraphia […] Das ist: Ort= und Zeit=Beschreibung der Stadt Halle in Sachsen […]. Leipzig 1667, S. 466.

11 LHASA, Rep. D Freyburg A VIII 1, Nr. 4, Bl. 1^r (Gesamtsumme: 59 Taler, 23 Groschen und 10 Pfennige).

12 Alte Freyburger Chronik, wie Anm. 10, Bl. 49 ff.

13 „Weiter ist, Der Kirch Sahl, daranne, so wohl unter demselben die fenster offen, und die thüren mangeln, auch die Tachung darüber ganz eingangen, und eingefallen [...] Die Capelle mitt einer thür [...] Ein fenster darinne ganz Zerschlagen, das andere gar weg und offen stehet, Zwey alte Meßinge Leuchter, und ein Marien bildt auf den Altar, Zur rechten Handt ein grüner Stuhl ohne gitter, Zur lincken Handt ein grüner Stuhl mitt gegitter, Ein Predigstuhl an den Zerbrochenen Fenster, zur rechten handt grün angestrichen, über demselben Zwey mäßige Glocken ohne strang und Kloppel unter der Tachung stehendt. Die Zimmer seitwarts, so sonst die gnädigste Herrschaft, bey deren anwesenheit gebraucht, stehen in fenster und Thüren offen und werden von Tage Zu Tage [...] baufällig, die Tachung ist bißher Im Schiefer erhalten worden, Eine Cammer der Edelknaben genandt, stehet mitt einer thür [...], darinnen Getreyde verwahret wird, mitt brethern versetzet. Die reisigen ställe [...] ingleichen die Kleine Kelter, darüber sonsten die Kornböden gewesen, so wohl die Kornböden über den großen Schloß Kellern seyndt ganz von den Soldaten, mitt außschlagung der Creutzbänder dermaßen ruiniret, und in der Tachung eingangen, daß ohne ein Haubtwergk solchen füglich nicht Zu helffen, Die großen Keller darunter stehen offen [...]." Zit. nach Schmitt, Reinhard: Schloß Neuenburg bei Freyburg/Unstrut. Archivalische Quellen zur Geschichte und Baugeschichte von 1267 bis 1699 (mit Nachträgen für die Zeit von 1700 bis 1815). In: Burgen und Schlösser in Sachsen-Anhalt 19 (2010), S. 222.

14 Ebd., S. 225 f., 231, 248.

15 Im Brunnenschacht wurde Steinmaterial des am 11. April 1662 durch Blitzschlag ausgebrannten Bergfrieds der Vorburg verbaut. Ebd., S. 228 ff.

16 Für Sommer 1659 erfahren wir z. B. von Aufräumarbeiten in der Burgkirche. Ebd., S. 225.

17 Ebd., S. 226 ff. Zur Weihe der Kapelle (5. September 1675) vgl. Dauderstadt, Samuel: Evangelische und recht christliche Kirchweihe, Welche [...] Herr Augustus, Postulirter Administrator deß Primat- und Ertz-Stiffts Magdeburg [...] Die Zu dem Fürstlichen Schloß Freiburg gehörige, und Erneuerte Kirche [...] Einweihe ließe [...] Halle 1675. Neben dem „Löwentor" ist der im Museum aufbewahrte Wappenstein des Jagdzeughauses von 1668 als Zeugnis dieser Zeit herauszuheben. Vielleicht gehören die im Fundus des Museums lagernden Teile eines Altaraufsatzes zur 1675 entstandenen Kirchenausstattung. Bergner, Heinrich: Beschreibende Darstellung der älteren Bau- und Kunstdenkmäler der Provinz Sachsen. Siebenundzwanzigstes Heft: Kreis Querfurt. Halle 1909, S. 101 (zu 1710/20). Säckl/Heise: Fürstenresidenzen, wie Anm. 4, S. 142 f.

18 Schmitt: Archivalische Quellen, wie Anm. 13, S. 228.

19 Testament von 1652 bei Glafey: Kern der Geschichte, wie Anm. 9, S. 1041. Hauptvergleich von 1657 ebd., S. 1069.

20 Laut Anhang zum Testament (1652) überließ der Kurfürst die Verteilung von Kanonen und „Jagd-Zeug" seinen Söhnen. Jedoch sollten die drei jüngeren Erben zusammen mindestens ein Viertel des Bestandes erhalten. Die genaue Regelung ist unbekannt. Testament von 1652 bei Glafey: Kern der Geschichte, wie Anm. 9, S. 1052.

21 Olearius: Halygraphia, wie Anm. 10, S. 430 und beiliegender Stadtplan. Thiele, Andrea: Zur Topographie Halles als Residenzstadt im 17. Jahrhundert. Kontinuitäten und Brüche rund um „Freiheit" und Fürstental. In: Ein „höchst stattliches Bauwerk". Die Moritzburg in der hallischen Stadtgeschichte 1503–2003. Hrsg. von Michael Rockmann. Halle 2003, S. 121–147, hier S. 129. Die Errichtung beider Gebäude wird allgemein Administrator August zugeschrieben. 1625 bestand jedoch in bzw. an der Moritzburg ein Zeughaus (Olearius: Halygraphia, wie Anm. 10, S. 377 f.).

22 Die erste Jagd des Administrators im Erzstift fand laut eigener Aussage des Fürsten am 22. November 1662 in den Elbauen des Lödderitzer Forstes bei Aken statt (Schwarzwildjagd). SHStAD, 10119 Sekundogeniturherzogtum Sachsen-Weißenfels, Loc. 11806/2363. Im August 1667 fand eine Hirschjagd bei Wolmirstedt (SHStAD, 10024 Geheimer Rat (Geheimes Archiv), Loc. 8565/1) und 1668 eine Sauhatz im erzstiftischen Gebiet (SHStAD, 10024 Geheimer Rat (Geheimes Archiv), Loc. 8565/2) statt.

23 Dort sind seit Ende 1663/Anfang 1664 Jagden (u. a. Bär-, Wolf- und Fuchsjagd) fassbar.

24 Der erzstiftische Oberforstmeister Georg Hörnigk informierte 1671 den brandenburgischen Gesandten, dass August auf Kosten des Erzstifts angeschafftes und unterhaltenes Jagdzeug in die Erblande führen ließ. Thiele, Andrea: Residenz auf Abruf? Hof und Stadtgeschichte in Halle/S. unter dem letzten Administrator des Erzstifts Magdeburg, August von Sachsen (1614–1680). Halle 2011 (im Druck).

25 LHASA, Rep. A 30 c II, Nr. 1232/1.

26 LHASA, Rep. D Freyburg A VIII 1, Nr. 4. Der 1659 belegte Jagdhund hatte sich in einer Jagd schwer verletzt. Zu Hundeführern und zur Versorgung der Tiere (sogenanntes Hundebrot) liegen ab 1660 zahlreiche Belege vor. Das undatierte Gemälde des Fürsten mit Jagdhund ist um 1670 entstanden. Staatliche Kunstsammlungen Dresden, Historisches Museum H 230. Das Halsband des Tieres zeigt „A. H. Z. [...]" (= August, Herzog zu [Sachsen]).

27 SHStAD, 10024 Geheimer Rat (Geheimes Archiv), Loc. 11806/2362.

28 Beim Herbstjagdlager 1661 wurden 12 Hunde bei Freyburger Bürgern untergebracht. LHASA, Rep. E Stadt Freyburg, C, Nr. 36, Bl. 12^r.

29 LHASA, Rep. D Freyburg A VIII 1, Nr. 4.

30 Zum Begriff „Hirschfeist": „In den Monathen Jun. Jul. und August, sind die Hirsche am fettesten (feistesten) und am besten zu jagen [...] Diese Zeit wird daher die Hirschfeiste, oder die Feistzeit [...] und ein Jagen, welches zu dieser Zeit vorgenommen wird, ein Hirschfeist=Jagen genannt." Krünitz, Johann Georg: Oeconomisch-technologische Encyklopädie [...]. Teil 23. Berlin 1789, S. 660 und Artikel „Hirsch-Feist-Zeit" in Zedler, Johann Heinrich Grosses vollständiges Universal-Lexicon Aller Wissenschafften und Künste. Bd. 13. Halle und Leipzig 1735, Sp. 231 ff. 1658 ließ sich Administrator August in Freyburg zur „Hirschfeist" ankündigen (LHASA, Rep. E Stadt Freyburg C, Nr. 35, Bl. 1^r). Am 20. September 1659 kündigte August seinem kurfürstlichen Bruder ein Jagdverzeichnis zur gehaltenen „Hirschbrunfft in Freyburg" an (SHStAD, 10024 Geheimer Rat (Geheimes Archiv), Loc. 8564/16).

31 Erstmals wurde die Bürgerschaft am 3. September 1658 aufgefordert, Folgendes zu liefern: vier Tische, 16 lange Bänke, 48 Lehnbänke, zwei gute Tischtücher, zwei gemeine Tischtücher, zwei Handquelen, 18 Kannen, vier Dutzend Zinnteller, zwei Dutzend Holzteller, zehn Zinnleuchter. Die Ablieferung sollte am folgenden Tag auf dem Schloss sein. LHASA, Rep. E Stadt Freyburg C 35, Bl. 1$^{r/v}$. Später weitete sich dieses System deutlich aus.

32 Mehrere solcher Listen, vorzugsweise über Zinngeschirr und Bettzeug, blieben erhalten, so z. B. 1659?, 1665 (LHASA, Rep. E Stadt Freyburg C Nr. 36, Bl. 5^r, 38^v, 66^r) und 1666, 1672, 1673 (LHASA, Rep. E Stadt Freyburg C Nr. 35, Bl. 8 ff.). Nach Feststellung der Verluste entschädigte das Amt Freyburg.

33 LHASA, Rep. E Stadt Freyburg C Nr. 36, Bl. 76^r ff.

34 LHASA, Rep. E Stadt Freyburg C Nr. 35, Bl. 11$^{r/v}$, Stadtarchiv Laucha I/13, Bl. 4^r.

35 Beispielsweise: Herzog Friedrich von Sachsen-Gotha am 22. September 1670: früh 4 Uhr mit August zum pirschen „hinaus gefahren". 11 Uhr zurück. 16 Uhr wieder hinaus „geritten".

Jacobsen, Roswitha und Juliane Brandsch: Friedrich I. von Sachsen-Gotha und Altenburg, Tagebücher 1667–1686. Erster Bd. 1667–1677. Weimar 1998, S. 154.

36 Zwei Drittel der sogenannten „Freitagsdorffelder" wurden am 14. April 1674 erworben. LHASA, Rep. A 30 c II, Nr. 442, Bl. 12 ff.

37 August berichtete darüber am 10. September 1658 dem Kurfürsten: „vff den Müchelischen Gehöltzen zum ersten mahl ein Jagen vffn Lauff gehalten". SHStAD, 10024 Geheimer Rat (Geheimes Archiv), Loc. 8564/7, Bl. 61$^{r/v}$. Die Jagdzettel: SHStAD, 10119 Sekundogeniturherzogtum Sachsen-Weißenfels, Loc. 11806/2363.

38 Olearius: Halygraphia, wie Anm. 10, S. 435. 1667 wird das Hirschgehege erneut genannt: Olearius, Gottfried: Halygraphiae Topochronologicae supplementum[...] [1679], S. 73.

39 Treibjagden wurden fast ausschließlich in den Wäldern nördlich des Schlosses (Müchelholz) sowie im Amt Wendelstein abgehalten.

40 SHStAD, 10024 Geheimer Rat (Geheimes Archiv), Loc. 11806/2363. Den Jagdschirm nennt Johann Beer. In: Sein Leben von ihm selbst erzählt. Hrsg. von Adolf Schmiedecke. Göttingen 1965, S. 138.

41 SHStAD, 10024 Geheimer Rat (Geheimes Archiv), Loc. 11806/2363 mit den Jagdzetteln.

42 Ebd., Loc. 8564/8 sowie Loc. 11806/2363.

43 Ebd., Loc. 8566/11.

44 Ebd., Loc. 11806/2363. An der Jagd nahm die Familie des Administrators teil: Gattin Anna Maria sowie die Kinder Magdalena Sybilla (geb. 1648), Johann Adolph (geb. 1649), August (geb. 1650) und Christian (geb. 1652). Es wurden 95 Tiere geschossen: ein Hirsch, ein Spießer, neun Wilde, zwei Wildkälber, sieben Rehe, sieben hauend Schweine, fünf Krähen, 26 Bachen, 36 Frischlinge, ein Hase.

45 1771 befanden sich in der Neuenburg in sechs Räumen verteilt insgesamt 75 Geweihtrophäen. Ermittelt aus dem Inventar der Schlosses vom 13. Mai 1771. SHStAD, 10006 Oberhofmarschallamt, R I, II h, Nr. 1.

46 SHStAD, 10024 Geheimer Rat (Geheimes Archiv), Loc. 8566/1. Johann Beer war erst seit dem 8. Oktober 1676 am Hofe als „Altist". Am 8. September 1694 ist er erneut im Schloss, diesmal „mit dem Lautenisten Thorer", vor der Herrschaft aufgetreten. Beer: Sein Leben, wie Anm. 40, S. 21 und 48.

47 Balthasar Speckhuhn: Schüler des Thomaskantors Sebastian Knüpfer (1633–1676), dessen Nachlass er zu großen Teilen übernahm; 1672–1679 Organist an der Ulrichskirche Halle. 1679–1685 Verwalter und 1685–1705 Schösser des Amtes Freyburg. Vgl. Serauky, Walter: Musikgeschichte der Stadt Halle. Bd. 2,1. Halle 1939, S. 323 ff.

48 SHStAD, 10024 Geheimer Rat (Geheimes Archiv), Loc. 8566/11.

49 Ebd. sowie Loc. 8699 (Diarium [...] Hertzog Moritzens zu Sachßen [...] Anno 1678), Bl. 235^v. Beide anderen Brüder – Kurfürst Johann Georg II. von Sachsen (1657–1680) und der Merseburger Herzog Christian (1657–1691) – weilten nie auf Schloss Neuenburg.

50 Jacobsen: Tagebücher, wie Anm. 35, S. 153 ff.

51 Ebd., S. 334. Predigt früh 7 Uhr in der Kirche zu Naumburg: „Nach der Predigt umb 9 Uhr fuhr ich zu Meinem Schwieger H. Vatter nach Freyburg / blieb Mittags dar und nachmittags kam Ich wieder nach der Naumburg." Es liegt wohl ein Höflichkeitsbesuch vor.

52 Carl Wilhelm hatte am 18. Juni 1676 in Halle Prinzessin Sophia von Sachsen-Weißenfels geheiratet. Im September 1676 nahm das Paar an der Reise des Halleschen Hofes zur Einseg-

nungsfeierlichkeiten des Gothaer Erbprinzen teil. Von Gotha aus zog man auf die Neuenburg; der Fürst weilte am 14. und 15. September auf dem Schloss. Am 14. September wurden abends an den Wänden des Tafelgemachs und auf den „neu aufgehangenen vergüldeten Ochsenköpffe[n]" Kerzen aufgestellt. SHStAD, 10024 Geheimer Rat (Geheimes Archiv), Loc. 8566/9.

53 Er überbrachte nur ein Kompliment. Wenige Wochen zuvor war in Zeitz die Herzogin verstorben (11. Juni 1675). Die Schwester Carl Ludwigs, Herzogin Sophia Elisabeth, heiratete am 14. Juni 1676 Moritz von Sachsen-Zeitz. Der Besuch könnte mit der Anbahnung der Ehe in Verbindung stehen.

54 LHASA, Rep. D Amt Freyburg A VIII 1, Nr. 4.

55 Er blieb zwei Tage. SHStAD, 10024 Geheimer Rat (Geheimes Archiv), Loc. 8565/1.

56 SHStAD, 10024 Geheimer Rat (Geheimes Archiv), Loc. 8565/1.

57 Dauderstadt, Samuel: Evangelische und recht christliche Kirchweihe, Welche [...] Herr Augustus, Postulirter Administrator deß Primat- und Ertz-Stiffts Magdeburg [...] Die Zu dem Fürstlichen Schloß Freiburg gehörige, und Erneuerte Kirche [...] Einweihe ließe [...]. Halle 1675. Bauten wie das Brunnenhaus oder ein neuer „SonnenZeiger" (1677) wurden ohne Feierlichkeiten in Betrieb genommen.

58 Säckl: Wieder wandeln im alten Schloß, wie Anm. 7, S. 367 ff., S. 417 f. Hinzu käme die zum 30. September 1678 geplante, aber erst am 22. November 1678 verwirklichte Einweihung der Turmuhr des Schlosses.

59 Leutzsch nahm wenig später an. Olearius, Johann Andreas: Leichenpredigt auf Hans August von Leutzsch. Halle [1678]. Heubach, Hans Heinrich: Geschichte des Schlossbaues in Thüringen 1620 bis 1670. Jena 1927, S. 200. Nach dem Tod Richters (21. Mai 1667) wurde er Leiter des Weißenfelser Schlossbaus.

60 LHASA, Rep. D Freyburg A VIII 1, Nr. 4, Bl. 112 ff. In der Haferrechung wird die Kalesche des „Baumeisters von Weimar" (zwei Pferde) erwähnt. In der allgemeinen Abrechnung erhält „des Herrn Baumeisters zu Weymar Diener" drei Groschen.

61 Ebd. Beim Neuenburger Hoflager 1675 ist Hans August von Leutzsch mehrfach zur Tafel gezogen worden. Auch hier sind enge Verbindungen zum Weißenfelser Bau anzunehmen. SHStAD, 10024 Geheimer Rat (Geheimes Archiv), Loc. 8566. Ende September 1676 erhielten Gothaische Gesandte (Geheimrat von Bachofen, Kammerrat Born) beim Herzog Audienz. Der Inhalt des Gesprächs ist unbekannt.

62 Beispielsweise beförderte der Herzog am 14. September 1675 den Stallmeister Starschedel zum Hauptmann zu Freyburg (SHStAD, 10024 Geheimer Rat (Geheimes Archiv), Loc. 8566). Am 29. September 1676 wurde der Kammerpage Georg von Geismar vom Herzog im Saal des Schlosses „wehrhafft" gemacht und am folgenden Tag zum herzoglichen Kammerjunker bestallt. Am 30. September 1676 ernannte der Fürst Sigmund Carl von Bose zu seinem Hof- und Jagdjunker. SHStAD, 10024 Geheimer Rat (Geheimes Archiv), Loc. 8566. Mandat „Schloß Freyburg" vom 17. September 1678: Universitätsbibliothek Halle, an Pon Yd 444.4 (90).

63 Die Freyburger Beamten kündigten das Hoflager der Ritterschaft und den Städten Freyburg und Laucha am 3. September 1680 an. Gegenüber der Ritterschaft bedauerten sie die Kürze der Terminlegung; doch sei ihnen das Hoflager aus Weißenfels erst am vorherigen Abend (2. September) angekündigt worden. Stadtarchiv Laucha I/13.

64 Vertrag vom 12. September 1682 („Elucidationsrezess", etwa: „Klärungsvertrag"). Glafey: Kern der Geschichte, wie Anm. 9, S. 1115–1159. Zur Jagd siehe S. 1118 f., 1122 und 1139.

65 Säckl: Wieder wandeln im alten Schloß, wie Anm. 7, S. 372 ff. Der Ausbau wurde auch von Herzog Johann Adolph I. nicht vollendet.

66 1685: SHStAD, 10006 Oberhofmarschallamt, Lit. O, IV, Nr. 53 (Hoftagebuch 1685). Stadtarchiv Weißenfels, A 1, Nr. 701. Fourierzettel vom 21. Mai 1685. 1688: SHStAD, 10006 Oberhofmarschallamt, Lit. O, IV, Nr. 60 (Hoftagebuch 1688).

67 SHStAD, 10024 Geheimer Rat (Geheimes Archiv), Loc. 11809/2036. Acta Das Ceremoniell zwischen Sr. Chur: Fürstl: Durchl. zu Sachßen und Sr. Hochfürstl. Durchl. unsern gn. Herrn pp.

68 LHASA, Rep. D Amt Freyburg A VIII 2, Nr. 5, Bl. 7^r–8^r. Es handelt sich nicht um Gäste, sondern um Angehörige des herzoglichen Hofstaats. Johann Georg IV. kehrte damals vom Feldzug gegen Frankreich vom Rhein nach Dresden zurück.

69 Zech, Bernhard von: Europäischer Herold […]. Leipzig 1705, S. 239.

70 SHStAD, 10006 Oberhofmarschallamt, Lit. I, IV, Nr. 78 (Hofdiarium 1697). Beer: Sein Leben, wie Anm. 40, S. 58 f. Die Verleihung erfolgte in Kopenhagen am 24. Dezember 1696. Berlien, J. H. Fr.: Der Elephanten=Orden und seine Ritter. Kopenhagen 1846, S. 80.

71 Die Nutzung des Wendelsteins und seiner ausgedehnten Reviere (Ziegelrodaer Forst) für die höfische Jagd bedarf einer eigenen Darstellung. Augusts Witwe lebte bis 1687 im Schloss Dahme.

72 1682 verschob sich der Beginn des Jagdlagers in die zweite Septemberhälfte – wohl wegen des Vertrags mit Kursachsen (vgl. Anm. 64). 1689 fiel das Neuenburger Jagdlager wegen des Todes des Bruders, Herzog Christian war in Mainz am 24. August 1689 verstorben, aus. Für 1691 fehlt zum Neuenburger Jagdlager jede Nachricht.

73 Schmitt: Archivalische Quellen, wie Anm. 13, S. 254.

74 Herzog Johann Adolph I. hat persönlich die Bibraer Heilquelle besichtigt (1684), deren Einweihung (1685) als Gesundbrunnen beigewohnt und seinen Leibarzt Johann Sieboldt zur Abfassung einer Schrift über den Brunnen und seine heilende Wirkung angeregt (1694). Zur Neuenburg Schmitt, Reinhard: Baderäume im Schloss Neuenburg bei Freyburg (Unstrut) – insbesondere die barocke Badestube von 1708. In: Der Hof im Bade – das Bad bei Hofe. Badekultur im Wandel der Zeit. (= Beiträge zur Regional- und Landeskultur Sachsen-Anhalts, Heft 51). Halle (Saale) 2009, S. 29–51, hier S. 34 f.

75 Pödelist: LHASA, Rep. D Amt Freyburg A VIII 11, Nr. 27 Neuenburg: Schmitt: Archivalische Quellen, wie Anm. 13, S. 256, 260.

76 Beer: Sein Leben, wie Anm. 40, S. 80. Sein Standort ist unbekannt – kaum gemeint ist das Pödelister Forsthaus.

77 Ebd., S. 60. Ein Höfling träumte von Belagerung und Zerstörung des Residenzschlosses durch die Türken.

78 Mündigkeitssprechung am 14. Mai 1698 in Leipzig. Vgl. Ranft, Michael: Necrologium Domus Saxoniae Coaevum. […] Leipzig 1728, S. 24 und SHStAD, 10001 Ältere Urkunden, Nr. 14183a (23./13. Mai 1698). Öffentliche Bekanntgabe am 22. Mai 1698 (Beer: Sein Leben, wie Anm. 40, S. 68). Einsetzung als Vormund: SHStAD, 10001 Ältere Urkunden, Nr. 14188 a. Jedoch besaß der Weißenfelser ohnehin die Anwartschaft auf Kur und Kurlande.

79 Vötsch, Jochen: Kursachsen, das Reich und der mitteldeutsche Raum zu Beginn des 18. Jahrhunderts. Frankfurt am Main u. a. 2003, S. 78 ff. und S. 267 f.

80 Beer: Sein Leben, wie Anm. 40, S. 92.

81 SHStAD, 10001 Ältere Urkunden, Nr. 14189.

82 Dem am 5. Oktober 1703 auf der Neuen Augustusburg kurz zu Besuch weilenden Erzherzog Karl von Habsburg (ab 1703 König von Spanien, ab 1711 als Karl VI. Kaiser des HRR) ließ er seine beiden Schwestern sowie seine Nichte, Prinzessin Caroline Wilhelmine von Brandenburg-Ansbach, vorstellen.

83 Ein heftiger Kritiker war Herzog Friedrich von Sachsen-Weißenfels (1673–1715), Sohn von Administrator August, dem Stifter des Fürstenhauses. Die durch Johann Georg aufgehäufte Schuldenlast war in der Tat dramatisch (vgl. Anm. 145).

84 Hierfür sprechen Selbstzeugnisse sowie Aktivitäten des Fürsten; so die Regeln seines Ritterordens de la noble Passion (1704), die Bauinschrift des Reithauses und der zur Einweihung gefertigte Druck, nach dem darin „Pferde- und Waffen-Lust […] mit Nachahmung des wahren Ernstes" stattfinden (1708), der Nachbau der Festung Rysell als „Lustschanze" (1709) sowie die Unterhaltung einer kleinen Flotte bewaffneter Schiffe nebst Hafen (1703/1710). Adriaan Braakman und Petrus Schenk widmeten dem Fürsten ihren Atlas „Le Theatre de Mars […]" Amsterdam 1706. Zur Ausbildung Johann Georgs nach einer Ende 1694 verfassten Instruktion des Vaters: Lippert, Woldemar: Deutscher Sprachunterricht eines sächsischen Prinzen am Ende des 17. Jahrhunderts. In: Zeitschrift des allgemeinen deutschen Sprachvereins 7. Braunschweig 1892, S. 154 f. Die Lehranweisung betonte, dass Johann Georg „für das Gefühl vaterländischer Ehre empfänglich" sei.

85 Artikel des Ordens de la noble Passion, Einleitung. Dazu Ranft: Necrologium, wie Anm. 78, S. 32.

86 Beer: Sein Leben, wie Anm. 40, S. 63. Die Inschrift im Tafelsaal des Schlosses würdigte Herzog Wilhelm IV. (1626–1662), der das 1618 abgebrannte, als Bauruine daliegende Schloss nach 1651 zu erneuern begann.

87 Vom 8. bis 14. August 1697 besuchte der junge Fürst zusammen mit Herzog Friedrich von Sachsen, seinem Onkel, die Burg Weißensee. Beer: Sein Leben, wie Anm. 40, S. 61. Diente diese erste überlieferte Reise des neuen Regenten dem Kennenlernen des in der thüringischen Landesgeschichte bedeutenden Schlosses? Erwog Johann Georg seine Einbeziehung ins Hofleben? Schloss Neuenburg dürfte ihm seit früher Kindheit bekannt gewesen sein. Den höfisch schon lange nicht genutzten Plätzen Eckartsburg und Sangerhausen brachte er damals wohl kein weiteres Interesse entgegen.

88 Johannes Rothe. Thüringische Landeschronik und Eisenacher Chronik. Hrsg. von Sylvia Weigelt (= Deutsche Texte des Mittelalters 87). Berlin 2007. Tebruck, Stefan: Die Reinhardsbrunner Geschichtsschreibung im Hochmittelalter (= Jenaer Beiträge zur Geschichte, 4). Frankfurt am Main 2001. Rothes Werk beeinflusste maßgeblich Landes- wie Herrschergeschichte Thüringens in Spätmittelalter und Früher Neuzeit.

89 Beer, Johann: Die Geschicht und Histori von Land-Graff Ludwig dem Springer. Hrsg. von Martin Bircher. München 1967, Nachwort, v. a. S. VIII ff. Beer erwähnt zum 18. Juli 1698 den fertigen Druck (Beer: Sein Leben, wie Anm. 40, S. 69). Huschenbett, Dietrich: Zur Darstellung der Ermordung des sächsischen Pfalzgrafen Friedrich III. durch Ludwig den Springer, Graf von Thüringen. In: Strukturen der Gesellschaft im Mittelalter. Hrsg. von Dieter Rödel und Joachim Schneider. Wiesbaden 1996, S. 35–49.

90 „Was wollen wir aber singen, Was wollen wir heben an […]". Beer: Sein Leben, wie Anm. 40, S. 69–72. Er habe das Lied „geschrieben" gefunden; auch sei es 1556 im Amt Freyburg verbreitet gewesen. Beer dürfte Ernst Brotuffs 1556 entstandenes Manuskript „Von dem hoch-

loblichen Fürsten vnd hern hern Friderico Pfaltzgraüenn zw Sachssenn […]" benutzt haben. Zum Lied: Vollschwitz Johannes: Die Frau von der Weißenburg. Das Lied und die Sage. Straßburg 1914.

91 Beer: Geschicht und Histori, wie Anm. 89, Einführung: „einer gewissen Person zu schuldigen Ehren in Druck verfertiget". Herzog Johann Georg hatte Beer im November 1697 die Drucklegung der Arbeit „Musicalische Fuchs Jagdt" mit 33 Reichstalern finanziert. Beer: Sein Leben, wie Anm. 40, S. 64. Beer widmete das Buch seinem Gönner. Beer, Johann: Ursus vulpinatur […]. Weissenfels 1697, Widmung.

92 Eine Rechnung über das Hoflager des Jahres 1698 (1. September bis 1. Oktober) belief sich auf 490 Taler, acht Groschen und dreieinhalb Denar. Es ist die einzige ihrer Art. LHASA, Rep. D Amt Freyburg A VIII 4, Nr. 2. Auch während der schwedischen Besetzung von Kursachsen 1706/07 hielt Johann Georg an der Durchführung des Neuenburger Jagdlagers fest.

93 Der Herzog, Schwager des Fürsten, weilte zwischen dem 16. und 24. September 1697 auf der Neuenburg. Beer: Sein Leben, wie Anm. 40, S. 62. Zu seiner Teilnahme an einer Jagd im Müchelholz am 2. August 1699 ebd., S. 81. Johann Wilhelm entfaltete in seinem Herzogtum eine reiche Kultur der Hofjagd.

94 Die Annährung zwischen ranghöchster albertinischer Nebenlinie und bedeutendem Repräsentanten der Ernestiner stärkte Ansehen wie Status des Weißenfelser Fürsten innerhalb des Gesamthauses Wettin. Drei Ehen markierten sie. Zum einen heiratete Johann Georg am 7. Januar 1698 die Schwester Johann Wilhelms; zum anderen dieser im Juli 1708 Johann Georgs Schwester. Im Jahr 1721 ehelichte der jüngste Bruder Johann Georgs schließlich eine Tochter des Eisenacher Herzogs.

95 SHStAD, 10001 Ältere Urkunden, Nr. 14188 b.

96 Beer: Sein Leben, wie Anm. 40, S. 83. SHStAD, 10006 Oberhofmarschallamt, Lit. F, Nr. 13 und ebd., Lit. O (Hoftagebuch Dresden 1699).

97 Auf dieses Muster deuten mehrere Spuren, vor allem: Als der durchlauchtigste Fürst […] Joh. George samt […] Gemahlin […] und […] Schwester […] aus dem Embser Bade den 25. Aug. […] 1706 in dem […] Schloß Nauenburg zu Freyburg und […] in Ihrer Residentz-Stadt Weißenfels arrivierten […] Weißenfels [1706.] Die Neuenburg nahm zur Residenz in Weißenfels etwa den Rang ein wie die Moritzburg gegenüber der Residenz Dresden.

98 Als Auf des […] Herrn Johann Georgs/ Hertzog zu Sachsen […] Anordnung nach glücklich vollbrachter Reparatur So wohl des uhralten Schloßes/ Nauenburg genannt/ als der Schloß=Capelle/ zu Freyburg an der Unstruth/ solche Schloß=Capelle zur Heil. Dreyfaltigkeit/ sammt der gantz neuen Orgel am 16. Septembr. MDCCIV. […] solenniter eingeweyhet wurde[…] [Weißenfels 1704]. In der Regel wurde die Burg seit dem Spätmittelalter als „Schloss Freyburg" angesprochen – so auch unter Administrator August (vgl. Anm. 62). Der Rückgriff auf die ursprüngliche Bezeichnung durch Johann Georg ist programmatisch. Sie wurde erneut 1706 (vgl. Anm. 97) und auch durch den Nachfolger, Herzog Christian, genutzt.

99 Ebd. Einweihungspredigt nach 2. Mose 20.24: „An welchem Orte ich meinen Nahmen Gedächtniß stifften werde/ da will ich zu dir kommen und dich seegnen".

100 Im 17./18. Jahrhundert wurde der hofseitige Eingang des Fürstenbaus als Hauptzugang des Schlosses gewürdigt. Vulpius, Johann: Ludowicus desiliens, i. e. Ludwig der Springer, Zweyter Graff zu Thüringen […]. Altenburg 1713, S. 42: „Eingang der Fürstl[ichen] Residentz". Auch das Inventar vom 13. Mai 1771 beginnt an dieser Stelle. SHStAD, 10006 Oberhofmarschallamt, Lit. R I, II h, Nr. 1.

101 Übersetzung: „Diese einst Neueburg genannte Feste, von LUDWIG, Graf in Thüringen gegründet, von Kurfürst AUGUST von Sachsen segensreich wieder hergestellt, von AUGUST, Herzog zu Sachsen, Erzbischof und Primat von Magdeburg, prachtvoll erweitert, von JOHANN ADOLPH, Herzog zu Sachsen, bestens bewahrt, hat der durchlauchtigste Herzog zu Sachsen JOHANN GEORG im Jahre der Erneuerung irdischen Heils 1704 rühmlich vollendet."

102 Die Wettiner führten wegen der Landgrafschaft Thüringen drei Reichstagsstimmen (Kursachsen und Sachsen-Weimar, Sachsen-Gotha). Zedler: Universal-Lexicon, wie Anm. 30, Bd. 48, Sp. 1878. Im Jahre 1708 versuchte Kursachsen für die Landgrafschaft Thüringen eine neue Reichsstimme zu schaffen (vergeblich). Moser, Johann Jacob: Von denen Teutschen Reichs=Ständen [...] Frankfurt/Main 1767, S. 636 f.

103 Schmitt: Baderäume, wie Anm. 74, S. 29–51.

104 Ab 1701 ist auf Schloss Neuenburg die Haltung von Bären nachweisbar (LHASA, Rep. D Amt Freyburg, A VIII 11, Nr. 26, Bl. 45^v). 1706 wird ein „Bärhaus" genannt (ebd., B. 49^v). 1707 ist für die wüste Kiliankapelle die Haltung von Wildschweinen, 1718 die von Bären bezeugt (LHASA, Rep. A 30 c II, Nr. 1231, vol. XIV, Bl. 9$^{r/v}$ und LHASA, Rep. D Freyburg A VIII 11, Nr. 24 a, Bl. 146^v). Die Kapelle führte bis ins mittlere 19. Jahrhundert die Bezeichnung „Bärkirche". Winkler, Friedrich Wilhelm: Protokoll über gesammelte Nachrichten [...] der Stadt und Flurmark Freyburg (von 1829). In: Neue Zeitschrift für die Geschichte der germanischen Völker, Bd. 12, Heft 3. Halle (Saale) 1832, S. 1–28, hier S. 13.

105 Vgl. LHASA, Rep. D Amt Freyburg, A VIII 11, Nr. 26 und 27.

106 Im April 1703 noch in zeitgenössischen Bauakten (Brunnen) und Fronverzeichnissen schlicht als „Neues Jagdhauß in der alten Göhla" bezeichnet (LHASA, Rep. D Amt Freyburg A VIII 11, Nr. 26, Bl. 65^r); am 15. Oktober 1703 regelte der Herzog die Bezüge des Andreas Kreyß, Aufseher über das „Lust und Jagdthauß Klein-Friedenthal" (LHASA, Rep. D Amt Freyburg A VIII Nr. 7, Bl. 100^v–101^r). Zur Wasserversorgung von Garten und umliegenden Wildtränken ließ Johann Georg 1703/05 einen etwa 90 Meter tiefen Brunnen graben und mit Tretrad sowie Brunnenhaus überbauen. Eine Ansicht mit Grundriss ist im Bestand des LHASA, Abt. MD, Fürstentum Sachsen-Weißenfels und Sachsen-Querfurt, Kammerakten, A 30c II, Nr. 186, Bl. 48^r. Eine Ansicht mit Grundriss ist im Bestand des Landeshauptarchivs Sachsen-Anhalt, Abteilung Magdeburg, Fürstentum Sachsen-Weißenfels und Sachsen-Querfurt, Kammerakten, A 30c II, Nr. 186, Bl. 48^r erhalten.

107 Titze, Mario: Barockskulptur im Herzogtum Sachsen-Weißenfels. (= Denkmalorte. Denkmalwerte 4), Halle (Saale) 2007, S. 114 f.

108 Opernhaus/Komödienhaus: LHASA, Rep. D Amt Freyburg A VIII 11, Nr. 26, Bl. 49^r. Aussehen und Standort sind unbekannt. Reitbahn: Ebd., Bl. 49^v.

109 Darüber hinaus ist zu anderen höfischen Festen unter Johann Georg derzeit nichts bekannt – auch nicht anlässlich der Verleihung des kurpfälzischen Hubertusordens an den Herzog im Mai 1711. In Weißenfels fand dazu ein Nachtschießen statt. Vgl. in 300 Jahre Vollendung der Neuen Augustusburg – Residenz der Herzöge von Sachsen-Weißenfels. Weißenfels 1994, S. 142 f.

110 Künzel, Silke: Handschriftliche Chronik der Stadt Weißenfels und der angrenzenden Länder [von Johann Vulpius und Johann Christian Büttner, Anfang 18. Jahrhundert]. Hrsg. durch die Stadt Weißenfels (CD). Weißenfels 2003, S. 74 f. Am 30. Mai 1703 zogen Fronbauern das (leere) Schiff nach Freyburg zurück. LHASA, Rep. D Amt Freyburg A VIII 11, Nr. 26, Bl. 46^v. Die Anlegestelle des Schiffes in Freyburg ist nicht bekannt (nahe der Burgmühle?).

111 Am folgenden Tag informierte er seinen Bruder Johann Adolph eigenhändig über den Tod Johann Georgs: „in verwichener Nacht gegen 11. Uhr unter Sr. Lbd. und aller Umstehenden inbrünstigen Anruffung Unsers Heylandtes und Erlößers, bey vollkommenen Verstande durch einen sanfft und seel. Todt [verstorben]. SHStAD, 10026 Geheimes Kabinett, Loc. 3290 (Brief vom 17. März 1712).

112 Mit dieser Jagd beginnt eine aus Schusszetteln zusammengetragene Nachrichtensammlung, die 1716 mit einer Übersicht der herzoglichen Hof- und Landjägerei in einem Turmknopf der Neuenburg niedergelegt wurde. Im mittleren 19. Jahrhundert gelangte die Handschrift von dort in Privathand und um 1930/31 in den Besitz der Stadt Weißenfels. Derzeit gilt sie als verschollen. Ihren Inhalt überliefern Abschriften aus dem 3. Viertel des 20. Jahrhunderts (Stadtarchiv Weißenfels, HBA, Nr. 13). 1929 machte der Naumburger Archivar Friedrich Hoppe unter der irreführenden Bezeichnung „herzogliches Schussbuch" auf sie aufmerksam. Es handelt sich jedoch um eine zur Ablage im Turmknopf gefertigte Nachrichtensammlung zur Hofjagd auf Schloss Neuenburg in den Jahren 1712/16. Hoppe, Friedrich: Herzogliche Jagden in den heimatlichen Wäldern um Freyburg in den Jahren 1712–1716. In: Die Heimat. Beilage des Naumburger Tageblatts für Ortsgeschichte und Heimatpflege 1929, Nr. 26. Schindler, Walther: Die Förster und Jäger des Herzogs Christian von Sachsen-Weißenfels im Jahre 1716. In: Archiv für Sippenforschung […]. Limburg 1932, Heft 1, S. 23 f.

113 Christian weilte seit dem 24. Mai 1712 auf dem Schloss (LHASA, Rep. D Amt Freyburg A VIII 1, Nr. 6, Bl. 9$^{r/v}$. SHStAD, 10026 Geheimes Kabinett, Loc. 3290 (Brief vom 28. Mai 1712).

114 Die Inhalte der Gespräche sind unbekannt. Der Regent besuchte den Weißenfelser Herzog von Naumburg aus am 7. Juli 1712, verweilte am folgenden Tag auf der Neuenburg und zog von dort am frühen Morgen des 9. Juli nach Zeitz. Diese Nachrichten sind dem in Zeitz verwahrten Nachlass Schmiedecke entnommen: Abschrift Hof-Diarium 1712 nach SHStAD, 10024 Geheimes Archiv (Geheimer Rat), Loc. 8702.

115 Herzog Johann Wilhelm heiratete 1708 Prinzessin Magdalena Sybilla von Sachsen-Weißenfels (1673–1726). Sein Aufenthalt endete am 1. August. LHASA, Rep. D Amt Freyburg A VIII 11, Nr. 26, Bl. 78^v.

116 SHStAD, 10026 Geheimes Kabinett, Loc. 3290, Brief vom 12. August 1712 aus dem Jagdlager Ziegelroda und vom 4. September von der Neuenburg. Nachrichtensammlung Hofjagd 1712/16, wie Anm. 112. Stadtarchiv Weißenfels, Nachlass Schmiedecke, G 2/23.

117 Nachrichtensammlung Hofjagd 1712/16, wie Anm. 112.

118 Stadtarchiv Weißenfels, Nachlass Schmiedecke, G 2/23.

119 Die Rangerhöhung des Sangerhäuser Residenzhauses korrespondierte eng mit der evangelischen Gesinnung des Fürsten und deren öffentlichen Darstellung. Im Herrscherauftritt des Fürsten spielte Sangerhausen daher eine zentrale Rolle.

120 Die Inschrift des neuen Globus war auf den 6. November datiert – ein direkter Bezug zum Aufziehen des ersten Globus am 6. November 1679 durch Administrator August, den Gründer und Namensgeber des Schlosses.

121 Gundlach, Klaus-Jürgen: Das Weissenfelser Aufführungsverzeichnis Johann Philipp Kriegers und seines Sohnes Johann Gotthilf Krieger (1684–1732). Kommentierte Neuausgabe. Sinzig 2001, S. 427: „Andr. 12: Diesen nachmittag war der Einzug deß Herzogs[…]".

122 Kurfürst zu „Gustow" (= Güstau/Rügen?), 15. Dezember 1712. Vötsch: Kursachsen, wie Anm. 79, S. 98.

123 Stadtarchiv Weißenfels, Nachlass Schmiedecke, G 2/23.

124 Nachrichtensammlung Hofjagd 1712/16, wie Anm. 112: Jagdzettel zum 10. Februar 1713 bei Schleberoda.

125 Schulze, Hans-Joachim: Wann entstand Johann Sebstian Bachs „Jagdkantate"? In: Bach-Jahrbuch. 86. Jg., Leipzig 2000, S. 301–305, hier S. 304. Ders.: Die Bach-Kantaten. Einführung zu sämtlichen Kantaten Johann Sebastian Bachs. Leipzig [2006], S. 660.

126 So Salomo Franck in seinem Textabdruck von 1716. Ebd., S. 302.

127 Nachrichtensammlung Hofjagd 1712/16, wie Anm. 112.

128 Neumann, Werner und Hans Joachim Schulze: Bach-Dokumente, Bd. 2 (Freundschaftliche und gedruckte Dokumente zur Lebensgeschichte Johann Sebastian Bachs 1685–1750). Kassel 1969, Nr. 55. Bachs Frau gebar in Weimar am 23. Februar 1713 Zwillinge, die jedoch nicht lange lebten.

129 Teilnahme an Jagden des Gatten und eigene Abschüsse vermerkt die Nachrichtensammlung Hofjagd 1712/16, wie Anm. 112. Anlässlich des Geburtstags der Fürstin wurde am 21. Januar 1720 nahe der Residenz ein Scheibenschießen veranstaltet; die Fürstin stiftete hierzu einen Pokal. 300 Jahre, wie Anm. 109, S. 147.

130 Die Kantate ist ein Lob für den in die Regentschaft eingetretenen Christian. Er tritt als „das hohe Licht", „der Wälder Pan", „Sachsenheld" und „Sonne dieser Erden" auf. Von den vier erscheinenden Göttern treten drei zu Christian in nähere Beziehung: Diana, die Hauptakteurin des Stücks, verweigert sich, befreit von bisherigen Liebesbänden, ihrem darüber klagenden Liebhaber Endymion. Grund dafür ist das Erscheinen Christians. Ihn muss sie empfangen, ihm muss sie nun dienen. Handlung wie Text bieten hier m. E. einen deutlichen Hinweis auf den Auftraggeber des Stücks – die erst kürzlich dem Fürsten angetraute Louise Christiane. Als zentrale Verbindungsperson zwischen Fürstin und Weimarer Hofmusikern dürfte der Weimaraner Pagenhofmeister und Falsettist Adam Immanuel Weldig (1667–1716), Vermieter und Freund Bachs, anzusprechen sein. Er wechselte im August 1713 an den Weißenfelser Hof. Bechstein, K.: Häuser und Gassen in Altweimar. Weimar 1938, S. 147. Ranft, Eva-Maria: Zur Weißenfelser Hofkapelle im Hinblick auf die Bach-Forschung. In: Weißenfels als Ort literarischer und künstlerischer Kultur im Barockzeitalter. (= Chloe. Beiträge zum Daphnis, Bd. 18). Amsterdam/Atlanta 1994, S. 97–107, hier S. 100.

131 LHASA, Rep. A 30 c II, Nr. 1141. Acht Förster trugen dabei einen „gantz gebackenen Hirsch"; die Hegereiter ein gebackenes Wildschwein, einen Tannenhirsch sowie weitere Speisen auf. Bei der Jagd im Jägerhof wurden Bären und Wildschweine gejagt.

132 Nachrichtensammlung Hofjagd 1712/16, wie Anm. 112: „1 Hauend Schwein, 2 Keyler, 4 Bachen, 5 Frischlinge". Lediglich die Frischlinge fehlen bei der Jagd im Jägerhof wenige Tage später.

133 Gundlach: Aufführungsverzeichnis, wie Anm. 121, S. 428.

134 Berlien: Elefantenorden, wie Anm. 70, S. 188.

135 Der Kurfürst hatte den Orden 1708 neu begründet. Als Sr. Churfürstl. Durchlauchtigkeit zu Pfaltz den Ritter-Orden St. Huberti an Sr. [...] Durchlauchtigkeit zu Sachsen-Querfurth und Weißenfelß übersendeten, wurde bey angestellten Festin auff [...] Jagd-Schloß zu Freyburg an der Unstrut am 7. Octobr. A[nno]. 1715 nachfolgende Taffel-Music [...] aufgeführet. Naumburg [1715].

136 Abgesehen von Einweihungsfeiern ist es das erste auf Neuenburg fassbare bedeutende höfische Ereignis.

137 Syndram, Dirk: Schatzkunst der Renaissance und des Barock. Das Grüne Gewölbe zu Dresden. München/Berlin 2005, S. 100.

138 Gundlach: Aufführungsverzeichnis, wie Anm. 121, S. 432.

139 Erklärend die Beschreibung des Stücks im „Inventarium über Das Silbervergoldete Zimmer. In der Geheimen Verwahrung des Grünen Gewölbes zu Dreßden. 1733.", Nachtrag, wohl 1746. SHStAD, Kunstsammlungen Dresden, Inventar Nr. 24, S. 58: „Ein massiv goldener Pocal, mit bundten eingelassenen Farben, drey erhabenen Brust=Bildern der Diana und allerhand Jagd=Geräthe, nebst dem hertzogl. Sächs. Wappen auf der Ersten Seiten; dem Fürstl. Querfurth. auf der andern, und drey blau emaillirte C. auf der dritten, ruhet auf einem Hirsche welche, ein blau und weiß emaillirter Jagd=Hund niederziehet; Auf dem Deckel so gleichfalls mit bundten Farben eingelaßen, und mit drey emaillirten Hunden auch drey emaillirten Schildern gezieret, Ein Reuther mit blosen Dolch in der Hand, auf einem braun emaillirten Pferdte, unter deßen Füßen verschiedene Trophäen liegen, bringt 7. Mr: 8 Lt. über dem hertzoglich=sächß. Wappen mangelt der Fürsten=Huth". Das Motiv der Diana könnte auf Louise Christiane deuten. Eine neue kunsthistorische Betrachtung der Pretiose ist wünschenswert.

140 Als der Fürst 1736 – wie jedes Jahr – zum Trinitatis-Hoflager nach Sangerhausen reiste, führte er zahlreiche Pretiosen mit sich. Da Christian am 28. Juni 1736 in Sangerhausen starb, wurde Anfang Juli eine Liste erstellt. Darin sind wesentliche Hausstücke aufgeführt; u. a.: „Der goldne HaußBecher. Der goldne HirschBecher. Daß goldne Horn." SHStAD, 10119 Sekundogeniturherzogtum Sachsen-Weißenfels, Loc. 11802, Nr. 2038, Bl. 13ʳ. Zum Münzbecher und dem Goldenen Horn Syndram: Grünes Gewölbe, wie Anm. 137, S. 66 f. und S. 72 f.

141 Am 14. September 1713 beschwert sich Herzog Christian bei den Freyburger Beamten über seit Jahren nicht funktionierende Bettenlieferung zum Hoflager. Er höre dies mit Missfallen und erwarte, dass es nun klappen möge. LHASA, Rep. E Freyburg C, Nr. 35, Bl. 29ᵛ. Weitere solche Klagen sind bekannt.

142 Prinz Johann Adolph weilte aufgrund seiner Militärdienste häufig am Dresdner, kaum am Weißenfelser Hof. Mitte Oktober 1719 beobachte ein Gast in Weißenfels zwischen den Brüdern eine starke „andibaty", die offenbar in der Verschuldung des Hauses sowie der Person der regierenden Herzogin gründete. Im November 1719 nahm Johann Adolph das Schloss Dahme ein – die endgültige Abkehr vom ihm angewiesenen thüringischen Prinzensitz Weißensee. Zur Weißenfelser Begegnung: Pegah Rashid-Sascha: Bei Hofe und in der Stadt. Von zwei markgräflichen Reisen im Herbst 1719. In: Komponisten im Spannungsfeld von höfischer und städtischer Musikkultur, Magdeburg 18./19. März 2010 (= Telemann-Konferenzberichte, Band 18 (in Vorbereitung). Ich danke Herrn Pegah für die vorzeitige Überlassung seiner kulturhistorisch höchst interessanten Quelle!

143 Zum Vorgang Vötsch: Kursachsen, wie Anm 79, S. 108–119. Eheschließung Wien 20. August 1719. Der Ehevertrag legte u. a. die katholische Erziehung der Kinder dieser Verbindung fest. Zwischen dem 2. und 29. September 1719 fanden in Dresden beim Einzug des Paares umfangreiche Feste statt. Herzog Christian weilte in dieser Zeit auf Schloss Neuenburg.

144 Vötsch: Kursachsen, wie Anm. 79, S. 270 f.

145 Christian hatte sofort nach Regierungsantritt die Finanzsituation untersuchen lassen. Das Ergebnis war verheerend. Die Geheimräte Carl Rex und Johann George Menius informierten ihn am 22. Mai 1712: Das Kammerwesen sei betrüblich und eingefallen. Sie wollten nicht in Ungnade fallen, doch müssten sie gemäß ihrem Gewissen feststellen „daß die Sache in der hochsten Crisi und gefahr stehe. auch einer baldigen hülffe brauche, doferne nicht in weniger Zeit alles zu sumpff und boden gegen soll." Universitätsbibliothek Jena, Ms Bud. f. 162 (unfo-

liert). 1721 musste Christian gegenüber dem Kurfürsten den Bankrott anzeigen. Auf dessen Eingabe hin befahl Kaiser Karl VI. am 30. März 1722 eine Untersuchung und beauftragte damit Kursachsen. Eine Kommission wurde gebildet; Christian fror seinen persönlichen Etat auf 61 128 Taler ein. 1725/26 suchte man sich der Schulden juristisch zu entledigen. Seit 1727 war der Zugriff des Regenten am Gesamteinkommen seines Herzogtums vom Reichshofrat auf 60 000 Taler beschränkt. Vgl. Anonymus: Deutlicher Gegenbeweis in Sachen Seel. Benjamin Erfurths nachgelassner Erben contra des Herrn Hertzogs zu Sachsen-Weißenfels Hoch-Fürstlichen Durchl. […] o. O., o. J. [1737].

146 Schmitt, Reinhard: Schloß Neuenburg bei Freyburg (Unstrut). Archivalische Quellen zur Geschichte und Baugeschichte von 1700 bis 1815. In: Burgen und Schlösser in Sachsen-Anhalt 13 (2003), S. 229–305, hier S. 242.

147 Torinschrift nach Bergner: Kreis Querfurt, wie Anm. 17, S. 98: „Viam Hac Porta nova perviam Sereniss. Princeps ac dominus DnS. Christianuvs Dux. Sax. Iyl. CL. Mont Av W. AO DNI MDCCXIX F.F.". Nach Titze: Barockskulptur, wie Anm. 107, S. 135 ist die Kartusche von Johann Gottfried Griebenstein. Christian ließ zeitnah bei Querfurt eine Allee von der Stadt zum Fürstenhaus auf dem Marktort „Eselswiese" anlegen. Säckl, Joachim und Reinhard Schmitt: Mittelalterliche Kapelle und barockes Fürstenhaus. Zur Bau- und Nutzungsgeschichte der Kirche der Wüstung Esenstedt bei Querfurt (Wiesenhaus). In: Burgen und Schlösser in Sachsen-Anhalt 19 (2010), S. 311–395, hier S. 326 f.

148 Mit dem Ausbau des barocken höfischen Jagdreviers prägte ab 1705 die Allee zunehmend den östlichen Vorraum der Neuenburg. 1808 wurden vier Alleen genannt: vom Schloss nach dem Hasengarten zu (115 Linden), Allee am Burgholz (51 Linden), Allee bei der Weidleite (97 Linden), Allee am Friedenthal (224 Linden). SHStAD, 10036, Rep. A 25 a II, I, Nr. 1047.

149 Zu diesen Figuren Titze: Barockskulptur, wie Anm. 107, S. 115 (Hirsche: um 1703), S. 116 (Jagdhund). 1713 Anbringung („Aufsetzung") von Geweihen am Palais Friedenthal. LHASA, Rep. D Amt Freyburg A VIII 11, Nr. 26, Bl. 52ᵛ. Inventar der Neuenburg vom 13. Mai 1771, wie Anm. 45: „Der Altan ist mit steinern Platten ausgelegt und stehen darauf 5 Stück in Stein gehauene Hirsche ohne Geweyhe".

150 Text nach Bergner: Kreis Querfurt, wie Anm. 17, S. 100: WAS. DIE. HOHEN. AHNEN. BAUTEN. LIEBTE. HERTZOG. CHRISTIAN. ALS. EIN. ZWEIG. DER. SACHSEN. RAUTEN. DEM. DIS. LAND. IST. UNTERTHAN. DRUM. HAT. ER. WAS. IHN. ERGETZET. HIER. ZUR. ZIERDE. HERGESETZET MCCXIX. Die Tafel ist nach 1945 verloren gegangen.

151 Kappel, Jutta und Claudia Brink: Die Kunst der Allianz. In: Mit Fortuna übers Meer. Sachsen und Dänemark – Ehe und Allianzen im Spiegel der Kunst (1548–1709). Hrsg. von Jutta Kappel und Claudia Brink. Berlin/München 2009, S. 14–23.

152 Christian soll 1682 seinen Namen nach König Christian V. von Dänemark empfangen haben. Brehme, Ernst Gottfried: Unvergeßliches Ehren Gedächtniß […] dem […] Herrn CHRISTIANO; Herzog zu Sachsen […] aufgerichtet, Herzog August Bibliothek Wolfenbüttel, Nr. 16516, Bl. 9ʳ f. Eine nach Empfang des dänischen Elefantenordens 1714 geprägte Medaille verweist ausdrücklich auf Christians enge Verwandtschaft mit dem dänischen Königshaus (Umschrift „coniungit sanguine iunctos"). 300 Jahre, wie Anm. 109, S. 144.

153 Essegern, Ute: Kein Spielraum für Frauen? In: Kappel/Brink: Allianz, wie Anm. 151, S. 55–61. Kurfürstin Anna Sophia, die Mutter des Konvertiten Friedrich August I., war eine dänische Prinzessin.

154 Es entstand zehn Jahre vor dem bekannten „Dresdner Goldenen Reiter" von 1732/34. Zum Neuenburger Reiterdenkmal, dessen Schöpfer, Deutung und kunstgeschichtlichen Bedeutung ausführlich Titze: Barockskulptur, wie Anm. 107, S. 141 ff. Hierauf beruht, wenn nicht anders vermerkt, diese Darstellung.

155 Zur Ähnlichkeit und ikonografischen Entschlüsselung des Denkmals Titze: Barockskulptur, wie Anm. 107, S. 145 ff. Am Textende von Ritter=Orden St. Huberti, wie Anm. 135: „Christianus lebe lange / Daß sein Hauß im Glücke prange! Lauter Wohlseyn / lauter Seegen / Sey bey ihm auf allen Wegen: Damit auch der Neid gestehe / Daß es Frommen wohlergehe." 1731 wurde die liegende Figur als „der Neid" angesprochen, was ein Verstehen des Kunstwerkes erkennen lässt. Gabler, Gottlob Traugott: Freyburg, Stadt und Schloß nebst ihren Umgebungen. Mit besonderer Berücksichtigung des Übergangs und Rückzugs Napoleons über die Unstrut nach der Völkerschlacht bei Leipzig. Querfurt 1845, S. 138.

156 Am 23./24. Juli 1720 halfen 64 (!) Dorndorfer Handfroner, einen „großen Stein" auf das Schloss zu bringen: LHASA, Rep. D Amt Freyburg A VIII 11, Nr. 26, Bl. 54ʳ. Am 31. August 1720 weilte Christian auf Schloss Neuenburg, um „den alda neu angelegten Bau zu besehen". Fragment Hofdiarium 1720. In: Universitätsbibliothek Jena, Ms Bud. F. 162 (4), Teil 1.

157 Offenbar in Front: „Simulacrum Sereniss. princeps ac Domini Domini CHRISTIANI Ducis Sax. Iul. Cl. Mont. Aug. et Westph. patris patriae Vere Christiani Ao Do. M.D.C.C.XXII. Illic loci erectum Quisquis Conspicis optimo principi Vitam Longaevam felicitatem perpetuam et quaecumque principis CHRISTIANI Vota possunt esse Alia Devota mente apprecan.". In Blickrichtung des Reiter rechts: „PIe optIMe Ve prInCeps VIVe DeI gratIA nobIs Constanter.", links: „Sta VIator AC pIIs VotIs pro ChrIstIano DeVM adIs.". Inschriften nach einem Inventar von 1731 bei Gabler: Freyburg, wie Anm. 155, S. 138. Bergner: Kreis Querfurt, wie Anm. 17, S. 93 gibt nur einen Teil wieder.

158 Abbildung Tietze: Barockskulptur, wie Anm. 107, S. 134. Beschreibung und Textüberlieferung: Gabler: Freyburg, wie Anm. 155, S. 139 f.

159 Der Hügel stand im 18. Jahrhundert, anders als heute, nicht mitten im Wald, sondern am Waldrand. Das Bauwerk war etwa zweimal so hoch wie der Hügel selbst. 1720 hatte Christian dort das die fürstliche Jagd allgemein abschließende „Jäger-Mahl" gehalten. Gabler: Freyburg, wie Anm. 155, S. 135, 139. In solcherart Nutzungstradition gründet gewiss die Errichtung des Gebäudes. Neben standesgemäßer Tafel in der Wildbahn ermöglichte es Aussicht auf Jagdrevier und Umgebung.

160 Am 16. September 1728 brachten Dorndorfer Froner mit sechs Pferden Ton und Steine „zum neuen Teich an Friedenthal": LHASA, Rep. D Amt Freyburg A VIII 11, Nr. 26, Bl. 96ʳ. Die Anlage eines Teiches war weniger eine gärtnerische als vielmehr eine jagdtechnische Erweiterung des Gartens am Palais Klein-Friedenthal. Sie steht im Zusammenhang mit einem unterhalb der Gartenterrasse gesetzten Jagdschirm.

161 SHStAD, 10036 Finanzarchiv, Rep. A 25 a II, Nr. 2133.

162 Fürstensaal: SHStAD, 10036 Finanzarchiv, Rep. A 25 a I, II, Nr. 2815. Flügel: ebd., Rep. A 25 a II, Nr. 2133. Forstbezeichnungen: LHASA, Rep. C 48 III B, Nr. 5380.

163 SHStAD, 10119 Sekundogeniturherzogtum Sachsen-Weißenfels, Loc. 11804, Nr. 2408. „In Amte Freyburg. Deßen Refier bestehet in Eichen, Weißbuchen, Aspen, Linden. An dem Dorffe Pödelist finden sich viele Aspen, mittel Eichen und Weißbuchen, rechter Hand nach den Friedenthal verschiedene starcke Eichen […]. Die jungen Schläge alhier sind mit einer Vermachung von Latten versehen, damit das Wildpret und Vieh abgehalten werde den jungen Sommer Latten Schaden zuthun. Nach Schleberoda hinauß in der so genannten neuen Gehla sind noch

viele starcke BauEichen 2 ½ Clafter in der Stärcke und etl. 20. biß 30. Ellen lang, verschiedene Mittel=Eichen, WeißBuchen, Aspen und Linden[…].“ Allgemein: [Der Wald is-] „überal gut befunden und nicht übermäßig geholtzet worden".

164 In der Neuenburger Nachrichtensammlung Hofjagd 1712/16, wie Anm. 112, wurde nur die Pirschjagd aufgeführt. Unter den Schuldnern des Herzogs war jedoch auch ein für die Parforcejagd spezialisierter Jagdbedienter; ein in Freyburg lebender Piquier. PLAN des Sachßen=Weißenfelßischen Schulden=Wesen, in Zwei Theile getheilet[…] Gefertigt MDCCXXXVIII, S. 31.

165 Stisser, Friedrich Ulrich: Forst- und Jagd-Historie Der Teutschen. Jena 1737, S. 69.

166 Das Ereignis schilderte Hans Heinrich von Barth († 1722), Hofmeister der zu Gast anwesenden Herzogin Sophia von Brandenburg-Bayreuth (1684–1752), einer Schwester Christians. Pegah: Bei Hofe, wie Anm. 142. Als Christian diesen Neuenburger Jägereinzug zelebrierte, feierte das albertinische Fürstenhaus gleichzeitig in Dresden die Vermählung des Kurprinzen.

167 Säckl/Heise: Fürstenresidenzen, wie Anm. 4, S. 87 f.

168 Rotthe, Christian August: Den Von der Fülle des Hertzens übergehenden Mund: In einer Gast=Predigt An dem Fest=Tage der Heimsuchung Mariae […] in Dero Schloß-Capelle zu Freyburg Anno 1720 vorgestellet. Halle [1720].

169 1713 weilte der Fürst in Weißenfels zur Eröffnung des Landtages der Querfurter Stände. 1714 beging er das Fest erstmals auf der Neuenburg, 1715 und 1716 aber in Sangerhausen. 1717 ist wiederum die Neuenburg genutzt worden. Im März 1718 war der Fürst erkrankt, für 1719 fehlt ein Beleg. 1731 verhinderten eigene Krankheit sowie der Tod seiner Schwester das Begehen des Jubiläums.

170 Stadtarchiv Mücheln, A 1–39.

171 Vgl. Gundlach: Aufführungsverzeichnis, wie Anm. 121, S. 427 ff.

172 Braun, Werner: Musikgeschichte der Stadt Freyburg (Unstrut). In: Wissenschaftliche Zeitschrift der Martin-Luther-Universität Halle-Wittenberg. Ges.-Sprachw. Reihe IX/4, Halle (Saale) 1960, S. 477–500, hier S. 481. Wolf, Uwe: Johann Sebastian Bach und der Weißenfelser Hof – Überlegungen anhand eines Quellenfundes. In: Bach-Jahrbuch 83, Leipzig 1997, S. 145–150.

173 Universitätsbibliothek Jena, Ms Bud. F. 162, Teil 2 (Schreiben Friedrich August I. an Christian. Dresden, 17. September 1731 sowie Schreiben Christian an Friedrich August I., Neu-Augustusburg Weißenfels 14. November 1731). Das derzeit letztbekannte von Christian unterzeichnete Dokument signierte er am 3. Oktober 1733 auf der Neuenburg (Präsentationsvermerk: 2. November 1733). Stadtarchiv Langensalza, G IX, 4.

174 Brehme: Ehrengedächtnis, wie Anm. 152, Bl. 36ʳ.

175 Beschreibung des Ceremoniels und Leichen=Comitats bey Beerdigung des […] Fürsten und Herrn […] Christian, Hertzogen zu Sachßen[…] Anno 1736. In: SHStAD, 10119 Sekundogeniturherzogtum Sachsen-Weißenfels, Loc. 11802, Nr. 2038.

176 LHASA, Rep. Amt Freyburg A VIII 11, Nr. 15 a, Nr. 26, Bl. 105ᵛ ff. und Nr. 27, Bl. 179ᵛ ff.

177 Schaal, Dieter: Die Büchsenkammer Herzogs Johann Adolf II. von Sachsen-Weißenfels – ein Überblick. In: 300 Jahre, wie Anm. 109, S. 155–160, hier v. a. S. 157.

178 Schlechte, Horst: Das geheime Politische Tagebuch des Kurprinzen Friedrich Christian 1751–1757. Weimar 1992, hier v. a. S. 115, 117 und 120.

179 Zu den Aufenthalten: SHStAD, 10006 Oberhofmarschallamt, J, Nr. 117 und T III, Nr. 29. Den Vorrang des Weißenfelser Schlosses dokumentieren Umbau und katholische Neuweihe der Hofkirche. Auf der Neuenburg unterblieb dies.

180 Ermittelt aus SHStAD, 10006 Oberhofmarschallamt, T III, Nr. 29. Diese hohe Zahl bezeugt zum einen die Leistungsfähigkeit des Neuenburger Jagdreviers, zum anderen das seit Jahren ruhende fürstliche Jagdwesen.

181 Zum Aufenthalt: SHStAD, 10006 Oberhofmarschallamt, T III, Nr. 39. Ankunft von König und Königin: 14. September 1751, 18.00 Uhr; Abreise: 2. Oktober, 15.00 Uhr. Rademacher, Otto: Hoher Besuch in Merseburg 1751. In: Aus Merseburgs alter Geschichte. Merseburg 1912, S. 31 f.

182 SHStAD, 10006 Oberhofmarschallamt, T III, Nr. 29, Bl. 23^r–27^v (Fourierzettel vom 8. September 1747).

183 Ebd., Nr. 39, Bl. 16^r–20^r (Fourierzettel vom 7. September 1751).

184 Ebd., Nr. 39, Bl. 4^v. Louis Joseph Xavier von Frankreich, geboren am 15. September 1751 (im kurfürstlichen Diarium: 13. September). Sohn des Dauphins Ludwig von Frankreich und Maria Josephas von Sachsen. Nach zwei Totgeburten war Louis Joseph Xavier der erste Sohn und Thronfolger; er starb bereits am 22. März 1761.

185 SHStAD, 10006 Oberhofmarschallamt, T III, Nr. 49.

186 Schmitt, Reinhard: Der „Neue Flügel" auf Schloß Neuenburg bei Freyburg. In: Burgen und Schlösser in Sachsen-Anhalt 2 (1993), S. 29–43. Ders.: Bauforschung und archivalisches Quellenstudium – Schloß Neuenburg „Neuer Flügel" und Kilianskirche (Nachträge). In: Burgen und Schlösser in Sachsen-Anhalt 3 (1994), S. 166–177. Am 16. Juni 1756 wurde die Gärtnerstelle im Friedenthal mit dem „Lust-Gärtner" Johann George Lentsch neu besetzt. SHStAD, 10006 Oberhofmarschallamt, R I, II h, Nr. 1.

187 Zum Vorgang SHStAD, 10006 Oberhofmarschallamt, R I, II h, Nr. 1.

Katrin Tille
„Die hiesige Gegend ist merkwürdig und schön!" – Schloss Neuenburg und die Königsbesuche von 1806 und 1853

An der Wende vom 18. zum 19. Jahrhundert hatte Schloss Neuenburg seinen einstigen Glanz und seine repräsentativen Funktionen verloren. Als Letzter von Rang und Namen verbrachte der sächsische Kurfürst Friedrich August II. 1751 nochmals einige Tage vor Ort. Doch mit dem Siebenjährigen Krieg und dem Tod des Monarchen im Oktober 1763 war das Ende der temporären kursächsischen Hofhaltung auf der Neuenburg endgültig besiegelt. Aus der administrativen Verantwortung des Hofmarschallamtes gelangte das Schloss im Dezember 1770 in die Zuständigkeit des Kammerkollegiums. Weite Bereiche des großen Areals standen fortan leer. Nur einige Räume wurden für einfache Wohn- und Dienstzwecke unter anderem für das Personal des Rentamtes verwendet. Verschiedene Überlegungen, eine neue Nutzung für das Bauwerk zu etablieren – wie etwa die Anlage einer Seidenmanufaktur mit Raupenzucht oder die Einrichtung eines Armen- und Arbeitshauses – scheiterten nicht zuletzt an eklatanten Wasserversorgungsproblemen. Vereinzelt wurden auch Baumaßnahmen durchgeführt, dennoch litt die Bausubstanz unter mangelnder Pflege.[1] Erst das 19. Jahrhundert brachte der traditionsreichen historischen Stätte wieder mehr Interesse entgegen. Ein Ereignis, das sich am 30. September 1806 zutrug, weckte zunächst nur für wenige Stunden die Erinnerung an die frühere Bedeutung des Schlosses. Zeitverzögert entfaltete es aber über Jahrzehnte hinweg eine Tragweite, die die Entwicklung zum beliebten Ausflugsziel mit beförderte und erste Ansätze einer musealen Nutzung auf den Weg brachte.

An jenem Herbsttag des Jahres 1806 stand dem kursächsischen Rentbeamten Johann Gottfried Gleißberg, der mit seiner Familie einige Räume im nördlichen Galerieflügel bewohnte, völlig Unerwartetes bevor. Seit dem Morgen hatte sich in Freyburg wie ein Lauffeuer das Gerücht verbreitet, dass der im nahen Naumburg weilende Preußenkönig Friedrich Wilhelm III. mit seiner Gemahlin Luise das altehrwürdige Gemäuer oberhalb des Städtchens aufsuchen wollte. Am frühen Nachmittag bestätigte sich diese Nachricht. Das preußische Herrscherpaar und mit ihnen Karl zu Mecklenburg-Strelitz, der Halbbruder der Königin, sowie Generalfeldmarschall Wichard von Möllendorff trafen zu einer kurzen Stippvisite auf dem kursächsischen Schloss Neuenburg ein.[2]

Während Friedrich Wilhelm und sein Schwager zu Pferd den „Herzogsweg" genommen hatten, kam Wichard von Möllendorff von Freyburg aus durch den

„Eselsgraben" geritten. Die Königin hingegen fuhr mit der Kutsche bis zur Burgmühle. In Begleitung des ortsansässigen Lehrers Friedrich Burghart Heyner bestieg sie zu Fuß den Schlossberg. Vor dem Burgtor traf die kleine Gesellschaft wieder zusammen und begab sich zunächst auf den nahe gelegenen Haineberg, um sich an der Aussicht auf Freyburg und das liebliche Unstruttal zu erfreuen. Anschließend führte der Rentmeister das Königspaar und seine Begleiter durch das Schloss. In der sogenannten Erkerstube an der Westspitze des Galerieflügels, die zu Gleißbergs Dienstwohnung gehörte, genossen sie noch einmal das faszinierende Panorama, bevor sie wieder nach Naumburg zurückkehrten. Schon im Gehen soll Friedrich Wilhelm tief beeindruckt ausgerufen haben: „Die hiesige Gegend ist merkwürdig und schön!"[3]

Der kurze Aufenthalt des preußischen Königspaares fand seinerzeit allenfalls nur lokale Aufmerksamkeit.[4] Bislang sind keine authentischen schriftlichen Quellen bekannt, die verlässliche Auskunft über die Stunden an jenem 30. September 1806 auf Schloss Neuenburg geben. Weder die Briefe, die Königin Luise während ihrer Zeit in Naumburg verfasste, noch die tagebuchartigen Aufzeichnungen ihrer Oberhofmeisterin Sophie von Voß, die in ihrem Gefolge reiste und sie sehr wahrscheinlich während des Ausflugs nach Freyburg begleitete, enthalten auch nur geringste Anhaltspunkte.[5] Andere Schriftzeugnisse von Augenzeugen des Geschehens sind, wenn sie überhaupt jemals existierten, noch nicht gefunden.

Gerade weil es so wenige Informationen über diesen Kurzbesuch gibt, soll ein Rückblick auf die politische Konstellation im Sommer und Frühherbst 1806 bei der Einordnung des Geschehens helfen. Der Anfang des 19. Jahrhunderts schwelende Konflikt zwischen Preußen und Frankreich eskalierte im Sommer 1806 binnen weniger Wochen. Im Juli war auf französische Initiative hin der Rheinbund als Konföderation und Militärallianz in Paris gegründet worden. Einen Monat später legte Kaiser Franz II. auf Druck Napoleons die Reichskrone nieder, womit das Ende des Heiligen Römischen Reichs Deutscher Nation besiegelt war. So offenkundige französische Machtdemonstrationen und Einflussnahmen konnte und wollte Friedrich Wilhelm III. nicht länger unbeantwortet lassen, zumal auch innenpolitisch die Kritik an seiner bislang praktizierten Neutralitätshaltung zunahm und zu einer ernsten Gefahr seines Königtums anwuchs. Nach einer langen Zeit des Zögerns ging er überraschend in die Offensive. Anfang August befahl er die Mobilmachung für einen Feldzug gegen Frankreich. Ende September versuchte Preußen, den Gegner mit einem Ultimatum unter Druck zu setzen. Als Napoleon stattdessen beschwichtigte und seinerseits die Demobilisierung verlangte, folgte am 9. Oktober die preußische Kriegserklärung. Nur fünf Tage später fand bei Jena und

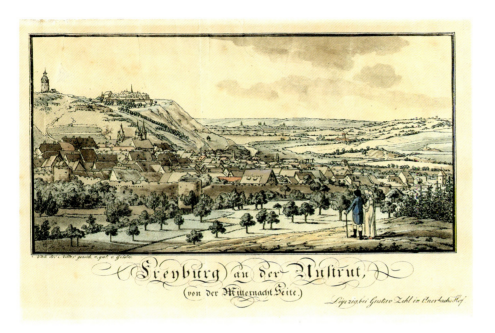

139. Freyburg von Nordwesten, kolorierte Aquatintaradierung von Christian Gottfried Heinrich Geißler, um 1810

Die historische Ansicht zeigt das Landschaftsbild im ersten Jahrzehnt des 19. Jahrhunderts, wie es wohl auch das preußische Königspaar gesehen hat. Rechts neben dem Schlossberg erhebt sich der unbewaldete Haineberg, von dem aus die kleine Reisegesellschaft die Aussicht auf Freyburg und das Unstruttal bewunderte. Im Hintergrund liegt Naumburg – der Ausgangsort des nachmittäglichen Ausflugs.

Auerstedt dann jene folgenschwere Doppelschlacht statt, die mit einer vernichtenden Niederlage Preußens und seiner Verbündeten endete und die königliche Familie zu einer jahrelangen Flucht zwang.[6]

Diese Entwicklung strahlte auch auf das zu Kursachsen gehörende Gebiet um Naumburg und Freyburg aus. Der Landesherr Friedrich August III. hatte sich seit dem Frühjahr 1806 enger an Preußen angelehnt. Als sich die Anzeichen eines bevorstehenden Krieges immer mehr verdichteten und Sachsen aufgrund seiner geographischen Lage zum Kriegsschauplatz zu werden drohte, favorisierte der Kurfürst eine Militärkonvention mit Preußen, die die Neutralität seines Landes sichern sollte. Mitte September rief er deshalb die Mobilmachung aus und unterstellte Anfang Oktober die sächsischen Truppen dem uneingeschränkten preußischen Oberbefehl.[7]

140. Spenzer der Königin Luise zu einem Paradeuniformreitkleid des Dragonerregiments No. 5 „Königin", 1806

Der Spenzer wurde auf Veranlassung von Friedrich Wilhelm III. durch den in Berlin tätigen Schneider François Vogel angefertigt. Die kurze Jacke ist im Stil der zeitgenössischen englischen Damenreitmode geschnitten und aus einem mittelblauen Wollstoff gearbeitet. Sie zieren breite Rabatten und Ärmelaufschläge mit silbergestickten Litzen sowie ein hoher Stehkragen aus dunkelkarmesinrotem Seidensamt. Die modisch eng anliegenden, an den Schultern leicht gekräuselten Ärmel reichen bis über die Handrücken.
Der Spenzer, den Königin Luise im September und Oktober 1806 wohl zweimal trug, ist die älteste in Deutschland erhaltene Damenuniform.

In Naumburg befand sich vom 20. September bis zum 4. Oktober 1806 das Hauptquartier der Preußen. Schon Wochen vorher waren in der Stadt die ersten Vorboten des heraufziehenden Krieges zu spüren.[8] Ab Mitte September erfolgten erste Truppenmärsche. Auch das vormalige „Dragoner-Regiment Ansbach-Bayreuth" (Nr. 5), dem seit März 1806 Königin Luise als Regimentschefin vorstand, wurde ins Thüringische kommandiert. Beim Zug des Verbandes durch Berlin begrüßte die Monarchin am 18. September 1806 ihre „Königin-Dragoner" in einem Paradeuniformreitkleid, das in den Regimentsfarben gehalten war.[9] Der offizielle Auftritt der „uniformierten" Königin vor der Truppe, der sich vier Tage vor der Doppelschlacht bei Jena und Auerstedt noch einmal wiederholen sollte, war außergewöhnlich. Anders als der eher konflikt- und entscheidungsscheue König demonstrierte Luise damit öffentlichkeitswirksam ihre Sympathien für jene politische Strömung am preußischen Hof, die eine militärische Auseinandersetzung mit Frankreich für unausweichlich hielt. Gleichzeitig ließ ihr Auftreten erkennen, dass sie längst über die ihr vorbestimmte Rolle als „Gefährtin des Königs" im patriarchalisch-traditionellen Verständnis hinausgewachsen war. Es

"Die hiesige Gegend ist merkwürdig und schön!"

Die Königin Luise empfängt vor den Thoren Berlins am 18. September 1806 ihr Regiment Königin-Dragoner, welches, zur Armee nach Thüringen abgehend, durch seinen Kommandeur der hohen Protektorin seine Huldigungen darbringt.

141. Königin Luise begrüßt am 18. September 1806 ihr Regiment. Lithographie von Richard Knötel in dem 1896 gemeinsam mit Carl Röchling herausgegebenen Bilderbuch „Die Königin Luise in 50 Bildern für Jung und Alt"

Der öffentliche Auftritt der uniformierten Königin vor der Truppe war in vielerlei Hinsicht bemerkenswert, rief aber auch Kritik hervor. So sah beispielsweise der preußische Militär Friedrich August Ludwig von der Marwitz darin nur eine „harmlose Weiberfreude". Gängige Klischees bedienend behauptete er in seinen Memoiren, die Königin hätte die Gelegenheit gern genutzt, „sich ein Reitkleid machen zu lassen von den Farben des Regiments, hellblau mit cramoisi-Kragen und silbernen Knöpfen, welches ihr sehr gut stand und in welchem sie dieses Jahr (statt sonst in dunkelblau) spazieren ritt".

stellte sowohl in politischer als auch in gesellschaftlicher Hinsicht einen Affront dar, widersprach es doch der „weiblich-passive[n] Rolle, die sie als Vorbild der Frauen zu spielen hatte".[10]

Am 20. September 1806 reiste das Herrscherpaar in das preußische Hauptquartier. Friedrich Wilhelm bestand darauf, dass Luise ihn begleitete. Die Königin folgte ihm, tat dies aber zugleich aus innerster Überzeugung, meinte sie doch, durch ihre persönliche Anwesenheit die mangelnde Entscheidungsfähigkeit und Durchsetzungskraft ihres Gemahls positiv beeinflussen zu können.[11] Napoleon und seine Gattin verließen ebenfalls gemeinsam Paris. Jedoch blieb Joséphine

365

dann im sicheren Mainz zurück.[12] Ähnliches hatte auch Luise von Preußen beabsichtigt, wie sie noch kurz vor ihrer Abfahrt dem russischen Kaiser Alexander I. schrieb: „Der König wird in wenigen Tagen abreisen, ich begleite ihn und werde ihn verlassen, sobald die Armee vorrückt."[13] Allerdings kam sie nur wenige Wochen später den ersten kriegerischen Auseinandersetzungen ungewollt sehr nahe.

Der Aufbruch aus Berlin war hektisch und überhastet. Dies verdeutlicht unter anderem ein Bericht, den Luises Hofdame Berta von Truchseß zu Waldburg verfasste: „Der König hatte seine Abreise auf den folgenden Tag bestimmt, nur die Königin wußte, daß sie noch den selben Abend nach Potsdam aufbrechen würden, er wollte sich und allen die Stunde des Abschieds erleichtern. Den Nachmittag war ich bei der Tauenzien, um ihr beim Einpacken zu helfen, als der König plötzlich hereintrat, mir lebhaft die Hand drückte, einen Kuß auf meine Stirn, mir in wenig Worten bewegt Lebewohl sagte und ebenso schnell wieder verschwand. Ich war so wunderbar bewegt, so erschrocken über diesen unerwarteten Aufbruch, daß ich mit der Tauenzien […] herunter eilte, um […] ihn abreisen zu sehen. – Eben sprengte er zu Pferde aus dem Schloßplatz heraus seinem schrecklichen unvermeidlichen Schicksal entgegen. In diesem Augenblicke wurde ich auch zur Königin gerufen, sie nahm freundlich Abschied von mir und gab mir noch ein bedeutendes Geschenk vom Könige, welches mich innig bewegte, es war mir, als würden wir ihn nicht wiedersehen, als wäre dies sein letztes Vermächtniß für mich. Der Königin ihr Reisewagen fuhr fort, sie stürzte sich hinein, um den König bald zu ereilen."[14] In Potsdam folgte ein bewegter Abschied von den Kindern. Schon im Aufbruch begriffen, begegnete Luise noch kurz ihrer Schwester Friederike, um sie „im gleichen Augenblick wieder zu verlieren", wie sie sich bitter beklagte.[15] In Begleitung ihrer Oberhofmeisterin Sophie von Voß, ihrer Hofdamen Henriette von Viereck und Lysinka Gräfin Tauenzien sowie zweier Kammerfrauen begab sich die Königin schließlich auf den Weg nach Naumburg. Friedrich Wilhelm III. reiste in Gesellschaft des Generals Karl Leopold von Köckritz und des Kammerherrn Georg von Buch.[16]

Der Entschluss zur Abfahrt scheint kurzfristig gefallen zu sein, wie das oben zitierte Dokument nahelegt. Auch die Zeit der Vorbereitung war zu knapp bemessen. Noch am Abend des ersten Reisetages bat Luise ihre Schwester Friederike in einem Brief um einige Kosmetikartikel, die sie bereits entbehrte.[17] Von ihrem zweiten Etappenort Halle (Saale) ist überliefert, dass die Königin ein „Salbgefäß […] im Reil'schen Hause" vorfand, das dort eigens für sie angefertigt worden war.[18]

In den späten Nachmittagsstunden des 23. September 1806 traf das preußische Herrscherpaar dann in Naumburg ein und nahm im ehemaligen Residenz-

„Die hiesige Gegend ist merkwürdig und schön!"

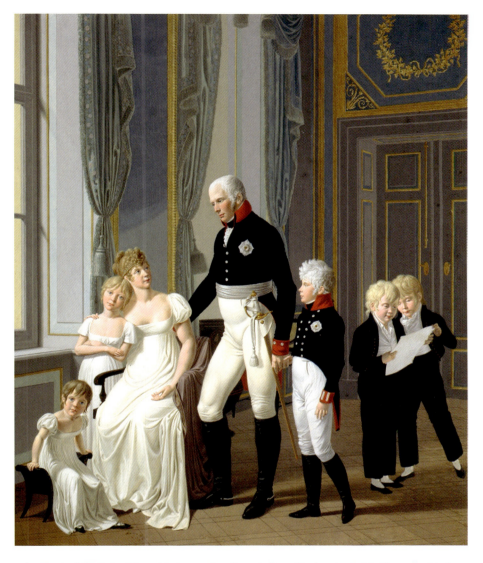

142. Friedrich Wilhelm III. und Luise von Preußen mit ihren Kindern im Palais Unter den Linden, Gouache von Heinrich Anton Dähling, 1806

Das Familienporträt zeigt den König von Preußen mit dem Thronfolger Friedrich Wilhelm an der Hand, rechts neben ihnen die Prinzen Carl und Wilhelm. An Luise schmiegt sich ihre Tochter Charlotte. Ihnen zu Füßen sitzt Prinzessin Alexandrine.

haus am Markt Quartier. Die Dienstwohnung des Amtsverwalters Thränhart war dafür in aller Eile hergerichtet und mit Mobiliar aus den vornehmsten Häusern der Stadt ausgestattet worden.[19] Noch begegneten die Einwohner dem preußischen Militär mit verhaltener Zuversicht: „Schön war der Einmarsch und Aufzug der königlichen Garden. Die Haltung der Truppen, die ins Auge fallende Uniform und die Größe und die Schönheit der Soldaten gewährte uns eine Ansicht, welche die schwankende Hoffnung auf einen glücklichen Ausgang des bevorstehenden Krieges nicht ganz sinken ließ. Täglich war große Wachtparade auf dem Markte, welcher der König, der Herzog von Braunschweig und eine Menge andrer Fürsten, Prinzen, Generale und Offiziere von den umliegenden Dörfern, um die Parole zu holen, beywohnten. […] Nur der König war in sich gekehrt, und sein banger, ernster, fast Schwermuth ankündigender Blick verrieth die Ungewißheit einer großen Zukunft, welche in seiner Seele ausgebreitet lag. Er schien den Krieg mehr vermeiden, als wünschen zu wollen."[20] Von Tag zu Tag steigerte sich die Anspannung: „Das Gedränge von Menschen und Kriegsfuhren wurde immer dichter; auf dem Marktplatze konnte kein Markt mehr gehalten werden. Alle große[n] Häuser waren voll vornehmer Herrschaften und Bedienung vom König; alle Gasthöfe vollgepfropft von Pferden."[21] Am 28. September, einem Sonntag, glich die Stadt gar „in Wahrheit einem kleinen Berlin; der König und die Königin hier, die ganze königliche Suite, 2 Herzöge, 2 Minister, 5 Generale und viele Commissairs".[22]

In Naumburg standen für Friedrich Wilhelm III. politische und militärische Angelegenheiten im Vordergrund. Er besprach sich mit Herzog Karl Wilhelm Ferdinand von Braunschweig-Wolfenbüttel, dem Oberbefehlshaber der preußischen Armee, und Teilen der Generalität, traf einige seiner Minister und Diplomaten, empfing außerdem Verbündete wie Herzog Carl August von Sachsen-Weimar-Eisenach. Am 29. September, drei Tage nach dem Ultimatum an Napoleon, suchte er noch das nahe Schlachtfeld bei Roßbach auf, wo am 5. November 1757 die Preußen unter Friedrich II. die Franzosen und deren Koalitionspartner vernichtend geschlagen hatten.[23]

Königin Luise war überwiegend mit repräsentativen Aufgaben beschäftigt. Sie traf Bündnispartner wie den Herzog von Sachsen-Weimar-Eisenach, der zusammen mit Erbprinz Carl Friedrich und dessen Gemahlin Maria Pawlowna nach Naumburg gekommen war, sowie Generäle, Diplomaten und Minister. Aber auch Bekannte und Familienmitglieder wie ihre Schwägerin Auguste gehörten zu ihren Gästen. Es wird überliefert, dass die Königin sich bemühte, ihrem Mann ein Gefühl von gesellschaftlicher Normalität und Geborgenheit zu vermitteln: „Wäre nicht der martialische Hintergrund mit Kurieren, die fast jede Minute eintreffen, und pausenloser hektischer Tätigkeit, man könnte den Eindruck haben, es handle

„Die hiesige Gegend ist merkwürdig und schön!"

143. Burgmühle und Schloss Neuenburg von Westen, Öl auf Leinwand, unbekannter Künstler, um 1840

Bis zur direkt unterhalb des Schlosses am Ufer der Unstrut gelegenen Burgmühle fuhr Königin Luise am 30. September 1806 mit der Kutsche. Zu Fuß bestieg sie den steil aufragenden Schlossberg, traf vor dem Burgtor ihren Gatten in Begleitung ihres Bruders Karl und Wichards von Möllendorf und begab sich mit ihnen zum benachbarten Haineberg. Gemeinsam besichtigten sie anschließend das Schloss.

sich um eine der vielen Sommerreisen, die das Königspaar durch die alten und neuen Lande geführt hat."[24]

Bei ihrer Ankunft in Naumburg hatte sich die Königin „hundeelend" gefühlt, denn sie litt an Kopf- und Zahnschmerzen.[25] Als ihre Unpässlichkeit mit der Zeit nachließ und sich auch das Wetter besserte, unternahm sie Ausflüge. Mehrfach suchte sie eine kleine Anhöhe über der Saale nahe einer Fährstation mit Gastwirtschaft auf, die im Volksmund als „Henne" oder „nackte Henne" bezeichnet wird. Der Ort war ihr nicht unbekannt, hatte sie ihn doch schon 1793 und 1799 kennengelernt.[26] Nun, im September 1806, beobachtete sie von hier aus die Truppenbewegungen. Dies bot sich vor allem deswegen an, weil Tage zuvor eine Pontonbrücke errichtet worden war.[27]

144. Königin Luise wird auf dem Weg nach Weimar von preußischen Soldaten begrüßt. Lithographie von Richard Knötel für das Buch „Die Königin Luise in 50 Bildern für Jung und Alt", 1896

Eine Woche nach ihrer Ankunft in Naumburg begab sich Königin Luise dann in Begleitung ihres Gatten zum Schloss Neuenburg. Obwohl seitdem mehr als zweihundert Jahre vergangen sind, stellt sich noch immer die Frage, was das Paar und seine Begleiter bewogen haben mag, in dieser überaus angespannten Lage eine scheinbar unbeschwerte nachmittägliche Spritztour zu unternehmen. War es nur eine kurze Stippvisite in Naumburgs schöne Umgebung, um sich an der Landschaft zu erfreuen und angesichts der bevorstehenden Herausforderungen Kraft zu tanken oder handelte es sich eher um eine militärische Inspektion? Schließlich hielt sich der König seit Tagen im preußischen Hauptquartier auf. Dass ihm mit Wichard von Möllendorff und Karl zu Mecklenburg-Strelitz zwei Offiziere folgten, ist sicher kein Zufall. Doch darf die Anwesenheit des greisen Generalfeldmarschalls und des erst 21-jährigen, militärisch noch weitgehend unerfahrenen königlichen Schwagers[28] gleichwohl nicht überbewertet werden. Andererseits wählten der König und seine Begleiter unterschiedliche Wege, um die Neuenburg zu erreichen. Spricht das nicht doch für ein „Rekognoszieren"? Ist in diesem Sinne auch der Umstand zu deuten, dass sich die Landschaft von den Höhenzügen entlang des Unstruttals aus betrachtet wie auf einer Landkarte ausgebreitet darbot und die Truppenbewegungen besonders gut zu beobachten waren? Vermutlich dürften mehrere Beweggründe – die Sehnsucht nach Normalität angesichts des heraufziehenden Krieges, der geschichtsträchtige und traditionsreiche Ort sowie selbstverständlich auch militärische Aspekte – eine Rolle gespielt haben. Die Naumburger Chronik jedenfalls, die immerhin über Luises Ausflug zur „Henne" berichtet, schweigt dazu. Dort heißt es lediglich: „Den 30. hatten die Preußen vermuthlich etwas entdeckt; denn wie die Thore geschlossen waren, wurden noch spät alle Häuser visitirt. Niemand durfte zum Thore hinaus oder herein, und wer auf den Straßen herumging, wurde arretirt."[29]

Wenige Tage später bereiteten Truppenmärsche die Verlegung des preußischen Hauptquartiers vor.[30] Am 4. Oktober folgten Friedrich Wilhelm und Luise.[31] „Erfurt bot dasselbe Schauspiel wie Naumburg: militärische Beratungen, fürstliche Besuche, unaufhörliche Truppendurchzüge, ein unentwirrbares Gewühl und Durcheinander von Menschen, Pferden, Kanonen. Der König studierte dort den Plan der Schlacht von Austerlitz. Die Königin hatte die Freude, ihre Schwester, Herzogin Charlotte von Hildburghausen, bei sich zu sehen. Sie besuchte den Petersberg und ließ sich mit ihren Damen abends von Lucchesini Gespenstergeschichten erzählen."[32] Am 10. Oktober zog das Paar wegen der im Vormarsch begriffenen Franzosen mit der Hauptarmee in das südlich von Weimar gelegene Blankenhain. Dort erfuhr es von der hoffnungslosen Lage des preußisch-sächsischen Verbandes, der bei Saalfeld auf französische Truppen getroffen war. Am Abend wurde schließlich eine Todesnachricht überbracht: Prinz Louis Ferdinand, der Kommandeur des Vortrupps, war im Gefecht gefallen.[33] In der folgenden Nacht geriet auch das Hauptquartier in Bedrängnis. Die dramatischen Ereignisse, noch nie zuvor war die Königin Kampfhandlungen so nahe gekommen, hinterließen bei ihr einen nachhaltigen Eindruck: „Die Lage war weder ruhmreich noch ungefährlich. Dies alles ereignete sich nachts mit schrecklichem Krach. Er steigerte die Angst, die ein jeder hatte, weil man sich der echten Gefahr bewußt wurde, besonders wir Frauen, ich selbst, meine Hofdamen und meine Kammerfrauen, die wir nicht hatten ahnen können, was derartige Situationen bedeuten. Es ist verständlich, daß ich nicht einschlafen und kein Auge schließen konnte, und daß ich die ganze Nacht auf den Beinen war und angezogen und gequält von Sorgen, was in dieser Nacht und am nächsten Tag geschehen würde."[34] In den frühen Morgenstunden zog man sich daraufhin nach Weimar zurück.

Noch ein weiteres Mal drohte die Königin wenig später zwischen die Fronten zu geraten. Da Friedrich Wilhelm seine Frau im rückwärtigen Bereich der Armee am sichersten wähnte, folgte sie am 13. Oktober in seinem Wagen den Truppen in Richtung Auerstedt. In Sichtweite der Eckartsburg, wo schon die Franzosen standen, forderte sie der Herzog von Braunschweig unmissverständlich auf, sich unverzüglich nach Weimar zu begeben und von dort aus über den Harz, Braunschweig und Magdeburg nach Berlin zurückzukehren. Dem König, der sich nur schweren Herzens zu trennen vermochte, blieb angesichts der ausweglosen Lage nichts anderes übrig als zuzustimmen. Daraufhin wechselte Luise auf offener Straße „mitten unter Infanterie, Kavallerie, Kanonen und Gepäck und Kriegsbeute" den Wagen.[35] Wie vorgezeichnet trat sie die Fahrt am folgenden Tag an, der mit der Schlacht bei Jena und Auerstedt in die Annalen einging. Von deren vernichtendem Ausgang erfuhr sie allerdings erst später als sie Berlin schon fast erreicht hatte.[36]

Angesichts der geschilderten Dramatik verwundert es nicht, dass der spontane Ausflug zum Schloss Neuenburg in den Schriftzeugnissen der Protagonisten keinen Widerhall fand. Dass er in Freyburg und Umgebung nicht völlig in Vergessenheit geriet, ist der im 19. Jahrhundert weit verbreiteten Verehrung und zunehmenden Glorifizierung der früh verstorbenen preußischen Königin zuzuschreiben. An vielen Orten, an denen sie sich aufgehalten hatte, entwickelte sich ein wahrer „Luisenkult". Auch Schloss Neuenburg war eine jener Stätten, in der das Andenken an die „Königin der Herzen" eifrig gepflegt wurde.[37] Als Erinnerungsstück an ihren Besuch wurde ein Stuhl in hohen Ehren gehalten, auf dem sie in der „Erkerstube" einst Platz genommen haben soll. Das in verschiedenen Quellen oft als Sessel bezeichnete Sitzmöbel stammte aus dem Besitz des kursächsischen Rentmeisters Gleißberg, der zum Gedenken an das Ereignis eine handschriftliche Beschilderung angefertigt und an der vorderen Stuhlleiste angebracht hatte. Seine preußischen Nachfolger verwahrten den Stuhl an Ort und Stelle. Schließlich wurde er von den Erben des Rentmeisters Schnelle im Schloss als unveräußerliches Eigentum hinterlassen. Erstmals erfasste ihn Rentmeister Julius von Bismarck im Juli 1849 als Interieur der „Erkerstube" und beschrieb ihn als einen hölzernen „Sessel mit roth und weiß gestreifter Leinwand bezogen, worauf die hochselige Königin Louise von Preußen, am Tage Mariä Geburt 1806 gesessen, als sie mit des verstorbenen Königs Majestät und dem Prinzen von Mecklenburg auf dem hiesigen Schloss anwesend gewesen".[38] Bismarck übernahm in seinem Eintrag eine falsche Datumsangabe, die vermutlich von Gleißbergs Beschriftung stammte, hatte der Besuch doch nicht am 8., sondern erst am 30. September 1806 stattgefunden.[39] In den amtlichen Verzeichnissen auf Schloss Neuenburg blieb der Eintrag noch Jahrzehnte fehlerhaft. Erst im In-

"Die hiesige Gegend ist merkwürdig und schön!"

145. Beschriftung des „Louisen-Sessels" in der korrigierten Version von Johann Friedrich Wilhelm Stiebitz, 1853

146. Die Neuenburg, Königin-Luise-Erker, Postkarte, um 1910

ventar des Hofmarschallamtes vom 9. November 1891 sind die Angaben berichtigt worden.[40]

Einen wesentlichen Anteil an der Tradierung des Königsbesuches von 1806 hatte vor allem die publizistisch aufbereitete Darstellung des Geschehens. Ein erster Hinweis findet sich 1832 im „Wegweißer für Reisende, welche die Stadt und das Schloß Freyburg besuchen wollen". Der Freyburger Lehrer Johann Gottlob Peter wandte sich darin vor allem an ortsunkundige Wanderer und Ausflügler, denen er die Attraktionen des „kleinen, aber intereßanten und romantisch gelegenen Freyburg" nahe bringen wollte. Zum konkreten Anlass schrieb er: „Bist Du Freund der neuen Geschichte, so wisse, daß König Friedrich Wilhelm III., den wir seit dem 3. August 1815 als unseren Landesherrn verehren, nebst seiner holden Lebensgefährtin, Louise, welche von Allen damals für eine königliche Schönheit anerkannt wurde, am 30. September 1806. dieses Schloß mit seiner Gegenwart beehrte und dabey äußerte, daß die hiesige Gegend merkwürdig und schön sey. Noch wird der Sessel als eine Reliquie, hier aufbewahrt, worauf die Königin der Anmuth ruhte."[41]

Etwas ausführlicher schilderte Gottlob Traugott Gabler drei Jahre später das Geschehen. Exakt drei Jahrzehnte nach der historischen Episode erschien 1836 sein Buch „Freyburg, Stadt und Schloß, nebst ihren Umgebungen", dem 1845 noch eine zweite, erweiterte Auflage folgte. Konzentriert auf das Wesentliche schrieb der seit 1821 in Freyburg ansässige Kantor, Lehrer und Chronist: „am 30. Septbr., nahmen Sr. Majestät der König Friedrich Wilhelm III., seine Gemahlin, die höchstselige Königin Marie Luise und ihr Bruder der Herzog Carl von Mecklenburg das Schloß zu Freyburg, von Naumburg aus, in Augenschein".[42] Des Weiteren erwähnte er Generalfeldmarschall Wichard von Möllendorf, der zur kleinen Reisegesellschaft gehörte.[43] „Zu den interessantesten Gegenständen, welche in Augenschein genommen zu werden verdienen", zählte Gabler bereits die „Erkerstube" mit dem „Sessel, worauf am 30. September 1806 die höchstselige Königin von Preußen, Maria Luise, ausruhete".[44]

Die Freyburger Stadtchronik[45], deren Aufzeichnung nach Jahrzehnten der Unterbrechung 1829 wieder aufgenommen worden war, nahm mit einem Eintrag zum 15. Oktober 1840[46] auf das Ereignis von 1806 Bezug: „Vor 34 Jahren und zwar am 30. September war [...] der König Friedrich Wilhelm III. und seine Gemahlin Louise auf dem Schlosse und besahen aus der Erkerstube die Naturschönheiten unserer Gegend. Noch ist der Stuhl in dieser Stube vorhanden, worauf die Königliche Grazie Louise gesessen hat, doch ist, was wohl zu merken, auf dem daran befindlichen Zettel der Tag ganz falsch angegeben."[47] Der „Luisenstuhl" wurde neun Jahre später noch ein weiteres Mal erwähnt. Friedrich Wilhelms zweite Frau Auguste, die er 1824 unter weitgehendem Ausschluss der Öffentlichkeit geheiratet hatte, kurte im Sommer 1849 im nahen Kösen. Von dort aus besuchte die stets im Schatten ihrer Vorgängerin stehende und oft mit Vorbehalten bedachte Fürstin von Liegnitz am 11. August Freyburg. Gemeinsam mit ihrem Bruder Karl Philipp Graf Harrach „besah [sie] sich die Kirche von außen, nahm im goldenen Ringe ein Mittagsmahl, fuhr aufs Schloss und dann nach Kösen zurück."[48] Bemerkenswert an diesem Eintrag ist, dass der Chronist explizit erwähnte, dass sie sich auf den „Louisen-Sessel" nicht gesetzt habe.

Im Jahr 1853 veröffentlichte der Weißenfelser Johann Friedrich Wilhelm Stiebitz eine Abhandlung mit dem Titel „Geschichtlicher Nachweis über die Roßbacher Schlachtsäule sowie über Schloß und Kirche zu Freyburg, nebst historischen Merkwürdigkeiten und Erzählungen von Freyburg und Umgegend". Darin beschrieb er ausführlich den königlichen Besuch von 1806 und wusste die von Johann Gottlob Peter und Gottlob Traugott Gabler bereits notierten Fakten mit zahlreichen Details auszuschmücken. So erfuhr die Leserschaft beispielsweise, dass Friedrich Wilhelm III. in Uniform mit dem Schwarzen Adler-Orden auf der Brust erschienen sei. Die Königin hingegen habe ein weißes Kleid mit einem Schultertuch getragen. Ihren Hut zierten blaue Kornblumen und -ähren.[49] Das Zusammentreffen des getrennt anreisenden Paares beschrieb er voller Pathos: „Als sich Beide begegneten, strahlte dem königlichen Gemahl ein Blick entgegen, wie ich einen solchen nie sahe; es war der Blick eines Engels, welcher sich nicht beschreiben läßt. [...] Der König hatte bei ihrer Ankunft eine Landkarte in der Hand, um ihn aber aus seinem Sinnen zu reißen, und damit er durch andere Gedanken nicht vom Genuß der schönen Gegend abgehalten werde, nahm sie ihm selbige schnell ab und reichte sie einer Dame von ihrem Gefolge hin."[50] Stiebitz wusste außerdem zu berichten, dass Rentmeister Gleißberg seine Gäste mit „Buttersemmeln und Milch" bewirtete. Fragen zur Geschichte des Hauses beantwortete er mit Unterstützung des Justizamtmanns Karl Wilhelm Slevogt. Als Abschluss führte der Autor noch eine herzergreifende Anekdote an, wonach beim Aufbruch der kleinen Gesellschaft Auguste Friederike Gleißberg, die Tochter des Rentmeisters, der Königin ein „Blumen-Bouquet" reichte, „wovon die Huldvolle jedoch nur eine einzige Blume auswählte und eigenhändig am Busen befestigte".[51]

Nicht nur die verherrlichende Art und Weise der Schilderung des historischen Geschehens, sondern auch kleine Details wie der Verweis auf den Blumenschmuck am Kleid der Königin, sind ein authentisches Spiegelbild der allgegenwärtigen Luisenverehrung um die Mitte des 19. Jahrhunderts. Die vielerorts als Ackerunkraut negativ konnotierte Kornblume war um 1800 zum Symbol einer neuen Natürlichkeit geworden, die die Königin wie keine andere in Person verkörperte. Schon bald avancierte die einstige „Hungerblume" zur „preußischen Blume". Befördert wurde dieser Kult nach Luises Tod durch ihren Sohn Wilhelm, den späteren Kaiser. Dies wiederum hatte seinen Ursprung in jener im Rückblick legendenhaft verklärten Zeit, als sich die Königin mit ihren Kindern auf der Flucht in Ostpreußen befand.[52] Auch die mittelalterliche Symbolik der Pflanze, die Treue und Festigkeit im Glauben versinnbildlichte und zum Kranz gewunden an die Krone der Himmelskönigin erinnerte, passte zur Glorifizierung Luises als „preußische Madonna".[53] Selbst ein Bezug zu Friedrich Schiller, den die Königin sehr schätzte, ließ sich herstellen, besang er doch in seinem Lied „Das Eleusische Fest" die in den goldenen Ährenkranz geflochtenen Cyanen. Dieser vom botanischen Pflanzennamen „Centaurea cyanus" abgeleitete Begriff fand sich noch in der 1908 erschienenen Lebensbeschreibung der Königin wieder, die der allgemein anerkannte Luise-Biograph Paul Bailleu verfasst hatte. Auch er ließ seine Leser wissen, dass sich die Königin während ihres Aufenthaltes in Naumburg gern in einem weißen Kleid mit Ähren- und Cyanenschmuck zeigte.[54]

Lägen zwischen jenem Septembernachmittag des Jahres 1806 und der Stiebitz'schen Veröffentlichung nicht fast fünfzig Jahre, könnte man angesichts der Authentizität suggerierenden und detailverliebten Beschreibung fast meinen, der Verfasser sei selbst Augenzeuge des Geschehens gewesen. Allem Anschein nach stützte er sich in seiner Darstellung auf Aussagen jenes Johann Gottlob Peter, der

„Die hiesige Gegend ist merkwürdig und schön!"

147. König Friedrich Wilhelm IV. von Preußen, Öl auf Leinen, unbekannter Künstler (Kopie nach Franz Krüger), um 1850

schon 1832 den „Wegweißer für Reisende" verfasst hatte. Der 1774 in Kleinwangen geborene, seit 1793 in Freyburg wohnhafte und ab 1798 an der dortigen Knabenschule lehrende Kantor und Organist ist zumindest ein Zeitzeuge gewesen.[55]

Die Abhandlung des Weißenfelser Publizisten und Verlegers erschien nicht zufällig Anfang September 1853. Seit Monaten wurden Vorbereitungen für das große Herbstmanöver des IV. Korps der preußischen Armee getroffen, das im Städtedreieck zwischen Merseburg, Weißenfels und Naumburg abgehalten wurde.[56] Dieses Ereignis führte auch König Friedrich Wilhelm IV. vom 4. bis zum 10. September in die Region an Saale und Unstrut und am 7. und 8. September auf die Neuenburg. So stand der zweite Besuch eines preußischen Monarchen im Schloss erneut mit militärischen Aspekten in Verbindung, jedoch erfolgte er unter gänzlich anderen Konstellationen als noch 1806.

Erste Hinweise auf die bevorstehende Manöverreise datieren in das Frühjahr 1853. Der Merseburger Regierungspräsident Busso von Wedell stand bereits am 4. Mai in Briefkontakt mit dem preußischen Finanzminister Carl von Bodelschwingh und informierte ihn über die „mündliche Aeusserung" Friedrich Wilhelms IV., „das Schloss näher in Augenschein nehmen" zu wollen.[57] Wenige Tage später inspizierten Verantwortliche in Verwaltung und Militär Stadt und Schloss. Die Freyburger Stadtchronik vermerkte für den 6. Mai den Besuch Busso von Wedells. Drei Tage später folgte der kommandierende General des IV. Armeekorps Wilhelm Fürst von Radziwill. Am 10. Mai erschienen mit dem „Konservator der Denkmäler" in Preußen, Ferdinand von Quast, dem Merseburger Regierungs- und Baurat Friedrich August Ritter und dem Naumburger Bauinspektor Schönwald die Bausachverständigen. Tags darauf sondierten ein Major und ein Proviantmeister die Lage.[58]

Baulich stand es um die Neuenburg nicht zum Besten. Nach 1815, als das Schloss aus der vormals sächsischen Administration in die Verantwortung des preußischen Staates überging, waren zunächst verschiedene Reparaturen und Instandsetzungen erfolgt, doch entsprachen sie in keiner Weise den tatsächlichen Erfordernissen. Nach wiederholt gescheiterten Versuchen, eine angemessene Nutzung für leer stehende Gebäudeteile zu finden, und wegen der immensen Aufwendungen für den Bauunterhalt, die der exponierten Lage des Schlosses geschuldet waren, zog man zeitweise sogar die Aufgabe ganzer Schlossbereiche in Betracht, um einer Empfehlung Karl Friedrich Schinkels folgend nur das Mauerwerk als gepflegte Ruine bewahren zu müssen. In den 1840er Jahren wurde davon wieder Abstand genommen. Unter der Leitung Friedrich August Ritters fanden nun baubewahrende Sicherungsmaßnahmen, unter anderem 1842/43 in der Doppelkapelle und gegen Ende des Jahrzehnts auch an den Dächern, statt.[59]

Parallel dazu intensivierte man die Suche nach geeigneten Nutzungsvarianten als Garant für einen dauerhaften Bestand. Im sogenannten Rittersaalflügel, der in den 1830er Jahren noch zum Abriss vorgesehen war, wurde Anfang der 1850er Jahre eine zweite Dienstwohnung eingerichtet. Vermutlich war sie schon 1852 baulich fertiggestellt worden, doch bezog sie der Oberförster des Pödelister Reviers, Franz von Rauchhaupt, erst im Frühjahr 1853.[60]

Den bevorstehenden Aufenthalt des Königs vor Augen schilderte der Merseburger Regierungspräsident dem preußischen Finanzminister am 4. Mai 1853 die anstehenden Aufgaben. Er hob ausdrücklich hervor, dass es mit den beiden Dienstwohnungen bereits nutzbare Räume gäbe. „Es fehlt nur die nothdürftige bauliche Einrichtung des neben den Zimmern des Oberförsters befindlichen Rittersaales und Kirchsaales und des Ganges, welcher den Flügel des Schlosses, worin sich die neue Oberförster-Wohnung befindet, mit dem die Rentbeamten-Wohnung enthaltenden Flügel verbindet. Diese Räume sind jetzt in einem sehr schlechten Zustande, zum Theil ohne Fenster, und die Reihe der Herstellung wird bald an sie kommen müssen, wenn man den Plan, das Schloß vor dem baldigen Verfall zu sichern, […] nicht aufgeben will, nachdem es zum größten Theil bereits ausgeführt ist. Es erscheint nun dringend wünschenswerth, diese letzten Herstellungen im Laufe des Sommers zu bewirken, und damit nicht nur vor der Besichtigung des Schlosses durch Ihre Majestät die Verwüstungen, welche der Zahn der Zeit und die frühere gänzliche Vernachlässigung dem Schlosse gebracht haben […] zu beseitigen, sondern auch die Möglichkeit herbeizuführen, das Schloß zur Wohnung für Se. Majestät in gleicher Art zu benutzen, wie es von den hochseeligen Eltern Sr. Majestät im Jahre 1806 bewohnt worden ist."[61] Seinem Schreiben legte er einen Kostenüberschlag in Höhe von 1100 Reichstalern bei. Carl von Bodelschwingh genehmigte am 14. Mai 1853 die beantragten Gelder und drängte darauf, dabei „sorgsam darauf Bedacht zu nehmen, daß dadurch im Baustyle und in den Details der Construction des Gebäudes nichts geändert werde".[62] Gleichzeitig beauftragte er Friedrich August Ritter mit der Bauleitung und wandte sich unverzüglich an Ferdinand von Quast mit der Bitte, dem Merseburger Baurat bei der Bewältigung seiner Aufgaben hilfreich zur Seite zu stehen.[63] Quast antwortete umgehend: „Seit 10 Jahren, so lange ich meines Amtes vorstehe, habe ich dahin zu wirken gestrebt, daß dem genannten Schlosse wieder eine würdige Bestimmung verliehen würde, um es vom Untergange zu retten, was nun glücklicherweise durch Einrichtung der Forstbeamten-Wohnung geschehen ist, nochmehr aber jetzt dadurch geschieht, daß die Hauptsäle desselben für den temporären Aufenthalt Sr. Majestät des Königs hergestellt werden sollen; ein Ziel, welches ich zwar sogleich im Auge hatte, aber kaum zu erreichen hoffen durfte."[64] Außerdem berichtete er Bodelschwingh über seine Dienstreise zur Neuenburg,

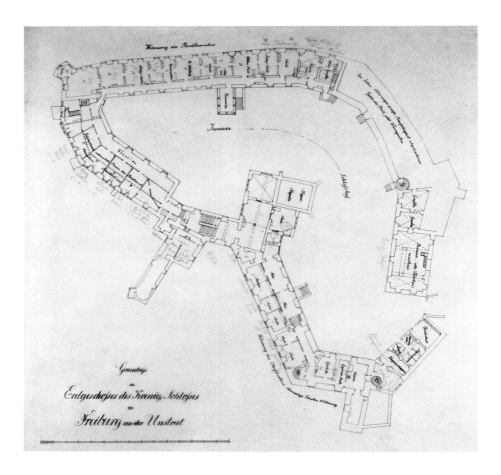

wo er am 10. Mai mit Baurat Ritter und Bauinspektor Schönwald zusammengetroffen war, um seine Vorstellungen „in Bezug auf die vorzunehmenden Reparaturen und zweckmäßigste Verwendung" der Gelder zu besprechen.[65]

Zunächst wurde davon ausgegangen, dass Friedrich Wilhelm IV. nur für wenige Stunden auf Schloss Neuenburg verweilen würde. Zu diesem Zweck sollte das neue Domizil des Oberförsters als „Absteigequartier" genutzt werden, um von da aus die Doppelkapelle und vielleicht auch jene Zimmer der Rentbeamtenwohnung zu besichtigen, „welche durch das Verweilen der Allerhöchsten Eltern Seiner Majestät im Jahre 1806 ein Gegenstand der Pietät geworden sind".[66] Dies bedeutete, den sogenannten Ritter- und den Kirchsaal sowie die angrenzenden Räume mit einfachen Mitteln wiederherzustellen. Im Flur, der die Oberförsterwohnung mit der des Rentbeamten verband, wollte Ritter „wenigstens keinen unangenehmen Eindruck aufkommen" lassen, in dem er den Einblick in die ver-

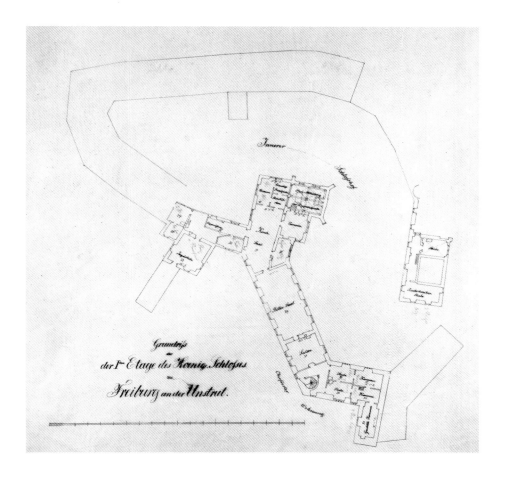

148. und 149. Grundrisszeichnungen des Erdgeschosses und der ersten Etage von Schloss Freyburg, schwarze, rote und blaue Tinte sowie Bleistift auf Transparentpapier, um 1853

In beiden Plänen sind die Dienstwohnungen für den Rentbeamten und für den Oberförster ausgewiesen sowie verschiedene Raumbezeichnungen, darunter „Rittersaal" und „Kirchsaal", eingetragen.
„Nr. 13 und 14" markieren das spätere „Luisenzimmer" mit dem anschließenden Erker, in dem sich 1806 das preußische Königspaar aufgehalten hat. 1853 gehörte der Raum zum Nachtquartier Friedrich Wilhelms IV. Außerdem ist mit Bleistift eine wohl nicht realisierte Variante der Zimmerbelegung für hochrangige Gäste des Königs eingetragen.

wahrlosten Räume „durch Anbringung von Thüren und Verschlägen" verwehren oder aber „eine nothdürftige Herstellung und Abfärbung" ausführen wollte.[67] Fehlendes Interieur wie Möbel, Gemälde, Leuchter und Spiegel sollte aus Schloss Elsterwerda herbeigeschafft werden.[68]

150. Schloss Neuenburg, Rittersaal, Blick nach Süden, vor 1945
Die historische Aufnahme zeigt den Raum nach den Instandsetzungen von 1853 mit geringfügigen Überarbeitungen von 1888. Während des Königsbesuches von 1853 wurde der Rittersaal als Speisesaal genutzt.

Anfang Juli wandte sich Friedrich August Ritter verstärkt der Instandsetzung der Doppelkapelle zu, die der kunstsinnige Friedrich Wilhelm zu besichtigen wünschte. Unterdessen verdichteten sich die Anzeichen, dass Schloss Neuenburg sogar für einen „längeren Aufenthalt" des Königs genutzt werden könnte. Schon Anfang Mai hatte Busso von Wedell in seinem Schreiben an Carl von Bodelschwingh dafür den Boden bereitet, in dem er die landschaftlich schöne Lage, die „historischen Erinnerungen" und die bewohnbaren Räume als besondere Vorzüge pries.[69] Zwei Monate später fanden vorbereitende Absprachen mit dem in Magdeburg stationierten Generalkommando des IV. Armeekorps statt. Über den Planungsstand informierte der Merseburger Regierungspräsident den Oberpräsidenten der preußischen Provinz Sachsen, Hartmann von Witzleben, am 9. Juli. Es bestand demnach bereits Einigkeit, die Neuenburg als Nachtquartier für den König zu nutzen.[70] Dies belegt zudem ein Bericht des Magdeburger Generalkommandos vom 11. Juli an den Hof- und Hausmarschall Alexander Graf von

Keller. Darin hieß es unter anderem, dass das „Schloß zu Freyburg […] der Art hergestellt [sei], daß nicht allein seine Majestät der König sondern auch einige der hohen Gäste daselbst wohnen können."[71] Sogar zur Unterbringung Friedrich Wilhelms IV. gab es bereits konkrete Überlegungen, wie Busso von Wedell darlegte. Zwar war ihm bewusst, dass „die Zimmer im südlichen Flügel besser sind als die übrigen und wegen ihres Anschlusses an den Rittersaal bequemer liegen", dennoch empfahl er die Dienstwohnung des Rentbeamten im Nordflügel herzurichten, „weil darin die Hochseeligen Aeltern des Königs im Jahre 1806 drei Tage gewohnt haben, und weil aus dem zu dieser Zimmerreihe gehörigen großen Eckzimmer mit Erker die Aussicht auf die Unstrut und Saale ungleich schöner und weiter ist."[72]

Der Merseburger Regierungspräsident übertrieb mit seinen Äußerungen hinsichtlich des Aufenthalts des Königspaares gehörig, blieben Friedrich Wilhelm III. und Luise doch allenfalls wenige Stunden. Von einem „Wohnen", gar mehrtägigen Verweilen konnte zu keinem Zeitpunkt die Rede sein. Wedells „Buhlen" für die Neuenburg war letztlich erfolgreich. Am 21. Juli informierte ihn Hartmann von Witzleben, dass Friedrich Wilhelm IV. nunmehr entschieden habe, auf dem Schloss zu residieren. Zum Nachtquartier sei die Dienstwohnung des Rentbeamten bestimmt worden, wobei der König auch jenen Raum beziehen wolle, in dem sich seine Mutter einstmals aufgehalten habe.[73] Vermutlich ahnte der Oberpräsident bereits die sich abzeichnenden zusätzlichen Probleme, wurde doch ausdrücklich hervorgehoben, dass diese Entscheidung entgegen seiner Empfehlung getroffen worden war. Die zehn Tage zuvor von Busso von Wedell verbreitete Feststellung, Schloss Neuenburg wäre auf die Unterbringung des Königs vorbereitet, entsprach mehr seinem Wunschdenken als der Realität. In Wirklichkeit fehlte es sowohl an adäquaten Quartieren für den Herrscher und seine Gefolgschaft als auch an einfachen Unterkünften für das zahlreiche Personal. Zudem waren die Voraussetzungen zur Versorgung der Gäste mehr als eingeschränkt. Selbst Nebengelass für Pferde und Kutschen musste noch hergerichtet werden.

Am ehesten war eine Lösung für die Wohnräume des Königs gefunden. Die Gattin des Weißenfelser Landrats Ulrici sicherte nach einem Treffen vor Ort am 26. Juli Baurat Ritter zu, sich um das Interieur des königlichen Nachtlagers zu kümmern.[74] Größere Schwierigkeiten bereitete dagegen die Ausstattung der bislang ungenutzten Räume mit Mobiliar und Textilien wie Teppichen und Gardinen. Selbst Bettwäsche war nicht vorhanden und konnte aus dem Umland wegen der starken Truppenbelegungen kaum noch beschafft werden.[75] Da das aus Schloss Elsterwerda überführte Inventar offenbar nicht ausreiche und die Kosten so gering wie möglich gehalten werden sollten, erging an Hofmarschall Graf von Keller die Bitte, einen Teil des nötigen Interieurs aus Berlin mitzuführen.[76]

Außerdem wurden verschiedene Privatpersonen, darunter ein Tischlermeister, ein Teppich- und ein Glashändler, gesondert beauftragt, Möbelstücke, Teppiche sowie Glas- und Porzellanwaren zu liefern oder leihweise zu überlassen.[77] Vorbereitungen waren aber nicht nur für die Logis der hohen Gäste zu treffen. Da an zwei Tagen große Diners mit etwa 100 Personen veranstaltet werden sollten, galt es so frühzeitig wie möglich die beiden Küchen von einem Sachverständigen prüfen zu lassen.[78]

In der zweiten Augusthälfte spitzten sich die Probleme zu. Vor allem reichten die im Mai unter anderen Voraussetzungen bewilligten Gelder bei weitem nicht aus, um die anstehenden Aufgaben zu bewältigen. War man anfänglich davon ausgegangen, eine überschaubare Anzahl von Räumen mit einfachen Mitteln herzurichten, musste nun innerhalb von wenigen Wochen „jeder Winkel des Schlosses benutzt werden […] um diese Allerhöchsten Herrschaften nebst deren Begleitung zu fassen und ihnen, nach den Strapazen des Dienstes, eine allerdings nur bescheidene Ruhestätte zu gewähren."[79] Dabei liefen die Bauarbeiten längst auf Hochtouren: Nur von einer Mittagspause unterbrochen waren die Handwerker von morgens 5 Uhr bis teilweise abends 7 Uhr im Einsatz.[80] Gleichwohl stand noch immer eine Fülle von Tätigkeiten im Inneren des Schlosses – darunter an der Doppelkapelle – wie im Außengelände bei den Remisen und Pferdeställen an, „die sich selbst jetzt noch nicht einmal übersehen und viel weniger zu Gelde berechnen" ließen, wie Baurat Ritter am 18. August dem Merseburger Regierungspräsidenten berichtete. Im schlimmsten Fall könne der erst „bei der Revision festzustellende Betrag das zuvor Berechnete um das Doppelte übersteigen".[81]

Busso von Wedell wandte sich daraufhin an den Finanzminister, um ihn über den Sachstand zu unterrichten und vor allem die nicht mehr zu verhindernde Kostensteigerung anzuzeigen.[82] Carl von Bodelschwingh reagierte postwendend und erklärte, dass ohne Zweifel alle notwendigen Vorkehrungen für den bevorstehenden Aufenthalt des Königs zu treffen wären. Doch „befremdete" ihn die mit 100 bezifferte Zahl der im Schloss zu beherbergenden Personen außerordentlich, da seines Wissens „die Absicht Seiner Majestät noch vor einigen Wochen nicht dahin ging, mit einem so zahlreichen Gefolge im Schloß zu Freiburg zu nächtigen".[83] Unmissverständlich verlangte er von der Merseburger Regierung größtmögliche Sparsamkeit. Eine Abschrift dieses Schreibens erging noch am gleichen Tag an Hartmann von Witzleben mit der Aufforderung, sich der Sache umgehend anzunehmen.[84]

Beide Adressaten stellten in ihren Erwiderungen klar, dass man sich vor Ort streng an die Anweisungen des Hofmarschallamtes und des Hofarchitekten Friedrich August Stüler[85] halte und „nur das Nothdürftigste" veranlasse, wobei „auf größte Kosten-Ersparniß Bedacht"[86] und „auf möglichste Einfachheit thunlichst

Rücksicht genommen"⁸⁷ werde. Darüber hinaus stellte Oberpräsident von Witzleben heraus, dass „außer Sr. Majestät dem König und Allerhöchstdessen Gefolge noch vier fürstliche Personen nebst Adjutanten […] im Freiburger Schloß Nachtquartier erhalten sollen".⁸⁸ Allerdings blieb unausgesprochen, dass auch die Versorgung vergleichsweise weniger hochherrschaftlicher Gäste eine zahlreiche Dienerschaft erforderte, die ebenfalls untergebracht werden musste. So gehörten beispielsweise die Kammerdiener Tiedke und Thiele, die Leibjäger Seyer und Cott, die Garderobiere Wagner und Bierbaum sowie Hoffourier Immelmann zur namentlich bekannten Bedienung des Königs. Hinzu kamen noch zwei weitere Leibjäger, vier Kammerlakaien, sieben Hofjäger und zehn Lakaien.⁸⁹ Von den Gästen hatte allein Karl von Bayern zwei Diener, insgesamt fünf Kammerdiener, Leibjäger und Lakaien sowie weitere fünf von preußischer Seite gestellte Bedienungen.⁹⁰ Zum übrigen Personal zählten unter anderem Küchenmeister Collignon, die drei Mundköche Tamanti, Auburtin und Weber, ein Bratmeister und ein Bratspicker, mehrere Hilfsköche, Küchenaufseher und -diener sowie Silberkammerbedienstete und Wagenmeister.⁹¹ Insgesamt ist von einer beträchtlichen Gesamtzahl unterzubringender Personen auf der Neuenburg auszugehen, die letztlich die von Bodelschwingh monierte Anzahl sogar noch überstieg.⁹²

In Anbetracht dessen konnte nur die engste Gefolgschaft des Königs im Schloss übernachten. Weitere Unterkünfte mussten in der nahen Umgebung beschafft werden. Eigens dafür war bereits Anfang Juli in Freyburg eine Einquartierungskommission gebildet worden. Ende August vergewisserten sich Hartmann von Witzleben, Busso von Wedell und der Querfurter Landrat Karl Heinrich von Helldorf vor Ort über den Stand der Vorbereitungen.⁹³ Am 7. September standen schließlich mehr als 25 Quartiere in der Stadt zur Verfügung.⁹⁴ Für alle, die nicht im Schloss wohnten, aber in großer Zahl zu den Diners geladen waren, wurden Zelte mit „Bänke[n] und Tafeln von rohen Brettern" aufgestellt, „damit sie sich für die königliche Tafel vorbereiten können".⁹⁵

Während auf der Neuenburg noch höchste Betriebsamkeit herrschte, trat Friedrich Wilhelm IV. wie geplant am 4. September 1853 seine Reise zum großen Herbstmanöver an.⁹⁶ Von Potsdam aus begab er sich per „Eisenbahn-Extrazug" in Begleitung seines Bruders Carl und des Generals August Wilhelm von Neumann sowie der Flügeladjutanten von Bismarck-Bohlen, Loën und Schlegell nach Merseburg. Bei Magdeburg stießen Wilhelm von Preußen und Hartmann von Witzleben dazu. Die Fahrt verlief „schnell & glücklich".⁹⁷ In Merseburg erwarteten den König hochrangige preußische Militärs und Staatsbeamte. Am Manöver nahmen außerdem Prinz Karl von Bayern, der Halbbruder von Friedrich Wilhelms Gemahlin Elisabeth, Großherzog Carl Alexander von Sachsen-Weimar-Eisenach, dessen Schwestern Marie und Augusta mit den Prinzen Carl

385

und Wilhelm von Preußen verheiratet waren, und Herzog Ernst II. von Sachsen-Coburg und Gotha teil.[98] Nach der offiziellen Begrüßung durch Militär-, Stände- und Behördenvertreter einschließlich großem Zapfenstreich im Schlosshof bezog Friedrich Wilhelm sein Domizil. Den Abend beschloss ein Souper zu Ehren des Königs.[99]

Die beiden folgenden Tage standen ganz im Zeichen des Manövers, zu dem auch britische, österreichische und russische Generäle und Offiziere geladen waren. Mehrere Stunden lang verfolgte Friedrich Wilhelm die Aufmärsche und Feldübungen. Besonderen Gefallen fand er an der großen Königsparade bei Roßbach: „Ich habe mich herzl[ich] wegen Ratzewilhelm gefreut! Die Truppen defilirten 2 mal, 1 mal in Compagniefront dann in [Regiments] Colonnen, & die Cavall[erie] im Traben. Vortrefflich!".[101] An den Abenden fanden gesellschaftliche Verpflichtungen wie ein Diner im Merseburger Schloss sowie „Chorgesang im erleuchteten Dom" statt.[102]

Am 7. September 1853 war offizieller Ruhetag, an dem wie geplant der Quartierwechsel zum Schloss Neuenburg erfolgte. Für den König standen zuvor eine Besichtigung der „Lehranstalt Schulpforte" und ein Besuch der Rudelsburg auf dem Programm. Allerdings begann der Morgen für ihn wenig verheißungsvoll: „Ich bin […] zum Ankleiden so ¼ 8 aufgestanden. Jetzt hab' ich unter erschwerenden Umständen Café getrunken, nemlich unter den Fragen von Keller, Schöler & Bismark. Das Wetter macht mich unglücklich. Ein scheußlicher Herbsttag! Kalt, Sturm & Regen & damit sollen wir im Freyen auf der Rudelsburg ein dejeuné der Stände einnehmen", beklagte sich der unter einer starken Erkältung leidende Monarch noch kurz vor dem Aufbruch.[103] Mit der Eisenbahn ging es dann zunächst bis zur Bahnstation nahe dem sogenannten Fischhaus, einer zu Schulpforte gehörigen Fährstation an der Saale. In der traditionsreichen Bildungsstätte besichtigte Friedrich Wilhelm Kirche, Bibliothek und Kreuzgang und folgte mit Interesse den verschiedenen Darbietungen der Schüler und Lehrer.[104] Zweite Reisestation war die Rudelsburg, wo die Stände der vier Kreise Querfurt, Weißenfels, Naumburg und Merseburg einen festlichen Empfang bereiteten. Dass der Programmpunkt weitaus angenehmer ausfiel als noch am Morgen befürchtet, lässt sich Friedrich Wilhelms Brief an seine Frau Elisabeth entnehmen: „Es war ein bedachter Essplatz arangirt, vor ihm ein weiteres Zelt für die, die nicht zur Göttertafel gelassen werden konnten & dann waren für die, die nicht da hinein gingen noch viele Tafeln im Freyen gedeckt (180 Gedecke). Das Mahl war gut, die Creme noch besser. Die Bergknappen und Schützen umzogen die Tafel & nach Tisch umgingen wir die Ruine, die überall die schönsten Aussichten biethet."[105]

Am späten Nachmittag brach man dann zur Neuenburg auf. Am Wege hatten die Einwohner kleinerer Ortschaften wie Kleinjena und Nißmitz Ehrenpforten errichtet. Auch Freyburg war „aufs Beste und Freundlichste geschmückt, Häuser und Straßen mit Fahnen, Guirlanden und Kränzen verziert, manches Haus mit neuem Anstrich versehen" worden.[106] An der Freyburger Ehrenpforte, die in preußischen und bayerischen Farben gehalten war, erwarteten Bürgermeister Weidlich und die Honoratioren der Stadt den hohen Besuch. Friedrich Wilhelm IV. besichtigte im Ort zunächst die Kirche, wo er von Baurat Ritter und Superintendent Burkhart fachkundig geführt wurde.[107]

Am frühen Abend erreichte der König mit seinem Gefolge schließlich die Neuenburg. Im Schlosshof hatten sich bereits seit dem Nachmittag die Standesvertreter und Vorsteher sämtlicher Ortschaften des Querfurter Landkreises versammelt, die dem Monarchen durch Hartmann von Witzleben namentlich vorgestellt wurden. Dazu gehörten unter anderem der Landtagsmarschall der preußischen Provinz Sachsen Julius Graf von Zech-Burkersroda, der General-Feuer-Societäts-Direktor Heinrich Ferdinand von Helldorff, der Eckartsbergaer Landrat Otto von Münchhausen, diverse Rittergutsbesitzer, Kreistagsdeputierte wie die Bürgermeister von Querfurt, Laucha und Mücheln sowie sämtliche Ortsrichter des Querfurter Kreises.[108]

Bei Einbruch der Dunkelheit wurde Friedrich Wilhelm ein besonderer Willkommensgruß bereitet. Einer „alten Thüringer Sitte" gemäß waren die Untertanen der drei Landkreise Eckartsberga, Querfurt und Naumburg aufgefordert, ihre Ehrerbietung durch weithin sichtbare „Freudenfeuer" zu erweisen. In einer öffentlichen Bekanntmachung, die zwei Tage zuvor in der Lokalpresse erschienen war, wandte sich der Naumburger Landrat Carl Hermann Danneil in erster Linie an die Einwohner von Altflemmingen, Altenburg, Roßbach, Klein- und Großjena, Obermöllern und Pomnitz sowie des Naumburger Moritz- und Michaelisviertels. Er teilte ihnen mit, dass „sämmtliche Freudenfe[u]er augenblicklich zugleich angezündet [werden sollen]. Deßhalb muß ein großer Theil des Brennstoffes leicht zünden, am besten ist hierzu Rapsstroh zu wählen. Sonst mag das Brennmaterial aus alten Brettern, Latten und dergleichen bestehen; soweit solches aber nicht ausreicht, ist nur Aspen-, Birken- und Kiefernholz zu nehmen." Diese Anweisung richtete sich aber nicht nur an die Bewohner der genannten Ortschaften, sondern auch an die Nachbargemeinden, die „durch Abgabe von geeignetem Brennmaterial freundlich zu Hilfe" eilen sollten.[109] Dass diese Vorkehrungen durchaus nicht unbegründet waren, lässt sich einer kurzen Notiz entnehmen, wonach das schlechte Herbstwetter die „Freudenfeuer" ziemlich beeinträchtigte.[110] Auch die zu Füßen des Schlosses liegende Stadt Freyburg wurde durch das „Abbrennen bengalischen Feuers noch mehr und heller erleuchtet, die Häuser waren sämtlich aufs Glänzendste illuminirt; [...] So lange Freyburg steht, haben an einem Tage nicht so viel Lichter hier gebrannt, nicht so viel Fahnen geflattert, als an diesem Tage."[111]

151. Freyburg von Süden, Aquarell von Julius Hennicke, 1854
Der Blick über das Unstruttal mit der Stadt Freyburg zu Füßen der Neuenburg entstand etwa zu der Zeit, als Friedrich Wilhelm IV. anlässlich des Herbstmanövers des IV. Armeekorps die Gegend bereiste. Angesichts der steil aufragenden Weinberge schwärmte der König vom „himmelhoch gelegenen Bergschloß".

Der nach dem Abfeuern von drei Kanonenschüssen und „3 Raqueten" inszenierte und weithin sichtbare „feurige" Gruß verfehlte seine Wirkung nicht. Friedrich Wilhelm schrieb noch am gleichen Abend seiner Frau Elisabeth: „Als ich zur Abendgesellschaft kam, war das ganze Thal mit 100 Flammen erleuchtet & auf der gegenüber befindl[ichen] Hochebene sah man die Erleuchtung von 35 Dörfern. Ach wenn Lorchen das hätte sehen können!!!"[112] Auch der diensthabende Flügeladjutant Friedrich Alexander von Bismarck-Bohlen vermerkte in seinem Protokoll: „Abends Feuer auf allen Bergen der Umgegend. Illumination der unten gelegenen Stadt, u. der ferne Horizont geröthet von den Freudenfeuern von 35 Ortschaften."[113]

Anders als am Morgen zeigte sich der König auf Schloss Neuenburg in bester Stimmung. Sein Hochgefühl gründete allerdings nicht allein in seinem „Enthusiasmus über Lage, Größe & Eigenthümlichkeit dieses Schlosses & über die Herrlichkeit der Gegend". Seine Euphorie hatten vor allem die beiden Briefe der Königin beflügelt, die er innerhalb einer Stunde nach Ankunft völlig unverhofft erhalten hatte. In seiner Erwiderung, die er nur wenige Stunden später verfasste, beschrieb der König seine Reiseeindrücke und -erlebnisse, darunter auch die folgenden Stunden auf der Neuenburg. Friedrich Wilhelm suchte demnach unmittelbar nach dem Empfang „auf diesem fabelhaften, einzigen, enormen & himmelhoch gelegenen Bergschloß" seinen Schwager Karl, seinen Bruder Wilhelm und Großherzog Carl Alexander in ihren Zimmern auf und besichtigte „einige Theile des Schlosses, besonders den oberen Theil der berühmten Doppelcapelle". Anschließend zog er sich in seine Räume zurück, um Elisabeths ersten Brief zu lesen und mit der Antwort zu beginnen. Nach der abendlichen Tafel verließ er „die heitere Gesellschaft schon früh […], weil der Schnupfen wie wahnsinnig zugenommen" hatte.[114] Noch vor Mitternacht legte er sich schlafen.

Das königliche Nachtquartier befand sich wie vorgesehen im westlichsten Teil der Rentbeamtenwohnung und umfasste das „Erkerzimmer" sowie zwei weitere Räume. Zur übrigen Zimmerbelegung gibt es sich teilweise widersprechende Angaben.[115] Dennoch deutet einiges daraufhin, dass im nördlichen Schlossflügel außer Friedrich Wilhelm IV. noch Wilhelm von Preußen und Karl von Bayern samt Dienerschaft übernachteten. Carl von Preußen und Großherzog Carl Alexander waren hingegen mit ihrer Bedienung in Räumen der Oberförsterwohnung im Fürstenbau nahe des Rittersaals untergebracht. Ernst II. von Sachsen-Coburg und Gotha logierte in der sogenannten Jagdstube, Friedrich Wilhelms Leibarzt Dr. Heinrich Grimm in der zwischen Kirchsaal und Jagdstube gelegenen Kammer. Friedrich Alexander von Bismarck-Bohlen schlief im Vorraum zu den ehemaligen herzoglichen Betstuben. Im Erdgeschoss des Fürstenbaus nächtigten Hofmarschall Alexander Graf von Keller und der Minister des königlichen Hauses Anton Graf zu Stolberg-Wernigerode in Räumen, die ebenfalls zur Wohnung des Oberförsters gehörten. In den vom Flur zwischen den beiden Dienstwohnungen abgehenden Kammern und dem darüber liegenden Dachboden war ein Großteil der Dienerschaft untergebracht. Für die anderen geladenen Gäste standen Unterkünfte in Freyburg und Umgebung bereit.[116]

Am nächsten Morgen hatte sich Friedrich Wilhelms angeschlagener Gesundheitszustand noch immer nicht gebessert: „Der Schnupfen hat mich heut den ganzen Morgen bis nach Tafel beynah kotterig wie ein böses Pferd gemacht, das den Sonnenstich bekommt!!".[117] In ziemlich schlechter Verfassung brach er gegen 9.30 Uhr zum Manöver auf, das nach dem Ruhetag bei Zeuchfeld stattfand. Wie schon an den vorherigen Tagen beobachteten unzählige Zuschauer das Geschehen.[118] Der König war sowohl von den Truppenübungen als auch von der Landschaft sehr angetan: „Das Manöver begann mit einer sehr gelungenen Attaque

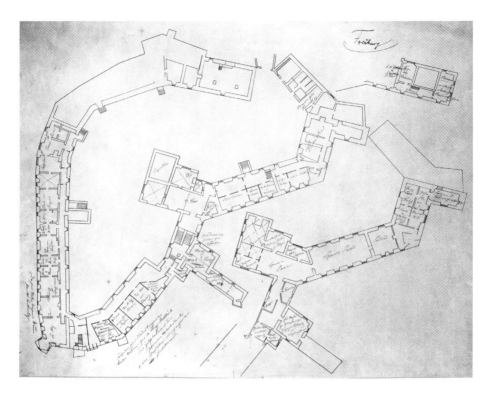

152. Grundrisszeichnung von Erd- und erstem Obergeschoss des Schlosses „Freiburg", schwarze Tinte und Bleistift, um 1853

Der Plan widerspiegelt die Raumnutzung während des königlichen Nachtquartiers auf Schloss Neuenburg. In der linken Bildecke ist das Erkerzimmer zu sehen, das mit den beiden anschließenden Räumen von Friedrich Wilhelm IV. bewohnt wurde. Außer ihm waren noch sein Bruder Wilhelm und sein Schwager Prinz Karl von Bayern in diesem Schlossflügel untergebracht.

Der Ritter- und der Kirchsaal im ersten Geschoss des Fürstenbaus werden hier als „Speisesaal" bezeichnet. In benachbarten Räumen befanden sich die Unterkünfte für Prinz Carl von Preußen und seinen Schwager Carl Alexander von Sachsen-Weimar-Eisenach (rechts neben dem „Salon"). Herzog Ernst von Sachsen-Coburg und Gotha logierte in der sogenannten Jagdstube. Hofmarschall Alexander Graf von Keller und der Minister des königlichen Hauses Anton Graf zu Stolberg-Wernigerode hatten ihr Quartier im Erdgeschoss des Fürstenbaus.

Zwischen der Rentbeamtenwohnung und der Wohnung des Oberförsters befanden sich Unterkünfte für die Dienerschaft. Selbst der darüber liegende Dachboden sollte als Schlafstätte für Stallleute und einfache Lakaien genutzt werden.

von Horest's Cavallerie. Es ging dann durch Wald & Thäler bis an d[as] Schloß von Freyburg & war über alle Begriffe pittoresk. Man sah den Abzug von Voß durch Freyburg & die Attaken Hirschfeldts wie auf einer Landkarte." „Todtmüde" kehrte er gegen 13 Uhr zur Neuenburg zurück und „schlief prächtig gegen ¾ Stunden".[119]

Später als ursprünglich vorgesehen folgte mit der großen Mittagstafel der letzte protokollarische Höhepunkt des Königsbesuches auf Schloss Neuenburg, zu dem sowohl die engste Umgebung des Königs als auch Militärs, Staatsbedienstete sowie lokale Prominenz geladen waren. Friedrich Wilhelms Gäste erschienen zu diesem Anlass in „kleiner Uniform". Neben den Prinzen Wilhelm und Carl von Preußen, ihren Söhnen Friedrich Wilhelm und Friedrich Carl sowie Prinz Adalbert von Preußen, Prinz Karl von Bayern, Großherzog Carl Alexander von Sachsen-Weimar-Eisenach und Herzog Ernst II. von Sachsen-Coburg und Gotha nahmen Wilhelm von Radziwill als kommandierender General des IV. Armeekorps und dessen Generalstabschef Helmuth von Moltke teil. Auch hochrangige ausländische Militärs waren zugegen. Dazu gehörten unter anderem mit Henry Hardinge der Oberbefehlshaber der britischen Armee und mit Baron Raglan deren Generalfeldzeugmeister, des Weiteren der russische General Graf Konstantin von Benckendorff und die in österreichischen Diensten stehenden Offiziere Friedrich Hannibal Prinz von Thurn und Taxis und Wilhelm Ramming. Hinzu kamen Oberpräsident Hartmann von Witzleben und Regierungspräsident Busso von Wedell sowie die Landräte Karl Heinrich von Helldorf und Bernhard von Ulrici. Auch Baurat Friedrich August Ritter, Oberförster Franz von Rauchhaupt und Domänenrentmeister Julius von Bismarck sowie zahlreiche Rittergutsbesitzer, Bürgermeister, Stadtverordnetenvorsteher und angesehene Persönlichkeiten wie der Weißenfelser Musikdirektor Ernst Julius Hentschel und der Rektor der Klosterschule Roßleben August Friedrich Moritz Anton hatten eine Einladung erhalten.[120]

Das „Parlament nach Tisch" fiel kürzer als sonst üblich aus. Damit war am späten Nachmittag des 8. September 1853 nach etwa 24 Stunden der zweite Aufenthalt eines Königs von Preußen auf Schloss Neuenburg beendet.[121] Gegen 17 Uhr brach die Gesellschaft zum nahe gelegenen Schloss Goseck auf. Für Friedrich Wilhelm selbst klang der Besuch auf der Neuenburg mit überaus positiven Eindrücken aus. Seit dem Vortag war er zutiefst darüber besorgt, dass seiner Frau Elisabeth, die er auf der Fahrt von Ischl nach Pillnitz wusste, etwas zustoßen könnte. Kurz vor seinem Aufbruch erhielt er nun die erlösende Nachricht, dass die Königin am Vorabend wohlbehalten in Sachsen eingetroffen war. Zu seiner großen Erleichterung wusste er sie nun bei ihren „Lieben am Albis Strohm geborgen" und konnte unbeschwert die Weiterfahrt zum nächsten Etappenort antreten.[122]

153. Andenkenteller mit einer Ansicht der Fährstation und Gastwirtschaft an der „Henne", um 1860

Rechts neben den Gebäuden ist die felsige Anhöhe über der Saale zu erkennen. Vier schlanke Pappeln markieren die „Luisenhöhe", die die Königin von Preußen im September 1806 mindestens zweimal aufgesucht hatte. Der Pächter der Fähre hatte an dieser Stelle einen Gedenkstein aufstellen lassen. Am 9. September 1853 nahm dort Luises Sohn Friedrich Wilhelm an einer kleinen Feierstunde teil.

Obwohl in den zurückliegenden Monaten immer wieder auf den kurzen Aufenthalt des Königspaares von 1806 und vor allem auf Luise von Preußen Bezug genommen wurde, ist bislang nicht bekannt, dass diesem historischen Ereignis am 7. und 8. September 1853 auf Schloss Neuenburg gedacht wurde. Bislang fanden sich keinerlei Hinweise auf ein reflektierendes Erinnern. Erst zwei Tage später gab es dann in Naumburg einen offiziellen Gedenktermin. Während ihrer Anwesenheit im Hauptquartier hatte Königin Luise bekanntlich mehrfach eine Anhöhe oberhalb der „Henne" aufgesucht. Später errichtete der Pächter der nahen Fährstation an dieser Stelle einen Gedenkstein und pflanzte mehrere Pappeln. Mit der Zeit entwickelte sich der als „Luisenhöhe" oder auch „Luisenruh" bezeichnete Erinnerungsort zu einem beliebten Ausflugsziel. Fast fünf Jahrzehnte nach dem historischen Geschehen drohte diesem nun Gefahr. Der Eigentümer des Grund und Bodens wollte die Bäume fällen, so dass sich der Vorstand des Naumburger Verschönerungsvereins entschloss, das Gelände käuflich zu erwerben und es dem König während seines Aufenthaltes als Geschenk anzutragen. Dieser nahm es nicht nur an, sondern suchte die „Luisenhöhe" persönlich in den Vormittagsstunden des 9. September auf und nahm im Beisein des Oberpräsidenten von Witzleben, des Regierungspräsidenten von Wedell, des Landrats Danneil und des Vorstandes des Verschönerungsvereins an einer kleinen Feierstunde teil. Wochen später war die Zusage erteilt, dass dieser Ort künftig der Chaussee-Bau-Verwaltung unterstellt und für deren dauerhaften Erhalt gesorgt sei.[123]

Mit einem abschließenden Manöverbesuch bei Plennschütz und einer kurzen Zwischenstation in Weißenfels endete am 10. September 1853 Friedrich Wilhelms einwöchige Reise an Saale und Unstrut. Für Schloss Neuenburg hatte der

Aufenthalt des Königs wie schon die kurze Stippvisite seiner Eltern ein halbes Jahrhundert zuvor mobilisierende wie nachhaltige Wirkung. Beide Ereignisse lösten vor Ort unterschiedlichste Aktivitäten aus, die zum Teil zeitverzögert einsetzten aber nicht weniger wirksam zur Tradierung des historischen Geschehens beitrugen und wesentliche Impulse für den Erhalt der Gebäude sowie den Beginn einer musealen Nutzung setzten. Mit gutem Gespür und großer Hartnäckigkeit haben die lokal Agierenden sowohl die wachsende Popularität Königin Luises als auch die königliche Autorität ihres Sohnes Friedrich Wilhelm zu Gunsten des Schlosses Freyburg einzusetzen gewusst. Erstmals nach einhundert Jahren war es im September 1853 – wenn auch nur für 24 Stunden – wieder in repräsentativer Funktion. Für seine Nutzung als königliches Nachtlager hatten sich die Verantwortlichen in der Merseburger Regierung stark gemacht. Regierungspräsident Busso von Wedell empfahl schon Anfang Mai 1853 das Schloss für einen „längeren Aufenthalt". Auch in den Verhandlungen mit dem IV. Armeekorps setzte er sich dafür ein und argumentierte selbst mit offenkundigen Übertreibungen, behauptete er doch unter anderem, die Eltern des Königs hätten 1806 gleich drei Nächte auf Schloss Neuenburg verbracht. Diese Strategie erwies sich letzlich als erfolgreich. Statt der ursprünglich veranschlagten 1100 Reichstaler für eine schlichte Ausbesserung wurde für umfangreiche Reparaturen und Instandsetzungen mehr als das Dreifache ausgegeben. Insgesamt schlugen die Kosten für die „unumgänglich erforderlich gewordenen baulichen Einrichtungen" mit 3918 Reichstalern und 10 Pfennigen zu Buche.[124] Unter immensem Zeitdruck wurde der Planwechsel vom einfachen „Absteige-" zum Nachtquartier in knapp sieben Wochen „zur vollsten Zufriedenheit Sr. Majestät"[125] umgesetzt.

Aber auch Chronisten und Publizisten wie Johann Gottlob Peter, Gottlob Traugott Gabler und Johann Friedrich Wilhelm Stiebitz erzielten durch ihre Schilderungen und Veröffentlichungen überregionale Aufmerksamkeit. Die Reise- und Heimatliteratur griff dieses Thema dankbar auf und war dessen Multiplikator. Zugleich ebneten die Autoren damit den Weg hin zu einer neuen und zukunftsweisenden Nutzungsmöglichkeit für das Schloss. Eingebettet in eine anmutige Landschaft wurde die Neuenburg wieder als historische Stätte wahrgenommen und entwickelte sich zum beliebten Ausflugsziel. Waren der weithin sichtbare Bergfried, die Doppelkapelle sowie der „Rittersaal" schon seit den 1830er Jahren gern besuchte Orte und gewannen die beiden letztgenannten durch die Renovierungsarbeiten im Herbst 1853 an Ausstrahlung hinzu, wurde nun auch der einstigen „Erkerstube" immer größere Aufmerksamkeit zuteil. Schon Johann Gottlob Peter und Gottlob Traugott Gabler hatten sie in ihren Schriften explizit erwähnt. Als zentraler Bestandteil des königlichen Domizils im September 1853 weiter aufgewertet, wurde das sogenannte Luisenzimmer ab 1868 mit Auflösung des Rentamtes und Freiwerden der dazugehörigen Dienstwohnung für „etwaigen Fremdenbesuch reservirt".[126] Zentrales Ausstattungsstück war eben jenes auf den ersten Blick unscheinbare Sitzmöbel aus dem einstigen Besitz des Rentmeisters Gleißberg, das allein durch die tradierte historische Episode zum „Luisenstuhl" gewissermaßen nobilitiert und reliquienähnlich in Ehren gehalten wurde. Diese ersten Anfänge einer musealen Nutzung wurden ab den 1870er Jahren weiter intensiviert. Als offizieller Erinnerungsort an den Besuch der Königin erlangte das Erkerzimmer ab November 1880 den Status eines „Memorialmuseums" und wurde mit der Zeit zu einem der wichtigsten öffentlich zugänglichen Bereiche des Schlosses. Schritt für Schritt erweiterte man auch die Ausstattung des Raumes. Wesentlichen Anteil hatte daran der Freyburger Fabrikant Wilhelm Schadewell, der sich erfolgreich dafür einsetzte, die Ausstellung durch Stücke aus dem

154. Schloss Neuenburg, Blick in das „Luisenzimmer", um 1910

Seit Ende der 1860er Jahre wurde das Erkerzimmer nicht mehr zu Wohn- bzw. Dienstzwecken genutzt. Ab November 1880 mehrfach durch Ausstattungsstücke ergänzt, war es bis 1945 ein musealer Raum.
Links stehen ein Sofa, ein ovaler Tisch und eine Büste Königin Luises auf einem Postament. Diese Gegenstände kamen wie die beiden vierarmigen Leuchter auf der gegenüberliegenden Seite im Jahr 1880 auf Schloss Neuenburg. Die venezianischen Spiegel und der Konsoltisch wurden um 1892 beschafft. Das Gemälde über dem Sofa, eine von insgesamt fünf Nymphendarstellungen, stammte ursprünglich aus Schloss Elsterwerda, gehörte 1853 zur Ausstattung des Salons der Oberförsterwohnung und befand sich vermutlich seit 1892 im „Luisenzimmer".

Nachlass Friedrich Wilhelms III. und Luises zu erweitern. Diverse Möbel, darunter ein Sofa, mehrere Stühle, eine Fußbank sowie ein Tisch und anderes Interieur aus dem Bestand des Berliner Hofmarschallamtes kamen im November 1880 auf die Neuenburg. Weitere Ergänzungen folgten.[127] Das museal gestaltete Erkerzimmer existierte bis 1945. Ende des Zweiten Weltkrieges verliert sich schließlich die Spur der meisten Ausstellungsstücke, darunter auch des „Luisenstuhls", da die Innenausstattung des Raumes infolge von Plünderungen und Vandalismus fast vollständig verlorenging.[128] Trotz dieses unwiederbringlichen Verlustes konnte sich in mehr als sechs Jahrzehnten die museale Nutzung auf Schloss Neuenburg erfolgreich etablieren. Dazu trugen nicht zuletzt die unzähligen Ausflügler und Wanderer bei, die das Bauwerk für sich entdeckt hatten, das längst dem glanzlosen Zustand, der es noch um 1800 umfing, entwachsen war.

Anmerkungen

1 Dazu v. a. Schmitt, Reinhard: Schloß Neuenburg bei Freyburg/Unstrut. Nutzungsvarianten und Ausbauarbeiten von der zweiten Hälfte des 18. Jahrhunderts bis zur Mitte des 19. Jahrhunderts. In: Burgen und Schlösser in Sachsen-Anhalt, Sonderheft 1996. Halle (Saale) 1996, S. 90–145, hier S. 91 ff. Siehe auch den Beitrag von Joachim Säckl in diesem Band.

2 Zum Aufenthalt des preußischen Königspaares am 30. September 1806 siehe u. a. Gabler, Gottlob Traugott: Freyburg, Stadt und Schloß, nebst ihren Umgebungen. Mit besonderer Berücksichtigung des Übergangs und Rückzugs Napoleons über die Unstrut nach der Völkerschlacht bei Leipzig. 1. Aufl. Querfurt 1836 und 2. erw. Aufl. Querfurt 1845 (Nachdruck Naumburg 2003); ausführlicher dann bei Stiebitz, Johann Friedrich Wilhelm: Geschichtlicher Nachweis über die Roßbacher Schlachtsäule sowie über Schloß und Kirche zu Freyburg, nebst historischen Merkwürdigkeiten und Erzählungen von Freyburg und Umgegend. Weißenfels 1853, S. 19 und 24 ff. Stiebitz' Version des Geschehens beeinflusste auch die Heimat- und Reiseliteratur des späten 19. und frühen 20. Jahrhunderts. Siehe u. a. Führer durch Freyburg-Unstrut und dessen Umgebung. Dem reisenden Publikum gewidmet vom Fremden-Verkehrs-Verein. o. N. (Max Lutze) und o. J. (nach 1902), S. 8; Hemprich, K.: Sage und Geschichte der Heimat. Teil 2. Berlin 1909, S. 109; Kirchhof, Alfred: Geschichtliche Stellung des Unstrutthales und Freyburgs. Freyburg o. J. [Verlag von J. Finke], S. 8; Kurzgefaßte Geschichte des Schlosses zu Freyburg a. U. Freyburg o. J. (um 1910), S. 11 f.; Nebe, A.: Geschichte der Stadt Freiburg und des Schlosses Neuenburg. In: Zeitschrift des Harz-Vereins für Geschichte und Altertumskunde 19 (1886), S. 93–172, hier S. 162 f.

3 Dieser Ausspruch des Königs findet sich zuerst 1832 in Johann Gottlob Feters „Wegweißer für Reisende, welche die Stadt und das Schloß Freyburg besuchen wollen". In: Stadtarchiv Freyburg, Akte „Abhandlungen über Freyburg (Unstrut) und Berichte über Ereignisse in Freyburg (Unstrut) sowie über das Leben in Freyburg a. U., die von Freyburger Bürgern niedergeschrieben wurden." Masch., Bl. 1–5, hier Bl. 4; so auch bei Stiebitz: Geschichtlicher Nachweis, wie Anm. 2, S. 26.

4 Schmitt, Reinhard: Schloß Neuenburg bei Freyburg/Unstrut. Archivalische Quellen zur Ausstattung des Luisenzimmers. In: Burgen und Schlösser in Sachsen-Anhalt 6 (1997), S. 199–224, hier S. 199.

5 Griewank, Karl (Hg.): Königin Luise. Ein Leben in Briefen (= Bewahrte Kultur. Ein Reprintprogramm zur Sicherung gefährdeter und seltener Bücher gefördert von der KulturStiftung der Länder). Hildesheim/Zürich/New York 2003, S. 211 ff.; Königin Luise von Preußen. Briefe und Aufzeichnungen 1786–1810. Mit einer Einleitung herausgegeben von Malve Gräfin Rothkirch. München/Berlin 1995, S. 285 ff.; Neunundsechzig Jahre am Preußischen Hofe. Aus den Erinnerungen der Oberhofmeisterin Sophie Marie Gräfin von Voss. Leipzig 1876, S. 249.

6 Bauer, Frank: Napoleon in Berlin. Preußens Hauptstadt unter französischer Besatzung 1806–1808. Berlin 2006, S. 23 ff.; Königin Luise (Rothkirch), wie Anm. 5, S. 283; Oster, Uwe A.: Der preußische Apoll. Prinz Louis Ferdinand von Preußen (1772–1806). Regensburg 2003, S. 259 ff.; Stamm-Kuhlmann, Thomas: König in Preußens großer Zeit. Friedrich Wilhelm III. der Melancholiker auf dem Thron. Berlin 1992, S. 219 ff.

7 Petschel, Dorit: Sächsische Außenpolitik unter Friedrich August I. Zwischen Rétablissement, Rheinbund und Restauration (= Dresdner Historische Studien, Bd. 4). Köln/Weimar/Wien 2000, S. 286 ff., hier S. 288.

8 Bereits Anfang September 1806 traf in Naumburg die Nachricht ein, dass ein großes preußisches Militärdepot eingerichtet werden sollte. Zwar bemühte sich der Stadtrat, dies noch abzuwenden, indem er die Auslieferung einer auf „preußische Rechnung" georderten Ladung Mehl zu verhindern suchte. Doch hielt es den Lauf der Dinge längst nicht mehr auf. Wenig später reisten preußische Magazinverwalter an, die die Dompropstei in Beschlag nahmen und als erstes Backöfen für die Feldbäckerei errichten ließen. Siehe dazu Mann, Johann Karl Gottlieb: Chronik der Stadt Naumburg an der Saale im 19. Jahrhundert nach Christi Geburt. Oder: Nachrichten von dem kirchlichen, bürgerlichen und häuslichen Zustande der Bewohner der Stadt in diesem Zeitraum. Übertragen und mit Anmerkungen versehen von Karl-Heinz Wünsch (= Quellen zur Geschichte der Stadt Naumburg/1). Naumburg (Saale) 2004, S. 125 und Bernhardi, Wilhelm: Chronik der Stadt Naumburg und ihres Stiftskreises. Zeitz 1838, S. 202.

9 Bailleu, Paul: Königin Luise. Ein Lebensbild. Berlin/Leipzig 1908, S. 192 f.; Bauer: Napoleon, wie Anm. 6, S. 36; Schimmel, Stefan und Sigrid Gerlitz: Katalog Nr. 31: Spenzer der Königin Luise zu einem Paradeuniformreitkleid des Dragonerregiments No. 5 „Königin", 1806. In: Luise. Kleider für die Königin. Mode, Schmuck und Accessoires am preußischen Hof um 1800. Hrsg. von der Stiftung Preußische Schlösser und Gärten Berlin-Brandenburg. Bearb. von Bärbel Hedinger, Adelheid Schendel und Stefan Schimmel. Berlin/München 2010, S. 170.

10 Bruyn, Günter de: Preußens Luise. Vom Entstehen und Vergehen einer Legende. Berlin 2001, S. 46.; siehe auch Schorn-Schütte, Luise: Königin Luise. Leben und Legende. München 2003, S. 38 ff.

11 Griewank: Ein Leben in Briefen, wie Anm. 5, S. 209; Klatt, Tessa: Königin Luise von Preußen in der Zeit der Napoleonischen Kriege (= Schriften der kriegsgeschichtlichen Abteilung im Historischen Seminar der Friedrich-Wilhelms-Universität Berlin, Heft 20). Berlin 1937, S. 51.; Schorn-Schütte: Königin Luise, wie Anm. 10, S. 51. Zur Abreise allgemein Bailleu: Luise, wie Anm. 9, S. 193; Neunundsechzig Jahre, wie Anm. 5, S. 248; Ohff, Heinz: Ein Stern in Wetterwolken. Königin Luise von Preußen. München/Zürich 1989, S. 301.

12 Bailleu: Luise, wie Anm. 9, S. 193.

13 Griewank: Ein Leben in Briefen, wie Anm. 5, S. 212.

14 GStA PK, BPH Rep. 49 U I Nr. 21, Bl. 4ʳ–5ʳ.
15 Königin Luise (Rothkirch), wie Anm. 5, S. 285.
16 Bailleu: Luise, wie Anm. 9, S. 193; Handbuch über den königlich-preußischen Hof und Staat für das Jahr 1806. Berlin 1806, S. 17; Neunundsechzig Jahre, wie Anm. 5, S. 249; Ohff: Stern in Wetterwolken, wie Anm. 11, S. 301.
17 Königin Luise (Rothkirch), wie Anm. 5, S. 285 f. So auch bei Ohff: Stern in Wetterwolken, wie Anm. 11, S. 301.
18 Katalog Nr. 43: Schminkutensilien der Königin Luise. In: Kleider für die Königin, wie Anm. 9, S. 206. Das Salbgefäß befindet sich heute im Bestand des Kunstgewerbemuseums Berlin (SMB, HM 7621).
19 Mann: Chronik Naumburg, wie Anm. 8, S. 127; Wispel, Adolf: Naumburg a. S. im Jahre 1806. In: Beiträge zur Heimatkunde von Naumburg a. S. (o. J.) S. 77.
20 Bernhardi: Chronik Naumburg, wie Anm. 8, S. 204; Mann: Chronik Naumburg, wie Anm. 8, S. 127.
21 Mann: Chronik Naumburg, wie Anm. 8, S. 128; fast wörtlich auch bei Bernhardi: Chronik Naumburg, wie Anm. 8, S. 205.
22 Mann: Chronik Naumburg, wie Anm. 8, S. 128.
23 Bailleu: Luise, wie Anm. 9, S. 195; Bernhardi: Chronik Naumburg, wie Anm. 8, S. 206; Griewank: Ein Leben in Briefen, wie Anm. 5, S. 212 ff.; Königin Luise (Rothkirch), wie Anm. 5, S. 287; Mann: Chronik Naumburg, wie Anm. 8, S. 128.
24 Ohff: Stern in Wetterwolken, wie Anm. 11, S. 302. Ähnlich beschrieb es auch Bailleu: Luise, wie Anm. 9, S. 194 f.
25 Bailleu: Luise, wie Anm. 9, S. 194; Königin Luise (Rothkirch), wie Anm. 5, S. 285.
26 Bailleu: Luise, wie Anm. 9, S. 195; Bernhardi: Chronik Naumburg, wie Anm. 8, S. 206; Hemprich, K.: Sage, wie Anm. 2, S. 109; Mann: Chronik Naumburg, wie Anm. 8, S. 128; Wispel, A.: Naumburg, wie Anm. 19, S. 77.
27 Mann: Chronik Naumburg, wie Anm. 8, S. 126; so auch bei Bernhardi: Chronik Naumburg, wie Anm. 8, S. 203.
28 Zur Biographie und v. a. zur Beurteilung seines Verhaltens nach der Schlacht bei Jena und Auerstedt durch die Zeitgenossen siehe Nehls, Harry und Marco Zabel: Der „Festspielherzog" Carl von Mecklenburg-Strelitz (1785–1837). Ein biographischer Beitrag zur Geschichte der Berlin-Potsdamer und Strelitzer Hofkultur (= Neue Schriftenreihe des Karbe Wagner Archivs Neustrelitz, Bd. 2). Schwerin 2004, S. 7–118, hier S. 21 ff.
29 Mann: Chronik Naumburg, wie Anm. 8, S. 128; so ähnlich auch bei Bernhardi: Chronik Naumburg, wie Anm. 8, S. 206.
30 Mann: Chronik Naumburg, wie Anm. 8, S. 129 und Bernhardi: Chronik Naumburg, wie Anm. 8, S. 207.
31 Wie sich Gräfin Voß erinnerte, fuhren „die Majestäten" im ersten, die Hofdamen im zweiten und die Begleitung Friedrich Wilhelms im dritten Wagen. Neunundsechzig Jahre, wie Anm. 5, S. 249; siehe auch Bernhardi: Chronik Naumburg, wie Anm. 8, S. 207.
32 Bailleu: Luise, wie Anm. 9, S. 196.
33 Ebd., S. 198; Königin Luise (Rothkirch), wie Anm. 5, S. 289; Neunundsechzig Jahre, wie Anm. 5, S. 250.

34 Königin Luise (Rothkirch), wie Anm. 5, S. 289.
35 Ebd. S. 290 f.; dazu auch Bailleu: Luise, wie Anm. 9, S. 199; Bauer: Napoleon, wie Anm. 6, S. 40; Neunundsechzig Jahre, wie Anm. 5, S. 251.
36 Bauer: Napoleon, wie Anm. 6, S. 41; Jessen, Olaf: „Preußens Napoleon"? Ernst von Rüchel 1754–1823. Krieg im Zeitalter der Vernunft. Paderborn/München/Wien/Zürich 2007, S. 285; Schorn-Schütte: Königin Luise, wie Anm. 10, S. 52.
37 Die Bezeichnung „Königin der Herzen" geht auf den Mitbegründer der deutschen Romantik August Wilhelm Schlegel zurück, der 1798 das Gedicht „Am Tage der Huldigung" verfasste. Siehe dazu Bruyn: Preußens Luise, wie Anm. 10, S. 44.
38 Archiv der SDS, MSN, Domänenarchiv, Rentamt Freyburg, Akte Nr. 57; zum „Luisenzimmer" und seiner Ausstattung ausführlich Schmitt: Archivalische Quellen, wie Anm. 4, S. 200 ff., hier S. 208 f.
39 Schon Johann Gottlob Peter (1832), Gottlob Traugott Gabler (1836) und die Freyburger Stadtchronik (1840) hatten das Datum richtig angegeben. Letztere wies sogar ausdrücklich darauf hin, dass der Königsbesuch nicht am 8., sondern erst am 30. September 1806 stattgefunden hatte. Nochmals korrigierte der Weißenfelser Johann Friedrich Wilhelm Stiebitz (1853) das falsche Datum. Siehe dazu Peter: Wegweißer, wie Anm. 3, S. 4; Gabler (1836): Freyburg, wie Anm. 2, S. 16, 23 und 142 sowie Orts-Chronik der Stadt Freyburg a. Unstrut, begonnen im Jahr 1829. In: Archiv der SDS, MSN, Masch., Eintrag vom 15. Oktober 1840, S. 51; Stiebitz: Geschichtlicher Nachweis, wie Anm. 2, S. 24 und 27.
40 Dazu ausführlich Schmitt: Archivalische Quellen, wie Anm. 4, S. 209 und 212.
41 Peter: Wegweißer, wie Anm. 3, Bl. 1 und 4.
42 Gabler (1836): Freyburg, wie Anm. 2, S. 142.
43 Ebd., S. 23.
44 Ebd., S. 16.
45 Säckl, Joachim: Gottlob Traugott Gabler – sein Leben und seine Bücher. Geleit. In: Freyburg, wie Anm. 2, S. 3 ff.
46 Am 15. Oktober 1840, dem Geburtstag Friedrich Wilhelms IV., huldigten die preußischen Stände in Berlin dem Monarchen. Sein Vater Friedrich Wilhelm III. war am 7. Juni 1840 verstorben.
47 Orts-Chronik Freyburg, wie Anm. 39, Eintrag vom 15. Oktober 1840, S. 51.
48 Ebd., Eintrag vom 11. August 1849, S. 108. Dazu auch im Beitrag von Marlene Thimann in diesem Band.
49 Stiebitz: Geschichtlicher Nachweis, wie Anm. 2, S. 25.
50 Ebd.
51 Ebd., S. 26.
52 Auf der Flucht von Königsberg nach Memel soll sich folgende Begebenheit zugetragen haben: Wegen einer Panne hielt der Wagen der Königin am Rande eines Getreidefeldes. Um die Wartezeit zu überbrücken, pflückte Luise einen Strauß Kornblumen und flocht ihn in das blonde Haar ihres Sohnes Wilhelm. Siehe Bruyn: Preußens Luise, wie Anm. 10, S. 77. In einer anderen Version heißt es, die Kinder hätten Luise bei dieser Rast einen Strauß Kornblumen gepflückt. Siehe dazu Dorgerloh, Annette: Kornblumen und Königin Luise: Pflanzensymbolik im Erinnerungskult. In: Schön und Nützlich. Aus Brandenburgs Kloster-, Hof- und

Küchengärten. Begleitbuch zur Ausstellung des Hauses der Brandenburgisch-Preußischen Geschichte. Potsdam 2004, S. 193–203, hier S. 194 f.

53 Bruyn: Preußens Luise, wie Anm. 10, S. 71 ff.

54 Bailleu: Luise, wie Anm. 9, S. 194.

55 In der Abhandlung zur Beschilderung des „Luisensessels" bezieht sich Stiebitz auf Johann Gottlob Peter: „Der im 79. Lebensjahre stehende Verfasser vorstehender Begebenheit hat diese wie noch viele andere merkwürdige Ereignisse [...] während seines 60jährigen Aufenthaltes in Freyburg, so viel möglich beobachtet ... Peter". Stiebitz: Geschichtlicher Nachweis, wie Anm. 2, S. 27. Zu Johann Gottlob Peter siehe Berbig, Roswitha, Kordula Ebert, Beate Hellwig, Monika Markwardt, Joachim Säckl, Reinhard Schmitt und Kerstin Wille: Das alte Freyburg. Teil II: Das alte Freyburg – Von Bauten, Plätzen und dem Alltag der Menschen (= novum castrum. Schriftenreihe des Vereins zur Rettung und Erhaltung der Neuenburg e. V., Heft 3) Freyburg (Unstrut) 1994, S. 145.

56 „Im Selbstverlag der unterzeichneten Buchdruckerei ist soeben erschienen: Geschichtlicher Nachweis über die Roßbacher Schlachtsäule sowie über Schloß und Kirche zu Freyburg, nebst historischen Merkwürdigkeiten und Erzählungen von Freyburg und Umgegend. Als Erinnerung an das große, vom vierten Armee-Corps auf dem Roßbacher Schlachtfelde ausgeführte Herbst-Manoeuvre im Jahre 1853. Zusammengestellt von Joh. Friedr. Wilh. Stiebitz. 6 Bogen gr. 8 br. Preis 10 Sgr. Buchdruckerei von Wilh. Stiebitz in Weißenfels." Anzeige im Weißenfelser Kreisblatt, Nr. 71 vom 3. September 1853, S. 282; Zum Manöververlauf siehe u. a. ebd., Nr. 68 vom 24. August 1853, S. 269 und undatiertes Druckblatt „Zeit-Eintheilung für die Anwesenheit Seiner Majestät des Königs in der Provinz Sachsen während der Manöver des vierten Armee-Corps im September 1853". In: GStA PK BPH Rep. 113 Nr. 352, Bl. 30.

57 GStA PK II. HA Rep. 87 Nr. 2390 und Schmitt: Nutzungsvarianten, wie Anm. 1, S. 117.

58 Siehe dazu Orts-Chronik Freyburg, wie Anm. 39, Einträge vom 6., 9., 10. und 11. Mai 1853, S. 138. Zum Besuch der Bausachverständigen auch bei Schmitt: Nutzungsvarianten, wie Anm. 1, S. 119 und ders.: Schloß Neuenburg bei Freyburg/Unstrut. Instandsetzungen und denkmalpflegerische Maßnahmen in Vorbereitung auf den Besuch König Friedrich Wilhelms IV. im September 1853. Zusammenstellung der archivalischen Quellen. Landesamt für Denkmalpflege und Archäologie Sachsen-Anhalt, Abteilung Baudenkmalpflege. Halle (Saale) 2004 (Masch.), S. 6.

59 Siehe dazu v. a. Schmitt: Nutzungsvarianten, wie Anm. 1, S. 96 ff.

60 In der Freyburger Stadtchronik heißt es dazu: „28. April. Der Königl. Oberförster, Herr von Rauchhaupt, seither in Pödelist wohnhaft, hat heute die für ihn auf dem Schlosse eingerichtete Wohnung bezogen." Orts-Chronik Freyburg, wie Anm. 39, Eintrag vom 28. April 1853, S. 138; siehe dazu auch Schmitt: Nutzungsvarianten, wie Anm. 1, S. 111 f.: Der Autor verweist auf einen Bezug der Oberförsterwohnung Ende März/Anfang April 1853. In: Schmitt: Schloß Neuenburg. Besuch, wie Anm. 58, S. 9 wird ein weiterer Quelleneintrag zum 14. Juni 1853 aufgeführt.

61 GStA PK II. HA Rep. 87 Nr. 2390; siehe auch Schmitt: Nutzungsvarianten, wie Anm. 1, S. 117.

62 GStA PK II. HA Rep. 87 Nr. 2390; siehe auch Schmitt: Nutzungsvarianten, wie Anm. 1, S. 118.

63 Ebd.

64 GStA PK II. HA Rep. 87 Nr. 2390; siehe auch Schmitt: Nutzungsvarianten, wie Anm. 1, S. 119.

65 Ebd.

66 GStA PK II. HA Rep. 87 Nr. 2390; dazu auch Schmitt: Nutzungsvarianten, wie Anm. 1, S. 122.

67 Ebd.

68 Am 26. Mai 1853 schrieb Regierungspräsident von Wedell an Oberpräsident von Witzleben, dass das Schloss Elsterwerda seit längerem nicht mehr angemessen genutzt würde und seine Mobilien geeignet wären, nicht nur dessen Haupträume sondern auch den „Rittersaal des Freyburger Schlosses" auszustatten. Am 14. Juni 1853 erteilte Friedrich Wilhelm IV. die Erlaubnis, Mobiliar aus Elsterwerda nach Freyburg zu verbringen. Siehe dazu Schmitt: Nutzungsvarianten, wie Anm. 1, S. 142 f., Anm. 89 und ders.: Schloß Neuenburg. Besuch, wie Anm. 58, S. 9.

69 Wie Anm. 61.

70 Busso von Wedell brachte in seinem Schreiben u. a. „eine Abweichung" zur Sprache, „welche die Zeit der Uebersiedlung nach dem Schlosse Freiburg betrifft". Offensichtlich stand die Neuenburg als Königsquartier bereits fest, allenfalls zum Zeitpunkt der Nutzung gab es unterschiedliche Ansichten. Schmitt: Nutzungsvarianten, wie Anm. 1, S. 119.

71 GStA PK BPH Rep. 113 Nr. 352, Bl. 7^v.

72 Zit. nach Schmitt: Archivalische Quellen, wie Anm. 4, S. 203–205.

73 Ebd. S. 205.

74 Schmitt: Schloß Neuenburg. Besuch, wie Anm. 58, S. 13. Diese Zusicherung bestätigte Landrat Bernhard Ulrici dem Grafen von Keller nochmals am 17. August 1853. Siehe dazu GStA PK BPH Rep. 113 Nr. 352, Bl. 38. In seinen Lebenserinnerungen bemerkte Friedrich August Ritter: „Sodann gelang es mir, den Herrn Landrath Ulrici zu Weißenfels dahin zu bewegen, die drei Gemächer für Se. Majestät den König samt den Erker, der an das Hauptzimmer sich anschließt, mit seinen kostbaren Palisandermöbeln, Gemälden und sonstigen Kunstsachen auszustatten." Zit. nach Schmitt: Archivalische Quellen, wie Anm. 4, S. 206.

75 Allein in Freyburg waren vom 2. bis zum 6. September 21 Offiziere, 450 Unteroffiziere und einfache Soldaten mit 82 Pferden einquartiert. Diese Zahl erhöhte sich vom 6. bis zum 8. September auf 69 Offiziere, 1389 Unteroffiziere und Soldaten mit 330 Pferden. Orts-Chronik Freyburg, wie Anm. 39, Eintrag vom 2. und 6. September 1853, S. 141.

76 GStA PK BPH Rep. 113 Nr. 352, Bl. 27^r, des Weiteren auch Bl. 38 und 79.

77 Der Tischlermeister Sockel aus Halle erklärte sich bereit, diverse Möbel, darunter Bettgestelle in verschiedenen Ausführungen und Waschtische bereitzustellen. Der ebenfalls aus der Saalestadt stammende Teppichhändler Korn aus der Großen Ulrichstraße wollte „seine schönen Teppiche […] überlassen; machte jedoch die Bedingung, daß sie nicht durchschnitten werden dürfen, was sich in den Gängen und unter den Tafeln in den Sälen auch vermeiden läßt." Der Glashändler Heckert liefert alle „erforderlichen Glas- und Porzellan-Sachen". Zit. nach Schmitt: Nutzungsvarianten, wie Anm. 1, S. 142, Anm. 88.

78 GStA PK BPH Rep. 113 Nr. 352, Bl. 27^v.

79 GStA PK II. HA Rep. 87 Nr. 2390 und Schmitt: Nutzungsvarianten, wie Anm. 1, S. 123.

80 Schmitt: Schloß Neuenburg. Besuch, wie Anm. 58, S. 21.

81 GStA PK II. HA Rep. 87 Nr. 2390 und Schmitt: Nutzungsvarianten, wie Anm. 1, S. 123.

82 Schreiben vom 22. August 1853 in: ebd.
83 GStA PK II. HA Rep. 87 Nr. 2390.
84 Ebd. und Schmitt: Nutzungsvarianten, wie Anm. 1, S. 124.
85 Stüler hatte am 2. August 1853 in Begleitung von Baurat Ritter die Baustelle besucht. Bei diesem Treffen waren in Abstimmung mit dem Hofmarschallamt Festlegungen hinsichtlich der erforderlichen Baumaßnahmen und zur Ausstattung der Räume getroffen worden. Siehe dazu Orts-Chronik Freyburg, wie Anm. 39, Eintrag vom 2. August 1853, S. 140 und Schmitt: Nutzungsvarianten, wie Anm. 1, S. 135.
86 Schreiben des Regierungspräsidenten von Wedell an den Finanzminister vom 27. August 1853. In: GStA PK II. HA Rep. 87 Nr. 2390.
87 Schreiben des Oberpräsidenten von Witzleben an den Finanzminister vom 29. August 1853. In: Ebd.
88 Ebd.
89 GStA PK BPH Rep. 113 Nr. 352, Bl. 102^v.
90 GStA PK BPH Rep. 113 Nr. 352, Bl. 91, siehe auch Naumburger Kreisblatt, Nr. 71 vom 5. September 1853, S. 403.
91 GStA PK BPH Rep. 113 Nr. 352, Bl. 102^r.
92 In einem Schreiben des Regierungspräsidenten von Wedell an Finanzminister Carl von Bodelschwingh vom 20. Februar 1854 heißt es dazu: „ich bemerke hier zur Vervollständigung meiner früheren Angaben, daß in der Nacht vom 7ten zum 8ten September pr. nicht 100., sondern über 120. fremde Personen daselbst [auf Schloss Neuenburg] haben untergebracht werden müssen." In: GStA PK II. HA Rep. 87 Nr. 2390; siehe auch Schmitt: Nutzungsvarianten, wie Anm. 1, S. 128.
93 Orts-Chronik Freyburg, wie Anm. 39, Eintrag vom 7. Juli 1853, S. 139 und 30. August 1853, S. 140.
94 GStA PK BPH Rep. 113 Nr. 352, Bl. 138.
95 Schmitt: Schloß Neuenburg. Besuch, wie Anm. 58, S. 19.
96 GStA PK BPH Rep. 113 Nr. 352, Bl. 80 und BPH Rep. 50 J fasz. 24 Nr. 995, Bl. 13^r und 44^r.
97 GStA PK BPH Rep. 50 J fasz. 24 Nr. 995, Bl. 44^r.
98 GStA PK BPH Rep. 113 Nr. 352, Bl. 81 und 101; BPH Rep. 50 J fasz. 24 Nr. 995, Bl. 44^r.
99 GStA PK BPH Rep. 113 Nr. 352, Bl. 183. BPH Rep. 50 J fasz. 24 Nr. 995, Bl. 44^r.
100 GStA PK BPH Rep. 113 Nr. 352, Bl. 35, 37 und 101.
101 Gemeint ist Wilhelm Fürst Radziwill, der kommandierende General des 4. Armeekorps. Siehe GStA PK BPH Rep. 50 J fasz. 24 Nr. 995, Bl. 42^v.
102 GStA PK BPH Rep. 113 Nr. 352, Bl. 80.
103 GStA PK BPH Rep. 50 J fasz. 24 Nr. 995, Bl. 39^v.
104 Ebd., Bl. 37^v. Dazu auch das Querfurter wöchentliches Kreisblatt, Nr. 81 vom 8. Oktober 1853, S. 327; Orts-Chronik Freyburg, wie Anm. 39, Eintrag vom 7. September 1853, S. 141.
105 GStA PK BPH Rep. 50 J fasz. 24 Nr. 995, Bl. 38^r.
106 Orts-Chronik Freyburg, wie Anm. 39, Eintrag vom 7. September 1853, S. 142.
107 Ebd. und GStA PK BPH Rep. 50 J fasz. 24 Nr. 995, Bl. 38^v.

108 Vgl. „Verzeichniß derjenigen Personen, welche sich am 7ten September Nachmittags 4 Uhr auf dem Schloßhof zu Freiburg zum Empfange Sr. Majestät einzufinden gedenken". GStA PK BPH Rep. 113 Nr. 352, Bl. 174; siehe auch Orts-Chronik Freyburg, wie Anm. 39, Eintrag vom 7. September 1853, S. 142.

109 Naumburger Kreisblatt, Nr. 71 vom 5. September 1853, S. 401.

110 „… durch die ungünstige Witterung litten die Freudenfeuer etwas"; siehe Orts-Chronik Freyburg, wie Anm. 39, S. 144.

111 Ebd., Eintrag vom 7. September 1853, S. 142 f.

112 GStA PK BPH Rep. 50 J fasz. 24 Nr. 995, Bl. 38^v.

113 GStA PK BPH Rep. 113 Nr. 352, Bl. 186.

114 GStA PK BPH Rep. 50 J fasz. 24 Nr. 995, Bl. 38^r.

115 Drei Grundrisszeichnungen des Erdgeschosses und ersten Obergeschosses von Schloss Neuenburg, die im Zusammenhang mit dem Königsbesuch von 1853 stehen, enthalten unterschiedliche handschriftliche Eintragungen zur Quartierbelegung. Zieht man dazu die Formulierung des Königs in seinem Brief vom 7. September 1853 in Betracht, wonach „m: Br: Carl […] porte à porte mit […] dem Großherzog wohnt", widerspiegelt vermutlich der nur mit „Freiburg" bezeichnete Grundriss beider Geschose, der ausschließlich Eintragungen der Zimmerbelegung enthält und eben diesem Sachverhalt entspricht, die tatsächliche Quartierverteilung. Vgl. dazu Stiftung Preußische Schlösser und Gärten Berlin-Brandenburg (GK II): drei Grundrisszeichnungen des Erdgeschosses und ersten Obergeschosses mit Eintragung der geplanten Zimmerbelegung; GStA PK BPH Rep. 50 J fasz. 24 Nr. 995, Bl. 37^r.

116 GStA PK BPH Rep. 113 Nr. 352, Bl. 138. Orts-Chronik Freyburg, wie Anm. 39, S. 146.

117 GStA PK BPH Rep. 50 J fasz. 24 Nr. 995, Bl. 35^r.

118 GStA PK BPH Rep. 113 Nr. 352, Bl. 187.

119 GStA PK BPH Rep. 50 J fasz. 24 Nr. 995, Bl. 35^r.

120 GStA PK BPH Rep. 113 Nr. 352, Bl. 177 f.

121 GStA PK BPH Rep. 50 J fasz. 24 Nr. 995, Bl. 35^v.

122 GStA PK BPH Rep. 50 J fasz. 24 Nr. 995, Bl. 35^r. Die Zwillingsschwester der Königin von Preußen, Amalie Auguste, hatte 1822 Prinz Johann von Sachsen, den späteren König Johann I. geheiratet. Ihre jüngere Schwester Maria Anna war seit 1833 die zweite Gemahlin des sächsischen Königs Friedrich August II.

123 Orts-Chronik Freyburg, wie Anm. 39, S. 143 f.; Querfurter wöchentliches Kreisblatt, Nr. 81 vom 8. Oktober 1853, S. 328; Wispel, A.: Naumburg, wie Anm. 19, S. 77 f.

124 GStA PK II. HA Rep. 87 Nr. 2390; Schmitt: Nutzungsvarianten, wie Anm. 1, S. 128.

125 GStA PK II. HA Rep. 87 Nr. 2390; Schmitt: Nutzungsvarianten, wie Anm. 1, S. 128 und 135.

126 Schmitt: Archivalische Quellen, wie Anm. 4, S. 209.

127 Ebd., S. 211 ff.

128 Ebd., S. 219. Siehe dazu auch den Beitrag von Konrad Breitenborn und Kordula Ebert in diesem Band.

Marlene Thimann

„Unser erster Gang gilt der alten Veste."
Schloss Neuenburg wird zum Ausflugsziel

„Bei günstiger Witterung erkenne ich Fünfzigjähriger, mit unbewaffneten Auge, vom Schloßthurme in der Rundsicht: den Petersberg, die Thürme von Halle, Landsberg, Merseburg; die Sternwarte von Leipzig; Lützen, Weißenfels, Hohen-Mölsen; die Gleitzburg, den Landgrafen und den Fuchsthurm bei Jena; den Ettersberg, Ausläufer der Finne; Burkersroda, einen der hochliegenden Orte im ebenen Thüringen; den Kyffhäuser und den Brocken, letzteren in der Richtung von Dieckerts Anlagen über Münchenroda" rühmte Friedrich Ludwig Jahn 1828 die Aussicht vom Neuenburger Bergfried.[1] Nachdem sich der „Turnvater" am nationalen Befreiungskampf gegen die napoleonische Fremdherrschaft in Deutschland beteiligt hatte und später wegen „revolutionärer Umtriebe" und staatsgefährdender Propaganda verhaftet wurde und sechs Jahre inhaftiert war, fand er 1825 in Freyburg Zuflucht.[2] Hier brannte ihm sein Haus am Kirchplatz nieder, woraufhin er 1839 am Fuße des Schlossberges, dem „schönsten Fleck in Freyburg"[3], ein neues Wohnhaus nach seinen eigenen Plänen errichten ließ. In einem Brief an einen Freund schrieb er dazu: „Dem Schicksal zum Trotz werde ich in Freyburg bleiben, und so Gott will, im künftigen Jahre mir statt der abgebrannten Wohnung eine Hütte bauen. Bringe ich diesen Bau zu Stande, so wohne ich alsdann wie die Schwalbe unter dem Adlerhorste."[4]

Dreizehn Jahre vor Jahns Schlossbesuch hatte das Königreich Sachsen nach den Bestimmungen des Wiener Kongresses die Stadt Freyburg mit der Neuenburg an Preußen abtreten müssen.[5] Zu klären war nun, wie die seit über vierzig Jahren leer stehenden und verfallenen Schlossräume genutzt werden könnten.[6] Zunächst ließ die Provinzialregierung in Merseburg Reparaturarbeiten an der Doppelkapelle und an stark beschädigten Dächern der Neuenburg vornehmen, musste aber beispielsweise 1822 wegen Baufälligkeit den spätgotischen Erker über dem Löwentor sowie den „Neuen Flügel" aus den Jahren 1755/56 abbrechen lassen.[7] Versuche, die Schlossanlage mit der dazugehörigen Domäne zum Verkauf anzubieten, blieben erfolglos. So fand sich auf eine Anzeige, die am 5. Juni 1831 im „Allgemeinen Anzeiger für die Preußischen Staaten" veröffentlicht wurde, kein Käufer.[8] Dadurch erlosch die Chance, die bau-

155. Postkarte „Gruss von Turnvater Jahn's Haus", 1900
Jahns Wohnhaus liegt in unmittelbarer Nähe der Unstrut. Oberhalb ist terrassiertes Weinland mit Weinbergshäuschen – eine für das Saale-Unstruttal typische Landschaft – zu sehen. Am Horizont demonstriert der Bergfried „Dicker Wilhelm" die Wehrhaftigkeit des Schlosses.

fällige Burg in die Obhut eines neuen Eigentümers zu geben und einer damit verbundenen Nutzung und Bewahrung zuzuführen.

Für den Erhalt der gesamten Anlage waren bedeutende finanzielle Mittel erforderlich, weshalb die Merseburger Regierung in Erwägung zog, die unbenutzten und baufälligen Gebäude kurzerhand abzubrechen. Um die anfallenden Kosten bei den Sanierungsarbeiten zu decken, sollten die Materialien der abgerissenen Bauwerke wieder verwendet werden. Am 9. Juni 1829 konstatierte die Provinzialregierung jedoch, dass ein Abbruch überflüssiger Schlossteile keinen erheblichen Gewinn bringen würde, „denn bei dem Unwerth der Bruchsteine, die entweder unmittelbar hier, oder doch ganz in der Nähe gefunden werden, der schlechten Beschaffenheit des in dem Gebäude befindlichen Bauholzes, welches nur die Hälfte des Werths von gutem Brennholze hat, dem beinahe gänzlichen Mangel brauchbarer Thüren und Fenster, und endlich der theils ihrer Form theils ihrer Beschaffenheit wegen werthlosen Dachdeckungsmaterialien, möchten durch den Abbruch kaum die dazu erforderlichen Kosten gedeckt werden."[9]

„Unser erster Gang gilt der alten Veste."

156. Innenhof des Schlosses Neuenburg von Nordosten, aquarellierte Federzeichnung von Behm, 1847

Ähnlich wie auf der Zeichnung Apels von 1845/46 (vgl. Abb. 56) sind auf dem Fürstenbau noch zwei Dachtürmchen zu erkennen, die beim völligen Neuaufbau des Dachstuhles 1852 beseitigt wurden. Die Doppelkapelle besitzt bereits die 1842/43 aus statischen Gründen hinzugefügten drei Strebepfeiler. Im Bildvordergrund sind die Mauerreste der wegen Baufälligkeit im Jahr 1832 abgetragenen Bettenmeisterwohnung zu erkennen. Hier vergnügten sich in den 1790er Jahren die Freyburger sonntäglich bei Tanz und Musik.

Der für den Denkmalbestand des preußischen Staates zuständige Oberlandesbaudirektor Karl Friedrich Schinkel[10] schätzte ebenfalls viele Teile der Burg als ruinös ein und befürchtete einen weiteren langsamen Verfall.[11] Als Lösung schlug er 1833 vor, die Neuenburg künstlich zu „ruinieren".[12] Dabei sollten große Teile der Schlossanlage abgetragen und lediglich das Mauerwerk als gepflegte Ruine bewahrt werden.[13] Um wenigstens in den wesentlichsten Teilen den Fortbestand der Neuenburg zu sichern, müssten die Doppelkapelle und der Bergfried instand gesetzt werden.[14] So könne „das kunst- und geschichtliche Interesse aber immer noch seine volle Nahrung finden".[15] Warum Schinkel diesen Vorschlag, vier Jahre nach der Feststellung der örtlichen Behörde, dass das Abtragen einzelner Bauwerke unwirtschaftlich sei, dennoch äußerte, ist nicht geklärt.

Die Doppelkapelle der Neuenburg war ebenfalls ins Blickfeld von Carl Peter Lepsius, Landrat des preußischen Kreises Naumburg und Erforscher der regionalen Geschichte und Kunstgeschichte, gerückt.[16] Er brachte letztendlich den Stein für die Rettung der bedeutungsvollen Neuenburg ins Rollen. Schon 1823 würdigte Lepsius die Schlosskapelle als ein „höchst interessantes Denkmal altdeutscher Architektur".[17] Im Juli 1840 wandte er sich an den Oberpräsidenten der Provinz Sachsen, Graf Anton zu Stolberg-Wernigerode, und wies auf deren schlechten baulichen Zustand hin.[18] Dies hatte zur Folge, dass in den Jahren 1842 und 1843 eine längst fällige Generalinstandsetzung der Kapelle in Angriff genommen wurde.[19]

Die historische Bedeutung der gesamten Schlossanlage erkannte nun auch die zuständige Baubehörde und formulierte am 9. Januar 1847: „Ferner dürfte auch die absichtliche Demolirung eines großen, aus der Vorzeit stammenden Schlosses, der ehemaligen Residenz der Landgrafen von Thüringen, an das sich bis in die Gegenwart hereinziehende, historische Erinnerungen knüpfen, Widerspruch in der öffentlichen Meinung finden. Endlich kann ja nicht mit voller Gewißheit vorausgesehen werden, ob für die Zukunft unter veränderten Umständen, von dem alten Gebäude nicht irgend ein nützlicher Gebrauch zu machen sei."[20] Mit einer negativen Wahrnehmung in der Bevölkerung mussten die Beamten bei einem Teilabriss der Neuenburg mit hoher Wahrscheinlichkeit rechnen, da das Schloss bereits in den 1840er Jahren rege frequentiert war.[21] So hatte Friedrich Ludwig Jahn schon 1828 die Aussicht vom „Dicken Wilhelm" genossen. Aber auch ein Besuch von Max Weidenbach, dem Sohn des Naumburger Landschaftsmalers Friedrich August Weidenbach, der 1840 auf der Burg verweilte, steht für ein allgemein wachsendes Interesse. Die öffentliche Meinung war ebenfalls ein Grund dafür, dass sich schließlich die preußische Regierung für einen Erhalt der gesamten Schlossanlage entschied.

Vorbereitend für die in den 1850er Jahren einsetzenden Sanierungsarbeiten erhielt der Baukonducteur Behm den Auftrag, die wichtigsten Ansichten und

157. Auszug aus dem Stammbuch des Schlosses zu Freyburg mit dem Eintrag von Max Weidenbach im August 1840

Von rechts nach links gelesen stehen die Zeichen für Eule, Wachtelküken, Schilfblatt, Arm mit Brotlaib und Doppelstrich über gekräuseltem Wasser, gefolgt von je einem Zeichen für Bein, Geier, Abhang und Docht.

Details der Anlage zu erfassen.[22] Im Frühjahr 1847 zeichnete er einen Teil des Innenhofes mit der Doppelkapelle und dem Fürstenbau (s. Abb. 156). Der erste preußische Staatskonservator Ferdinand von Quast und Friedrich August Ritter, Baurat bei der Merseburger Provinzialregierung, leiteten die Baumaßnahmen. Sie hatten sich bereits im Vorfeld nachdrücklich für eine Instandsetzung der Doppelkapelle und gleichzeitig für die Erhaltung und sinnvolle Nutzung der Neuenburg eingesetzt.[23]

Der Schwerpunkt der Arbeiten lag auf der Sanierung des gesamten Fürstenbaus als Sitz der königlichen Oberförsterei Pödelist-Freyburg mit einer Wohnung für den Oberförster, die in den Jahren 1852 und 1853 erfolgte. Daran schloss sich die „große Restauration" der Doppelkapelle von 1853 bis 1855 an.[24] Weiterhin war der bevorstehende Besuch des preußischen Königs Friedrich Wilhelm IV. ein guter, aber auch dringlicher Grund, den „Rittersaal" instand zu setzen, den der Monarch anlässlich eines Herbstmanövers am 7. und 8. September 1853 als Speisesaal nutzte. Im Galerieflügel der Neuenburg wurden für den preußischen König und sein engstes Gefolge Räume hergerichtet, in denen sie während des Aufenthaltes übernachteten.[25]

158. Die preußische Expedition feierte am 15. Oktober 1842 auf der Cheopspyramide in Giseh den Geburtstag des Königs Friedrich Wilhelm IV. Aquarellierter Stich von Johann Jacob Frey, nach einer Zeichnung von Ernst Weidenbach, 1845
Max Weidenbach steht hinter der Fahnenstange und schwenkt seinen Hut. Rechts neben Max steht sein Bruder Ernst. Carl Richard Lepsius ist im Bild links in heller Kleidung zu sehen.

Vermutlich konnten schon im ersten Viertel des 19. Jahrhunderts Teile des Schlosses besichtigt werden.[26] Neben dem Bergfried „Dicker Wilhelm" waren die Doppelkapelle und der Fürstenbau zu dieser Zeit öffentlich zugänglich.[27] Dem glücklichen Umstand, dass bereits Gästebücher geführt wurden, ist es zu verdanken, dass Besuche von Reisenden aus nah und fern nachweisbar sind. Vermutlich gab es in den 1820er Jahren die ersten Eintragungen in den sogenannten Stammbüchern. Das älteste erhaltene „Stammbuch des Schlosses zu Freiburg" aus dem Jahr 1840 lag im „Dicken Wilhelm" aus.[28] Schlägt man es auf, so findet sich zwischen Einträgen vom 9. August und 1. September eine Notiz eines Naumburgers mit geheimnisvollen ägyptischen Hieroglyphen.[29] Dem Eintrag ist zu entnehmen, dass „M. Weidenbach" den Bergfried erklommen hatte. Wahrscheinlich war der Besucher Maximilian (Max) Ferdinand Weidenbach.[30] Ihn hatte zwischen 1839 und 1842 der ebenfalls aus Naumburg stammende Sprachforscher und Begründer der Ägyptologie Carl Richard Lepsius[31] im Lesen und Schreiben ägyptischer Hieroglyphen ausgebildet. Zusammen bereisten sie ab 1842 Ägypten und Äthiopien. Auf dieser, bis 1846 dauernden Expedition, die König Friedrich Wilhelm IV. veranlasst hatte, war Max Weidenbach für die Abschrift ägyptischer Hieroglyphen zuständig. Neben einem Skizzenbuch von Max Weidenbach, Tage- und Notizbüchern von Richard Lepsius und weiteren wichtigen Schriftzeugnissen, die auch andere Expeditionsteilnehmer anfertigten, entstand das bedeutende zwölfbändige Tafelwerk „Denkmäler aus Ägypten und Äthiopien". Es wurde in den Jahren 1849 bis 1859 veröffentlicht und enthält wesentliche Forschungsergebnisse der Reise.

Für die Saale-Unstrut-Gegend lassen sich Reisebeschreibungen verstärkt ab der Mitte des 19. Jahrhunderts nachweisen. Sie waren oftmals reich illustriert und motivierten, neue Gegenden zu erkunden. In der Rheingegend, in Italien und der Schweiz hatte sich der Druck von Reiseberichten und Erinnerungsbildern bereits in der Mitte des 18. Jahrhunderts als ein neuer Zweig des Verlagswesens etabliert.[32] In den 1780er Jahren griff der Leipziger Verlag Breitkopf diese in den sächsischen Ländern noch ungewöhnliche, aber Erfolg versprechende Idee auf und beschloss, eine illustrierte Reisebeschreibung für Sachsen herauszugeben. Breitkopf beauftragte deshalb den Künstler Carl Benjamin Schwarz, eine „malerische Reise" anzutreten, da dieser bereits erfolgreich für das Verlagshaus Blätter mit Ansichten der Messestadt Leipzig gefertigt hatte.[33] Als Schwarz vermutlich im Sommer 1785 zu einer Saale-Wanderung aufbrach, war er der Erste, der gezielt auch die Landschaft und besonders interessante Sehenswürdigkeiten entlang des Flusses im Bild festhielt.[34] Genaue Karten, Reiseführer oder ein vergleichbares Vorbild für sein Vorhaben gab es nicht.[35] Schwarz zeichnete auf seinem Weg insgesamt 37 Ansichten, die dann ab 1786 in vier Lieferungen als erster Teil des geplanten Gesamtwerkes der „Malerischen Reisen durch Sachsen" erschienen.[36] Dieser Serie fügte er auch je eine Ansicht von Freyburg und der Neuenburg (s. Abb. 159) hinzu.

Der Lehrer Johann Gottlob Peter gab 1832 den Reisenden, die das Schloss Freyburg besuchen wollten, einen „Wegweißer" an die Hand. Darin empfahl er eine Aufführung der ganz besonderen Art: „Versage Dir das Schauspiel nicht, eine Art Kronleuchter mit 4. Lichtern in den Brunnen hinab schweben zu sehen. Sobald er auf dem Wasser ankommt, und durchaus nicht eher, entzündet sich durch einen sinnreichen Mechanismus eine Raquete und steigt leuchtend in dem Brunnen in die Höhe, wo sie endlich zerplatzt."[37]

Um dem steigendem Interesse der Ausflügler gerecht zu werden, brachten Verlage ab der Mitte des 19. Jahrhunderts zum Saale- und Unstruttal vermehrt abbil-

159. Schloss Neuenburg mit Bergfried „Dicker Wilhelm" von Nordosten, Carl Benjamin Schwarz, Radierung, 1786
Rechts neben dem Bergfried „Dicker Wilhelm" befindet sich das Hauptschloss mit dem „Neuen Flügel" (1715 bis 1756), dem hohen Schornstein der Küche und dem nördlichen Galerieflügel. Vor Küche und Galerieflügel steht mit niedrigerem Dachfirst die Bettenmeisterwohnung, die 1832 abgetragen wurde. Die neun Dachtürmchen wurden zwischen 1791 und 1852 beseitigt.

dungsreiche Reisebeschreibungen und Reiseführer in Umlauf. Das Leipziger Verlagshaus E. Poenicke & Sohn gab 1844 die Broschüre „Das malerische und romantische Saal- und Unstrut-Thal" heraus, in denen die Orte Kösen, Goseck, Naumburg und Schulpforte beschrieben werden.[38] Zur Illustration dienten Lithographien, die nach Zeichnungen des Naumburger Landschaftsmalers Friedrich August Weidenbach entstanden. Die Broschüre enthält auch eine Ansicht von Freyburg mit dem Schloss Neuenburg (s. Abb. 160) sowie eine Ansicht des Wohnhauses von Friedrich Ludwig Jahn. Im Jahr 1848 erschien eine weitere Reisebeschreibung: „Die malerischen Ufer der Saale". Sie entstand als Ergebnis einer bürgerlichen Bildungsreise des Dresdner Professors Karl Heinrich Wilhelm Münnich, der zusammen mit dem Kupferstecher und Lithographen Julius Fleischmann zwischen 1844 und 1846 durch das Saaletal reiste. Das vom Verlag als eine Art „Reiseführer" für das reiselustige sächsische Bürgertum bestimmte Werk enthält sechzig Ansichten vom Saaletal, darunter auch eine Ansicht Freyburgs.[39]

Das Reisen war in Mode gekommen. Besucher der Stadt Freyburg konnten als Erinnerung Reiseandenken in Form von Andenkenbildern, -porzellan und -gläsern erwerben.

Oftmals besuchten Urlauber und Kurgäste aus nahe liegenden Orten die Neuenburg. Für Kösen, das nur dreizehn Kilometer von Freyburg entfernt liegt, haben sich Nachweise erhalten, die einen regen Besucheraustausch belegen. Eine 1842 für Kösener Badegäste herausgegebene Kurzeitung empfahl den Gästen eine Besichtigung der Neuenburg: „Den Thurm des Schlosses, von welchem man bei klarem Wetter eine weite Aussicht hat; Rittersaal und Kapelle im Schlosse selbst, und im Hofe den 600 Fuß tiefen Brunnen wolle der Reisende nicht ungesehen lassen."[40] Die Ortschronik der Stadt Freyburg überliefert prominenten Besuch. Auguste Fürstin von Liegnitz, die zweite Frau des vormaligen preußischen Königs Friedrich Wilhelm III., reiste zusammen mit ihrem Bruder Karl Philipp Graf von Harrach von Kösen nach Freyburg und besichtigte die Neuenburg am 11. August 1849.[41] Auch der bekannte Maler und Zeichner Adolph Menzel

160. Schloss Neuenburg und Freyburg von Nordwesten, Friedrich August Weidenbach, Lithographie, 1844

gehörte zu den Gästen. Von Kösen aus besuchte er das Schloss im Sommer 1865 und hielt auf einer Zeichnung den südlichen Galerieflügel, das Westtorhaus, das Löwentor sowie unterhalb ein Weinbergshaus im sogenannten Herzoglichen Weinberg fest.[42] Schon 1853 belegte ein Schreiben der Merseburger Provinzialregierung an den Kultusminister und an den Finanzminister diese Tendenz: „ein großer Theil derselben [Neuenburg] hat wieder eine Bestimmung erhalten und für die vielen Fremden, welche jährlich, insbesondere von dem nahen Badeorte Kösen aus, die Burg besuchen, ist, wenn sie die Räume durchwandern, wenigstens keine Gefahr mehr zu befürchten."[43]

In der Mitte des 19. Jahrhunderts informierte der Freyburger Stadtchronist und Lehrer Gottlob Traugott Gabler den Wanderer, sich zu Beginn einer Besichtigung zunächst beim Rentmeister, dem Beamten des ursprünglichen Rentamtes, die Erlaubnis einzuholen, um sich im Innern des Schlosses umsehen zu dürfen.[44] Dessen Außenanlage mit Brunnen und Turm zeigte „mit vieler Freundlichkeit und Höflichkeit" der ebenfalls auf der Neuenburg wohnende Brunnen- und Torwärter.[45]

161. Andenkengläser mit Ansichten vom Schloss Neuenburg, Malerei auf Glas, um 1930

"Unser erster Gang gilt der alten Veste."

162. Andenkentasse mit Schloss Neuenburg und Freyburg von Nordwesten, Anonymus, Aufglasurmalerei, um 1835

Mit seinen Veröffentlichungen weckte der Wanderschriftsteller August Trinius[46] die Reiselust für besonders schöne Gegenden Deutschlands, wie für das Rhein- und Moselgebiet, den Thüringer Wald und das Saale- und Unstruttal. Als Ergebnis einer mehrtägigen Reise, die ihn von Naumburg bis zum Kyffhäuser führte, veröffentlichte er 1892 das Wanderbuch „Durch's Unstrutthal".[47] Der Besuch der Neuenburg bildete den Auftakt seines Reiseberichtes. Mit den Worten „Unser erster Gang gilt der alten Veste" wollte er seine Leser auf einen Streifzug durch die mittelalterliche Festungsanlage, deren geschichtliche und kunsthistorische Bedeutung schon damals bekannt war, mitnehmen. Zunächst bewältigte Trinius einen steilen, aber doch gut begehbaren Anstieg, gelangte zur Mauer der Wehranlage und schritt an einigen Steinsitzen, den „Ueberresten alter Schloßbautheile" vorbei. Durch das mächtige Westtor betrat er das Burginnere. Hier erblickte er rechts im Hof ein „Häuschen", das den „über 400 Fuß tiefen Brunnen, dessen Sohle noch unter dem Wasserspiegel der Unstrut ruht", umschloss.[48] Er konnte sich selbst von der Brunnentiefe überzeugen und – wie Reisende schon sechzig Jahre vor ihm – „dem Hinableiern eines mit brennenden Kerzen bestecken Holzleuchters" beiwohnen. Heruntergeworfene Steinchen brauchten mehrere Sekunden, ehe sie auf dem Wasserspiegel aufschlugen. Linkerhand vom Löwentor erblickte er eine „niedrige Wohnung des greisen Kastellan-Ehepaares", das „seit Jahrzehnten hier oben treulich seines Amtes waltet". Der Wanderschriftsteller nahm an, dass die Kastellanwohnung, die Doppelkapelle sowie der hinten „aus Wirthschaftsgebäuden aufragende, starke Thurm, aus dessen Fenstern man bis zu den Thürmen Leipzigs schauen kann", die letzten

Bestandteile der ältesten Burganlage bildeten. In den 1890er Jahren befanden sich auf der alten Veste weiterhin eine Wohnung des Oberförsters, das Oberförsteramt sowie einige kleine Dienstwohnungen. Trinius berichtete auch von leer stehenden Räumen im Schloss: „Die langen Korridore, gewundenen Treppengänge, die Hallen, Säle und öden Gemächer geben hallend den Schritt wieder. Vergessenheit ruht auf ihnen." Im Anschluss führte ihn sein Rundgang zum „Rittersaal". Darin befanden sich ein barocker Kamin und eine Reihe Ölgemälde, „welche zumeist die wohlgenährten Gestalten der Herzöge der sächsisch-weißenfelser Linie zeigen". Außerdem besichtigte er ein Zimmer, in dem einst Preußens Königin Luise „vorübergehend weilte". Das sogenannte Luisenzimmer, welches sich an der Westseite des Galerieflügels befand, erinnerte an einen Besuch dieser preußischen Königin, die sich in Begleitung ihres Gemahls Friedrich Wilhelm III. am 30. September 1806 im Schloss aufhielt. Mit der Auflösung des Rentamtes und den dadurch frei gewordenen Räumen der Rentmeisterwohnung wurde 1880 auf Veranlassung des Freyburgers Wilhelm Schadewell ein Memorialmuseum mit Möbeln aus dem Hofmarschallamt in Berlin eingerichtet.[49]

1893 gab der Lehrer und Historiker Hermann Grössler in seinem „Führer durch das Unstrutthal von Artern bis Naumburg" sehr ausführlich Auskunft zu den Sehenswürdigkeiten der Burg.[50] Er berichtete ebenfalls von einem Tor auf der westlichen Seite der Schlossanlage sowie von der Kastellanwohnung, zu der eine

163. „Eingang in die Freyburg", Radierung, um 1820

164. August Trinius, Fotografie, Ende 19. Jahrhundert

"Unser erster Gang gilt der alten Veste."

165. Die Sehenswürdigkeiten des Schlosses Neuenburg, Postkarte, 1907

„schmale Steintreppe" führte. Der Kastellan öffnete ihm zunächst die „Schloßkapelle". Im östlichen Teil der unteren Kapelle konnte Grössler einen romanischen „Taufbrunnen ohne jeglichen Bilderschmuck" in Augenschein nehmen. Zur oberen Kapelle führte ihn eine „wunderschöne Wendeltreppe mit zierlicher Spindel", die er „ohne Beeinträchtigung des ursprünglichen romanischen Stils in verständnisvoller Weise repariert"[51] vorfand. In der Oberkapelle beeindruckte ihn der mittlere Träger, bestehend aus einem viereckigen Pfeiler mit vier freistehenden Säulen, welche von einem „gemeinschaftlichen Kapitäl von sehr eigenartiger Form gekrönt werden" und in einen „in arabischer Weise ausgezackten" Gewölbegurtbogen übergehen. Besonders anziehend empfand er die Säulen aus „schön poliertem, schwarzem Basalt" mit ihren vergoldeten und aufwendig gestalteten Kapitellen. Auf einem Podest an der östlichen Wand stand schon damals ein Altaraufsatz.[52] Grössler konnte sich auch das „Luisenzimmer" und den Bergfried, „den letzten von sieben Brüdern", ansehen.

Auf seinem Rundgang begegnete Grössler noch einer Besonderheit, die ebenso wie die Doppelkapelle in ihrer Art bis heute einmalig sein dürfte. So schrieb er: „In der Nähe der Kapelle liegt ein Zimmer, von dessen Fenster aus man am bequemsten den sogenannten Haingott, ein in Stein gehauenes […] und über

166. Der Haingott in der Ostwand des romanischen Wohnturmes, Fotografie

dem Eingange zur Wohnung des Kastellans ziemlich dicht unter dem Dachsims eingemauertes Bildwerk, betrachten kann." Bei dem „Haingott" handelt es sich um eine Plastik aus Kalkstein, die eine auf einer Art Thron sitzende männliche Person darstellt. Sie ist in einer vermauerten Türöffnung unter dem Dachgesims des romanischen Wohnturmes vor dem Löwentor eingebaut. 1915 sollte das rätselhafte, vermutlich aus dem 2. Jahrhundert v. Chr. stammende Bildwerk ausgebaut und nach Halle in das Provinzialmuseum gebracht werden. Es war geplant, an seine Stelle eine Kopie einzufügen. Das Vorhaben scheiterte, weil es in der Zeit des Ersten Weltkrieges an finanziellen Mitteln und an Arbeitskräften mangelte. Glücklicherweise blieb ein Versuch, den Haingott einem bayerischen Museum zu übergeben, ebenfalls erfolglos, weshalb sich Reiselustige auch heute noch immer auf der Neuenburg an seinem Anblick erfreuen können.[53]

Deutschlandweit entstanden in den touristisch bedeutsamen Orten im letzten Drittel des 19. Jahrhunderts Verkehrs- und Verschönerungsvereine. Der 1890 gegründete Freyburger Verschönerungsverein hatte es sich auch zur Aufgabe gemacht, den Fremdenverkehr zu unterstützen. Mit der Eröffnung der Bahnstrecke von Naumburg nach Artern wurde das nötig, da immer mehr Gäste in die Stadt strömten. Die Mitglieder des Vereins kümmerten sich vor allem um die Ausbesserung und Beschilderung alter Wege, die dem Wanderer beispielsweise die Richtung zum Burgholz, nach Friedenthal und nach Pödelist weisen sollten. Auch der zum Jagdschlösschen „Klein-Friedenthal" führende „Forst- und Schloßweg" konnte wieder hergerichtet werden. Mit Unterstützung der Stadtverwaltung veranlasste der Verein ebenfalls das Pflanzen von Bäumen entlang des Wanderweges vom Stadtpark zur beliebten Ausflugsgaststätte „Edelacker".[54]

Ebenso sah der seit 1910 bestehende Altertums- und Verkehrsverein Kreis Querfurt e. V. in der Förderung des Tourismus eine seiner Hauptaufgaben.[55] Zu seinem Jahresprogramm gehörten deshalb auch Fahrten zu sehenswerten Ausflugszielen in der Umgebung.[56] Es liegt daher nahe, dass der Verein Reisen zur Neuenburg organisierte.[57] 1922 wollten die Mitglieder den schadhaften Bergfried wieder öffentlich zugänglich machen und einen Teil des Eintrittsgeldes für die Instandhaltung des Turmes nutzen.[58]

Seit 1924 war die beim Domänenpächter angestellte Kastellanin Minna Geiling auch für Führungen zuständig. Besichtigt werden konnten das „Luisenzimmer", die Betstuben, die Doppelkapelle, der Kirch- und der Rittersaal, die Jagdmeisterstube und der Schlossturm. Von August bis Ende Dezember 1928 konnte mit dreitausend Gästen ein touristisches Rekordergebnis erreicht werden.[59]

Einhundert Jahre nach dem Besuch von „Turnvater" Friedrich Ludwig Jahn und seinem Eintrag ins „Stammbuch" hatte sich die Neuenburg als beliebtes Ausflugsziel fest etabliert. Doch das Schloss verfügte über kein Museum zur Heimatgeschichte. Deshalb wandte sich der Magistrat der Stadt Freyburg 1931 an die Provinzialregierung in Merseburg und machte darauf aufmerksam, dass sich insbesondere aufgrund des in den letzten Jahren erheblich zugenommenen Fremdenverkehrs „ein Bedürfnis nach Errichtung eines Heimatmuseums ergeben" habe. „Der geeignetste Ort für ein derartiges Museum", so hieß es in dem Schrei-

167. *Sonderzug vor dem Freyburger Bahnhof, Ausschnitt einer Fotografie vom 2. Oktober 1899*

Die Reisefreudigkeit nahm mit der Verbreitung der Eisenbahn als komfortables und verkehrsgünstiges Fortbewegungsmittel zu. Zwölf Bahnhöfe befanden sich entlang der Strecke zwischen Naumburg und Artern, darunter der Bahnhof in Freyburg. Die erste Lokomotive mit Personenwagen fuhr am 12. August 1889 von Naumburg nach Freyburg und zurück. Eine Fahrt dauerte 15 Minuten.

ben, sei „das Schloß, bzw. einige Räume in demselben".[60] Obwohl die Regierung durchaus bereit war, „der Bitte des Magistrats zu entsprechen"[61], sollten aber noch vier Jahre vergehen, ehe im Sommer 1935 dieses erste Museum eröffnet werden konnte und es bis 1945 einen attraktiven Anziehungspunkt der alten Burganlage bildete.[62]

Anmerkungen

1 Vgl. Stammbuch für die Besucher des Schlosses zu Freyburg. Zweite Fortsetzung. Angefangen den 1. August 1840. In: Archiv der SDS, MSN, Nr. 2272. Der Eintrag Jahns vom 5. Oktober 1828 ist ein Nachtrag aus einem vorhergehenden, nicht mehr erhaltenen Stammbuch.

2 Friedrich Ludwig Jahn lebte von 1825 bis 1828 und von 1835 bis zu seinem Tod am 15. Oktober 1852 in Freyburg. Für die Jahre dazwischen wurde behördlich verfügt, Kölleda als Wohnsitz zu nehmen.

3 Friedrich Ludwig Jahn an Dr. Schwabe in Kölleda, 5. September 1838. In: Faltblatt des Friedrich-Ludwig-Jahn-Museums Freyburg. (o. J.)

4 Vgl. ebd. Jahns Wohnhaus ist seit 1936 als „Friedrich-Ludwig-Jahn-Museum" zugänglich. Im Ehrenhof des Gebäudes fand Turnvater Jahn 1852 seine letzte Ruhestätte. Die zeitgenössische Inschrift am Hausgiebel „Frisch, Frei, Fröhlich, Fromm" wurde zum Leitgedanken der deutschen Turnerbewegung.

5 Nach dem Übergang an Preußen gehörte das Schloss dann ab 1816 zum Landkreis Querfurt im Regierungsbezirk Merseburg der preußischen Provinz Sachsen.

6 Lediglich das „Schlossvorwerk" konnte als preußische Domäne verpachtet und weiterhin zur landwirtschaftlichen Nutzung freigegeben werden. Siehe zur preußischen Domäne: Berbig, Roswitha: Schloß Neuenburg als preußische Domäne von 1815 bis 1945. Überarbeitet und gekürzt von Manfred Fachmann (= novum castrum. Schriftenreihe des Vereins zur Rettung und Erhaltung der Neuenburg e. V. Heft 4). Freyburg (Unstrut) 1995. Vgl. hierzu auch: Schmitt, Reinhard: Schloß Neuenburg bei Freyburg/Unstrut. Archivalische Quellen zur Geschichte und Baugeschichte von Schloß und Domäne im 19. und 20. Jahrhundert. Landesamt für Denkmalpflege und Archäologie Sachsen-Anhalt, Abteilung Baudenkmalpflege. Halle (Saale) 2004. Für die Neuenburg selbst gab es bereits vor 1815 interessante Nutzungsideen. In den Jahren 1763 bis 1766 wandte sich der Fabrikant Johann Friedrich Müller wiederholt an das Geheime Kammerkollegium in Dresden, um im Schloss eine Seidenraupenzucht mit Fabrik anlegen zu dürfen. Das Vorhaben wurde jedoch nicht realisiert. Von 1795 bis 1800 gab es insbesondere seitens des Amtes Freyburg Bemühungen, im Schloss ein Armen- und Arbeitshaus einzurichten. Anlässlich eines Ortstermins am 9. Juni 1795 wurde zwar befunden, dass dies „schicklich und wahrscheinlich ohne Anlegung neuer Gebäude geräumig genug sei", dennoch konnte auch diese Idee nicht umgesetzt werden, da keine ausreichende Wasserversorgung gewährleistet war. Aus dem gleichen Grund scheiterte ein weiterer Versuch, für den Winter 1807/08 ein französisches Militärlazarett im Schloss einzurichten. Vgl. dazu: Schmitt, Reinhard: Schloß Neuenburg bei Freyburg/Unstrut. Nutzungsvarianten und Ausbauarbeiten von der zweiten Hälfte des 18. Jahrhunderts bis zur Mitte des 19. Jahrhunderts. In: Burgen und Schlösser in Sachsen-Anhalt, Sonderheft 1996. Halle (Saale) 1996, S. 91 f.

7 Vgl. Schmitt: Nutzungsvarianten und Ausbauarbeiten, wie Anm. 6, S. 97.
8 So erwähnt in der Sonderausstellung „75 Jahre Museen im Schloss Neuenburg", gezeigt vom 27. März bis 31. Oktober 2010 im Bergfried „Dicker Wilhelm" auf Schloss Neuenburg.
9 Zit. in Schmitt, Reinhard: Zwei Abbruchanträge für Schloss Neuenburg aus den Jahren 1793 und 1833. In: Unsere Neuenburg (= Mitteilungen des Vereins zur Rettung und Erhaltung der Neuenburg e. V., Heft 6). Freyburg (Unstrut) 2005, S. 17.
10 Nach der Niederlage gegen die Franzosen in der Schlacht bei Jena und Auerstedt 1806 war es in Preußen nicht möglich, größere Bauprojekte zu realisieren. Deshalb widmete sich Schinkel nach seinem Architekturstudium und einer Studienreise nach Italien zunächst der Malerei und dem Entwerfen von Bühnenbildern. Er wurde auch mit der Innengestaltung einzelner Wohnräume der Königin Luise im Berliner Stadtschloss betraut. Außerdem entwarf er Möbel und andere Einrichtungsgegenstände. Durch die Förderung von Wilhelm von Humboldt trat Schinkel schließlich 1810 in den Dienst des staatlichen Bauwesens und wurde 1830 zum Oberlandesbaudirektor und Leiter der „Königlich Technischen Oberbaudeputation" ernannt. Die Oberbaudeputation war die oberste Baubehörde des Landes, die alle staatlichen Bauvorhaben, die 500 Taler für Neubauten und 1000 Taler für Reparaturen überstiegen, in ökonomischer, funktionaler und ästhetischer Hinsicht überprüfte. Zu Schinkels bedeutendsten Bauwerken zählen die Neue Wache, das Schauspielhaus und das Alte Museum auf der Museumsinsel, welches als erstes Museum in Berlin eröffnet wurde. Zur Oberbaudeputation siehe Löser, Christine: Karl Friedrich Schinkel bei der Oberbaudeputation. Zur Bauverwaltung unter Friedrich Wilhelm III. Norderstedt 2002.
11 Vgl. Findeisen, Peter: Geschichte der Denkmalpflege. Sachsen-Anhalt. Von den Anfängen bis in das erste Drittel des 20. Jahrhunderts. Berlin 1990, S. 44.
12 Diese Vorgehensweise war bei altertümlichen Burgen zu dieser Zeit durchaus üblich.
13 Vgl. Peukert, Jörg und Kordula Ebert: Das wolle der Reisende nicht ungesehen lassen. Die Museen im Schloss Neuenburg (= Veröffentlichungen der Stiftung Dome und Schlösser in Sachsen-Anhalt, Heft 4). Wettin OT Dößel 2010, S. 7. Siehe hierzu auch: Schmitt: Nutzungsvarianten und Ausbauarbeiten, wie Anm. 6, S. 100.
14 Vgl. Peukert/Ebert: Das wolle der Reisende, wie Anm. 13, S. 7.
15 Findeisen: Denkmalpflege, wie Anm. 11, S. 44.
16 Der Naumburger Landrat und Bürgermeister Carl Peter Lepsius war als Historiker, Altertumswissenschaftler und Schriftsteller sehr aktiv. Im Jahr 1819 begründete er in Naumburg den „Thüringisch-Sächsischen Verein für Erforschung des vaterländischen Altertums und Erhaltung seiner Denkmale" (Thüringisch-Sächsischer Geschichtsverein), der zu den ältesten historischen Vereinen Deutschlands gehört. 1821 gab Lepsius erstmals das „Naumburger Kreisblatt" heraus. Als er 1853 verstarb, schenkten seine Erben seine ehemalige Privatbücherei, die „Bibliotheca Lepsiana", der Stadt Naumburg, die den Grundstock der Naumburger Stadtbibliothek bildete und im Jahr 1940 in den Bestand des Stadtarchivs Naumburg überging. Zur Geschichte des Vereins siehe Findeisen: Denkmalpflege, wie Anm. 11, S. 30 f. Für ein Gespräch sei Susanne Kröner, Leiterin des Stadtarchivs Naumburg, herzlich gedankt.
17 Schmitt, Reinhard: Carl Peter Lepsius und die Restaurierung der Doppelkapelle auf der Neuenburg in den Jahren 1842 und 1843. In: Burgen und Schlösser in Sachsen-Anhalt, Sonderheft 1996. Halle (Saale) 1996, S. 146.
18 Lepsius löste damit weitere Schreiben zwischen den zuständigen Behörden aus. Vgl. Anm. 17.
19 Vgl. hierzu: Schmitt: Lepsius, wie Anm. 17, S. 146 ff.

20 Zit. in Schmitt: Abbruchanträge, wie Anm. 9, S. 18.

21 Vgl. Stammbuch, wie Anm. 1.

22 Vgl. Peukert/Ebert: Das wolle der Reisende, wie Anm. 13, S. 12.

23 Vgl. ebd. S. 7. Vgl. auch: Schmitt: Lepsius, wie Anm. 17, S. 154.

24 Vgl. Peukert/Ebert: Das wolle der Reisende, wie Anm. 13, S. 7.

25 Zum Besuch Friedrich Wilhelms IV. auf der Neuenburg siehe den Beitrag von Katrin Tille in diesem Band.

26 Vgl. Peukert/Ebert: Das wolle der Reisende, wie Anm. 13, S. 7.

27 Vgl. ebd. S. 12.

28 Vgl. Stammbuch, wie Anm. 1.

29 Die Hieroglyphenschrift wird normalerweise von links nach rechts gelesen. Bei dem Eintrag sind weiterhin einzelne Schriftzeichen seitenverkehrt und nur im Gesamtkontext zu verstehen. Die Richtigkeit der Übersetzung wurde von Sebastian Niedlich, Betreiber der Webseite www.hieroglyphen.de, bestätigt, dem an dieser Stelle gedankt sei. Er und die Verfasserin vermuten, dass Max Weidenbach nicht richtig wusste, wie sein Name ins Ägyptische übersetzt werden musste. Weidenbach beherrschte vermutlich 1840 das Schreiben ägyptischer Hieroglyphen noch nicht sehr gut und könnte die einzelnen Schriftzeichen eventuell von einer Vorlage in das Stammbuch übertragen haben.

30 Max Weidenbach wurde als fünftes Kind des Landschaftsmalers Friedrich August Weidenbach in Naumburg geboren und erhielt durch seinen Vater eine erste zeichnerische Ausbildung. Nach seiner Schulzeit übersiedelte er 1839 nach Berlin, wo ihn der Ägyptologe und Sprachforscher Carl Richard Lepsius insbesondere im Lesen und Schreiben ägyptischer Hieroglyphen ausbildete. Auf der Königlich Preußischen Expedition fertigte er Abschriften von vorgefundenen Originalen an. Dabei trug er seine Texte auch in die Zeichnungen anderer Expeditionsteilnehmer ein oder korrigierte deren Abschriften. Seine ersten Textausgaben mit Hieroglyphen wurden 1842 veröffentlicht. Im April 1849 wanderte Weidenbach nach Australien aus, wo er zum ersten preußischen Konsul für Südaustralien ernannt wurde. Als erfolgreicher Goldgräber nutzte er seinen Gewinn, begann 1852 in Glen Osmond mit dem Weinbau und stieg schließlich in den 1870er Jahren zu einem der größten Weinproduzenten Australiens auf. 1882 verließ Max Weidenbach Australien, um in Deutschland bei einem Jubiläumstreffen der Teilnehmer der Expedition dabei zu sein. Von seinen in Australien entstandenen künstlerischen Arbeiten hat sich nur eine Illustration in einem Buch über Glen Osmond, den Ort, in dem Max Weidenbach 67-jährig verstarb, erhalten. Zur Biographie siehe: Berlin-Brandenburgische Akademie der Wissenschaften: Altägyptisches Wörterbuch, 2001. Onlineprojekt auf: http://aaew.bbaw.de, Stand: 9. Dezember 2010. Vgl. dazu auch: Freier, Elke und Stefan Grunert: Reise durch Ägypten. Nach Zeichnungen der Lepsius-Expedition 1842–1845, 5. Aufl., Leipzig 1996, S. 174. Für den Hinweis auf Max Weidenbach ist Kordula Ebert, Museum Schloss Neuenburg, zu danken.

31 Carl Richard Lepsius, der ebenso wie sein Vater Carl Peter aus Naumburg stammte, gilt als der Begründer der Ägyptologie in Deutschland. Er brachte bereits mit seiner ersten Schrift „Lettre à M. Rosellini sur l'alphabet hiéroglyphique" Ordnung in das Schriftsystem und begründete die methodische Erforschung der Hieroglyphen und damit der ägyptischen Sprache. Von 1842 bis 1845 wurde er vom preußischen König Friedrich Wilhelm IV. als Leiter der wissenschaftlichen Expedition nach Ägypten und Äthiopien ausgesandt. Lepsius und sein Team von Architekten und Zeichnern, zu denen Max Weidenbach und dessen älterer Bruder

Ernst gehörten, hielten Szenen und Inschriften der zahlreichen Gräber und Tempel fest. Die auf der Reise gewonnenen Ergebnisse wurden in dem zwölfbändigen Tafelwerk „Denkmäler aus Ägypten und Äthiopien" zusammengefasst, das in den Jahren 1849 bis 1859 erschien und auch heute noch als ein Grundwerk der Ägyptologie angesehen wird. Die reichen Sammlungen, die Lepsius mitbrachte, fanden ihren Platz in der nach seinen Anregungen ausgestalteten Ägyptischen Abteilung des Neuen Museums in Berlin. An der Ausmalung der Museumsräume waren die Brüder Weidenbach von 1846 bis 1848 direkt beteiligt, indem sie Kartons mit ägyptischen Malereien als Vorlagen fertigten. 1855 sowie von 1865 bis 1884 übernahm Carl Richard Lepsius die Leitung des Neuen Museums. Darüber hinaus bekleidete er den ersten Lehrstuhl für Ägyptologie in Deutschland und übernahm in seinen letzten Lebensjahren als Direktor die Neuordnung der Königlichen Bibliothek.

32 Vgl. Eine malerische und romantische Reise an der Saale im Jahr 1786. Die Radierungen des Leipziger Künstlers Carl Benjamin Schwarz. Katalog der städtischen Museen Jena. Hrsg. von Birgitt Hellmann (Neuauflage). Jena 2001, S. 9

33 Ebd.

34 Vgl. ebd., S. 10.

35 Ebd.

36 Vgl. Jacob, Frank-Dietrich: Die Stadt Freyburg im Spiegel älterer bildlicher Medien. In: Freyburg an der Unstrut. Ein Katalog historischer Ansichten von den Anfängen bis 1950. Petersberg 2003, S. 23.

37 Peter, Johann Gottlob: Wegweißer für Reisende, welche die Stadt und das Schloß Freyburg besuchen wollen. 1832. In: Stadtarchiv Freyburg, Akte „Abhandlungen über Freyburg (Unstrut) und Berichte über Ereignisse in Freyburg (Unstrut) sowie über das Leben in Freyburg a. U., die von Freyburger Bürgern niedergeschrieben wurden.".

38 Siehe hierzu: Verlag E. Poenicke & Sohn (Hrsg.): Das malerische und romantische Saal- u. Unstrut-Thal mit Stahlstichen nach Originalzeichnungen von A. Weidenbach und histor. erläutertem Texte. Leipzig 1844.

39 Vgl. hierzu: Die malerischen Ufer der Saale. Beschrieben vom Professor Karl Heinz Wilhelm Münnich. Neu hrsg. und kommentiert von Marga Steiger (= Schriften des Stadtmuseums Jena, Nr. 28). Jena 1979.

40 Zit. in Peukert/Ebert: Das wolle der Reisende, wie Anm. 13, S. 12.

41 Vgl. Orts-Chronik der Stadt Freyburg a. Unstrut, angefangen im Jahr 1829 (bis 1874), Abschrift mit Schreibmaschine. In: Archiv der SDS, MSN, Nr. 1330.

42 Vgl. hierzu: Katalog historischer Ansichten, wie Anm. 36, Kat. 90.

43 Zit. in Schmitt, Reinhard: Schloß Neuenburg bei Freyburg/Unstrut. Schloß Neuenburg. Instandsetzungen und denkmalpflegerische Maßnahmen in Vorbereitung auf den Besuch König Friedrich Wilhelms IV. im September 1853. Zusammenstellung der archivalischen Quellen. Halle (Saale) 2004, S. 6.

44 Vgl. Gabler, Gottlob Traugott: Freyburg, Stadt und Schloß nebst ihren Umgebungen. Mit besonderer Berücksichtigung des Uebergangs und Rückzugs Napoleons über die Unstrut nach der Völkerschlacht bei Leipzig. Für Wanderer an der Unstrut und Freunde vaterländischer Geschichte, 2. Aufl. Querfurth 1845. Nachdruck Naumburg 2003, S. 214.

45 Ebd.

46 Seine eigentliche Bekanntheit erlangte Trinius mit der Veröffentlichung „Der Rennstieg. Eine Wanderung von der Werra bis zur Saale", mit der er in den 1890er Jahren einen regelrechten „Rennsteig-Boom" ausgelöst hatte. Der bekannte Ausspruch „Thüringen – das grüne Herz Deutschlands" geht auf ihn zurück.

47 Vgl. Trinius, August: Durch's Unstrutthal. Eine Wanderung von Naumburg a. d. Saale bis zum Kyffhäuser. Mit 40 Bildern nach Zeichnungen von Fr. Holbein. Minden i. W. 1892, S. 62 ff.

48 Heute können Besucher den Brunnen im Schlosshof ohne Überdachung besichtigen. Im Jahr 1911 wurde ein neues Brunnenhaus errichtet, dieses wurde jedoch 1952 wieder entfernt.

49 Zum Besuch von Königin Luise auf der Neuenburg siehe den Beitrag von Katrin Tille in diesem Band. Dazu auch: Schmitt, Reinhard: Schloß Neuenburg bei Freyburg/Unstrut. Archivalische Quellen zur Ausstattung des Luisenzimmers. In: Burgen und Schlösser in Sachsen-Anhalt 6 (1997).

50 Siehe dazu: Grössler, Hermann: Führer durch das Unsruttal von Artern bis Naumburg für Vergangenheit und Gegenwart. Hrsg. von Joachim Jahns (Neuauflage). Querfurt 1995, S. 233 ff.

51 Die Wendeltreppe wurde im Renaissancestil erbaut.

52 Zur Doppelkapelle siehe den Beitrag von Uta Maria Bräuer und Karl Bankmann in diesem Band.

53 Vgl. Ebert, Kordula: Wertvolles Inventar der Neuenburg – der Haingott. In: Unsere Neuenburg (= Mitteilungen des Vereins zur Rettung und Erhaltung der Neuenburg e. V., Heft 2). Freyburg (Unstrut) 2001, S. 64 ff.

54 Vgl. Das alte Freyburg (= novum castrum. Schriftenreihe des Vereins zur Erhaltung und Rettung der Neuenburg e. V. Heft 3). Freyburg (Unstrut) 1994, S. 139 f.

55 Vgl. Junghans, Heike: Der Altertums- und Verkehrsverein Querfurt e. V., In: Querfurter Heimatblätter 1. Querfurt 1991, S. 27 f.

56 Vgl. ebd. S. 28.

57 Heiko Einecke sei für das Gespräch am 3. November 2010 herzlich gedankt. Einecke ist Mitglied des Altertums- und Verkehrsvereins e. V., der 1910 gegründet wurde und 1990 seine Arbeit wieder aufgenommen hatte.

58 Der Domänenpächter war damit jedoch nicht einverstanden, da er die Räume im „Dicken Wilhelm" für seinen Wirtschaftsbetrieb dringend benötigte. Vgl. Peukert/Ebert: Das wolle der Reisende, wie Anm. 13, S. 7. Siehe hierzu auch: Schmitt: Archivalische Quellen, wie Anm. 6, S. 29.

59 Archiv der SDS, MSN, Akte „Einrichtung eines Heimatmuseum im Schloss", Bl. 16.

60 Schreiben des Magistrats der Stadt Freyburg an die Provinzialregierung in Merseburg, 21. August 1931. In: LHASA, MER, C 48 IIIa, Nr. 11228, Bl. 26.

61 Schreiben der Provinzialregierung in Merseburg an das HBA Naumburg, 7. September 1931. In: LHASA, MER, C 55 Naumburg, Nr. 24, Bl. 37^v.

62 Siehe dazu den Beitrag von Kordula Ebert und Konrad Breitenborn in diesem Band.

Kordula Ebert

Das Bildwerk
der heiligen Elisabeth von Thüringen

„Seit Jahren in Leipzig als Schriftsteller und Illustrator thätig, habe ich ein besonderes Interesse für Burgen und deren Historie. […] Besondere Anziehungskraft übte auf mich stets die imposante Neuenburg bei Freyburg a/Unstrut aus […]. Der Herr Amtsrath auf der Neuenburg hat mich ermuthigt, Ew. Excellenz um Erfüllung eines längst gehegten Wunsches meinerseits zu bitten. Auf dem Boden der Burg liegen einige Trümmer holzgeschnitzter Figuren, dabei eine gleichfalls wurmzerfressene, der Nase und der Füße beraubte händelose Statue (weiblich), die künstlerisch und materiell sicher keinen, oder nur einen ganz geringen Feuerholz-Werth haben dürfte. […] Ew. Excellenz wollen die Güte haben, mir als lebhaftem Interessenten für die Burg und die Thüringer Geschichte vielleicht gegen geringes Entgelt als Erinnerungszeichen für meine Arbeitsstube diesen Torso einer Statue gefl. überlassen. […] Wie gesagt, Werth in materieller Hinsicht hat die zertrümmerte Figur nicht. Mir aber wäre eine riesige Freude gemacht."[1]

Mit dieser schriftlichen Anfrage an die Provinzialregierung in Merseburg ersuchte 1902 der Leipziger Schriftsteller und Maler Paul Daehne ziemlich dreist um Überlassung einer stark beschädigten, hölzernen Skulptur, für die er nicht mehr als den Materialwert aufbringen wollte. Zugleich wird in dem Schreiben erstmals ein Bildwerk erwähnt und wissentlich angesprochen, das seit seinem Auffinden unterschiedlich – als Maria, Maria Magdalena, Anna oder Nonne – gedeutet wurde und heute als heilige Elisabeth interpretiert wird. Daehne erhoffte sich, es in seinen Besitz zu bringen, da es unbeachtet mit anderen Trümmern[2] auf dem Dachboden lag. Im Vorfeld hatte er sich bereits mit dem Rentmeister, dem damaligen Domänenpächter Hermann Ludwig Siegel, geeinigt. Dennoch beschied Regierungspräsident Eberhard von der Recke seine Anfrage abschlägig: „Ihrem Wunsche auf Überlassung einer auf dem Schlosse zu Freyburg a/U befindlichen defekten holzgeschnitzten Statue bedauere ich nicht stattgeben zu können, da grundsätzlich derartige, dem Fiskus gehörige Kunstgegenstände Privatpersonen nicht überlassen werden."[3] Stattdessen beauftragte die Merseburger Regierung Baurat Trampe von der Naumburger Bauinspektion mit der Erfassung sämtlicher „auf dem Schloß Freyburg a/U. befindlichen Bruchstücke".[4] Bereits zehn Tage später erstellte Trampe ein Inventar, in dem er als ersten Posten die noch nicht namentlich bezeichnete Elisabeth-Skulptur aufführte: „Eine in Holz geschnitzte

168. Registrierung der Elisabeth-Figur im „Inventar=Verzeichnis der auf dem Schlosse zu Freyburg befindlichen Bruchstücke", 1902

weibliche Figur, gemalt, derselben fehlen die Hände und Füße. [...] Der untere Theil sehr wurmstichig."[5] Da die Position jedoch mit einer Skizze versehen wurde, kann sie eindeutig zugeordnet werden. Seit dieser Aufnahme ist die Statue nachweislich in einem Inventarverzeichnis erfasst, aber eben nur als eine weibliche Figur.

Dies geschah zu einem Zeitpunkt, als sich die staatliche Denkmalpflege noch in der Entwicklungsphase zu einer fest etablierten Institution befand. Das Bestreben, die Denkmale des Landes zu erhalten, wuchs. Aus diesem Grund bemühte sich in der preußischen Provinz Sachsen seit 1892/93 die Historische Kommission gemeinsam mit dem Provinzialkonservator um eine Erfassung und Inventarisation der Denkmale.[6] Mit der Edition der „Beschreibenden Darstellung der älteren Bau- und Kunstdenkmäler der Provinz Sachsen und angrenzender Gebiete" stand um die Jahrhundertwende erstmals eine kunsthistorische Beschreibung der bedeutendsten Bauwerke zur Verfügung. Gleichzeitig wurden auch die räumliche Umgebung und die erhaltenen Kleinkunstwerke erfasst. Der Kunsthistoriker Heinrich Bergner, der Schloss Neuenburg bereits im Sommer 1903 aufgesucht hatte, benannte in diesem Zusammenhang erstmalig die Statue der heiligen Elisabeth. In dem von ihm verfassten und 1909 erschienenen Bau- und Kunstdenkmälerinventar des Kreises Querfurt beschrieb er die in einem Orgelgehäuse im Rittersaal des Schlosses Neuenburg ausgestellte Skulptur: „In dem Schrank steht außerdem noch eine gotische Figur, die heilige Elisabeth mit Schüssel, übermäßig schlank und dünn, mit tiefgeschnittenen, unüberlegten Hängefalten."[7]

Mit dem wachsenden Bewusstsein für die materiellen Hinterlassenschaften der Vorfahren, schon König Friedrich Wilhelm IV. hatte das Sammeln von „Kunstsachen in Staats- und Privatbesitz aus früheren Jahrhunderten"[8] angeregt, nahm nicht nur das Interesse für historische Bauten, sondern auch für deren mobiles Inventar und sonstige Zeugnisse früheren Alltagslebens zu. Um die Wende vom 19. zum 20. Jahrhundert kam es verstärkt zur Gründung musealer Einrichtungen. Auf der Suche nach bemerkenswerten Ausstellungsstücken zeigte das 1894 gegründete Provinzialmuseum in Halle großes Interesse an den auf der Neuenburg lagernden Stücken. Während eines Ortstermins am 12. September 1903 fand Museumsdirektor Oscar Förtsch u. a. an der „älteren Magdalena"[9] Gefallen. Gegen dessen Intension, die aufgefundenen Bruchstücke dem Provinzialmuseum „einzuverleiben", sprach sich der für die preußische Provinz Sachsen zuständige Provinzialkonservator Oskar Doering aus.[10] Regierungspräsident von der Recke beauftragte daraufhin Baurat Trampe mit der Umlagerung der Holzgegenstände.[11] Schon wenige Tage später hatte er die Aufgabe erfüllt: „Auf die nebenbezeichnete Verfügung habe ich die Marienfigur in der oberen Kapelle zur Seite des Altars auf dem umlaufenden untern Sockel vorläufig aufstellen lassen."[12] Den neuen Standort dokumentiert auch eine Ansichtskarte, die um 1908 aufgenommen wurde (s. Abb. 51).[13] Ob die Skulptur dort durchgängig gestanden hat, ist anhand der bisher bekannten Quellen nicht nachweisbar. Immerhin findet sie 1920 in einer Anweisung an den Schlosswart Suderlau Erwähnung: „Was im Jägerzimmer schon zusammengetragen ist, behandeln Sie sorgsam. […] Was an alten Stücken in dem Zimmer herumliegt, wo der große alte Ofen steht, räumen Sie vorsichtig auseinander und breiten es aus. Die Figur (geschnitzte Nonne) aus der Kapelle tragen Sie behutsam in den Raum, wo der große alte Ofen steht. Werfen Sie nichts weg."[14]

Nach Beschädigungen im Schloss Neuenburg infolge des Spartakistenaufstandes[15] war 1920 eine erneute Inventarüberprüfung mit einer Bewertung der Stücke durch die Regierung veranlasst worden.[16] 1925 wurden 100 RM für die Sicherung der „als Einzelstück erhaltenen gotischen Figur aus der Doppelkapelle Freyburg a. U." bereitgestellt.[17] Ein Jahr später kam die Elisabeth-Skulptur zur Ausführung dieser Arbeiten ohne Wissen des Domänenpächters und Schlosswartes Walter Goetze und ohne Anordnung seiner vorgesetzten Behörde, der Domänenverwaltung, in die Restaurierungswerkstatt des Provinzialkonservators Max Ohle nach Halle. Goetze wies die Kastellanin für die durch ihn nicht autorisierte Herausgabe des Kunstwerks zurecht und legte daraufhin Protest beim Provinzialkonservator ein.[18] In Halle war man sich der großen kunstgeschichtlichen Bedeutung der Elisabeth-Skulptur bewusst geworden, so dass der preußische Minister für Wissenschaft, Kunst und Volksbildung als oberster Dienstherr seinem Amtskollegen für Landwirtschaft, Domänen und Forsten, in dessen Zustän-

169. Die Fotografie der heiligen Elisabeth, die 1927 entstand, gilt als eine der frühesten dokumentarischen Aufnahmen.

digkeit die Neuenburg fiel, im Oktober 1926 mitteilte: „Nach beiliegenden Aufnahmen handelt es sich, wie sich erst jetzt ergeben hat, um die Gewandfigur einer weiblichen Heiligen von außergewöhnlicher Qualität, die um 1340–1350 entstanden sein muß. Bei der hiernach dem Schnitzwerk zukommender hervorragenden kunstgeschichtlichen Bedeutung muß es unbedingt geboten erscheinen, weitergehende Sicherungsmaßnahmen, wie sie für die zunächst in Aussicht genommene Wiederaufstellung in der Kapelle unerlässlich wären, zu vermeiden. Vielmehr wird es unter allen Umständen anzustreben sein, das Stück, das bisher in Freyburg nur sehr wenig zur Geltung kam, unberührt einer öffentlichen Sammlung zuzuführen, um es dadurch weiteren Kreisen zugänglich zu machen und gleichzeitig dauernd für die wissenschaftliche Forschung zu retten."[19] Durch den Landwirtschaftsminister wurde daraufhin am 14. Dezember 1926 das Einverständnis für die Herausgabe der mittelalterlichen Heiligenfigur erteilt.[20] Auf die Konservierungsmaßnahmen wurde verzichtet. Nach der Überführung in das Berliner Kaiser-Friedrich-Museum wurde sie dort in einer Ausstellung mit Neuerwerbungen im Mai 1927 gezeigt.[21] Anschließend folgten viele Jahre der Magazinierung in der Skulpturensammlung.

Erst nach Jahrzehnten gelang die Rückführung in das Schloss Neuenburg. Bereits 1991 bemühte sich die Museumsleitung auf Anregung des Denkmalpflegers und Bauforschers Reinhard Schmitt um eine Leihgabe. Doch erst der zweite Versuch im September 1992 führte mit Unterstützung des Landesamtes für Denkmalpflege Sachsen-Anhalt zum Erfolg.[22] Zwischenzeitlich hatten sich die Ausstellungsbedingungen deutlich verbessert: Die Doppelkapelle war nach aufwendiger Restaurierung 1992 wiedereröffnet worden. Zwei Jahre später ermöglichte eine Spende der „Katholischen Wohltätigkeitsanstalt zur heiligen Elisabeth" aus Reinbek bei Hamburg die Herstellung der klimatischen und sicherheitstechnischen Voraussetzungen für eine Neupräsentation der Elisabeth-Skulptur in den ehemaligen Betstuben der Herzöge von Sachsen-Weißenfels. Am 19. November 1994 wurde der neu hergerichtete Ausstellungsraum mit der kurz zuvor eingetroffenen Dauerleihgabe feierlich der Öffentlichkeit übergeben.[23] Der Kustos der Skulpturensammlung Prof. Dr. Hartmut Krohm schätzte während seines Festvortrages die wertvolle Heiligenfigur dahingehend ein, dass sie mehr als nur ein kunsthistorisches Zeugnis sei. Es bestünden tiefere, geistige und historische Bindungen zur Neuenburg, so dass die Anstrengungen für eine Rückführung schließlich Unterstützung finden mussten. In der neuen Ausstellung der Skulpturensammlung in Berlin fehle demzufolge nun ein „Glanzlicht" des bildhauerischen Schaffens.[24]

Seit der Rückkehr der Elisabeth-Statue in die Neuenburg besteht nicht nur ein Interesse an den schicksalsvollen letzten „Wanderjahren", sondern in ganz

170. Bildwerk der heiligen Elisabeth, Lindenholz, um 1380, Staatliche Museen zu Berlin, Skulpturensammlung und Museum für Byzantinische Kunst

besonderem Maße auch an ihrer Provenienz. Das Bildwerk präsentiert sich als schlanke, zarte, völlig in Gewänder eingehüllte junge Frau mit nach vorn geneigtem Kopf, die in der linken Hand eine Schale hält. Aus Weichholz, vermutlich Lindenholz[25], gearbeitet, ist die Statue 113 Zentimeter hoch, jedoch nur 20 Zentimeter tief. Auf dem überaus flach gehaltenen, rückwärtig abgeplatteten Schnitzwerk sind noch Partien der ursprünglichen Polychromierung erhalten. Trotz älterer Beschädigungen tritt Elisabeth als überschlanke, höfische Erscheinung auf, die eine prachtvoll gefältelte Bekleidung trägt. An der hohen Stirn, der grazilen Nase, dem kleinen gespitzten Mund und an dem das Gesicht umhüllenden Schleier sind Abschürfungen und Verluste zu verzeichnen. Gänzlich fehlen der rechte Unterarm einschließlich der Hand und das sie charakterisierende Attribut.[26] Dass es sich überhaupt um die heilige Elisabeth handelt, kann nicht mit Sicherheit bestimmt werden. Anhaltspunkte für eine Zuordnung bietet die beschädigte Schale ohne Inhalt, die die Skulptur in der Linken hält. Schüssel wie auch Teller können neben Elisabeth aber ebenso den weiblichen Heiligen Lucia, Agatha, Felicitas und Martha von Bethanien[27] als Attribut zugeteilt sein. Ein weiteres Kennzeichen ist unwiederbringlich verloren gegangen. Hartmut Krohm nimmt an, sie könnte mit der fehlenden Hand möglicherweise einen Brotlaib, Fische oder Weintrauben gereicht haben.[28] Da es sich bei dieser Figur um eine der frühen Darstellungen handelt, liegt die Vermutung nahe, dass das Attribut ein Löffel[29] gewesen ist. Dieses individuelle Merkmal hat seinen Ursprung in der Speisung der Armen, den Werken der Barmherzigkeit. Auf das fehlende Kennzeichen bzw. auf die mit dieser Hand ausgeführte Handlung sind auch ihre Augen gerichtet, obgleich der Blick introvertiert, nach innen vertieft, wirkt.

Elisabeths gesamter Habitus verweist auf eine adlige Herkunft. Ihre Haltung wirkt auf den ersten Blick etwas starr, dennoch klingt eine ganz leicht s-förmig gebogene Grundlinie der Gestalt an. Das engärmlige Unterkleid ist hautnah auf den Körper zugeschnitten, so dass ihre Zartheit und ihre weiblichen Formen unterstrichen werden. Besonders wird die Brustpartie durch Einschnürung des Gewandes am Oberbauch betont. Fast der gesamte Körper, bis auf das ovale, umrahmte Gesicht und die Hände, ist mit Kleidung bedeckt. Doch lassen geknickte Faltenbahnen das linke, leicht nach vorn gestellte Spielbein erkennen. Der Schleier der verheirateten Frau, der entsprechend der Mode ab 1340 als Kruseler[30] gestaltet ist, umhüllt ihr Antlitz. Auch Haar und Hals werden durch den eng anliegenden Wimpel, ein dreieckiges von der Stirn über die Schläfen und das Kinn gewundenes Tuch, gänzlich abgedeckt. Trotzdem zeichnet sich die schlanke Form des Halses sehr plastisch ab. Sowohl der einem Gebende[31] ähnliche Wimpel, als auch der weiße über die Schultern geschlagene, leicht faltig liegende Schleier, der den Kopf regelrecht in einer Nische schützt, sind mit einem gefäl-

171. Elisabeths zartes Anlitz wirkt durch den Schleier gerahmt und geschützt.

teten bzw. plissierten, vergoldeten Rand versehen. Das sich Öffnen des Umhangs unterstreicht die für Eilsabeth typische und charakteristische Selbstveräußerung gegenüber den ihr als fürsorglichen Landgräfin anvertrauten, oft Not leidenden Menschen und versinnbildlicht die Darbietung der Gaben. Der Bildhauer hat den Mantel so von den schmalen Schultern über Oberarme und den linken Arm gelegt, dass er weich fallende Schüsselfalten bildet und die gesamte Figur seitlich mit locker fließenden Faltenkaskaden begrenzt. Nicht nur die Vergoldung beider Kleidungsstücke, sondern auch die Art und Weise der Draperie sowie die Feinheit der Statur untermauern Elisabeths fürstlichen Stand. Dafür spricht ebenso die künstlerische Nachahmung kostbarster seidiger Stoffe.

Im unteren Teil der Skulptur ist ein größerer Materialverlust durch Holzwurmfraß auffallend. So sind ihre Füße, Teile des unteren Gewandes und der Sockel verloren gegangen. Besonders im Bereich der Schüsselfalten weist das Holz mittig Trocknungsrisse auf, die wahrscheinlich durch Klimaschwankungen und unsachgemäße Lagerung an einigen, teils sehr dünnwandigen Partien hervorgerufen wurden.

Eine Datierung der Neuenburger Elisabeth-Skulptur fällt insofern schwer, da es keine Aufzeichnungen zur Herkunft gibt. Erstmals hat der Kunsthistoriker Theodor Demmler[32] die gotische Statue 1930 genauer beschrieben und ihre Herstellung in die zweite Hälfte des 14. Jahrhunderts[33] eingeordnet. Hartmut Krohm präzisierte ihre Entstehungszeit auf 1380/90[34] mit einem Bezug zu den schönen Madonnnen[35] und bezieht sie in den Umkreis der internationalen Gotik[36] ein. Die zeitliche Einordnung bestätigte auch der sächsische Gebietsdenkmalpfleger Michael Kirsten mit seiner Datierung in die „80er Jahre des 14. Jahrhunderts"[37]. Da im thüringisch-sächsischen Raum kaum zeitnahe Vergleichsbeispiele hochwertiger Bildhauerkunst aus Holz bekannt oder erhalten geblieben sind, müssen demzufolge zur Beurteilung mitteleuropäische Skulpturen aus der Zeit der Luxemburger herangezogen werden. Besonders während der Regierungszeit Kaiser Karls IV. fand ein Kulturtransfer im europäischen Raum statt.

Es ist nicht auszuschließen, dass die Neuenburger Elisabeth-Figur älter ist als bisher angenommen. Möglich wäre eine Fertigung im dritten Viertel des 14. Jahrhunderts.[38] Augenscheinlich kann man auch eine Holzskulptur, die heilige Maria Magdalena aus Danišovce, die sich heute im Museum von Levoča[39] befindet, mit ihr vergleichen. Beide zeigen große Ähnlichkeiten in Gestalt, Größe, Farbigkeit und der leichten S-Biegung des Oberkörpers. Selbst die in Y-Form auslaufenden Schüsselfalten haben starke Parallelen. Es wird vermutet, dass die Maria Magdalena in „einem weiter entfernten Ort bestellt wurde".[40] Möglicherweise waren die Bildhauer beider Werke durch die gleiche Hütte, Werkstatt oder denselben Meister beeinflusst. Einem regen Kulturaustausch geschuldet, sind vergleichbare Kunstwerke beispielsweise in Frankreich, am Rhein, im österreichischen Gebiet, in Böhmen, Polen sowie in vom Deutschen Orden beeinflussten Regionen zu finden.

In welchem Kontext das Neuenburger Bildwerk im Mittelalter gestanden hat, ist ebenfalls nicht überliefert. Mit großer Sicherheit handelt es sich um eine Altarfigur, die für einen Schrein angefertigt wurde. Dafür sprechen die sehr flache Statur der Heiligen und die geglättete sowie leicht gehöhlte, vielleicht auch beschädigte Rückseite. Elisabeth muss an einem Hintergrund befestigt gewesen sein. Einen weiteren Hinweis auf den Standort liefert ihr nach vorn gebeugtes Haupt mit leicht gestrecktem Hals. Sie sollte in der Vorderansicht, etwas von unten angeschaut werden. Aufgrund ihrer Körperdrehung samt rechtem Standbein und des nach links geneigten Kopfes war sie vermutlich auf der linken Altarseite platziert. Mit welchen Assistenzfiguren sie im Schrein aufgestellt war, muss gleichfalls offen bleiben. Es gibt Altaraufsätze, die sie gemeinsam mit Maria, Maria Magdalena, Anna selbdritt[41], Klara, Kilian, Gudula, der Prophetin Anna oder anderen Heiligen zeigen.

172. Maria Magdalena, Sandstein, um 1333 bis 1370, Dom St. Stephanus und St. Sixtus Halberstadt
Die Steinskulptur in bemerkenswertem Erhaltungszustand ist ein wichtiges Vergleichsbeispiel für die Datierung der Elisabethfigur.

Ob die Elisabeth-Figur ursprünglich zum Inventar der Neuenburg gehörte und direkt für eine der Kapellen angefertigt wurde oder ob sie zu einem späteren Zeitpunkt durch Umlagerung aus einem anderen Sakralbau in die Neuenburg kam, ist nicht nachweisbar. Es liegen kaum archivalische Quellen zur Geschichte der Burg vor dem 17. Jahrhundert vor und zu dieser speziellen Thematik fehlen klare Hinweise. Nur ansatzweise und unter Einbeziehung der Erkenntnisse zur Bau- und Regionalgeschichte bzw. zum Wirken einzelner Personen können Vermutungen zur Provenienz angestellt werden.

Möglicherweise kam es im mittleren 14. Jahrhundert zu einer Modernisierung der Doppelkapelle, doch kann dies nicht historisch mit einem Regenten oder einem bestimmten Ereignis verknüpft werden. Es ist überliefert, dass Markgraf Friedrich III. (der Strenge) zwischen 1354 und 1364 mehrere Male auf der Neuenburg urkundete. Die Bauforschung wiederum datiert die gotischen Maßwerkfenster der oberen Kapelle in die zweite Hälfte des 14. Jahrhunderts bis in das frühe 15. Jahrhundert. Bisher sind keinerlei Schriftstücke zum Baugeschehen an der Doppelkapelle bekannt, jedoch könnte ein Vermerk in einer der ältesten

173. Maria Magdalena aus Danišovce, Holz, um 1410, Slowakisches Nationalmuseum Spišské múzeum

Neuenburg-Akten für das Jahr 1377 zur Bereitstellung von 100 Schock Freiberger Groschen für Arbeiten an der Ringmauer eine umfangreichere Bautätigkeit in dieser Zeit belegen.[42] Sollte es zu Veränderungen im Innenraum des Kirchenbaus gekommen sein, spräche das für eine erneute Weihe, die den Erwerb der Figur bzw. eines Altars wahrscheinlich macht. Falls aber die Umgestaltung der oberen Kapelle später stattgefunden hat, müsste die Statue aus einem anderen Zusammenhang (Kirche oder Kloster) in die Burg gekommen sein. Unstrittig ist, dass Elisabeth, die Familienheilige des Thüringer Landgrafenhauses, auch durch die Wettiner hoch geachtet wurde.[43]

Spätestens seit dem 15. Jahrhundert deutet die Unterschutzstellung der Doppelkapelle unter das Patronat Elisabeths auf eine Verehrung der Heiligen hin. So besagt eine Freyburger Amtsrechnung aus den Jahren 1458/59, dass Ausgaben in der „Stoben" vor „sante Elysabethin Cappelln"[44] für Fenster notwendig waren. Dieser wichtige Hinweis auf ein Elisabeth-Patrozinium schließt aber nicht aus, dass dieses bereits früher existierte. Dagegen schweigen die Quellen zu den Altären der Doppelkapelle. Erwähnung findet aber eine weitere Kapelle in der Vorburg (1445).⁴⁵ Außerdem werden 1495 eine Nikolaikapelle⁴⁶ und 1539 die Altäre Allerheiligen und Nikolaus im Schloss benannt.⁴⁷ Etwas früher datiert eine Inschrift im Obergeschoss der Doppelkapelle.⁴⁸ Die schwungvoll an die Wand geschriebenen Zeilen stammen sehr wahrscheinlich aus dem ersten Drittel des 16. Jahrhunderts, der Zeit des Bauernkrieges, und sind eine Anrufung der Jungfrau Maria, der „verehrungswürdigen Elisabeth", der heiligen Anna selbdritt und der heiligen Katharina (s. Abb. 55).⁴⁹ Auch sie können als Hinweis auf Patrozinien oder Altarheilige dieser Zeit angesehen werden. Es liegt daher die Vermutung nahe, Elisabeth wäre mit den genannten drei Heiligen in einem Schrein vereint gewesen. In Zusammenhang mit der Inschrift steht auch eine wertvolle, ungefasste Holzskulptur der Anna selbdritt von 1510/20, die heute als Inventar der Freyburger Stadtkirche St. Marien in ihrem Querhaus aufgestellt ist. Der Freyburger Ortschronist Gottlob Traugott Gabler vermerkte 1840 interessanterweise, dass sich von den dortigen fünf Nebenaltären (speziell St. Nikolai, St. Georg, St. Anna) „nicht die geringste Spur"⁵⁰ finden lässt. Gleichfalls wird die kunsthistorisch sehr wertvolle Gruppe um Anna in einem späteren Inventarverzeichnis des Pfarramtes von 1858 nicht aufgeführt. Es könnte ein Beleg dafür sein, dass Elisabeth und Anna möglicherweise in diesem Zeitraum gemeinsam in der Doppelkapelle gestanden haben, die schon unter Herzog August von Sachsen-Weißenfels 1675 wiederhergestellt und neu ausgeschmückt wurde. Sein Enkel Johann Georg veranlasste 1704 die Einrichtung der Betstuben, den Einbau einer Orgel und sorgte für eine Erneuerung der Ausstattung.⁵¹ Ein Inventar von 1731 verzeichnete u. a. ein „Marienbild in Holz ausgehauen" und „1 dito mit 2 Kindern"⁵² in der unteren Kapelle. Das erstgenannte Bildwerk könnte die „Elisabeth-Figur" umschreiben, denn auch später hat man sie gelegentlich als Maria bezeichnet. Vermutlich kam es bei der Deutung des zweiten Standbildes zu einer weiteren Verwechslung, denkbar wäre ein Verweis auf Anna selbdritt. Auch vierzig Jahre später finden die beiden Skulpturen in der „Unter Kirche" Erwähnung: „Ein Altar von Holtze mit etwas Schnitzwercke, darüber 1. auf Leinwand gemahltes Bild, auf ieder Seite aber 1. Marien Bild von Holtz stehet, so sehr schadhaft."⁵³

Generell kann über die früher vorhandenen Altaraufsätze der Doppelkapelle nach heutigem Forschungsstand keine Aussage getroffen werden. Hinweise gibt es zwar zu Patrozinien, aber Anzahl, Größe, Form bzw. Bildwerke der Retabel bleiben unbekannt. Was sich heute an sakralem Schnitzwerk und Holzfragmenten in der Sammlung des Museums befindet, ist zum größten Teil in den ältesten Schlossinventaren von 1902 und 1904 aufgeführt. Unklar bleibt dabei, was aus der Freyburger Stadtkirche⁵⁴ oder aus der Doppelkapelle stammt. Nur weniges kann eindeutig dem Schloss Neuenburg zugewiesen werden. Eine Überlegung wäre auch, dass die Elisabeth-Schnitzfigur schon 1572 gemeinsam mit dem roma-

174. Das 18 x 15 Zentimeter große Kreuz im Türgewände des romanischen Wohnturmes könnte neben anderen Kreuzen und Ritzungen für eine Frömmigkeitsbewegung und Laienspiritualität auf der Neuenburg sprechen.

nischen Taufstein[55], der ursprünglich aus der Kilianskirche stammte, in die Doppelkapelle kam.[56] Falls mit den „Marien" im Inventar von 1731 ebenfalls Elisabeth gemeint war, hätte sie sich anschließend bis zur Loslösung aus dem Hofmarschallamt, die 1770 erfolgte, in der unteren Kapelle befunden. Ungeklärt bleibt allerdings, wann sie auf den Dachboden kam.

Nahe liegend, aber nicht überliefert, wäre eine Verehrung der heiligen Elisabeth auf der Neuenburg. Ein wichtiger Hinweis hierzu ist das schon erwähnte Patrozinium für die obere Kapelle im späten Mittelalter. Ob es nach Elisabeths Tod, ihrer Selig- oder Heiligsprechung eine Art Wallfahrt zur Neuenburg gab, ist allerdings nicht bekannt. Verschiedene Überlieferungen geben hingegen ein Bild von der Verehrung der Heiligen im benachbarten Naumburg. Bereits zwischen 1235 und 1250 wurde dort die wohl älteste bildliche Darstellung der Elisabeth in Stein geschaffen, in deren Haupt eine vertiefte Öffnung zur Bewahrung ihrer Reliquien eingelassen worden war. Außerdem befand sich im Erdgeschoss des Nordwestturmes des Naumburger Domes eine Kapelle, die Elisabeth geweiht war. Im Nordfenster des Westchorpolygons blieb oberhalb des Markgrafenpaares Uta und Ekkehard eine Glasmalerei mit einer Abbildung der Heiligen aus dem 13. Jahrhundert erhalten. Dechant Ulrich von Ostrau, der Vorsteher des Naumburger Domkapitels, führte schließlich im zweiten Jahrzehnt des 14. Jahrhunderts für den 2. Mai eine Elisabeth-Prozession ein.[57]

Offen bleiben muss, ob es einen Elisabeth-Kult auch auf der Neuenburg gab und wie dieser aussah. Einen Hinweis könnte ein auffällig in das Türgewände des romanischen Wohnturms eingefügtes Kreuz liefern. Bisher wurde es nicht wahrgenommen und fand keine Deutung. Des Weiteren sind im umgebenden Mauerwerk viele Ritzungen und einfachere Kreuze, wie beispielsweise ein größeres, in der Gotik beliebtes Wiederkreuz[58] zu finden. Vielleicht diente dieser Erdgeschossraum, in dem sich heute der Museumsladen befindet, als Aufenthaltsmöglichkeit oder als Schlaflager für Pilger und Reisende. Auch das Abwetzen von Steinpartikeln, worauf vertikale Wetzrillen an den Sandsteinsäulenschäften der unteren Kapelle und am gotischen Portal neben der Kapelle hinweisen, kann mit kultischen Handlungen in Verbindung gebracht werden. Galten doch mineralische Stäube von geweihten Gebäuden oder von Orten, die in Verbindung mit Heiligen standen, mit Flüssigkeiten oder Ölen vermischt als heilsam oder apotropäisch, also als unheilabwendend.[59] Die Neuenburg – und insbesondere die Doppelkapelle – waren Orte, an denen für Gläubige eine besonders intensive spirituelle Kontaktaufnahme mit einer hier vormals lebenden Heiligen möglich war.[60] Vielleicht hatte sich auch das populäre Elias- oder Kreuzwunder, das in der Vita der heiligen Elisabeth des Dietrich von Apolda gegen Ende des 13. Jahrhunderts beschrieben wurde und auf der Neuenburg verortet ist, auf eine kultische Bewegung ausgewirkt.

Viele Rätsel und Fragen ranken sich weiterhin um die Neuenburger Elisabeth-Figur. Noch immer zieht sie die Betrachter in ihren Bann. Sie ist eines der wertvollsten, interessantesten und geheimnisvollsten Ausstellungsstücke des Museums, die von den Besuchern immer wieder andächtig betrachtet wird.

Anmerkungen

1 Schreiben von Paul Daehne an den Merseburger Regierungspräsidenten vom 26. Oktober 1902. In: LHASA, MER, C 48 IIIa, Nr. 8541, Bl. 235ʳ–236ʳ; siehe dazu auch Schmitt, Reinhard: Schloss Neuenburg. Zur barocken Ausstattung der Doppelkapelle und zu weiteren barocken Ausstattungsstücken aus der Freyburger Stadtkirche. Eine Materialsammlung aus den zwischen 1984 und 1995 ausgewerteten archivalischen Quellen. Hrsg. vom Landesamt für Denkmalpflege Sachsen-Anhalt, Halle 1995, S. 7.

2 Bei der Restaurierung der Doppelkapelle 1853 blieben Teile der Barockausstattung – Reste des Altaraufbaus, der Kanzeln und Orgelprospekte – zur Bewahrung im Schloss. Ebenso wurden hier mehrere barocke Schnitzfiguren, die um 1847 und im Jahr 1894 aus der Freyburger Stadtkirche entfernt worden waren, gelagert. Dabei handelte es sich zusätzlich um Fragmente eines Altaraufbaus, einer Kanzel und einer Patronatsloge. Dazu ausführlich Schmitt: Zur barocken Ausstattung, wie Anm. 1, S. 6–12.

3 Antwortschreiben des Regierungspräsidenten vom 28. Oktober 1902. In: LHASA, MER, C 48 IIIa, Nr. 8541, Bl. 235^r; LHASA, MER, C 48 IIIa, Nr. 875, Bl. 199^r.

4 Ebd. In: LHASA, MER, C 48 IIIa, Nr. 8541, Bl. 235^v.

5 Inventarverzeichnis vom 7. November 1902. In: LHASA, MER, C 48 IIIa, Nr. 8541, Bl. 238^r.

6 Findeisen, Peter: Geschichte der Denkmalpflege Sachsen-Anhalt. Von den Anfängen bis in das erste Drittel des 20. Jahrhunderts. Berlin 1990, S. 32 und 34.

7 Beschreibende Darstellung der älteren Bau- und Kunstdenkmäler des Kreises Querfurt. Bearb. von Heinrich Bergner (= Beschreibende Darstellung der älteren Bau- und Kunstdenkmäler der Provinz Sachsen, Heft 27). Halle 1909, S. 101.

8 Findeisen: Denkmalpflege, wie Anm. 6, S. 153.

9 Schreiben des Museumsdirektors Oscar Förtsch an den Provinzialkonservator vom 2. Oktober 1903. In: LDA, Archiv, Ortsakte Neuenburg I.

10 Schreiben des Regierungspräsidenten an den Provinzialkonservator Oskar Doering vom 25. August 1903. In: LDA, Archiv, Ortsakte Neuenburg I.; dazu auch Schmitt: Zur barocken Ausstattung, wie Anm. 1, S. 9.

11 Schreiben der Regierung an das Hochbauamt Naumburg vom 29. März 1904. In: LHASA, MER, C 55 HBA Naumburg, Nr. 13, Bl. 113^r.

12 Schreiben Trampes an die Regierung Merseburg vom 4. April 1904. In: LHASA MER, C 55 HBA Naumburg, Nr. 13, Bl. 113.

13 SDS, MSN, Inventar V 7543 Z.

14 LHASA, MER, C 55 HBA Naumburg, Nr. 17, Bl. 374^r. und 375^r.

15 Freyburg war in Folge der sogenannten Spartakistenbewegung, die noch nicht im Einzelnen untersucht ist, im März 1920 von Gleina aus besetzt worden. LHASA, MER, C 50 Querfurt, A/B Nr. 298 und 299 (allgemein zur Spartakistenbewegung).

16 „Der Schloßwart in Freyburg ist seinen Verpflichtungen nachgekommen. Die aufbewahrten Inventarienstücke sind vollständig vorhanden. Kleine Beschädigungen sind durch die Spartakistenbesatzung verursacht. [...] Es ist schade, wie hier Stücke, die zum Teil Altertums- und Kunstwert haben, unbeachtet verfallen", teilt der Naumburger Baurat Stybalkowski am 24. Juni 1920 der Regierung mit. In: LHASA, MER, C 48 IIIa, Nr. 8541, Bl. 293^r.

17 Von dem Restaurator Albert Leusch existieren zwei Kostenvoranschläge: Restaurierung durch Ergänzen der fehlenden bzw. Bemalen der ergänzten Stellen auf Poliment, Anfertigen einer angemessen vergoldeten und bemalten Konsole für 200 RM und Sicherung durch Festigen des Holzes, Befreien von Wurm und Schützen gegen erneuten Wurmfraß für 100 RM. Die Sicherung wurde favorisiert. LDA, Archiv, Ortsakte Freyburg, Neuenburg I.

18 LHASA, MER, C 55 HBA Naumburg, Nr. 23, Bl. 151^r.

19 Schreiben vom 25. Oktober 1926. In: LDA, Archiv, Ortsakte Freyburg, Neuenburg I.

20 LHASA, MER, C 55 HBA Naumburg, Nr. 23, Bl. 148^r.

21 Vom Jahr 1927 existiert ein Foto der „Hlg. Elisabeth", das später auf eine Karteikarte geklebt wurde, auf der sie als solche benannt ist. Es muss noch Anfang des Jahres 1927 in Halle aufgenommen worden sein, da sie kurz darauf bereits am 11. Mai in Berlin präsentiert wurde. LDA, Archiv, Ortsakte Freyburg, Neuenburg I.

22 Schmitt, Reinhard: Die heilige Elisabeth von Thüringen – Ein Bildwerk des späten 14. Jahrhunderts auf der Neuenburg bei Freyburg/Unstrut. In: Burgen und Schlösser in Sachsen-Anhalt 4 (1995), S. 180–190.

23 Die Elisabeth-Figur kam am 19. Oktober 1994 als Dauerleihgabe der Staatlichen Museen zu Berlin Preußischer Kulturbesitz – Skulpturensammlung in das Museum Schloss Neuenburg, Leihvertrag unterzeichnet am 23. September 1994 und 6. Oktober 1994.

24 Eigene Mitschrift des Festvortrages, gehalten durch den Oberkustos der Skulpturensammlung Berlin Prof. Dr. Hartmut Krohm am 19. November 1994 anlässlich der Rückkehr der „Elisabeth-Plastik" auf die Neuenburg.

25 Ebd.

26 Die heilige Elisabeth kann u. a. mit folgenden individuellen Attributen dargestellt sein: Kirchenmodell, 2–3 Kronen, Gebetsbuch, Bettler, Kanne/Krug, Brot, Schale mit Fischen, Weintrauben bzw. mit Lebensmitteln, Löffel, Zepter, Palme, Rosen. Vgl. dazu Braun, Joseph: Tracht und Attribute der Heiligen in der Deutschen Kunst. 3. unveränd. Aufl. Berlin 1988, S. 210.

27 Ebd.

28 Krohm: Vortrag, wie Anm. 24.

29 Vgl. dazu: Elisabethaltar in Košice, Elisabethschrein in Marburg, Tafelbild Elisabeth mit Bettler aus Bratislava (?), St. Annenaltar in Radačov, ebenso eine Malerei von Meister Theodorik auf Burg Karlštejn, Glasmalereien in Marburg und in Maria Buch/Steiermark.

30 Der Kruseler ist eine typische Frauenkopftracht, die nach dem dichten Rüschenbesatz bzw. den angekrausten Rändern benannt wird. Er war zwischen 1340 und 1430 gebräuchlich.

31 Das Gebende ist eine mittelalterliche Frauenkopfbedeckung, die aus einer runden Kopfbedeckung sowie einer Kinn- und Wangenbinde besteht.

32 Theodor Demmler war seit 1919 Direktor der Abteilung „Bildwerke der christlichen Epochen" des Kaiser-Friedrich-Museums (heute Bode-Museum).

33 Schmitt: Elisabeth, wie Anm. 22, S. 187.

34 Krohm: Vortrag, wie Anm. 24.

35 „… die Figur zeigt die Formensprache des 14. Jahrhunderts mit Rückbezug auf das 13. Jahrhundert, die Nähe zur Kunst um 1400 und sie birgt schon Hinweise auf den Stil der schönen Madonnen 1380/90." Vgl. Krohm: Vortrag, wie Anm. 24.

36 Auch als schöner oder weicher Stil in der spätgotischen Malerei und Plastik zwischen 1380 bis 1450 bezeichnet.

37 Schreiben von Dr. phil. Michael Kirsten an Reinhard Schmitt, LDA, vom 9. Juni 1995 in Heine, Stefanie: Die Skulptur der heiligen Elisabeth in Freyburg. Magisterarbeit Jena 2007, Anhang S. I.

38 Eine ihr nahe stehende heilige Klara aus Ribnitz wird in die Zeit um 1330 datiert (Hinweis bei Schmitt, Reinhard: Die heilige Elisabeth von Thüringen – Ein Bildwerk des späten 14. Jahrhunderts auf der Neuenburg bei Freyburg/Unstrut, Aufsatz vom 21. September 1996); Ähnlichkeiten weist das Gewand der Elisabeth im Straßburger Münster auf, um 1350; ebenso Glasmalereien einer heiligen Cäcilia und heiligen Elisabeth im Hauptchor der St. Marienkirche Mühlhausen, um 1380/90; vgl. im Halberstädter Dom die Maria Magdalena, 1333–1370 und die Madonna der Marienkapelle in Halberstadt, um 1360 sowie Figuren am Hauptportal der Minoritenkirche in Wien, um 1350.

39 Sie ist im Slowakischen Nationalmuseum (Spišské múzeum) unter der Nr. 3434 inventarisiert.

40 Brief von Ivan Havlice vom 22. November 2007 in: Heine: Skulptur, wie Anm. 37, Anhang S. V.

41 Der Bildtyp Anna selbdritt bezeichnet in der christlichen Kunst eine Darstellung der heiligen Anna mit ihrer Tochter Maria und dem Jesusknaben.

42 Schmitt, Reinhard: Schloß Neuenburg bei Freyburg/Unstrut. Archivalische Quellen zur Geschichte und Baugeschichte von 1267 bis 1699 (mit Nachträgen für die Zeit von 1700 bis 1815). In: Burgen und Schlösser in Sachsen-Anhalt 19 (2010), S. 186.

43 Vgl. Krüger, Klaus: Elisabeth von Thüringen und Maria Magdalena. Reliquien als Geburtshelfer im späten Mittelalter. In: Zeitschrift des Vereins für Thüringische Geschichte, Band 54. Jena 2000, S. 75–108. Freundlicher Hinweis von Reinhard Schmitt vom 18. Mai 2011.

44 Vgl. Schmitt, Reinhard: Die Doppelkapelle der Neuenburg bei Freyburg/Unstrut – Überlegungen zu typologischen Aspekten. In: Burg- und Schlosskapellen. Hrsg. von Hartmut Hofrichter. Stuttgart 1995, S. 71–78.

45 Schmitt: Quellen von 1267 bis 1699, wie Anm. 42, S. 191.

46 Ebd., S. 196.

47 Ebd., S. 198.

48 „Assumpta B[eata] maria in celum", „Elizabet venerande", „Hillff Sancta Anna selb dritt", „Sancta Katharina ora pro nobis". Ebd., S. 198. Siehe dazu auch die Beiträge von Kristine Glatzel und Reinhard Schmitt in diesem Band.

49 Säckl, Joachim: Nochmals zur mittelalterlichen Inschrift im Obergeschoß der Doppelkapelle der Neuenburg. In: Burgen und Schlösser in Sachsen-Anhalt 3 (1994), S. 52–55.

50 Gabler, Traugott Gottlob: Freyburg, Kirche, Schule und fromme Stiftungen nebst der damit in Verbindung stehenden Kirchen- und Reformations-Geschichte der Stadt und Diöces. Querfurt 1840, S. 26.

51 Inventarien=Verzeichnis vom 15. Juni 1731. In: Ebd., S. 16 f. Dieses Verzeichnis kannte Gabler noch, es gilt heute als verschollen. Zu den Herzögen von Sachsen-Weißenfels und ihren Bemühungen um die Neuenburg siehe auch den Beitrag von Joachim Säckl in diesem Band.

52 „Der Altar mit einem gemalten Bilde, des Herrn Christi Nachtmahl vorstellend, war mit groben grünen Tuch behänget; 1 Marienbild in Holz ausgehauen; 1 dito mit 2 Kindern; 1 alter Tauffstein" waren im vorgenannten Inventar vermerkt.

53 Schmitt: Zur barocken Ausstattung, wie Anm. 1, S. 3.

54 Im Laufe des 19. Jahrhunderts wurden diverse Ausstattungsgegenstände und 1894 der barocke Herzogstuhl aus der Freyburger Stadtkirche in das Schloss zur Aufbewahrung verbracht. Schmitt: Elisabeth, wie Anm. 22, S. 180; siehe auch LHASA, MER, C 48 IIIa, Nr. 2697 vol. IV, Bl. 161^r, 173^r.

55 In einem Inventar vom 15. Juni 1731 wird „1 alter Tauffstein" aufgeführt. Vgl. Schmitt, Reinhard: Schloß Neuenburg bei Freyburg (Unstrut). Archivalische Quellen zur Geschichte und Baugeschichte von 1700 bis 1815. In: Burgen und Schlösser in Sachsen-Anhalt 13 (2004), S. 244.

56 Das kurfürstliche Malzhaus wurde 1572 gegen die ehemals städtische Kilianskirche getauscht, war aber schon vorher durch die Bewohner des Schlosses genutzt worden. Sie blieb bis zur Einführung der Reformation 1539 in Gebrauch. So ließ am 20. Oktober 1427 Conrad von Stein, Vogt der Neuenburg, mit Günther von Bünau, Hofmeister des Landgrafen Wilhelm, eine Frau auf dem St.-Kilians-Kirchhof begraben. Gabler: Freyburg, wie Anm. 50, S. 5 f.

57 Schubert, Ernst: Der Naumburger Dom. Halle 1997, S. 185–188.
58 Dabei handelt es sich um ein Kreuz, dessen Enden noch einmal gekreuzt sind.
59 Noch nicht ausgewertet sind Bodenfunde vom Gelände des Schlosses Neuenburg – innerer Burghof und Zwingerbereich – mit einer Vielzahl von Salbengefäßen aus grauer Irdenware. Vgl. Burg und Herrschaft. Ausstellungskatalog des Deutschen Historischen Museums, Berlin. Hrsg. von Hans Ottomeyer, Rainer Atzbach und Sven Lücken. Berlin/Dresden 2010. Abb. 9.15, S. 186.
60 Vgl. Brumme, Carina: Das spätmittelalterliche Wallfahrtswesen im Erzstift Magdeburg, im Fürstentum Anhalt und im sächsischen Kurkreis. Entwicklung, Strukturen und Erscheinungsformen frommer Mobilität in Mitteldeutschland vom 13. bis zum 16. Jahrhundert. Frankfurt am Main 2010, S. 7.

Konrad Breitenborn und Kordula Ebert
„Die deutsche Burg an der Unstrut"
Schloss Neuenburg auf dem Weg ins Dritte Reich

Zum Programm eines sogenannten Kunstnachmittages „im Jagdzimmer des Schlosses Neuenburg" gehörte am 31. Januar 1932 auch der Vortrag des früheren Naumburger Theaterintendanten Erich Claudius[1] über das 1926 erschienene Buch „Volk ohne Raum" von Hans Grimm. Dabei betonte Claudius, dass dem deutschen Volk nach 1918 „durch erdrückende Friedensbedingungen" der „Raum zum Leben" genommen worden sei, und der „Freyburger Bote" fasste die Botschaft des Referenten mit den Worten zusammen: „In tausenden Beispielen tritt es uns entgegen: Volk ohne Raum! Es ist die große Aufgabe unserer Zeit, dem deutschen Volke wieder Lebensraum zu schaffen, damit es frei atmen und leben kann."[2]

Fast auf den Tag genau ein Jahr später, am 30. Januar 1933, ernannte Reichspräsident Paul von Hindenburg den „Führer" der NSDAP Adolf Hitler zum Reichskanzler.

Am späten Abend dieses Tages marschierten „400 Braunhemden" mit Fackeln und „unter Gesang mit klingendem Spiel" zu „Ehren der neuen Regierung" durch die Straßen Freyburgs. Die aus mehreren Orten der Umgebung stammenden Männer versammelten sich schließlich auf dem Marktplatz, und ein Redner rief ihnen zu: „Wir haben das Vertrauen zu unserem Führer, daß es nun einmal anders werden wird! Eine neue Zeit wird heranbrechen! Aber, wir dürfen nicht locker lassen! Und den Kinnriemen müssen wir straff behalten – es ist nicht gleich alles so, wie wir es wohl gern möchten." Als der Redner dann zum Abschluss sagte: Aber eines „ist gewiß: Wir wollen unserem Führer Adolf Hitler die Treue halten, die Treue, die wir ihm versprachen", durchbrach ein dreifach donnerndes „Kampf-Heil!" die Stille der Nacht.[3]

Ausstellungen, Konkurse und Theaterpläne

Der am 18. Juni 1889 in Freyburg geborene Erich Claudius lebte seit Ende 1931 zusammen mit seinem Sohn, dem Maler und Bühnenbildner Otto Erich Claudius[4], auf der Neuenburg, wo im Oktober 1931 die aus Leipzig stammende Künstlerin Marie Charlotte Steche[5] eine „Galeriewohnung" gemietet hatte und bald darauf im Schloss Produkte des heimatlichen Kunsthandwerks ausstellte und verkaufte. Dabei setzte sie vor allem auf die „anregende Romantik und Schönheit" der alten Neuenburg, die sie als Ort neuer kunsthandwerklicher „Schöpfungen" für besonders geeignet hielt.[6]

Im Laufe des Jahres 1931 hatte Otto Erich Claudius die Räume neben der Oberkapelle, den „Fechtsaal" und den südlichen Galerieflügel „künstlerisch" neu gestaltet, wo sich seit Anfang Dezember 1931 die von Marie Charlotte Steche betriebene Dauer-Verkaufsausstellung „Kunst – Handwerk – Wolle" befand. Auch Otto Erich Claudius präsentierte dort eigene Werke, vor allem Porträts, Aquarelle und Linolschnitte.[7]

Sein Vater Erich Claudius war in Naumburg und Umgebung kein Unbekannter.[8] Schon 1918 hatte er für einige Wochen als „Intendant" der „Kleinen Schaubühne" in Naumburg vorgestanden und im Jahr darauf hier die künstlerische Leitung einer Schaubühnen GmbH übernommen.

175. Blick in einen Raum der Dauer-Verkaufsausstellung „Kunst – Handwerk – Wolle", Foto von Otto Erich Claudius, 1932

Hier wurden bis Mai 1933 insbesondere Erzeugnisse aus handgesponnener „heimischer" Wolle und „Fertigfabrikate" des Kunsthandwerks angeboten. Die Exposition fand auf Dauer keinen großen Zuspruch.

176. Marie Charlotte Steche, um 1932
Gemeinsam mit dem Sonneberger Spielzeugmuseum und der Berufsschule Lauscha veranstaltete die Künstlerin im Advent 1932 auf der Neuenburg auch die Weihnachtsausstellung „200 Jahre Kinderspielzeug".

1923 stieg Claudius ins Filmgeschäft ein, er wurde Mitbegründer des Reichsvereins für Vaterländische Lichtspiele, dort Vorsitzender des Künstlerischen Beirates und propagierte in dieser Funktion nach eigenem späteren Bekenntnis „den Kampf gegen den jüdischen Film". Claudius wollte am „Aufbau nationaler Kunst" mitwirken, produzierte selbst einige Filme, wie 1925 den Streifen „Lieb Heimatland"[9], und gründete schließlich Anfang August 1927 mit Sitz in Naumburg die „Deutsche Volkslichtspiele Devoli GmbH", deren Geschäftsführung er übernahm, die aber schon im März 1928 in Konkurs ging.[10]

177. Erich Claudius (1. v. r.) und sein Sohn Otto Erich (3. v. r.) hinter dem Löwentor im Hof der Neuenburg bei Fotoaufnahmen, 1932

Bereits damals arbeitete Erich Claudius eng mit Marie Charlotte Steche zusammen, die zunächst bei der „Devoli" nur als Stenotypistin angestellt war, sich aber bald in die Leitung des Unternehmens eingebracht hatte und dort als eigentliche Chefin auftrat.[11] Die Filmfirma hatte ihren Sitz im Spechsart 42.[12] Die große Villa gehörte der Schwiegermutter von Claudius, der im September 1920 in zweiter Ehe die aus vermögendem Hause stammende Naumburgerin Ilse Peticus geheiratet hatte.[13]

Wegen Nichtabführung von Pflichtbeiträgen an die Sozialversicherungen wurden Erich Claudius und Marie Charlotte Steche vom Naumburger Schöffengericht im April 1929 zu einer Geldstrafe von je 400 RM verurteilt. Am 18. Juni 1931 folgte die Verurteilung von Claudius zu einer dreimonatigen Gefängnishaft wegen Konkursvergehens als Geschäftsführer der „Devoli". Die im Ergebnis der Berufungsinstanz schließlich ausgesprochene Geldstrafe betrug 300 RM.[14]

Kaum war die Naumburger Filmfirma bankrott gegangen, da hatte Marie Charlotte Steche für 25 000 RM – finanziert mit fremdem Geld – einen hölzernen Viermastschoner gekauft, der als deutsches Kulturschiff „Pro Arte" um die Welt segeln sollte. Schon im Januar 1930 wollte sie zusammen mit Erich Claudius, dem Intendanten dieses „Theaterschiffes", nach Südamerika in See stechen.[15] Doch auch dieser Plan zerschlug sich bald. Ende September 1931 wurde das offenbar kaum seetüchtige Schiff in Hamburg versteigert.

Nach diesen erfolglosen Unternehmungen versuchten Erich Claudius und Marie Charlotte Steche, auf der Neuenburg Fuß zu fassen und diese für eigene Zwecke zu nutzen. Spätestens seit Februar 1932 beschäftigte Claudius der Gedanke, auf dem Gelände des Schlosses und zwar „zu Füssen seines altehrwürdigen Turmes" eine große Freilichtbühne zu errichten. Deren Aufgabe sah er zunächst „in der Schaffung von Volksspielen", die zur „Versinnbildlichung der in dem Thüringer Lande wachen Heimatliebe dienen" sollten, aber ihm schwebte auch schon vor, „dass bei Eintreten des erhofften Erfolges" aus dieser Anlage „ein Festspielhaus entstehen kann, dessen künstlerische und kulturelle Bedeutung weit über die Grenze unseres Vaterlandes beachtet werden könnte".[16]

Das Vorhaben von Erich Claudius resultierte letzlich aus der immer schwieriger werdenden wirtschaftlichen Lage in den letzten Jahren der Weimarer Republik. Konservative Kunst- und Kulturschaffende, insbesondere viele Theaterunternehmen und Schauspieler, machten allein das „System" der Republik von Weimar für ihre ökonomische Misere verantwortlich, und eine Besserung ihrer Lage schien ihnen nur durch eine grundlegende Veränderung der Gesellschaft und des Staates möglich. Im Theaterbereich sollten Darstellungen in Volksschauspielen und auf Freilichtbühnen dazu beitragen, der Volksbildung und Kunstpflege neue „nationale" Impulse zu geben.[17]

Sein Projekt wollte Claudius mit Unterstützung der Stadt Freyburg und des im Kreis Querfurt wirkenden Altertums- und Verkehrs-Verbandes realisieren. Beiden versprach er, auf diese Weise den „Fremdenverkehr" ganz erheblich zu befördern.[18]

Während sich Freyburgs Magistrat für das Projekt „Burgbühne Schloss Neuenburg" im Hinblick auf die „Hebung" des Fremdenverkehrs zumindest „lebhaft interessiert" zeigte[19], wurde Claudius vom Hauptvorstand des Altertumsvereins mit seinem Anliegen an die Freyburger Ortsgruppe verwiesen, und ihm wurde deutlich gemacht, dass der Verband sich „in diesem Jahre damit nicht befassen" könne. Dem Hauptvorstand dürften vor allem „keine Kosten erwachsen".[20]

Der Merseburger Regierung war von Anfang klar, dass nicht der Altertums- und Verkehrsverband, sondern „allein" Claudius „die treibende Kraft" bei der Antragstellung war[21], mit der der Vorstand der Freyburger Ortsgruppe des Altertumsverbandes das Landwirtschaftsministerium für die Dauer von zehn Jahren „um alsbaldige Ueberlassung des Platzes für den gedachten Zweck" bat.[22] Für die „finanziellen Belange" war die Gründung einer „Burgfestspiele G.m.b.H." mit einem Eigenkapital „von zunächst 20 000 RM" vorgesehen.[23]

Claudius, der selbst zum Vorstand der Freyburger Ortsgruppe gehörte, reichte am 26. Februar 1932 seinen Antrag persönlich bei der Merseburger Regierung ein.[24]

Beabsichtigt war, zwischen Anfang Mai und Anfang September, an „jedem Sonnabend eine und jeden Sonntag zwei Vorstellungen" stattfinden zu lassen, also pro Saison 63 Vorstellungen mit insgesamt rund 75 000 Eintrittskarten.[25]

Claudius wollte bereits Pfingsten 1932 mit einer ersten Vorstellung aufwarten und plante, zur Feier des 300. Jahrestages der „für die deutschen Geschicke so entscheidenden Schlacht bei Lützen" am 16. November 1932 „eine Darstellung in scenischer und chorischer Bearbeitung" der Novelle „Gustav Adolfs Page" von Conrad Ferdinand Meyer.[26]

Am 5. März 1932 lehnte die Merseburger Regierung den Antrag zur Errichtung einer Freilichtbühne ab, da dem Domänenpächter auf Schloss Neuenburg „eine so wesentliche Beeinträchtigung seines Wirtschaftsbetriebes nicht zugemutet werden" könnte. Außerdem war ihres Erachtens nach die Finanzierung des Vorhabens „nicht nachgewiesen".[27] Dazu kam, dass es keinen intakten Anfahrtsweg gab, der für den öffentlichen Verkehr hätte genutzt werden können. Ebenso war die Entsorgung der anzulegenden Wasserklosetts nicht ausreichend gewährleistet, und es bestanden erhebliche Zweifel daran, ob die Bestimmungen der Polizeiverordnung über den Betrieb von Theatern, insbesondere im Hinblick auf Feuerlösch- und Beleuchtungseinrichtungen, unter den gegebenen örtlichen Bedingungen eingehalten werden könnten.[28]

> **Die Burgbühne auf der Neuenburg.**
> Ein Kunstnachmittag mit Festspielaufführung: „Die Ahnfrau".
>
> Ein vielen bisher unbekanntgebliebenes künstlerisches Beginnen treibt neuerdings seiner Verwirklichung mit schnelleren Schritten entgegen. Wie angekündigt, ist die Burgbühne auf Schloß Neuenburg so weit ausgestaltet, daß nun Festspielaufführungen ins Werk gesetzt werden können. Am Sonntag wurde auf der im Jagdzimmer mit viel Ueberlegung und voller Ausnutzung aller gegebenen Möglichkeiten geschaffenen Bühne Grillparzers Drama „Die Ahnfrau" aufgeführt.
>
> Rotgoldene Sonnenstrahlen umspielten den Eingang zum Schlosse Freyburg, als die Zeit der Aufführung herannahte. Eiseskälte schlägt uns aus dem Gemäuer entgegen. Da ist die reichhaltige Volkskunstausstellung mit vielerlei vorbildlichem Gerät, handgearbeiteten Erzeugnissen aus rein deutschen Werkstätten. Die Falten schwerer Vorhänge tun sich auf, wir sind im Vorraum zum Jagdzimmer angelangt. Von den Wänden blicken die Ahnfrau und andere Köpfe aus altem Geschlecht auf all das, was heute hier vorgeht. Die jungen Webschülerinnen in bunter Tracht kredenzen anmutig den funkelnden Wein, gewonnen aus heimatlichem Boden.
>
> Nun hat Grillparzer das Wort. Hier auf dieser kleinen Burgbühne im Jagdzimmer, unter Mitbenutzung des Zuschauerraumes, wirkt das Trauerspiel eindringlicher als irgendwo sonst. Wir sind ja in einem wirklichen alten Schlosse, wo es uns leicht wird, uns um Jahrhunderte zurückzuversetzen. Obwohl Erich Claudius, der die Regie führt, notwendige Streichungen vornahm — wobei er die Erfordernisse des Raumes und wohl auch die gegenwärtige Auffassung bestimmend sein ließ —, beträgt die Spieldauer doch 2½ Stunden. Aber man folgt dem Geschehen von Anfang bis zu Ende mit voller innerer Anteilnahme. Gehäufte Schrecknisse des Stückes sind vom Regisseur weise gemildert und dem Publikum erträglich gemacht. Somit war die Klippe vom Ernst zum Lächerlichen glücklich umschifft. Claudius selbst spielt den Jaromir, beherrscht die edle Sprache des Dichters völlig und gibt sich in seiner Rolle ganz aus. Das war wieder einmal gute alte Meininger Schule! Der Künstler hat uns in früheren Jahren manche genußreiche Stunde verschafft, und es liegt nun an den Theaterfreunden, sich an seinem reifen Spiel erneut zu erbauen. Einen wesentlichen Anteil am Erfolg der „Ahnfrau"-Aufführung, die übrigens

178. Aus einem Bericht des „Naumburger Tageblatts" vom 6. Februar 1933 über die tags zuvor stattgefundene Premiere des Theaterstücks „Die Ahnfrau" von Franz Grillparzer im Schloss Neuenburg

Alles in allem hielt es die Regierung „für gänzlich ausgeschlossen", dass sich auf Dauer durch die Errichtung einer solchen „Burgbühne" der Fremdenverkehr in so einem Umfang „nach dem nicht an einer Haupt-Eisenbahnstrecke liegenden Freyburg ziehen lassen wird, daß die Kosten des Theaters gedeckt würden".[29]

Erich Claudius musste sich künftig notgedrungen mit einer „Burgbühne" im Jagdzimmer der Neuenburg zufriedengeben, wo er gelegentlich Theateraufführungen veranstaltete und auch die von Marie Charlotte Steche ins Leben gerufenen „Kunstnachmittage" stattfanden.

Aber aufgeben wollte Claudius seine Pläne nicht. Er suchte den Kontakt zur Ortsgruppe der NSDAP in Freyburg und erklärte dort am 11. März 1932 seinen Beitritt zur NSDAP.[30] Otto Erich Claudius folgte diesem Beispiel, ebenso Marie Charlotte Steche[31], die damals in einem Bericht der Naumburger Polizei als „getreue Helferin", aber auch „als die Geliebte des Claudius" bezeichnet wurde.[32]

179. Erich Claudius wurde die persönliche Mitgliedskarte der NSDAP nie ausgehändigt. Irrtämlicherweise auf die NSDAP-Ortsgruppe Naumburg ausgestellt, hielt sie Naumburgs NSDAP-Kreisleiter Friedrich Uebelhoer zurück, um auf diese Weise die Parteimitgliedschaft von Claudius zu torpedieren.

Bereits im Frühherbst 1932 setzte Karl Becker, Querfurts NSDAP-Kreisleiter, den eloquenten Erich Claudius als Kreisschulungs- und Kreispropagandaleiter der NSDAP ein.[33] Der talentierte Redner erschien zur Erledigung dieser Aufgaben offenbar meist „mit braunem Hemd und Parteiabzeichen".[34]

Gern brüstete sich Erich Claudius damit, über gute Kontakte zur höchsten Spitze der NSDAP zu verfügen, insbesondere zu Hermann Göring. So sei er im Herbst 1931 – wie Claudius der Frau des früheren Domänenpächters Heinrich erzählte – auch „nicht aus sich heraus" auf die Neuenburg gezogen, „sondern gleichsam als Beauftragter der Parteileitung". Göring habe ihn im Hinblick auf die Neuenburg ausdrücklich dazu ermuntert, ihm „ein Burgele in Mitteldeutschland" zu schaffen. Auch seine Partnerin Marie Charlotte Steche erfreue sich der „besten Verbindungen zu den Spitzen der Partei", vor allem über ihre angebliche Cousine Winifred Wagner[35], die „eine gute Bekannte von unserem Führer Adolf Hitler wäre". Auf diese Weise würde Marie Charlotte Steche immer wieder „mit den höchsten Stellen" der NSDAP zusammenkommen.[36]

Erich Claudius und der „Kampfbund für deutsche Kultur"

Am 6. April 1933 wandte sich Marie Charlotte Steche an den „Pg. Minister Göring" und bat „in einer dringlichen Angelegenheit" um dessen Unterstützung.[37] „Das von mir und meinen Mitarbeitern seit 1½ Jahren bearbeitete Vorhaben", so schrieb sie ihm, „betrifft die Schaffung einer nationalsozialistischen Kulturstätte auf Schloss Neuenburg hier in Freyburg/U. Wir stehen seit dem Beginn dieser Arbeit im scharfen Kampf gegen die noch immer amtierenden Mitglieder des marxistischen Systems in der Merseburger Regierung, von wo aus unsere, nach dem Urteil des Kampfbundes für Deutsche Kultur, ‚im lebendigsten Interesse der Bewegung' liegende Arbeit systematisch unmöglich gemacht wird. Ich bitte Sie dringendst mir die Möglichkeit zu geben, meine Angelegenheit Ihnen vortragen zu dürfen, da es unbedingt erforderlich ist, die notwendigen Schritte schnellstens zu tun."[38]

Erich Claudius und Marie Charlotte Steche war es gelungen, den Kampfbund für deutsche Kultur, insbesondere dessen Berliner Landesleitung, für ihre Vorhaben auf Schloss Neuenburg zu interessieren. Dem KfdK kam diese Initiative vermutlich schon deshalb so entgegen, weil er gerade mit dem Aufbau eigener „deutschgesinnter" Theaterbesucherorganisationen, sogenannter Kampfbundbühnen, beginnen wollte[39] und in der Neuenburger „Burgbühne" dafür einen guten Ansatzpunkt gesehen haben dürfte.

Der bereits im Januar 1928 von Alfred Rosenberg im Auftrag Hitlers gegründete KfdK übte insbesondere in der ersten Zeit nach der nationalsozialistischen Machtübernahme „als die von der NSDAP zu fördernde Kulturorganisation"[40] einen bestimmenden Einfluss auf die Kultur- und Bildungspolitik im Dritten Reich aus. Dem Bund gehörte eine Reihe prominenter Mitglieder an, darunter auch Winifred Wagner, der preußische Kultusminister Bernhard Rust sowie Professor Paul Schultze-Naumburg, der 1928 das Buch „Kunst und Rasse" veröffentlicht hatte und mit großem Erfolg für den KfdK propagandistisch auftrat. Der Bund bekämpfte die künstlerische Moderne und verstand sich als Zusammenschluss aller nationalen Kräfte, die in Ablehnung der Weimarer „Novemberkultur" zum „Wiederaufbau der deutschen Kultur" entschlossen waren.[41]

Von Winifred Wagner in dieser Angelegenheit sehr befördert, hatte Marie Charlotte Steche ihre Denkschrift über die Einrichtung einer „Burgbühne" auf der Neuenburg dem KfdK „zur Begutachtung" vorlegen können.[42]

Damit befasste sich Otto von Kursell, der im KfdK die Abteilung „Bildende Kunst" leitete und Schriftleiter der vom Kampfbund herausgegebenen „Deutschen Kultur-Wacht" war. Der aus dem Baltikum stammende Maler und Grafiker arbeitete auch als Redakteur beim „Völkischen Beobachter" und wurde nach

Hitlers „Machtergreifung" Professor an der Staatlichen Hochschule für Bildende Künste in Berlin-Charlottenburg.[43] Von ihm dürfte die Empfehlung des KfdK stammen, dass die Errichtung einer „Burgbühne" im „lebendigsten Interesse der Nationalsozialistischen Bewegung" liegen würde. Offenbar informierte von Kursell dann Hans Hinkel, den politisch sehr einflussreichen KfdK-Reichsorganisationsleiter, über die ganze Angelegenheit.[44]

Am 20. Mai 1933 unterzeichneten Hans Hinkel, Freyburgs kommissarischer Bürgermeister Paul J. G. Roer[45] und Erich Claudius in Berlin eine Vereinbarung über „die Schaffung der Nationalsozialistischen Kult- und Kulturstätte auf Schloss Neuenburg nach den Plänen des Pg. Erich Claudius", der sechs Tage später Intendant dieser neuen „Abteilung" des KfdK wurde.[46]

Unter der Überschrift „Die deutsche Burg an der Unstrut" machte der Kampfbund bald darauf sein Vorhaben und dessen Zielsetzung auch öffentlich bekannt. Die Neuenburg war ihm „Symbol deutschen Kampfes um den Osten". Erst bei dem Gedanken an diesen „1000jährigen Kampf" des deutschen Volkes könne, so der KfdK, nachempfunden werden, „welche Leistung Adolf Hitler mit der Schaffung eines geeinten deutschen Volkes vollbrachte". Jetzt gelte es, „das Ziel der nationalsozialistischen Bewegung zu verwirklichen: Die urwüchsige Schöpferkraft des deutschen Volkes, getragen vom Gemeinschaftsgedanken, gebunden an Blut und Boden, zu wecken und zu arteigenem Kunstschaffen zu führen, das in seiner echtesten und reinsten Form an dieser geheiligten Stätte dargestellt werden soll."[47]

Vorgesehen war die Errichtung einer nationalsozialistischen „Schaubühne" als „Symbol des werkschaffenden Volkes" mit einer „Aufenthaltsmöglichkeit für etwa 15 000 Menschen". Zum Ensemble der Schaubühne sollte für „Massenaufführungen" chorischer, rezitativer und musikalischer Dramen ein Festspielhaus gehören. Vor allem aber war unmittelbar vor der Schaubühne ein Handwerkerhof geplant, wo die Besucher „deutsche Handwerker bei ihrer Arbeit" sehen würden, „bei wirklich schöpferischer Arbeit aus dem rohen Material". Beabsichtigt war, dass diese „schöpferischen Menschen" bei einer anschließenden Theateraufführung „als bodenständiger Hintergrund" für die Darstellung der Hauptrollen zum Einsatz kamen und dort von den Besuchern wiedererkannt werden konnten.[48]

In den Schlossgebäuden sollten Schulungen „für Handwerk und Kunst, für Wirtschaftslehre und Hygiene, für Volkslied und Volkstanz, für Fragen der Ostpolitik und Rassenkunde stattfinden".[49] Außerdem hatte der KfdK vor, im Schloss ein „Internat für geistig Schaffende" einzurichten. Die Planung ging von Unterbringungsmöglichkeiten für fünfzig „Geistesarbeiter" aus, die „der Pflege deutscher Art, deutscher Dichtung und deutschen Wesens volkhaft dienen wollen".[50]

Als „größtes Heiligtum" aber sollte in der alten Doppelkapelle des Schlosses ein „Ehrenmal für die im nationalsozialistischen Befreiungskampf gefallenen Helden" entstehen, da dieser Ort mit seiner „schlichten architektonischen Schönheit den raumhaft vollendeten Ausdruck der Verbindung historischer Vergangenheit und Größe mit gegenwärtigem, sieghaftem Heldentum der nationalsozialistischen Erhebung" darstellen würde.[51] Vorgesehen war, im unteren Teil der Kapelle aus dem alten romanischen Taufstein ein „ewiges Feuer" leuchten zu lassen und an den Wänden „in feierlicher Markigkeit Tafeln aus deutschem Eichenholze" mit den „Namen der Toten unserer Bewegung" anzubringen „zum bleibenden Gedächtnis und als Dank der Nation für die, die freudig ein Beispiel gaben".[52]

Im oberen Teil der Kapelle sollten „Weihefeiern" und „Gedächtnisstunden" stattfinden. Der Einsatz in der zu bildenden ständigen „Ehrenwache" von zwölf bis vierzehn Mann, turnusmäßig aus SA-, SS- und HJ-Abteilungen gebildet, war gedacht als „eine Belohnung für treue Dienste". Vorgesehen wurden allsonntägliche und vom Rundfunk zu übertragende Gedenkstunden im Ehrenmal. An „besonderen Fest- und Feiertagen" sollten SA- oder SS-Männer „Gelegenheit haben, dem Toten aus der Reihe der Lebendigen zu erzählen und zu ihm zu sprechen". Durch diese „symbolische Handlung" wollte der Kampfbund erreichen, „dass eine enge Verbundenheit der kampfentschlossenen Gegenwart mit der sieghaften Vergangenheit betont wird".[53]

180. Blick in den unteren Teil der Neuenburger Doppelkapelle, um 1933

Vorgesehen war deren Nutzung als Gedächtnisort mit einem „Ehrenmal für die im nationalsozialistischen Befreiungskampf gefallenen Helden".

181. Taufstein in der Doppelkapelle, Foto von Otto Erich Claudius, 1932

In Erinnerung an die gefallenen „Helden" der nationalsozialistischen Bewegung sollte aus dem in Form eines Kelches gehaltenen romanischen Taufstein ein „ewiges Feuer" leuchten.

Tatsächlich wollte der KfdK die von ihm auf der Neuenburg einzurichtende Kult- und Kulturstätte schon im Sommer 1933 „dem deutschen Volke übergeben".[54] Der Entwurf eines Vertrages zwischen der Merseburger Regierung und dem Freyburger Magistrat sah vor, Schloss Neuenburg für diesen Zweck an die Stadt zu vermieten und zwar in „Anbetracht des hohen kulturellen Wertes und der staatserhaltenden Bedeutung" des Vorhabens „auf zunächst 25 Jahre unkündbar".[55]

Zwischen dem Kampfbund und der Stadt Freyburg wurde vereinbart, dass der KfdK als „geistiger Träger" auftreten und die „Planung, Ausarbeitung und Förderung alles Programmatischen" übernehmen sollte. Insbesondere wollte er dafür Sorge tragen, „dass alle die in Frage kommenden Stellen die geistige und kulturpolitische Notwendigkeit im Rahmen der N. S. Erneuerung Deutschlands erkennen und fördern". Dazu gehörte vorrangig der Kontakt zur NSDAP, vor allem zu deren Reichsleitung. Der KfdK beabsichtigte die Durchführung von Kongressen und Tagungen. Es kam ihm darauf an, „Schloss Neuenburg auch parteiamtlich und parteipolitisch in den Brennpunkt des Ausbaukampfes zu rücken".[56]

Da erwartet wurde, dass der Stadt Freyburg durch die Einrichtung der Kultstätte „lebenswichtige Vorteile" entstünden, die helfen würden, „ihre Existenz auf lange Zeit" zu sichern, sollte sie als „wirtschaftlich-organisatorischer Träger" sämtliche „städtischen Organe, Körperschaften und Einrichtungen uneingeschränkt in den Dienst des finanziellen Aufbaues und der Finanzkontrolle des Gesamtunternehmens" stellen. Vorgesehen waren die Einrichtung eines spesenfreien Sonderkontos „Burgbühne" bei der Stadtbank und die Befreiung des Unternehmens von allen Abgaben und Steuern, die ansonsten der Stadt Freyburg zugute kamen. Die Stadt war zur Werbung für den KfdK verpflichtet, musste die Gesamtanlage instand halten, durfte Verträge zum Wirtschaftsbetrieb in der Regel nur „unter Gegenzeichnung der Intendanz" abschließen und war „gehalten, keinerlei Konzessionen irgendwelcher Art zu erteilen, die dem Unternehmen konkurrenzmässig abträglich sein" könnten. Ihr oblag außerdem die Gründung eines „Singe- und Spielchores", für dessen „Erziehung" und die „Besetzung seiner Leitung" der Intendant, also Erich Claudius, „einzig und allein" zuständig sein sollte.[57] Im Grunde liefen bei Claudius alle Fäden zusammen, eine Umsetzung der Vereinbarung hätte ihn nicht nur in kultureller, sondern vor allem auch in wirtschaftlicher und finanzieller Hinsicht mit weitreichenden Befugnissen gegenüber der Stadt Freyburg ausgestattet.

Dass das ganze Vorhaben schließlich scheiterte und aus Schloss Neuenburg keine – wie Marie Charlotte Steche gegenüber Göring angeregt hatte – „braune Burg" wurde[58], ist insbesondere auf den Widerstand einiger sehr einflussreicher Nationalsozialisten zurückzuführen, die zwar nicht das Anliegen des KfdK ablehnten, dafür aber Erich Claudius für völlig ungeeignet hielten, diese Aufgabe zu übernehmen. Vor allem trat Friedrich Uebelhoer[59], seit 1931 NSDAP-Kreisleiter in Naumburg und ab März 1933 auch Mitglied des Reichstages, ganz entschieden gegen Erich Claudius auf, den er seit 1919 persönlich kannte.[60]

In einem Schreiben an den Kampfbund erhob er „allerschärfsten Protest dagegen, dass ein notorischer Gauner wie Claudius mit einer so verantwortungsvollen Aufgabe betraut wird". Claudius, so Uebelhoer, sei ein „Schädling, der schon längst hinter schwedische Gardinen" gehörte, da durch ihn viele „nationale Männer schwere finanzielle Verluste erlitten" hätten.[61]

Unterstützung erfuhr Uebelhoer von Paul Hinkler[62], dem früheren NSDAP-Gauleiter des Gaus Halle-Merseburg, der schon im November 1932 die Gaugeschäftsstelle in Halle vor Claudius gewarnt hatte. Claudius, so Hinkler, sei ein „verkrachter Schauspieler", der jetzt „die Bewegung und die große Organisation vor seinen Wagen spannen" möchte. Hinkler empfahl seinerzeit, Claudius „absolut kaltzustellen".[63]

Am 1. Juni 1933 veröffentlichte Uebelhoer im Anzeigenteil des „Naumburger Tageblatts" eine Annonce, die an Deutlichkeit nichts zu wünschen übrig ließ. Darin teilte Uebelhoer mit, dass Claudius nicht der NSDAP angehöre[64] und er ihn verhaften lassen würde, wenn er „noch einmal mit dem braunen Hemd oder mit dem Parteiabzeichen sich sehen" ließe. „Schädlinge" wie Claudius müssten rücksichtslos ausgerottet werden.[65]

182. Erich Claudius, um 1932

183. Friedrich Uebelhoer, um 1935

184. Anzeige im „Naumburger Tageblatt" vom 1. Juni 1933

Doch die Berliner Landesleitung des KfdK hielt zunächst an Erich Claudius ausdrücklich fest und entsandte am 2. Juni 1933 ihren Organisationsleiter Erich Kochanowski nach Naumburg und Freyburg. Kochanowski und Professor Hans Hahne[66], stellvertretender Gaukulturwart der NSDAP, sprachen zuerst mit Uebelhoer, der dann unter Bezugnahme auf diese Unterredung den KfdK-Reichsgeschäftsführer Gotthard Urban in München ultimativ dazu aufforderte, „ganz eindeutig von Claudius und seinen Plänen" abzurücken.[67]

Tags darauf traf Kochanowski in Freyburg mit dem NSDAP-Ortsgruppenleiter Alfred Sitz[68], dem kommissarischen Bürgermeister Herbert Köhn[69], der ebenfalls Mitglied der NSDAP war, und mit Fritz Plate[70], dem NSDAP-Fraktionsführer in der Stadtverordnetenversammlung, zusammen. Alle drei bestätigten ihm, „dass Claudius in Freyburg beliebt sei und auch das Vertrauen der Partei genieße".[71]

Erich Claudius beantragte an diesem Tag bei Gauleiter Jordan wegen der von Uebelhoer veröffentlichten Zeitungsanzeige ein „Gau-Uschla-Verfahren" gegen Friedrich Uebelhoer, also die Einberufung des Gau-Untersuchungs- und Schlichtungsausschusses der NSDAP.[72]

Die am 27. Juni 1933 im Freyburger Schützenhaus durchgeführte Sitzung dieses Ausschusses empfand Claudius, wie er an Gauleiter Jordan schrieb, als „Rechtsbeugung". Er sei mit Ausdrücken wie „Lump, Betrüger, Hochstapler, Schweinehund" beleidigt worden, und Uebelhoer, der „in Uniform und bewaffnet" am Verfahren teilnahm, habe sogar geäußert: „es würde die toten Horst-Wessel-Soldaten schänden, wenn ein Mann wie ich ihnen ein Ehrenmal schufe".[73]

Das Verfahren endete mit der lapidaren Mitteilung an Gauleiter Jordan, „dass Herr Cl. ein großer Fantast ist, einen Plan nach dem anderen entwirft und keinen zu Ende führt".[74]

Uebelhoer berichtete später über eine Besprechung in Berlin, auf der Jordan und die Vertreter des Kampfbundes davon überzeugt werden konnten, „dass Claudius für uns nicht tragbar ist". Zwar habe „Gauleiter Jordan nachträglich noch einmal kurze Zeit geschwankt", dann aber doch Claudius eine Abfuhr erteilt. Die KfdK-Funktionäre Hans Hinkel und Gotthard Urban rückten nach Gesprächen mit Professor Schultze-Naumburg von Erich Claudius ab.[75]

Gauleiter Jordan traf seine ablehnende Entscheidung zur Errichtung einer nationalsozialistischen Kult- und Kulturstätte auf der Neuenburg vermutlich am 12. Juli 1933.[76]

Mit dem „Fall Claudius-Steche" befassten sich dann noch der Reichs-Uschla und das Oberste Parteigericht der NSDAP. Im Sommer 1936 forderte sogar Hitlers Reichskanzlei vom Obersten Parteigericht der NSDAP die Claudius betreffenden Akten an.[77] Die Untersuchungen zogen sich über Jahre hin und endeten schließlich ohne ein greifbares Ergebnis.[78]

Friedrich Uebelhoer, der im August 1933 auch Naumburgs Oberbürgermeister geworden war[79], hatte im Februar 1934 in einem Brief an die Reichsleitung der NSDAP angeregt, „Claudius und Frau Steche mit der Hundepeitsche aus der NSDAP. bezw. aus deren Nähe zu vertreiben". Der „Hochstapler" Claudius, so Uebelhoer, müsse „sofort in ein Konzentrationslager eingeliefert' werden.[80]

Adolf Hitler – Ehrenbürger im Zeichen der Burg

Nachdem Freyburgs Stadtverordnete am 23. Mai 1933 in einer öffentlichen Sitzung einstimmig beschlossen hatten, Deutschlands Reichspräsidenten Paul von Hindenburg und dem „Volkskanzler" Adolf Hitler die Ehrenbürgerschaft der Stadt anzutragen, erhoben sie sich von ihren Plätzen und ließen mit einem dreimaligen „Sieg Heil" die Versammlung ausklingen.[81]

Die Versammlung war vor allem einberufen worden, um die am 12. März 1933 gewählten Stadtverordneten in ihr Amt einzuführen. Allerdings erfolgte diese Konstituierung „unter Ausschaltung" der beiden kommunistischen

185. Wahlkampf vor dem Rathaus in Freyburg im März 1933

Bei der am 12. März 1933 durchgeführten Wahl zur Stadtverordnetenversammlung entfielen von den insgesamt abgegebenen 2194 Stimmen 723 auf die NSDAP, 119 auf die SPD, 338 auf die KPD, 74 auf die „Notgemeinschaft der Siedler Freyburgs" und 940 auf eine bürgerliche „Einheitsliste" (s. Anm. 84).

186. Otto Erich Claudius, um 1932/33

Der im Juni 1933 erst 23 Jahre alte „Kunstmaler" stand damals sehr unter dem bestimmenden geistigen Einfluss seines Vaters Erich Claudius. Im Kreise seiner Familie hat der später in Ost-Berlin lebende Otto Erich Claudius den von ihm für Hitler gestalteten Ehrenbürgerbrief offenbar nie erwähnt.

187. Fritz Plate (1. v. r.) und Otto Krauschwitz (5. v. r.) vermutlich im Freyburger Ratskeller um 1933/34, vor dem Wandschrank der städtische Angestellte Martin Prinz (2. v. l.), neben ihm sitzend wahrscheinlich die Stadtverordneten Alfred Sitz (1. v. l.) und Otto Sachse

188. Den Ehrenbürgerbrief für Adolf Hitler unterschrieben der kommissarische Bürgermeister Herbert Köhn, die Beigeordneten Fritz Plate, Otto Krauschwitz, Franz Bauer und Ernst Brückner. Als Stadtverordnete setzten ihren Namen darunter: Alfred Sitz, Dr. Fritz Steinbrecht, Otto Haedicke, Albert Knauth, Willy Hartung, Karl Rottig, Robert Kopors, Otto Sachse und Moritz Hädrich.

Stadtverordneten, wie der deutschnationale Stadtverordnete Dr. Fritz Steinbrecht[82] an den Regierungspräsidenten schrieb.[83] Von den verbliebenen dreizehn gehörten sechs der NSDAP an, sieben waren über eine bürgerliche „Einheitsliste" gewählt worden.[84]

Anstelle des abwesenden kommissarischen Bürgermeisters Paul J. G. Roer hatte der Erste Beigeordnete Fritz Plate im Auftrag des Regierungspräsidenten die Versammlung geleitet.[85] Plate, seit 1925 NSDAP-Mitglied, galt in Freyburg als ein Mann, der hier „der nationalsozialistischen Idee mit zum Sieg verholfen" hatte.[86]

Unter Vorsitz des neuen kommissarischen Bürgermeisters Herbert Köhn[87] bestätigte der Magistrat am 20. Juni 1933 den Beschluss der Stadtverordneten über die Verleihung der Ehrenbürgerschaften an Hindenburg und Hitler.[88] Die „Verhandlungen zur Ausfertigung" der beiden Urkunden übernahm der Beigeordnete Otto Krauschwitz[89], der bald darauf den jungen Kunstmaler Otto Erich Claudius für diese Aufgabe empfahl. Claudius bekam vom Magistrat den Auftrag und erhielt „für jeden Brief" ein Honorar von 20 RM. An Materialkosten standen ihm 5 RM zur Verfügung.[90]

Während der Ehrenbürgerbrief für Hindenburg als verschollen gilt[91], konnte der für Hitler im April 2010 auf einer Auktion für die Sammlung des Museums Schloss Neuenburg erworben werden.[92]

Der Schriftwechsel des Freyburger Magistrats über die Verleihung der Ehrenbürgerschaften an Hindenburg und Hitler lässt den Schluss zu, dass beide Ehrenbürgerbriefe von der Gestaltung her nahezu identisch sein dürften.

Sie wurden in den Stadtfarben blau und weiß gehalten. Den Text flankierende Wein- und Efeuranken sollten zudem deutlich machen, dass Freyburg inmitten von Weinbergen liegt. Unter einer Abbildung der Neuenburg wird Hitler „in höchster Verehrung" Dank gesagt „für sein Wirken an der Wiederherstellung der Einheit" des deutschen Volkes. Eine Darstellung von Jahns Grabmal, dessen Bau in Form des Freyburger Stadtwappens 1894 vollendet worden war, bezog den „Turnvater" ausdrücklich als Vorkämpfer der deutschen Einheit in diese nationalsozialistische Traditionslinie ein.

Unten links befindet sich der Name „O. E. Claudius". Das darüber angebrachte SS-Zeichen sollte offenbar deutlich machen, dass der Maler seit dem Frühjahr 1932 der „Schutzstaffel Freyburg" angehörte.[93]

Herbert Köhn dankte Claudius für die beiden von ihm angefertigten Ehrenbürgerbriefe. Sie seien, so schrieb der Bürgermeister dem Maler, „zur vollsten Zufriedenheit" des Magistrats ausgefallen und würden „in ihrer technischen und künstlerischen Ausführung eine vorzügliche Leistung darstellen".[94]

Der Freyburger Buchbinder Paul Pretzsch fertigte für die Ehrenbürgerbriefe zwei Mappen (jeweils mit den Maßen 29 x 37 cm) in blauem Saffianleder an.

Auf der Außenseite des Vorderdeckels der mit weiß eingeflochtenem Rand in Pergamentstreifen gestalteten Mappe stand in Golddruck: „Ehrenbürgerbrief Jahnstadt Freyburg a. U." Innen trug der Vorderdeckel einen weißen Seidenspiegel. Pro Mappe berechnete Pretzsch 45 RM.[95]

Am 31. Juli 1933 trugen Freyburgs Stadtverordnete und der Magistrat dem Reichspräsidenten und „dem Herrn Reichskanzler" das Ehrenbürgerrecht an. Sie übersandten die beiden Urkunden und baten darum, „uns die Ehre zu erweisen, das Ehrenbürgerrecht unserer Stadt anzunehmen".[96]

Während Hindenburg bereits am 8. August 1933 die Annahme bestätigte und sich bedankte, wurde der Stadt Freyburg von Hitlers Reichskanzlei zunächst mitgeteilt, dass die „ausserordentlich starke Überlastung der Kanzlei" ihr zur Zeit „eine sofortige Bestätigung der für den Führer täglich in grosser Zahl eingehenden Anträge um Annahme der Ehrenbürgerschaft usw. unmöglich" mache, und da „auch der Führer aufs äusserste in Anspruch genommen" sei, möge sich die Stadt „noch kurze Zeit" gedulden. Ein „persönliches Dankschreiben des Reichskanzlers" würde sie „so bald als möglich" erhalten.[97]

Hitler, dem insgesamt etwa viertausend Ehrenbürgerschaften verliehen wurden, nahm drei Wochen später die Ehrenbürgerschaft an. Sie erfülle ihn – so ließ er den Magistrat und die Stadtverordneten wissen – „mit aufrichtiger Freude".[98]

Anlässlich der Geburtstage des „Führers" schickte nun auch Freyburgs Bürgermeister alljährlich Glückwünsche an den neuen Ehrenbürger. Das letzte Schmucktelegramm datiert vom 19. April 1944, und die Adresse des Bürgermeisters beschließt der Satz: „Mit dem aufrichtigsten Wunsch, daß Sie, mein Führer, der großdeutschen Nation noch recht viele Jahre zum Segen erhalten bleiben mögen, grüßt Sie die gesamte Bevölkerung unserer Stadt. Heil mein Führer!"[99]

Anmerkungen

1 Erich Claudius (geb. am 18. Juni 1889 in Freyburg, gest. am 13. Juli 1940 in Warschau), Schauspieler, Regisseur, Filmproduzent, Schriftsteller, Rezitator und Lautensänger, von 1907 bis 1914 Engagement am Meininger Hoftheater, Verleihung des Titels „Hofschauspieler", 1912 Leiter der Rudelsburg-Festspiele, von 1915 bis 1918 Regisseur und Darsteller an Theatern in Baden-Baden (1915), Aachen (1916) und Straßburg (1917), von 1918 bis 1920 Intendant zweier Schaubühnen in Naumburg, 1923 Mitbegründer des Reichsvereins für Vaterländische Lichtspiele und Vorsitzender des Künstlerischen Beirats, 1927/28 Geschäftsführer der Deutschen Volkslichtspiele Devoli GmbH, 1929/30 Intendant des Deutschen Bühnenschiffs Pro Arte, 1932/33 Vorbereitung der Errichtung einer „Burgbühne" auf der Neuenburg im Zusammenwirken mit dem KfdK, 1938 Veröffentlichung des Romans „Der Eiserne Vorhang" mit autobiografischen Zügen.

2 Freyburger Bote. Anzeiger für den Amtsgerichtsbezirk Freyburg (Unstr.) Amtl. Verkündigungsblatt der Stadt Freyburg (Unstrut). Aus der Heimat für die Heimat, Nr. 26 vom 1. Februar 1932.

3 Zit. nach ebd., Nr. 27 vom 1. Februar 1933.

4 Otto Erich Claudius (geb. am 9. August 1909 in Bergsulza, gest. am 9. Dezember 1969 in Ost-Berlin) war der Sohn von E. Claudius (s. Anm. 1) und seiner späteren ersten Ehefrau, der Schauspielerin Lisbeth Reschke, die 1908/09 zusammen mit Erich Claudius am Meininger Theater auftrat, Ausbildung zum Kunstmaler, von 1930 bis 1932 Volontariat bei der Deutschen Staatsoper in Berlin, von 1931 bis 1933 zeitweiser Aufenthalt auf Schloss Neuenburg, von 1942 bis 1945 Kriegsdienst als Funker, englische Kriegsgefangenschaft, Atelierleiter der Werkstätten der Deutschen Staatsoper „Unter den Linden" in Ost-Berlin, Tod durch Herzinfarkt auf dem Heimweg von der Arbeit, Urnenbeisetzung zunächst auf dem Grab seiner bereits 1941 verstorbenen jüngeren Schwester, der bekannten Filmschauspielerin Marieluise Claudius, auf dem Neuen Friedhof Wannsee in Berlin. Ihre Grabstelle existiert seit 2001 nicht mehr.

5 Marie Charlotte Steche, gesch. Weber (geb. am 1. Juli 1898 in Leipzig, gest. am 1. November 1983 in Heiligenhafen), Künstlerin, arbeitete seit 1926 mit E. Claudius zusammen (s. Anm. 1), von 1936 bis 1940 in 2. Ehe mit E. Claudius und ab 1941 in 3. Ehe mit Johann Jürgen Helmuth Martens verheiratet.

6 „Gesuch" von Marie Charlotte Steche an die Merseburger Regierung, 2. November 1931. In: LHASA, MER, C 55 Naumburg, Nr. 24, Bl. 45–47.

7 Freyburger Bote, wie Anm. 2, Nr. 286 vom 7. Dezember 1931.

8 Für das Folgende siehe den von Erich Claudius selbstverfassten Lebenslauf, 5./6. Februar 1934. In: BA Berlin, ehem. BDC, OPG, Erich Claudius (unfol.).

9 Der Film gilt als verschollen, seine Handlung ist nicht überliefert, war aber offenbar „völkisch" und national angelegt. Nach E. Claudius kamen 500 SA-Männer aus München und Salzburg als Komparsen zum Einsatz. Der Film, so Claudius, wurde „zwar reichszensiert", aber im „marxistisch liberalistischen System des Jüdischen Films" hätte es keine Möglichkeit zu seiner Vermarktung gegeben, er sei deshalb für ihn „ein schwerer wirtschaftlicher Verlust" gewesen. E. Claudius, Lebenslauf, wie Anm. 8.

10 Als einer der Hauptgeldgeber des „Devoli"-Unternehmens soll Adelbert Karl Werner Graf von der Schulenburg (Burgscheidungen) insgesamt 1,6 Millionen RM verloren haben. Vgl. Bericht der Naumburger Polizei, 24. Oktober 1930. In: Stadtarchiv Naumburg, Akte der Naumburger Polizeiverwaltung „Devoli GmbH, Deutsche Volkslichtspiele", Nr. 6225, Bl. 74 f.

11 Vgl. ebd., Bl. 75.

12 Untergebracht war die „Devoli"-Gesellschaft im ehem. Garnisonlazarett in der Nordstraße 6. Vgl. Bericht der Naumburger Polizei, 11. Januar 1928. In: Stadtarchiv Naumburg, wie Anm. 10, Bl. 21.

13 Vgl. Bericht der Naumburger Polizei, 24. Oktober 1930, wie Anm. 10, Bl. 73.

14 Vgl. ebd., Bl. 69, 74^v, 75; E. Claudius, Lebenslauf, wie Anm. 8. E. Claudius stand mehrmals wegen Betrugs und Unterschlagung vor Gericht. Außerdem wurde er wegen Übertretung des Lebensmittelgesetzes 1924 mit 30 RM Geldstrafe belegt. Am 15. Juni 1928 verurteilte ihn das Naumburger Amtsgericht „wegen unbefugten Waffenbesitzes" zu 20 RM Geldstrafe. Vgl. Auszug aus dem Strafregister der Staatsanwaltschaft zu Naumburg (Saale), 16. Oktober 1930 mit einem Nachtrag von 1931. In: Stadtarchiv Naumburg, wie Anm. 10, Bl. 72.

15 Vgl. Bericht der Naumburger Polizei, 24. Oktober 1930, wie Anm. 10, Bl. 75.

16 Vorstand des Altertums- und Verkehrs-Verbandes, Ortsgruppe Freyburg, an das Preußische Landwirtschaftsministerium, 22. Februar 1932. In: LHASA, MER, C 48 IIIa, Nr. 11228, Bl. 131–133.

17 Vgl. Stommer, Rainer: Die inszenierte Volksgemeinschaft. Die „Thing-Bewegung" im Dritten Reich. Marburg 1985, S. 23 f.

18 Vorstand des Altertums- und Verkehrs-Verbandes. In: LHASA, wie Anm. 16, Nr. 11228, Bl. 133 f.

19 Schreiben an E. Claudius, 22. Februar 1932. In: ebd., Bl. 85.

20 Schreiben an E. Claudius, 19. Februar 1932. In: ebd., Bl. 83.

21 Domänenabteilung der Merseburger Regierung an das Preußische Landwirtschaftsministerium, (5.?) Mai 1932. In: ebd., Bl. 129.

22 Vorstand des Altertums- und Verkehrs-Verbandes. In: LHASA, wie Anm. 16, Nr. 11228, Bl. 135.

23 Ebd., Bl. 134.

24 Vgl. LHASA, wie Anm. 16, Nr. 11228, Bl. 129.

25 Schreiben des Bankdirektors a. D. Friedrich, 30. März 1932. In: ebd., Bl. 94.

26 Vorstand des Altertums- und Verkehrs-Verbandes. In: ebd., Bl. 132.

27 Domänenabteilung der Merseburger Regierung an E. Claudius, 5. März 1932. In: LHASA, wie Anm. 6, Nr. 24, Bl. 88.

28 LHASA, wie Anm. 16, Nr. 11228, Bl. 129 f.; HBA Naumburg, Vermerk, 7. März 1932. In: LHASA, wie Anm. 6, Nr. 24, Bl. 90 f.

29 LHASA, wie Anm. 16, Nr. 11228, Bl. 129 f.

30 Vgl. E. Claudius an Gauleiter Jordan, 3. Juni 1933. In: BA Berlin, wie Anm. 8.

31 Erich Claudius, sein Sohn Otto Erich und Marie Charlotte Steche wurden mit Wirkung vom 1. Mai 1932 in die NSDAP aufgenommen. Vgl. BA Berlin, ehem. BDC, NSDAP-Zentralkartei.

32 Bericht der Naumburger Polizei, 24. Oktober 1930, wie Anm. 10, Bl. 75. Die Ehe von Erich und Ilse Claudius wurde 1936 geschieden. Am 25. Mai 1936, drei Wochen nachdem das Scheidungsurteil rechtskräftig geworden war, heirateten E. Claudius und Marie Charlotte Steche in Herrsching.

33 Vgl. E. Claudius, Lebenslauf, wie Anm. 8; Kochanowski (KfdK-Landesleitung Preußen) an Gauleiter Jordan, 7. Juni 1933. In: BA Berlin, wie Anm. 8.

34 NSDAP-Kreisleiter Uebelhoer an die KfdK-Landesleitung Preußen, 31. Mai 1933. In: BA Berlin, wie Anm. 8.

35 Die genaue verwandtschaftliche Beziehung zwischen Marie Charlotte Steche und Winifred Wagner, die von 1930 bis 1944 die Bayreuther Festspiele leitete und mit Hitler eng befreundet war, ließ sich nicht ermitteln.

36 Domänenpächter a. D. Heinrich an NSDAP-Kreisleiter Uebelhoer, 11. Juni 1933. In: BA Berlin, wie Anm. 8.

37 Dem Schreiben ging eine persönliche Initiative von Winifred Wagner voraus, die sich bei Joseph Goebbels für die Einrichtung einer „Burgbühne" auf der Neuenburg eingesetzt hatte.

Vgl. Steche an Kultusminister Rust, 6. April 1933. In: BA Berlin, ehem. BDC, NSDAP-DIV, Marie Charlotte Steche (unfol.).

38 Steche an Göring, 6. April 1933. In: ebd. Ob der von Steche erbetene Vortrag zustande kam, ist nicht bekannt.

39 Gimmel, Jürgen: Die politische Organisation kulturellen Ressentiments. Der „Kampfbund für deutsche Kultur" und das bildungsbürgerliche Unbehagen an der Moderne (= Schriftenreihe der Stipendiatinnen und Stipendiaten der Friedrich-Ebert-Stiftung. Hrsg. von Klaus-Jürgen Scherer, Adalbert Schlag und Burkard Thiele, Bd. 10). Münster – Hamburg – London 2001, S. 60.

40 Nach einer Äußerung von Hitlers Stellvertreter Rudolf Heß am 26. Mai 1933, veröffentlicht im „Völkischen Beobachter" vom 29. Mai 1933, hier zit. nach Bollmus, Reinhard: Das Amt Rosenberg und seine Gegner. Studien zum Machtkampf im nationalsozialistischen Herrschaftssystem mit einem bibliographischen Essay von Stephan Lehnstedt (= Studien zur Zeitgeschichte. Hrsg. vom Institut für Zeitgeschichte, Bd. 1). München 2006, S. 45.

41 Zit. nach Lönnecker, Harald: „… Boden für die Idee Adolf Hitlers auf kulturellem Felde gewinnen". Der „Kampfbund für deutsche Kultur" und die deutsche Akademikerschaft. Frankfurt am Main 2003, S. 4 f. Dem KfdK gehörten im April 1929 etwa 300 Mitglieder in ca. 25 Ortsgruppen an. Die Mitgliederzahl stieg bis Januar 1932 auf ungefähr 2100 an und erreichte im Oktober 1933 einen Stand von ca. 38 000 in etwa 450 Ortsgruppen. Im Juni 1934 wurde der KfdK aufgelöst und mit dem Reichsverband Deutsche Bühne zur Nationalsozialistischen Kulturgemeinde vereinigt. Vgl. Bollmus: Das Amt Rosenberg, wie Anm. 40, S. 29; Barbian, Jan-Pieter: Literaturpolitik im „Dritten Reich". Institutionen, Kompetenzen, Betätigungsfelder. München 1995, S. 56–62.

42 Steche an Kultusminister Rust, wie Anm. 37.

43 Otto von Kursell (geb. am 28. November 1884 in St. Petersburg, gest. am 30. August 1967 in München) war ein Meisterschüler Franz von Stucks und wurde insbesondere als Porträtmaler bekannt. Aus dem Baltikum stammend, erhielt er 1921 die deutsche Staatsbürgerschaft. Er trat 1922 erstmals der NSDAP bei (Wiedereintritt 1932, Verleihung der Mitglieds-Nr. 93 ehrenhalber) und nahm am Hitlerputsch teil. Von 1933 bis 1936 war von Kursell Mitglied des Präsidialrates der „Reichskammer für Bildende Künste" und ab 1938 des Reichstags. 1944 wurde er Direktor der Staatlichen Hochschule für Bildende Künste in Berlin. Nach Kriegsende war von Kursell bis 1950 in sowj. Haft (zunächst in Mühlberg, dann in Buchenwald).

44 Steche an Kultusminister Rust, wie Anm. 37. Hans Hinkel, zunächst nur Berliner Landesleiter des KfdK, wurde nach Hitlers „Machtergreifung" Reichsorganisationsleiter des KfdK. Seit 1930 Mitglied des Reichstages, verfügte er über gute Kontakte zu Goebbels, der den KfdK bereits 1932 im Gaubereich von Groß-Berlin „zur quasi-parteiamtlich anerkannten Kulturorganisation der NSDAP" gemacht hatte. Gimmel: Die politische Organisation, wie Anm. 39, S. 70 f., 80, 91, 99 f.

45 Paul J. G. Roer (geb. am 30. April 1868 in Soest), Nationalökonom, Kreissyndikus im Kreis Wiesbaden, seit 1. Februar 1932 NSDAP-Mitglied, durch den Reichsinnenminister als komm. Bürgermeister der Stadt Freyburg eingesetzt (vom 11. April bis zum 23. Mai 1933). Vgl. BA Berlin, ehem. BDC, NSDAP-Gaukartei: Paul J. G. Roer; LHASA, MER, C 50 Querfurt, Nr. 2816, Bl. 161 f.; ebd., C 48 Ih, Nr. 927, Bd. V, Bl. 5, 7, 9.

46 Vereinbarung vom 20. Mai 1933. In: BA Berlin, wie Anm. 8; E. Claudius, Lebenslauf, wie Anm. 8.

47 Bartholdy, Wilhelm: Die deutsche Burg an der Unstrut. In: Deutsche Kultur-Wacht. Blätter des Kampfbundes für deutsche Kultur. Hrsg. Hans Hinkel, Berlin, Jg. 1933, H. 11, S. 1.

48 Ebd., S. 2; Entwurf eines Vertrages zwischen der preuß. Regierung in Merseburg (Domänenabteilung) als Vermieter und dem Magistrat der Stadt Freyburg als Mieter, undat. (April/Mai 1933). In: LHASA, wie Anm. 16, Nr. 11229, Bl. 63; Steche an Göring, wie Anm. 38, Anlage.

49 Bartholdy: Die deutsche Burg an der Unstrut, wie Anm. 47, S. 3.

50 Steche an Göring, wie Anm. 38, Anlage.

51 Bartholdy: Die deutsche Burg an der Unstrut, wie Anm. 47, S. 3; Entwurf eines Vertrages. In: LHASA, wie Anm. 48, Nr. 11229, Bl. 64.

52 Bartholdy: Die deutsche Burg an der Unstrut, wie Anm. 47, S. 3. Offenbar wurde diese Absicht später noch etwas modifiziert. So schrieb E. Claudius am 3. Juli 1933 an Gauleiter Jordan: „Der Taufstein selbst hat die Form eines Kelches (Gral) und soll den Mittelpunkt bilden, um den sich eine Reihe Steinplatten, die auf einem Sockel an der Wand entlang angebracht werden sollen, schliesst. Die Steinplatten tragen die Namen der im politischen Kampf gefallenen Helden in vertiefter Schrift. Am Fusse jeder einzelnen Platte ist ein vorspringender Steinsockel angebracht, auf dem ein dauerndes Feuer unterhalten wird." In: BA Berlin, wie Anm. 8.

53 E. Claudius an Gauleiter Jordan, 3. Juli 1933. In: BA Berlin, wie Anm. 8.

54 Bartholdy: Die deutsche Burg an der Unstrut, wie Anm. 47, S. 3.

55 Zum Mietobjekt gehörten das Schloss, der Burghof, der Garten des Oberförsters, der abgebrannte Schweinestall, der Schweinehof, der Turm und die an der Nordmauer gelegenen Waldparzellen bis zum Galerieweg. Durch „geeignete Abtrennungen" sollten Störungen des Domänenbetriebes ausgeschlossen werden. Außerdem war der Mieter „angehalten, alle landwirtschaftlichen Erzeugnisse, die in dem Wirtschaftsbetrieb der Kulturstätte gebraucht werden, von dem Domänenpächter zu beziehen, wenn derselbe bereit ist, in Konkurrenzangebote einzutreten". Entwurf eines Vertrages. In: LHASA, wie Anm. 16, Nr. 11229, Bl. 62–67.

56 Vereinbarung vom 20. Mai 1933, wie Anm. 46.

57 Ebd.

58 Steche an Göring, wie Anm. 38, Anlage.

59 Friedrich Uebelhoer (geb. am 25. September 1893 in Rothenburg ob der Tauber, gest. um 1945, für tot erklärt am 31. Dezember 1950), Kaufmann, Teilnahme am Ersten Weltkrieg von 1914 bis 1918 (Westfront), Freikorps Lettow-Vorbeck, Studium der Staats- und Rechtswissenschaften in Freiburg und Würzburg (nach fünf Semestern abgebrochen), seit 1922 bzw. 1925 NSDAP-Mitglied, seit 1931 NSDAP-Kreisleiter von Naumburg, von März 1933 bis Mai 1945 Mitglied des Reichstages für den Wahlkreis 11 (Merseburg), von 1934 bis 1940 Oberbürgermeister von Naumburg, 1940 Gauinspektor im Gau Wartheland und bis 1943 Regierungspräsident von Kalisch, errichtete im Auftrag von Arthur Greiser, Gauleiter im Reichsgau Wartheland, das jüdische Ghetto in Lodz (vgl. Die Ermordung der europäischen Juden. Eine umfassende Dokumentation des Holocaust 1941–1945. Hrsg. von Peter Longerich unter Mitarbeit von Dieter Pohl. München, Zürich 1989, S. 59–62, Dokument 10), SS-Brigadeführer (1941), von Oktober 1943 bis 1945 Regierungspräsident in Merseburg. Uebelhoer soll nach Aussage von Gauleiter Jordan letztmalig am 5. Mai 1945 „bei Burg/Magdeburg" gesehen worden sein. Mitteilung des DRK-Suchdienstes (München) an Konrad Breitenborn, 7. September 2011.

60 Vgl. Oberbürgermeister Uebelhoer an die Reichsleitung der NSDAP, 17. Februar 1934. In: BA Berlin, wie Anm. 8.

61 NSDAP-Kreisleiter Uebelhoer an die KfdK-Landesleitung Preußen, 31. Mai 1933, wie Anm. 34.

62 Zur Biografie von Paul Hinkler siehe den Beitrag „... beweist durch die Tat, was unser Führer will!" von Konrad Breitenborn und Kordula Ebert in diesem Band, insbesondere dort Anm. 44.

63 Hinkler an Gaugeschäftsführer Tießler, 21. November 1931. In: BA Berlin, wie Anm. 8.

64 Uebelhoer akzeptierte die NSDAP-Mitgliedschaft von E. Claudius nicht. Deshalb händigte er diesem auch nicht die im August 1932 von der NSDAP-Reichsleitung nach Naumburg geschickte persönliche „rote Mitgliedskarte" aus (vgl. Oberbürgermeister Uebelhoer an die Reichsleitung der NSDAP, wie Anm. 60). Sie trug irrtümlicherweise den Vermerk „Ortsgruppe Naumburg" (s. Abb. 179). E. Claudius war aber der NSDAP im Kreis Querfurt beigetreten und wurde dort als Mitglied geführt. Die „rote Mitgliedskarte" befindet sich heute bei den E. Claudius betreffenden Unterlagen des OPG der NSDAP im BA Berlin.

65 Naumburger Tageblatt, Bad Kösener Allgemeine Zeitung. Kreisblatt Allgemeine Zeitung. Anzeiger Neueste Nachrichten, Nr. 127 vom 1. Juni 1933.

66 Zur Biografie von Hans Hahne siehe den Beitrag „... beweist durch die Tat, was unser Führer will!" von Konrad Breitenborn und Kordula Ebert in diesem Band, insbesondere dort Anm. 1.

67 NSDAP-Kreisleiter Uebelhoer an den KfdK-Reichsgeschäftsführer Urban, 8. Juni 1933. In: BA Berlin, wie Anm. 8.

68 Alfred Sitz (geb. am 26. Mai 1900, gest. 1960 in Krefeld), Stadtobergärtner in Freyburg, seit 3. August 1925 NSDAP-Mitglied (Mitglieds-Nr. 11804). Vgl. BA Berlin, ehem. BDC, NSDAP-Gaukartei: Alfred Sitz. Für NSDAP-Mitglieder, die vor 1933 der Partei beigetreten waren und eine Mitglieds-Nr. unter 300 000 besaßen, galt ab Oktober 1933 der Status „Alter Kämpfer". Mit ihm waren verschiedene Privilegien verbunden. Vgl. LHASA, MER, C 50 Querfurt, Nr. 2817.

69 Herbert Köhn (geb. am 6. Juni 1906 in Halle, für tot erklärt 1958 durch Beschluss des Stadtbezirksgerichts Berlin-Mitte), Rechtsanwalt, seit 1. April 1930 NSDAP-Mitglied, ehrenamtlicher komm. Bürgermeister der Stadt Freyburg vom 27. Mai 1933 (Amtseinführung am 29. Mai) bis Oktober/Dezember 1933. (Der Termin des Übergangs der Amtsgeschäfte an Fritz Plate kann nicht eindeutig festgelegt werden. S. dazu den Beitrag „... beweist durch die Tat, was unser Führer will!" von Konrad Breitenborn und Kordula Ebert in diesem Band, Anm. 14.), später wohnhaft in Weimar, Mühlhausen, Wien und Oels (Niederschlesien). Vgl. BA Berlin, ehem. BDC, NSDAP-Gaukartei: Herbert Köhn; LHASA, MER, C 48 I h, Nr. 927, Bd. V und ebd., Nr. 927a, Bl. 3.

70 Friedrich (Fritz) Plate (geb. am 16. März 1898 in Freyburg, gest. am 4. Dezember 1983 in Bremen), Kaufmann, Domgymnasium in Naumburg, Kriegsfreiwilliger (1918 Vizewachtmeister), bis 1920 Freikorpskämpfer, seit März 1925 NSDAP-Mitglied (Mitglieds-Nr. 5462), Stadtverordneter und Mitglied des Magistrats der Stadt Freyburg, von Dezember 1933 bis März 1935 dort komm. Bürgermeister (am 26. Januar 1934 wurde er in das Amt „eingeführt"), von 1935 bis 1945 Bürgermeister von Nebra, nach Kriegsende Internierung durch die US-Amerikaner. Vgl. LHASA, MER, C 48 I h, Nr. 927a, Bl. 36; Freyburger Bote, wie Anm. 2, Nr. 23 vom 27. Januar 1934.

71 Kochanowski (KfdK-Landesleitung Preußen) an Gauleiter Jordan, 7. Juni 1933, wie Anm. 33.

72 Vgl. E. Claudius an Gauleiter Jordan, wie Anm. 30.

73 E. Claudius an Gauleiter Jordan, 28. Juni 1933. In: BA Berlin, wie Anm. 8.

74 Bericht an Gauleiter Jordan, 30. Juni 1933. In: ebd.

75 Oberbürgermeister Uebelhoer an die Reichsleitung der NSDAP, wie Anm. 60. Schultze-Naumburg schrieb am 14. Juni 1933 an Uebelhoer: „Die Angelegenheit Claudius habe ich sowohl bei Urban als auch bei Hinkel in Berlin behandelt und ich hoffe, dass sie damit abgeschlossen ist. Lassen Sie den Mann keinesfalls weiter Unfug anrichten." In: BA Berlin, wie Anm. 8.

76 Gauleiter Jordan an E. Claudius, 7. Juli 1933. In: BA Berlin, wie Anm. 8.

77 Vgl. BA Berlin, wie Anm. 8.

78 E. Claudius wurde im November 1933 „Referent für Kunst und Kultur im Ausland" bei der NSDAP-Reichsleitung (Hauptabteilung II) in München. Unter dem 12. Dezember 1933 seines Lebenslaufs vermerkte er „Besuch und Vortrag beim Führer" und unter dem 13. Dezember 1933 „Besuch und Vortrag bei Minister Dr. Goebbels". Von 1936 an lebten Erich und Marie Charlotte Claudius in Bremen, ab Anfang 1939 in Frankfurt (Oder), anschließend in Cottbus, wo E. Claudius offenbar am Stadttheater wirkte. 1940 wurde E. Claudius als „Referent für Kultur und Theater" in das besetzte Warschau abkommandiert. Dort starb er am 13. Juli 1940 an einem Hirnschlag. E. Claudius, Lebenslauf, wie Anm. 8; E. Claudius, Lebenslauf, 21. Januar 1937. In: BA Berlin, ehem. BDC, NSDAP-DIV, Erich Claudius (unfol.); BA Berlin, ehem. BDC, NSDAP-Zentralkartei: Erich Claudius, Marie Charlotte Claudius, geb. Steche.

79 Siehe dazu einige Unterlagen im NL Uebelhoer. In: BA Berlin, N/2313/1.

80 Oberbürgermeister Uebelhoer an die Reichsleitung der NSDAP, wie Anm. 60.

81 Freyburger Bote, wie Anm. 2, Nr. 120 vom 24. Mai 1933.

82 Dr. Friedrich (Fritz) Steinbrecht (geb. am 1. Januar 1894 in Sommersdorf bei Sommerschenburg, gest. am 24. November 1944 im Reservisten-Lazarett Weimar), Kaufmann, von 1921 bis 1936 Prokurist in der Freyburger Wein- und Süßmostkelterei, DNVP-Mitglied, Stahlhelmführer im Kreis Querfurt, Stadtverordneter, Beigeordneter, geschäftsführender Bürgermeister der Stadt Freyburg von Mitte Februar bis zum 11. April 1933, ab 1. April 1936 NSDAP-Mitglied, ab 1936 Berufsoffizier (Übernahme in die Wehrmacht als Hauptmann). Vgl. BA, ehem. BDC, NSDAP-Gaukartei: Dr. Friedrich Steinbrecht; Mitteilung des DRK-Suchdienstes (München) vom 25. Juni 2012 an Konrad Breitenborn.

83 Steinbrecht an Regierungspräsident Sommer, 13. April 1933. In LHASA, MER, C 48, I h, Nr. 927, Bd. V, Bl. 10. Dabei handelte es sich um den Steinmetzpolier Wilhelm Klitschmüller (Merseburger Straße 5) und um den Steinmetz Max Förtsch (Breite Straße 2). Vgl. Freyburger Bote, wie Anm. 2, Nr. 61 vom 13. März 1933.

84 Vgl. Freyburger Bote, wie Anm. 2, Nr. 61 vom 13. März 1933; ebd., Nr. 120 vom 24. Mai 1933.

85 Vgl. LHASA, MER, C 50 Querfurt, Nr. 2816, Bl. 279; Freyburger Bote, wie Anm. 2, Nr. 120 vom 24. Mai 1933.

86 Freyburger Bote, wie Anm. 2, Nr. 23 vom 27. Januar 1934.

87 Vgl. den Bericht über die Stadtverordnetenversammlung am 15. Juni 1933. Hier heißt es: „Vor Eintritt in die Tagesordnung verliest der Vorsteher ein Schreiben des Regierungspräsidenten des Inhalts, daß anstelle des kommiss. Bürgermeisters Roer Herr Rechtsanwalt Köhn-Freyburg als kommiss. Bürgermeister bestimmt wird." Freyburger Bote, wie Anm. 2, Nr. 138 vom 16. Juni 1933.

88 Auszug aus dem Protokoll der 1. Magistratssitzung, 20. Juni 1933. In: Stadtarchiv Freyburg (Unstrut), Akte „Rat der Stadt Freyburg. Ehrenbürgerschaft. allg. Schriftverkehr 1933–1964" (unfol.).

89 Zur Biografie von Krauschwitz siehe den Beitrag „Also auf zum Museum nach Freyburg ..." von Kordula Ebert und Konrad Breitenborn in diesem Band, insbesondere dort Anm. 1.

90 Auszug aus dem Protokoll der Magistratssitzung, 29. Juni 1933. In: Stadtarchiv Freyburg, wie Anm. 88.

91 Auch im BA Berlin fanden sich in den Akten der Präsidialkanzlei keine Hinweise auf den Ehrenbürgerbrief für Hindenburg. Mitteilung vom 22. März 2012 an Konrad Breitenborn.

92 Eine dem Ehrenbürgerbrief beiliegende englische Übersetzung der Widmung lässt die Vermutung zu, dass diese Urkunde nach 1945 zunächst als „Beutestück" in die USA oder nach England verbracht wurde.

93 Kochanowski (KfdK-Landesleitung Preußen) an Gauleiter Jordan, 7. Juni 1933, wie Anm. 33. Es ist nicht bekannt, wie lange O. E. Claudius der SS angehörte. Nach seinen Angaben für die „Parteistatistische Erhebung 1939" war er am 1. Juli 1939 nicht mehr SS-Mitglied. Vgl. BA Berlin, R/936/1/I, Nr. 465 (unfol.).

94 Komm. Bürgermeister Köhn an O. E. Claudius, 3. August 1933. In: Stadtarchiv Freyburg, wie Anm. 88.

95 Pretzsch an den Freyburger Magistrat, 10. Juli 1933. In: ebd.

96 Komm. Bürgermeister Köhn an Hitler, 31. Juli 1933. In: ebd.

97 Schreiben der Reichskanzlei an die Stadt Freyburg, 5. August 1933. In: ebd.

98 Hitler an den Magistrat der Stadt Freyburg, 30. August 1933. In: ebd.

99 Schreiben an Hitler, 19. April 1944. In: ebd. Am 21. Dezember 1999 beschloss der Freyburger Stadtrat, Hitler die im Juni 1933 verliehene Ehrenbürgerschaft abzuerkennen. Die Ehrenbürgerschaften für den Reichspräsidenten Paul von Hindenburg (1933) und den Reichssportführer Hans von Tschammer und Osten (1936) sollten bestehen bleiben. Der Beschluss wurde mit 14 Ja-Stimmen und einer Stimmenthaltung gefasst.

Konrad Breitenborn und Kordula Ebert
„... BEWEIST DURCH DIE TAT, WAS UNSER FÜHRER WILL!"
DIE NEUENBURG ALS BDM-SCHULUNGSSTÄTTE

Als sich am Donnerstag, dem 30. November 1933, Gauleiter Rudolf Jordan auf der Neuenburg mit Abgesandten des preußischen Landwirtschaftsministeriums, der Merseburger Regierung, des Naumburger Hochbauamtes, der Stadt Freyburg, dem Rektor der halleschen Universität Professor Hans Hahne[1], zwei Vertreterinnen der Obergauführung des Bundes Deutscher Mädel[2] aus Halle (Saale) und dem Domänenpächter Gustav Bormann zu einer Besichtigung traf, sollte über die künftige Nutzung dieser alten Burganlage beraten und eine Entscheidung vorbereitet werden.[3]

Anlass der Begegnung war das Begehren der BDM-Obergauführung, die bisher von der Künstlerin Marie Charlotte Steche für Ausstellungen genutzten Räume des Schlosses Neuenburg künftig für eigene „Schulungszwecke" anzumieten[4] und dort eine „Obergauführerinnenschule" einzurichten, wo Wochenend- und Kurzschulungen, aber vor allem zwei- bis dreiwöchige Lehrgänge durchgeführt werden konnten. Da im ersten Jahr nach der nationalsozialistischen „Machtergreifung" die Zahl der BDM-Mitglieder in ganz Deutschland sprunghaft angestiegen war[5], bestand auch im Obergau Mittelland[6] – vor allem im nicht professionellen Bereich – ein großer Bedarf an qualifiziertem Führungspersonal.

Für den BDM nahmen am Ortstermin auf der Neuenburg zwei gebürtige Freyburgerinnen teil: die Obergauführerin Käthe Reifert[7] und Olga Lamm[8] als Gaugeschäftsführerin. Gauleiter Jordan, der von Professor Hahne beraten wurde[9], äußerte nach der Besichtigung, dass sich die Schlossgebäude mit den Nebenanlagen „ganz besonders gut" und „in einem erheblich größeren Rahmen, als ursprünglich beabsichtigt" gewesen sei, für eine Führerinnenschule des BDM eignen würden.[10] Die politische Entscheidung war damit gefallen.

„Die BDM-Burg im Unstruttal"

Bereits am 1. Februar 1934 berichtete der „Freyburger Bote", dass in den nächsten Wochen die meisten „alten historischen Zimmer" der Neuenburg zu einer BDM-Schulungsstätte hergerichtet würden.[11]

189. Fritz Plate, seit 1925 NSDAP-Mitglied und damit ein „Alter Kämpfer", wurde Ende Januar 1934 vom Merseburger Regierungspräsidenten als kommissarischer Bürgermeister der Stadt Freyburg eingesetzt. Der ehemalige Freikorpskämpfer war Träger des Goldenen Parteiabzeichens der NSDAP. Im März 1935 berief der Regierungspräsident Plate auf zwölf Jahre zum Bürgermeister der Stadt Nebra.

Die Nutzungsmodalitäten regelte ein zwischen der Merseburger Regierung und der Stadt Freyburg abgeschlossener Mietvertrag. Sämtliche um den westlichen Schlosshof gelegenen Gebäude, ausschließlich der Küchenmeisterei, sowie das Brunnenhaus wurden an die Stadt „zur Herrichtung eines Schulungslagers" für den BDM¹² und zur Nutzung als Heimatmuseum¹² vermietet.¹³

Als sich dann im Mai 1934 etwa eintausend Mädchen aus allen Untergauen zum 3. Pfingstlager des BDM-Obergaus Mittelland in Freyburg trafen, begrüßte sie Bürgermeister Fritz Plate¹⁴ auf dem Marktplatz und rief ihnen zu: „Deutsche Mädels! Ich heiße Euch im Namen der Stadt herzlich willkommen! […] Mehr denn je besteht für alle Gliederungen die Verpflichtung, einmütig hinter dem Führer zu stehen. […] Schließt die Reihen und beweist durch die Tat, was unser Führer will! In einigen Tagen werdet Ihr Gelegenheit haben, Eure Anhänglichkeit zu beweisen und die Schule zu besuchen, die hier in den nächsten Tagen eröffnet wird."¹⁵

In den Vormittagsstunden des 27. Mai 1934 wurde die „Obergauführerinnenschule" von Gauleiter Jordan, Landrat Axel Crewell und Bürgermeister Plate feierlich eingeweiht. Gegen 9.30 Uhr zogen die aus Naumburg, Bad Kösen und Laucha kommenden Mädchengruppen den Schlossberg hinauf. Sämtliche Wimpelträgerinnen postierten sich im Burghof auf dem Treppenaufgang. Dann san-

Die Neuenburg als BDM-Schulungsstätte

190. Gauleiter Rudolf Jordan (4. v. r.) und Käthe Reifert im Hof der Neuenburg am Einweihungstag der Obergauführerinnenschule, Foto von Wilhelm Arnold, 1934

191. Käthe Reifert, seit 1931 Mitglied der NSDAP und Trägerin des Goldenen Ehrenzeichens der HJ, war von 1933 bis 1945 Führerin des BDM-Obergaus Mittelland mit Sitz in Halle (Saale). Foto von Wilhelm Arnold, 1934

192. Morgenappell im Hof der Neuenburg. Nach dem Tagesspruch wurde die HJ-Fahne gehisst.
Foto von Arthur Grimm, 1935

gen alle ihr Bundeslied „Und wenn wir marschieren". Der „Weihespruch" des Gauleiters lautete: „Wir dienen dem Volke." Plate brachte in seiner Ansprache zum Ausdruck, dass in der historischen Burg eine Erziehungsstätte geschaffen würde, „welche die kulturellen Aufgaben des nationalsozialistischen Staates" fördern müsse und dazu beitragen werde, „die Ideen unseres Führers zu verinnerlichen".[16]

Anschließend präsentierte Käthe Reifert während eines Rundgangs die von Grund auf renovierten Räume der künftigen Schule. Hinter dem durchgehenden Flur des Galerieflügels lagen nacheinander die Küche, der Speisesaal, die Wohn-, Schlaf-, Aufenthalts- und Waschräume sowie das „Lagerführerzimmer". Der Waschraum verfügte über zehn Waschbecken und Badewannen mit fließend warmem und kaltem Wasser.[17]

Eine Woche nach der Eröffnung kamen die ersten dreißig Mädchen zu einer vierzehntägigen Schulung[18], und Ende November 1934 berichtete Obergauführerin Reifert, dass seit Mai auf der Neuenburg „rund 250 Führerinnen durchgeschult" worden seien.[19] Ihre Auswahl erfolgte durch die einzelnen Untergaue und sollte als „Auszeichnung" verstanden werden. Später wurde vorausgesetzt, dass sich die Mädchen „in der praktischen Führungsarbeit" bereits bewährt hatten.[20]

193. Obergauführerin Käthe Reifert am 27. Mai 1934 mit Gästen im „Rittersaal" der Neuenburg, Foto von Wilhelm Arnold

194. Dienststempel der „Obergauführerinnenschule Schloß Neuenburg"

Die Kurse erfolgten „im Wechsel zwischen Jungmädel-Führerinnen-Kursus und BDM-Führerinnen-Kursus".[21] Die teilnehmenden „Mädel" waren in der Regel zwischen fünfzehn und achtzehn Jahre alt.[22] Reifert beabsichtigte, aus dem Obergau Mittelland in „weiteren Kurzschulungen" etwa eintausend Mädchen zu erfassen. Dabei legte sie Wert auf die Feststellung, dass die Schulung zu einem Drittel aus „weltanschaulicher" Bildung und zu zwei Dritteln aus sportlicher Betätigung bestehe.[23]

195. BDM-Marschkolonne, links im Bild das 1952 abgerissene alte Brunnenhaus, Foto von Annemarie Giegold-Schilling, um 1938

Die Neuenburg als BDM-Schulungsstätte

196. Blick vom Haineberg zur Neuenburg, Foto von Annemarie Giegold-Schilling, um 1938

Das Jahr 1934 stand für die Hitlerjugend unter dem zentralen Motto „Jahr der Schulung". Bereits Anfang 1935 gab es in Deutschland 42 BDM-Führerinnenschulen, 23 davon waren Obergauschulen.[24]

Der Tagesablauf unterlag klaren Regelungen. Die Mädchen standen um 7 Uhr auf. Eine Stunde später traten sie zum Appell auf dem Burghof an. Nach dem verkündeten Tagesspruch wurde die Fahne der HJ gehisst. Den Abschluss des Appells bildete ein gemeinsam gesungenes Lied.[25]

Einer etwa halbstündigen „Hausarbeit" folgte bis zum Mittag der „weltanschauliche" Lehrbetrieb. Der Nachmittag war „dem Sport gewidmet". Danach wurde gesungen und gebastelt. Zur „Pflichtübung" gehörte die Durchführung eines Heim- und eines Sportabends, da die Mädchen vor allem befähigt werden sollten, in ihren eigenen „Mädelschaften" selbstständig solche Veranstaltungen auszurichten. Am Abend wurde die Fahne eingeholt, und um 21 Uhr endete das Tagesprogramm. Eine halbe Stunde später war Nachtruhe.[26]

Carla Geyer[27], von 1934 bis 1937 Schulleiterin, und Käthe Reifert nutzten dann eine vom BDM im Dezember 1934 ausgerichtete Adventsfeier, „um die Freyburger näher mit der Führerinnenschule" bekannt zu machen. Die Gäste

197. BDM-Mädchen auf der Burgmauer des Schlosses Neuenburg, im Hintergrund das Unstruttal mit dem Freyburger Bahnhof, Foto von Wilhelm Arnold, 1934

saßen an weihnachtlich geschmückten Tafeln, vorgetragen wurden Gedichte, als Stegreif-Spiel kam das Märchen von Frau Holle zur Aufführung, und mit einem gemeinsamen Gesang fand die Feierstunde schließlich ihren Abschluss.[28]

Der Obergauführerin war der Kontakt zur einheimischen Bevölkerung wichtig, zumal sie im Hinblick auf die Führerinnenschule ehrgeizige Pläne verfolgte. Bereits im Oktober 1934 hatte Reifert gegenüber dem Merseburger Regierungspräsidenten Dr. Sommer bemängelt, dass gegenwärtig nur „mit knapper Mühe und Not" pro Durchgang „höchstens 30 Führerinnen" in der BDM-Schule auf der Neuenburg untergebracht werden könnten.[29] Reifert wollte im nächsten Jahr die Schulungsarbeit „noch intensiver" betreiben und auf diese Weise erreichen, dass „sämtliche Führerinnen" des Obergaus Mittelland künftig auf der Neuenburg entsprechende Kurse besuchen.[30]

Um, wie von ihr beabsichtigt, die Zahl der Teilnehmerinnen pro Lehrgang von dreißig auf fünfzig zu erhöhen[31], bedurfte die Obergau-Führerinnenschule zunächst aber einer räumlichen Erweiterung.

Schon seit Ende 1935 konnte sie zusätzlich zwei frühere Arbeiterwohnungen im östlichsten Teil des Galerieflügels für ihre Zwecke nutzen.[32] Der ehemalige kleine Schulungsraum wurde als Musikzimmer eingerichtet und die frühere Schmiede der Domäne zum Werkraum umgebaut.[33]

Bis September 1941 nahmen auf der Neuenburg etwa dreitausend „Mittellandführerinnen" an insgesamt einhundert Lehrgängen teil.[34]

Insbesondere während des Sommers verbrachten auch BDM-Mädchen aus anderen Gegenden Deutschlands auf der Neuenburg einen Teil ihrer Ferien. Als am 21. August 1936 vierzig englische Austauschschülerinnen die Führerinnenschule besuchten, sangen zu ihrer Begrüßung BDM-Mädchen aus Bayern „in farbenfreudigen Trachtenkleidern".[35]

Als Ort nationalsozialistischer Bildungsarbeit hatte die geschichtsträchtige Neuenburg einen besonderen Stellenwert. Schon bald nach Gründung der Obergau-Führerinnenschule präsentierte eine Zeitschrift unter dem Titel „Die BDM-Burg im Unstruttal" mehrere Bilder des Freyburger Fotografen Wilhelm Arnold.[36] Der Reichssender Leipzig berichtete am 20. August 1935 über „Die Neuenburg, eine Führerinnenschule", wobei mehrere Mädchen eine halbe Stunde lang von der „sagenumwobenen" alten Burganlage erzählten.[37]

Im Rückgriff auf die weit ins Mittelalter zurückreichende Historie dieser alten Feste verkündete schließlich vier Jahre später ein Heimatblatt: „Wo einst Ludwig der Eiserne regierte, herrscht nun der frische neue Geist nationalsozialistischer Jugend, die in dem Schloß der alten Thüringischen Landgrafen eine vorbildliche Schulungsstätte gefunden hat."[38]

Freyburg als „Stadt der nationalsozialistischen Bewegung"

In den Abendstunden des 21. März 1933, dem „Tag von Potsdam", verbrannte der amtierende Bürgermeister Dr. Fritz Steinbrecht vor dem Freyburger Rathaus in einem gleichsam symbolischen Akt die schwarz-rot-goldene Fahne. „Auch wir wollen uns ein Sinnbild für diese Stunde schaffen", so Steinbrecht, „einen sichtbaren Ausdruck für die Erneuerung und darum verbrenne ich die alte schwarz-rot-goldene Fahne, die vierzehn Jahre lang vor unserem Rathaus wehte. Ich übergebe sie den Flammen, weil wir die Sicherheit haben, daß die Zeiten niemals wiederkehren, denen sie das Symbol war."[39]

Steinbrecht, damals noch Mitglied der Deutschnationalen Volkspartei und Führer des „Stahlhelm" im Kreis Querfurt, trat erst im April 1936 der NSDAP bei. Doch schon 1927 sollen etwa drei Prozent der rund 3500 Einwohner Freyburgs der NSDAP angehört haben, und das Städtchen galt als „einer der ersten Ausgangspunkte der nationalistischen Bewegung im Kampfgau Halle-Merseburg".[40]

Obergauführerin Reifert hob – zumal als gebürtige Freyburgerin und seit 1931 Mitglied der NSDAP – außerdem gern hervor, „daß gerade Freyburg mit die Geburtsstätte des BDM im Obergau Mittelland sei".[41] Zum ersten „Mädeltreffen des BDM" in Freyburg wäre 1932 die Stadt zwar nur von „einer kleinen Schar Getreuer" besucht worden[42], doch habe gerade die HJ – so Reifert – im Kampf „für das Dritte Reich" zahlreiche junge Menschen, „darunter 1 Mädel", verloren.[43]

Vier Wochen nach Eröffnung der Obergauführerinnenschule veranstaltete die Stadt Freyburg auf Veranlassung von Landrat Crewel, der auch Kreisleiter der NSDAP war, auf dem Haineberg gegenüber der Neuenburg eine zentrale „Kreis-Sonnenwendfeier", die ganz im Zeichen des Bekenntnisses zum Dritten Reich Adolf Hitlers stand. Nur wenige Jahre nach Kriegsende hätten sich hier – wie NSDAP-Ortsgruppenleiter Alfred Sitz in seiner Ansprache betonte – auf dem Platz einer „alten germanischen Kultstätte" unter Führung des Freyburger Lehrers und späteren Gauleiters Paul Hinkler[44] „Jugendgeist und Frontgeist" zu den ersten Sonnenwendfeiern zusammengefunden, die zum „Träger der Hoffnung auf eine bessere Zukunft geworden" seien.[45]

Schon seit März 1934 wurde auf dem Haineberg am Bau eines sogenannten Thingplatzes gearbeitet, mit dem für „ewige Zeiten" zugleich eine Stätte der Erinnerung „an den Kampf in diesem Gau" geschaffen werden sollte. „Vergeßt die alten Kämpfer nicht!" Unter diesem pathetischen „Denkspruch" hatte am 21. März 1934 mit dem ersten Spatenstich durch den NSDAP-Landesstellenleiter Walter Tießler auch die Arbeit am künftigen „Thingplatz" begonnen.[46]

Ganz Deutschland stand 1934 im Zeichen einer regelrechten Thing-Euphorie. Insgesamt sollten etwa vierhundert solcher Plätze entstehen, wo Volkstheater als Massentheater stattfinden, Spiel- und Bewegungschöre auftreten und zu besonderen Anlässen politische Kundgebungen, insbesondere Aufmärsche, im

198. Nach dem ersten Spatenstich als Auftakt der Arbeiten am „Thingplatz" am 21. März 1934 übergab Walter Tießler den Spaten an den Gauarbeitsführer Karl Simon. Foto von Wilhelm Arnold

199. Demonstrationszug am 1. Mai 1934 in Freyburg, Foto von Wilhelm Arnold

Geiste der nationalsozialistischen Volksgemeinschaft durchgeführt werden konnten.[47]

Beabsichtigt war, den Freyburger „Thingplatz" als Forum an einem Bergeinschnitt mit der Neuenburg im Hintergrund zu errichten. Der Grundriss nach Plänen des Architekten Ludwig Moshamer sah 6100 Sitz- und 3000 bis 4000 Stehplätze vor. Die am Hang gelegene Anlage sollte eine einfache dreigliedrige Freilichtbühne erhalten, deren Mittelteil geradewegs in die Aufmarschbahnen um den Zuschauerraum überging.[48]

Ende 1935 musste das Wort „Thing" auf Anweisung von Goebbels aus dem offiziellen Sprachgebrauch verschwinden.[49] Künftig war nur noch von Fest- oder Feierstätten die Rede, deren Nutzung für Theateraufführungen zu unterbleiben hatte.

Obwohl Freyburgs neuer Bürgermeister Dr. Eduard Uderstädt[50] bereits im Januar 1936 auf einer Gemeinderatssitzung mitgeteilt hatte, die „Feststätte auf dem Haineberg sei im wesentlichen fertiggestellt"[51], zog sich die feierliche Übergabe noch einige Monate hin und erfolgte schließlich am Abend des 20. Juni 1936 in Verbindung mit der traditionellen Sonnenwendfeier.[52]

200. Dr. Eduard Uderstädt, seit 1931 NSDAP-Mitglied, war von 1935 bis 1938 Bürgermeister der Stadt Freyburg. Am 19. August 1936 sagte er anlässlich der Verleihung der Ehrenbürgerschaft an Hans von Tschammer und Osten im Rathaus von Freyburg: „Hier herrschte zuallererst nationalsozialistischer Geist, hier wurde der Gau Halle-Merseburg gegründet. Uns gegenüber die älteste Fahne im Gau, die seit 1923 alljährlich bei den Sonnenwendfeiern vom sagenumwobenen Haineberg wehte." („Naumburger Tageblatt" vom 20. August 1936)

Zu den etwa viertausend Teilnehmern an dieser Veranstaltung gehörten – wie der „Freyburger Bote" informierte – auch „die Kameradinnen der BDM-Führerinnenschule", die sich an der Aufführung mehrerer „Feuertänze" beteiligten. Bürgermeister Uderstädt verlieh der beim Bau des Festplatzes eingesetzten Abteilung des Reichsarbeitsdienstes den Ehrennamen „Turnvater Jahn".[53] Friedrich Ludwig Jahn, dessen sterbliche Überreste am 22. Juli 1936 zu mitternächtlicher Stunde

201. Sommersonnenwendfeier auf der Freyburger Feststätte zwischen 1936 und 1939. Schon seit 1922 fanden alljährlich auf dem Haineberg Sonnenwendfeiern statt, die von der NSDAP organisiert und propagandistisch genutzt wurden.

Die Neuenburg als BDM-Schulungsstätte

202. Ehrenbürgerbrief der Stadt Freyburg für Hans von Tschammer und Osten, abgebildet im „Naumburger Tageblatt" am 20. August 1936

aus der Gruft an der Freyburger Erinnerungsturnhalle in eine neu errichtete „Ehrengruft im Ehrenhof des Jahnhauses" überführt wurden[54], diente gerade im Jahr der Olympischen Spiele den Nationalsozialisten als wichtiges Vorbild für die deutsche Jugend.

In Anerkennung seiner Bemühungen um die „Wiederherstellung der Jahn-Gedächtnisstätten" wurde am 19. August 1936 – einen Tag nach Beendigung der Olympischen Spiele in Berlin – Reichssportführer Hans von Tschammer und Osten das Ehrenbürgerrecht der „Jahnstadt" Freyburg verliehen. Den Ehrenbürgerbrief schmückten im oberen Teil Aquarellzeichnungen von der Neuenburg und der Jahn-Erinnerungsstätte mit Ehrenhof samt Grabplatte. Im unteren Teil befand sich eine Darstellung des früheren Grabmals und nunmehrigen Schmuckgiebels der Jahn-Erinnerungsturnhalle. In der Laudatio hieß es, der Reichssportführer habe „als Gestalter der deutschen Leibeserziehung im nationalsozialistischen Deutschland dem volkspolitischen Wirken Friedrich Ludwig Jahns gerechte Würdigung zuteil werden lassen".[55]

Freyburgs führende Nationalsozialisten gaben sich alle Mühe, Friedrich Ludwig Jahn in das Traditionsbild des Dritten Reichs einzubinden. Bürgermeister Uderstädt verstieg sich im August 1936 zu der Feststellung, Jahn habe „in gewis-

203. Die Kundgebungsstätte auf dem Haineberg wurde wiederholt für Aufmärsche und Veranstaltungen genutzt. Foto von Wilhelm Arnold

sem Sinne nationalsozialistisches Gedankengut" vorausgeahnt[56], und für Franz Bauer[57], der dann 1938 anstelle Uderstädts mehrere Monate als Bürgermeister amtierte, war Jahn sogar ein „Vorkämpfer des Führers". Bauer benutzte diese Bezeichnung, als er Anfang August 1938 die „Alte Garde" der Nationalsozialisten des Gaues Halle-Merseburg in der „Jahn-Stadt" begrüßte. Freyburg galt ihm als der Ort, „aus dem heraus der Nationalsozialismus in Mitteldeutschland seinen schweren und doch so erfolgreichen Weg ging dank des Einsatzes der alten Kämpfer, die ihm den Weg ebneten". Etwa 350 von ihnen waren nach Freyburg gekommen.[58]

Gemäß einer Anordnung von Gauleiter Joachim Eggeling sollte künftig dieses Treffen zur „alljährlichen Traditionsfeier erhoben" und in Verbindung mit der Feier der Sommersonnenwende durchgeführt werden.[59] Als sich die „Alte Garde" im Jahr darauf erneut in Freyburg traf, wurde sie auf der Feststätte des Haineberges auch von Singegruppen der BDM-Obergauführerinnenschule unterhalten.[60]

Der Kriegsausbruch beendete bald darauf diese kurze Tradition der „Alten Garde" im Gau Halle-Merseburg. Auch Freyburgs „bekannte Sonnenwendfeier" fiel schon im Juni 1940 aus, da das Feuer „weit in das Land hinaus" als „Leuchtpunkt" wahrgenommen würde. Stattdessen, so hieß es im „Freyburger Boten", werden die Gedanken bei „unseren tapferen Feldgrauen" sein, „die mit dem Schwert eine neue Zeitenwende schaffen, um unserem Volk und anderen Völkern einen gerechten und dauerhaften Frieden in Europa zu sichern".[61]

1936 – Im „Jahr des Deutschen Jungvolks"

Am 17. März 1936 besuchte Reichsjugendführer Baldur von Schirach, der sich auf dem Weg zu einer Großkundgebung der NSDAP in Naumburg befand, gemeinsam mit Obergauführerin Käthe Reifert und dem HJ-Gebietsführer Richard Reckewerth „überraschend" die BDM-Führerinnenschule auf der Neuenburg. Schirachs Anwesenheit sprach sich in der Stadt angeblich „wie ein Lauffeuer" herum, und für die „Jungen und Mädchen" habe es dann – wie das „Naumburger Tageblatt" tags darauf berichtete – „kein halten mehr" gegeben. „So schnell wie gestern dürften die Freyburger Kinder wohl noch nie den steilen Schloßberg hinaufgelaufen sein."[62]

In seinem Neujahrsaufruf hatte Schirach das Jahr 1936 feierlich zum „Jahr des Deutschen Jungvolks" erklärt. Die von ihm proklamierte Losung „Alle Jugend dem Führer" verband sich mit der Absicht, mit dem Jahrgang 1926 zum ersten Mal einen ganzen Geburtsjahrgang geschlossen in die Hitlerjugend, also ins Deutsche Jungvolk bzw. in den Jungmädelbund, aufzunehmen.

204. Aus dem Bericht im „Naumburger Tageblatt" über den Besuch der Obergauführerinnenschule durch Baldur von Schirach am 17. März 1936

205. Einladung zur feierlichen Wimpelweihe auf der Freyburger Feststätte und zur Eröffnung der JM-Führerinnenschule in der Neuenburg am 3. Oktober 1936.

Der hier eingerückte Leitspruch „Nur der Freiheit ..." steht auf der Vorderseite dieser Klappkarte.

Doch trotz einer großangelegten Werbekampagne konnte dieses Ziel nicht – wie ursprünglich beabsichtigt – bis zum Geburtstag Hitlers am 20. April erreicht werden. Erst im November 1936 meldete Schirach „seinem Führer" die angeblich hundertprozentige Erfassung des Jahrgangs 1926 in der Hitlerjugend. Die Mitgliederzahl des JMB stieg innerhalb eines Jahres von 1 046 134 auf 1 610 316. Ende 1936 waren damit 72,7 Prozent aller zehn- bis vierzehnjährigen Mädchen im Jungmädelbund erfasst.[63] Dem aufgrund dieser Entwicklung auftretenden Mangel an geschulten Jungmädel-Führerinnen sollte durch den vermehrten Aufbau eigenständiger „JM-Führerinnenschulen" abgeholfen werden.[64]

Für den Obergau Mittelland wollte Käthe Reifert eine solche Schule auf der Neuenburg einrichten, und als das seit 1930 im Fürstenbau der Neuenburg untergebrachte Kindererholungsheim im Herbst 1935 geschlossen wurde[65], zeigte sie dem Merseburger Regierungspräsidenten sehr bald ihre Absicht an, auch diesen Teil der Neuenburg „für Schulungszwecke hinzuzumieten".[66]

Die Neuenburg als BDM-Schulungsstätte

Am Sonnabend, dem 3. Oktober 1936, wurde die „JM-Führerinnenschule des Obergaus Mittelland" von der Reichsreferentin Trude Bürkner nach einer „Morgenfeier" auf der Feststätte des Haineberges dem BDM zur Nutzung übergeben. Damit konnten künftig etwa dreißig JM-Führerinnen und dreißig BDM-Führerinnen gleichzeitig in zwei- bis dreiwöchigen Lehrgängen auf der Neuenburg geschult werden.[67]

Sonderzüge hatten etwa zweitausend Jungmädel aus Halle und Weißenfels nach Freyburg gebracht, die zum Auftakt der Feierstunde gemeinsam das beliebte Lied „Und die Morgenfrühe, das ist unsere Zeit" von Hans Baumann[68] sangen. Anschließend weihte die Reichsreferentin 350 JM-Gruppenwimpel aus dem ganzen Obergau. Ihr Weihespruch lautete: „Seid stolz und treu und glaubt an die Fahne!"[69] Die „noch nicht entrollten Wimpel" waren am Vorabend im Hof der Neuenburg „für die letzte Nacht einer Ehrenwache des Jungvolks übergeben" worden.[70]

Trude Bürkner würdigte in ihrer Ansprache die Neuenburg als „ein Stück Heimat" für den BDM und betonte die besondere Verpflichtung, die mit der „Einweihung jeder neuen Führerinnenschule" verbunden sei. „Wenn wir heute diese

206. Aus einem Bericht im „Naumburger Tageblatt" über die Feierstunde am 3. Oktober 1936 anlässlich der Wimpelweihe auf dem Haineberg und der Eröffnung der JM-Führerinnenschule

Jungmädelschule ihrer Bestimmung übergeben", so die Reichsreferentin, „dann wollen wir uns fest an der Hand fassen und wollen ohne viel Worte, aber mit sehr viel Entschlossenheit und herzlicher Gläubigkeit geloben: ‚Wo wir auch immer stehen, wir wollen so diszipliniert, so zuchtvoll leben, daß der Führer stolz sein kann auf seine Jugend'." Jedes Jungmädel müsse sich darüber klar sein: „ich darf nichts tun, was den Führer traurig machen könnte".[71]

Ab dem 14. November 1936 wehte auch über der Schule in Freyburg die HJ-Fahne.[72] Voraussetzung dafür war, dass mindestens neunzig Prozent der dort dafür infrage kommenden Schulkinder der Hitlerjugend angehörten. Zwei Wochen später wurde die HJ mit dem „Gesetz über die Hitlerjugend" offiziell zur Staatsjugend erklärt.

Streit um das „Luisenzimmer"

Im Zusammenhang mit der malermäßigen Instandsetzung der Räume für die Obergauführerinnenschule war im Frühjahr 1934 – allerdings ohne Abstimmung mit dem zuständigen Hochbauamt in Naumburg – der untere Sockel des Flurs zum sogenannten Luisenzimmer[73], das inmitten dieser Schule lag, auf Veranlassung des BDM mit Ölfarbe gestrichen worden, um auf diese Weise „der hohen Besucherzahl" dieses Memorialraums zu entsprechen.[74]

Im Juni 1934 wurde auf Anordnung des Hochbauamtes der mit Ölfarbe versehene Sockel des Flurs „aus ästhetischen Gründen" mit einer anderen Farbe überstrichen.[75] Ebenso erfolgte der Abriss einer Wand, die bisher den Zugang zum historischen Memorialzimmer von der Schule trennte. Doch statt einer zunächst vorgesehenen Glaswand kam lediglich „ein einfaches Geländer um die Treppe", so dass – wie Käthe Reifert beklagte – „der geschlossene Charakter" der Führerinnenschule zerstört war.[76]

Die Obergauführerin beschwerte sich darüber sofort beim Regierungspräsidenten. „In der ganzen Angelegenheit", so schrieb sie ihm, „ersehe ich einen Angriff gegen den BdM. Es wird auf die Dauer nicht gut sein der Hitler-Jugend sich feindlich in den Weg stellen zu wollen."[77]

Unmittelbar vor dieser Beschwerde hatte die Obergauführerin in einem Telefonat mit Franz Nath, dem Vorstand des Hochbauamtes, ihren Standpunkt unmissverständlich deutlich gemacht. Dabei soll sie in einem „ganz ungehörigen, herrischen und sehr energischen Ton" verlangt haben, den Sockelbereich des Flures erneut mit „einem abwaschbaren Ölfarbenanstrich" zu versehen und „eine Glaswand zwischen Treppe und Flur" einziehen zu lassen.[78] Nach dem Telefonat erklärte Baurat Nath gegenüber dem Regierungspräsidenten: „Es ist ausgeschlos-

207. und 208. „Tagesraum" der JM-Führerinnenschule im Fürstenbau (vordere Raumhälfte des heutigen „Festsaals")

Der Text auf dieser am 18. Oktober 1941 verschickten Postkarte lautet: „Die Tagung ist sehr schön. Man bekommt wirklich den nötigen Schwung für den Alltag und in unserer Schule kann man nicht anders als sich sehr wohl zu fühlen. Allen herzliche Grüße! Heil-Hitler! der Spatz"

sen, daß ich mich, als Vorstand einer Staatsbehörde, von einem etwa 22jährigen jungen Mädchen, auch wenn sie Gauleiterin des B.d.M. ist, anpfeifen lasse, als ob sie einen dummen Jungen vor sich hätte."[79]

Der Regierungspräsident teilte der Obergauführerin daraufhin mit, dass das Hochbauamt „durchaus berechtigt" gewesen sei, „einen ohne sein Zutun entstandenen und von ihm gebilligten Zustand wieder abzuändern", verwahrte sich aber dagegen, „auch der Regierung mangelndes Verständnis für den B.d.M. vorzuwerfen und in dem Verhalten der Behörden einen feindlichen Angriff gegen den B.d.M. zu sehen". Sommer betonte seine „positive Einstellung" gegenüber der HJ und dem BDM, deren Ziele durch ihn eine „weitgehende Förderung" erfahren würden.[80]

Ganz offensichtlich wollte sich der Regierungspräsident mit der überzeugten Nationalsozialistin Reifert nicht anlegen. Reifert galt als sehr energisch. Sie hatte in der NSDAP starken Rückhalt, und als Obergauführerin rangierte sie nur eine

Stufe unter der Reichsreferentin des BDM. Jutta Rüdiger, die 1937 dieses Amt übernahm, soll einmal gesagt haben, Käthe Reifert „sei ihre beste Untergebene gewesen".[81]

Ende 1936 regte Reifert bei der Provinzialverwaltung die „Einziehung des Luisenzimmers" an.[82] Die Obergauführerin empfand das „Luisenzimmer" als „Belastung für den Charakter des Gebäudes als Führerinnenschule". Insbesondere würde der in Museumsführungen einbezogene Memorialraum die „Aufrechterhaltung der Disziplin" in der Schule behindern.[83]

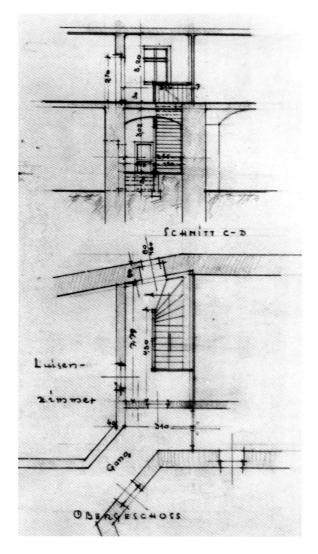

209. Schnitt und Grundriss des Obergeschosses mit dem vorgesehenen Einbau der neuen seperaten Treppe zum „Luisenzimmer", Plan vom 13. Mai 1937

Reifert meinte, die Bedeutung der Königin Luise „für das deutsche Volk sei doch wohl gesichert genug", und deshalb könnte man „doch vielleicht auf dieses Zimmer mit seinen erst später hereingebrachten Gegenständen überhaupt verzichten". Außerdem, so argumentierte sie, wäre der „größte Teil" der dort ausgestellten historischen Erinnerungsstücke erst viel später von Berliner Museen zur Verfügung gestellt worden.[84]

Dennoch konnte die Obergauführerin eine Auflösung des historischen „Luisenzimmers" nicht durchsetzen. Nach einer Ortsbegehung Ende April 1937 wurde festgelegt, das „Luisenzimmer" als „historische Gedenkstätte" auf jeden Fall der Öffentlichkeit zu erhalten.[85] Auch die Obergauführerin erklärte, künftig „das Andenken an die Königin Luise als eine edle deutsche Frau aus großer deutscher Vergangenheit zu pflegen". Für die Besucher des Memorialraums sollte eine separate Treppe eingebaut werden, über die der Zugang vom Erdgeschoss aus in den ungenutzten Vorraum des „Luisenzimmers"[86] möglich würde. Vorgesehen war, „die alten Möbel wieder neu zu beziehen, die Bemalung der Wände und Decke auszubessern", die wertvollen Bilder in den Vorraum zu hängen und „gegebenenfalls eine auf die historische Bedeutung hinweisende Tafel" anzubringen. Das „Luisenzimmer" konnte künftig „tagsüber bis etwa 18 Uhr" besichtigt werden, den BDM-Schulen stand es für Abendveranstaltungen zur Verfügung. Der Einbau einer neuen Treppe zum „Luisenzimmer" verzögerte sich, er erfolgte vermutlich im Frühjahr 1938.[87]

Weltanschauliche Schulung, Werkarbeit und „hauswirtschaftliche Ertüchtigung"

Am 8. November 1937 eröffnete Joseph Goebbels in München die Ausstellung „Der ewige Jude". Zur gleichen Zeit fand in der Obergauführerinnenschule auf der Neuenburg „ein rassenpolitischer Lehrgang für Schulungsleiterinnen und aktive Führerinnen" des BDM statt. Die Mädchen wurden zu „Rassereferentinnen" ausgebildet, die in den Untergauen eingesetzt werden sollten. Obergauführerin Lotte Koetzing, die für Rassenpolitik zuständige Hauptreferentin im Amt für Weltanschauliche Schulung der BDM-Reichsjugendführung, sprach während des Lehrgangs zu den Mädchen.[88] Sie trat grundsätzlich dafür ein, die „blutsmäßigen Lebensfragen und Lebensnotwendigkeiten" des deutschen Volkes „den Mädeln durch die rassenpolitische Erziehung zur eigenen Verpflichtung" werden zu lassen, deren vorrangige Aufgabe es sei, „das Blut rein zu halten".[89]

Die weltanschauliche Schulung war ein wesentlicher Bestandteil der Ausbildung zur BDM-Führerin. Sie orientierte sich an den Erziehungszielen des Natio-

210. bis 213. BDM-Werkunterricht auf der Neuenburg, Fotos von Annemarie Giegold-Schilling, 1938

210. und 211. Schülerinnen fertigen Kinderspielzeug an (o. l.) und flechten aus buntem Bast Körbe, Schalen und Pantoffeln (o. r.)

212. Websaal der JM-Führerinnenschule (u. l.)

213. Mädchen am Spulrad (u. r.)

214. Berta Frömling, die vom 1. Oktober 1937 bis Anfang 1942 die Obergauführerinnenschule im Schloss Neuenburg leitete, trat erst 1937 der NSDAP bei. Ihr Antrag wurde von Gauleiter Joachim Eggeling befürwortet.

nalsozialismus und folgte im kulturellen, völkischen, sportlichen und charakterlichen Bereich bestimmten weltanschaulichen Leitbildern wie der künftigen Rolle der Mädchen als Mutter, ihrer Verpflichtung zur „Reinhaltung des Blutes" der arischen Rasse, zur bedingungslosen Gefolgschaft nach dem Führerinnenprinzip und zur selbstlos-dienenden Pflichterfüllung gegenüber dem eigenen Volk.

Im Unterschied zur weltanschaulichen Schulung war die Werkarbeit praktisch ausgerichtet. Im BDM sollte sie sich darauf beschränken, „was zu allen Zeiten Aufgabe der Frau war: Gestalterin des eigenen Heimes und Trägerin häuslicher und völkischer Kultur zu sein".[90]

Die Werkarbeit war Bestandteil der zwei- bis dreiwöchigen Lehrgänge. Außerdem konnten spezielle Kurse besucht werden. Zuständig für diesen Ausbildungsteil war die Musik- und Werkreferentin Berta Frömling[91], die nach dem Ausscheiden von Carla Geyer neue Leiterin der BDM-Führerinnenschule wurde. Für Jungmädel fand im Februar 1938 ein zweiwöchiger „Sonderlehrgang für Werkarbeit" auf der Neuenburg statt. Erlernt wurden „handarbeitliche" Fertigkeiten im Nähen, Flicken, Weben und Stricken sowie für die künftige Bastelarbeit mit den Jungmädeln an den Heimnachmittagen der eigenen Einheit. Besonderer Wert wurde auf „sorgfältige Arbeit" gelegt. Außerdem gab es Gesprächskreise „über Fragen der Kleidung, der Wohnkultur" und „des Geschmacks überhaupt".[92]

Die nationalsozialistische Werkarbeit verstand sich als „artgemäßes Schaffen". Dass sich dahinter auch die Erziehung gegen alles „Artfremde" und damit zur Intoleranz versteckte, war damals kaum einem Mädchen bewusst.

In Kurzlehrgängen konnten interessierte Mädchen die Grundtechniken des Webens erlernen. Da diese alte Volkskunst als besonders „artgemäß" galt, entstanden schon 1935 eigene Webschulen.[93]

Im März 1938 wurde auf der Neuenburg ein erster dreiwöchiger Weblehrgang durchgeführt. Die 27 teilnehmenden Mädchen kamen zum größten Teil aus ländlichen Gegenden Mitteldeutschlands. Sie erlernten die Fähigkeit, Flachs und Wolle zu verarbeiten, um dann zu Hause „als Führerinnen" weitere Mädel für dieses „schöne alte Handwerk" zu begeistern und dabei anleiten zu können. Die hallesche Fotojournalistin Annemarie Giegold-Schilling veröffentlichte über diesen Lehrgang eine ganze Serie von Aufnahmen.[94]

Im April 1939 absolvierten dreißig künftige Landdienstgruppenführerinnen einen vierzehntägigen Lehrgang in der Obergauführerinnenschule auf der Neuenburg. Dem am Vormittag erteilten Unterricht folgte die „praktische Arbeit" auf Bauernhöfen in der Umgebung von Freyburg.[95]

Nur wenige Tage nach Ausbruch des Krieges wurde im September 1939 die seit zwei Jahren in Herzberg (Elster) bestehende BDM-Haushaltungsschule des Obergaus Mittelland[96] vorübergehend auf die Neuenburg verlegt, da die Wehrmacht das vom BDM für diesen Zweck genutzte Gebäude benötigte.[97]

Am 5. Januar 1938 hatte Baldur von Schirach die Pflicht zur „hauswirtschaftlichen Ertüchtigung" für den gesamten BDM verkündet und angeordnet, dass jedes BDM-Mädel Kenntnisse einer Haushaltsführung erwerben müsse.[98] Der Besuch einer BDM-Haushaltungsschule war eine Möglichkeit, dieser „Ertüchtigungspflicht" nachzukommen. Außerdem wurde die Schulzeit zur Hälfte auf die Ableistung des „weiblichen Pflichtjahres" angerechnet, das seit Februar 1938 alle ledigen Mädchen und Frauen zwischen dem 14. und 25. Lebensjahr vor Aufnahme einer Berufsausbildung ableisten mussten.

Die in Räumen der JM-Schule im Fürstenbau der Neuenburg untergebrachte Haushaltungsschule wurde bis zu ihrer Schließung im Oktober 1944 von der Gewerbelehrerin Elisabeth Golling[99] geleitet, die aus einer evangelischen Pfarrersfamilie stammte. In der Zeit zwischen April 1940 und Juli 1942 kehrte die HHS noch zweimal in ihr altes Herzberger Domizil zurück. Ab 16. Juli 1942 verblieb sie dann endgültig auf der Neuenburg.[100] Offenbar teilte sie sich hier die vorhandene Zimmerkapazität mit der JMS.[101] Als Gauleiter Eggeling gemeinsam

Die Neuenburg als BDM-Schulungsstätte

215. Die Gewerbelehrerin Elisabeth Golling leitete von 1938 bis 1944 die zunächst in Herzberg (Elster) und später auf der Neuenburg eingerichtete BDM-Haushaltungsschule des Obergaus Mittelland.

216. Mit fortschreitendem Kriegsverlauf wurden die Kursteilnehmerinnen der Neuenburger Haushaltungsschule während ihrer Ferien immer häufiger zu Ernte- und Kriegseinsätzen verpflichtet.

mit Obergauführerin Reifert im November 1939 zur Neuenburg kam, um dort die Haushaltungsschule persönlich in Augenschein zu nehmen, nutzte er die Gelegenheit, um auch die Jungmädelschule zu besuchen, wo gerade JM-Führerinnen „aus allen Kreisen des Gaues" einen zweiwöchigen „Ausbildungskursus" absolvierten.[102]

Im Unterschied dazu boten die Haushaltungsschulen kostenpflichtige Jahres- und Halbjahreskurse an.[103] Das Schuljahr begann in der Regel nach Ostern und endete mit den Prüfungen im Februar/März des folgenden Jahres.

Im Juni 1940 besuchten 27 Mädchen die als Internat geführte Schule. Drei bis vier Lehrerinnen erteilten 44 Wochenstunden, das waren 12 Stunden mehr als das durchschnittliche Pensum an anderen Haushaltungsschulen.[104]

Der Lehrplan bezog sich schwerpunktmäßig auf die praktische und theoretische Ausbildung. Für die Aneignung praktischer Fertigkeiten wurden spezielle Arbeitsräume eingerichtet, zum Beispiel ein Plättraum und Zimmer, wo der Unterricht zur Kranken- und Säuglingspflege stattfand. Etwa fünf Stunden entfielen auf den sogenannten gemeinschaftskundlichen Unterricht.[105] Besonderer Wert wurde außerdem auf Sport, Wandern, Volkstanz und Musikpflege gelegt. Der letzte bis zum Schluss durchgeführte Lehrgang endete für 23 Mädchen mit der Abschlussprüfung im März 1944.[106]

Im Oktober 1940 führte auch das BDM-Werk „Glaube und Schönheit" einen ersten Kurs für Gruppenführerinnen auf der Neuenburg durch, dem „in den kommenden Monaten weitere Lehrgänge" folgen sollten.[107] Die erst im Januar 1938 begründete Organisation innerhalb des BDM verfolgte das Ziel, junge Frauen im Alter zwischen siebzehn und einundzwanzig Jahren nach dem Ideal der „gemeinschaftsgebundenen Persönlichkeit" zu „Trägerinnen der nationalsozialistischen Weltanschauung" heranzubilden.[108]

Dazu bot das BDM-Werk „Arbeitsgemeinschaften" an, auf die sich auch der Neuenburger Lehrgang bezog.[109] Auf diese Weise sollten die Gruppenführinnen befähigt werden, in ihren Einheiten zu Hause „eigene Arbeit in dem Rahmen einer festgelegten Ordnung zu leisten".[110]

Die „BDM-Burg" unter Kriegsbedingungen

Als sich die Obergauführerin Reifert am 3. Juli 1941 bei Provinzialkonservator Hermann Giesau über vier auf dem Burghof aufgestellte Kanonen beschwerte, weil diese Geschütze angeblich die Durchführung des „Fahnenappells" behinderten, stand die deutsche Bevölkerung noch ganz unter dem Eindruck siegreich beendeter „Feldzüge". Bei den Kanonen handelte es sich um „Beutestücke aus dem jetzigen Kriege", wie Käthe Reifert schrieb. Sie bekamen bald einen neuen Standort, wo sie weiterhin von der militärischen Stärke Deutschlands künden sollten.[111]

Bereits im April 1939 hatten sämtliche Obergauführerinnen durch ein Rundschreiben des Reichsjugendführers und der BDM-Reichsreferentin erste grundsätzliche Instruktionen für den „Eintritt eines Kriegsfalles" erhalten, wobei ihnen die „volle Verantwortung für den restlosen Einsatz des BDM auf allen Sondergebieten" übertragen worden war.[112]

Hinsichtlich des vorgesehenen „Kriegseinsatzes" der BDM-Mitglieder kam dem „Gesundheitsdienst" vorrangige Bedeutung zu. Als Umstellung „auf die gegenwärtige Lage" bezeichnete der „Freyburger Bote" im Herbst 1939 die begonnene Ausbildung von „Gesundheitsdienstmädeln" in den BDM-Führerinnenschulen. In einem ersten zweiwöchigen Lehrgang dieser Art wurden im Oktober 1939 auf der Neuenburg zunächst ausschließlich „BDM-Führerinnen" geschult, die anstelle des vorgesehenen Kochunterrichts kriegsbedingt auch bei der Ernte helfen mussten.[113] Insbesondere wurden die Schülerinnen der Neuenburger HHS immer wieder zu solchen Einsätzen verpflichtet, die sie meist anstelle ihrer Ferien zu leisten hatten.[114]

Im September 1940 betreuten diese Schülerinnen vierzig verwundete Soldaten, die nach Freyburg gekommen waren, „um hier einige Stunden der Erholung zu verleben". Während eines gemeinsamen Kaffeetrinkens sorgten sie „durch heitere Vorträge und Volkstänze für Unterhaltung".[115]

Die Mädchen wurden jetzt zu den Lehrgängen in der BDM-Obergauführerinnenschule regelrecht „einberufen". Auf jeden Fall sollte durch die Weiterführung der Ausbildung sichergestellt werden, dass auch während des Krieges „ein bester Führerinnennachwuchs gewährleistet ist".[116]

Mitte Juni 1941 befasste sich eine Arbeitstagung des Obergaues Mittelland auf der Neuenburg mit dem „Kriegseinsatz" von BDM-Führerinnen. Dabei ging es vor allem um den „Fabrikeinsatz von hunderten von BDM-Mädeln", die während der kommenden Schulferien berufstätige Mütter ablösen sollten. Zur gleichen Zeit absolvierten in Freyburg „volksdeutsche Führerinnen" einen dreiwöchigen Arbeitslehrgang „zur Vorbereitung ihrer Aufbauarbeit im Osten".[117]

Auf Anordnung des Reichsjugendführers wurde ab 1941/42 die Werkarbeit für das Winterhilfswerk Bestandteil des BDM-Kriegseinsatzes.[118] Davon betroffen war auch die Ausrichtung der „Werkkurse" in den BDM-Führerinnenschulen. Im Frühjahr 1942 wurden in der Neuenburger Jungmädelschule „im besonderen Maße Hausschuhe für verwundete Soldaten genäht" und „Stroharbeiten, Holzsachen, Spielzeug für das Kriegs-WHW hergestellt".[119] Diese Form der Werkarbeit entwickelte sich im Laufe des Krieges zu einem festen Bestandteil des Winterhilfswerks, das – von der Nationalsozialistischen Volkswohlfahrt organisiert – alljährliche Sammel- und Spendenaktionen für hilfsbedürftige Familien durchführte.

Anfang Mai 1942 wurde Edith Preiß[120] neue Leiterin der Obergauführerinnenschule auf der Neuenburg. Anlässlich ihrer feierlichen Verabschiedung als BDM-Bannmädelführerin des Bannes Eckartsberga in Kölleda stellte die Gebietsmädelführerin Reifert „die Bedeutung der Frauen- und Mädelarbeit im Kriegseinsatz heraus und wies auf die Notwendigkeit der unbedingten Pflichttreue gegenüber den anfallenden Aufgaben hin".[121] Der fortdauernde Kriegszustand wirkte sich zunehmend auf den Alltag des Schulbetriebes aus. Da die Turnhalle in Freyburg „von Militär belegt" war, durfte die Führerinnenschule ab Juli 1942 den „Rittersaal" für den Gymnastikunterricht nutzen.[122] Weitere Einschränkungen für den Sport gab es Anfang 1945, da der Sportplatz der Führerinnenschule „für die Dauer des Krieges" als Weidefläche an die Domäne abgetreten werden musste.[123]

Trotz der immer schwieriger werdenden Bedingungen des Schulbetriebes verbrachten im Juli 1942 etwa zwanzig deutsche Frauen und Mädchen aus Spanien Urlaubstage auf der Neuenburg.[124] Insgesamt besuchten damals achtzig „reichsdeutsche Führerinnen und Mädel aus Spanien" den Gau Mittelland.[125]

Vermutlich ebenfalls im Sommer 1942 trug Hans Baumann eine Woche lang auf der Neuenburg seine Lieder vor und sang sie gemeinsam mit den begeisterten BDM-Mädchen.[126] Baumanns bekanntes Lied „Es zittern die morschen Knochen" war seit 1935 das Pflichtlied des Reichsarbeitsdienstes. Viele BDM-Mädchen wurden durch das gemeinsam gesungene Lied besonders angesprochen, wobei es weniger die markigen Kampf- und Bekenntnislieder, sondern die lyrisch und stimmungsvoll abgefassten Texte Baumanns waren, die ihrer Lebenseinstellung und Gefühlswelt viel stärker entsprachen. Gerade das Singen in fröhlicher Gemeinschaft ließ für sie oft auch solche BDM-Schulungen in der Erinnerung als eine besonders „schöne Zeit" erscheinen.[127]

So schrieb eine frühere Naumburgerin im Alter von 81 Jahren ins Gästebuch des Museums Schloss Neuenburg: „Meine Gedanken gehen Jahre zurück in die Zeit 1935–1939. Die Zusammenkünfte jährlich einmal hier mit der Gau-Jugend auf dem ‚Thingplatz' – Lagerfeuer – Fanfarenklänge rund um den Thingplatz von den Zinnen beim Eintreffen der Gau-Jugendführer. Warme Sommernächte und im Herzen die Liebe zum Vaterland. Nichts, rein gar nichts deutete auf einen mörderischen, grausamen Krieg –! Ich trage diese Zeit als einen Teil meiner sorglosen Jugend, als schöne Erinnerung in mir".[128]

Wenige Tage vor der deutschen Kapitulation in der Schlacht von Stalingrad sprach Käthe Reifert vor Naumburger Jungmädel- und Mädelgruppenführerinnen über den künftigen „Kriegseinsatz des BDM". Dabei kündigte sie an: „Wenn vor dem Kriege unsere Sommerarbeit fast völlig von Lagern und Fahrten ausge-

217. Auf Anordnung von Reichsjugendführer Artur Axmann wurde die BDM-Haushaltungsschule am 15. Oktober 1944 geschlossen.

füllt war, so haben wir heute auch in die Sommerarbeit unseren Kriegseinsatz hineingestellt. Daß wir damit zu unserem Teil dazu beitragen konnten, die Kriegsaufgaben der Heimat zu erfüllen, macht uns stolz und spornt uns an."[129]

Als Käthe Reifert ein Vierteljahr später, am 4. Mai 1943, mit dem Gauschulungsleiter Dr. Herbert Lorenz auf der Neuenburg im Rahmen einer „gottgläubigen" Zeremonie[130] ihre Hochzeit feierte[131], überreichte das Freyburger Jungmädel Elfriede Kuhne dem Brautpaar auf einem Teller die Eheringe. Die Kursteilnehmerinnen der Haushaltungsschule bereiteten das Essen zu. Die Jüngeren, darunter auch viele Freyburger BDM-Mädchen, sorgten für die feierliche Ausschmückung und standen vor der Kapelle mit Blumenschmuck Spalier.[132]

Doch mit der freudigen Stimmung dieses Tages war es bald vorbei. Wie von der Reichsjugendführung angeordnet, verzichteten im Sommer 1943 die Schülerinnen der Neuenburger HHS vollständig auf ihre Ferien, um stattdessen „einen

8wöchigen Kriegseinsatz in Lazarettküchen der Wehrmacht abzuleisten".[133] In der Haushaltungsschule sollen in den letzten Kriegsjahren auch Nachrichtenhelferinnen ausgebildet worden sein.[134]

Da die Internatsunterbringung noch aufrechterhalten werden konnte, wurden 26 Schülerinnen des Ausbildungsjahres 1944/45 im September 1944 zunächst dazu verpflichtet, „ihren Kriegseinsatz in Form von Heimarbeit" zu leisten. Anfang Oktober musste die Leiterin der HHS ihre letzten „beiden Hilfskräfte für den Einsatz im Westen" abgeben. Auch das Lehrpersonal war zu diesem Zeitpunkt bereits vollständig abgezogen worden.[135] Nach Schließung der Haushaltungsschule am 15. Oktober 1944 kamen die noch verbliebenen Kursteilnehmerinnen in Lagern der Kinderlandverschickung zum Kriegseinsatz.[136]

Im Zusammenhang mit der dann vermutlich Anfang April 1945 erfolgten Schließung der beiden BDM-Führerinnenschulen[137] sind zahlreiche Akten, insbesondere Durchschriften von Beurteilungen der Lehrgangsteilnehmerinnen, vernichtet worden. SS-Männer warfen sie angeblich in den Brunnen und verätzten sie mit Branntkalk.[138]

Am Vormittag des 12. April 1945 wurde Freyburg von den Amerikanern besetzt. Die Aktion verlief letztlich kampflos, obwohl am Abend plötzlich „über den Schlossberg kommend" deutsche Jagdflieger auftauchten und mit Maschinengewehren in die Stadt schossen. Ein italienischer Arbeiter kam dabei ums Leben.[139]

Von den nun beginnenden Plünderungen blieben auch die BDM-Schulen nicht verschont, wobei sich die in Freyburg und Umgebung eingesetzten polnischen „Fremdarbeiter" offenbar besonders hervortaten. Die als billige Arbeitskräfte zwangsweise nach Deutschland verschleppten Männer hatten in der Landwirtschaft, im Weinbau, in den Kalksteinbrüchen und an der Bahn gearbeitet. Sie galten im Dritten Reich als „Menschen zweiter Klasse", und zwei von ihnen, Wladislaw Szmijt und Eduard Gonski, waren 1942 zum Tode verurteilt und vor ihren angetretenen Kameraden öffentlich gehängt worden. Viele der Polen ließen bei Kriegsende dem aufgestauten „gewaltigen Hass auf alles Deutsche" freien Lauf.[140]

Kurt von Priesdorff[141], der sich im Mai 1945 als Erster Beigeordneter der Stadt Freyburg auch für „die Rettung des Mobiliars der ehem. BDM-Schule" einsetzen wollte, musste bald erkennen, dass „hier nicht mehr viel zu machen" war. Die einstige „BDM-Burg" befand sich in einem desolaten Zustand, den von Priesdorff später so beschrieb: „Wie sah es in den Räumen aus, als wir das erstemal hinauf fuhren. Die Öfen alle fort, Scheiben zertrümmert, Türen ausgehoben und zerschlagen. Fliesen gestohlen – ein Bild des Jammers und des Grauens. Wer waren die Schuldigen? Geräubert haben sie alle: Die Polen, die im Schloss untergebracht waren, die Besatzung, auch die Bewohner von Freyburg und endlich ein Teil des BDM bei der überstürzten Auflösung des Lagers."[142]

Die Neuenburg als BDM-Schulungsstätte

Aus den vom BDM genutzten Räumen der Neuenburg wurden zunächst meist Notwohnungen für Flüchtlinge und Vertriebene. Die seit Sommer 1941 auf der Neuenburg zur Schau gestellten vier „Beutekanonen" verblieben dort noch einige Zeit. Im Februar 1949 hieß es, „die Rohre" sollen „der Industrie zur Verwertung" zugeführt werden, was dann einige Monate später offenbar auch geschah.[14.]

Über den weiteren Lebensweg der Lehrerinnen ist nur wenig bekannt. Einige jüngere konnten nach überstandener „Entnazifizierung" wieder in ihrem Beruf arbeiten. Gauleiter Rudolf Jordan, der 1955 aus sowjetischer Haft entlassen wurde, starb 1988 hochbetagt in Haar bei München. Auch die Gebietsmädelführerin Käthe Lorenz, geborene Reifert, überlebte den Krieg. Sie wurde 75 Jahre alt und verstarb 1986 in Celle. Olga Lamm, die sich als BDM-Geschäftsführerin des Obergaus Mittelland im November 1934 zusammen mit Käthe Reifert dafür eingesetzt hatte, im Schloss Neuenburg eine BDM-Obergauführerinnenschule einzurichten, wurde im September 1945 von sowjetischer Militärpolizei verhaftet. Nach mehrjähriger Lagerhaft in Mühlberg und Buchenwald verurteilte das Landgericht Chemnitz in Waldheim Olga Lamm am 29. Juni 1950 „als Hauptverbrecherin" zu zwanzig Jahren Zuchthaus, die sie in der Strafvollzugsanstalt Waldheim verbüßen sollte. Ihr Vermögen wurde eingezogen. Die Begründung für das Olga Lamm zur Last gelegte „Verbrechen gegen die Menschlichkeit" lautete: „Die Angeklagte hat durch ihre führende Tätigkeit in der HJ und dem BDM wesentlich Anteil an der Vergiftung der Jugend und damit auch an der unseligen Wehrertüchtigungspolitik, welche zur Verrohung der Jugend führte und ihren Ausdruck fand in den unmenschlichen Taten, welche die HJ-Angehörigen als Soldaten und Volkssturmpersonen an geflohenen KZ-Häftlingen, Kriegsgefangenen und der zivilen Bevölkerung der Oststaaten" verübten. Als besonders „strafverschärfend" sah das Gericht an, „dass die Angeklagte schon vor 1933 für den Nazismus tätig war" und geholfen habe, „die Jugend für die Ziele des Nazismus zu mobilisieren und zu organisieren". Damit sei sie mitschuldig „an dem gesamten Unglück der deutschen Jugend".[144] Am 6. Oktober 1952, unmittelbar vor dem zum Staatsfeiertag erhobenen Gründungstag der DDR, wurde Olga Lamm entlassen. Sie blieb in der DDR, ging zurück nach Freyburg und starb 1982.

Anmerkungen

1 Prof. Dr. Hans Hahne (geb. 18. März 1875 in Piesdorf, gest. am 2. Februar 1935 in Halle), Mediziner und Prähistoriker, von 1912 bis 1935 Direktor des Provinzialsächsischen Museums für Vorgeschichte (ab 1934: Landesanstalt für Volkheitskunde) in Halle (Saale), schon seit den 1920er Jahren NSDAP-Mitglied (ein genaues Eintrittsdatum konnte anhand der NSDAP-Per-

sonalunterlagen im BA Berlin nicht ermittelt werden, vgl. BA Berlin, ehem. BDC, Reichsministerium für Wissenschaft, Erziehung und Volksbildung: Hans Hahne), am 18. November 1933 zum Rektor der Universität Halle ernannt, stellv. Gaukulturwart (Halle-Merseburg), Referent für Universitäten, Museen, wiss. Vereine und Volksheitskunde in der NSDAP-Landesstelle für Volksaufklärung und Propaganda in Halle (Saale), Schulungsleiter für Rassenkunde im Gau Mitteldeutschland des Rassen- und Siedlungsamtes der SS. Vgl. Ziehe, Irene: Hans Hahne (1875–1935), sein Leben und Wirken. Biographie eines völkischen Wissenschaftlers (= Veröffentlichungen des Landesamtes für archäologische Denkmalpflege Sachsen-Anhalt – Landesmuseum für Vorgeschichte – Bd. 49). Hrsg. von Siegfried Fröhlich. Halle (Saale) 1996, S. 16 ff., 84.

2 1930 schlossen sich die „Mädchengruppen" der NSDAP zum Bund Deutscher Mädel (BDM) zusammen. Als eigenständige nationalsozialistische Mädchen-Organisation konnte sich der BDM aber nicht durchsetzen. 1934 wurde das Amt der „Reichsreferentin" an der Spitze des BDM (Trude Bürkner, geb. Mohr, von 1934 bis 1937, Dr. Jutta Rüdiger von 1937 bis 1945) dem „Reichsjugendführer" unterstellt. Künftig lautete der offizielle Name des BDM: „Bund Deutscher Mädel in der HJ (BDM)". Er umfasste zwei Altersverbände: Zum Jungmädelbund gehörten die zehn- bis vierzehnjährigen, zum Mädelbund die vierzehn- bis achtzehnjährigen Mädchen. Vgl. z. B. Kinz, Gabriele: Der Bund Deutscher Mädel. Ein Beitrag über die außerschulische Mädchenerziehung im Nationalsozialismus (= Europäische Hochschulschriften: Reihe 11, Pädagogik, Bd. 42). Frankfurt am Main 1991, S. 9–61; Klaus, Martin: Mädchen im 3. Reich. Der Bund Deutscher Mädel. Köln 1998, S. 72–75, 81–98; Miller-Kipp, Gisela (Hrsg.): „Auch Du gehörst dem Führer". Die Geschichte des Bundes Deutscher Mädel (BDM) in Quellen und Dokumenten. Weinheim/München 2002, S. 5–19.

3 Vgl. LHASA, MER, C 48 IIIa, Nr. 11229, Bl. 60.

4 Der vom BDM gestellte Antrag datiert vom 13. November 1933. Vgl. LHASA, MER, C 55 Naumburg, Nr. 26, Bl. 71.

5 Nach zeitgenössischen Angaben stieg die Mitgliederzahl von 19 244 (Ende 1932) auf 243 750 (Ende 1933), die des JMB wuchs im gleichen Zeitraum sogar von 4656 auf 349 482 an. Vgl. Kinz: Der Bund, wie Anm. 2, S. 25.

6 1937 gab es 25 „Gebiete" bzw. „Obergaue" der HJ. Der OG Mittelland (Nr. 15) hatte seinen Sitz in Halle (Saale). Vgl. Miller-Kipp (Hrsg.): „Auch Du gehörst", wie Anm. 2, Dokument 6, S. 36; grundsätzlich zu Gliederung, Aufbau und Organisation der HJ/BDM vgl. Buddrus, Michael: Totale Erziehung für den totalen Krieg. Hitlerjugend und nationalsozialistische Jugendpolitik, Teil 1. In: Texte und Materialien zur Zeitgeschichte. Hrsg. vom Institut für Zeitgeschichte, Bd. 13/1. München 2003, S. 10–17.

7 Käthe Reifert (geb. am 20. Juli 1911 in Freyburg, gest. am 29. Dezember 1986 in Celle), am 8. Mai 1943 Eheschließung mit dem Gauschulungsleiter Dr. Herbert Lorenz auf der Neuenburg, seit 11. Februar 1931 NSDAP-Mitglied, von 1933 (bis Dezember 1934 komm.) bis mind. Januar 1945 Führerin des OG Mittelland Halle (ab Dezember 1941 unter der neuen Bezeichnung „Gebietsmädelführerin"), Trägerin des Goldenen Ehrenzeichens der HJ. Vgl. Buddrus: Totale Erziehung, wie Anm. 6, Teil 2. In: Texte und Materialien zur Zeitgeschichte. Hrsg. vom Institut für Zeitgeschichte, Bd. 13/2. München 2003, S. 1080, 1091, 1200; Gebietsmädelführerin Lorenz an Oberregierungsrat Günther, 10. Januar 1945. In: LHASA, wie Anm. 3, Nr. 884, Bl. 251.

8 Olga Lamm (geb. am 27. November 1906 in Freyburg, gest. am 2. Oktober 1982 in Laucha), ab 1925 Jungdeutsche Schwesternschaft, ab 15. September 1932 BDM-Mitglied, ab 15. Ok-

tober 1932 NSDAP-Mitglied, vom 1. Juni 1933 bis zum 31. Dezember 1935 Untergauführerin und Leiterin der Verwaltungsabteilung („Geldverwalterin") der OG-Geschäftsstelle Mittelland in Halle (Saale), vom 1. Januar 1936 bis zum 31. August 1939 Sonderbeauftragte des Reichskassenverwalters „zur Wahrung der Interessen des BDM in der Finanzverwaltung der HJ", vom 1. September 1939 bis zum April 1945 HJ-Verwaltungsleiterin im Gebiet Mittelland im Range einer Hauptmädelführerin, vom 20. August bis zum 19. September 1945 Haushaltsgehilfin in Delitzsch, 19. September 1945 Verhaftung durch sowj. Militärpolizei, bis 1950 Lagerhaft in Mühlberg und Buchenwald, am 29. Juni 1950 Verurteilung durch das Landgericht Chemnitz in Waldheim wegen angeblicher „Verbrechen gegen die Menschlichkeit" zu 20 Jahren Zuchthaus, Entlassung am 6. Oktober 1952. Vgl. BA Berlin, Do 1, Nr 1526 und ebd., Nr. 13062; LHASA, MD, K 70, Nr. ZA I 10895, Bl. 67a, siehe auch Anm. 144 zu diesem Beitrag.

9   Im Auftrag von Jordan verhandelte Hahne nach der Begehung am 30. November 1934 mit der Stadt Freyburg und der BDM-Führung über die künftige Nutzung der Neuenburg. Er unterstützte dabei sowohl die Absicht der Stadt Freyburg, dort „ein grösseres Museum" einzurichten, als auch das Vorhaben des BDM, die Neuenburg als „Schulungslager" zu nutzen. Hahne an Regierungspräsident Sommer, 12. Dezember 1933. In: LHASA, MER, C 48 IIa, Nr. 11229, Bl. 70 f.

10 „Bericht über die Besichtigung der Domäne Freyburg a. U. am 30. November 1933", Berlin, 9. Dezember 1933. In: LHASA, wie Anm. 3, Nr. 11229, Bl. 96 f.

11 Freyburger Bote. Anzeiger für den Amtsgerichtsbezirk Freyburg (Unstr.) Amtl. Verkündigungsblatt der Stadt Freyburg (Unstrut). Aus der Heimat für die Heimat, Nr. 27 vom 1. Februar 1934.

12 Siehe dazu den Beitrag „Also auf zum Museum nach Freyburg …" von Kordula Ebert und Konrad Breitenborn in diesem Band.

13 Vgl. Mietvertrag vom 9./18. Mai 1934. In: LHASA, wie Anm. 4, Nr. 35, Bl. 8–11. Die NSDAP verzichtete zunächst darauf, als Vertragspartner aufzutreten. Bauliche Verpflichtungen wurden genau festgelegt: Die Stadt Freyburg leistete zu diesen Arbeiten einen festen Betrag von 9000 RM, der mit je 3000 RM am 1. Oktober 1934, 1935 und 1936 zu zahlen war. Dafür wurde sie für drei Jahre von der Mietzahlung befreit. Ab 1. Juli 1937 schied die Stadt auf eigenen Wunsch als Zwischenpächterin aus dem Mietverhältnis aus. Vertragspartner für die vom BDM genutzten Gebäudeteile der Burg wurde für die Dauer von zehn Jahren die NSDAP; der jährliche Mietzins betrug lediglich 300 RM. Die Räume des Heimatmuseums und die historischen Räume (Doppelkapelle, „Rittersaal" und „Luisenzimmer") standen der Stadt aber weiterhin kostenlos gegen Unterhaltspflicht zur Verfügung. Vgl. LHASA, wie Anm. 4, Nr. 40, Bl. 6–8.

14 Als der Kaufmann Fritz Plate am 12. Oktober 1933 auf Vorschlag der NSDAP von Freyburgs Stadtverordneten zum Bürgermeister gewählt werden sollte, erreichte er keine Zweidrittelmehrheit. Auf der folgenden Sitzung am 14. Dezember 1933 wurde den Stadtverordneten mitgeteilt und protokollarisch vermerkt, dass zur Wahl Plates am 12. Oktober 1933 „die einfache Mehrheit genügt hätte" und dieser somit damals gewählt worden sei. Freyburger Bote, wie Anm. 11, Nr. 240 vom 13. Oktober 1933; ebd., Nr. 293 vom 15. Dezember 1933. Zur Biografie Plates siehe den Beitrag „Die deutsche Burg an der Unstrut" von Konrad Breitenborn und Kordula Ebert in diesem Band, insbesondere dort Anm. 70.

15 Freyburger Bote, wie Anm. 11, Nr. 116 vom 22. Mai 1934.

16 Ebd., Nr. 121 vom 28. Mai 1934.

17 Vgl. Bericht der OG-Führerin Reifert über notwendige Instandsetzungsarbeiten zur Einrichtung einer BDM-Führerinnenschule, 11. März 1934. In: LHASA, wie Anm. 4, Nr. 28, Bl. 233; Querfurter Tageblatt. Amtliches Verordnungsblatt für Stadt und Kreis Querfurt. Querfurter Kreisblatt (Regionalseite „Der Unstrut-Bote"), Nr. 121 vom 28. Mai 1934.

18 Freyburger Bote, wie Anm. 11, Nr. 121 vom 28. Mai 1934.

19 Ebd., Nr. 279 vom 29. November 1934.

20 Ebd., Nr. 234 vom 6. Oktober 1941.

21 Ebd., Nr. 279 vom 29. November 1934.

22 In der Anfangszeit gab es offenbar auch noch ältere Teilnehmerinnen. Reifert gab im November 1934 an, dass die zu schulenden Mädchen zwischen 15 und 30 Jahre alt seien. Vgl. ebd.

23 Ebd.

24 Vgl. Der neue Jungmädchentyp. Schulung im BDM. In: ebd., Nr. 40 vom 16. Februar 1935 (Zum Wochenende, Nr. 7, Sonntagsbeilage zum Freyburger Boten).

25 Vgl. ebd., Nr. 279 vom 29. November 1934; Irmgard-Ekka Scheuermann, geb. Luther (Neuenhagen bei Berlin) an Kordula Ebert, 1. September 2010. In: Archiv der SDS, MSN.

26 Freyburger Bote, wie Anm. 11, Nr. 279 vom 29. November 1934.

27 Die unverheiratete Carla Geyer leitete die OG-Führerinnenschule vom 1. Mai 1934 bis zum 30. September 1937. Vgl. ebd., Nr. 226 vom 28. September 1937.

28 Vgl. Querfurter Tageblatt, wie Anm. 17, Nr. 293 vom 15. Dezember 1934.

29 OG-Führerin Reifert an Regierungspräsident Sommer, 25. Oktober 1934. In: LHASA, wie Anm. 3, Nr. 11229, Bl. 153.

30 Vgl. Freyburger Bote, wie Anm. 11, Nr. 279 vom 29. November 1934.

31 Vgl. ebd.

32 Vgl. LHASA, wie Anm. 3, Nr. 11229, Bl. 259–261, 274.

33 Zur Planung dieser Maßnahme vgl. ebd., Bl. 237 f.

34 Vgl. die Festschrift „100. Jubiläums-Lehrgang. 25. August–8. September 1941" (Masch.). In: Archiv der SDS, MSN; Freyburger Bote, wie Anm. 11, Nr. 234 vom 6. Oktober 1941.

35 Naumburger Tageblatt, Bad Kösener Allgemeine Zeitung. Kreisblatt Allgemeine Zeitung. Anzeiger Neueste Nachrichten, Nr. 196 vom 22. August 1936 (1. Beilage).

36 Die BDM-Burg im Unstruttal. Motive aus der Führerinnenschule des Obergaus Mittelland „Schloß Neuenburg". In: Illustrierte Hallische Nachrichten, Nr. 49 vom 8. Dezember 1934, S. 16.

37 Querfurter Tageblatt, wie Anm. 17, Nr. 193 vom 20. August 1935.

38 Tiebel, Waldemar: Wo Ludwig der Eiserne regiert. In: Land der Burgen an Saale-Unstrut-Elster. Zeitschrift für Heimatkunde, Verkehr, Volkstum und Kultur. Naumburg 1/1 1939, S. 19 f.

39 Freyburger Bote, wie Anm. 11, Nr. 69 vom 22. März 1933. Zur Biografie Steinbrechts siehe den Beitrag „Die deutsche Burg an der Unstrut" von Konrad Breitenborn und Kordula Ebert in diesem Band, insbesondere dort Anm. 82.

40 Vgl. Freyburger Bote, wie Anm. 11, Nr. 183 vom 8. August 1938; Tiebel: Wo Ludwig der Eiserne regierte, wie Anm. 38.

41 Querfurter Tageblatt, wie Anm. 17, Nr. 282 vom 3. Dezember 1934.

42 Freyburger Bote, wie Anm. 11, Nr. 201 vom 29. August 1938.

43 Querfurter Tageblatt, wie Anm. 17, Nr. 282 vom 3. Dezember 1934.

44 Paul Hinkler (geb. am 25. Juni 1892 in Berlin, gest. durch Suizid wahrscheinlich am 13. April 1945 in Nißmitz), ab August 1921 Lehrer in Freyburg (Unstrut), Kriegsfreiwilliger, 1919 Abschnittsführer im Freikorps „Grenzschutz Ost" in Posen (Westpreußen), seit 1922 bzw. 1925 NSDAP-Mitglied („Alter Kämpfer"), seit 1. Mai 1925 einstweiliger Ruhestand wegen politischer Betätigung im Wehrwolf bzw. Frontbann, von 1926 bis 1931 NSDAP-Gauleiter des Gaues Halle-Merseburg, ab 1933 Polizeipräsident von Altona und Wandsbek und Gestapo-Chef des Regierungsbezirkes Schleswig.

45 Querfurter Tageblatt, wie Anm. 17, Nr. 145 vom 25. Juni 1934.

46 Freyburger Bote, wie Anm. 11, Nr. 69 vom 22. März 1934.

47 Vgl. Stommer, Rainer: Die inszenierte Volksgemeinschaft. Die „Thing-Bewegung" im Dritten Reich. Marburg 1985, S. 12–22, 49–98.

48 Vgl. ebd., S. 135, 210; Freyburger Bote, wie Anm. 11, Nr. 44 vom 21. Februar 1934.

49 Die offenbar auf Einsprüche kirchlicher Kreise zurückgehende Anweisung von Propagandaminister Goebbels untersagte die Verwendung „mystischer Begriffe" in Verbindung mit der „nationalsozialistischen Bewegung", da diese „wirklichkeits- und lebensnah" sei und es deshalb auch nicht „nötig hätte, überholte und tote Begriffe aus grauer Vorzeit wieder hervorzuholen, die in keiner Weise den harten politischen Kampf der Gegenwart unterstützen" könnten. Zit. nach Stommer: Die inszenierte Volksgemeinschaft, wie Anm. 47, S. 122 f.

50 Dr. Eduard Uderstädt (geb. am 17. August 1888 in Berlin), Volkswirt, von 1907 bis 1911 Studium in Berlin, Promotion 1911 in Königsberg „Die ostpreußische Kammerverwaltung, ihre Unterbehörden und Lokalorgane unter Friedrich Wilhelm I. und Friedrich II. bis zur Russenokkupation (1713–1756)", 1931 NSDAP-Mitglied, von 1931 bis 1933 Amts- und Gemeindevorsteher sowie Kurdirektor in Krummhübel (Schlesien), 1934/35 Bürgermeister der Stadt Naumburg am Queis (Schlesien), ab August 1935 Bürgermeister der Stadt Freyburg (Unstrut), Entlassung aus dem Bürgermeisteramt auf eigenen Wunsch am 31. August 1938 (vermutlich wegen eines drohenden Disziplinarverfahrens), 1938/39 Schriftsteller, Oktober 1939 Einberufung „als Oberzahlmeister z. V." in das Reservelazarett 103 in Guben. Vgl. dazu u. a. BA Berlin, ehem. BDC, Reichskulturkammer I: Dr. Eduard Uderstädt; ebd., R/1501, Nr. 141380 (unfol.).

51 Freyburger Bote, wie Anm. 11, Nr. 24 vom 29. Januar 1936.

52 Die HJ nutzte diese Feststätte künftig für zahlreiche Großveranstaltungen, insbesondere führte der BDM hier seine sogenannten Wimpelweihen durch.

53 Vgl. Freyburger Bote, wie Anm. 11, Nr. 141 vom 19. Juni 1936 und ebd., Nr. 143 vom 22. Juni 1936. Heute erinnern nur noch die Geländeformen auf dem Haineberg an den „Thingplatz". Die Steine wurden Anfang der 1950er Jahre für den Bau des Freyburger Schwimmbades verwendet.

54 Freyburger Bote, wie Anm. 11, Nr. 170 vom 23. Juli 1936.

55 Zit. nach Naumburger Tageblatt, wie Anm. 35, Nr. 194 vom 20. August 1936. Hier ist auch der Ehrenbürgerbrief für Hans von Tschammer und Osten abgebildet.

56 Bürgermeister Uderstädt an Landrat Crewell, 8. August 1936. In: LHASA, MER, C 50 Querfurt, Nr. 2816, Bl. 20.

57 Zur Biografie von Franz Bauer siehe den Beitrag „Also auf zum Museum nach Freyburg …" von Kordula Ebert und Konrad Breitenborn in diesem Band, Anm. 74.
58 Freyburger Bote, wie Anm. 11, Nr. 181 vom 5. August 1938. Zur „Alten Garde" wurden vor allem die NSDAP-Mitglieder gerechnet, die dieser Partei bereits vor 1923 angehört oder am Hitlerputsch 1923 in München teilgenommen hatten. Sie waren der 1923 verbotenen NSDAP nach ihrer Neugründung im Februar 1925 in der Regel unter ihrer alten Mitgliedsnummer wieder beigetreten.
59 Ebd., Nr. 183 vom 8. August 1938.
60 Vgl. ebd., Nr. 145 vom 26. Juni 1939.
61 Vgl. ebd., Nr. 142 vom 20. Juni 1940.
62 Vgl. Naumburger Tageblatt, wie Anm. 35, Nr. 66 vom 18. März 1936 (1. Beilage).
63 Vgl. Kinz: Der Bund, wie Anm. 2, S. 25; Jürgens, Birgit: Zur Geschichte des BDM (Bund Deutscher Mädel) von 1923 bis 1939 (= Europäische Hochschulschriften: Reihe 3, Geschichte und ihre Hilfswissenschaften, Bd. 593). Frankfurt am Main 1996, S. 87.
64 Vgl. z. B. Klaus: Mädchen im 3. Reich, wie Anm. 2, S. 66–72.
65 Von 1930 bis 1935 befand sich im oberen Geschoss des Fürstenbaus ein Kindererholungsheim, das der Freyburger Arzt Dr. Klemens Schöning eingerichtet hatte und selbst leitete. Schöning wohnte in den ehemaligen Diensträumen des Oberförsters im Erdgeschoss. Vgl. LHASA, MER, Rep. C. 48 I i Medizinalregistratur, Nr. 758, Bl. 1–4; Domänenarchiv, Akte Nr. 123 (betr. ehem. Oberförsterei). In: Archiv der SDS, MSN.
66 OG-Führerin Reifert an Regierungspräsident Sommer, 27. April 1936. In: LHASA, wie Anm. 3, Nr. 11230, Bl. 21.
67 Vgl. Tiebel: Wo Ludwig der Eiserne regierte, wie Anm. 38.
68 Hans Baumann (geb. am 22. April 1914 in Arnberg, gest. am 7. November 1988 in Murnau), nationalsozialistischer Lyriker und Komponist, von 1939 bis 1945 Offizier und Chef einer Propagandakompanie, erhielt 1941 den Dietrich-Eckart-Preis, arbeitete nach 1945 als erfolgreicher Jugendbuchautor.
69 Freyburger Bote, wie Anm. 11, Nr. 233 vom 5. Oktober 1936.
70 Ebd., Nr. 232 vom 3. Oktober 1936.
71 Ebd., Nr. 233 vom 5. Oktober 1936.
72 Vgl. Naumburger Tageblatt, wie Anm. 35, Nr. 267 vom 13. November 1936 (2. Beilage).
73 Siehe in diesem Zusammenhang die Beiträge von Katrin Tille und Marlene Thimann in diesem Band.
74 OG-Führerin Reifert an Regierungspräsident Sommer, 25. September 1934. In: LHASA, wie Anm. 4, Nr. 33, Bl. 173a.
75 Vermerk von Baurat Nath für Regierungspräsident Sommer, 22. Oktober 1934. In: ebd., Bl. 170.
76 OG-Führerin Reifert an Regierungspräsident Sommer, 25. September 1934. In: ebd., Bl. 174.
77 Ebd., Bl. 175.
78 Vermerk von Baurat Nath für Regierungspräsident Sommer, 22. Oktober 1934. In: ebd., Bl. 170, 171ʳ.
79 Ebd., Bl. 170–172.

80 Regierungspräsident Sommer an OG-Führerin Reifert, 16. November 1934. In: LHASA, wie Anm. 4, Nr. 35, Bl. 46.

81 Im Hinblick auf die OG-Führerin Reifert äußerte eine hauptamtliche BDM-Führerin (BDM-Werk „Glaube und Schönheit", Bann Eisleben) in einem Interview (1998/99): „Die wußte, was sie will und hat gesagt, was zu tun ist. Jutta Rüdiger, hat gesagt, daß sei ihre beste Untergebene gewesen." Hering, Sabine und Kurt Schilde: Das BDM-Werk „Glaube und Schönheit". Die Organisation junger Frauen im Nationalsozialismus. Berlin 2000, S. 31, 166.

82 Landesrat Berger an Provinzialkonservator Giesau, 19. November 1936. In: LDA, Archiv, AA 090-If, Ortsakte Freyburg (Unstrut), Bd. III (1929–1966).

83 Reisebericht von Provinzialkonservator Giesau. Besprechung mit der OG-Führerin Reifert in der BDM-Führerinnenschule Schloss Neuenburg, 22. Januar 1937. In: LHASA, wie Anm. 3, Nr. 11230, Bl. 138 f.

84 Reisebericht von Provinzialkonservator Giesau. Besprechung mit der OG-Führerin Reifert in der BDM-Führerinnenschule Schloss Neuenburg, 22. Januar 1937. In: ebd., Bl. 138.

85 Für das Folgende: Vermerk über die Begehung am 29. April 1937, 30. April 1937. In: ebd., Bl. 158 f.; Regierungspräsident Sommer an OG-Führerin Reifert, 30. April 1937, ebd., Bl. 161 f.

86 Heute befindet sich in diesem Raum das Sekretariat des Museumsleiters.

87 Vgl. LHASA, wie Anm. 4, Nr. 38, Bl. 62.

88 Freyburger Bote, wie Anm. 11, Nr. 261 vom 8. November 1937.

89 Zit. nach Buddrus: Totale Erziehung, wie Anm. 6, Bd. 13/1, München 2003, S. 75.

90 Neue Wege zur künstlerischen Werkarbeit im BDM. In: Reichs-Jugend-Presse-Dienst, Nr. 216, Berlin, 22. September 1937, hier zit. nach Kinz: Der Bund, wie Anm. 2, S. 213.

91 Berta Frömling (geb. am 2. September 1907 in Essen, gest. am 11. Januar 1963 in Bremervörde), seit 1. Mai 1937 NSDAP-Mitglied, Musik-und Werkreferentin, vom 1. Oktober 1937 bis Februar 1942 Leiterin der OG-Führerinnenschule im Schloss Neuenburg, ab Februar 1942 Einsatz im Gau Wartheland. Vgl. BA Berlin, ehem. BDC, NSLB und ebd., NSDAP-Gaukartei: Berta Frömling; Freyburger Bote, wie Anm. 11, Nr. 226 vom 28. September 1937.

92 Ebd., Nr. 41 vom 18. Februar 1938; Mittelland-Mädel beim Werk-Unterricht. Von einem BDM.-Führerinnen-Kursus auf der Neuenburg. In: Illustrierte Hallische Nachrichten, Nr. 6 vom 5. Februar 1938, S. 5.

93 Vgl. Kinz: Der Bund, wie Anm. 2, S. 227.

94 Vgl. NL Giegold-Schilling. In: Stadtarchiv Halle (Saale), GS 20127-20175 (Zettel in der Fototüte); BDM-Mädel an Spinnrad und Webstuhl. Ein Besuch auf der Neuenburg. In: Illustrierte Hallische Nachrichten, Nr. 13 vom 26. März 1938, S. 4.

95 Freyburger Bote, wie Anm. 11, Nr. 94 vom 24. April 1939.

96 Die „Haushaltungsschule des BDM. Obergau Mittelland (15) in Herzberg (Elster)" wurde am 10. April 1937 in einem Gebäude in der Anhalterstraße 18d eröffnet. Im Juni 1937 erhielten dort 31 Mädchen eine Ausbildung. Bereits 1935 entstanden die ersten BDM-Haushaltungsschulen. 1937 gab es 27 solcher Schulen mit 975 Schülerinnen, bis 1942 stieg die Anzahl auf 35 HHS mit insgesamt 1500 Schülerinnen. Vgl. LHASA, MER, C 48 I f., Nr. 455, Bl. 108–118, 124; Kinz: Der Bund, wie Anm. 2, S. 51.

97 Edith Semper (BDM-Sozialreferentin des OG Mittelland) an Regierungspräsident Sommer, 2. März 1940. In: LHASA, wie Anm. 96, Bl. 231.

98 Kinz: Der Bund, wie Anm. 2, S. 50.
99 Elisabeth Golling (geb. am 19. Mai 1911 in Zaue/Krs. Lübben, gest. am 1. August 1992 in Bad Windsheim), seit 1. Dezember 1934 BDM-Mitglied, seit 1. Mai 1937 NSDAP-Mitglied, von August 1938 bis Oktober 1944 Leiterin der HHS (zunächst in Herzberg/Elster, dann auf der Neuenburg), von November 1941 bis Oktober 1942 Ausbildung zur Gewerbelehrerin am Staatlichen Berufspädagogischen Institut in Berlin (während dieser Zeit wurde sie als Leiterin der HHS von deren Verwaltungsleiterin Annemarie Vollrath vertreten), 1941 Bannmädelführerin. Vgl. LHASA, wie Anm. 96.
100 Die HHS befand sich im April/Mai 1940 wieder in Herzberg (Elster), vom 10. Mai 1940 bis zum 10. Juni 1941 erneut auf der Neuenburg, kehrte dann bis zum 15. Juli 1942 nach Herzberg zurück und wurde ab 16. Juli 1942 – nunmehr nicht mehr als Provisorium, sondern endgültig – auf der Neuenburg eingerichtet. Vgl. LHASA, wie Anm. 96.
101 Im Frühjahr 1944 kam es offenbar kurzzeitig zu einer Verlegung der JMS nach Herzberg. Marie Bretschneider, die nach eigener Angabe diese Schule eine Zeit lang leitete, wohnte ab April 1944 – wie aus der NSDAP-Gaukartei hervorgeht – im einstigen Gebäude der Haushaltungsschule in Herzberg. Vgl. BA Berlin, ehem. BDC, NSDAP-Gaukartei: Marie Metz.
102 Freyburger Bote, wie Anm. 11, Nr. 275 vom 24. November 1939.
103 Ein Halbjahreskurs an der Herzberger HHS kostete 1937/38 einschließlich Unterkunft, Verpflegung und Betreuung 337,50 RM, der Jahreskurs 630 RM. Vgl. LHASA, wie Anm. 96, Bl. 105.
104 Vgl. „Bericht über die Besichtigung der BDM.-Haushaltungsschule, z. Zt. Freyburg/Unstrut. Neuenburg" am 14. Juni 1940. In: LHASA, wie Anm. 96, Bl. 249 f.
105 Die praktische Ausbildung umfasste Haus-, Garten-, Nadel- und Werkarbeit; der theoretische Unterricht sah Nahrungsmittel-, Koch- und Hauswirtschaftslehre, Gesundheits-, Säuglings- und Krankenpflege vor. Zum sogenannten gemeinschaftskundlichen Unterricht gehörten die Fächer „Volkskunde", „Deutschkunde", „Rassenkunde" und „Wirtschaftskunde".
106 Vgl. Naumburger Tageblatt, Bad Kösener Allgemeine Zeitung. Naumburger Kreisblatt. Allgemeine Zeitung, Nr. 67 vom 20. März 1944.
107 Freyburger Bote, wie Anm. 11, Nr. 244 vom 17. Oktober 1940.
108 Zit. nach Kuhn, Annette: Viele Fragen – anstelle eines Vorworts. In: Hering/Schilde, wie Anm. 81, S. 9, 12 f.
109 So stand jeder Ausbildungstag unter dem Thema einer solchen Arbeitsgemeinschaft, wie z. B. „Spiel und gesellige Kultur", „Auslandskunde" und „Werkarbeit". Freyburger Bote, wie Anm. 11, Nr. 244 vom 17. Oktober 1940.
110 Ebd.
111 OG-Führerin Reifert an Provinzialkonservator Giesau, 3. Juni 1941. In: LDA, Archiv, AA 090-I f, Ortsakte Freyburg (Unstrut), Bd. III (1929–1966). Zwei Kanonen wurden vermutlich auf dem Vorplatz der Kastellan-Wohnung und zwei an der Auffahrt an der Burgmauer aufgestellt. Da es sich bei den Kanonen „um moderne Schaustücke" handele, sei „in denkmalpflegerischer Hinsicht nur von untergeordneter Bedeutung, an welchem Platz sie aufgestellt werden". Provinzialkonservator Giesau an OG-Führerin Reifert (Briefkonzept), 5. Juni 1941. In: ebd.
112 Zit. nach Miller-Kipp (Hrsg.): „Auch Du gehörst", wie Anm. 2, Dokument 16, S. 49 f.
113 Freyburger Bote, wie Anm. 11, Nr. 242 vom 17. Oktober 1939.

114 Vgl. LHASA, wie Anm. 96.
115 Freyburger Bote, wie Anm. 11, Nr. 212 vom 10. September 1940.
116 Ebd., Nr. 234 vom 6. Oktober 1941.
117 Ebd., Nr. 135 vom 12. Juni 1941.
118 Vgl. Kinz: Der Bund, wie Anm. 2, S. 237 f.
119 Naumburger Tageblatt, wie Anm. 106, Nr. 86 vom 14. April 1942.
120 Edith Preiß (geb. am 27. September 1914 in Berlin), seit 1937 NSDAP-Mitglied, von 1937 bis 1942 Bannmädelführerin des Bannes Eckartsberga, ab Mai 1942 Leiterin der OG-Führerinnenschule auf der Neuenburg. Ihre Nachfolgerin als Bannmädelführerin des Bannes Eckartsberga wurde Marie Bretschneider. Vgl. BA Berlin, ehem. BDC, NSDAP-Gaukartei: Edith Preiß; Naumburger Tageblatt, wie Anm. 106, Nr. 100 vom 30. April 1942; Kölledaer Anzeiger vom 28. April 1942.
121 Naumburger Tageblatt, wie Anm. 106, Nr. 100 vom 30. April 1942.
122 LHASA, wie Anm. 4, Nr. 40, Bl. 184.
123 Gebietsmädelführerin Lorenz an Oberregierungsrat Günther, 10. Januar 1945. In: LHASA, wie Anm. 3, Nr. 884, Bl. 251.
124 Scheuermann, geb. Luther, wie Anm. 25.
125 Deutsche Führerinnen aus Spanien im Mittelland. In: Naumburger Tageblatt, wie Anm. 106, Nr. 165 vom 17. Juli 1942.
126 Scheuermann, geb. Luther, wie Anm. 25.
127 Vgl. z. B. Kinz: Der Bund, wie Anm. 2, S. 179–196; Hoffmann, Ute: „Wohin uns das Schicksal auch stellt …" Frauen im Dritten Reich. In: FrauenOrte. Frauengeschichte in Sachsen-Anhalt. Hrsg. von der Expo 2000 Sachsen-Anhalt GmbH und Elke Stolze. Halle 2000, S. 167.
128 Eintrag von Elma Moickne (?), geb. Alkenblecher, im Gästebuch des Museums Schloss Neuenburg, 23. September 2005. In: Archiv der SDS, MSN, abgedruckt in: Unsere Neuenburg (= Mitteilungen des Vereins zur Rettung und Erhaltung der Neuenburg e. V., Heft 7). Freyburg (Unstrut) 2006, S. 74.
129 Zit. nach Naumburger Tageblatt, wie Anm. 106, Nr. 17 vom 21. Januar 1943.
130 Die offizielle amtliche „Religionsbezeichnung" für einen konfessionslosen, aber nicht atheistischen Nationalsozialisten war „gottgläubig". Per Erlass des Reichsinnenministeriums wurde diese Bezeichnung für die „arteigene Frömmigkeit des deutschen Wesens" am 26. November 1936 amtlich festgelegt. Für einen Atheisten galt die amtliche Bezeichnung „glaubenslos". Vgl. u. a. Dierks, Margarete: Jakob Wilhelm Hauer 1881–1962. Leben, Werk, Wirkung. Mit einer Personalbibliographie. Heidelberg 1986, S. 270, 336.
131 Vgl. LHASA, wie Anm. 4, Nr. 35, Bl. 39 f. Die „gottgläubige" Trauung nahm ein Standesbeamter vor. Sie wurde mit Musik und einem „Vorspruch" eingeleitet. Lieder und gesprochene Texte „zum Ruhme" des Mannes und der Frau wechselten einander ab, bevor der Standesbeamte die „Traurede" hielt und meist ein Jungmädel den Ringwechsel vornahm. Die Feier klang mit einem Lied (oft war es „Deutschland, heiliges Wort …") und einem Musikstück aus. Für die Überlassung von Unterlagen über den Ablauf einer solchen Zeremonie danken wir Charlotte Will (Eisleben).
132 Mitteilungen von Elfriede Beck, geb. Kuhne (Freyburg) am 18. April 2012 an Kordula Ebert.

133 Schulleiterin Golling an den Gewerbeschulrat Magdeburg, 28. Juni 1943. In: LHASA, wie Anm. 96, Bl. 295.
134 Scheuermann, geb. Luther, wie Anm. 25.
135 Vermerk über die Besichtigung der HHS auf der Neuenburg am 6. Oktober 1944, 26. Oktober 1944. In: LHASA, wie Anm. 96, Bl. 320.
136 Schulleiterin Golling an Regierungspräsident Uebelhoer, 20. Oktober 1944. In: ebd., Bl. 318.
137 Scheuermann, geb. Luther, wie Anm. 25.
138 Telefongespräch von Kordula Ebert mit Marie Metz, geb. Bretschneider (Wittstock), Vermerk vom 2. September 2010. In: Archiv der SDS, MSN. Werner Rein (Querfurt) berichtete Roswitha Berbig, dass 1951 Unterlagen aus dieser Zeit, darunter auch Gestapo-Berichte, bei einer Brunnenbefahrung im Schloss Neuenburg durch die Querfurter Feuerwehr geborgen wurden. Die aufgefundenen Papiere wurden von MfS-Mitarbeitern abgeholt.
139 Pietzsch, Martin: Freyburg im 2. Weltkriege 1939/1945. Typoskript o. J., S. 6 f. In: Stadtarchiv Freyburg, Akte „Abhandlungen über Freyburg (Unstrut) und Berichte über Ereignisse in Freyburg (Unstrut) sowie über das Leben in Freyburg a. U., die von Freyburger Bürgern niedergeschrieben wurden."
140 Ebd., S. 9. Wladislaw Szmijt wurde am 14. April 1942 in der Freyburger Sandgrube am Göhlbergsweg, Eduard Gonski am 5. November 1942 in Zeddenbach erhängt. Wladislaw Szmijt starb, weil er „ein Verhältnis mit einer deutschen Frau" gehabt hatte, was den polnischen „Fremdarbeitern" unter Androhung der Todesstrafe verboten war. Die Hinrichtungen wurden vom Freyburger Standesamt als Sterbefälle mit der Todesursache „Erhängt" dokumentiert. Vgl. Sterberegister, 27/1942; 57/1942.
141 Kurt von Priesdorff (geb. am 19. Oktober 1881 in Berlin, gest. am 5. September 1967 in Naumburg), Offizier (zuletzt Major), Geheimer Regierungsrat und Militärhistoriker. Er heiratete 1912 in Berlin die gebürtige Freyburgerin Wera Foerster und lebte 1920/21 in Freyburg (Unstrut), 1923 Berufung in das Auswärtige Amt, ab 1943 wieder wohnhaft in Freyburg, nach Kriegsende Beigeordneter der Stadt Freyburg, Leiter des Flüchtlingswesens und Friedensrichter. Vgl. undat. eigener Lebenslauf. In: LHASA, MER, C 48 Ih, Nr. 927a, Bl. 269.
142 So wurden Kurt von Priesdorff und Paul Dockhorn, Freyburgs erster Nachkriegsbürgermeister (er führte die Dienstgeschäfte vom 8. Mai bis zum 14. August 1945, vgl. LHASA, wie Anm. 141, Bl. 254, 259 f.), eines Tages „zum Schlosse heraufgerufen". „Ein früheres BDM-Mädel", so erinnerte sich von Priesdorff, „hatte Möbelstücke, Wäsche usw., die dem Lager gehörten, an sich genommen und auf zwei Wagen verladen. Als Dockhorn und ich heraufkamen, war der erste Wagen bereits in Richtung Naumburg, der Heimat des jungen Mädchens, abgefahren. Den 2. Wagen konnten wir anhalten […] die Möbelstücke wurden abgeladen und von Dockhorn sichergestellt." Priesdorff, Kurt von: Was ich in Freyburg (Unstrut) beim Zusammenbruch 1945 und in den ersten Monaten danach erlebte. Typoskript o. J., S. 7 f. In: Stadtarchiv Freyburg, Akte „Abhandlungen über Freyburg (Unstrut)", wie Anm. 139.
143 LHASA, MD, K 10, Nr. 315, Bl. 5, 325.
144 Urteil des Landgerichts Chemnitz in Waldheim, 29. Juni 1950. In: BA Berlin, Do 1, Nr. 1526, Bl. 25 ff. Olga Lamm war am 3. Mai 1950 zunächst zu zehn Jahren Zuchthaus verurteilt worden. Aufgrund eines Revisionsantrages der Staatsanwaltschaft wurde das Strafmaß in einer zweiten Verhandlung auf zwanzig Jahre festgelegt. Olga Lamm stand kein Verteidiger zur Verfügung, auch Zeugen wurden nicht gehört. Das Urteil ist Olga Lamm nur mündlich und in Auszügen zur Kenntnis gegeben worden. Vgl. BA Berlin, Do 1, Nr. 1526., Bl. 7, 9, 11 f., 24^v.

Kordula Ebert und Konrad Breitenborn
„Also auf zum Museum nach Freyburg ..."
Die Geschichte des Heimatmuseums
im Schloss Neuenburg

Wie in jedem Jahr besuchte die Schülerin Wera Köppen aus Berlin auch in den Sommerferien des Jahres 1935 ihren Onkel Otto Krauschwitz[1] in Freyburg an der Unstrut. Doch mit der Urlaubsreise des Jahres 1935 verband sich ein besonderes Erlebnis, an das sich die damals fünfzehnjährige Wera noch viele Jahrzehnte später gern erinnern sollte.

Sie erlebte im Juli 1935[2] auf der Neuenburg die offizielle Eröffnung des Heimatmuseums, womit sich für ihren Onkel ein lang gehegter Wunsch erfüllte. Otto Krauschwitz war Beigeordneter der Stadt Freyburg, Dezernent für Denkmäler und Fluren, aber auch Mitglied im Reichsbund für deutsche Vorgeschichte.[3] Als Seeoffizier der Kaiserlichen Marine hatte der gebürtige Freyburger früher auf Forschungs- und Vermessungsschiffen die Ozeane bereist und von seinen Fahrten in die Südsee eine umfangreiche völkerkundliche Sammlung mitgebracht, die jetzt zusammen mit vor allem prähistorischen Funden aus dem heimatlichen Unstrutgebiet in diesem Museum erstmals ausgestellt werden konnte.

Gründung und Einrichtung

Auf die Eröffnung des Heimatmuseums hatte Otto Krauschwitz lange warten müssen. Bereits vom 21. August 1931 datiert ein Schreiben des Freyburger Magistrats an die Regierung in Merseburg mit der Bitte, die „Errichtung eines Heimat-Museums" zu unterstützen. In diesem Museum sollten künftig die der Stadt immer wieder angebotenen „Artikel aus Freyburgs Vergangenheit" ausgestellt werden. Dies wäre auch deshalb erforderlich, weil das seit 1894 bestehende Jahn-Museum „nur Gegenstände" aufnehmen würde, „die unmittelbar mit Jahn und der deutschen Turnerschaftssache zusammenhängen". Schloss Neuenburg sei für ein solches Museum der „geeignetste Ort", „ganz besonders" würde sich der zur Zeit nicht genutzte „Rittersaal" im Fürstenbau für museale Zwecke eignen. Der Magistrat hatte auch seine Bereitschaft erklärt, gegebenenfalls „die Besichtigung des Schlosses zu pachten, um damit das Heimat-Museum verbinden zu können".[4]

218. Museumsgründer Otto Krauschwitz als Obervermessungs-Deckoffizier der Kaiserlichen Marine, um 1910

Nach einem Ortstermin am 11. Dezember 1931 wurden der „Kirchsaal", die Kantoren- und die Choristenstube für ein städtisches Heimatmuseum „als völlig ausreichend und geeignet genannt".[5]

Doch erst im Mai 1934 einigten sich die Domänenabteilung der Merseburger Regierung und der Magistrat der Stadt Freyburg vertraglich auf die Nutzung mehrerer Räume im Fürstenbau, im romanischen Wohnturm und im barocken Treppenhaus der Neuenburg zu Museumszwecken.[6]

Der „Rittersaal", die Doppelkapelle und das „Luisenzimmer" wurden nicht an die Stadt vermietet, die Räume konnten aber von den Besuchern des Heimatmuseums besichtigt werden. Dem Freyburger Magistrat war bereits im Oktober 1931 mitgeteilt worden, dass auch nach Ansicht des Provinzialkonservators der sogenannte Rittersaal „als Museumsraum nicht in Frage kommen kann".[7]

Anstelle des Pächters der Domäne übernahm die Stadt Freyburg die Funktion des Schlosswarts, dessen wichtigste Aufgabe darin bestand, auf die im „Luisenzimmer" präsentierten Erinnerungsstücke an König Friedrich Wilhelm III. und seine Frau Luise zu achten.[8] Der Schlosswart war auch für „das Schließen und

Öffnen des 1. Schloßtores und des Löwentores" sowie für die „Reinhaltung der vermieteten Räume" zuständig und musste „an den von der Regierung bestimmten Tagen" die Reichs- und Landesflagge aufziehen. Ebenso hatte er für die „ordnungsgemäße Führung" der Schlossbesucher „durch eine geeignete Persönlichkeit zu sorgen".[9]

Die durch den Museumsbetrieb erzielten Einnahmen sollten der Stadt zugutekommen, wofür sie eine jährliche Miete zahlen musste und für die Innenunterhaltung der Ausstellungsräume zuständig war. Der Domänenverwaltung oblag die Außenunterhaltung dieses Schlossteils. Die seit 1924 beim Domänenpächter als Kastellanin beschäftigte Minna Geiling[10] blieb im Amt.

Sehr bald wurden dann die Räume des künftigen Heimatmuseums durch freiwillige Helfer von Schutt befreit, Wände verputzt und gekalkt sowie benötigte Schautische und Regale gebaut.[11]

Als das für die Neuenburg zuständige Hochbauamt Mitte September 1934 durch einen Artikel im „Naumburger Tageblatt"[12] von diesen Arbeiten erfuhr,

219. Wera Köppen als „Spinnrad-Mädchen" im sogenannten Minnesängerraum über dem Löwentor, Juli 1935

Die Datierung dieses Fotos half, den offiziellen Eröffnungstermin des Heimatmuseums genauer festzulegen.

220. Im „Kirchsaal" waren Waffen neben Thüringer Sagengemälden als Triptycha ausgestellt (um 1936). Die Waffen wurden nach 1945 größtenteils gestohlen oder vernichtet.

fragte der Regierungspräsident unverzüglich beim Freyburger Bürgermeister nach, ob im Schloss Neuenburg zur Zeit ohne seine Genehmigung „bauliche Veränderungen" vorgenommen würden.[13] Doch Bürgermeister Fritz Plate versicherte, dass dies nicht der Fall wäre, lediglich der Wandanstrich im Vorraum zum „Kirchsaal" sei „neu hergestellt worden", weil – wie Plate betonte – „es unbedingt nötig war". Angeblich hatte es hier in den letzten sechzig Jahren keine Renovierung mehr gegeben.[14]

Schon vor dem Gründungsjahr 1935 bereicherten zahlreiche Leihgaben, Schenkungen und Fundstücke den Museumsbestand, darunter ein bei Erdarbeiten auf dem Haineberg gefundenes Hockergrab (zwei Skelette) aus der Jungsteinzeit (etwa 2000 v. Chr.) und das Ende März 1935 in einer Freyburger Lehmgrube zu Tage beförderte noch einige tausend Jahre ältere große Bruchstück vom Stoßzahn eines Mammuts aus der Altsteinzeit.[15]

Die Museumsausstellung konnte bereits vor ihrer offiziellen Eröffnung besichtigt werden. Schon im März 1935 warb das „Naumburger Tageblatt" dafür, auf der Neuenburg eines „der schönstgelegenen Heimatmuseen unserer näheren Umgebung" zu besuchen. Es lohne sich, „dort auch einmal mit der Kamera hinaufzuziehen", denn „neben den Schönheiten der alten Burg" könnten sich die

Besucher ebenso „an dem herrlichen Ausblick" erfreuen, den sie dort oben haben würden. Und der abschließende Appell des „Naumburger Tageblatts" an seine Leserschaft lautete deshalb: „Also auf zum Museum nach Freyburg ..."[16]

Das Museum bestand aus sechs Abteilungen: Versteinerungen der heimischen Kalksteinbrüche, Vorzeit, Kunst und Handwerk, Geschichte, Gedenken an Kriege und Südseesammlung. Der Gesamtbestand wurde in Vitrinen, auf Tischen und an den Wänden gezeigt.[17] Walter Schiele[18], der Hausmeister, betreute die Ausstellung und dokumentierte ihm wichtige Ereignisse in einer kleinen Chronik.[19] Magazinräume gab es nicht.

Der präsentierte Fundus wuchs schnell auf etwa dreitausend Gegenstände an[20], wobei die archäologische Sammlung von Bodenfunden aus dem unteren Unstruttal (zum Beispiel mindestens sechzig ganze Gefäße, zahlreiche Steingeräte, Bronzen u. a.) als Stiftung des Adelbert Graf von der Schulenburg besonders hervorzuheben ist.

In der Gründungsphase des Heimatmuseums hatte die Provinzialregierung noch angenommen, dass für die Ausstellung nicht genügend Exponate vorhanden seien.[21] Doch bereits ab 1936/37 wurde auch das dritte Stockwerk des romanischen Wohnturms zusätzlich für museale Zwecke genutzt.

Für die von Krauschwitz in diesem Jahr auf einer Versteigerung privat erworbene „große ethnologische Sammlung" mit Objekten aus Japan und China – da-

221. Vor- und frühgeschichtliche Schausammlung im „Fechtsaal", 1935 bis 1945

runter wertvolle Rüstungen und Schwerter der Samurai – reichten die vorhandenen Räumlichkeiten nicht mehr aus.[22]

Schon 1935 spukte die sogenannte Ahnfrau Adelheid auf der Neuenburg als museale Inszenierung in einer dunklen „Kemenate".[23] Als Schlossgespenst hatte sie ihren Platz hinter einer unverschlossenen Tür, rechts in einem Verschlag vor dem Eingang zum dritten Stockwerk des romanischen Wohnturms.

Diese Inszenierung knüpfte an die Sage an, wonach Adelheid, die Witwe des ermordeten Pfalzgrafen Friedrich III. und Gemahlin von Graf Ludwig dem Springer, bis in die Gegenwart als „weiße Frau" auf der Neuenburg – den „Pfalzgrafenmord" büßend – ruhelos herumgeisterte.

Eine Tochter des Museumsleiters erinnerte sich, dass Adelheid schwarz gekleidet und mit Kristallschmuck behängt an einem Spinnrad saß. Neugierige Besucher, die die Tür öffneten, erschraken immer wieder zur Freude der Kinder, die sie dabei beobachteten.[24]

Im Gründungsjahr des Museums kamen etwa 18 000 Gäste, wobei „auf die einheimische Bevölkerung" von dieser Besucherzahl angeblich „nur ein sehr geringer Prozentsatz" entfiel.[25] Im Laufe des Jahres 1937 sollen „rund 16 000 Personen" das Neuenburg-Museum besucht haben.[26] Bei der Beobachtung der Gästeschar fiel aber immer wieder das mangelnde Interesse der Freyburger Bevölkerung

222. *Die ethnologische Sammlung (China und Japan), die Krauschwitz privat erworben hatte, wurde im Flur hinter dem romanischen Wohnturm präsentiert (um 1936).*

an ihrem Heimatmuseum auf; "ganz besonders" gelte dies – wie der "Freyburger Bote" im Dezember 1938 beklagte – für die Jugend, "die doch durch den Besuch unseres Museums großen Nutzen ziehen könnte; sie würde einen Einblick erhalten, wie unsere Vorfahren gelebt haben, in ihre Schreibweise und sonstigen Lebensgewohnheiten".[27]

Krauschwitz warb von Anfang an immer wieder über Aufrufe in den regionalen Zeitungen für das Heimatmuseum, hoffte, "daß die Freyburger zukünftig ihrem Museum mehr Interesse entgegenbringen" würden, und bat vor allem die alteingesessenen Familien, "museumsreife Gegenstände", "deren Beschauen man doch den Volksgenossen nicht vorenthalten sollte", dem Museum zu überlassen.[28]

Auch durch weitere Ausstellungsangebote versuchte Krauschwitz, die Attraktivität des Heimatmuseums zu erhöhen. Die Stadt Eisleben präsentierte dort im Frühjahr 1938 eine "Werbeschau"[29], und am 28. Mai 1938 eröffnete Krauschwitz eine "Kolonial-Sonderausstellung"[30], die insbesondere mit Unterstützung des Reichskolonialbundes zustandegekommen und bis zum Herbst 1941 zu sehen war.

Gezeigt wurden zahlreiche Exponate aus den früheren deutschen Kolonien, wobei eine "große Waffenschau" aus diesen Ländern angeblich das "Glanzstück" der Ausstellung bildete.[31] Diese auch als "Kolonial-Werbeschau" bezeichnete

223. Blick von der "Bohlenstube" zum barocken Treppenaufgang mit der stadtgeschichtlichen Ausstellung und der Kolonial-"Werbeschau", die von 1938 bis 1941 gezeigt wurde.

Exposition[32] unterstützte die „Volk-ohne-Raum"-These der Nationalsozialisten und propagierte als ihr wichtigstes Anliegen die Rückgewinnung der deutschen Kolonien. Auf „großen Schautafeln" wurde dargestellt, welche Rohstoffgebiete Deutschland „durch den Verlust der Kolonien" verloren hatte, und in Zeitungsberichten hieß es, die „Werbe-Schau" möge vor allem von der deutschen Jugend besucht werden, da sie „dereinst das koloniale Erbe zu übernehmen" habe.[33]

Mehrfach konnte Krauschwitz prominente Gäste durch die Ausstellung führen. Am 7. November 1935 gehörte zum Beispiel der Besuch des Heimatmuseums zum offiziellen Programm einer „Besichtigung des Kreises Querfurt" durch den Oberpräsidenten der preußischen Provinz Sachsen Curt von Ulrich.[34] Am Nachmittag des 17. März 1936 erschien der „Reichsjugendführer" Baldur von Schirach ohne weitere Voranmeldung auf der Neuenburg, um dort – wie das „Naumburger Tageblatt" meldete – sowohl die BDM-Führerinnenschule als auch das Heimatmuseum „in Augenschein" zu nehmen.[35] Ebenfalls „unangemeldet" kam am 5. August 1938 der greise Generalfeldmarschall August von Mackensen nach Freyburg. Er besichtigte zunächst die Jahn-Gedenkstätten und danach das „Luisenzimmer" auf der Neuenburg, an dem er – wie der „Freyburger Bote" informierte – „besonderes Interesse" gezeigt habe.

Der Besuch dieses bereits 88 Jahre alten und offenbar sehr imposanten Generalfeldmarschalls, der als junger Mann noch den Krieg von 1870/71 mitgemacht hatte, blieb Brigitta, der damals achtjährigen Tochter des Museumsleiters, zeitlebens als „tolles u. nachhaltiges Erlebnis" in Erinnerung, das sie Jahrzehnte später so beschrieb: „Es kam ein Kübelwagen aus der Kaserne in Naumburg. Es entstieg ein sehr alter Offizier, Generalfeldmarschall Mackensen (der Fahrer blieb im Auto). Ich war vor der Haustür und war neugierig. Er stand da in einer tollen Uniform mit roten Streifen und viel Gold, kam auf mich zu und wollte zum Vati. Ich holte die Mutti und sie bat mich, den Besuch zum Vati in die Burg zu bringen, der oben in seinem Arbeitszimmer war. Mutti sagte mir, daß ich sie verzweifelt angesehen hatte, weil ich Angst hatte, wie der alte Mann (ca. 90) die Wendeltreppe hoch sollte. Also blieb ich an der Treppe unentschlossen stehen. Da sagte er zu mir ‚Nun mal los kleines Schloßfräulein'. Sie glauben nicht, wie schnell der hinter mir oben war, das hat mich nachhaltig sehr beeindruckt."[36]

Der Neuenburger „Bilderstreit"

Die dem Heimatmuseum aus dem Nachlass des 1929 verstorbenen Professors Eugen Urban[37] zunächst zum Kauf angebotenen 15 sogenannten Kolossalgemälde aus dem Thüringer Sagenzyklus wurden Anfang Mai 1936 als Leihgaben über-

224. Aus einem Bericht des „Naumburger Tageblatts" vom 5. Dezember 1936

August von Mackensen, der seit Oktober 1915 Domherr des Domstifts Merseburg war, wurde nach dem Zusammenschluss der Domstifter von Merseburg und Naumburg sowie des Kollegiatsstifts Zeitz am 14. Oktober 1935 Vorsitzender des Domkapitels der Vereinigten (sächsischen) Domstifter. Tags darauf besuchte er den Naumburger Dom.

nommen.[38] Urban hatte die zwischen 1900 und 1915 entstandenen Bilder ursprünglich für eine noch zu errichtende „Deutsche Sagenhalle zu Friedrichroda" gemalt, die aber nach dem Ersten Weltkrieg nicht mehr gebaut worden war. Bis 1936 befanden sich die Gemälde in der Orangerie des Schlosses Reinhardsbrunn. Der Zyklus zeigt die Tannhäuser-Sage, die Drei-Gleichen-Sage, die Sagen vom Getreuen Eckart, vom Markgrafen Friedrich dem Freidigen, vom Schmied von Ruhla und vom Landgrafen Ludwig dem Eisernen, die „protestantische Sage" von Dr. Martinus Luther, die Sage vom Naumburger Kirschfest und die Edelacker-Sage.[39]

Urbans Gemälde „Die Hussiten in Naumburg" wurde im „Naumburger Tageblatt" sogar abgebildet[40], und die Zeitung kommentierte anerkennend: „Die Neuerwerbungen des Schloßmuseums werden den ohnehin schon starken Besuch noch vergrößern. Jedenfalls gibt sich die Museumsleitung die größte Mühe, das Neuenburg-Museum in geradezu einzigartiger Weise auszustatten."[41]

Doch als fünf Monate später, am 3. Oktober 1936, anlässlich der Einweihung der Jungmädel-Führerinnenschule auch eine Besichtigung des Heimatmuseums stattfand, fielen „aus dem Kreise der Teilnehmerinnen" angeblich „abfällige Bemerkungen" über zwei dieser Gemälde.[42]

Es waren vor allem die den „Getreuen Eckart" umgebenden nackten „Unholde" und die auf dem Bild „Tannhäuser im Venusberg" gleichfalls nackte Venus

225. *„Die Sage vom wilden Heer und vom Getreuen Eckart", Gemälde von Eugen Urban, das in den Nachkriegsjahren beschädigt und durch Schmierereien verunstaltet wurde. Urbans nackte „Unholde" führten 1937 zum Neuenburger „Bilderstreit". In einer zeitgenössischen Beschreibung des dargestellten Sagenstoffs heißt es: „Im Gewittersturm braust das wilde Heer daher über den Rennstieg und überfällt die Kinderchen, die für den Vater Bier holen und entreißt ihnen den Bierkrug. Der Getreue Eckart taucht plötzlich auf und schützt die Kinder vor den Unholden. Dann braust das Heer weiter, das Wetter klärt auf; im schönsten Abendsonnenschein gelangen die Kinder heim."*

mit den unbekleideten Nixen, die unter der „NS.-Frauenschaft" zu Missfallensbekundungen geführt haben sollen[43], woraufhin sich der Merseburger Regierungspräsident veranlasst sah, Provinzialkonservator Giesau um eine Stellungnahme zu bitten. Die Regierung vertrat gegenüber Giesau zunächst die Auffassung, dass die Gemälde „nur zum Teil mit den Sagen der Unstrutgegend" im Zusammenhang stünden. Freyburgs Bürgermeister Dr. Eduard Uderstädt wurde von ihr deshalb aufgefordert, sie aus dem Heimatmuseum zu entfernen.[44]

In seiner Antwort an den Regierungspräsidenten Dr. Sommer betonte Giesau, dass die Bilder „zwischen den anderen Museumsgegenständen für den Besucher nicht gerade einen günstigen Eindruck vermitteln" würden, sie sollten ent-

226. Otto Krauschwitz im Schlosshof beim Reinigen des Gemäldes „Der Graf von Gleichen in der Heimat" gemeinsam mit Elli und „Mutter" Minna Geiling sowie Walter Schiele, 1936

weder ganz entfernt oder in einem gesonderten Raum „als Anschauungsmaterial" für Thüringer Sagen gezeigt werden, wo sie auch ohne hohen künstlerischen Wert eine „gewisse Bedeutung haben könnten" und „die innere Ordnung der Museumsräume und der ausgestellten Gegenstände nicht stören" würden. Das träfe insbesondere für die beiden umstrittenen Gemälde zu.[45]

Ende April 1937 fragte Bürgermeister Uderstädt beim Regierungspräsidenten nach, welche Bilder oder ob alle Bilder umgehängt werden sollen. Von einer „vollständigen Entfernung" bat er abzusehen, da festzustellen sei, „daß die Bilder stets das Interesse der besuchenden Volksgenossen gefunden haben".[46]

Die beiden kritisierten Gemälde waren ohnehin zwischenzeitlich schon in einem „verschlossenen Raum" untergebracht und „damit der Besichtigung durch die Allgemeinheit entzogen worden", wodurch sich – wie NSDAP-Gauamtsleiter Dr. Bernhard Grahmann der Regierung in Merseburg mitteilte – ein „Einschreiten von Aufsichtswegen oder von Seiten der Partei" erübrigen würde.[47]

Hinsichtlich einer solchen Vorgehensweise hatte Giesau aber zu Bedenken gegeben, beim Besucher könne dann der Eindruck entstehen, dass die Museumsleitung „etwas habe verbergen wollen".[48]

227. „Tannhäuser im Venusberg", Gemälde von Eugen Urban
Eine nackte Venus und unbekleidete Nixen lösten 1937 den Neuenburger „Bilderstreit" aus.

Schließlich beschäftigte der Neuenburger „Bilderstreit" sogar das Reichsministerium für Volksaufklärung und Propaganda, dessen Landesstelle Halle-Merseburg sich beim Regierungspräsidenten nach den näheren Umständen erkundigte.[49]

Unter der Überschrift „Venus bekam Strafarrest" hatte „Der Angriff", die Gauzeitung der Berliner NSDAP, am 17. August 1937 voller Spott berichtet, „daß der Hörselberg samt Venus und Tannhäuser aus Schloß Neuenburg verschwunden" seien. An der Wand im Heimatmuseum künde nunmehr „ein leerer Fleck von der Tugend einer ausfallend prüden Erzieherin". Venus würde wegen ihr im Arrest schmachten, niemand habe sie befreien können, und dass sie nicht tausendmal in Schönschrift den Satz schreiben müsse „Wie Gott und der Leipziger Maler Urban mich geschaffen haben, bin ich äußerst unanständig", verdanke sie lediglich dem Vorteil, dass sie nur ein Gemälde sei.[50]

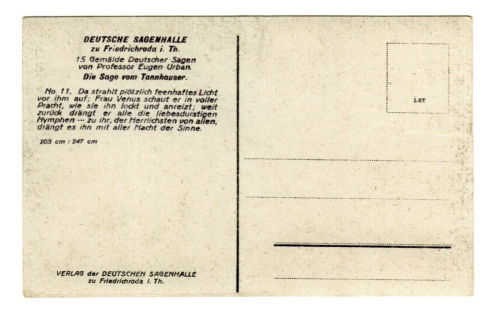

228. Rückseite einer Postkarte, die auf ihrer Vorderseite das Gemälde „Tannhäuser im Venusberg" zeigt.

Dass diese Presseverlautbarung in der seit 1926 von Joseph Goebbels herausgegebenen Zeitung „Der Angriff" nicht ohne Auswirkung auf die Akteure vor Ort blieb, wurde schnell deutlich. Sommer nahm jetzt keinen Anstoß mehr an den Bildern. Die ganze Affäre, so teilte er der Landesstelle des Reichspropagandaministeriums mit, sei offenbar von „einigen etwas prüden nachgeordneten BDM-Führerinnen" ausgelöst worden. Im Unterschied zu ihnen habe Obergauführerin Käthe Reifert keineswegs die Beseitigung der Gemälde gefordert.[51]

Für Sommer war nunmehr ausschlaggebend, dass die Bilder in einem Heimatmuseum und nicht in einer Gemäldegalerie ausgestellt werden. Ihren Zweck, weniger durchgebildeten, „aber heimatkundlich stark interessierten Personen", Geschehnisse aus der Heimatgeschichte zu vermitteln, würden sie alle erfüllen. Die Darstellung unbekleideter Frauengestalten sei im Hinblick auf die Venus und auf die sie begleitenden Nixen „in der Kunst von jeher üblich gewesen". Auch die unbekleideten „Unholde", so Sommer, würden in keiner Weise anstößig wirken. Eine Entfernung der Gemälde käme schon deshalb nicht in Frage, weil ansonsten beispielsweise „sehr viele Bilder von Rubens" ebenfalls aus den Galerien verschwinden müssten. Eine solche Auffassung entspräche „aber weder der bisherigen Kunstauffassung, noch der des Dritten Reiches". Sommer sah deshalb keinen Anlass, die „beiden beanstandeten Bilder der Öffentlichkeit von Amts wegen vorzuenthalten oder zu beseitigen".[52]

Freyburgs Bürgermeister ließ der Regierungspräsident wissen, dass gegen die beiden Gemälde „vom allgemeinen künstlerischen Standpunkte nach heutiger Auffassung" nichts einzuwenden sei und „daß die Darstellung der betreffenden Frauengestalten gerade auf diesen Bildern in irgend einer Weise anstößig sei", könne „von einem gesund empfindenden Menschen nicht behauptet werden". Der Stadt Freyburg stellte es Sommer frei, die Gemälde unter Beachtung der vom Provinzialkonservator gemachten Vorschläge den Museumsbesuchern zugänglich zu machen.[53]

Daraufhin wurde das Gemälde „Tannhäuser im Venusberg" am 7. Februar 1938 im Jagdzimmer „wieder zur Öffentlichkeit ausgehängt", wie Hausmeister Walter Schiele kurz notierte.[54] Zwölf der Urban-Gemälde befinden sich noch heute im Museum, jedoch sind sie teilweise erheblich beschädigt.[55] Manche wurden aufgeschlitzt und ihrer Rahmen beraubt.

Der „Fall Krauschwitz"

Seit Sommer 1936 wollte Otto Krauschwitz gern eine Wohnung im Schloss Neuenburg beziehen. Die Stadt Freyburg unterstützte seinen Wunsch, um ihm auf diese Weise „wenigstens eine kleine Entschädigung für seine selbstlose Tätigkeit in der Betreuung des Museums" zukommen zu lassen.[56]

Die Angelegenheit wurde schließlich zum „Fall Krauschwitz"[57], da die Obergauführerin Reifert mit der Wohnungsvergabe an den Museumsleiter offenbar eine Einschränkung ihres Wirkungskreises auf der Neuenburg befürchtete und deshalb „Bedenken gegen Herrn Krauschwitz" erhob.[58] Sie muss ihre Auffassung gegenüber dem Regierungspräsidenten Sommer sehr nachdrücklich vertreten haben, da dieser den Freyburger Bürgermeister im Juli 1937 unmissverständlich wissen ließ, dass die Neuenburg „in erster Linie der NSDAP" als BDM-Schulungslager zur Verfügung gestellt worden sei. Das im Schloss „nebenbei" eingerichtete Heimatmuseum müsse „daher in Rücksicht auf die hohe Bedeutung der Burg als Schulungslager lediglich als nebensächlicher Betrieb betrachtet werden". Dessen Belange, so Sommer, hätten „unbedingt hinter dem Interesse des Schulungslagers" zurückzutreten. Im Hinblick auf „die Erhaltung eines guten Einvernehmens" mit dem BDM war es dem Regierungspräsidenten „unerwünscht, wenn Herr Krauschwitz eine Wohnung in dem Schlosse bezieht".[59]

229. Dr. Leo Arnold war von September 1938 an ehrenamtlicher Leiter des Heimatmuseums im Schloss Neuenburg. Im Ehrenamt wirkte der studierte Chemiker auch als staatlicher Archivpfleger.

Dagegen befürworteten Freyburgs Stadtväter es, dem von Krankheit gezeichneten Museumsleiter, der in der Regel täglich zweimal den Weg zu Fuß von Freyburg zum Schloss hin und zurück gehen musste[60], die bisher von der Kastellanin genutzte Wohnung auf der Neuenburg unentgeltlich zur Verfügung zu stellen. Um dem Anliegen Nachdruck zu verleihen, drohte Krauschwitz sogar damit, seinen Posten niederzulegen.[61]

Anfang April 1938 konnte er mit seiner Familie eine kleine Wohnung in der Neuenburg beziehen. Gleichzeitig übertrug die Stadt Freyburg Krauschwitz auf Lebenszeit die ehrenamtliche Museumsleitung. Als Aufwandsentschädigung erhielt er „³⁄₈ des gesamten jährlichen Eintrittsgeldes". Krauschwitz durfte seine Privatsammlung im Museum kostenlos ausstellen, musste aber sämtliche Stücke der Exposition inventarisieren und die Namen aller Leihgeber angeben.[62]

Otto Krauschwitz starb am 24. August 1938. Die von ihm zusammengetragene Sammlung verblieb im Museum, dessen ehrenamtliche Leitung nur wenige Tage später Dr. Leo Arnold[63] übernahm[64], der ab November 1938 im Amtsgerichtsbezirk Freyburg auch als staatlicher Archivpfleger ehrenamtlich wirkte.[65]

Ab Mai 1939 ordnete Dr. Wilhelm Albert von Brunn von der Landesanstalt für Volkheitskunde in Halle (Saale) die Bestände des Heimatmuseums.[66] Als Kastellanin war Charlotte Krauschwitz für Führungen zuständig, die sie täglich gemeinsam mit Elli Geiling und befreundeten Freyburgern in der Zeit von 8 bis 18 Uhr durchführte. 1941 musste sie krankheitshalber diese Arbeit aufgeben.⁶⁷ Nach ihrem Wegzug nach Naumburg wechselte in kurzen Abständen die Besetzung der Kastellanstelle. Nach Louise Vollrath übernahm sie im November 1941 Walter Schiele⁶⁸, ihm folgte ab April 1942 Elli Geiling.

Kriegsjahre und Auflösung

Ende August 1939 notierte Walter Schiele: „Höchste politische Spannung mit Polen […] Überall wird Militär zusammen gezogen." Im „Rittersaal" der Neuenburg sind drei Tage lang etwa „80 Soldaten" der Luftwaffe einquartiert. „Hoffen wir auf ein gutes Ende."⁶⁹ Doch am 1. September 1939 begann der Zweite Weltkrieg.

Aus den Kriegsjahren ist zur Geschichte des Heimatmuseums nicht viel überliefert. Als das „deutsche Volk" im April 1940 anlässlich des bevorstehenden 51. Geburtstages von Adolf Hitler zu einer „Metallspende" aufgerufen wurde, nutzte Museumsleiter Arnold diese Gelegenheit für einen Appell an die Bevölkerung. So bat er darum, bei der Suche nach Metall möglicherweise auftauchende „alte Schriften und Gegenstände" dem Heimatmuseum zu überlassen. Die Fundstücke konnten auch bei Arnold privat abgegeben werden.⁷⁰

Ein Einbruch am 9. April 1941 führte nicht zu Verlusten am Fundus, da die Diebe, drei Freyburger „Schuljungen", ermittelt werden konnten und das Heimatmuseum die von ihnen erbeuteten drei geraden Offizierssäbel zurückbekam.⁷¹

Von Anfang an war die fehlende „Abort-Anlage" ein Hauptproblem des Heimatmuseums. Noch im Oktober 1938 bestand für die Besucher „keinerlei Gelegenheit zur Verrichtung ihrer Bedürfnisse", heißt es in einem Bericht des Naumburger Hochbauamtes.⁷²

Einer Mitteilung des Freyburger Magistrats an den Regierungspräsidenten ist zu entnehmen, dass im Juni 1941 diese Situation immer noch ungeklärt war. Insbesondere die Schulkinder würden „ihre Notdurft einfach auf dem Schloßhof verrichten".⁷³ Doch eine Lösung des Problems gab es nicht. Der Regierungspräsident ließ Freyburgs Bürgermeister⁷⁴ wissen, er hoffe, „daß unter Berücksichtigung der jetzt fehlenden Arbeitskräfte die Mängel nach dem Kriege beseitigt würden".⁷⁵

Im Spätsommer des Jahres 1943 richtete die Berliner Zentrale der Antikomintern⁷⁶ im Freyburger Berghotel „Edelacker" eine „Ausweichstelle" ein. Ab September 1943 erfolgte die „Teilevakuierung" der Zentrale. Zahlreiche Akten- und Bibliotheksbestände wurden von Berlin nach Freyburg verbracht und dort entweder im Schloss oder im benachbarten Berghotel deponiert.⁷⁷

Damals beabsichtigte das Propagandaministerium, im „Rittersaal" und im Jagdzimmer (Arbeitsraum) der Neuenburg eine „wertvolle Antikominternbiblio-

"Also auf zum Museum nach Freyburg ..."

230. Ergebnis der anlässlich des Geburtstages von Adolf Hitler durchgeführten Metallsammlung in Freyburg, Foto von Wilhelm Arnold, 1940

thek" einzulagern. Angeblich wollte Minister Goebbels „die Überführung dieser Bibliothek von Berlin nach Freyburg/U. beschleunigt durchgeführt haben".[78] Ende Januar 1944 transportierte die Antikomintern allerdings einen großen Teil ihrer Unterlagen von Freyburg nach Schwabach in Mittelfranken.[79] Während die in Freyburg verbliebenen Archivalien kurz vor Kriegsende im Kalkwerk Flemmig von der SS verbrannt wurden, blieb die Bibliothek angeblich „zum allergrößten Teil" erhalten. Dabei soll es sich in der Hauptsache um „marxistische" Bücher gehandelt haben, die im Dritten Reich verboten waren.[80]

Im letzten Kriegsjahr wurden in der Neuenburg auch Bestände des Berliner Zeughauses, des Museums Insterburg[81] und des Schlossmuseums Königsberg eingelagert. Die Aufbewahrung des am 21. August 1944 zur Neuenburg transportierten Kunstgutes erfolgte vorwiegend in der Doppelkapelle.[82] Der Inhalt der verschlossenen Kisten war den Museumsmitarbeitern nicht bekannt.[83]

Schon seit 1944 wurden im Museumbereich der Neuenburg Vertriebene und Flüchtlinge aus dem Sudetenland, aus Ostpreußen, dem Warthegau sowie aus Schlesien untergebracht. So diente die barocke Badestube zum Beispiel als Kranken- und Sterbezimmer; das „Audienzimmer" (heute Grüner Salon) wurde später als Aufenthaltsraum eines im „Rittersaal" eingerichteten Quarantänelagers genutzt.[84]

Mit dem Einzug der Amerikaner war für Freyburg am 12. April 1945 der Krieg zu Ende.[85] Auf der Neuenburg wurden jetzt auch noch Soldaten einquartiert.[86]

Während der Besatzung durch amerikanische und später sowjetische Truppen kam es im Schloss immer wieder zu Diebstählen und Beschädigungen von Kunst- und Kulturgut. Am 7. Juni 1945 meldete Walter Schiele dem Museumsleiter drei gewaltsame Einbrüche: Zwei Tage vorher waren zwei amerikanische Soldaten über den „Rittersaal" in die untere Kapelle eingedrungen. Sie hatten dort gelagerte Kisten des Zeughauses aufgebrochen und mit einer Fahne („oder sowas ähnliches") und einigen „Kleinigkeiten" die Neuenburg wieder verlassen. Am nächsten Tag war das Büro des Museumsleiters „gewaltsam geöffnet" worden.

Außerdem beklagte Schiele den Verlust seiner Werkzeugkiste. Der Hausmeister bat den Museumsleiter, „diese Meldung der Polizei zu übergeben, damit doch wenigstens einmal Einhalt geboten wird, die Räuberei kann doch so nicht weitergehen". Außerdem schlug er vor: „Das Museum müsste durch ein strenges Verbot vor weiteren unbefugten Betreten geschützt werden".[87]

Doch die Nachforschungen verliefen „ergebnislos"[88], und die für das Museum bedrohliche Lage verschärfte sich weiter. Inventar wurde im Burghof verbrannt, bestimmte Stücke landeten in einem Steinbruch oder wurden in die Unstrut geworfen. Ausländische Zwangs- und polnische Zivilarbeiter, aber auch Anwohner plünderten die Museumsbestände noch vor dem Einzug der sowjetischen

231. Kurt von Priesdorff (1. v. l.) bei einer Sektprobe in Freyburg, ihm gegenüber sein Schwiegervater Kommerzienrat Rudolf Foerster (4. v. l.). Bei Kiegsende wurde von Priesdorff durch den amerikanischen Militärkommandanten als Erster Beigeordneter eingesetzt. Foto von Wilhelm Arnold, um 1943

Truppen. „Kinder trugen während dieser Zeit vorgeschichtliche Bronzeringe und spielten mit Steinbeilen", heißt es in einem späteren Bericht. Und auch Kurt von Priesdorff, der das Kriegsende in Freyburg erlebte, erinnerte sich an Kinder, die auf der Straße „mit den wertvollsten Museumsstücken" herumliefen. Er selbst nahm einem der Jungen „einen goldeingelegten Dolch" ab.[89]

Von den Vernichtungen waren die archäologischen Sammlungsbestände am stärksten betroffen. Zerstört wurden allein etwa 120 Gefäße.[90] Schwere Verluste erlitt auch das aus dem Museum Insterburg stammende Fundgut. Mündlichen Berichten zufolge wurde ein Teil der Bestände beim Anrücken der Amerikaner sogar gleich von den Transportautos in den äußeren Burggraben gekippt, wo zwischen 1947 und 1949 noch einzelne Stücke geborgen werden konnten.[91] Wie Freyburgs Bürgermeister Dr. Friedrich Holter[92] berichtete, kontrollierten alliierte Offiziere wiederholt die eingelagerten Bestände des Zeughauses, einiges davon wurde von ihnen auch beschlagnahmt.[93]

Leo Arnold hatte zunächst keine Möglichkeit, das museale Gut durch Auslagerung zu schützen. Der Großteil des Inventars verschwand. Es gab keine Inhaltsverzeichnisse, was die Übersicht erschwerte. Noch vorhandene Exponate kamen dann auf Arnolds Veranlassung in den Lichthof der Sektkellerei.[94]

232. Holger Schwarzer vor der Informationstafel im Domänenhof der Neuenburg, um 1985

Später wurde das Museumsgut in einer Scheune in der Oberstraße und in einem Raum des Priesdorff'schen Wasserturmes aufbewahrt. Doch auch hier war es weiterhin Plünderungen ausgesetzt. 1948 gelangte der Rest zwar ins Museum zurück, doch das erste Neuenburg-Museum hatte mit dem Ende des Krieges praktisch aufgehört zu existieren.[95]

Erst ab Juni 1951 gab es im Schloss wieder ein Museum.[96] Doch eine Erinnerung an das im Sommer 1935 von Otto Krauschwitz eröffnete Heimatmuseum gab es nicht. Sie fiel der selektiven DDR-Geschichtsbetrachtung zum Opfer. Als Mitte der 1980er Jahre der Schüler Holger Schwarzer, ein Enkel des Museumsgründers, Schloss Neuenburg besuchte, las er auf einem Hinweisschild vor der heutigen Küchenmeisterei, dass das Museum im Bereich der Kernburg im Jahre 1951 eingerichtet worden sei. Der Schüler empfand diese Information als „Geschichtsfälschung", kratzte die falsche Jahreszahl mit einer Glasscherbe aus und ersetzte sie „mit einem Filzstift oder Kugelschreiber" durch die richtige: 1935.[97]

Anmerkungen

1 Otto Krauschwitz (geb. am 20. Oktober 1886 in Freyburg, gest. am 24. August 1938 in Naumburg), Schulbesuch in Freyburg, Marine-Kadetten-Anstalt in Emden, Fähnrich, Obervermessungs-Deckoffizier, Kapitänspatent, 31. März 1919 Heirat mit Charlotte Brodhäcker in Freyburg, seit 1. November 1930 NSDAP-Mitglied, März 1933 Wahl zum Stadtverordneten, von Juni 1933 bis zum 3. März 1936 Mitglied des Freyburger Magistrats als ehrenamtlicher Beigeordneter (in dieser Eigenschaft Dezernent für Friedhofs-, Baumpflanzungs-, Flur- und Forstwesen sowie Straßenbau), von 1935 bis 1938 ehrenamtlicher Leiter des Heimatmuseums im Schloss Neuenburg. Vgl. auch LHASA, MER, C 50 Querfurt, Nr. 2816, Bl. 83 f., 135; BA Berlin, ehem. BDC, NSDAP-Gaukartei: Otto Krauschwitz.

2 Bisher wurde angenommen, die offizielle Eröffnung habe im Herbst 1935 stattgefunden. Vgl. Berger, Siegfried und Georgy von Kameke: Verzeichnis der Museen, Heimat- u. Geschichtsvereine, Büchereien, Archive und Lichtbildstellen in der Provinz Sachsen und in Anhalt. Zweite, erw. Ausgabe. Merseburg 1935, S. 15 f. (Als dieses Verzeichnis am 1. März 1935 abgeschlossen wurde, war die Vorverlegung des Eröffnungstermins vermutlich noch nicht bekannt.)

3 Siehe Stöckel, Gerd: Spinnrad-Mädchen grenzt Datum ein. In: Mitteldeutsche Zeitung. Naumburger Tageblatt, Nr. 180 vom 5. August 2010.

4 Schreiben des Magistrats der Stadt Freyburg an die Provinzialregierung in Merseburg, 21. August 1931. In: LHASA, MER, C 48 III a, Nr. 11228, Bl. 26. Vermutlich wurde dieses Schreiben von einem Mitglied der Freyburger Ortsgruppe des Altertums- und Verkehrsverbandes Kreis Querfurt und angrenzende Gebiete e. V. verfasst. Die Initiative zur Gründung ging offensichtlich von diesem Verein aus, dem auch Krauschwitz angehörte. Der Posteingang des handschriftlichen Konzepts für dieses Schreiben erfolgte am 21. August 1931. Vgl. Konzept für den Brief vom 21. August 1931. In: Archiv der SDS, MSN, Nr. 1, A 2, Akte „Einrichtung eines Heimat-Museums im Schloß", Bl. 1.

5 Vermerk vom 16. Dezember 1931. In: LHASA, MER, C 55 Naumburg, Nr. 24, Bl. 52; ebd., Nr. 26, Bl. 356 (Grundriss des 1. Obergeschosses der Neuenburg, HBA Naumburg, 18. März 1932).

6 Vgl. Mietvertrag vom 9./18. Mai 1934. In: LHASA, wie Anm. 5, Nr. 35, Bl. 8–11.

7 Schreiben vom 6. Oktober 1931. In: LHASA, wie Anm. 4, Nr. 11228, Bl. 30v.

8 1880 und 1903 hatte das Preußische Hofmarschallamt einige Möbel und zwei Büsten des Königspaares für die Ausstellung im „Luisenzimmer" zur Verfügung gestellt. Sie galten nach 1918 als „ehemaliges Krongut". Alljährlich meldete die Stadt in ihrer Funktion als Schlosswart der Provinzialregierung die Vollständigkeit des Inventars. Vgl. Schreiben der Provinzialregierung an das HBA Naumburg, 26. September 1931. In: LHASA, wie Anm. 5, Nr. 24, Bl. 18; ebd., Nr. 35, Bl. 156, 247.

9 LHASA, wie Anm. 4, Nr. 11229, Bl. 47.

10 Minna Geiling (geb. am 19. Juli 1882 in Warmsdorf/Anhalt, gest. am 19. Januar 1971 in Zeuchfeld/Krs. Nebra) versah von 1924 bis 1938 das Amt der Kastellanin auf Schloss Neuenburg. Sie war bekannt als „Mutter Geiling".

11 Vgl. Charlotte Mahlke-Krauschwitz an Museumsleiterin Kristine Glatzel, 10. April 1992. In: Archiv der SDS, MSN.

12 Vgl. Naumburger Tageblatt. Bad Kösener Allgemeine Zeitung. Kreisblatt Allgemeine Zeitung. Anzeiger Neueste Nachrichten, Nr. 216 vom 15. September 1934 (2. Beilage).

13 Regierungspräsident Sommer an komm. Bürgermeister Plate, Konzept, 24. September 1934. In: LHASA, wie Anm. 4, Nr. 11229, Bl. 150.

14 Komm. Bürgermeister Plate an Regierungspräsident Sommer, 8. Oktober 1934. In: ebd., Bl. 151.

15 Vgl. Naumburger Tageblatt, wie Anm. 12, Nr. 63 vom 15. März 1935; ebd. Nr. 77 vom 1. April 1935.

16 Ebd., Nr. 63 vom 15. März 1935.

17 Vgl. Das Neuenburg-Heimatmuseum neu geordnet. In: ebd., Nr. 266 vom 12. November 1936 (2. Beilage).

18 Walter Schiele (geb. am 17. April 1913 in Freyburg, gest. am 16. September 1957 in Naumburg), ab 1935 Hausmeister im Heimatmuseum. Vgl. Stammbuch des Schlosses Freyburg Nr. D IIa 5 (eigenhändiger Eintrag Schieles zum 12. September 1898); Krauschwitz an Bürgermeister Uderstädt, 10. Juli 1936. In: Archiv der SDS, MSN, Akte 1 „Einrichtung eines Museums durch Magistrat Freyburg a. U. 1936–1941", Bl. 88^v.

19 Schiele, Walter: Eigenhändige Aufzeichnungen zur Museumsgeschichte (1937–1945). In: Archiv der SDS, MSN, Akte „Chronik. Museum Schloß Neuenburg 1934–1990".

20 Vgl. Mahlke-Krauschwitz, wie Anm. 11.

21 Vgl. Kostenvoranschläge des HBA Naumburg für die Einrichtung eines Heimatmuseums. 15. Oktober 1931. In: LHASA, wie Anm. 5, Nr. 24, Bl. 22^v; Vermerk vom 3. Dezember 1931. In: ebd., Bl. 51.

22 Vgl. Mahlke-Krauschwitz, wie Anm. 11.

23 Vgl. Ein Gang durch das Heimatmuseum auf Schloß Neuenburg (II). In: Freyburger Bote, Anzeiger für den Amtsgerichtsbezirk Freyburg (Unstr.) Amtl. Verkündigungsblatt der Stadt Freyburg (Unstrut). Aus der Heimat für die Heimat, Nr. 149 vom 29. Juni 1935.

24 Telefongespräch von Kordula Ebert mit Brigitta Dettloff (Bielefeld) am 28. Juli 2010.

25 Vgl. Freyburger Bote, wie Anm. 23, Nr. 263 vom 9. November 1935. Während es hier heißt, dass Museum sei „im Laufe des Jahres 1935 von fast 18 000 Personen besichtigt" worden, gab das „Querfurter Tageblatt" für diesen Zeitraum „fast 19 000" Museumsbesucher an. Vgl. Querfurter Tageblatt. Amtliches Verordnungsblatt für Stadt und Kreis Querfurt. Querfurter Kreisblatt, Nr. 264 vom 11. November 1935.

26 Freyburger Bote, wie Anm. 23, Nr. 256 vom 2. November 1937.

27 Haben Sie schon unser Heimatmuseum besucht? In: Freyburger Bote, wie Anm. 23, Nr. 287 vom 8. Dezember 1938.

28 Freyburger Bote, wie Anm. 23, Nr. 263 vom 9. November 1935.

29 Ebd., Nr. 95 vom 25. April 1938.

30 Ebd., Nr. 123 vom 28. Mai 1938.

31 Ebd.

32 Naumburger Tageblatt, wie Anm. 12, Nr. 123 vom 28./29. Mai 1938 (2. Beilage); Freyburger Bote, wie Anm. 23, Nr. 123 vom 28. Mai 1938.

33 Ebd.

34 Vgl. Querfurter Tageblatt, wie Anm. 25, Nr. 262 vom 8. November 1935.

35 Naumburger Tageblatt, wie Anm. 12, Nr. 66 vom 18. März 1936.

36 Brigitta Dettloff (Bielefeld) an Kordula Ebert, 3. Januar 2010. In: Archiv der SDS, MSN.
37 Eugen Urban (geb. am 21. Oktober 1868 in Leipzig, gest. am 21. Oktober 1929 in Leipzig). Vgl. Greiner, Wilhelm: Die Thüringer Sagengemälde Eugen Urbans. In: Im Thüringer Wald. Jahrbuch für alle Freunde des Thüringer Waldes. Gotha 1931, S. 63–72.
38 Vgl. Naumburger Tageblatt, wie Anm. 12, Nr. 105 vom 6. Mai 1936 (1. Beilage). Das die Sage vom „Edelacker" zeigende dreiteilige Gemälde befand sich bereits seit 1935 als Leihgabe auf der Neuenburg. Vgl. Ein Gang durch das Heimatmuseum auf Schloß Neuenburg (I). In: Freyburger Bote, wie Anm. 23, Nr. 148 vom 28. Juni 1935.
39 Vgl. Greiner: Sagengemälde, wie Anm. 37; Die schönsten deutschen Sagen Thüringens. Volks- und Jugend-Ausgabe. Mit kurzer Erläuterung des mythischen Untergrundes der ältesten der geschilderten Sagen von Eugen Urban. Die Würdigung der Sagengemälde von Prof. Eugen Urban in der Deutschen Kunstschriftstellerwelt. Zusammengestellt von Richard Degen. Friedrichroda-Reinhardsbrunn o. J.
40 Vgl. Naumburger Tageblatt, wie Anm. 12, Nr. 108 vom 9./10. Mai 1936.
41 Ebd., Nr. 105 vom 6. Mai 1936.
42 Regierungspräsident Sommer an die Landesstelle Halle-Merseburg des Reichsministeriums für Volksaufklärung und Propaganda, Postausgang am 13. Oktober 1936. In: LHASA, wie Anm. 4, Nr. 11230, Bl. 203 f.
43 Regierungspräsident Sommer an die Landesstelle Halle-Merseburg des Reichsministeriums für Volksaufklärung und Propaganda, Konzept, undat., Postausgang vermutlich am 8. November 1937. In: ebd., Bl. 204.
44 Provinzialregierung (Regierungsdirektor Lagrèze in Vertretung des Regierungspräsidenten) an Provinzialkonservator Giesau, 26. November 1936. In: LDA, Archiv, AA 090-I f, Ortsakte Freyburg (Unstrut), Bd. III (1929–1966).
45 Provinzialkonservator Giesau an Regierungspräsident Sommer, 3. April 1937. In: LHASA, wie Anm. 4, Nr. 11230, Bl. 190.
46 Bürgermeister Uderstädt an Regierungspräsident Sommer, 29. April 1937. In: ebd., Bl. 192.
47 Gauamtsleiter Grahmann an Regierungspräsident Sommer, 11. Februar 1937. In: ebd., Bl. 197.
48 Provinzialkonservator Giesau an Regierungspräsident Sommer, 3. April 1937. In: ebd., Bl. 190^v.
49 Schreiben der Landesstelle Halle-Merseburg des Reichsministeriums für Volksaufklärung und Propaganda an Regierungspräsident Sommer, 25. August 1937. In: ebd., Bl. 198.
50 Venus bekam Strafarrest. Ein Gemälde erregte unnötigen Anstoß. In: Der Angriff. Das deutsche Abendblatt in Berlin, 17. August 1937. (hier zit. nach LHASA, wie Anm. 4, Nr. 11230, Bl. 194).
51 Regierungspräsident Sommer an die Landesstelle Halle-Merseburg des Reichsministeriums für Volksaufklärung und Propaganda, Konzept, undat., Postausgang vermutlich am 8. November 1937. In: LHASA, wie Anm. 4, Nr. 11230, Bl. 204 ff.
52 Ebd.
53 Regierungspräsident Sommer an Bürgermeister Uderstädt, 24. November 1937. In: ebd., Bl. 206 f.
54 Schiele: Aufzeichnungen, wie Anm. 19, Vermerk zum 7. Februar 1938.

55 Diese zwölf Bilder schenkte die Erbengemeinschaft Peter Urban/Wolfhart Röser am 5. November 2010 der SDS.
56 Bürgermeister Uderstädt an Regierungspräsident Sommer, 19. Januar 1937. In: LHASA, wie Anm. 4, Nr. 11230, Bl. 99.
57 OG-Führerin Reifert an Regierungsdirektor Remy, 9. Oktober 1936. In: ebd., Bl. 55 f.
58 Vgl. Bürgermeister Uderstädt an Regierungspräsident Sommer, 9. Juli 1937. In: ebd., Bl. 173.
59 Regierungspräsident Sommer an Bürgermeister Uderstädt, 16. Juli 1937. In: ebd., Bl. 174.
60 Vgl. Mahlke-Krauschwitz, wie Anm. 11.
61 Vgl. Bürgermeister Uderstädt an Regierungspräsident Sommer, 9. Juli 1937. In: LHASA, wie Anm. 4, Nr. 11230, Bl. 173.
62 Vertrag zwischen der Stadt Freyburg (Unstrut) und Herrn Obervermessungsdeckoffizier a. D. Otto Krauschwitz, 1938. Eine Kopie des nicht genau datierten und unterschriebenen Vertrages überließ Holger Schwarzer (Berlin) freundlicherweise dem Archiv der SDS, MSN.
63 Dr. Leonhard (Leo) Arnold (geb. am 6. Februar 1879 in Würzburg, gest. am 26. Juli 1966 in Freyburg), Chemiker, Studium von 1900 bis 1902 in Würzburg und Erlangen, Promotion 1904 in Erlangen „Beiträge zur Kenntnis des Erbiums" (phil. Diss.), Leiter des Heimatmuseums ab September 1938, staatlicher Archivpfleger für den Amtsgerichtsbezirk Freyburg ab November 1938 (bis mind. Januar 1946), von September 1939 bis 1945 „notdienstverpflichtet" bei der Stadthauptkasse in Freyburg. Vgl. LHASA, MD, C 96 II, Nr. 65, Bd. 1, Bl. 4, 462; ebd., Nr. 66, Bd. 2, Bl. 91.
64 Komm. Bürgermeister Bauer an Museumsleiter Arnold, 3. September 1938. In: Archiv der SDS, MSN, Akte 1 „Einrichtung eines Museums durch Magistrat Freyburg a. U. 1936–1941", Bl. 6.
65 Vgl. LHASA, C 96 II, Nr. 65, Bd. 1, Bl. 4.
66 Vgl. Brunn an Museumsleiter Arnold, 13. Mai 1939. In: Archiv der SDS, MSN, wie Anm. 64, Bl. 16.
67 Vgl. Mahlke-Krauschwitz, wie Anm. 11.
68 Vgl. Schiele: Aufzeichnungen, wie Anm. 19, Vermerk zum 1. November 1941.
69 Ebd., Vermerk zum 27. und 30. August 1939.
70 Freyburger Bote, wie Anm. 23, Nr. 86 vom 12. April 1940.
71 Schiele, Walter: Bericht über den Diebstahl im Schloss Museum, 9. April 1941. In: Archiv der SDS, MSN, Akte 1, Nr. 7 (Museumsgegenstände 1941–1945).
72 Bericht des HBA Naumburg, 14. Oktober 1938. In: LHASA, wie Anm. 5, Nr. 40, Bl. 39.
73 Beigeordneter Haedicke (in Vertretung für Bürgermeister Bauer) an Regierungspräsident Sommer, 5. Juni 1941. In: ebd., Nr. 35, Bl. 32.
74 Am 17. Januar 1939 wurde Franz Bauer (geb. am 22. März 1905 in Freyburg, gest. am 14. März 1983 in Unterföhring) hauptamtlicher Bürgermeister der Stadt Freyburg. Bis 1933 Bürovorsteher bei einem Freyburger Rechtsanwalt und seit März 1930 NSDAP-Mitglied, meldete er sich 1939 freiwillig zum Kriegsdienst (1940 Unteroffizier). Seine Vertretung oblag in dieser Zeit dem 1. Beigeordneten Otto Haedicke. Vgl. LHASA, MER, C 48 Ih, Nr. 927a, Bl. 251; BA Berlin, ehem. BDC, NSDAP-Zentral- und Gaukartei: Franz Bauer; Freyburger Bote, wie Anm. 23, Nr. 12 vom 14. Januar 1939 und ebd., Nr. 182 vom 6. August 1940.

75 Provinzialregierung (Englitzky im Auftrag des Regierungspräsidenten) an den Bürgermeister der Stadt Freyburg, 12. Juli 1941. In: LHASA, wie Anm. 5, Nr. 40, Bl. 129.

76 Die Berliner Zentrale des im Oktober 1933 gegründeten Gesamtverbandes Deutscher antikommunistischer Vereinigungen e. V. (Antikomintern) befand sich später im Hauptgebäude des Ministeriums für Volksaufklärung und Propaganda. Bei einem Luftangriff am 22. November 1943 wurden dort die meisten Akten- und Buchbestände der Antikomintern vernichtet.

77 Vgl. BA Berlin, R 55 (Reichsministerium für Volksaufklärung und Propaganda), Nr. 10268 (Personalakte des Antikomintern-Bibliothekars Erich Herrnring), Nr. 373 (Haushaltsangelegenheiten der Antikomintern); Priesdorff, Kurt von: Was ich in Freyburg (Unstrut) beim Zusammenbruch 1945 und in den ersten Monaten danach erlebte. Typoskript o. J., S. 4. In: Stadtarchiv Freyburg, Akte „Abhandlungen über Freyburg (Unstrut) und Berichte über Ereignisse in Freyburg (Unstrut) sowie über das Leben in Freyburg a. U., die von Freyburger Bürgern niedergeschrieben wurden."; Neumann, Ernst: Erinnerungen an die Jahre 1945/1946. Typoskript o. J., S. 2. In: ebd.

78 HBA Naumburg an die Firma Sachse & Co. in Halle (Saale), 9. Oktober 1943. In: LHASA, wie Anm. 5, Nr. 40, Bl. 202.

79 Vgl. Schreiben an das Reichsministerium für Volksaufklärung und Propaganda, 4. März 1944. In: BA Berlin, R 55, wie Anm. 77, Nr. 10268 (unfol.).

80 Neumann: Erinnerungen, wie Anm. 77. Die Bibliotheksbestände sollen „nach Querfurt" gebracht worden sein. Ernst Neumann (KPD), der die Aktenvernichtung miterlebte, wurde nach der Besetzung Freyburgs durch die Sowjets im Kalkwerk Flemmig als Treuhänder eingesetzt.

81 Verschiedene Exponate aus dem Museum Insterburg (Ostpreußen) gehören noch heute zum Bestand des MSN.

82 Vermerk über die Abgabe des Vorgangs „Luftschutzmäßige Bergung von Sammlungsstücken des Zeughauses im Schloß Neuenburg in Freyburg". In: LHASA, wie Anm. 5, Nr. 35, Bl. 40; Regierungspräsident Uebelhoer an das HBA Naumburg, 19. August 1944. In: ebd., Nr. 40, Bl. 205; vgl. Schiele: Aufzeichnungen, wie Anm. 19, Vermerk zum 21. August 1944; Priesdorff: Zusammenbruch 1945, wie Anm. 77, S. 8.; LHASA, MD, K 10, Nr. 315, Bl. 363, 468.

83 Bürgermeister Holter an den Minister für Volksbildung, Kunst und Wissenschaft des Landes Sachsen-Anhalt, 1. Juni 1948. In: LHASA, MD, K 10, Nr. 315, Bl. 351.

84 Vgl. u. a. Bürgermeister Holter an den Vorstand des HBA Naumburg, 12. Februar 1947. In: LHASA, wie Anm. 5, Nr. 40, Bl. 213; Eintrag von Familie Schmoranzer im Gästebuch des Museums Schloss Neuenburg, 29. August 2009. In: Archiv der SDS, MSN, abgedruckt in: Unsere Neuenburg (= Mitteilungen des Vereins zur Rettung und Erhaltung der Neuenburg e. V., Heft 11). Freyburg (Unstrut) 2010, S. 109; Akte „Chronik: Entwicklung des Museums" (unfol.). In: Archiv der SDS, MSN (vor allem die Aufzeichnungen von Hellmut Drescher zur Nutzung der Räume des Schlosses und der Domäne, Masch., um 1962).

85 Siehe dazu die Erlebnisberichte Neumann: Erinnerungen, wie Anm. 77; Pietzsch, Martin: Freyburg im 2. Weltkriege 1939/1945. Typoskript o. J. In: Stadtarchiv Freyburg, Akte „Abhandlungen über Freyburg (Unstrut) und Berichte über Ereignisse in Freyburg (Unstrut) sowie über das Leben in Freyburg a. U., die von Freyburger Bürgern niedergeschrieben wurden."; Priesdorff: Zusammenbruch 1945, wie Anm. 77.

86 Vgl. Bürgermeister Holter an den Vorstand des HBA Naumburg, 12. Februar 1947. In: LHASA, wie Anm. 5, Nr. 40, Bl. 213.

87 Schiele, Walter: „Meldung eines gewaltsamen Einbruchs …", 7. Juni 1945. In: Archiv der SDS, MSN, Akte 1, Nr. 7 (Museumsgegenstände 1941–1945).

88 Handschriftlicher Vermerk auf der Meldung vom 7. Juni 1945. In: ebd.

89 Bericht über die Zerstörung und Verschleuderung der ostpreußischen Museumsbestände in Freyburg (Unstrut), 27. Januar 1948. In: LHASA, wie Anm. 83, Bl. 363 f.; Priesdorff: Zusammenbruch 1945, wie Anm. 77, S. 8.

90 Vgl. Bericht des Museumspflegers Knorr, 2. Dezember 1946. In: LHASA, wie Anm. 83, Bl. 425^v.

91 Vgl. Bahn, Bernd W. und Kordula Ebert: Das Museum im Schloß Neuenburg und seine archäologische Sammlung. In: Archäologie in Sachsen-Anhalt, Bd. 2/2004 (Neue Folge). Hrsg. vom LDA Sachsen-Anhalt und der Archäologischen Gesellschaft in Sachsen-Anhalt e. V. Halle (Saale), S. 290 f.

92 Dr. Friedrich Holter (geb. am 8. August 1901 in Köthen/Anhalt, gest. am 9. Mai 1989 in Hannoversch Münden), Prähistoriker, von 1921 bis 1923 Studium in Halle (Saale) und Innsbruck, Promotion 1928 in Halle (Saale) „Die hallesche Kultur der frühen Eisenzeit" (phil. Diss., gedruckt 1934), von 1924 bis 1928 Volontär, später Hilfsarbeiter an der Landesanstalt für Vorgeschichte in Halle (Saale), ab 1928 Direktor des Landesmuseums der Grenzmarkprovinz Posen-Westpreußen, seit 1932 dort Landesarchäologe, seit 1. Mai 1933 NSDAP-Mitglied, vgl. BA Berlin, ehem. BDC, NSDAP-Gaukartei: Friedrich Holter (seine Zugehörigkeit zur NSDAP verneinte Holter im November 1946, vgl. undat. eigener Lebenslauf und Fragebogen vom 13. November 1946. In: LHASA, wie Anm. 74, Bl. 293–296), seit Oktober 1946 LDP-Mitglied, Bürgermeister der Stadt Freyburg (Unstrut) von Dezember 1946 bis mind. April 1950, 1952 Übersiedlung nach Hannoversch Münden, dort u. a. ehrenamtlicher Museumsleiter. Vgl. dazu auch LHASA, wie Anm. 83.

93 Bürgermeister Holter, wie Anm. 83.

94 Ebd.; Mahlke-Krauschwitz, wie Anm. 11.

95 Ebd.

96 Siehe in diesem Zusammenhang den Beitrag von Jörg Peukert in diesem Band.

97 Holger Schwarzer (Berlin) an Konrad Breitenborn, E-Mail vom 17. März 2011. In: Archiv der SDS.

Jörg Peukert
„Die Neuenburg muss gerettet werden!"
Schloss Neuenburg und sein Museum seit 1946

Ein kalter grauer Herbsttag

Der 25. November 1989 war im Hinblick auf die „große" Politik kein entscheidender Tag – und doch steht er in engstem Zusammenhang mit den Demonstrationen des „Wendeherbstes" in der DDR und dem Fall der Berliner Mauer am 9. November. Auch in der Kleinstadt Freyburg an der Unstrut waren die Menschen unzufrieden mit den gesellschaftlichen Zuständen, hatten sich in einer Bürgerinitiative zusammengefunden und sich im wahrsten Sinne des Wortes auf den Weg gemacht. Denn fast zwanzig Jahre lang war nun das Wahrzeichen der Stadt, die neunhundertjährige Neuenburg, schon geschlossen. Kaum einer ahnte auch nur, was sich hinter den mit stacheldrahtbewehrten Zäunen verbarrikadierten Mauern wirklich abspielte. Zwar hatten die Zeitungen in regelmäßigen Abständen von der baldigen Wiedereröffnung des Museums berichtet, doch bot die vernachlässigte Kernburg mit ihren desolaten Dächern und dem großen Brandschaden vom Frühsommer 1989 keinen optimistisch stimmenden Anblick.

Plötzlich, beginnend am 15. November 1989, gab es in Freyburg Unterschriftenlisten. Der in der Bürgerinitiative gebildete Arbeitskreis „Neuenburg" hatte sich zu dieser Aktion entschlossen. Mit seinem Namen konnte jeder die Forderung unterstützen: „Die Neuenburg muß gerettet werden! Wer befürwortet die Offenlegung und Kontrolle der Vorgänge auf der Neuenburg?"[1] Die Listen lagen in mehreren Geschäften und sogar in der Sektkellerei aus. Es kamen 892 Unterschriften zusammen. Ein Mut machendes Ergebnis. Schließlich waren solche Unterschriftensammlungen in der DDR immer noch risikobehaftet, so dass es in der Bevölkerung durchaus Vorbehalte gegenüber dieser Form der Meinungsäußerung gab.

Und dann, an jenem 25. November, erzwangen die Mitglieder des Arbeitskreises „Neuenburg" eine Besichtigung der Burganlage. Der Anblick von Verfall und Verwahrlosung verschlug vielen die Sprache, trieb ihnen Tränen in die Augen, machte wütend und zugleich entschlossen.

Auch wenn an jenem Novembertag des Jahres 1989 kaum jemandem bewusst war, dass das nach dem Zweiten Weltkrieg aufgebaute Museum im Grunde nicht mehr existierte, markiert der Tag doch den Aufbruch zur Rettung der Neuenburg und zur Wiederaufnahme der musealen Nutzung.

Jörg Peukert

233. Unterschriftenliste des Arbeitskreises „Neuenburg" der Bürgerinitiative Freyburg (Unstrut), November 1989

"Die Neuenburg muss gerettet werden!"

234. Der Museumsdirektor Peter Berger (Mitte) muss sich im Burghof den kritischen Fragen der Bürger stellen, 25. November 1989.

Zur Situation nach Kriegsende

Am 16. Dezember 1946 stellte Freyburgs Bürgermeister Wilhelm Bierbaß[2] beim Amt für Volksbildung des Landkreises Querfurt den Antrag auf Wiedereröffnung des städtischen Heimatmuseums im Schloss Neuenburg. Dieser Schritt war auf der Grundlage einer Direktive des Alliierten Kontrollrates möglich geworden, welche die Wiedereröffnung musealer Einrichtungen bis zum 1. Juli 1947 vorsah.[3] Bierbaß machte zugleich auf die schwierige Situation vor Ort aufmerksam: „Wie aber mehrmals berichtet, ist das Museum und ein großer Teil der Ausstellungsstücke durch die Besatzung, sowie wiederholte Unterbringung von Flüchtlingen und ähnlichen in Mitleidenschaft gezogen. Ich kann jedoch nicht entscheiden, wieweit die noch vorhandenen Anschauungsstücke für ein einigermaßen kunsthistorisch oder kulturell wertvolles Museum ausreichen, dies umsomehr, als noch ein Teil der brauchbaren Gegenstände leicht beschädigt oder aber schon angeschlagen sind."[4]

Eine schnelle Eröffnung des Museums war unter diesen Umständen nicht möglich. Hilfe suchend wandte sich die Stadt daraufhin an den Landesmu-

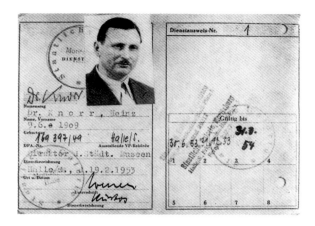

235. Dienstausweis von Dr. Heinz A. Knorr als Direktor der Staatlichen Galerie Moritzburg. Er war ab 1948 mit der Bergung des enteigneten Kunst- und Kulturgutes beauftragt.

seumspfleger Sachsen-Anhalts Dr. Heinz Arno Knorr[5], der bereits Anfang Dezember 1946 über die von ihm auf der Neuenburg vorgefundene Situation so berichtet hatte: „Das Heimatmuseum auf der Neuenburg ist restlos ausgeplündert worden. Nur Teile seines ehemals so reichen Bestandes konnten durch den Einsatz des Museumsleiters Dr. Leo Arnold und seines Helfers, Herrn Schiele, gerettet werden. Die Museumsräume im Schloss, die sich früher auf 2 Etagen erstreckten, sind leer. Es fehlen sogar die Lampen. Von den Schaupulten befinden sich noch 9 auf dem Boden, allerdings ohne Glasplatten. Die große, noch im Schauraum stehende Vitrine bietet, sämtlicher Glasplatten beraubt, einen trostlosen Anblick. Der Rittersaal ist leer und die Spiegel z. T. herausgebrochen. Ein kleiner Abstellraum enthält noch einen Posten alter Stichwaffen und Gewehre, ferner Reste der Versteinerungssammlung, leere Rahmen sowie einige moderne Ölbilder aus dem Zyklus der thüringer Sagen (ohne künstlerischen Wert!). Die Museumsräume waren bis zuletzt immer noch Einbrüchen ausgesetzt. Der vom Konservator bewilligte Geldbetrag von 2 500 RM zur Wiederherstellung des Museums soll zunächst für die Instandsetzung des Daches und der Innenräume verwandt werden. Mit den Arbeiten soll in Kürze begonnen werden, da die Handwerker bisher zur Demontage verpflichtet waren."[6] Außerdem erwähnte Knorr die Verluste in allen weiteren Bereichen. Die nach den Plünderungen und Zerstörungen zum Kriegsende geretteten Bestände waren von der Stadt Freyburg in eigens dafür angemieteten Lagerräumen untergebracht und inventarisiert worden. Die Sammlung des Museumsgründers Otto Krauschwitz[7] existierte nur noch zu einem Viertel. Am schwersten hatten der Fundus an historischen Waffen und die vorgeschichtliche Sammlung gelitten: Allein 120 Gefäße waren vernichtet worden. Trotzdem lagen noch nennenswerte Exponatmengen vor, zum Beispiel 160 Steinbeile, die jedoch aufgrund des Durcheinanders erst wieder auf ihren

Fundort hin identifiziert werden mussten. Unter den sichergestellten Musealien befanden sich ferner Innungsgeräte, Zinngefäße und Bilder, mehr oder minder beschädigt.

Generell stellte sich aber die Frage nach der Sinnfälligkeit der Wiedereinrichtung des Museums, und es wurde sogar erwogen, die verbliebenen Bestände in das Museum der Burg Querfurt zu überführen.[8] Dazu kam es zwar nicht, doch aufgrund des stark dezimierten Kunst- und Kulturguts gab es Überlegungen, den musealen Bereich auf die Doppelkapelle zu begrenzen.[9]

Dem Einsatz von Knorr, der schon seit 1946 trotz der zahlreichen Unklarheiten mit Energie und Optimismus die Wiedereinrichtung des Museums vorantrieb, war es zu verdanken, dass schließlich ein tragfähiger Weg eingeschlagen werden konnte.[10] In seinem Bericht vom Dezember 1946 hatte er eine etappenweise Realisierung vorgeschlagen, nachdem der damalige Museumsleiter Dr. Leo Arnold angesichts der dezimierten Bestände, der anstehenden Rückgabe der Sammlung Krauschwitz an die Witwe des Museumsgründers und der Abgabe umfangreicher Teile des restlichen Waffenfundus die erneute Anlage eines Museums sogar grundsätzlich in Zweifel zog. Zunächst sollten dafür nur einige wenige Räume genutzt werden, in denen die Einrichtung einer „Art Heimatstube" vorgesehen wurde. Naheliegend erschienen in diesem Zusammenhang der Aufbau der vorgeschichtlichen Sammlung und die Präsentation zur Geologie des Unstruttals, da seitens der Freyburger Schule schon ein Bedarf für Unterrichtszwecke bestand.[11]

Auf der Suche nach einer Gesamtnutzung von 1947 bis 1950

Im Januar 1947 überließ die Landesregierung zunächst dem Amt für Sozialfürsorge Sachsen-Anhalt das im Zuge der Bodenreform enteignete Schloss[12] für die Einrichtung eines Alten- und Pflegeheimes.[13] Voraussetzung war die Zuweisung von alternativem Wohnraum für die bisher hier untergebrachten Flüchtlingsfamilien.[14] Angesichts der katastrophalen Wohnungssituation in der Nachkriegszeit stellte dies ein schwieriges, ja nahezu aussichtsloses Unterfangen dar. Doch während sich die Behörden mit der Lösung des Problems befassten, signalisierte das Amt für Sozialfürsorge die Absicht, das Schloss wegen Nichteignung zurückzugeben.[15]

Die Suche nach einem passenden Verwendungszweck für Schloss Neuenburg zog sich über Jahre hin und verzögerte den Instandsetzungs- und Einrichtungsprozess. Die Stadt Freyburg lehnte, abgesehen vom Museum, eine Übernahme des gesamten Schlosskomplexes aus Kostengründen ab und wies darauf hin, dass die seit 1945 „freiwillig" ausgeübte Verwaltung für die Kommune erhebliche finanzielle Nachteile bedeutete. Daher solle doch das Land Sachsen-Anhalt die Verwaltung der Neuenburg selbst übernehmen. Für den Fall, dass die Aufgabe bei der Stadt verbliebe, müsste diese mit den entsprechenden Zuschüssen ausgestattet werden.[16]

Das Land Sachsen-Anhalt wiederum beabsichtigte 1948, die Liegenschaft dem Finanzministerium zur Einrichtung einer „Finanzschule" anzubieten. Die laufenden Verpflichtungen sah das Land jedoch bei der Stadt, weil für die Verwaltung von Volkseigentum die Nutzer zuständig waren.[17]

Im Juni 1948 beantragte schließlich auch noch die Gewerkschaft Kunst- und Schrifttum des FDGB, im Schloss ein „Erholungsheim für Kulturschaffende" einzurichten.[18] Zwischenzeitlich hatte sich der Rat der Stadt Freyburg aber grundsätzlich bereit erklärt, die Verwaltung bei Gewährung entsprechender Unterstützungsleistungen weiterzuführen.[19]

Der September 1948 brachte allerdings eine völlig neue Wendung: In Ausführung des Befehls Nr. 44 der SMAD vom 18. März 1948 wurde das Schloss Neuenburg auf Beschluss des Sekretariats der Deutschen Wirtschaftskommission Berlin im September 1948 der Sozialversicherungsanstalt Sachsen-Anhalt zur „Benutzung und Verwendung" zugewiesen.[20] Damit hatte sich der Gewerkschaftsantrag erledigt, und von den Verantwortlichen wurde die Übergabe der Liegenschaft vorbereitet, die im Februar 1949 mit dem Wechsel der Rechtsträgerschaft stattfand.[21] Voraussetzung für die Absicht der Sozialversicherungsanstalt, in der Neuenburg ein Genesungsheim einzurichten, war wiederum die Aufgabe der Mietwohnungen im Schloss. Das betraf damals immerhin 19 Familien mit ca. 80 Personen.[22] In der Folge übte die Landesregierung erheblichen Druck auf die zuständigen Behörden von Kreis und Stadt aus. Sie forderte den Abschluss der Umzüge bis zum 1. August 1949. Zugleich intervenierte die Regierung bei der Sozialversicherungsanstalt, um einen Kompromiss zum Erhalt des Museums herbeizuführen.[23]

Bis 1950 spitzte sich die Lage immer mehr zu: Städtische Anträge auf Zuschüsse für den Wohnungsbau wurden als nicht notwendig abgelehnt. Zugleich wiesen die Behörden auf die von vornherein nur als temporär anzusehende Lösung zur Unterbringung der Flüchtlingsfamilien hin und forderten die unbedingte Umsetzung des SMAD-Befehls, auf dessen Basis noch im Zwei-Jahres-Plan 1949/50 das Genesungsheim eröffnet werden sollte.[24] „Entschärft" wurde die Situation schließlich nur durch den Beschluss des Vorstands der Sozialversicherungsanstalt vom 19. April 1950, der vorsah, auf die Einrichtung eines Genesungsheims im Schloss wegen des damit verbundenen erheblichen Aufwands zu verzichten.[25]

"Die Neuenburg muss gerettet werden!"

236. Die Geologieabteilung im „Fechtsaal", 1950

Aufbau und Gründung des zweiten Neuenburg-Museums

1947 wurden der Stadt Freyburg für die Einrichtung des Museums die Doppelkapelle, der „Rittersaal" (heute: „Fürstensaal") und sechs zusätzliche Räume im ersten und zweiten Obergeschoss unentgeltlich überlassen.[26]

Noch im selben Jahr begannen die Vorbereitungen zur musealen Darstellung der historischen und wirtschaftlichen Entwicklung der Stadt Freyburg.[27] Zur Unterstützung dieser Arbeiten wurde 1948 ein örtlicher Museumsbeirat gegründet, dem folgende Personen unterschiedlichster Berufsgruppen angehörten: Dr. Friedrich Holter (Bürgermeister), Georg Kretzschmar (Weinkaufmann), Peter Hoffmann (Weinbauberater), Ernst Woite (Oberförster a. D.), Robert Kopors (Tischlermeister), Siegfried Haubold (Kreiskatechet), Erhard Jeschke (Lehrer a. D.), Max Lutze (Lehrer i. R. und Kulturamtsleiter), Hellmut Drescher (Drogist, Museumsarbeiter) und Ernst Sachse (Schlosser).[28]

Den Fortgang der Einrichtung erschwerten die immer wieder notwendigen Instandsetzungsmaßnahmen am Bauwerk selbst. Dabei erwies sich – wie überall in der Nachkriegszeit – die Materialbeschaffung als Hauptproblem. So wurde beispielsweise 1948 ein bereits wiederhergestellter Museumsraum durch eindringendes Regenwasser völlig unbrauchbar.[29] Angesichts der häufig erforderlichen Reparaturen war der „praktisch veranlagte" und von der Stadt bezahlte Museumsgehilfe Walter Schiele ein Glücksfall.[30]

Trotz aller Schwierigkeiten standen die ersten musealen Bereiche ab 1949 Besuchern offen.[31] Mit erhalten gebliebenen Museumsbeständen, aber auch mit Exponaten, die vom zentralen Depot der Moritzburg in Halle übernommen wurden[32], konnten die Ausstellungen nach vollständig neuen Gesichtspunkten bestückt werden. Neben der geologisch-wirtschaftlichen und der vorgeschichtlichen Abteilung fand nun auch ein Themenbereich zum Weinbau Eingang in die Planung.[33]

1948 übernahm der frühere Freyburger Lehrer Max Lutze, dem jetzt das Kulturamt der Stadt unterstand, die ehrenamtliche Museumsleitung. Im darauffolgenden Jahr wurde das im Aufbau befindliche kultur- und naturhistorische Museum zum „Kreismuseum" ernannt und Hellmut Drescher[34] zur Entlastung Lutzes als Museumsverwalter eingestellt.[35] Bereits Ende 1947 hatte Drescher bei Aufräumungsarbeiten zahlreiche „alte Akten und Schriftstücke" aus dem 16. bis 19. Jahrhundert „vor der Vernichtung" bewahren können.[36]

Schon 1949 kamen 13 000 Besucher. Angesichts dieser Erfolge beobachtete Knorr das „Zuständigkeitsgerangel" bezüglich der Nutzung der Gesamtanlage mit

237. Der „Minnesängerraum" nach Südosten, 1950

Themen waren hier die Hofhaltung der Thüringer Landgrafen und der Aufenthalt des Dichters Heinrich von Veldeke auf der Neuenburg.

„Die Neuenburg muss gerettet werden!"

238. Der „Rittersaal" nach Südosten, 1951

Bei der Einweihung des zweiten Neuenburg-Museums wurde der Saal von verschiedenen Kleinmöbelensembles geprägt. An den Wänden ist noch die ältere Stuckausstattung zu erkennen.

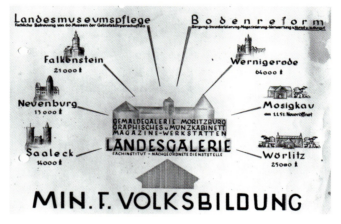

239. Aufbauschema des „Museumskombinats" der Landesgalerie Sachsen-Anhalt, 1951

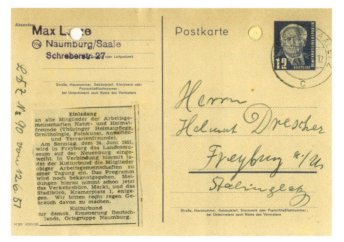

240. Im Zusammenhang mit der Eröffnung des Landesmuseums Schloss Neuenburg wurde eine Tagung des Kulturbundes geplant.

Postkarte von Max Lutze an Hellmut Drescher, Juni 1951

großer Sorge.³⁷ Die gute Entwicklung des Museums wollte er nutzen, um mit der organisatorischen Integration in die Landesgalerie Sachsen-Anhalt, Moritzburg (Halle), dessen Zuordnung zum Ministerium für Volksbildung zu erreichen.³⁸

Knorrs Bestrebungen hatten 1950 schließlich Erfolg. Die Landesbodenkommission beschloss die Übertragung der Rechtsträgerschaft an das Ministerium für Volksbildung.³⁹ Damit gehörte das Neuenburg-Museum ab 1951 neben Schloss Wernigerode, Burg Falkenstein, Schloss Mosigkau, Burg Saaleck und Schloss Wörlitz zum „Museumskombinat" der Landesgalerie.⁴⁰ Hellmut Drescher erhielt die „Planstelle" des Museumsleiters.

Die Einweihung des zweiten Neuenburg-Museums mit seiner kulturhistorischen Ausstellung als „Staatliches Museum Schloss Neuenburg" fand am 24. Juni 1951 statt. Besichtigungen waren zwar nur im Rahmen einer Führung möglich, doch gab es stetig anwachsende Gästezahlen. Bereits 1952 kamen 32 984 Besucher.⁴¹

Die Präsentation in den Räumen des ersten und zweiten Obergeschosses umfasste die Themenbereiche Heimatgeschichte im Kontext der Bodennutzung, Stadtgeschichte, Neuenburg-Sagen, historische Möbel als Zeugnisse der Handwerkskunst, Feudalismus (mit Schwerpunkt auf dem Herzogtum Sachsen-Weißenfels), Friedrich Ludwig Jahn, Tiere und Pflanzen der Heimat, Burggeschichte, Heinrich von Veldeke, Thüringer- und Landgrafen-Zeit, Weinbau, vor- und erdgeschichtliche Entwicklung der engeren Heimat. Die obere Kapelle wurde als reiner Schauraum, ohne Einbringung zusätzlicher Exponate oder inhaltlicher Erläuterungen, genutzt. Die Unterkapelle war nur von oben (durch die damals noch größere Öffnung) zu besichtigen.⁴²

Aus dem ursprünglichen „Heimatmuseum" wurde eine sozialistische „Volksbildungsstätte", und in einem Faltblatt zum Winzerfest 1951 stand zu lesen: „Das kulturgeschichtlich wertvolle Baudenkmal ist heute zu einem Museum des Landes Sachsen-Anhalt geworden und zeigt den Besuchern ein gesellschaftspolitisches Spiegelbild unserer Heimat. So entstand aus der Ritterburg, dem Sitz einer feudalen Gesellschaftsklasse, eine Volksbildungsstätte. Die vormals zur Burg gehörenden Ländereien der staatlichen Domäne wurden an 21 Neubauern aufgeteilt und eine Anzahl Neubürger fand hier eine neue Heimat."⁴³

Das Museum von 1952 bis 1970

1952 änderte sich im Zusammenhang mit der Auflösung der Länder und der Bildung von Bezirks- und Kreisstrukturen in der DDR die Zuordnung des Museums. Es wurde dem Rat des neu gebildeten Kreises Nebra unterstellt. Diesen

Prozess sah Knorr als Direktor der Landesgalerie Sachsen-Anhalt aus fachlicher und organisatorischer Sicht sehr kritisch: „Wir sind der Ansicht, daß durch die Übergabe an die Kreise nur Nachteile erwachsen werden, weil bei diesen die für die Objekte notwendigen Spezialkenntnisse in der Verwaltung nicht vorhanden sind und die Verwaltung von der fachlichen Betreuung keinesfalls zu trennen ist. […] Die Schloßmuseen der staatlichen Galerie dürfen auf keinen Fall Versuchsobjekte für die Verwaltung werden."[44] Doch die gut begründeten Bedenken konnten den politischen Vorgang nicht aufhalten. Für das Museum Schloss Neuenburg bedeutete die Herauslösung aus dem „Museumskombinat" eine Herabstufung seiner Bedeutung. Nun fehlten auch materielle Zuwendungen der neu geschaffenen Bezirksebene, sodass für die weitere museale Arbeit, den Unterhalt und die Instandsetzung des Bauwerks weniger Mittel zur Verfügung standen.

Im Hinblick auf die fachliche Betreuung hatte Knorr insofern Erfolg, als im Herbst 1952 im Bezirk Halle ein Bezirksmuseumsausschuss gebildet wurde, dem er als sogenannter Bezirksmuseumspfleger vorstand. Organisatorisch erfolgte eine Gliederung in acht Museumspflegschaften. Für die Pflegschaft 3 „Freyburg" (Schloss Neuenburg, Jahn-Museum, Museen Laucha, Querfurt, Naumburg und Saaleck) war der Neuenburger Museumsleiter Drescher verantwortlich.[45] Insge-

241. Hellmut Drescher (Mitte) mit einer Führung in der Oberkapelle, 1970

samt blieb die Wirkung des Ausschusses durch die fehlende haushalterische Entscheidungskompetenz hinsichtlich der notwendigen Maßnahmen in den Objekten begrenzt.

Im Jahr 1957 erfolgte erneut eine Verlagerung der Zuständigkeit für das Museum. Die Verantwortung wechselte vom Rat des Kreises Nebra zum Rat der Stadt Freyburg. Damit war auch die Integration in den städtischen Haushalt verbunden. Die Verwaltung der Wohnungen im Schloss und die Erledigung der laufenden Verpflichtungen aus den Mietverträgen verblieben aber in der Zuständigkeit der Museumsleitung. Somit hatte sich an der personellen (Über-)Belastung nichts geändert, die finanziellen Möglichkeiten für den Erhalt des Baudenkmals und die adäquate Museumsnutzung sollten sich in den folgenden Jahren erheblich verschlechtern.[46]

Trotz aller Schwierigkeiten entwickelte sich das Museum zu einer fachlich gut strukturierten Einrichtung und zu einem überregional beliebten Ausflugsziel. Anfang der 1960er Jahre war es in die Bereiche Geschichte des Feudalismus/Absolutismus, Baugeschichte der Burg einschließlich der Doppelkapelle, Minnesänger und Heinrich von Veldeke, Jagdgeschichte, Weinbau an Saale und Unstrut, Geologie, Ur- und Frühgeschichte, Biologie und Naturschutz gegliedert.[47]

242. Die Weinabteilung im Flur oberhalb der Barocktreppe in den 1960er Jahren

243. Die „Sechs Schwaben" mit dem Sauspieß im „Jägermeisterzimmer"
Führung von Hellmut Drescher für eine Zeitzer Schulklasse, 1964

Drescher erweiterte den Fundus durch Ankäufe, Leihgaben und besonders durch Schenkungen beträchtlich. Seine museale Tätigkeit galt dem zielstrebigen Aufbau und der Weiterentwicklung des kultur- und naturhistorischen Museums.[48] Besonderen Wert legte er auf die Einbeziehung der Bevölkerung in die Museumsarbeit und die Sammelaktivitäten sowie auf die Vermittlung regionalgeschichtlichen Wissens an die jüngere Generation. Die im Frühjahr 1952 durch Drescher gegründete Arbeitsgemeinschaft „Junge Historiker" erfreute sich über viele Jahre hinweg großer Beliebtheit. Viele Kinder und Jugendliche fanden durch ihn ihren späteren Berufsweg als Museologen, Historiker oder Denkmalpfleger.[49]

Ab 1952 engagierte sich Drescher zusätzlich als ehrenamtlicher Kreisbodendenkmalpfleger. Im Zusammenhang damit bargen er und seine jungen Mitstreiter im Kreis Nebra an zahlreichen Stellen Museumsexponate, die seit 1945 als verschollen galten. Dreschers großes Ziel war die inhaltliche wie räumliche Erweiterung der Ausstellung zum Weinbau, für die er unter Schwerpunktsetzung auf das Saale-Unstrut-Gebiet seit 1955 Geräte, Ausstattungsgegenstände und Unterlagen sammelte.[50]

Jörg Peukert

Das Museum ab 1970 – gesperrt und gefährdet

Nachdem über Jahre immer nur die unmittelbar notwendigen Reparaturen – und auch das eher schleppend – ausgeführt worden waren, mahnte Gotthard Voß[51] vom Institut für Denkmalpflege, Arbeitsstelle Halle, schon 1967 die Erstellung eines genauen Bauzustandsplanes an, um perspektivisch eine geordnete Instandsetzung der gesamten Burganlage vornehmen zu können.[52] Am 6. April 1970 empfahl dann Hans Berger[53] als zuständiger Konservator dieses Instituts der Abteilung Kultur des Rates des Bezirkes Halle, die Neuenburg umgehend in den „Schwerpunktplan 1971–1975" aufzunehmen. Berger definierte nach Bedeutung der Objekte und der Dringlichkeit baulicher Maßnahmen die nächstliegenden Vorhaben im Bereich der Denkmalpflege. Zur Begründung hieß es: „Die Schadensmeldungen durch die staatliche Bauaufsicht waren so beeindruckend, dass wir eine Kontrolle des Bauzustandes durchgeführt haben und danach für möglichst baldige Generalreparaturen eintreten. Es handelt sich auf der Neuenburg um Schäden an der Außenhaut des Mauerwerks und der Strebepfeiler, um die gleichen Schäden, die in Quedlinburg zur Katastrophe am Schlossberg (Beseitigung dann rund 900 000 Mark) geführt haben."[54] Im September 1970 berichtete Berger Museumsleiter Drescher, dass er die Räte des Kreises und des Bezirkes eingeschaltet habe und sein Institut sehr gern unterstützend eingreifen würde, wenn es nur könnte: „Leider ist die Gründung eines Spezialbetriebs für Denkmalpflege im Bezirk Halle", so Berger, „noch keinen Schritt weitergekommen. Wir sind ausschließlich auf die Kapazitäten angewiesen, die von den Kreisbauämtern bzw. den örtlichen Organen über Werterhaltung zur Verfügung gestellt werden. Je nach Einsicht in die Notwendigkeit der Werterhaltung an Baudenkmalen werden dann Maßnahmen durchgeführt oder sie unterbleiben."[55]

244. Dieser Zettel vom 10. Februar 1971 informierte am Museumseingang über die Sperrung der Burganlage auf Anordnung der staatlichen Bauaufsicht.

Schon Ende 1970 war an der Westseite des „Kirchsaales" sowie an der Dachkonstruktion echter Hausschwamm festgestellt worden. Beim Freilegen der Balken trat noch weiterer Holzschädlingsbefall zutage – es bestand teilweise Einsturzgefahr. Das Museum wurde baupolizeilich für Besucher gesperrt. Zwar fanden bereits 1971/72 Erneuerungsarbeiten an den Decken und Fußböden im Bereich von „Fecht-" und „Kirchsaal" statt, eine Wiedereröffnung stand allerdings in weiter Ferne, zu groß war der über die Zeit angewachsene Instandsetzungs- und Sanierungsbedarf.

Hans Bergers Studie von 1973/74

Eine erste „Studie zur Frage der Nutzung des Schlosses Neuenburg in Freyburg/U. als Museum, Gaststätte und Hotel" verfasste 1973/74 Hans Berger.[56] Schon in seinen Vorbemerkungen kam er zu der Einschätzung, dass der Neuenburg weder die aktuelle Nutzung noch der augenblickliche Bauzustand, den er „alles in allem als noch befriedigend" ansah, entsprechen würde. Weiter schilderte er die Situation: „Das eigentliche Schloß beherbergt ein Museum von bisher örtlicher Bedeutung, 21 Wohnungen und ein Konsumgeschäft. Eine Anzahl von Räumen steht leer. In der Vorburg befinden sich Wirtschafts- und Wohngebäude einer LPG. Seit 1971 laufen Werterhaltungsarbeiten an den vom Museum genutzten Teilen des Schlosses. Sie müssen v. a. auf die Dächer des gesamten Komplexes (dringender Notfall: das Kupferdach des „Dicken Wilhelm") und auf einen Teil des Mauerwerks ausgedehnt werden. Denkmalpflegerische Aufgaben wie die Restaurierung wertvoller Innenräume mussten bisher auf kleine Versuche beschränkt bleiben. Ihre Durchführung würde die Anlage ganz erheblich aufwerten."[57] Im Ergebnis längerer Untersuchungen empfahl Berger, die Stadt Freyburg zum Mittelpunkt der Erholung und des Tourismus im Saale-Unstrut-Gebiet – zu einer Art „Ferienstadt" – zu machen und der Neuenburg in diesem Rahmen zentrale Aufgaben kultureller und gastronomischer Art zuzuweisen. Das betraf die Darstellung des Baudenkmals und der Kulturlandschaft, die museale Nutzung der Schlossanlage mit einem umfangreichen kulturellen Angebot von Ausstellungen, Konzerten, Vorträgen und Theateraufführungen, die Einrichtung gastronomischer Betriebe (Terrassenkaffee, Weinkeller und Hotel) sowie die Einbindung in verschiedene touristische Angebote wie Wandern, Reit- und Wassersport.

Die Aufhebung der Wohnnutzung im gesamten Burgkomplex und die Schließung der Konsumverkaufsstelle im Fürstenbau sah Berger als grundlegende Voraussetzungen für eine Generalinstandsetzung an, die er in drei große „Rekonstruktions-Abschnitte" gliederte: An erster Stelle stand der Fürstenbau mit der

245. *Die noch zu Wohnzwecken genutzte „Küchenmeisterei" von Nordosten (im Bildhintergrund der Fürstenbau), 1973/74*

Einrichtung als Museum, an zweiter der nördliche Galerieflügel mit der Nutzung als Touristenhotel und an dritter die Vorburg.[58] In einem Erläuterungsbericht nahm er zu den Teilvorhaben Stellung.

Neben der allgemeinen baulichen Instandsetzung, in der Berger die Außenarchitektur der Doppelkapelle durch Entfernen der jüngeren Strebepfeiler auf ihren ursprünglichen Zustand zurückführen wollte[59], betrafen diese Überlegungen im ersten Abschnitt vor allem die Gebäudeteile des zukünftigen Museums. Im Zuge einer räumlichen Erweiterung sollte der gesamte Fürstenbau für Ausstellungszwecke zur Verfügung stehen und zentral vom oberen Schlosshof über das Barockportal von 1704 erschlossen werden. Vorgesehen war im Erdgeschoss die Rekonstruktion der „großen Eingangshalle" (heute Festsaal) als zentraler Besucherempfang. Ein größerer Raum sollte für Sonderausstellungen reserviert bleiben. Alle übrigen Räume, bis auf die Unterkapelle, waren der Darstellung der Geologie und des Weinbaus im Unstruttal vorbehalten. Im Gewölbe des Untergeschosses wollte Berger die Abteilungen „Ur- und Frühgeschichte" sowie „Frühe Baugeschichte der Burg" als Auftakt zu der sich anschließenden folgenden Besichtigung der Doppelkapelle einrichten. Im Obergeschoss („Kirchsaal", „Betstuben")

246. Entwurfsskizze von Hans Berger für den neuen Museumszugang durch das „Remisentor" neben der „Küchenmeisterei", 1973/74

sollte dieses Thema im Zusammenhang mit der oberen Kapelle noch einmal aufgegriffen werden und eine museale Darstellung der Geschichte der heiligen Elisabeth und des Dichters Heinrich von Veldeke erfolgen. In allen anderen Räumen setzte Berger den zeitlich-inhaltlichen Bezug auf die Phase nach dem Umbau zum Wohnschloss (ab dem 16. Jahrhundert). Die geplante Ausstattung entsprach mit zugeordneten Möbeln, Bildern, Plastik und ähnlichem diesem Ansatz. Der „Fürstensaal" wurde neben einer musealen Nutzung auch als Konzertraum konzipiert. In Abhängigkeit von den baulichen Voraussetzungen für die Wiederherstellung der zwischenzeitlich als Schmiede genutzten Küchenmeisterei erwog Berger deren Einbeziehung in die Schlossführungen als historischer Schauraum.

Mit der Komplettschließung der seit dem 19. Jahrhundert bestehenden Öffnung im nordöstlichen Teil der Hofbefestigung empfahl Berger die Wiederherstellung der barocken Einfahrtsituation („Remisentor") und damit eine gezielte Lenkung der Besucher zum neuen Haupteingang des Museums im Fürstenbau.

Ein weiterer Vorschlag Bergers betraf die Einrichtung eines Cafés im südlichen Galerieflügel mit über 100 Sitzplätzen im Innenbereich und 150 auf der Terrasse.

Im zweiten Bauabschnitt sollte die Gastronomie durch eine Küche im Westteil der Galerieflügel und ein Speiserestaurant („Weinstube", 125 Sitzplätze) im Nordteil erweitert werden. Außerdem war hier die Einrichtung eines Hotels vorgesehen. Die vom übrigen Freibereich abgetrennte Nordterrasse wurde als Erholungsraum im Freien (Liegewiese, Tischtennis u. ä.) für die Hotelgäste konzipiert. Die Gestaltung des oberen Schlosshofes sah die Sichtbarmachung der Fundamente des Bergfrieds I und die Schaffung eines multifunktionalen Konzert- und Theaterplatzes mit einer Kapazität von 500 Plätzen vor.

Kernstück des dritten Bauabschnittes sollte die Vorburg sein. „Die bisher vorgeschlagene Nutzung des Schlosses bleibt unvollkommen in vielerlei Hinsicht", so Berger, „wenn ihr die Rekonstruktion der Vorburg nicht in absehbarer Zeit folgt: als Führungsobjekt z. B., weil das weithin sichtbare Wahrzeichen der ‚Dicke Wilhelm' und die Reste der Burganlage (Torso des 3. Bergfriedes, Mauerring) unzugänglich sind – als Ziel des Tourismus, weil keine Parkplätze usw. zur Verfügung stehen." Weitere geplante Ausbauschritte befassten sich mit der Herrichtung der Gebäude zu Wohnzwecken für Angestellte und zu einem zusätzlichen Bettenhaus für das Hotel sowie mit der Begrünung des nördlichen Vorburgteils als „Schlossgarten". Die geschätzten Kosten beliefen sich, basierend auf einem Vergleich zu anderen Baumaßnahmen, auf 600 000 Mark im ersten, 2 400 000 Mark im zweiten und eine noch nicht absehbare Summe im dritten Bauabschnitt.[60]

Zwischen Konzeption und Realität

Auch wenn mit der Studie ein erster „Leitfaden" für die planmäßige Instandsetzung und spätere Nutzung der gesamten Schlossanlage vorlag, so herrschten doch im alltäglichen Ablauf die „sozialistischen Realitäten" der katastrophalen Mangelwirtschaft im Bauwesen der DDR. Hinzu kam die politische Prioritätensetzung. Im Gegensatz zu anderen historischen Anlagen wie etwa Schloss Allstedt (1975: 500 Jahre Bauernkrieg, 1989: 500. Geburtstag Thomas Müntzers) ließen sich mit der Neuenburg keine gesellschaftlich relevanten Jubiläen oder Ereignisse verbinden, die die Arbeiten beschleunigt hätten.[61] Die für 1973 vorgesehene und nach den Sturmschäden von 1967 dringend notwendige Neueindeckung des Daches vom Bergfried „Dicker Wilhelm" drohte schon deshalb zu scheitern, weil 300 Kilogramm Kupfernägel fehlten und keine Aussicht auf Beschaffung bestand.[62]

Hinsichtlich der schon seit längerer Zeit geforderten Teileröffnung des Museums musste festgestellt werden, dass diese kaum vor Sommer 1973 zu realisieren sei, da das dafür notwendige Minimum an Räumen (kleiner Flur und Renaissance-Wendeltreppe, „Kirchsaal", „Betstuben", Oberkapelle) frühestens zu diesem Zeitpunkt zur Verfügung stehen würde.[63] Und so sollte es im Spannungsfeld von fehlendem Material und finanziellen Mitteln, mangelnder Verfügbarkeit geeigneter Fachfirmen, neu auftretenden Bauschäden, Wohnungsproblemen und nicht vorhandenem politischen Interesse über die Jahre weitergehen. Die folgende Aufzählung präsentiert schlaglichtartig die Abfolge einer Vielzahl hemmender Faktoren und verdeutlicht damit zugleich Komplexität und Dramatik der Situation: 1973 musste die Dachreparatur am „Dicken Wilhelm" nun wegen nicht verfügbarer Zimmerer verschoben werden, einmal leer gezogene Wohnungen im Schloss wurden wieder vergeben und infolge falsch ausgeführter Reparaturen bildeten sich an den Gewölben in der Oberkapelle Risse.[64]

Am 1. April 1974 mahnte Berger beim Rat des Kreises Nebra die noch immer ausstehende Beratung seiner Nutzungsstudie an.[65]

247. Der zwecks Mauerwerkssanierung eingerüstete Bergfried „Dicker Wilhelm" von Südosten, 1979
Deutlich sind die Schäden an der Dachhaube erkennbar.

248. Im Zusammenhang mit den Bauarbeiten erfolgte die übergangsweise Einlagerung von musealem Gut im „Fürstensaal", 1973.

Die erst 1973 erneuerten Schieferdächer im Bereich von Löwentor und Fürstenbau weisen nach den Herbststürmen dieses Jahres große Schäden auf. Die Erneuerung der übrigen Dachflächen war noch nicht erfolgt, obwohl die dazu notwendigen Biberschwänze seit Jahren im Hof lagerten.[66] Auch ein dringend benötigter Bauleiter konnte nicht gefunden werden.[67] Die Arbeiten am Bergfried stagnierten weiterhin aufgrund des Fehlens von Zimmerleuten und Gerüst.[68] 1975 konnte wegen der „Schwierigkeiten im Bausektor" die immer wieder vorgesehene Teileröffnung nicht einmal terminiert werden.[69] Die Schieferdächer waren weiterhin schadhaft, die anderen Dächer stark reparaturbedürftig; wegen akuter Gefährdung konnten die Arbeiten an den Stützmauern nicht mehr aufgeschoben werden und mussten spätestens 1976 beginnen. Am „Dicken Wilhelm" fehlte nach wie vor das Gerüst[70], die seit 1972 angemahnte Herstellung neuer Holzfenster für den Museumsbereich war mangels zentraler Genehmigung und fehlender Produktionskapazitäten noch nicht erfolgt.[71]

Zwar liefen parallel verschiedene Instandsetzungen, bauvorbereitende Maßnahmen und partiell auch restauratorische und bauhistorische Untersuchungen,

249. *„Bohlenstube" und Treppenhaus (Weinabteilung), Sanierungsarbeiten am schadhaften Fußboden, 1973*

so beispielsweise an den Decken und Fußböden in „Kirch-" und „Fechtsaal" sowie den „Betstuben"[72], an einem Teil der Dächer des Galerieflügels, am Fürstenbau und im Innenbereich der Doppelkapelle.[73] Ebenso versuchte Hellmut Drescher gemeinsam mit den beiden Museumshandwerkern Wilfried Weise und Hans-Joachim Jasiulek die notwendigsten Arbeiten so weit wie möglich in Eigenregie vorzunehmen und zugleich die fachliche Anleitung der in der Schlossanlage arbeitenden Firmen mit dem Ziel eines effizienten Einsatzes zu übernehmen.[74] Doch an der immer prekärer werdenden Gesamtsituation mit einem sich mehr und mehr erweiternden Sanierungsstau konnte all das nichts ändern.

Außerdem beeinträchtigten die aufwendigen Bauprojekte zunehmend die Erledigung der Kernaufgaben des Museums (Sammeln, Bewahren, Forschen, Vermitteln) sowie die sachgemäße Lagerung der musealen Bestände.[75]

Am 22. März 1976 befasste sich eine Vor-Ort-Beratung und „operative Kontrolle" unter Leitung der Vorsitzenden des Rates des Kreises, Christa Henning, mit dem Stand der Erhaltungsarbeiten. Die dort ins Auge gefassten Lösungen zu den Problemen der Baukapazitäten hatten allerdings nur begrenzte Wirkung.[76]

Am 3. März 1978 beschloss die SED-Kreisleitung in Nebra die seit Ende 1977 vorbereitete „Konzeption zur weiteren kulturellen Entwicklung im Kreis Nebra". Die Beschlussvorlage vom 22. Februar 1978 vermerkte hinsichtlich des Museums Schloss Neuenburg: „Das Museum der Neuenburg ist als Heimatmuseum unter Beachtung der Geschichte der Arbeiterbewegung unseres Kreises auszurichten. Die Eröffnung erfolgt im Jahre 1978."[77]

Immerhin war 1977 die Aufnahme der Neuenburg in die „Zentrale Denkmalliste der DDR" gelungen, in die nur Objekte von nationaler und internationaler Bedeutung Eingang fanden.[78] Damit verband sich vor Ort natürlich die Hoffnung auf eine positivere Entwicklung.

Zum 1. Juli 1977 wurde der mittlerweile 75-jährige Museumsleiter Drescher in den Ruhestand versetzt. Sein Nachfolger, der Museologe Peter Berger[79], wies im Januar 1978 auf dem Dienstweg die Stadt Freyburg darauf hin, dass die Grundfunktionen des Museums nicht mehr gewährleistet seien und der Erfolg weiterer Maßnahmen vom Mitwirken der übergeordneten Behörden abhinge.[80] Zugleich berichtete er, dass für die weiteren Arbeiten zumindest eine fünfköpfige Arbeitsgruppe des VEB Denkmalpflege verpflichtet werden konnte. Für die notwendige Baufreiheit mahnte auch er dringend die Auflösung der Wohnsituation in den verschiedenen Schlossbereichen an, da ansonsten der Abzug der Handwerker nach Querfurt erfolgen würde.[81] Allein für die endgültige Lösung dieses Problems sollten noch einmal zwei Jahre vergehen.[82] Außerdem betonte Berger die Notwendigkeit einer weiterführenden Konzeption und schlug die Profilierung des Museums zum „Weinmuseum der DDR" vor.[83] Zu diesem Zeitpunkt war das ein durchaus geschickter Schachzug, verband sich mit der erwarteten „Bedeutungsaufwertung" doch die Hoffnung auf einen zügigeren Baufortschritt.

Der Bereich „Museum"

Anfang des Jahres 1978 lag zunächst eine Studie vor, die zwar die Nutzungs- und Ausbauvorschläge von 1973 einbezog, jedoch lediglich den zentralen Museumsteil zum Inhalt hatte.[84] Dieser Bereich „Museum" umfasste den romanischen Wohnturm mit Westtorhaus, die Doppelkapelle mit „Kirch-" und „Fechtsaal", das Löwentorhaus, den Fürstenbau, den daran anschließenden Ostflügel mit Osttorhaus, die Remisen und den südlichen Teil des Galerieflügels. Die Situationsanalyse benannte größere Schäden vor allem im Bereich der Galerieflügel, des Osttorhauses und der Remisen. In den anderen Teilen war durch die bis dahin erfolgten Baumaßnahmen der 1970er Jahre zunächst ein durchaus tragfähiger Arbeitsstand für den weiteren Ausbau erreicht worden. Der Nutzungsvorschlag für den Museumsrundgang ging von einer zentralen Eingangssituation über die zu rekonstruierende Freitreppe am Barockportal des Fürstenbaus aus. Der durch spätere Einbauten sehr kleinteilige Bereich des heutigen Festsaals sollte nach einer Entkernung als Eingangshalle mit Souvenirverkauf und Garderobe dienen. Des Weiteren wurden auf dieser Ebene der „Fechtsaal", das erste Obergeschoss des Löwentorhauses, der Flurbereich vor dem Wohnturm sowie die Räume des Wohn- und des Latrinenturms für die Museumsnutzung vorgesehen. Über die Barocktreppe führte der Rundgang dann in das nächste Geschoss mit den „Betstuben", der Oberkapelle, der „Bohlenstube" mit angrenzendem Flur, dem obersten Raum des romanischen Wohnturms („Jägermeisterzimmer") und dem „Fürstensaal" mit dem dazugehörigen Vorzimmer. Anschließend ging es über die südliche Wendeltreppe wieder hinab. Das heutige Konferenzzimmer („Jagdzimmer") blieb laut dieser Planung kleineren Sonderausstellungen vorbehalten. Der Ausgang erfolgte über die Eingangshalle. Die Unterkapelle war nicht direkter Teil des Rundgangs. Sie sollte – wie in den Jahren davor auch – nur vom Obergeschoss her zu besichtigen sein. In den Remisen sah die Studie einen „Schauraum für große Exponate" vor, in den anschließenden Räumen (heute Restaurantküche) eine Werkstatt für Möbelrestaurierung sowie im ersten Obergeschoss des

250. Der südliche (links) und der nördliche Galerieflügel, 1964
Laut der Studie Hans Bergers von 1973/74 sollten im südlichen Teil das Café und im nördlichen Teil die zentrale Küche, das Speiserestaurant und das Hotel entstehen. Die späteren Studien sahen hier vor allem die Funktions- und Magazinräume des Museums vor.

südlichen Galerieflügels weitere Büro- und Funktionsräume des Museums. Die Unterbringung von Werkstätten, Magazinen, Lagern und einem Fotolabor wurde in den Gewölben und der unteren Ebene des Fürstenbaus (heute Museumskasse) sowie im Erdgeschoss und im ersten Obergeschoss des Ostflügels/Fürstenbau und des romanischen Wohnturms konzipiert. Als zentrale Beheizung war der Anbau eines Heizhauses (mit einem Grundriss von 12 x 10 Metern und einer lichten Höhe von 4,2 Metern!) an den östlichen Giebel des nördlichen Galerieflügels vorgesehen.[85] Für die Realisierung erfolgte eine Unterteilung in mehrere Bauphasen, um die etappenweise Einrichtung des Museums und damit eine schnellere Öffnung von Bereichen für Besucher zu ermöglichen, so etwa erste Ausstellungen in der Eingangshalle oder Konzertveranstaltungen auf dem Burghof. Als Grundlagen für die weitere Projektierung wurden vor allem die Erarbeitung einer aktuellen denkmalpflegerischen Zielstellung und einer Museumskonzeption gefordert.[86]

Das „Weinmuseum der DDR"

In der Folge beauftragte Museumsdirektor Berger 1979 den VEB Denkmalpflege Halle mit der Erstellung einer weiteren Nutzungsstudie. Diese zielte nun auf die stärkere inhaltliche Profilierung des Museums ab und trug den Titel „Neuenburg – Freyburg/U. – Weinmuseum der DDR".[87] Die inhaltlichen Vorgaben legten den Schwerpunkt bei den ständigen Ausstellungen auf den Bereich „Weinanbau und Weinverarbeitung (mit Weinverkostung)". Darüber hinaus waren noch vorgesehen: Baugeschichte der Burg, Ur- und Frühgeschichte, Landwirtschaft (Domänennutzung des 19. und 20. Jahrhunderts), Geologie, Mineralogie, historische Möbel und Bildwerke. Ergänzung fand das Spektrum durch Räume für Wechsel- bzw. Sonderausstellungen und eine Galerie für moderne Kunst (Malerei, Grafik, Plastik). Neben dem „Fürstensaal" als Bestandteil des Museumsrundgangs und Konzertraum sollte noch ein Vortragssaal im „Fechtsaal" entstehen. Die Planungen für die gastronomische Versorgung umfassten nur noch eine auf Imbissversorgung ausgerichtete „Weinstube" im Erdgeschoss zwischen dem nördlichen und dem südlichen Galerieflügel mit einer Terrasse im Zwinger. Die Einrichtung eines Hotels wurde nicht mehr angestrebt. Vielmehr nahmen weite Bereiche (in erster Linie die Galerieflügel) Magazine, Werkstätten, Verwaltung und ein Fotolabor auf. Als Belegschaftsgröße waren 24 Personen (inkl. technischem Personal, Gastronomiebeschäftigten und Heizungs- sowie Reinigungskräften) anvisiert.

Im Unterschied zu den Vorschlägen von 1973 wurde der zentrale Zugang wieder durch das Löwentor geplant, um die jahrhundertealte, originäre Eingangssituation zu erhalten und nicht durch die jüngere Variante „Remisentor" aus der Barockzeit zu ersetzen. In der Kernburg übernahmen drei Eingänge die Erschließung der einzelnen Museumsabteilungen. Der erste im Nordteil des Galerieflügels führte zu Weinmuseum, Weinverkostung und Weinstube mit Terrasse; der zweite in den zentralen Museumsteil im Fürstenbau mit der Doppelkapelle, dem „Fürstensaal", dem Vortragssaal, dem romanischen Wohnturm, der „Galerie für moderne Kunst" sowie zu den Gewölben im Erd- und Kellergeschoss; der dritte in die Remise zur Ausstellung der „großen Exponate". In der Vorburg wurden die Einrichtung eines „Museums zur Geschichte der Domäne" und die Herrichtung des „Dicken Wilhelms" als Aussichtsturm sowie in dessen Kuppelgeschoss eventuell ein kleines Museum zur Burggeschichte geplant. Östlich der Vorburg sollte ein Besucherparkplatz für etwa 50 PKW und zehn Busse entstehen. Die Preisermittlung des VEB Denkmalpflege bezifferte die Ausführungskosten für die Gesamtkonzeption auf 3,4 Millionen Mark.

Die Entwicklung von 1980 bis zur Eröffnung des „Dicken Wilhelms"
im Jahr 1983

Als verbindliche Basis für die gezielte Instandsetzung der gesamten Schlossanlage galt ab 1980 die Studie „Weinmuseum der DDR", welche durchaus die Möglichkeit einer erfolgreichen Entwicklung bot.[88] Doch hatte sich an den schwierigen Bedingungen in der Bauwirtschaft nichts geändert. In aller Deutlichkeit schilderte Peter Berger grundlegend die Situation und zugleich deren Widersprüchlichkeit gegenüber Chefkonservator Hans Berger. Die seit 1978 laufenden Sanierungsarbeiten hatten trotz aller Schwierigkeiten einen Stand erreicht, von dem aus etappenweise die verschiedenen Bauabschnitte gemäß der Nutzungsstudie und der denkmalpflegerischen Zielsetzung hätten fortgesetzt werden können. Seit 1980 fanden auch regelmäßige Abstimmungen zwischen dem Institut für Denkmalpflege, dem VEB Denkmalpflege und dem Museum statt. Für die am stärksten gefährdeten Bereiche wie den Galerieflügel, das Westtorhaus und die Doppelkapelle waren Sicherungskonzepte erarbeitet worden, auf deren Grundlage entsprechende Maßnahmen umgesetzt werden sollten.

Die Arbeiten am Bergfried „Dicker Wilhelm" liefen Stück für Stück. Da dort die ersten Ausstellungsbereiche und die Informationsabteilung der Schlossanlage entstehen sollten, beförderte Peter Berger die damit verbundenen Tätigkeiten, um den Turm 1982 eröffnen zu können. Die Arbeitsgruppe des VEB Denkmalpflege hatte sich vor Ort eingearbeitet. Negativ wirkten sich jedoch der im Vergleich zu anderen Firmen hohe Stundensatz für die speziellen Bauleistungen des Denkmalpflegebetriebs und der trotz laufender Arbeiten an der Neuenburg erfolgende Abzug von Arbeitskräften zu anderen Baustellen aus. Damit ging die Zersplitterung der personellen wie materiellen Gesamtkapazität des Werkstattbereichs des VEB auf mehrere Bauwerke (Burg Querfurt, Schloss Allstedt, Schloss Neuenburg) einher. In der Folge kam die Fertigstellung der einzelnen Objekte nur schrittweise voran.

Unter diesen Voraussetzungen hätte nun der Einsatz von weiteren Firmen und dessen finanzielle Absicherung erfolgen müssen, um die umfänglichen und dringend notwendigen Maßnahmen auf der Neuenburg in Gänze durchführen zu können. Doch dann folgt die fatale Lageeinschätzung des Museumsdirektors:

„[…] eine planmäßige und systematische Arbeit an der Schloßanlage wäre 1981 jetzt möglich. Leider zeichnet sich schon wieder im Vorfeld der ersten Planentwürfe für das kommende Jahr eine Fehlentwicklung ab, die uns seit 1978 chronisch begleitet. Die von den übergeordneten Organen zur Verfügung gestellten Werterhaltungsmittel reichen nicht zur Abdeckung der vorhandenen Kapazitäten aus! Dieser Kardinalwiderspruch führt somit erneut zu einer übernatürlichen Belastung der Kräfte, die an der Basis arbeiten und deren Bemühen und Drängen im Interesse der gemeinsamen Sache, diese Disproportion zu beseitigen, außerdem gerügt oder negiert wird. Ich bin nach gründlicher Überlegung zu der Schlussfolgerung gelangt, dass von den verantwortlichen Institutionen jetzt eine Grundsatzentscheidung zu fällen sein sollte! Entweder die Werterhaltungsmittel werden entsprechend der vorhandenen Baukapazität abgesichert oder nach dem Verbrauch der von vornherein nicht ausreichenden Mittel werden die Arbeiten unterbrochen. Letztere Entscheidung würde zu einem unersetzlichen Verlust führen und sich zum Nachteil der Schloßanlage ausweiten."[89]

Angesichts dieser Situation stellte Peter Berger drei Varianten für die Fortsetzung der Arbeiten auf. Die erste verfolgte die Fortführung bzw. Erledigung aller notwendigen Maßnahmen: Sicherungs- und Instandsetzungsarbeiten am Galerieflügel, Sicherung des Westtorhauses und der anschließenden Umfassungsmauern, weiterführende Baumaßnahmen am Bergfried „Dicker Wilhelm", Neueindeckung eines Teils des Galerieflügels, grundlegende Elektroinstallationen sowie diverse Schlosserarbeiten. Die Varianten zwei und drei trugen den reduzierten personellen wie materiellen Ressourcen Rechnung und umfassten dann lediglich noch die Arbeiten am Galerieflügel und dem Westtorhaus oder das Gesamtvolumen Galerieflügel (inkl. Dacheindeckung) und die Weiterführung der Instandsetzung des Bergfrieds.[90]

Infolge der durchaus dramatischen Entwicklung wandte sich Hans Berger an Günther Kuhbach, zuständiges Mitglied für Kultur des Rates des Bezirkes Halle. Er schlug ihm im Dezember 1980 vor, im kommenden Jahr durch Zurücksetzung von Maßnahmen an anderen Bauwerken auf der Neuenburg einen „möglichst großen Schritt nach vorn zu tun".[91] Nur einen Monat später schilderte er dann noch einmal die aktuelle Lage. Aufgrund der guten Zusammenarbeit des VEB Denkmalpflege mit der von Peter Berger engagierten örtlichen Baubrigade, der Lieferung des Dachdeckungsmaterials für den gesamten Bereich und der Verfügbarkeit einer Querfurter Fachfirma kommt er zu dem Schluss: „Insgesamt kann ich feststellen, dass wir eine so günstige Ausgangsposition in Freyburg überhaupt noch nicht gehabt haben."[92] Doch auch diese wurde vertan! Dem inzwischen schon reduzierten Gesamtvolumen von ca. 550 000 Mark standen lediglich bestätigte Mittel in Höhe von 350 000 Mark gegenüber: 250 000 Mark vom Institut für Denkmalpflege und 100 000 Mark vom Bezirk Halle. Der Rat des Kreises Nebra hatte keinerlei Gelder zur Verfügung gestellt. Bestrebungen, eventuelle Reserven noch zu erschließen, blieben ergebnislos. In den folgenden Jahren sollte sich an der grundlegenden Problematik der unzureichenden Bereitstellung von Arbeitskräften, Material und Finanzmitteln nichts ändern.[93]

Erschwert wurde der gesamte Ablauf wieder und wieder durch weitere Schäden an den verschiedensten Gebäudeteilen. Im Jahr 1981 sah die Planung vor, den ersten Bauabschnitt des Galerieflügels (östlicher Teil des Nordflügels) vollständig fertigzustellen und zur Nutzung zu übergeben, um dann die im „Fürstensaal" eingelagerten Magazinbestände dahin zu überführen und im Fürstenbau Baufreiheit zu gewinnen. Für diesen wiederum sollte durch den VEB Denkmalpflege eine Sicherungskonzeption erstellt und 1982 dann mit den vorbereitenden Maßnahmen zur Restaurierung des Saals einschließlich der dazu gehörenden Bilder begonnen werden. Außerdem erfolgten weitere Arbeiten am Bergfried. Doch gleichzeitig galt es, statische Schäden an der Doppelkapelle und am Westtorhaus zu beheben.[94] Anfang 1982 war allerdings erneut ein Fehlbetrag von 110 000 Mark zur Plansumme von 500 000 Mark zu verzeichnen, der Einschränkungen der Baumaßnahmen zur Folge hatte: Die Sicherungsarbeiten an der Doppelkapelle mussten zurückgestellt werden, ebenso die am Galerieflügel (Unterbrechung ab März 1982) und dessen Ausbau. Lediglich am Turm erfolgte „unter größter Sparsamkeit" eine Fortsetzung, um diesen bauseitig bis zum 31. Dezember 1982 fertigzustellen.[95]

Im Mai 1982 wandte sich Hans Berger an Christa Henning, die Vorsitzende des Rates des Kreises Nebra. Er dankte für ihr Engagement hinsichtlich der Neuenburg und verlieh der Hoffnung Ausdruck, gemeinsam die Beihilfsummen erhöhen und somit Lösungen herbeiführen zu können.[96] Zugleich waren aber noch zusätzliche technische Probleme und deren Finanzierung wie der Neuanschluss der Liegenschaft an die Energieversorgung, der Bau eines Feuerlöschteichs und die Errichtung von Besuchertoiletten in der Vorburg sowie neuerliche statische Probleme an den noch nicht gesicherten Teilen des Galerieflügels zu klären.[97]

Parallel dazu versuchte Christa Henning, verantwortliche politische Stellen vor Ort über die Situation zu informieren und deren Unterstützung zu gewinnen. Darüber berichtete der ehemalige Direktor der CDU-Parteischule der DDR im Schloss Burgscheidungen, Dr. Erwin Krubke: „[…] gern erinnerte ich mich an so manchen Besuch der stolzen Feste, […] weniger gern an einen vom 6. Mai 1983. An diesem Tag weilte Staatssekretär Löffler[98] vom DDR-Kultusministerium [Ministerium für Kultur der DDR] in seiner Eigenschaft als Sekretär des staatlichen Lutherkomitees mit Gerald Götting (CDU-Parteivorsitzender) an der Zentralen Schulungsstätte der CDU in Burgscheidungen. Unsere Vorsitzende des Rates des Kreises, Christa Henning, hatte vom Besuch Löfflers gehört und bat mich, ein Gespräch zu vermitteln. Anhaltende materielle und finanzielle Probleme bei Reparatur- und Rekonstruktionsarbeiten an der Neuenburg beschäftigten sie seit geraumer Zeit. […] Löffler und Götting entschieden sich für eine Lokalbesichtigung. Am 6. Mai 1983, 14.00 Uhr, begleitete ich beide zur Neuenburg. Die Ratsvorsitzende und der damalige Burgherr empfingen uns. Ortsbegehung und Gespräch hatten ein bescheidenes Ergebnis: Anerkennung für bisher geleistete Arbeiten, Begründung für mangelhafte finanzielle Unterstützung,

251. *Erstes Obergeschoss des Bergfrieds mit dem Ausstellungsteil zur Baugeschichte der Neuenburg, um 1983*

"Die Neuenburg muss gerettet werden!"

252. Drittes Obergeschoss des Bergfrieds mit einer Inszenierung zur „Edelackersage", um 1983

Fingerzeige für eine mögliche Problemlösung. Solange die verantwortliche Genossin Edith Baumann von der Bezirksleitung der SED alle verfügbaren finanziellen Mittel in die Bauernkriegsgedenkstätte Bad Frankenhausen lenke, bliebe eben für die Neuenburg wenig oder gar nichts übrig, meinte Löffler. Er empfahl, einen Förderkreis zu gründen. Das Zentralorgan der CDU ‚Neue Zeit' sollte in einer Artikelserie die Öffentlichkeit auf dieses denkmalwürdige Objekt aufmerksam machen. Einige Artikel wurden veröffentlicht, der Förderkreis erblickte damals jedoch nicht das Licht dieser Welt. Mit der Frühinvalidisierung der Ratsvorsitzenden erlosch beim Rat des Kreises m. E. auch das Interesse an der Burg. Die Freyburger fluchten über Staat und führende Partei."[99]

Dieser Brief gibt einen bemerkenswerten Einblick in ein ganzes Bedingungsgefüge und dessen Wahrnehmung in der Öffentlichkeit. Neben den Kapazitäts- und Finanzproblemen waren eben politische Prioritätensetzungen und der persönliche Einsatz Einzelner entscheidend. Mit dem Ausscheiden der Ratsvorsitzenden und unter Umständen auch mit schon 1980 erfolgten Veränderungen in der Besetzung der Fachabteilung Kultur beim Rat des Kreises ging augenscheinlich wesentliche Unterstützung auf der mittleren Entscheidungsebene verloren.[100]

Nach einer durchaus beachtlichen und aufwendigen Sanierung fand am 1. Juli 1983 endlich die Eröffnung des „Dicken Wilhelms" statt.[101] Die externe Lage des Bergfrieds bot dafür günstige Voraussetzungen und somit konnte zumindest ein Teil des Schlosses Neuenburg wieder öffentlich zugänglich gemacht werden. Nach über zwölf Jahren Museumsschließung wurde das einerseits als „Lichtblick" bewertet, andererseits enttäuschte die Ausstellung in Inhalt und Form.[102]

Und wieder kein Ende in Sicht – Die Entwicklung von 1983 bis 1989

Nach der Eröffnung des Turms konzentrierten sich die Arbeiten wieder in stärkerem Maße auf die Kernburg. Die konstruktive Sicherung der Doppelkapelle sollte bis Dezember durchgeführt und bis zum Frühjahr 1984 nach diversen Untersuchungen eine restauratorische Zielstellung angefertigt sein. Außerdem stellte die umfassende Instandsetzung von „Kirch-" und „Fürstensaal" einen Arbeitsschwerpunkt dar. Um eine schnellere Bauabfolge zu erzielen, wurde die geplante Nutzungsübergabe der Säle und der Kapelle 1985 an ein Jubiläum gekoppelt: die 800. Wiederkehr der Vollendung des „Eneasromans" durch den Dichter Heinrich von Veldeke.[103] Eine bemerkenswerte Initiative, doch passte das erste ritterlich-höfische Versepos in mittelhochdeutscher Sprache wohl nicht in das Wertespektrum sozialistischer Bildungspolitik, denn das Jahr 1985 verging, ohne dass es zu einer Fertigstellung der Bereiche kam. 1984/85 stand stattdessen die dringende statische Sicherung der Gewölbe im westlichen Teil des nördlichen Galerieflügels im Mittelpunkt. Das für 1986 formulierte Programm sah neben der Übergabe des ersten Bauabschnitts des Galerieflügels (Magazine im Ostteil) dann die Eröffnung der Doppelkapelle bis zum 31. Dezember 1986 vor. Sogar der Abschluss der Bauarbeiten (28. November) und das Erledigen von Feinreinigung und Ausstellungseinrichtung (19. Dezember) wurden genau festgelegt.[104] Sicher verband der zuständige Oberkonservator Reinhard Rüger[105] mit dieser präzisen Planung die Hoffnung, dass jetzt ein wesentlicher Bauabschnitt doch vollendet werden könnte. Im nunmehr zweifellos vorhandenen Termindruck erschwerte wiederholt eine kaum erklärliche kontraproduktive Haltung des Museumsdirektors Peter Berger gegenüber den vom Institut für Denkmalpflege beauftragten Kollegen der Bauforschung, hier namentlich Reinhard Schmitt[106], und anderen Mitarbeitern den ohnehin nicht einfachen Prozess.[107] Doch abgesehen davon konstatierte Rüger im Februar 1987: „Doppelkapelle. Die Weiterführung der Arbeiten mußte 1986 wegen fehlender Restaurierungskapazität eingestellt werden. Ob die Doppelkapelle 1987 fertiggestellt werden kann, hängt im Wesentlichen von den zur Verfügung stehenden Kapazitäten ab, die vorrangig für das West-Torhaus eingesetzt werden müssen, da dort akute Einsturzgefahr besteht und ein Einsturz katastrophale Auswirkungen auch auf die Wohnbebauung am Bergfuß haben könnte."[108]

Immerhin befand sich der Magazintrakt bis auf „wenige Restarbeiten" kurz vor seiner Fertigstellung, sodass sich nunmehr die schon einmal für 1981/82 vorgesehene Umlagerung der Museumsgüter aus dem Fürstenbau unmittelbar anschließen sollte.[109] Stattdessen wurden in Verantwortung von Peter Berger abweichend von den Zielstellungen für 1987 an der östlichen Ringmauer am Galerieflügel weitere Ressourcen für Schachtung und Freilegung eingesetzt. Warum dies in einer solchen Lage geschah, ist kaum nachvollziehbar, zumal entgegen der geltenden Bestimmungen dabei Bauforschung und Dokumentation nicht erfolgten.[110] Andererseits stagnierten wichtigste Arbeiten weiterhin. Für 1988 musste sich der Museumsdirektor um die Genehmigung von Dachdeckungsarbeiten im Wert von 30 000 Mark bemühen, die lediglich der Reparatur an den dringendsten Stellen dienten. Einmal mehr blieb Reinhard Rüger nur die Feststellung: „Doppelkapelle wird 88 kaum weitergeführt werden können."[111]

Am 31. August 1988 fand unter Federführung von Günther Kuhbach auf der Neuenburg eine Beratung zum Stand der Rekonstruktionsmaßnahmen und zu Fragen der Nutzungskonzeption statt, an der neben Museumsdirektor Berger und Reinhard Rüger auch die Verantwortlichen für Museen und Denkmalpflege beim Rat des Bezirkes und der Abteilung Kultur des Rates des Kreises Nebra teilnahmen. Das Ergebnis wirkte eher dürftig und war wiederum ein Abbild der unbefriedigenden Gesamtsituation. Zwar wurden jetzt die endgültige Fertigstellung des Magazintrakts und die realisierte Bau-(Not-)sicherung am Westtorhaus vermeldet, die Arbeiten an der Doppelkapelle und zur Dachsicherung jedoch stagnierten, da zum 31. August 1988 die finanziellen Mittel für das gesamte Jahr aufgebraucht waren. Das Protokoll weist unter „Festlegung" dazu aus, dass die Dacharbeiten gesichert werden müssen; freilich ohne zu klären, auf welcher Basis dies erfolgen sollte. Die Aussagen zur Nutzungskonzeption sind kaum Ausdruck einer intensiven Beschäftigung mit dem Gegenstand und seien hier vollständig (!) zitiert: „Die Nutzungskonzeption sieht vor, die Geschichte des Weinbaus zu zeigen. Weitere Abteilungen: Ur- und Frühgeschichte und Geschichte der Neuenburg." Von den Anregungen und dem Unterstützungsangebot des Leipziger Historikers Prof. Dr. Manfred Straube hinsichtlich der künftigen Museumsgestaltung[112], die dieser dem Ministerium für Kultur der DDR unterbreitet hatte, erhielten die Teilnehmer lediglich eine „Ablichtung". Kontakt aber wurde letztlich nicht aufgenommen, geschweige denn der fachliche Diskurs gesucht.[113] Stattdessen diskutierte die Runde das Ansinnen des Malers Willi Sitte, der seit 1974 das Amt des Präsidenten des Verbandes der Bildenden Künstler der DDR innehatte. Sitte beabsichtigte, auf der Neuenburg eine umfangreiche Plakatsammlung unterzubringen. Dafür sollte einer der dringend für die Neuenburger Bestände benötigten neuen Magazinräume zur Verfügung gestellt und seitens des Verbandes dem Museum eine ganze Vollzeitstelle angegliedert werden.[114] Nach 1989 behauptete Willi Sitte sogar, er hätte durch unterschiedliche Bemühungen erreicht, dass die Renovierung der Burg eingeleitet wurde.

In seiner Autobiografie heißt es dazu: „Bei einer solchen Gelegenheit führte ich ihn [Kurt Hager] zu einer der vielen Burgen dieser Gegend, der oberhalb von Freyburg gelegenen Neuenburg. Darin war ein Heimatmuseum untergebracht, aber sie war vom Verfall bedroht. Auch den Kulturminister und den Rat des Bezirkes schleppte ich dorthin, um sie auf den Zustand hinzuweisen. Ich konnte erreichen, daß eine Kommission zur Rekonstruktion der Burg gebildet und die Renovierung eingeleitet wurde. Leider liefen der fehlenden Finanzen wegen die Arbeiten unter Leitung der Denkmalpflege auf Sparflamme. Es wurde immer daran gearbeitet, aber langsam. Geplant war, dort neben dem Heimatmuseum ein Weinbau- und ein Plakatmuseum einzurichten. Die Gebrauchsgrafiker bildeten im Verband eine starke Sektion und legten großen Wert auf ein Museum. Wir hatten außer den Plakaten der Gegenwart umfangreiche Bestände, die bis in das 19. Jahrhundert zurückreichten. Für diese Schätze gab es keine Bleibe, sie

253. Begehung der Neuenburg am 25. November 1989
Museumsdirektor Peter Berger (3. v. r.) gibt Erläuterungen in den noch ungenutzten neuen Magazinräumen.

waren notdürftig da und dort untergebracht. Zur Zeit der Wende waren die Räume in der Neuenburg dafür fertiggestellt und die Keller für das Magazin von Schutt befreit. Die berühmte romanische Doppelkapelle war entrümpelt, so daß ihre eigentliche Renovierung beginnen konnte. Heute erzählt man den Besuchern bei Führungen, dass man die Burg bis 1989 verfallen ließ und dass 1990 die Rettung kam."[115]

Warum aber in der Folge keine zügige Umlagerung des Kunst- und Kulturguts in die neuen Magazine vorgenommen bzw. nicht wenigstens damit begonnen wurde, bleibt unerklärlich. In allen Teilen des Schlosses lagerten die nach Schließung des Museums im Zuge der einzelnen Baumaßnahmen immer nur notdürftig in anderen Bereichen untergebrachten Sammlungen unter mittlerweile teils katastrophalen Bedingungen. Im Prinzip ist davon auszugehen, dass es weder einen Bestandsüberblick gab noch eine Inventarisierung erfolgte und damit die wesentlichen Aufgaben eines Museums grob vernachlässigt worden waren.[116] Sich trotz der zweifellos aufreibenden Bemühungen zur Sicherung und Instandsetzung des Bauwerks nicht mindestens grundsätzlich und ab 1988 intensiv um die Verbesserung dieses Zustands gekümmert zu haben, ist der wohl erheblichste Vorwurf, der der damaligen Museumsleitung zu machen ist.

Die Katastrophe als Signal – das Feuer von 1989

Die sich über Jahre nicht verbessernde, fast aussichtslos anmutende Situation wurde durch den Brand vom 22. Juni 1989 noch erheblich verschärft. Nach einem Blitzschlag gegen 17 Uhr brannte der nördliche Galerieflügel zwei Stunden später lichterloh. Direkt über dem „Luisenerker" loderten die Flammen in den Himmel. Unter schwierigsten Bedingungen versuchten mehrere Feuerwehren, den Brand zu löschen, doch an den schadhaften Hydranten im Burggelände gab es zu wenig oder gar kein Wasser.[117] Schläuche, die eilends von der Unstrut 100 Meter hoch den Berg hinauf in Richtung Brandherd zusammengeschraubt wurden, platzten immer wieder, und das Löschwasser rann in Strömen den Schlossberg hinunter. Daher kam der Brand erst spät zum Erliegen, bis zum nächsten Morgen dauerte der unermüdliche Einsatz der Feuerwehren. Der Anblick, der sich nun bot, war niederschmetternd. Das Feuer hatte viel vernichtet, doch noch schlimmer wirkte sich der Wasserschaden aus.[118] Aber so verheerend der Brand war, so setzte er doch ebenso das „Zeichen" für die Rettung der Neuenburg im sogenannten Wendeherbst 1989.

Die gesellschaftlichen Entwicklungen führten auch in Freyburg zur Bildung einer Bürgerinitiative. Im Oktober 1989 fanden sich bei mehreren Treffen

254. Riesige Flammen schlagen am 22. Juni 1989 aus dem Dach des Galerieflügels.

255. Unsachgemäße Lagerung von Museumsbeständen auf dem Dachboden, 1989

ca. 30 Personen im Atelier der freischaffenden Künstlerin Monika Markwardt[119], der späteren Vorsitzenden des Vereins zur Rettung und Erhaltung der Neuenburg e. V., zusammen, um die vielfältigen Probleme zu diskutieren und Wege der Veränderung zu suchen. Maßgeblich beteiligt war ebenso der 1990 zum Freyburger Bürgermeister gewählte Martin Bertling.[120] Immer wieder wurde in diesen Gesprächen auch die jahrelange Schließung der Neuenburg thematisiert. In der Folge fanden eine erste Beratung mit den Kommunalpolitikern im Kulturhaus (heute Schützenhaus) und ein Fürbittgottesdienst am 3. November in der Stadtkirche St. Marien unter überwältigender Beteiligung der Bevölkerung statt.

Frühzeitig gewann Monika Markwardt auch Kristine Glatzel[121] zur Mitwirkung, die als ehemalige Direktorin des Museums Burg Querfurt und nunmehr freischaffende Kunsthistorikerin die nötige Fachkompetenz einbrachte. Am 25. November 1989 erlebte dann die Neuenburg ihren „Wendetag". Mit ihm begann ein neues Kapitel in der Geschichte des Schlosses und seines Museums.[122]

Herbstrevolution, Aufbruch und das dritte Neuenburg-Museum ab 1989

Der erste Eindruck bei der Begehung am 25. November 1989 war niederschmetternd: Verfall und Verwahrlosung überall. Später stellte sich zudem noch der katastrophale Zustand des musealen Bestandes heraus. Schnell wurde allen Beteiligten klar, dass hier sofort gehandelt werden musste. Gegen Museumsdirektor Berger erging ein Hausverbot, dem im Februar 1990 durch Bürgermeister Bertling die fristlose Kündigung folgte.[123] Wichtigste Aufgaben waren zunächst die Behebung des Brand- und Wasserschadens, die Sicherung des Westtores, die Umlagerung sowie Inventur des Fundus und die Herstellung einer entsprechenden Infrastruktur, um alsbald ein arbeitsfähiges Museum zu schaffen. An eine Realisierung war von vornherein überhaupt nur mit der Unterstützung vieler zu denken.

Ein im wahrsten Sinne des Wortes wichtiges „Sammelbecken" für ideelle wie materielle Hilfe wurde der am 12. Juni 1990 gegründete Verein zur Rettung und Erhaltung der Neuenburg e. V., der mit seinen Freunden und Partnern viele Projekte tatkräftig unterstützte.[124] Sein Engagement erfuhr im Jahr 2000 mit der Verleihung der „Silbernen Halbkugel" durch das Deutsche Nationalkomitee für Denkmalschutz die verdiente Würdigung.

Zur Sicherung und Katalogisierung der musealen Bestände berief die Stadt Freyburg zunächst nur kommissarisch für das Jahr 1990 Kristine Glatzel. Da schnell klar wurde, dass hier die richtige Person mit entsprechender Qualifikation und größtem Einsatz handelte, erfolgte schon ab November des Jahres ihre

256. Der Ehrenvorsitzende des Kuratoriums des Vereins zur Rettung und Erhaltung der Neuenburg e. V., Bundesaußenminister Hans-Dietrich Genscher, besucht in Begleitung des Landrats des Kreises Nebra, Hans-Jörg Ulrich, am 21. April 1991 Schloss Neuenburg. Die Museumsdirektorin Kristine Glatzel überreicht eine Grafik der Neuenburg. Für ihre überragenden beruflichen Leistungen sowie ihr ehrenamtliches Engagement erhielt sie 1999 das Bundesverdienstkreuz.

Einsetzung als Direktorin. Der erfolgreiche Wiederaufbau des Schlosses sowie die Neueinrichtung des Museums von 1990 bis 2003 wurden ganz erheblich von Kristine Glatzel geprägt.

Die seit 1990 kontinuierlich betriebene Sanierung der Bausubstanz ging mit dem Neuentwurf eines musealen Konzepts einher. Eine wichtige Basis hierfür waren die neuesten Erkenntnisse der bauhistorischen und geschichtswissenschaftlichen Forschung.[125] Prinzipiell wurde der Grundsatz definiert: Im Mittelpunkt steht die Geschichte der Anlage selbst. Davon ausgehend erfolgte in mehreren Stufen die Planung eines im Wesentlichen chronologisch angelegten Rundgangs. Dieser umfasst folgende Ausstellungsbereiche: „Burg und Herrschaft. Die Neuenburg und die Landgrafschaft Thüringen im hohen Mittelalter" mit der Doppelkapelle; „Lebensräume in der Neuenburg zwischen Renaissance und Barock" mit der „Bohlenstube", dem Turmgemach, dem „Kirchsaal", dem Rokokokabinett, dem „Fürstensaal" und dem Grünen Salon; den sogenannten Klei-

"DIE NEUENBURG MUSS GERETTET WERDEN!"

257. Die 2003 eröffnete Ausstellung „Burg und Herrschaft" thematisiert das Wirken der Landgrafen von Thüringen auf der Neuenburg.

258. Die „Zweischrauben-Baumkelter" aus dem späten 16. Jahrhundert, eine Leihgabe der Weinbruderschaft Saale-Unstrut e. V. für das Weinmuseum „Zwischen Fest und Alltag – Weinkultur in der Mitte Deutschlands"

nen Rundgang mit „Aus Küche und Keller der Kursächsischen Hofhaltung" sowie der Sonderausstellungsfläche in den Kellerräumen des Fürstenbaus; das Weinmuseum „Zwischen Fest und Alltag – Weinkultur in der Mitte Deutschlands" mit dem Schlosskeller und dem Zwinger im Außenbereich. Zentral in der Kernburg befindet sich eines der wichtigsten Angebote – die „Kinderkemenate". Der Bergfried „Dicker Wilhelm" ist wechselnden Sonderausstellungen vorbehalten. Schon im Dezember 1990 wurde dort die erste Exposition präsentiert. Sie zeigte die wertvolle Sammlung von Fahnen und Bannern der Deutschen Turnerschaft, welche sich heute im Friedrich-Ludwig-Jahn-Museum in Freyburg (Unstrut) befindet.

Um die Öffentlichkeit über die fortschreitenden Baumaßnahmen zu informieren, war es seit Karfreitag 1991 möglich, an Baustellenführungen durch die Burg teilzunehmen. Mit der feierlichen Eröffnung der aufwendig sanierten Doppelkapelle und des „Kleinen Rundgangs" am 16. und 17. Mai 1992 nach über zwanzig Jahren der Schließung verband sich zugleich die Einweihung des dritten Neuenburg-Museums. In der Folgezeit wurden die weiteren Ausstellungen bei-

259. Begeisterte Kinder während eines museumspädagogischen Programms im „Thronsaal" der „Kinderkemenate", 3. Januar 2010

"Die Neuenburg muss gerettet werden!"

260. Ostern 1991 begann mit den „Baustellenführungen" in der Kernburg wieder der Führungsbetrieb. Rechts im Bild Monika Markwardt, Mitbegründerin der Bürgerinitiative und von 1991 bis 2006 Vorsitzende des Vereins zur Rettung und Erhaltung der Neuenburg e. V.

nahe im Jahrestakt präsentiert, wobei notwendigerweise die Bauabfolge die Realisierungsabschnitte bestimmte. Höhepunkte waren dabei die Übergabe des „Fürstensaals" 1997 sowie die Eröffnungen des Weinmuseums 1998 und der Ausstellung „Burg und Herrschaft" 2003. Im Jahr darauf, am 27. März 2004, konnte dann der einmillionste Gast seit der Eröffnung 1992 begrüßt werden.[126]

Seit 1997 gehört Schloss Neuenburg zum Vermögensbestand der Stiftung Schlösser, Burgen und Gärten des Landes Sachsen-Anhalt (ab 2005 Stiftung Dome und Schlösser in Sachsen-Anhalt). Mit dem 1. Januar 1998 wechselte die Trägerschaft über das Museum von der Stadt Freyburg an den Verein zur Rettung und Erhaltung der Neuenburg e. V.[127] Im Rahmen eines Modellprojekts stellte diese Variante mit der umfangreichen Einbindung privaten Engagements eine durchaus effiziente Betriebsform dar, in der eine erfolgreiche Weiterentwicklung des Museums gelingen konnte. Voraussetzung der Funktionsfähigkeit des Modells waren Zuschüsse des Landes Sachsen-Anhalts, des Burgenlandkreises und der Stadt Freyburg. Allerdings führten immer größere Kürzungen und schwieriger werdende Bedingungen innerhalb der freien Kulturförderung dazu, dass der Verein das wirtschaftliche Risiko des Betriebs der gesamten Anlage nach 2004 nicht mehr tragen konnte. Um den Betrieb langfristig zu sichern, übernahm zum 1. Januar 2005 die Stiftung Dome und Schlösser in Sachsen-Anhalt das Museum in ihre Trägerschaft.[128] Seitdem wurden die Sicherungs- und Instandsetzungsarbeiten in der Vorburg fortgeführt, die „Kinderkemenate" baulich erweitert und im südlichen Galerieflügel ein neuer Magazintrakt ausgebaut. Als eigenes Referat gehört das Museum zur wissenschaftlichen Abteilung der Stiftung.

Neben der Einrichtung der Dauerausstellungen und der regelmäßigen Präsentation von Sonderschauen ist der Erhalt von Ausstellungsbereichen insbesondere in ihrer Exponatausstattung und damit in der konzeptionellen Aussage eine wichtige Aufgabe.

Im Zusammenhang damit ist die vermögensrechtliche Rückübertragung von enteignetem Kunst- und Kulturgut, das nach 1945 auch dem Neuenburg-Museum zur Nutzung überlassen worden war, von erheblicher Bedeutung. Dazu gehörte beispielsweise wertvolles Mobiliar aus dem Besitz des Grafen von der Schulenburg aus Burgscheidungen.

Seit 2001 restituierte das Landesamt zur Regelung offener Vermögensfragen aus den Beständen des Museums Schloss Neuenburg 42 Möbelstücke und 34 wei-

261. Boje E. Hans Schmuhl, Direktor der Stiftung Schlösser, Burgen und Gärten des Landes Sachsen-Anhalt (heute Stiftung Dome und Schlösser in Sachsen-Anhalt) und die Museumsdirektorin Kristine Glatzel während der Eröffnung des Weinmuseums, 23. Mai 1998

262. Aus der Ausstellung „Wunder-Werk – Taschen-Uhr", 2010

tere Exponate. Im Dezember 2007 gelang es durch eine gütliche Einigung mit der Erbengemeinschaft nach Adelbert Graf von der Schulenburg, für die Ausstellung im Museum signifikante Exponate zu erwerben.[129]

Ein besonderer Höhepunkt war die Eröffnung der Exposition „Wunder-Werk – Taschen-Uhr" am 23. Oktober 2010. Ihr Kernstück bildet eine private Sammlung von insgesamt 110 historischen (vornehmlich Taschen-)Uhren, die im März 2002 durch den Freundes- und Familienkreis von Herrn Peter Hüttel von Heidenfeld aus Oberursel für die Präsentation im Museum Schloss Neuenburg übergeben wurde. Beeindruckt vom gelungenen Wiederaufbau des Schlosses und seines Museums seit 1989, sehen die ursprünglich aus der Gegend von Merseburg und Leuna stammenden Stifter hier eine würdige Heimstätte für ihre Sammlung. Die Ausstellungsrealisierung bedurfte äußerst umfangreicher Vorbereitungen: von der Schaffung der baulichen Voraussetzungen im Fürstenbau über die finanzielle Absicherung des gesamten Projekts bis hin zur anspruchsvollen inhaltlichen Konzeption.[130]

Mit der Eröffnung dieser ständigen Ausstellung verband sich im zwanzigsten Jahr der Deutschen Einheit im Wesentlichen die Vollendung des musealen Rund-

263. Die Oberkapelle nach Osten, 25. November 1989
In der desolat wirkenden Kapelle wurde den Teilnehmern der Begehung erklärt, dass die Restaurierungsarbeiten kurz vor dem Abschluss stünden.

gangs in der Neuenburg, wenngleich einige anspruchsvolle Projekte wie die Sanierung der barocken Badestube noch ausstehen.

Wer angesichts dieser Erfolge einmal innehält und sich erinnert, der denkt an den 25. November 1989. Ein Bild von diesem Tag ist geblieben, ein fast trostlos wirkendes Schwarz-Weiß-Foto, das Menschen in der dringend sanierungsbedürftigen Oberkapelle, dem Glanzstück der Burg, zeigt. Und diese Aufnahme erreichte sogar internationale Beachtung – in den Jahren 2009/10 war sie in der großen Ausstellung zum Jubiläum der friedlichen Herbstrevolution und der deutschen Einheit auf dem Berliner Alexanderplatz zu sehen. Dort stand sie als Beispiel für Mut, Entschlossenheit, Heimatliebe und die Bereitschaft der Menschen, gesellschaftliche Verantwortung zu übernehmen, aber auch dafür, dass es schließlich nach 1990 gelang, die verfallende und unter den ökonomischen und politischen Verhältnissen der DDR vermutlich dem Untergang ausgelieferte alte Burganlage zu retten.

Anmerkungen

1 Die Unterschriftenlisten befinden sich in der Akte „Chronik des Jahres 1989" im Archiv des Vereins zur Rettung und Erhaltung der Neuenburg e. V., Geschäftsstelle im Schloss Neuenburg.

2 Wilhelm Bierbaß (geb. am 1. April 1898 in Querfurt, gest. am 5. September 1957 in Zeuchfeld), nicht beendete Bäckerlehre, von Oktober 1916 bis Februar 1919 Soldat, 1919 USPD-Mitglied, 1920 KPD-Mitglied, bis 1933 Steinbrecher und Bauarbeiter, von März 1933 bis Dezember 1934 KZ Lichtenburg, am 28. Mai 1945 Beitritt zur KPD-Ortsgruppe Mücheln, vom 15. August 1945 bis November 1946 Bürgermeister der Stadt Freyburg, danach Leiter der MTS in Baumersroda. Vgl. Wilhelm Bierbaß, eigener und unterschriebener Lebenslauf, Masch. 2. Oktober 1945. In: LHASA, MER, C 48 Ih, Nr. 927a, Bl. 267.

3 Direktive Nr. 30 des Alliierten Kontrollrats vom 13. Mai 1946. In: Alliiertes Sekretariat (Hrsg.): Amtsblatt des Kontrollrats in Deutschland. Nr. 7. Berlin 31. Mai 1946, S. 154.

4 Schreiben vom 16. Dezember 1946. In: Archiv der SDS, MSN, Akte „Museumsakten 03. Verzeichnisse über Museumsgegenstände, Sammlung alter Schriften etc. 1946/50", Bl. 106. Ein schon im Februar 1946 an dieselbe Behörde ergangener Bericht schilderte ebenfalls die Situation. Während der Besatzungszeit durch amerikanische und russische Truppen und der nachfolgenden Belegung mit „Schwarzmeerflüchtlingen gerieten die Räume in einen derartigen Zustand, daß dieselben vorerst nicht mehr instandgesetzt werden können; es fehlen Fenster und Türen". Weiter heißt es, dass die großen Gemälde und andere Bilder aus den Rahmen geschnitten oder auch zerschnitten worden seien. Sämtliche Schaukästen und -schränke wurden zertrümmert und die wertvollsten Gegenstände entwendet oder zerstört. Dementsprechend ernüchternd fiel das Fazit aus: „Kurz und gut, es lohnt sich überhaupt nicht, das Heimatmuseum jetzt wieder zu eröffnen, bis Gelegenheit gegeben ist, zunächst die ehemaligen Räume und die Schaukästen und -schränke wieder einigermaßen gebrauchsfähig zu machen!" LHASA, MD, K 10, Nr. 315, Bl. 462.

5 Heinz Arno Knorr, (geb. am 9. Juni 1909 in Kiel, gest. 22. Oktober 1996 in Halle), Ur- und Frühgeschichtler, 1934 Promotion, 1946 Museumsreferent in der Landesregierung Sachsen-Anhalt, seit 1947 Mitglied der SED, 1948 Berufung an das neu geschaffene Landesamt für Natur- und Kulturpflege, beauftragt mit der Bergung von Kunst- und Kulturgut im Zuge der Bodenreform, 1950–1953/54 Leitung der Staatlichen Galerie Moritzburg und der Landesmuseumspflege in Sachsen-Anhalt, 1954–1963 Leiter der zentralen Fachstelle für Heimatmuseen beim Ministerium für Kultur in Halle, Lehrauftrag für Museologie an der Martin-Luther-Universität Halle–Wittenberg, ab 1961 Wahrnehmung einer Professur an der Karl-Marx-Universität Leipzig, 1966 Direktor des Instituts für Vor- und Frühgeschichte, 1969 Ernennung zum ordentlichen Professor, Knorr nahm wesentlichen Einfluss auf die Museumsentwicklung in der DDR.

6 Bericht Knorrs vom 2. Dezember 1946. In: LHASA, MD, K 10, Nr. 315, Bl. 425 f.

7 Zur Biografie von Krauschwitz siehe den Beitrag „Also auf zum Museum nach Freyburg ..." von Kordula Ebert und Konrad Breitenborn in diesem Band, insbesondere dort Anm. 1.

8 Im September 1946 erging von den Behörden des Verwaltungsbezirks Merseburg ein derartiger Vorschlag an das Amt für Volksbildung des Kreises Querfurt. Im November dieses Jahres wurde dann aber berichtet, „daß es erwünscht sei, die Restbestände des Heimatmuseums für die Stadt Freyburg zu erhalten". Auch Knorr sprach sich gegen eine Überführung aus, da ein Ganzteil der Bestände Leihgaben von Freyburger Bürgern für das Museum der Neuenburg waren. LHASA, MD, K 10, Nr. 315, Bl. 453, 433, 425ˇ.

9 Diesem Ansinnen stellte sich Knorr aber mehrfach entgegen, so z. B. am 22. Juni 1949. Vgl. ebd., Bl. 433, 299.

10 Zur Rolle von Knorr im Zusammenhang mit der Bergung von Kunst- und Kulturgut, das im Zuge der Bodenreform enteignet wurde, vgl. Konrad Breitenborn: „Eigentum des Volkes" – Kunst- und Kulturenteignungen durch die Bodenreform. In: Die Bodenreform in Sachsen-Anhalt. Durchführung, Zeitzeugen, Folgen. Tagung in Stendal am 21. und 22. November 1997. Hrsg. von Rüdiger Fikentscher und Boje Schmuhl in Verbindung mit Konrad Breitenborn als gemeinsame Veröffentlichung der Gesellschaft für Demokratie- und Zeitgeschichte Sachsen-Anhalt und e. V. und der Stiftung Schlösser, Burgen und Gärten des Landes Sachsen-Anhalt. Halle an der Saale 1999, S. 129 f., 132, 134, 138 f., 144, 150.

11 Wie Anm. 6 und Schreiben des Ministeriums für Volksbildung Sachsen-Anhalt, Abteilung Landschaftliche Kulturpflege an die Stadt Freyburg vom 15. Januar 1947. In: ebd., Bl. 417.

12 Die Enteignung der gesamten Liegenschaft „Schloss Neuenburg" erfolgte mit Datum vom 3. September 1945. Dieser Umstand muss als juristisch fragwürdig angesehen werden, da sich die Anlage seit 1815 in preußischem Staatsbesitz befand.

13 Erlass vom 8. Januar 1947. In: LHASA, MD, K 3, Nr. 8558, Bl. 14. Ausgenommen davon war die landwirtschaftlich genutzte Vorburg, in der im Zuge der Bodenreform Neubauernstellen geschaffen worden waren. Die somit entstandenen privaten Eigentumsverhältnisse in der Vorburg verursachten nach 1989 erheblichen Aufwand, um die für eine vernünftige Entwicklung der Gesamtanlage notwendigen einheitlichen eigentumsrechtlichen Zuordnungen zur öffentlichen Hand (Land Sachsen-Anhalt) zu erreichen.

14 Vgl. ebd., Bl. 12. In einer Stellungnahme des Landkreises Querfurt vom 15. November 1946 ist in diesem Zusammenhang von zehn „Umsiedlerfamilien" die Rede. Außerdem wurde darauf hingewiesen: „Des Weiteren ist beabsichtigt, dass dieses Schloss von der SED für einige Monate zur Schulung von Funktionären in Anspruch genommen werden soll." Dazu kam es aber nicht. Ein im Sommer 1946 eingerichtetes Quarantänelager für Umsiedler im Fürstenbau war schon zum 1. Oktober 1946 wieder aufgelöst worden, wenngleich es auch in diesem Bereich zeitweise immer noch zu Einquartierungen kam. Ebd., Bl. 32, 86 und LHASA, MD, K 10, Nr. 315, Bl. 451.

15 Vgl. Schreiben vom 2. Juni 1947. In: LHASA, MD, K 3, Nr. 8558, Bl. 22.

16 Bürgermeister Dr. Friedrich Holter an das Ministerium für Arbeit und Sozialpolitik Sachsen-Anhalt, 15. Juli 1949. In: ebd. Bl. 25. In seinem Schreiben verwies Holter auch darauf, dass ein weiterer „Schwebezustand" für den Zustand des Bauwerks nicht vorteilhaft sei. Seitens des Landes wurden Möglichkeiten zur weiteren Klärung erst nach Festlegung eines neuen Verwendungszweckes gesehen. Ebd., Bl. 26. Eine Aufstellung vom 17. Oktober 1947 zeigt das ungünstige Kostenverhältnis für die Stadt. Im Zeitraum vom 1. Januar 1946 bis zum 30. September 1947 standen Einnahmen von 2073,43 RM Ausgaben von 3654,05 RM gegenüber. Darin enthalten waren nur minimale Reparaturen, ein Großteil der Ausgaben entstand durch die Deckung laufender Kosten wie Strom, Wasser etc. Ebd., Bl. 28. Ein Bericht des Rates der Stadt vom 6. Dezember 1947 macht dann auch noch einmal deutlich, dass die Verwaltung von der Stadt „zwangsweise" (!) übernommen wurde, da die Provinzialregierung Merseburg als ehemalige Eigentümervertreterin zum Kriegsende vor Ort keinen Verwalter hatte. Ebd., Bl. 32. Schon 1946 hatte der Landkreis Querfurt den Präsidenten des Verwaltungsbezirks Merseburg darauf hingewiesen, dass die ehemalige Reichsfinanzverwaltung als Eigentümerin eingetragen ist, in deren Rechtsnachfolge man dort die Provinz Sachsen sah. LHASA, MD, K 10, Nr. 315, Bl. 459.

17 Vgl. LHASA, MD, K 3, Nr. 8558, Bl. 36.
18 Ebd., Bl. 51.
19 Ebd., Bl. 47. Der Stadtratsbeschluss datiert vom 22. März 1948, die Mitteilung an den Minister für Arbeit und Sozialpolitik vom 7. April 1948. Konkret wurde zu diesem Zeitpunkt Unterstützung für die grundlegende Reparatur der Dächer der Hauptgebäude angefordert.
20 Ebd., Bl. 53, 55, 61, 84.
21 Ablehnung des FDGB-Antrages. In: ebd., Bl. 56; Protokoll der Dienstbesprechung zur Übergabe vom 3. Februar 1949. In: ebd., Bl. 61.
22 Vgl. ebd., Bl. 61 f.
23 Dem stimmte die Sozialversicherungsanstalt unter der Voraussetzung der Kostenübernahme durch die Stadt Freyburg am 8. März 1949 zu. Vgl. ebd., Bl. 70.
24 Ebd., Bl. 93–95.
25 Ebd., Bl. 107. Die Auflösung der Wohnsituation im Schloss Neuenburg erfolgte endgültig erst in den 1980er Jahren.
26 LHASA, MD, K 3, Nr. 8558, Bl. 32. Dies waren im 1. Obergeschoss der „Fechtsaal", der Bereich des Torhauses („Minnesängerraum"), der Flur zum und zwei Räume im romanischen Wohnturm, im 2. Obergeschoss der „Kirchsaal", die „Choristenstube" (Obergeschossraum/ Renaissance-Wendeltreppe), die „Bohlenstube", der Flurbereich vor dem „Jägermeisterzimmer" und dieses Zimmer selbst. Rechtliche Basis war der Erlass des Ministers für Arbeit und Sozialpolitik Sachsen-Anhalt vom 8. Januar 1947 (BWS II 3) zur Einrichtung des Alten- und Pflegeheims, der die Museumsräume von dieser Nutzung ausklammerte. In: ebd., Bl. 14. Auch in den Folgejahren musste der Museumsbereich gegen andere Nutzungsabsichten verteidigt werden. Vgl. Anm. 9.
27 LHASA, MD, K 10, Nr. 315, Bl. 417.
28 Ebd., Bl. 341.
29 Ebd., Bl. 300.
30 LHASA, MD, K 10, Nr. 315, Bl. 425^v.
31 In einem Erlebnisbericht vom Oktober 1949 heißt es: „In der sehenswerten Doppelkapelle mit ihren verschiedenen Baustilen erfuhren wir manches aus der Entstehungsgeschichte der Neuenburg. Eine Sammlung von Gemälden, darunter die ‚Sage vom Edelacker', leitet über in das Heimatmuseum. Man ist überrascht von der Weitläufigkeit. Obwohl sich das Museum noch im Aufbau befindet, verfügt es bereits über mehrere Abteilungen mit zum Teil wertvollem und lehrreichem Material. Eine Abteilung ist der Sammlung und Erhaltung kostbarer Möbel und Ausstattungsstücke aus der Bodenreform vorbehalten." In: ebd., Bl. 28
32 Das im Zuge der Bodenreform enteignete und in der Moritzburg in Halle (Saale) eingelagerte Kunst- und Kulturgut wurde z. T. auf die Museen in Sachsen-Anhalt verteilt. Vgl. Breitenborn, Konrad: „Eigentum des Volkes" – Kunst- und Kulturenteignungen durch die Bodenreform, wie Anm. 10, S. 143 f.
33 Entwurf für das „Weinbauzimmer" vom 5. Juli 1949 im obersten Geschoss des romanischen Wohnturms („Jägermeisterzimmer"). Dort wurden folgende Schwerpunkte vorgesehen: Einführung; Bedeutung des Weinbaus in der Volkswirtschaft; klimatische und geologische Voraussetzungen; Reben, Sorten und Veredlung; Schädlinge; Arbeit des Weinbauers; Entwicklung des Weinbaus im 19. Jahrhundert (Methoden); im Gegensatz dazu die Entwicklung im

20. Jahrhundert mit der modernen Fabrikation; lokale Produzenten; Schluss: Welche Ziele werden für die Steigerung und die Verbesserung des Weinbaus angestrebt? In: ebd., Bl. 293.

34 Hellmut Drescher (geb. am 7. Dezember 1902 in Altenburg, gest. am 3. April 1992 in Naumburg), Drogist, ab 1930 wohnhaft in Freyburg, Kriegsdienst, engl. Kriegsgefangenschaft, von 1951 bis 1977 Leiter des Museums Schloss Neuenburg, von 1954 bis 1958 Fernstudium der Museologie, ab 1952 ehrenamtlicher Kreisbodendenkmalpfleger im Kreis Nebra.

35 Im Dezember 1950 wurde Schloss Neuenburg als „neues Kreismuseum Freyburg" bezeichnet. In: ebd., Bl. 253. Mit Schreiben vom 31. Dezember 1949 an den Rat des Kreises Querfurt hatte das Ministerium für Volksbildung, Kunst und Wissenschaft die Ernennung zum „Kreismuseum" mitgeteilt, ohne dass jedoch vorher mit dem Kreis darüber verhandelt worden war. LHASA, MD, K 10, Nr. 7011, Bl. 169. Nach der zeitweisen Übertragung der Museumsleitung an den Kulturamtsleiter Max Lutze sorgte die Einsetzung Hellmut Dreschers 1949 hier für eine klarere Struktur. Ebd., Bl. 277.

36 Drescher an das Ministerium für Volksbildung, Kunst und Wissenschaft, 17. Dezember 1947. In: LHASA, MD, C 96 II, Nr. 66, Bl. 189.

37 Am 19. Juli 1950 hatte auch die „Jugendheim GmbH" eine Übernahme wegen des für ihre Planungen störenden Museumsbetriebs abgelehnt. In: LHASA, MD, K 3, Nr. 8558, Bl. 115.

38 Knorr machte im September 1950 dem Finanzministerium den Vorschlag, einen Rechtsträgerschaftswechsel an das Ministerium für Volksbildung vorzunehmen. In: ebd., Bl. 113 f., 118. Zwar wirkte sich bei dieser, die gesamte Kernburg bis auf die Küchenmeisterei betreffenden Lösung die teilweise Nutzung der Anlage zu Wohnzwecken und der damit verbundene Verwaltungsaufwand negativ auf die Arbeitsbelastung der Museumsleitung aus (sodass dafür noch eine Hausmeisterstelle reklamiert wurde), jedoch schienen somit die Erhaltung des Baudenkmals und des Museums längerfristig gesichert zu sein. Gemäß der Schaufläche von 852 m² und ca. 16 000 Besuchern im Jahr gab es neben dem Leiter einen Museumsführer und eine Reinigungskraft. Zugleich aber wohnten in der in keinem guten Bauzustand befindlichen Kernburg, für die dringender Handlungsbedarf angemahnt wurde, da „der derzeitige Zustand den Besuchern nicht mehr länger geboten werden kann", im Februar 1952 noch 73 Personen. In: LHASA, MD, K 10, Nr. 7011, Bl. 5. Seit dem 1. Januar 1951 wurde das Museum Schloss Neuenburg schon im Haushalt der Landesgalerie geführt und im Mai erfolgte der Antrag auf Übertragung der Rechtsträgerschaft für den gesamten Schlosskomplex (Kernburg). LHASA, MD, K 3, Nr. 8558, Bl. 130–136.

39 Urkunde des Landes Sachsen-Anhalt vom 10. Juli 1951 auf der Basis des Beschlusses der Landesbodenkommission vom 16. Januar 1950. In: LHASA, MD, K 10, Nr. 7436, Bl. 3. Ein Schreiben Knorrs an das Finanzministerium vom 15. Dezember 1950 enthält die handschriftliche Notiz: „Die Landesgalerie übernimmt ab 1. Januar 1951 das Museum auf dem Schloss als Landesmuseum." In: ebd., Bl. 36.

40 LHASA, MD, K 10, Nr. 7448, Bl. 146. Die dortige Übersicht zeigt auch die Entwicklung der Besucherzahlen von 1950 bis 1952. Der Begriff „Museumskombinat" findet sich in einem Schreiben Knorrs an das Ministerium des Inneren. In: LHASA, MD, K 3, Nr. 8558, Bl. 130.

41 LHASA, MD, K 10, Nr. 7448, Bl. 146.

42 Vgl. LHASA, MD, K 10, Nr. 7412, Bl. 49–52.

43 Ebd., Bl. 65.

44 LHASA, MD, K 10, Nr. 7448, Bl. 165. Für die fachliche Betreuung schlug er als neue Form eine zentrale Leitung der „musealen Schlösser" auf Republikebene vor. Dieser sollten nachge-

ordnete Dienststellen der Museumspflege (drei bis vier über jeweils mehrere Bezirke) angegliedert sein.

45 Ebd., Bl. 189 f. Die Pflegschaften waren: 1. Sangerhausen, 2. Zeitz, 3. Freyburg, 4. Bitterfeld, 5. Dessau, 6. Köthen, 7. Falkenstein, 8. Halle. Die Aufgaben der Museumspfleger bestanden in der Anleitung in allen organisatorischen Fragen, in fachlicher Hinsicht zur Verbesserung der Qualität, in ständiger Hilfe und Kontrolle der Inventarisation und der Zusammenarbeit mit den zuständigen Stellen für Kunst und kulturelle Massenarbeit in den Kreisen und Städten. Hierfür wurde ein quartalsweises Berichtswesen installiert.

46 So mahnte der Museumsleiter z. B. im Januar 1960 an, dass die anstehenden Aufgaben nur bei der Anstellung eines Assistenten und einer zweiten Führungskraft zu realisieren sind. Vgl. LHASA, MER, BT/R. d. B. Halle, 2. Ablieferung, Nr. 9561, Bl. 86 f.

47 Ebd. Hier Angaben zur Größe der einzelnen Räume und teilweise zur Ausstattung mit Stand Januar 1960. Eine geplante Abteilung „Geschichte der neuen und neuesten Zeit im Kreis Nebra" ist so nicht realisiert worden. Im offiziellen Handbuch der Museen wurde das Museum Schloss Neuenburg wie folgt beschrieben: „5 historische Räume: Romanische Doppelkapelle, Kirchsaal, Fürstensaal, Jägermeisterzimmer mit Möbeln der Renaissance, des Barocks und Rokoko, Gedenkraum für Heinrich von Veldeke. Heimatgeschichte: Geologie des Kreises Nebra, Fossilien des Muschelkalkes, Buntsandstein, pleistozäne Tierwelt, Ur- und Frühgeschichte des Kreises, Weinbau im Unstruttal, Arbeitsgeräte, Kelter, Dokumente." In: Knorr, Heinz Arno (Hg.): Handbuch der Museen und der wissenschaftlichen Sammlungen in der Deutschen Demokratischen Republik. Halle (Saale) 1963, S. 181 f.

48 Natürlich geschah dies unter staatlich-politischen Vorgaben. Das „Programm der Heimatmuseen im 7-Jahr-Plan 1959–65" im Bezirk Halle sah vor, dass die Museen vorwiegend Themen der Arbeitswelt mit Schwerpunkt auf Chemie, Bergbau und Landwirtschaft gestalten sollten. Daraus resultierte folgende Aufgabenstellung: „Das Heimatmuseum Schloß Neuenburg baut eine Abteilung der Geschichte des Weinbaus bis zum geplanten Weinkombinat Saale/Unstrut auf." Strukturell sollte die Einrichtung zum „sozialistischen Kreismuseum" entwickelt werden. In: LHASA, MER, BT/R. d. B. Halle, 2. Ablieferung, Nr. 9561, Bl. 15–17.

49 Vgl. Bahn, Bernd W.: Hellmut Drescher – ein Leben für die Neuenburg. In: Unsere Neuenburg (= Mitteilungen des Vereins zur Rettung und Erhaltung der Neuenburg e. V., Heft 2). Freyburg (Unstrut) 2000, S. 75–80.

50 Diesem Thema hatte er auch seine Abschlussarbeit gewidmet. Drescher, Hellmut: Die Lage der Weinbauern im Saale- und Unstruttal. Manuskript. Freyburg (Unstrut) 1958. Dreschers Vorhaben konnte unter seiner Museumsleitung – bedingt durch den sich im Laufe der Jahre zunehmend verschlechternden Bauzustand der Neuenburg – nicht mehr realisiert werden.

51 Gotthard Voß (geb. am 7. August 1938 in Rostock), von 1957 bis 1959 Zimmermannslehre, von 1960 bis 1965 Studium der Architektur an der Technischen Hochschule Dresden, ab 1965 wissenschaftlicher Mitarbeiter an der Arbeitsstelle Halle des Institutes für Denkmalpflege der DDR, 1992 Ernennung zum Landeskonservator für Sachsen-Anhalt und Leiter des Landesamtes für Denkmalpflege Sachsen-Anhalt, im September 2003 Eintritt in den Ruhestand.

52 Aktenvermerk vom 10. Juli 1967. In: LDA, Ortsakte Freyburg, Schloss Neuenburg, Akte II (1967–74). Für die Unterstützung bei der Bereitstellung von Aktenmaterial des Instituts für Denkmalpflege der DDR, Arbeitsstelle Halle, danke ich insbesondere Reinhard Schmitt.

53 Hans Berger (geb. am 18. Oktober 1918 in Merseburg, gest. am 28. März 1993 in Halle), ab 1939 Studium der Architektur in Braunschweig, 1941 Einzug zum Kriegsdienst, nach Verwundung 1943 Wiederaufnahme des Architekturstudiums nunmehr in Stuttgart, 1945

Abschluss des Studiums, seit 1945 als Konservator beim damaligen Provinzialkonservator der Provinz Sachsen (später Landeskonservator Sachsen-Anhalt), von 1964 bis 1985 Chefkonservator der Arbeitsstelle Halle des Institutes für Denkmalpflege der DDR, 1979 Ehrendoktorwürde der Martin-Luther-Universität Halle–Wittenberg, von 1990 bis 1993 Mitglied des Kuratoriums des Vereins zur Rettung und Erhaltung der Neuenburg e. V.

54 Schreiben vom 6. April 1970. In: LDA, Ortsakte Freyburg, Schloss Neuenburg, Akte II (1967–74).

55 Schreiben vom 1. September 1970. In: ebd. Erst am 1. April 1978 wurde auf der Grundlage des Beschlusses des Rates des Bezirkes Halle Nr. 1020/13/76 der VEB Denkmalpflege Halle als zentral geleiteter Betrieb des Ministeriums für Kultur der DDR gebildet. Eingeteilt war er in die Werkstattbereiche Quedlinburg, Halle und Nebra. Letzterer war u. a. für Schloss Allstedt, Schloss Neuenburg, Burg Querfurt und das Gradierwerk Bad Kösen zuständig. Vgl. LHASA, MER, BT/R. d. B. Halle, 3. Ablieferung, Nr. 6668, Bl. 3–7 nebst den Anlagen 1–4.

56 Akte „Studie zur Frage der Nutzung des Schlosses Neuenburg in Freyburg/U. als Museum, Gaststätte und Hotel". In: Archiv der SDS, MSN.

57 Ebd., Bl. 2.

58 Ebd., Bl. 3 f.

59 Dies wäre aus statischer Sicht nur mit einer äußerst aufwendigen Stahlbeton-Ringbalken-Konstruktion in den Umfassungswänden möglich gewesen, die aus konstruktiven Gründen jedoch nicht notwendig war. Vgl. LDA, Ortsakte Freyburg, Schloss Neuenburg, Akte II (1967–74). Schreiben vom 19. Oktober 1973. Darum wurde darauf verzichtet.

60 Archiv der SDS, MSN, Akte „Studie zur Frage der Nutzung des Schlosses Neuenburg in Freyburg/U. als Museum, Gaststätte und Hotel", Bl. 4–8.

61 So hieß es 1987 in einer Information des Instituts für Denkmalpflege, Arbeitsstelle Halle, an die Bezirksleitung Halle der SED: „Die Arbeitsschwerpunkte [...] werden bestimmt durch die verstärkte Pflege und Erschließung der Denkmale des Kampfes der revolutionären Arbeiterklasse, des Werdens und Wachsens unseres sozialistischen Staates, großer Persönlichkeiten sowie aus der Entwicklung von Wissenschaft und Technik, Natur und Umwelt, Kultur und Kunst. Allen voran stehen die Stätten, die mit dem Leben und Wirken Thomas Müntzers, mit der Vorbereitung und Durchführung des 40. Jahrestags der DDR verbunden sind." In: LHASA, MER, BT/R. d. B. Halle, 3. Ablieferung, Nr. 6668, Bl. 4 f. Die „relativ einseitige Orientierung" auf gesellschaftlich relevante Jubiläen und „Höhepunkte" benennt auch eine Zuarbeit des Instituts für Denkmalpflege/Landesamt aus dem April 1990 für den „Runden Tisch Halle" generell als ernsthafte Behinderung im Bereich der Denkmalpflege. Vgl. LHASA, MER, BT/R. d. B. Halle, 3. Ablieferung, Nr. 6702, Bl. 2.

62 Aktenvermerk vom 13. Juli 1972. In: LDA, Ortsakte Freyburg, Schloss Neuenburg, Akte II (1967–74).

63 Aktenvermerk vom 2. November 1972. In: ebd. Aufgrund von neu aufgetretenen Schäden an der Mauerkrone der Westwand/Kapellenflügel konnte die Dacheindeckung noch nicht vorgenommen werden.

64 Aktenvermerke vom 6. März 1973 und vom 10. August 1973 sowie Schreiben vom 3. April 1973. In: ebd.

65 Schreiben vom 1. April 1974. In: ebd.

66 Aktenvermerk vom 10. Mai 1974. In: ebd.

67 Schreiben vom 11. Juli 1974. In: ebd. Nur zeitweise konnte hier eine Entlastung durch die Hilfe des Naumburger Architekten Herbert Thiele erreicht werden. S. Aktenvermerk vom 31. Oktober 1974. In: ebd.

68 Schreiben vom 11. Juli 1974. In: ebd.

69 Aktenvermerk vom 15. April 1975. In: LDA, Ortsakte Freyburg, Schloss Neuenburg, Akte III (1975–80). Der Rat der Stadt Freyburg hatte schon für 1974 eine Teilöffnung unbedingt verlangt. Wie Anm. 66.

70 Aktenvermerk vom 15. April 1975. In: LDA, Ortsakte Freyburg, Schloss Neuenburg, Akte III (1975–80).

71 Aktenvermerke vom 22. Februar 1973 und 17. Juni 1974. In: LDA, Ortsakte Freyburg, Schloss Neuenburg, Akte II (1967–74). Aktenvermerke vom 15. April und 8. Mai 1975. In: LDA, Ortsakte Freyburg, Schloss Neuenburg, Akte III (1975–80).

72 Aktenvermerke vom 13. Juli und 2. November 1972 sowie vom 5. April 1973. In: LDA, Ortsakte Freyburg, Schloss Neuenburg, Akte II (1967–74).

73 Schreiben vom 17. September 1976 und handschriftlicher Aktenvermerk zum Jahr 1977. In: LDA, Ortsakte Freyburg, Schloss Neuenburg, Akte III (1975–80).

74 Schreiben vom 5. März 1975. In: ebd. Der Maler Wilfried Weise und der Maurer Hans-Joachim Jasiulek verließen nach dem Ausscheiden Hellmut Dreschers die Neuenburg. Seit 1990 arbeiten beide wieder im Museum Schloss Neuenburg.

75 In einer Information zum Stand der Inventarisierung an den Rat des Kreises Nebra, Abteilung Kultur schilderte Peter Berger am 12. Dezember 1978 die seit der Schließung entstandene Situation zum Zeitpunkt seiner Amtsübernahme 1977: „Bauarbeiten, die kurzfristig einsetzten und später völlig stagnierten, führten zur Demontage sämtlicher Ausstellungen. Damit war auch die wichtigste Form der Kultur- und Bildungsarbeit des Museums nicht mehr gewährleistet. Der gesamte Museumsfundus war in keiner Weise mehr durch die verstreute Lagerung im Objekt zu überblicken. Das führte dazu, daß im Zeitraum 1970 bis Juli 1977 keine fachgerechte und kontinuierliche Museumsarbeit betrieben wurde. Auf dem Gebiet der Inventarisierung, der Katalogisierung, Sicherheit, Dokumentation usw. wurden schwerwiegende Versäumnisse begangen, deren Folgen am derzeitigen Stand zu erkennen sind: Die Inventarisierung wird durch die unübersichtliche Lagerung des Museumsgutes und des Fehlens von Magazinräumen sowie durch die verstärkte Bautätigkeit (seit Januar 1978) äußerst stark behindert. Die Inventarisierung kann nur vollständig abgeschlossen werden, wenn parallel zu dieser Magazinräume entsprechend den Bestimmungen geschaffen werden. Die alte Inventarisierung muß z. Zt. als Arbeitsgrundlage dienen." Archiv der SDS, MSN, Akte „Berichte, Analysen, Plan der Aufgaben 1977–1989", Bl. 349. Auch wenn der Vorwurf, dass ausgerechnet unter Hellmut Drescher keine systematische Arbeit mit dem Fundus mehr stattgefunden hätte, eindeutig überzogen ist, wird doch eines deutlich: Aufgrund der Abfolge dringend notwendiger Sicherungsmaßnahmen in den unterschiedlichsten Bereichen musste im Prinzip ständig und überall Baufreiheit geschaffen werden, ohne dass zufriedenstellende Alternativen für eine übergangsweise fachgerechte Lagerung gegeben waren.

76 Aktennotiz vom 23. März 1976. In: LDA, Ortsakte Freyburg, Schloss Neuenburg, Akte III (1975–80). Trotzdem beschloss die Kreisleitung Nebra der SED am 3. März 1978 die seit Ende 1977 vorbereitete „Konzeption zur weiteren kulturellen Entwicklung im Kreis Nebra". Vgl. LHASA, MER, P 517 Nebra, Nr. IV/D-4/16/025, Bl. 10 f. und Nr. IV/D-4/16/029.

77 Allerdings hatte man vor Drucklegung der zur Verbreitung gedachten Schrift den Eröffnungstermin mit „entsprechend der baulichen Fertigstellung" dann doch undefiniert gelassen. Vgl. ebd.
78 LHASA, MER, BT/R. d. B. Halle, 4. Ablieferung, Nr. 650, Bl. 1. Beschlussvorlage vom 13. Oktober 1977 für den Beschluss des Rates des Bezirkes Halle Nr. 295-26/77 vom 14. Oktober 1977. In: ebd., 3. Ablieferung, Nr. 6668, Anlage 1 (GBl. Sonderdruck 1017) zu S. 1–7.
79 Peter Berger (geb. 1948), Museologe, von 1977 bis 1990 Direktor der Museen der Stadt Freyburg (Unstrut).
80 Bericht vom 26. Januar 1978. In: Archiv der SDS, MSN, Akte „Protokolle Rat der Stadt Freyburg und Landschaftsschutz". Der Rat der Stadt Freyburg kam in seiner Sitzung vom 10. November 1978 sogar zu der Einschätzung: „Die Rekonstruktions- und Restaurierungsmaßnahmen können aufgrund ihres Umfanges und Ausmaßes nicht mehr geleistet werden." Nach eingehender Diskussion wurde folgender Beschluss gefasst: „Auf Grund der kulturhistorischen Bedeutung der Neuenburg und des Umfangs der Rekonstruktions- und Renovierungsmaßnahmen ist beim Rat des Kreises Nebra der Antrag zu stellen, daß die Leitung der Reko-Maßnahmen und die Verwaltung des Schlosses Neuenburg vom Rat des Kreises übernommen wird." In: Auszug aus dem Sitzungsprotokoll mit Beschluss Nr. 194-20/1978. In: ebd. Allerdings fand die gewünschte Übernahme nicht statt.
81 Bericht vom 26. Januar 1978. In: Archiv der SDS, MSN, Akte „Protokolle Rat der Stadt Freyburg und Landschaftsschutz".
82 Laut dem Bericht Peter Bergers vom 6. Juli 1981 waren von insgesamt noch 14 im Schloss wohnenden Familien (sogenannte Fremdnutzer) zum Zeitpunkt 13 bereits „umgesetzt". Zur Lösung der Wohnungsproblematik hatte man von Januar bis Mai 1981 sogar zwei Kollegen der Brigade des VEB Denkmalpflege zur Herrichtung von drei Altbauwohnungen im Stadtgebiet eingesetzt. In: Archiv der SDS, MSN, Akte „Berichte, Analysen, Plan der Aufgaben 1977–1989", Bl. 249. Vom Auszug der letzten Mieter (Küchenmeisterei) wurde erst am 26. Januar 1989 berichtet. In: ebd., Bl. 27.
83 Bericht vom 26. Januar 1978. In: Archiv der SDS, MSN, Akte „Protokolle Rat der Stadt Freyburg und Landschaftsschutz".
84 Archiv der SDS, MSN, Akte „Nutzungsstudie Schloß Neuenburg. Museumsteil" vom 31. Januar 1978. Diese Studie entstand infolge entsprechender Beratungen vom 20. Juni 1977 mit dem Rat der Stadt Freyburg.
85 Diese Variante wurde v. a. aus denkmalpflegerischen Gesichtspunkten zugunsten der Heizung mit elektrischen Nachtspeicheröfen verworfen. Vgl. Protokoll der Sonderratssitzung vom 15. Juli 1988. In: Archiv der SDS, MSN, Akte „Protokolle Rat der Stadt Freyburg und Landschaftsschutz".
86 Wie Anm. 84, Bl. 20. Die denkmalpflegerische Zielstellung wurde im September 1979 durch den zuständigen Oberkonservator des Instituts für Denkmalpflege/Arbeitsstelle Halle, Reinhard Rüger, erarbeitet. Zur aktuellen Situation stellte er fest, dass die Neuenburg zwar aufgrund ihrer herausragenden Bedeutung in die „oberste Rangliste der Denkmale" aufgenommen wurde, ihre Aussagekraft aber nicht zuletzt wegen mangelnder Baupflege stark beeinträchtigt ist. Der Maßnahmenkatalog für die Gesamtanlage umfasst dann eine Vielzahl grundlegender Sicherungsarbeiten von der Freilegung verschütteter und überwachsener Gebäudeteile und baulicher Anlagen, über den Abbruch jüngerer Bausubstanz aus dem 20. Jahrhundert, die Wiederherstellung des Zwingers, die Sicherung und Instandsetzung der Umfassungsmauern bis hin zur gärtnerischen Neugestaltung von Zwinger, Kern- und Vorburg. Ebenso umfäng-

lich waren die notwendigen Arbeiten in der Kernburg selbst. Hier einige Beispiele: Schließung der Baulücke zwischen Küchenmeisterei und Galerieflügel, Restaurierung des Erkers über dem Löwentor, Sicherung des Dachstuhls der Doppelkapelle, Wegnahme der Strebepfeiler des 19. Jahrhunderts, Restaurierung der Kapellenräume, Komplettrestaurierung des Fürstenbaus und Herstellung der Eingangshalle im Erdgeschoss, Wiederherstellung der alten Küche in der Küchenmeisterei, Dachinstandsetzung auf den Galerieflügeln und Bauwerkssicherung am Westtorhaus. Als besonders dringlich wurden die Sicherungsmaßnahmen an der Doppelkapelle und dem Westtorhaus eingeschätzt. Vgl. Denkmalpflegerische Zielstellung vom 13. September 1978. In: LDA, Ortsakte Freyburg, Schloß Neuenburg, Bestand des ehemaligen VEB Denkmalpflege Halle.

87 Archiv der SDS, MSN, Akte „Neuenburg – Freyburg/U. Weinmuseum der DDR. Gesamtanlage vom 15. Juni 1979".

88 Vgl. Bericht Rat des Kreises Nebra an Rat des Bezirkes Halle vom 3. Juni 1980. In: LDA, Ortsakte Freyburg, Schloß Neuenburg, Akte III (1975–80). Diese Konzeption ersetzte die ältere Studie „Museumsteil". Auch das Institut für Museumswesen der DDR wurde einbezogen und votierte im Grundsatz positiv. Vgl. Aktenvermerk vom 12. Juli 1979. In: LDA, Ortsakte Freyburg, Schloß Neuenburg, Bestand des ehemaligen VEB Denkmalpflege Halle.

89 Schreiben vom 10. November 1980. In: LDA, Ortsakte Freyburg, Schloß Neuenburg, Akte III (1975–80). Weiter heißt es dort: „Für mich tritt die Kluft zwischen Jahresbaukapazität und Bausumme für 1981 in Bezug auf die Arbeitsgruppe Schloß Neuenburg des VEB Denkmalpflege besonders krass in Augenschein. Bei einer monatlichen Abnahme von 35 TM verbraucht der Betrieb im Jahr 1981 rund 420 TM (erhöhter Personalbestand und verstärkter Materialumsatz). Die mir von Kollegen Rüger [Institut für Denkmalpflege] mitgeteilte Summe beträgt aber nur ca. 240 TM. Deutlicher kann der Widerspruch nicht aufgezeigt werden. Der Rechtsträger der Neuenburg kann schlussfolgernd mit dem VEB Denkmalpflege für 1981 keinen Jahresvertrag abschließen. Eine vertragliche Beschränkung auf die ersten Monate des Jahres ist nach meiner Ansicht der einzige Ausweg, die Arbeiten nicht vollständig zu stoppen." Kosten/Varianten: Die Gesamtkosten dafür wurden mit 875 000 Mark veranschlagt, der Anteil des VEB Denkmalpflege mit 420 000 Mark. Die Varianten 2 und 3 umfassten 240 000 bzw. 300 000 Mark.

90 Nur Variante 3 konnte berücksichtigt werden. Vgl. Bericht vom 6. Juli 1981. In: Archiv der SDS, MSN, Akte „Berichte, Analysen, Plan der Aufgaben 1977–1989", Bl. 250.

91 Schreiben vom 6. Dezember 1980. In: LDA, Ortsakte Freyburg, Schloß Neuenburg, Akte III (1975–80).

92 Schreiben vom 22. Januar 1981. In: LDA, Ortsakte Freyburg, Schloß Neuenburg, Akte IV (1981–89).

93 Zudem musste mangels personeller Alternativen die Funktion des „Investbauleiters" (Verantwortlicher und Koordinator für das Baugeschehen am Objekt) durch den Museumsdirektor wahrgenommen werden. In: Archiv der SDS, MSN, Akte „Berichte, Analysen, Plan der Aufgaben 1977–1989", Bl. 336. Das führte in der Folge zu einer eindeutigen Arbeitsüberlastung und aufgrund der notwendigen Konzentration auf das Baugeschehen auch zu einer Vernachlässigung der eigentlichen musealen Arbeit. An dieser Stelle sei angemerkt, dass Ende der 1970er Jahre das Museum Schloss Neuenburg mit nur einer „Fachpersonal"-Stelle (dem Museumsleiter) denkbar schlecht ausgestattet war. Im Bezirk Halle erfolgte die Unterteilung der Museen entsprechend ihrer Bedeutung in Kategorien. In die Kategorie I gehörten lediglich das Händelhaus Halle und die Staatliche Galerie Moritzburg Halle. Das Neuenburg-

Museum fand sich neben solchen Einrichtungen wie dem Museum Burg Falkenstein oder dem Museum Burg Querfurt in Kategorie II. Eine Vielzahl von Häusern in dieser Gruppe verfügte über einen höheren Personalbestand. Vgl. LHASA, MER, BT/R. d. B. Halle, 3. Ablieferung, Nr. 7178. Dort unter „017" das Material „Analyse, Konzeption und staatliche Maßnahmen zur weiteren Entwicklung der Museen des Bezirkes Halle" (vermutlich von 1977).

94 Aktenvermerke vom 23. Januar und 23. April 1981. In: LDA, Ortsakte Freyburg, Schloß Neuenburg, Akte IV (1981–89).

95 Aktenvermerk vom 24. Februar 1982 und Auszug aus dem Protokoll der Sitzung des Rates der Stadt Freyburg vom 3. Mai 1982. In: ebd. In Letzterem wurde das Ziel definiert, den Turm im Frühjahr 1983 der Öffentlichkeit zu übergeben.

96 Schreiben vom 12. Mai 1982. In: ebd.

97 Protokoll vom 3. Mai 1982. In: ebd.

98 Kurt Löffler (geb. am 24. August 1932), seit 1973 Staatssekretär im Ministerium für Kultur der DDR, leitete u. a. 1983 das „Staatliche Martin-Luther-Komitee der DDR".

99 Schreiben vom 9. Oktober 1996 an die Direktorin des Museums Schloss Neuenburg, Kristine Glatzel. In: Archiv der SDS, MSN, Akte „Museum Chronik II". Hinsichtlich der im Schreiben erwähnten Edith Baumann liegt wahrscheinlich eine Verwechslung vor. Gemeint ist wohl eher: Edith Brandt (geb. am 15. Dezember 1923 in Bernburg, gest. am 27. Februar 2007 in Halle), von 1966 bis 1984 bei der SED Bezirksleitung Halle Sekretärin für Wissenschaft, Volksbildung und Kultur sowie Vorsitzende der Kommission Traditionsarbeit. Dank für diesen Hinweis an Bettina Ehrentraut vom Landeshauptarchiv Sachsen-Anhalt, Abteilung Merseburg.

100 1979/80 Versetzung des bis dahin zuständigen Mitglieds des Rates des Kreises für Kultur, Kurt Könnecke, in das Kreiskulturkabinett. An seine Stelle trat Lothar Beyer.

101 Die Dachinstandsetzung des Turms hatte man schon einmal für 1971/72 geplant. Eine Eröffnung als Aussichtsturm und erster Ausstellungsbereich sollte bereits zum 7. Oktober 1979, dem 30. Jahrestag der DDR, erfolgen, nachdem klar wurde, dass eine wie auch immer geartete (Teil-)eröffnung im Kernburgbereich zu diesem Termin nicht zu realisieren war. Vgl. Protokoll der Sitzung des Rates der Stadt Freyburg vom 27. Oktober 1978. In: Archiv der SDS, MSN, Akte „Protokolle Rat der Stadt Freyburg und Landschaftsschutz". Im Jahr 1983 wurde die Übergabe an die Öffentlichkeit ursprünglich zum Jahresende vorgesehen. Der Rat des Kreises hatte die Eröffnung per Beschluss aber auf den 1. Juli vorverlegt, was zu einer ausschließlichen Konzentration auf die Arbeiten am Turm und der Zurückstellung anderer Aufgaben führte. Vgl. Archiv der SDS, MSN, Akte „Berichte, Analysen, Plan der Aufgaben 1977–1989", Bl. 214 f.

102 Z. B. kritisierte Hans Berger die Gestaltungsplanung für das 1. Obergeschoss hinsichtlich der Aufstellung eines sechseckigen Gestells mit Darstellungen der Burg: „Das Objekt wird den Raum derart verunstalten, daß ich seine Aufstellung ablehnen muss; es gehört in den Bereich der Werbung eines Reisebüros für den Besuch eines Denkmals, nicht in das Denkmal selbst." Vgl. Schreiben vom 15. Juni 1983. In: LDA, Ortsakte Freyburg, Schloß Neuenburg, Akte IV (1981–89). Fast vernichtend fiel die Kritik des Leipziger Historikers Prof. Dr. Manfred Straube aus, die er 1988 im Zusammenhang mit einem Vorschlag für die Neugestaltung des Museums Schloss Neuenburg äußerte: „Der allein zugängliche romanische Bergfried ist völlig unzureichend museal eingerichtet. Bis auf die untere Etage mit einem gewissen Informationswert, sind die übrigen nicht entsprechend genutzt. […] Es gab und gibt ausreichende Exponate und auch wissenschaftliche Unterlagen, die selbst unter den gegebenen Umständen das Staatliche

Museum Schloß Neuenburg attraktiv machen können. Jetzt ist das, was ausgestellt ist, eine Zumutung." Schreiben vom 30. April 1988. In: Archiv der SDS, MSN, Akte „Briefwechsel Prof. Dr. Manfred Straube".

103 Aktenvermerk vom 25. Juli 1983. In: LDA, Ortsakte Freyburg, Schloß Neuenburg, Akte IV (1981–89).

104 Aktenvermerk vom 26. November 1985. In: ebd. Das Vorhaben war ebenso Bestandteil des „Arbeitsplanes für das 2. Halbjahr 1986. Rat des Kreises Nebra, Fachorgan Kultur" vom 15. Juli 1986. In: Archiv der SDS, MSN, Akte „Schriftwechsel Rat des Kreises, Beschlüsse, Arbeitspläne 1977–89".

105 Reinhard Rüger (geb. am 25. August 1934 in Kaufungen/Sachsen), 1960 bis 1965 Architekturstudium an der Hochschule Burg Giebichenstein in Halle (Saale), von 1965 bis 1991 Mitarbeiter in der Arbeitsstelle Halle des Instituts für Denkmalpflege der DDR, seit 1991 freier Architekt.

106 Reinhard Schmitt (geb. am 8. Oktober 1950 in Halle/Saale), von 1970 bis 1979 Studium der Klassischen und Provinzialrömischen Archäologie sowie der Ur- und Frühgeschichte an der Humboldt-Universität Berlin, von 1979 bis 1990 freiberufliche Tätigkeit für die Arbeitsstelle Halle des Instituts für Denkmalpflege der DDR, seit 1990 im Landesamt für Denkmalpflege Sachsen-Anhalt Leiter des Referates Bauforschung, von 1990 bis 1993 Mitglied des Kuratoriums des Vereins zur Rettung und Erhaltung der Neuenburg e. V., seit 1991 Mitglied des Vorstands dieses Vereins.

107 So nahm Peter Berger vereinbarte Termine nicht wahr, verweigerte oder begrenzte den Zugang und reglementierte entgegen anderer Absprachen die Forschungsarbeiten. S. dazu Aktenvermerk Reinhard Schmitts vom 8. April 1986 und Schreiben Alexandra Hancracks vom 1. November 1989. In: LDA, Ortsakte Freyburg, Schloß Neuenburg, Akte IV (1981–89). Vgl. auch Schmitt, Reinhard: Meine Erlebnisse und eigenen Erfahrungen im Umgang mit der Neuenburg und den Veränderungen 1989 bis 1994. In: Unsere Neuenburg (= Mitteilungen des Vereins zur Rettung und Erhaltung der Neuenburg e. V., Heft 1). Freyburg (Unstrut) 1999, S. 28–30.

108 Aktenvermerk vom 18. Februar 1987. In: LDA, Ortsakte Freyburg, Schloß Neuenburg, Akte IV (1981–89).

109 Ebd.

110 Aktenvermerke vom 3. Juli und 7. September 1987. In: ebd.

111 Aktenvermerk vom 14. März 1988. In: ebd.

112 Wie Anm. 102.

113 Vgl. dazu Straube, Manfred: Erinnerungen an vergebliche Bemühungen, 1988/90 den Verfall der Neuenburg aufzuhalten. In: Unsere Neuenburg (= Mitteilungen des Vereins zur Rettung und Erhaltung der Neuenburg e. V., Heft 4). Freyburg (Unstrut) 2003, S. 32–35. Allerdings wurde für 1989 eine nicht näher erläuterte Umgestaltung der Ausstellung im Bergfried ins Auge gefasst. Vgl. Archiv der SDS, MSN, Akte „Berichte, Analysen, Plan der Aufgaben 1977–1989", Bl. 13. Darüber hinaus gab es zahlreiche Besichtigungsanfragen und auch Eingaben, die das Interesse der Öffentlichkeit an der Neuenburg trotz der langen Schließung bezeugen. Vgl. Archiv der SDS, MSN, Akte „Allgemeines betr. Museum" (1978–1989) und Akte „Eingaben" (1978–84).

114 Protokoll der Beratung vom 31. August 1988. In: LDA, Ortsakte Freyburg, Schloß Neuenburg, Akte IV (1981–89). Im Jahr 1974 wurde über Willi Sitte das Haus Sonneck im Blü-

tengrund bei Naumburg für den Verband der Bildenden Künstler der DDR erworben. In der Folge besuchte Sitte des Öfteren von Sonneck aus mit unterschiedlichen Gästen (darunter auch Kurt Hager) die Neuenburg, in der er neben dem Heimat- und Weinmuseum auch ein „Plakatmuseum" installieren wollte. Für Letzteres ist allerdings keine Konzeption bekannt.

115 Schirmer, Gisela und Willi Sitte: Willi Sitte. Farben und Folgen. Eine Autobiographie. Leipzig 2003, S. 217 f.

116 Damit hatte sich das von Peter Berger 1978 kurz nach der Amtsübernahme geschilderte Problem in seiner Amtszeit weiter verschärft. In den Berichten an den Rat der Stadt Freyburg, des Kreises Nebra oder des Bezirkes Halle aber hatte er immer wieder den Fortgang der Inventarisierung, Katalogisierung und Kategorisierung gemeldet. War 1986 noch davon die Rede, dass die Arbeit an diesem Aufgabenkomplex aufgrund der fehlenden Magazinräume derzeit nicht durchführbar sei, so ist 1987, obwohl der Magazintrakt im nördlichen Galerieflügel aufgrund des Abzugs von Denkmalpflegekapazitäten der Neuenburg nach Halle noch unvollendet war, von intensiven Vorbereitungen zur Umlagerung des Kulturguts die Rede. Im Frühjahr 1988 berichtete Berger, dass „die fachbezogenen Arbeiten in Vorbereitung der Generalinventur abgestimmt und nach Schwerpunkten zeitlich koordiniert wurden." Mit Datum vom 5. Juli 1988 meldete er den Beginn der Arbeiten an den Komplexen Inventarisierung, Katalogisierung, Kategorisierung in Verbindung mit der Generalinventur. Im Bericht für das Jahr 1988 heißt es dann: „Die Arbeiten zur Vorbereitung der Umlagerung des Kulturgutes und der geplanten Generalinventur standen im Mittelpunkt aller Aktivitäten. Durch die verspätete Lieferung der Spezialschließtechnik konnten die neuen Magazinräume noch nicht belegt werden. Die Vorarbeiten konnten jedoch kontinuierlich durchgeführt werden." Am 26. Januar 1989 folgt dann die Aussage: „Die Voraussetzung für die ordnungsgemäße Unterbringung der musealen Objekte und Sammlungen ist mit dem Magazintrakt (Bauabschnitt I, Galerieflügel) erstmalig auf der Neuenburg gegeben." In einer Zuarbeit für eine „Zustands- und Entwicklungsanalyse für die Museen des Bezirkes Halle" vom 8. Februar 1989 ist Folgendes zu lesen: „Die Sammlungs- und Forschungstätigkeit zur DDR-Geschichte (1946–60) hat einen guten Stand; Bestand an musealen Sachzeugen ist gut erschlossen" und „Am Jahresende 1988 ist der Magazintrakt fertiggestellt worden. Die Umlagerung der musealen Objekte beginnt in Verbindung mit einer Generalinventur 1989." Vgl. Archiv der SDS, MSN, Akte „Berichte, Analysen, Plan der Aufgaben 1977–1989", Bl. 138, 108, 70, 52, 45, 43, 46, 31, 27, 11, 8, 7. Hier entstand ein Bild laufender Tätigkeit an diesem Arbeitsschwerpunkt, ohne dass eine Umlagerung, geschweige denn die Erfassung der Bestände im Sinne einer Generalinventur bis November 1989 überhaupt begonnen worden ist. Zu diesem Ergebnis gelangte auch die Staatliche Finanzrevision, Inspektion Halle: „[…] die seit 1980 laufenden Arbeiten am sogenannten Galerieflügel sind bis zum gegenwärtigen Zeitpunkt noch nicht soweit fortgeschritten (fehlender Elektroenergieanschluß und keine Beheizungsmöglichkeiten), daß die Grundvoraussetzungen für eine ordnungsgemäße Sicherung des beweglichen Kulturgutes bestehen. Dennoch täuschte Herr Berger mit seinen Berichten sowohl den Rat der Stadt als auch die Fachabteilungen beim Rat des Kreises und beim Rat des Bezirkes über diesen Sachverhalt. Ihnen gegenüber rechnete er bereits seit 1988 die Fertigstellung des Magazintrakts ab und machte glaubhaft, daß seit dem die Arbeiten mit den Sammlungen einen zentralen Platz einnehmen. […] An diesem Beispiel werden nicht zuletzt auch Kontrollversäumnisse durch die Verantwortlichen der angeführten Organe deutlich." Bericht der Staatlichen Finanzrevision, Inspektion Halle vom 22. Januar 1990. In: Archiv der SDS, MSN, Akte „Überprüfungen 1990", Bl. 3. Trotz der ausstehenden Restarbeiten wäre wohl mindestens eine teilweise Umlagerung möglich und notwendig gewesen, da der neue Magazintrakt in jedem Fall allemal bes-

ser für die Lagerung des Kunst- und Kulturgutes geeignet war als die zum Teil Jahrzehnte alten „Interimslösungen" [d. A.]. Zugleich wurde aber auch noch auf die weitergehende Mitverantwortung des Rates der Stadt Freyburg (im Übrigen zeichnete der Bürgermeister als direkter Dienstvorgesetzter des Museumsdirektors die Berichte an den Kreis und den Bezirk im Regelfall mit) hingewiesen: „Der Rat der Stadt hat es nicht verstanden, einen fachlich qualifizierten Bauleiter für die umfangreichen Arbeiten im Schlossgelände zu gewinnen. Er hat vielmehr zugelassen und gab sich damit zufrieden, daß der 1977 neu eingestellte Museumsdirektor, Herr Berger, der die fachlichen Voraussetzungen für bauleitende Tätigkeiten nicht besaß, sich aber fast ausschließlich damit befaßte und andererseits seine funktionsbezogenen Aufgaben, so die ordnungsgemäße Sicherung, Nachweisführung und Unterbringung der umfangreichen Bestände an Museumsgut, nur unzureichend erfüllte." Ebd., Bl. 1. Dieser Vorwurf muss allen übergeordneten Stellen gemacht werden, da ja diese ebenso vom Sachverhalt Kenntnis hatten und die eindeutige Überlastung des Museumsdirektors billigend in Kauf nahmen [d. A.]. So endete mit der Amtsübernahme 1977 auch die Erfassung des musealen Gutes in einer Kartei, ebenso endeten die Eintragungen in den Inventarbüchern. Lediglich 1985 wurde ein neues Inventarbuch angelegt, in dem sich aber nur sechs Eintragungen für Objekte aus dem alten Bestand befinden. Vgl. Archiv der SDS, MSN, Bestandsverzeichnisse des Museums Schloss Neuenburg.

117 Seit Mitte der 1980er Jahre strebte man den Bau eines neuen Feuerlöschteiches im Bereich des Schlosses an. Doch auch dessen Fertigstellung hatte sich durch die anhaltenden wirtschaftlichen Schwierigkeiten immer wieder verzögert. Noch im April 1989 wurde von den laufenden Arbeiten zur Fertigstellung berichtet. Vgl. Archiv der SDS, MSN, Akte „Berichte, Analysen, Plan der Aufgaben 1977–1989", Bl. 2.

118 Erst später wurde in Freyburg bekannt, dass sich während der Katastrophe spontan mehrere Jugendliche gemeldet hatten, um zu helfen. Sie lagerten die Bücher der Bibliothek aus und bewahrten sie damit vor der Vernichtung. Bemühungen um eine Notsicherung setzten seitens des Instituts für Denkmalpflege und des Museums sofort ein. Vgl. Aktenvermerk vom 29. Juni 1989. In: LDA, Ortsakte Freyburg, Schloß Neuenburg, Akte IV (1981–89).

119 Monika Markwardt (geb. am 5. Oktober 1956 in Halle/Saale), von 1977 bis 1982 Studium der Textilgestaltung und Grafik an der Hochschule für Industrielle Formgestaltung Burg Giebichenstein in Halle (Saale), von 1982 bis 1990 freiberufliche Tätigkeit, 1986 Aufnahme in den Verband der Bildenden Künstler der DDR, 1989 Mitinitiatorin des Arbeitskreises „Neuenburg" in der Freyburger Bürgerinitiative, seit 1990 Mitarbeiterin im Museum Schloss Neuenburg, von 1991 bis 2006 Vorsitzende des Vereins zur Rettung und Erhaltung der Neuenburg e. V.

120 Martin Bertling (geb. am 19. April 1944 in Niederaudenhain), von 1960 bis 1962 Lehre zum Chemiefacharbeiter, von 1962 bis 1967 Ingenieurstudium an der Betriebsakademie Lützkendorf/Außenstelle der Fachhochschule Köthen, danach Tätigkeit als Schichtingenieur in der Chemieindustrie, 1971 Umzug nach Freyburg (Unstrut), 1989 Mitglied des Neuen Forums, von 1990 bis 2008 Bürgermeister der Stadt Freyburg.

121 Kristine Glatzel (geb. am 16. Juni 1938 in Weimar), Lehramtsstudium (Chemie) an der Pädagogischen Hochschule Halle (Saale), ab 1962 Lehrerin an Schulen in Querfurt, 1969 Aufnahme eines externen Studiums der Kunstgeschichte bei Professor Dr. Hans-Joachim Mrusek an der Martin-Luther-Universität Halle–Wittenberg mit dem Spezialgebiet „mittelalterliche Profanbauten", von 1970 bis 1984 Leiterin des Kreismuseums Burg Querfurt, danach tätig als freiberufliche Kunsthistorikerin und Restauratorin, von 1990 bis 2003 Direktorin des Museums Schloss Neuenburg.

122 Einen umfangreichen Überblick zu den Ereignissen von 1989 und den unmittelbar nachfolgenden Jahren bietet: Unsere Neuenburg, wie Anm. 107. Zur Entwicklung der Neuenburg und ihres Museums von 1989/90 bis 2010 vgl. auch: Peukert, Jörg und Kordula Ebert: „Das wolle der Reisende nicht ungesehen lassen". Die Museen im Schloss Neuenburg (= Veröffentlichungen der Stiftung Dome und Schlösser in Sachsen-Anhalt. Hrsg. von Boje E. Hans Schmuhl in Verbindung mit Konrad Breitenborn, Heft 4). Wettin OT Dößel 2010, S. 46–77.

123 Vgl. Bertling, Martin: Aufbruch in eine neue Zeit – Freyburg (Unstrut) die Weinhauptstadt von Sachsen-Anhalt. Masch. Freyburg September 2009, S. 5.

124 S. hierzu u. a. Glatzel, Kristine: Bürgerengagement für Schloss Neuenburg und sein Museum und Schmitt, Reinhard: Die Unterstützung des Baugeschehens auf der Neuenburg durch den Verein. In: Unsere Neuenburg (= Mitteilungen des Vereins zur Rettung und Erhaltung der Neuenburg e. V., Heft 1). Freyburg (Unstrut) 1999, S. 40–43 und 47–50. Hellwig, Beate: Die große Stiftung – Die Sammlung von Heidenfeld. In: ebd., Heft 4 (2003), S. 45–48. Markwardt, Monika: Bericht zum Geschäftsjahr 2005. In: ebd., Heft 7 (2006), S. 32–34. Fachmann, Ingrid: Der Tag der Heiligen Elisabeth. In: ebd., Heft 8 (2007), S. 32 f. Hellwig, Beate und René Matthes: Montalbâne 2010 – Die XX. Internationalen Tage der mittelalterlichen Musik. In: ebd., Heft 12 (2011), S. 40–47.

125 Bei der baulichen Instandsetzung wurde größter Wert auf eine fundierte bauhistorische Forschung gelegt. Dies führte dazu, dass Schloss Neuenburg heute als eine der am besten erforschten Anlagen Mitteldeutschlands gelten kann. Dies ist v. a. dem ehemaligen Landeskonservator Gotthard Voß und Reinhard Schmitt vom Landesamt für Denkmalpflege und Archäologie Sachsen-Anhalt sowie Wilfried Weise und Hans-Joachim Jasiulek vom Museum Schloss Neuenburg zu verdanken. Darüber hinaus gelang es, vielfältige Forschungsprojekte für die inhaltliche Ausgestaltung des neuen Museums aufzulegen.

126 Einen guten Gesamtüberblick hinsichtlich der verschiedensten Ereignisse und Aktivitäten bietet die Reihe: Unsere Neuenburg (= Mitteilungen des Vereins zur Rettung und Erhaltung der Neuenburg e. V.). Freyburg (Unstrut), Heft 1 (1999) bis 13 (2012).

127 In Zusammenarbeit mit der SSBG konnten so anspruchsvolle Projekte wie das Weinmuseum von Sachsen-Anhalt (1998) und die Dauerausstellung zur hochmittelalterlichen Blütezeit „Burg und Herrschaft" (2003) realisiert werden. Vgl. dazu auch Peukert, Jörg: Bau und Exponat. Zur Integration des Baudenkmals Neuenburg in die Dauerausstellung „Burg und Herrschaft. Die Neuenburg und die Landgrafschaft Thüringen im hohen Mittelalter". In: Schmuhl, Boje (Hg.): Jahrbuch der Stiftung Schlösser, Burgen und Gärten des Landes Sachsen-Anhalt und der Stiftung zum Erhalt und zur Nutzung der Dome, Kirchen und Klöster des Landes Sachsen-Anhalt 3 (2004), S. 35–44.

128 Die Stiftung entstand durch Fusion der Stiftung Schlösser, Burgen und Gärten des Landes Sachsen-Anhalt mit der Stiftung zum Erhalt und zur Nutzung der Dome, Kirchen und Klöster des Landes Sachsen-Anhalt (Domstiftung).

129 Vgl. Breitenborn, Konrad: Kunstguterwerbungen für das Museum Schloss Neuenburg. In: Schmuhl, Boje (Hg.): Jahrbuch der Stiftung Dome und Schlösser in Sachsen-Anhalt und der Stiftung Kloster Michaelstein 5 (2008), S. 110 f.

130 Vgl. Peukert, Jörg: WUNDER-WERK – TASCHEN-UHR. Vortrag zur Ausstellungseröffnung. In: Unsere Neuenburg (= Mitteilungen des Vereins zur Rettung und Erhaltung der Neuenburg e. V., Heft 12). Freyburg (Unstrut) 2011, S. 7–17.

Marlene Thimann
ZEITTAFEL

1086	heiratet Graf Ludwig der Springer Gräfin Adelheid von Stade, Witwe des ermordeten Pfalzgrafen von Sachsen, Friedrichs III. von Goseck. Mit der Eheschließung erwirbt der Ludowinger Güter an der unteren Unstrut.
Um 1090	gründet Ludwig der Springer im Osten des ludowingischen Herrschaftsbereiches die Neuenburg.
Bis zum ersten Viertel des 12. Jahrhunderts	entstehen innerhalb einer Ringmauer die ersten Wohn- und Wirtschaftsbauten und eine freistehende Burgkapelle.
Um 1130/31	erhebt König Lothar III. den Grafen Ludwig I., den ältesten Sohn und Nachfolger Ludwigs des Springers, zum ersten Landgrafen von Thüringen.
In der Mitte des 12. Jahrhunderts	entstehen die ersten schriftlichen Zeugnisse, in denen die Neuenburg als „Nuvvenburg" bezeichnet wird.
Seit 1166	sind auf der Neuenburg Ministeriale bezeugt, die im Auftrag der landgräflichen Burgherren militärische, wirtschaftliche und administrative Aufgaben wahrnehmen. Als prominentester und am besten bezeugter Ministeriale gilt Ehrenfried von Neuenburg.
Um 1170/75	erfolgt in einer zweiten Bauphase östlich der Kernburg der Bau einer großen Vorburg mit zwei Bergfrieden. An der südlichen Ringmauer wird ein Latrinenturm angebaut. Innerhalb der Kernburg entsteht unter Verwendung älterer Wohnbauten ein viergeschossiger Palas mit einer Warmluftheizung. Nachdem

der Rundturm neben der eingeschossigen Kapelle abgetragen wurde, wird diese zur Doppelkapelle umgebaut und erweitert.
Während dieser Bauphase besucht wahrscheinlich Kaiser Friedrich I. Barbarossa 1171/72 die Neuenburg. In diesem Zusammenhang entsteht später die Sage von der lebenden Mauer.

Im April 1180 verleiht Kaiser Friedrich I. Barbarossa auf dem Reichstag von Gelnhausen die Pfalzgrafschaft Sachsen an Ludwig III., der bereits die thüringischen Landgrafenrechte innehat. Als Ludwigs Bruder Heinrich Raspe III. im Sommer 1180 verstirbt, übernimmt er dessen hessische Grafenrechte. Daraufhin erhält Hermann I., der Bruder Ludwigs III., 1181 die Pfalzgrafschaft Sachsen. Bis zur Mitte des 13. Jahrhunderts entwickeln sich die Ludowinger zu einem der ranghöchsten und einflussreichsten Fürstenhäuser des römisch-deutschen Reiches.

In den 1180er Jahren begleitet die nach ihrem Leitnamen Godebold benannte Adelsfamilie das Amt eines Burggrafen. Sie sind die ersten Angehörigen des adligen Geschlechts, die als Lehnsleute auf der Neuenburg amtieren.
Der Dichter Heinrich von Veldeke vollendet mit Unterstützung seines fürstlichen Gönners Hermann I. auf der Neuenburg seinen Versroman „Eneit".

Im Oktober 1190 verstirbt Ludwig III. auf der Rückreise vom 3. Kreuzzug. Hermann I. übernimmt nun die Landgrafschaft Thüringen.

Um 1200 wird der Hof Landgraf Hermanns I. von Thüringen zu einem Zentrum höfischer Dichtkunst. Unter den Dichtern ragen zu Beginn des 13. Jahrhunderts besonders Walther von der Vogelweide und Wolfram von Eschenbach heraus, die beide mehrfach und für längere Zeit unter Hermann I. und seinem Sohn und späteren Nachfolger Ludwig IV. wirken.

1203 wird in Freyburg eine Urkunde von Abt Widerold von Goseck, Prior Heinrich von Zscheiplitz und Albert, dem Pfarrer von Freyburg, ausgestellt, die erstmals die kirchlichen Verhältnisse auf der Neuenburg und in der Stadt Freyburg sowie deren enge Verbindungen belegt. Freyburg wird darin zum ersten Mal urkundlich erwähnt.

1217 tritt der Sohn Hermanns I., Ludwig IV., die Herrschaft an. Er vereint die Landgrafschaft Thüringen, die Pfalzgrafschaft Sachsen und die Grafschaft Hessen in seiner Hand.

1221 übernimmt Ludwig IV. nach dem Tod seines Schwagers, Markgraf Dietrichs des Bedrängten von Meißen, die Vormundschaft für dessen dreijährigen Sohn Heinrich und tritt gemeinsam mit seiner Halbschwester Jutta im März als Regent in der Mark Meißen auf. Im selben Jahr heiratet Ludwig IV. Elisabeth von Ungarn.
Unter Ludwig IV. werden in einer dritten Bauphase das Obergeschoss der Doppelkapelle prachtvoll umgebaut, der romanische Wohnturm errichtet und die Befestigungen südlich der Kernburg erweitert.

Im April 1224 trifft die landgräfliche Familie aus politischen Gründen auf der Neuenburg zusammen. Zuvor hatte die Halbschwester Ludwigs IV., Markgräfin Jutta von Meißen, mit Graf Poppo VII. von Henneberg einen Ehevertrag geschlossen und damit die Regentschaftsrechte Ludwigs IV. in der Markgrafschaft Meißen verletzt. Bei dem Treffen wird nach einem Lösungsweg gesucht. Weiterhin müssen umfangreiche Regelungen für die Zeit während der Abwesenheit Ludwigs IV. getroffen werden, da dieser eine Beteiligung an einem neuen Kreuzzug Kaiser Friedrichs II. plant.

1226 wird Ludwig IV. von Kaiser Friedrich II. im Falle eines vorzeitigen Todes Heinrichs von Meißen mit der Markgrafschaft Meißen belehnt.

1227	zieht Ludwig IV. mit Kaiser Friedrich II. in den 5. Kreuzzug nach Jerusalem, wo er erkrankt und am 27. September auf der Rückfahrt stirbt. Sein Bruder Landgraf Heinrich Raspe IV. tritt die Nachfolge an. Elisabeth kehrt nach dem Tod ihres Ehemanns dem Hofleben den Rücken und geht in das von ihr gegründete Hospital nach Marburg, um als einfache und materiell arme Spitalschwester für Bedürftige zu sorgen.
1231	stirbt Elisabeth in ihrem Marburger Hospital im Alter von nur 24 Jahren. Vier Jahre später wird sie durch Papst Gregor IX. heilig gesprochen.
1243	vereinbart Heinrich Raspe IV. mit Kaiser Friedrich II. und seinem seit 1230 selbständig regierenden Neffen, Markgraf Heinrich III. von Meißen (dem Erlauchten), dass bei seinem erbenlosen Tod Heinrich die Landgrafschaft Thüringen und die Pfalzgrafschaft Sachsen erhält.
1246	wird Landgraf Heinrich Raspe IV. zum deutschen König erhoben.
Am 16. Februar 1247	erlischt mit dem erbenlosen Tod Heinrich Raspes IV. auf der Wartburg die Familie der Ludowinger im Mannesstamm. Die Landgrafschaft Thüringen und die Pfalzgrafschaft Sachsen gehen an Markgraf Heinrich III. von Meißen aus dem Hause Wettin über.
1247 bis 1264	setzt um das Erbe ein thüringisch-hessischer Erbfolgekrieg ein. Heinrich von Meißen wird 1254 vom deutschen König Wilhelm von Holland mit der Landgrafschaft Thüringen belehnt, womit sein bisheriger Anspruch rechtsverbindlich sichergestellt wird. Sophie von Brabant, die Nichte des letzten Ludowingers und Tochter der heiligen Elisabeth, sichert für ihren Sohn Heinrich das hessische Erbe ihrer Familie.
1248, 1250 und 1255	urkundet Heinrich von Meißen auf der Neuenburg.

Nach 1255	verlagert Heinrich von Meißen den Schwerpunkt seiner herrscherlichen Tätigkeit in den meißnischen Raum, weshalb ab 1263 Heinrichs ältester Sohn Albrecht (der Entartete) in Thüringen agiert. Spätestens nach 1288 wählt Albrecht die Wartburg zu seiner Hauptresidenz, wodurch die Neuenburg nun unter wettinischer Herrschaft einen ersten Bedeutungsverlust erfährt
1292	wird die Burg als Eventualpfand an den Merseburger Bischof Heinrich III. bzw. den brandenburgischen Markgrafen Otto IV. (mit dem Pfeil) ausgesetzt.
Ab 1294	bemüht sich König Adolf von Nassau, der die Anwartschaft auf den Pfand von Albrecht erworben hatte, um die Auslösung und Inbesitznahme der Neuenburg.
Nach 1298	setzt sich der Merseburger Bischof Heinrich III., möglicherweise nach König Adolfs Tod, erneut in den Besitz der Neuenburg, die er und seine Nachfolger dann für über 30 Jahre behaupten.
1307/08	erfolgt eine Wiederherstellung der wettinischen Macht über Mitteldeutschland. Dennoch sieht sich Landgraf Friedrich I. (der Freidige), ältester Sohn Albrechts und nach 1307 alleiniger Erbe der wettinischen Gesamtherrschaft, nicht in der Lage, die Neuenburg auszulösen und wieder unter seine Verfügungsgewalt zu bringen.
1327	urkundet Bischof Gebhard von Merseburg als Besitzer über die Neuenburg.
Anfang der 1330er Jahre	entbrennt eine Fehde zwischen Landgraf Friedrich II. (dem Ernsthaften) und Bischof Gebhard von Merseburg, die mit einem Waffenstillstand am 25. September 1332 auf der Neuenburg endet. Zum 21. Juni 1333 wird beurkundet, dass Friedrich II. die Neuenburg erhält. Hier ist der Wettiner letztmals zum Weihnachtsfest 1333 nachweisbar, da er ebenso wie sein Vater und sein Großvater vor allem auf der Wartburg

	residiert. Für Aufenthalte im Saale-Unstrut-Gebiet bevorzugt er Weißenfels.
1349 bis 1382	steht während des brüderlichen Regiments der drei Söhne des verstorbenen Landgrafen Friedrich II., Landgraf Balthasar, Markgraf Wilhelm I. (dem Einäugigen) und Friedrich III. (dem Strengen), die Neuenburg unter abwechselnder Vormundschaft. Als wettinischer Aufenthaltsort rückt Weißenfels immer stärker in den Vordergrund.
1382	gliedern nach dem Tod Friedrichs III. die Erben das Land in eigenständige Herrschaften auf. Die Chemnitzer Teilung bringt die Neuenburg mit Freyburg an die Söhne Friedrichs III., an Friedrich IV. (den Streitbaren), Wilhelm II. (den Reichen) und Georg.
1401/04	beginnt der Bau einer neuen Burgküche auf der Neuenburg.
1411	richten die Brüder Friedrich IV. und Wilhelm II. zwei voneinander geschiedene Verwaltungsbezirke ein. Die Neuenburg gelangt dabei an Markgraf Wilhelm II., der jedoch seinen residenziellen Schwerpunkt nach Altenburg verlegt.
1423	erhält Friedrich IV. die sächsische Kurwürde und wird fortan als Friedrich I. gezählt.
1425	fällt die Neuenburg unter die Hoheit Friedrichs I.
1436	wird nach dem Tod Friedrichs I. im Coburger Vertrag die Teilung des Landes zwischen seinen Söhnen Friedrich II. (dem Sanftmütigen), Sigismund und Wilhelm III. (dem Tapferen) beschlossen. Sigismund erhält die Neuenburg zusammen mit Freyburg.
1437	wechselt die Neuenburg in die Hände von Friedrich II. und Wilhelm III.

Zeittafel

1445	gelangt die Neuenburg an Herzog Wilhelm III.
1446 bis 1451	bekriegen sich die Brüder Friedrich II. und Wilhelm III. Bis zu seinem Tod im Jahr 1482 behält Wilhelm III. die Neuenburg.
Zwischen 1459 und 1468	setzt eine Bautätigkeit unter Herzog Wilhelm III. ein. Südlich des romanischen Palas entsteht eine „Große Kemenate". Daran angrenzende Wohnbauten werden modernisiert bzw. neu errichtet.
1482	fällt nach dem Tod Wilhelms III. dessen Herrschaftsgebiet mit der Neuenburg an seine Neffen Kurfürst Ernst und Herzog Albrecht (den Beherzten).
1485	wird mit der Leipziger Teilung der wettinische Herrschaftskomplex in zwei dauerhaft entstehende wettinische Staatswesen (albertinische und ernestinische Linie) gegliedert. Freyburg gelangt mit der Neuenburg an Herzog Albrecht (den Beherzten).
Ab 1500	übernimmt der Sohn Herzog Albrechts, Herzog Georg (der Bärtige), die Regierungsgeschäfte im albertinischen Sachsen. Während der Kämpfe des Bauernkrieges nimmt er 1525 mit dem gesamten Hof auf der Neuenburg Quartier. In der Zeit der Unruhen entsteht an der Nordwand des oberen Kapellenraumes eine Inschrift, bei der u. a. Hilfe bei der heiligen Elisabeth gesucht wird.
1539	fällt das albertinische Herzogtum Sachsen an Herzog Georgs Bruder Heinrich (den Frommen).
Ab 1541	übernimmt Herzog Heinrichs Sohn Moritz die Regierung im albertinischen Sachsen.
1548	überlässt Kurfürst Moritz von Sachsen seinem jüngeren Bruder Herzog August die Ämter Weißenfels und Freyburg.

1550 bis 1552	wird die Neuenburg unter Herzog August zum Jagdschloss umgebaut.
1553	verstirbt Kurfürst Moritz nach schwerer Verwundung in der Schlacht bei Sievershausen, ohne einen Erben zu hinterlassen. Die Kurwürde sowie die Herrschaft im Kurstaat fallen an seinen jüngeren Bruder Herzog August, der als Kurfürst August von Sachsen in Dresden Residenz bezieht. Weißenfels und das Jagdschloss Neuenburg verlieren ihre Bedeutung als Aufenthaltsorte des Herrschers.
1627	findet die erste von der Neuenburg ausgehende fürstliche Jagd mit Kurfürst Johann Georg I. von Sachsen statt.
Ab 1631	erleidet die Neuenburg mit ihrer Umgebung durch Truppenbewegungen und Einquartierungen während des Dreißigjährigen Krieges wiederholt Schaden. In den Kriegswirren wird das geschädigte Bauwerk nicht regelmäßig unterhalten.
Ab 1646	beginnt unter Kurfürst Johann Georg I. ein Wiederaufbau.
Von 1657 bis 1679	teilen sich die Söhne Johann Georgs I. das väterliche Erbe. August, Herzog von Sachsen-Weißenfels und Administrator des Erzstiftes Magdeburg, ist nun in den landgräflichen Besitzungen der Albertiner in Nordthüringen neuer Landesherr. Zu seinem Gebietsanteil gehört auch Freyburg mit der Neuenburg. Nach seinem ersten Aufenthalt beschließt August die Neuenburg als Jagdschloss unmittelbar in sein Hofleben einzubeziehen. Ab 1658 setzen Wiederaufbau und umfangreiche Modernisierungen ein. Am 5. September 1675 wird die mit Altar, Kanzel und Gestühl eingerichtete Schlosskapelle eingeweiht. Von 1658 bis 1679 finden regelmäßig Jagdlager auf der Neuenburg statt.

Zeittafel

1680 übernimmt Augusts Sohn Herzog Johann Adolph I. von Sachsen-Weißenfels die Regierung und nutzt die Neuenburg ebenfalls als Jagdschloss.

Ab 1697 sucht Herzog Johann Georg von Sachsen-Weißenfels, Johann Adolphs Sohn, die Neuenburg zu seinen alljährlichen Jagdlagern auf und baut sie als Jagdschloss weiter aus. 1703 lässt der Fürst in der Nähe der Neuenburg das Lust- und Jagdhaus „Klein-Friedenthal" errichten.

1712 übernimmt Herzog Johann Georgs Bruder Christian von Sachsen-Weißenfels die Regentschaft. Auch er nutzt das Schloss für seine Hofjagden und modernisiert es teilweise.

1736 tritt Christians jüngerer Bruder Herzog Johann Adolph II. von Sachsen-Weißenfels in die Regierungsverantwortung ein. Noch im selben Jahr schlägt er sein erstes Neuenburger Jagdlager auf. Als er 1746 stirbt, erlischt das Weißenfelser Herzoghaus. Zahlreiche Schau- und Ausstattungsstücke seiner Hofhaltung gelangen in die königlich-kurfürstlichen Sammlungen zu Dresden.

1746 bezieht Kurfürst Friedrich August II. die Residenzschlösser in Weißenfels und Merseburg sowie das Jagdschloss Neuenburg. Bis 1756 lässt er die Neuenburg erneut ausbauen und die höfischen Anlagen im Jagdrevier pflegen.

Ab 1763 verliert die Neuenburg mit dem Tod des Kurfürsten ihre Bedeutung für das sächsische Kurfürstenhaus und somit ihre Residenzfunktion.

1770 trennt sich das sächsische Kurfürstenhaus im Zuge von Einsparmaßnahmen von zahlreichen Schlössern, darunter auch von der Neuenburg. Das Amt Freyburg geht mit dem dazugehörigen Schloss in die Verwaltung des sächsischen Staates über.

Am 30. September 1806	besucht das preußische Königspaar Friedrich Wilhelm III. und Luise zusammen mit dem Halbbruder der Königin, Karl zu Mecklenburg-Strelitz, und dem Generalfeldmarschall Wichard von Möllendorff vom Hauptquartier der preußischen Truppen in Naumburg aus Schloss Neuenburg. Sie werden vom Rentamtsschreiber Johann Gottfried Gleißberg durch das Bauwerk geführt.
1815	tritt nach dem Wiener Kongress das Königreich Sachsen das Amt Freyburg mit dem Schloss Neuenburg an das Königreich Preußen ab. Aufgrund fehlender Nutzung befinden sich die Schlossgebäude in einem schlechten baulichen Zustand. Die Vorburg, das sogenannte Schlossvorwerk, wird als preußische Staatsdomäne verpachtet und landwirtschaftlich genutzt.
1833	schlägt der Oberlandesbaudirektor Karl Friedrich Schinkel der preußischen Regierung vor, das Schloss in eine „gepflegte Ruine" umzugestalten, um die erheblichen Bauunterhaltungskosten zu verringern. Dabei sollen die Doppelkapelle und der Bergfried erhalten bleiben.
1840	wird das älteste erhaltene Gästebuch der Neuenburg angelegt. Ab der Mitte des 19. Jahrhunderts erscheinen für das Saale- und Unstruttal illustrierte Reisebeschreibungen. Schloss Neuenburg wird in dieser Zeit zu einem beliebten Ausflugsziel.
In den 1850er Jahren	beschließt die preußische Regierung, die baufälligen Gebäude instand zu setzen. Mit der Wiederherstellung des Fürstenbaus und der „großen Restauration" der Doppelkapelle beginnen erste Sanierungsarbeiten.
Am 7./8. September 1853	nimmt Friedrich Wilhelm IV. auf der Neuenburg Quartier. Hier übernachtet er mit seinem engsten Gefolge. Im Anschluss findet auf dem Schloss ein Empfang für Amtsträger aus der Region statt.

ZEITTAFEL

1880 lässt der Freyburger Fabrikant Wilhelm Schadewell in der „Erkerstube" des Schlosses in Erinnerung an den Besuch von Königin Luise ein „Luisenzimmer" einrichten.

1902 findet Paul Daehne auf dem Dachboden der Neuenburg eine Holzskulptur. Das Bildwerk der heiligen Elisabeth wurde wahrscheinlich als Altarfigur bereits um 1380 geschaffen. 1902 wird sie ins Inventar aufgenommen und 1904 im oberen Kapellenraum zu Seiten des Altars aufgestellt. 1926 gelangt die Skulptur in den Bestand des Kaiser-Friedrich-Museums nach Berlin. Als Dauerleihgabe findet sie seit 1994 ihren heutigen Platz in einem ihr gewidmeten Raum neben der Oberkapelle im Schloss Neuenburg.

Von 1930 bis Herbst 1935 ist im Fürstenbau der Neuenburg ein Kindererholungsheim untergebracht.

Seit dem 6. Dezember 1931 präsentiert Marie Charlotte Steche eine Dauer-Verkaufsausstellung mit kunstgewerblichen Erzeugnissen auf der Neuenburg. Otto Erich Claudius gestaltet die von ihr genutzten Räume. Seit dem 25. November 1932 können Besucher weiterhin die Ausstellung „200 Jahre Kinderspielzeug" besichtigen. Auf einer „Burgbühne" wird am 5. Februar 1933 Grillparzers Drama „Die Ahnfrau" aufgeführt.

Seit dem 27. Mai 1934 ist im Schloss eine BDM-Führerinnenschule untergebracht, die bis 1945 Bestand hat. Der neu gebaute und am 20. Juni 1936 eingeweihte „Thingplatz" auf dem Haineberg dient u. a. für Sonnenwendfeiern und Aufmärsche. Von 1939 bis 1944 befindet sich im Schloss auch eine BDM-Haushaltungsschule.

Ab Juli 1935 können Besucher ein Heimatmuseum in der Neuenburg besichtigen. Leiter dieses ersten Museums ist Otto Krauschwitz.

**Während des
Zweiten Weltkrieges** lagern im Schloss Bestände aus dem Zeughaus Berlin und dem Museum Insterburg. Vertriebene und Flüchtlinge finden in der Neuenburg Zuflucht. Nach Kriegsende kommt es wiederholt zu Diebstählen und Beschädigungen am Schlossinventar.

Nach 1945 werden die Bestände des ehemaligen Heimatmuseums geplündert und zerstört vorgefunden. Die Sammlung des Museumsgründers Otto Krauschwitz existiert nur noch zu einem Viertel. Beim Wiederaufbau hilft der Landesmuseumspfleger von Sachsen-Anhalt, Dr. Heinz Arno Knorr, mit.

1947 bis 1949 erfolgt eine Reparatur der Dächer und die Wiederherstellung einiger Räume. Erhalten gebliebene Museumsbestände und Kunstgüter aus der Bodenreform bilden den Grundstock der neuen Ausstellung.

1948 erhält Max Lutze eine Anstellung als Museumsleiter. Seit 1949 ist Hellmut Drescher für das Museum verantwortlich.

Am 24. Juni 1951 findet die Einweihung des „zweiten Neuenburg-Museums" mit seiner kulturhistorischen Ausstellung als „Staatliches Museum Schloss Neuenburg" statt.

1971 führen Bauschäden zur Schließung des Museums und der Burg. Da Baumaterial und finanzielle Mittel fehlen, erfolgen Instandsetzungsarbeiten nur punktuell. Ab 1977 ist Peter Berger Leiter des Museums.

Am 1. Juli 1983 wird nach aufwendiger Sanierung der Bergfried „Dicker Wilhelm" mit einer Ausstellung eröffnet. Ungeachtet dessen verfällt die Kernburg weiter.

Am 22. Juni 1989 löst ein Blitzschlag einen verheerenden Brand aus und vernichtet große Teile des Dachstuhls über dem Luisenerker.

ZEITTAFEL

Im Herbst 1989 bildet sich aufgrund der gesellschaftlichen Entwicklungen auch in Freyburg eine Bürgerinitiative. Der Arbeitskreis „Neuenburg" macht mit der Unterschriftenaktion „Die Neuenburg muss gerettet werden!" auf die Missstände aufmerksam und erzwingt eine Begehung am 25. November. Dieser Tag wird zum „Wendetag" für die Neuenburg.

Am 12. Juni 1990 gründet sich der Verein zur Rettung und Erhaltung der Neuenburg e. V. Ab November 1990 ist Kristine Glatzel Museumsdirektorin. Die nun kontinuierlich betriebene Bausanierung geht mit einem neuen musealen Konzept einher. Schon im Dezember wird im Bergfried „Dicker Wilhelm" die erste Sonderausstellung präsentiert.

Seit 1990 findet jährlich das Festival „montalbâne. Internationale Tage der mittelalterlichen Musik" statt.

Seit dem 29. März 1991 kann sich die Öffentlichkeit bei Führungen über die fortschreitenden Baumaßnahmen informieren.

Am 16./17. Mai 1992 verbindet sich mit der feierlichen Übergabe der aufwendig sanierten Doppelkapelle zugleich die Einweihung des „dritten Neuenburg-Museums".

1996 wird in der Kernburg die „Kinderkemenate" eröffnet, die als museumspädagogisches Angebot über die Jahre großen Zuspruch findet.

1997 geht die Neuenburg in Landeseigentum über und wird der Stiftung Schlösser, Burgen und Gärten des Landes Sachsen-Anhalt zugeordnet, die für die bauliche Erhaltung zuständig ist. Bis zum Jahr 2012 werden dafür mehr als 3 360 000 Euro bereitgestellt.

Mit dem 1. Januar 1998 wechselt die Trägerschaft über das Museum von der Stadt Freyburg an den Verein zur Rettung und Erhaltung der Neuenburg e. V.

Am 23. Mai 1998 wird das Weinmuseum mit der ständigen Ausstellung „Zwischen Fest und Alltag – Weinkultur in der Mitte Deutschlands" eröffnet.

Am 25. Juni 2003 kann die Dauerausstellung „Burg und Herrschaft. Die Neuenburg und die Landgrafschaft Thüringen im hohen Mittelalter" der Öffentlichkeit übergeben werden. Kurze Zeit später übernimmt Jörg Peukert die Leitung des Museums.

Am 1. Januar 2005 geht auch der Museumsbetrieb an die Stiftung Dome und Schlösser in Sachsen-Anhalt über. Mit der Erweiterung der „Kinderkemenate", einem modernen Magazintrakt im Galerieflügel und neuen Ausstellungsräumen im Fürstenbau werden bauseits Voraussetzungen für eine verbesserte museale Arbeit geschaffen.

Anhang

Abkürzungen

Abb.	Abbildung
Abt.	Abteilung
a. D.	außer Dienst
a. d.	an der
amtl.	amtlich
Anm.	Anmerkung
a. U., a./U.	an (der) Unstrut
Aufl.	Auflage
BA	Bundesarchiv
Bd., Bde.	Band, Bände
BDC	Berlin Document Center
BDM, BdM, B.d.M.	Bund Deutscher Mädel
Bearb., bearb.	Bearbeiter, bearbeitet
bes.	besonders
betr.	betrifft
Bl.	Blatt
bzw.	beziehungsweise
ca.	circa
CDS	Codex diplomaticus Saxoniae
CDU	Christlich Demokratische Union Deutschlands
Centr.	Centner (Zentner)
d. A.	der Autor
DDR	Deutsche Demokratische Republik
dens.	denselben
ders.	derselbe
d. h.	das heißt
dies.	dieselben
Diss.	Dissertation
DIV	Diverses
DNVP	Deutschnationale Volkspartei
DRK	Deutsches Rotes Kreuz
dt.	deutsch

Ebd., ebd.	ebenda
ehem.	ehemalig
erw.	erweitert
etc.	et cetera
EUR	Euro
e. V.	eingetragener Verein
Ew.	Euer
f., ff.	folgende (Seite), folgende (Seiten)
fasz.	Faszikel
FDGB	Freier Deutscher Gewerkschaftsbund
fürstl.	fürstlich
GBl.	Gesetzblatt
GStA PK	Geheimes Staatsarchiv Preußischer Kulturbesitz
geb.	geboren
gen.	genannt
gesch.	geschieden
gest.	gestorben
GmbH, G.m.b.H.	Gesellschaft mit beschränkter Haftung
gn.	gnädig
gr.	Groschen
H.	Heft
Halle/S.	Halle (Saale)
HBA	Hochbauamt
h. c.	honoris causa (ehrenhalber)
Hg.	Herausgeber
HHS	Haushaltungsschule
HJ	Hitlerjugend
hl., hlg.	heilig
HRR	Heiliges Römisches Reich deutscher Nation
hrsg.	herausgegeben
inkl.	inklusive
i. R.	im Ruhestand
Jg.	Jahrgang
JM	Jungmädel
JMB	Jungmädelbund
JMS	Jungmädelschule
Kat.	Katalog
KfdK	Kampfbund für deutsche Kultur
KLV	Kinderlandverschickung

komm.	kommissarisch
königl.	königlich
KPD	Kommunistische Partei Deutschlands
Krs.	Kreis
KZ	Konzentrationslager
Lbd.	Liebenden
LDA	Landesamt für Denkmalpflege und Archäologie Sachsen-Anhalt
LDP	Liberal-Demokratische Partei
LHASA	Landeshauptarchiv Sachsen-Anhalt
LPG	Landwirtschaftliche Produktionsgenossenschaft
Masch.	Maschinenschrift
max.	maximal
MB	Mädelbund
MD	Magdeburg
m. E.	meines Erachtens
MER	Merseburg
MfS	Ministerium für Staatssicherheit
mind.	mindestens
MSN	Museum Schloss Neuenburg
MTS	Maschinen-Traktoren-Station
N. F.	Neue Folge
NL	Nachlass
Nr.	Nummer
NS, N. S.	Nationalsozialismus, nationalsozialistisch
NSDAP	Nationalsozialistische Deutsche Arbeiterpartei
NSLB	Nationalsozialistischer Lehrerbund
o.	oder
OG	Obergau
o. J.	ohne Jahr
o. l.	oben links
o. O.	ohne Ort
OPG	Oberstes Parteigericht (der NSDAP)
o. r.	oben rechts
OT	Ortsteil
Pfd.	Pfund
Pg.	Parteigenosse
poln.	polnisch
pp.	perge, perge (und so weiter)

preuß.	preußisch
r	recto (folio), Vorderseite (eines Blattes)
Rep.	Repositur
RM	Reichsmark
S.	Seite
s.	siehe
S., St.	Sankt
SA	Sturmabteilung
SDS	Stiftung Dome und Schlösser in Sachsen-Anhalt
SED	Sozialistische Einheitspartei Deutschlands
Selbstverl.	Selbstverlag
Sgr.	Silbergroschen
SHStAD	Sächsisches Hauptstaatsarchiv Dresden
Sig.	Signatur
SMAD	Sowjetische Militäradministration in Deutschland
sog.	sogenannt
sowj.	sowjetisch
Sp.	Spalte
SPD	Sozialdemokratische Partei Deutschlands
Sr.	Seiner
SS	Sturmstaffel
SSBG	Stiftung Schlösser, Burgen und Gärten des Landes Sachsen-Anhalt
StA	Staatsarchiv
stellv.	stellvertretend
Taf.	Tafel
ThHStAW	Thüringisches Hauptstaatsarchiv Weimar
Thür.	Thüringen
TM	Tausend Mark
u. a.	unter anderem
UB	Urkundenbuch
u. l.	unten links
undat.	undatiert
unfol.	unfoliiert
unveränd.	unveränderte
u. ö.	und öfter
u. r.	unten rechts
Urk.	Urkunde
USA	United States of Amerika

USchla	Untersuchungs- und Schlichtungsausschuss (der NSDAP)
USPD	Unabhängige Sozialdemokratische Partei Deutschlands
usw.	und so weiter
v	verso (folio), Rückseite (eines Blattes)
V.	Vers
v. a.	vor allem, viele andere
v. Chr.	vor Christus
VEB	Volkseigener Betrieb
veränd.	veränderte
Verf.	Verfasser
verh.	verheiratet
vgl.	vergleiche
v. l.	von links
vol.	Volumen (Band, Schriftenbündel)
v. r.	von rechts
WHW	Winterhilfswerk
wiss.	wissenschaftlich
Z.	Zeile
z. B.	zum Beispiel
zit.	zitiert
z. T.	zum Teil
zugl.	zugleich
z. V.	zur Verwendung
z. Zt.	zur Zeit

Personenregister

Adalbert Prinz von Preußen s. Heinrich Wilhelm Adalbert von Preußen
Adelgot (Adelgoz) Graf von Veltheim († 1119), Erzbischof von Magdeburg: 27, 67
Adelheid († 1146), Gräfin von Weimar-Orlamünde: 54
Adelheid von Stade (1042–1123), Gräfin in Thüringen: 19 f., 22, 26, 38, 56, 67, 512, 589
Adolf von Nassau (um 1250–1298), röm.-dt. König: 220 f., 272, 593
Agnes von Böhmen († 1268), Markgräfin von Meißen u. Landgräfin von Thüringen: 205
Albert, Pfarrer u. Burgkaplan: 33, 35, 42, 591
Albert Kasimir von Sachsen-Teschen (1738–1822): 343
Albrecht (1443–1500), gen. der Beherzte, Herzog von Sachsen: 259, 288, 595
Albrecht II. (1240–1314/15), gen. der Entartete, Markgraf von Meißen: 208, 269 f., 272 f., 275 f., 290, 593
Albrecht (Albert) II. (um 1250–1298), Kurfürst von Sachsen-Wittenberg: 208
Albrecht von Altenburg, (Burg-)Graf: 44
Albrecht von Ballenstedt (um 1100–1170), gen. Albrecht der Bär, Markgraf von Brandenburg: 25
Albrecht von Halberstadt, Dichter: 188, 191
Albrecht von Scharfenberg, Dichter: 208, 210
Albrecht Achilles (1414–1486), Markgraf von Brandenburg, als Albrecht III. Kurfürst von Brandenburg: 286
Alexander I. Pawlowitsch Romanow (1777–1825), russ. Kaiser (Zar): 366
Alexandrine Prinzessin von Preußen (1803–1892): 367
Alkenblecher, Elma s. Moickne(?)
Amalie Auguste von Bayern (1801–1877), Königin von Sachsen: 402
Andreas II. (um 1177–1235), König von Ungarn: 137, 148
Anna von Dänemark und Norwegen (1532–1585), Kurfürstin von Sachsen: 331 f
Anna von Österreich (1432–1462), Herzogin von Sachsen u. Luxemburg, Landgräfin von Thüringen: 247
Anna Maria von Mecklenburg-Schwerin (1627–1669), Herzogin von Sachsen-Weißenfels: 348

Anna Maria von Sachsen-Weißenfels (1683–1731), Reichsgräfin von Promnitz: 322
Anna Sophia (Sophie) von Dänemark und Norwegen (1647–1717), Kurfürstin von Sachsen: 357
Annalista Saxo: 20
Anton, August Friedrich Moritz (1798–1868), Rektor: 391
Arnold, Dr. (Leo) Leonhard (1879–1966), Museumsleiter u. Archivpfleger: 521 f., 524 f., 530, 536 f.
Arnold, Wilhelm (1888–1942), Fotograf: 469, 471, 474 ff., 477, 480, 523, 525
Arnswald, Carl August Bernhard von (1807–1877), Schlosshauptmann: 131
Auburtin, Koch: 385
August (1526–1586), Kurfürst von Sachsen: 289, 295, 300, 302, 320, 331 f., 353, 595 f.
August (1614–1680), Herzog von Sachsen-Weißenfels, Fürst von Sachsen-Querfurt, Administrator des Erzstiftes Magdeburg: 11, 296 ff., 312 f., 329, 345 ff., 354, 434, 596 f.
August (1650–1674), (Titular-) Herzog von Sachsen-Weißenfels, Dompropst in Magdeburg: 308, 348
Augusta Marie Luise Katharina von Sachsen-Weimar-Eisenach (1811–1890), spätere Königin von Preußen u. dt. Kaiserin: 385
Auguste Fürstin von Liegnitz (1800–1873): 375, 411
Auguste von Preußen s. Christine Friederike Auguste von Preußen
Axmann, Artur (1913–1996), Reichsjugendführer: 495
Bach, Johann Sebastian (1685–1750), Komponist: 326, 339
Bachofen, Geheimrat: 349
Baesecke, Georg (1876–1951), Altgermanist: 201
Bailleu, Paul (1853–1922), Historiker u. Archivar: 376
Balthasar von Wettin (1336–1406), Markgraf von Meißen u. Landgraf von Thüringen: 221, 262, 276, 280, 513, 594
Barth, Hans Heinrich († 1722), Hofmeister: 359
Bauer, Franz (1905–1983), Bürgermeister: 457, 480, 502, 522, 530
Baumann, Edith (1909–1973), Mitglied der Volkskammer der DDR: 561, 584
Baumann, Hans (1914–1988), Lyriker, Komponist: 483, 494, 502
Beatrix von Brabant (1225–1288), Landgräfin von Thüringen u. dt. Königin: 47, 64
Beck, Elfriede s. Kuhne
Becker, Carl Heinrich (1876–1933), Orientalist u. preuß. Minister: 425
Becker, Karl, NSDAP-Kreisleiter: 447
Beer, Johann (1655–1700), Bibliothekar, Schriftsteller u. Komponist: 308, 313, 315, 317, 348, 351 f.

Behm, preuß. Baukondukteur: 405 f.
Benckendorff, Konstantin Graf von (1817–1858), russ. General u. Diplomat: 391
Berbig, Roswitha (*1953), Museumsmitarbeiterin: 8, 506
Berengar II. Graf von Sulzbach (vor 1080–1125): 111, 136
Berger, Dr. h. c. Hans (1918–1993), Architekt u. Denkmalpfleger: 503, 546 f., 555, 557 ff., 579, 584
Berger, Peter (*1948), Museologe u. Museumsleiter: 535, 554, 556 ff., 562 ff., 567, 581 ff., 585 ff., 600
Bergner, Heinrich (1865–1918), Pfarrer u. Kunsthistoriker: 220, 424
Bernhard von Anhalt (1140–1212), Herzog von Sachsen: 40
Berthold, Kaplan: 44 f., 63
Berthold von Hohenburg (1215–1256/57), Markgraf von Vohburg-Hohenburg: 183
Bertling, Martin (*1944), Bürgermeister: 567, 587
Beyer, Andreas, Jäger: 308
Beyer, Lothar, Mitarbeiter des Rates des Kreises Nebra: 584
Bierbaß, Wilhelm (1898–1957), Bürgermeister: 535, 575
Bierbaum, Garderobier: 385
Bismarck, Julius von, Rentmeister: 372, 391
Bismarck-Bohlen, Friedrich Alexander von (1818–1894), Flügeladjutant: 385 f., 388 f.
Biterolf, Minnesänger: 212
Blüme, Joseph, Bildhauer: 332, 334
Bodelschwingh, Ludwig Carl Christian Gisbert Friedrich (1800–1873), preuß. Finanzminister: 378 f., 382, 384 f., 401
Boleslaw IV. (1120/21–1173), gen. Boleslaw Kraushaar, Herzog von Masowien: 35 f.
Boor, Helmut de (1891–1976), Germanist: 208, 210
Bormann, Gustav (1883–1975), Domänenpächter: 467
Born, Kammerrat: 349
Bose, Sigmund Carl von, Hof- u. Jagdjunker: 349
Braakman, Adriaan (1701–1750), Kartograf: 351
Brandt, Edith (1923–2007), Mitglied der SED-Bezirksleitung Halle: 584
Braune, Lautist: 308
Bretschneider, Marie, verh. Metz (*1920), BDM-Bannmädelführerin: 504 ff.
Brodhäcker, Charlotte s. Krauschwitz
Brotuff, Ernst, Chronist: 317, 351
Brückner, Ernst, Bankdirektor u. Stadtverordneter: 457

Brühl, Heinrich Reichsgraf von (1700–1763), kurfürstl.-sächs. u. königl.-poln. Minister: 265
Brunaw (Brunow), Burkhardt, Büchsenmeister: 223, 263
Brunn, Dr. Wilhelm Albert von (1911–1988), Prähistoriker: 521, 530
Buch, Georg von, Kammerherr: 366, 397
Bünau, Christina Wilhelmina von (1666–1707), Reichsgräfin: 313
Bünau, Günther von, Hofmeister: 439
Bürkner, Trude, geb. Mohr (1902–1989), BDM-Reichsreferentin: 483 f., 498
Burkhart, Christian Ernst August († 1858), Superintendent: 387
Caecilie von Sangerhausen: 26
Caesarius von Heisterbach (um 1180–nach 1240), Chronist: 140, 195, 215
Carl Prinz von Preußen s. Friedrich Carl Alexander Prinz von Preußen
Carl Prinz von Sachsen (1733–1796): 343
Carl Alexander (1818–1901), Großherzog von Sachsen-Weimar-Eisenach: 385, 389 ff., 402
Carl (Karl) August (1757–1828), Herzog von Sachsen-Weimar-Eisenach, preuß. Generalleutnant: 368
Carl (Karl) Friedrich (1783–1853), Erbprinz, ab 1828 Großherzog von Sachsen-Weimar-Eisenach: 368
Carl Ludwig (1654–1690), Herzog von Schleswig-Holstein-Sonderburg-Wiesenburg: 309
Carl Wilhelm (1652–1718), Fürst von Anhalt-Zerbst: 309, 348
Caroline Wilhelmine von Brandenburg-Ansbach s. Wilhelmine Charlotte Caroline von Brandenburg-Ansbach
Charlotte Prinzessin von Preußen s. Friederike Luise Charlotte Wilhelmine von Preußen
Charlotte Georgine Luise von Mecklenburg-Strelitz (1769–1818), Herzogin von Sachsen-Hildburghausen: 371
Christian (1652–1689), (Titular-)Herzog von Sachsen-Weißenfels, Generalfeldmarschall: 308, 348, 350
Christian (1682–1736), Herzog von Sachsen-Weißenfels: 299, 323 ff., 329 ff., 336 ff., 352, 354 ff., 597
Christian I. (1615–1691), Herzog von Sachsen-Merseburg: 300, 345 f., 348
Christian V. (1646–1699), König von Dänemark und Norwegen: 357
Christine Friederike Auguste von Preußen (1780–1841), Kurfürstin von Hessen-Kassel: 368
Claudius, Erich (1889–1940), Schauspieler, Intendant u. Regisseur: 441 ff., 452 ff., 456, 459 ff., 464 f., 599
Claudius, Marie Charlotte s. Steche

Claudius, Marieluise (1912–1941), Schauspielerin: 460
Claudius, Otto Erich (1909–1969), Maler u. Bühnenbildner: 441 ff., 446, 451, 456, 458, 460 f., 466, 599
Clemens Wenzeslaus von Sachsen (1739–1812): 343
Collignon, François Xavier (1810–1879), Hofkoch u. Küchenmeister: 385
Constantia (Konstanze) von Österreich (1212–1243), Markgräfin von Meißen: 205
Cott, Leibjäger: 385
Crewell, Axel (1882–1945), Landrat: 468, 476, 501
Daehne, Paul, Schriftsteller u. Maler: 423, 599
Dähling, Heinrich Anton (1773–1850), Maler u. Zeichner: 367
Danneil, Carl (Karl) Hermann (1803–1885), preuß. Landrat (Naumburg): 387, 392
Dehio, Georg (1850–1932), Kunsthistoriker: 71, 101
Demmler, Theodor (1879–1944), Kunsthistoriker: 431, 438
Dietrich (1162–1221), gen. der Bedrängte, Markgraf von Meißen: 44, 114, 138, 191, 195 ff., 202, 205, 217, 591
Dietrich (1242–1285), Markgraf von Landsberg: 208
Dietrich von Apolda (1220/30–nach 1302), Mönch u. Biograf: 46 f., 140 f., 144, 149, 210, 436
Diezmann (Dietrich III.) (um 1260–1307), Markgraf der Lausitz u. im Osterland, Landgraf von Thüringen: 270, 272
Dilich, Wilhelm (eigentlich Wilhelm Scheffer o. Schöffer) (1571–1655), Baumeister, Zeichner u. Kupferstecher: 238, 243, 258, 299
Dinglinger, Georg Christoph (1668–1728), Goldschmied: 328
Dinglinger, Johann Melchior (1664–1731), Goldschmied: 328
Dockhorn, Paul (*1877 o. 1878), Bürgermeister: 506
Doering, Oskar (1858–1936), preuß. Provinzialkonservator: 424 f.
Doringe, Hans, Handwerker: 223, 263
Dorothea Maria von Sachsen-Weimar (1641–1675) Herzogin von Sachsen-Zeitz: 349
Drescher, Hellmut (1902–1992), Drogist u. Museumsleiter: 539 ff., 545 f., 553 f., 578 f., 581, 600
Eckart, Dietrich (1868–1923), Schriftsteller: 502
E[c]kbert von Andechs-Meranien (1173–1237), Bischof von Bamberg: 148
Eggeling, Joachim (1884–1945), NSDAP-Gauleiter: 480, 489, 492
Ehrenfried von Neuenburg, Burgvogt: 31 f., 589
Ekkehard II. (um 985–1046), Markgraf von Meißen: 435
Elisabeth von Mähren (Böhmen) († 1400), Markgräfin von Meißen: 276

Elisabeth von Thüringen s. Elisabeth von Ungarn
Elisabeth von Ungarn (1207–1231), Landgräfin von Thüringen: 10, 44, 46 f., 49, 69, 101, 103, 114, 137 f., 140 ff., 148 ff., 152 ff., 174 ff., 179, 195, 259 f., 423 ff., 549, 591 f., 595
Elisabeth Ludovika von Bayern (1801–1873), Königin von Preußen: 385 f., 388 f., 391, 402
Ernst (1441–1486), Kurfürst von Sachsen: 259, 288, 595
Ernst II. (1818–1893), Herzog von Sachsen-Coburg und Gotha: 386, 389 ff.
Fitzroy James Henry Somerset (1788–1855), 1. Baron Raglan, brit. Generalfeldzeugmeister: 391
Fleischmann, Julius (1813–1879), Lithograph u. Kupferstecher: 410
Flemmig, Otto (1876–1941), Fabrikant u. Stadtverordneter: 524, 531
Foerster, Rudolf, Kommerzienrat u. Fabrikbesitzer: 525
Foerster, Wera, verh. Priesdorff von: 506
Förtsch, Max (1898–1942), Steinmetz: 465
Förtsch, Oscar (1840–1905), Anthropologe: 425
Franck, Salomo (Salomon) (1659–1725), Jurist u. Dichter: 326
Franz (Franziskus) von Assisi (1181/82–1226): 141
Franz II. Joseph Karl (1768–1835), Kaiser HRR, als Franz I. Kaiser von Österreich: 362
Franz Xaver Prinz von Sachsen (1730–1806): 343
Freidank (Vrîdanc, Vrîgedanc) (um 1200–um 1240), Dichter: 181
Frey, Johann Jacob (1813–1865), Maler u. Zeichner: 408
Friederike zu Mecklenburg-Strelitz (1778–1841), Prinzessin zu Solms-Braunfels: 366
Friederike Elisabeth von Sachsen-Eisenach (1669–1730), Herzogin von Sachsen-Weißenfels: 322, 352
Friederike Luise Charlotte Wilhelmine Prinzessin von Preußen (1798–1860): 367
Friedrich (1673–1715), (Titular-)Herzog von Sachsen-Weißenfels: 351
Friedrich I. (um 1122–1190), gen. Barbarossa, röm.-dt. Kaiser: 33, 35, 37 f., 40, 116, 157, 174, 191, 215, 590
Friedrich I. (1257–1323), gen. der Freidige, Markgraf von Meißen: 270, 272, 275 f., 515, 593
Friedrich I. (1646–1691), Herzog von Sachsen-Gotha-Altenburg: 306, 308 f., 347
Friedrich II. (1194–1250), röm.-dt. Kaiser: 43, 45 f., 48, 63, 113, 143 f., 148 f., 174, 201 f., 591 f.
Friedrich II. (1201–1237), Graf von Leiningen: 188
Friedrich II. (1211–1246), gen. der Streitbare, Herzog von Österreich u. der Steiermark: 205

Friedrich II. (1310–1349), gen. der Ernsthafte, Markgraf von Meißen u. Landgraf von Thüringen: 274 ff., 593 f.
Friedrich II. (1412–1464), gen. der Sanftmütige, Kurfürst von Sachsen: 222, 259, 281 ff., 286, 288, 594 f.
Friedrich II. (1413–1471), Kurfürst von Brandenburg: 286
Friedrich II. (1633–1708), bekannt als Prinz von Homburg, Landgraf von Hessen-Homburg: 309
Friedrich II. (1712–1786), König von Preußen: 368, 501
Friedrich II. von Hoym († 1382), Bischof von Merseburg u. Erzbischof von Magdeburg: 221, 258, 280
Friedrich III. (1332–1381), gen. der Strenge, Markgraf von Meißen u. Landgraf von Thüringen: 221, 262, 276, 280 f., 292, 432, 594
Friedrich III. von Goseck (1065–1085): 20, 67, 221, 512, 589
Friedrich IV. (1370–1428), gen. der Streitbare, Markgraf von Meißen, Landgraf von Thüringen, Herzog von Sachsen-Wittenberg u. Pfalzgraf von Sachsen, als Friedrich I. Kurfürst von Sachsen: 254, 258, 281, 283, 594
Friedrich IV. (1384–1440), gen. der Friedfertige, Markgraf von Meißen u. Landgraf von Thüringen: 254, 287
Friedrich IV. (1671–1730), König von Dänemark u. Norwegen: 327
Friedrich IV. von Goseck (1085–1125), Pfalzgraf von Sachsen: 20
Friedrich von Haldecke: 31, 57
Friedrich von Wetzendorf: 30
Friedrich von Ziegenhain (um 1155–1229): 187
Friedrich August I. (1670–1733), gen. August der Starke, Kurfürst von Sachsen, als August II. König von Polen: 313 f., 318, 327, 329 f., 333, 341, 351, 357, 359, 597
Friedrich August II. (1696–1763), Kurfürst von Sachsen, als August III. König von Polen: 313 f., 318, 329 f., 342 f., 344, 361
Friedrich August II. (1797–1854), König von Sachsen: 402
Friedrich August III. (1750–1827), Kurfürst von Sachsen, als Friedrich August I. König von Sachsen: 363
Friedrich Carl Prinz von Preußen s. Friedrich Carl (Karl) Nikolaus von Preußen
Friedrich Carl Alexander Prinz von Preußen (1801–1883), preuß. General: 367, 385 f., 389 ff., 402
Friedrich Carl (Karl) Nikolaus Prinz von Preußen (1828–1885), preuß. Militär: 391
Friedrich Christian Leopold (1722–1763), Kurfürst von Sachsen: 342 ff.
Friedrich Ludwig Christian Prinz von Preußen (1772–1806), gen. Prinz Louis Ferdinand, preuß. Militär: 371

Friedrich Tuta (1269–1291), Markgraf von Landsberg u. der Lausitz: 270
Friedrich Wilhelm I. (1688–1740), König in Preußen: 501
Friedrich Wilhelm III. (1770–1840), König von Preußen: 361 ff., 371 f., 374 ff., 381, 383, 395, 397 f., 411, 414, 508, 598
Friedrich Wilhelm IV. (1795–1861), König von Preußen: 11, 367, 377 ff., 380 ff., 386 ff., 398, 400, 407 ff., 420, 425, 598
Friedrich Wilhelm Nikolaus Karl von Preußen (1831–1888), als Friedrich III. dt. Kaiser u. König von Preußen: 391
Frömling, Berta (1907–1963), Musik- u. Werkreferentin, Schulleiterin: 489, 503
Gabler, Gottlob Traugott (1800–1849), Kantor, Lehrer u. Chronist: 374 f., 393, 398, 412, 434, 439
Gärtner, Kurt (*1936), Germanist: 208
Gebhard XI. (1310/20–1383), Graf von Querfurt, Hauptmann: 280
Gebhard von Schrap[e]lau, Bischof von Merseburg: 275, 291, 593
Geiling, Elli (1913–1984), Kastellanin: 517, 521 f.
Geiling, Minna (1882–1971), Kastellanin: 417, 443, 451, 509, 517, 527
Geismar, Georg von, Kammerpage: 349
Geißler, Christian Gottfried Heinrich (1770–1844), Zeichner, Illustrator u. Kupferstecher: 363
Genscher, Hans-Dietrich (*1927), dt. Außenminister: 568
Georg (1380–1402), Markgraf von Meißen u. Landgraf von Thüringen: 254, 258, 281, 594
Georg (1471–1539), gen. der Bärtige, Herzog von Sachsen: 256, 288 f., 345, 595
Georg Albert (Albrecht) (1695–1739), Herzog von Sachsen-Weißenfels-Barby: 299
Georg Wilhelm (1678–1726), Markgraf von Brandenburg-Bayreuth: 314
Gerlach von Breuberg (1245–1306), Landfriedenshauptmann: 272
Gertrud von Andechs-Meranien (um 1185–1213), Königin von Ungarn: 137, 148
Gertrud von Thüringen (1227–1297), Äbtissin: 137
Geyer, Carla (o. Karla), Schulleiterin: 473, 489, 500
Giegold-Schilling, Annemarie (1907–1982), Fotojournalistin: 472 f., 488, 490, 503
Giesau, Prof. Dr. Hermann (1883–1949), preuß. Provinzialkonservator: 492, 503 f., 516 f., 520, 529
Giso IV. (1070–1122), Graf im Oberlahngau u. Graf von Gudensberg: 28
Glatzel, Kristine (*1938), Kunsthistorikerin u. Museumsleiterin: 8, 527, 567 f., 572, 587, 600
Gleißberg, Auguste Friederike: 376

Gleißberg, Johann Gottlieb († 1834), Rentbeamter: 361 f., 372, 376, 394, 598
Goebbels, Joseph (1897–1945), Reichspropagandaminister: 461 f., 465, 477, 487, 501, 519, 524
Godebold von Neuenburg: 15, 17, 30, 51, 590
Goethe, Johann Wolfgang von (1749–1832), Dichter: 201
Goetze, Walter (1869 o. 1870–1932), Schlosswart u. Domänenpächter: 425
Golling, Elisabeth (1911–1992), Schulleiterin: 490 f., 504, 506
Gonski, Eduard (1914–1942), poln. Fremdarbeiter: 496, 506
Göring, Hermann (1893–1946), Reichstagspräsident u. Reichsminister: 447 f., 452, 462
Gottfried von Straßburg († um 1215), Dichter: 187, 208
Götting, Gerald (*1923), Vorsitzender der CDU der DDR: 560
Grahmann, Dr. Bernhard (1890–1976), Gauamtsleiter: 517, 529
Gregor IX. (um 1167–1241), Papst: 140, 592
Greiser, Arthur (1897–1946), NSDAP-Gauleiter: 463
Griebenstein, Johann Gottfried (1683–1740), Bildhauer: 357
Grillparzer, Franz (1791–1872), Schriftsteller: 446, 599
Grimm, Arthur: 470
Grimm, Hans (1875–1959), Schriftsteller u. Publizist: 441
Grimm, Dr. Heinrich Gottfried (1804–1879), Mediziner: 389
Grössler, Hermann (1840–1910), Lehrer u. Historiker: 414 f.
Guda (um 1206–1235), Hofdame: 140 f.
Günther von Käfernburg: 44
Haedicke, Otto (1884–für tot erklärt 1959), Beigeordneter u. Sattlermeister: 457, 530
Hädrich, Moritz, Landwirt u. Stadtverordneter: 457
Hager, Kurt (1912–1998), SED-Politiker: 564, 586
Hahne, Prof. Dr. Hans (1875–1935), Prähistoriker u. Universitätsrektor: 454, 464, 467, 497, 499
Harrach, Auguste Gräfin von s. Auguste Fürstin von Liegnitz
Harrach, Karl Philipp Graf von (1795–1878): 375, 411
Hartmann von Aue, Dichter: 191
Hartmann von Heldrungen: 44
Hartung, Willy, Schlosser u. Stadtverordneter: 457
Haubold, Siegfried, Kreiskatechet: 539
Heckert, Händler: 384, 400
Hedwig von Gudensberg (1098–1148), Landgräfin von Thüringen: 28
Heideloff, Carl Alexander von (1789–1865), Architekt u. Denkmalpfleger: 102
Heinrich, Burggraf (Ministeriale): 62

Heinrich (1129/35–1195), gen. der Löwe, als Heinrich III. Herzog von Sachsen u. als Heinrich XII. Herzog von Bayern: 38, 40, 60 f.
Heinrich (1473–1541), gen. der Fromme, Herzog von Sachsen u. Landgraf von Thüringen: 345, 595
Heinrich (1657–1728), Herzog von Sachsen-Weißenfels-Barby: 299, 309
Heinrich I. (um 1170–1252), Fürst von Anhalt: 195 f.
Heinrich I. (1200–1239), Graf zu Stolberg: 44
Heinrich I. (1244–1308), Landgraf von Hessen: 49
Heinrich II. (1207–1248), Herzog von Brabant: 49, 64
Heinrich II. von Plauen (1417–1482/84), Burggraf von Meißen: 282
Heinrich II. von Schwarzburg (1150/55–1236), Graf von Schwarzburg-Blankenburg: 44
Heinrich III. (1017–1056), röm.-dt. Kaiser: 17, 51
Heinrich III. (um 1215–1288), gen. der Erlauchte, Markgraf von Meißen u. als Heinrich IV. Markgraf der Lausitz, Landgraf von Thüringen u. Pfalzgraf von Sachsen: 31, 44, 46, 48 f., 57, 114, 138, 174, 183, 196, 205 ff., 217, 269 ff., 290, 591 ff.
Heinrich III. von Ammendorf († 1300), Bischof von Merseburg: 270, 272, 593
Heinrich IV. (1050–1106), röm.-dt. Kaiser: 21, 53, 111
Heinrich IV. von Schlesien-Breslau (um 1256–1290), gen. der Gerechte, Herzog von Breslau u. in Krakau, als Heinrich III. Seniorherzog von Polen: 183
Heinrich V. (1081/86–1125), röm.-dt. Kaiser: 18, 21, 26 f., 53 ff., 67, 111
Heinrich VI. (1165–1197), röm.-dt. Kaiser: 183
Heinrich von Freiberg (um 1250/60–1318): 208
Heinrich von Meißen, gen. Frauenlob, Dichter: 207
Heinrich von Morungen (um 1150–um 1220), Dichter: 191, 197 f., 200 f., 207, 216
Heinrich von Reinsdorf, Abt: 33
Heinrich von Veldeke (vor 1150–1190/1200), Dichter: 8, 41, 61, 173 f., 184 ff., 191, 213 f., 540, 542, 544, 549, 562, 579, 590
Heinrich von Weißensee, gen. der tugendhafte Schreiber, Dichter: 191 f.
Heinrich von Wintzingerode: 256
Heinrich von Zscheiplitz, Prior: 33, 42, 591
Heinrich Hetzbold von Weißensee, Kastellan u. Dichter: 192
Heinrich Raspe I. (um 1095–1130): 26 ff., 40
Heinrich Raspe II. (1130–1154/55): 40, 85
Heinrich Raspe III. (um 1155–1180), Graf von Gudensberg: 40, 184, 187, 590
Heinrich Raspe [IV.] (1204–1247), Landgraf von Thüringen u. dt. König: 44, 47 f., 64, 142, 145, 148 f., 592

Heinrich Schreiber, Minnesänger: 212
Heinrich Wilhelm Adalbert Prinz von Preußen (1811–1873), preuß. Militär: 391
Heinrich, Wolfgang (*1868 o. 1869), Domänenpächter: 447
Helldorf, Heinrich Ferdinand von (1799–1873), preuß. Landrat (Querfurt) u. Politiker: 387
Helldorff, Carl (Karl) Heinrich von (1804–1860), preuß. Landrat (Querfurt) u. Politiker: 385, 391
Hennicke, Julius (1832–1892), Architekt u. Maler: 388
Henning, Christa (1924–1998), Vorsitzende des Rates des Kreises Nebra: 553, 559 f.
Henry Hardinge (1785–1856), Viscount, brit. Oberbefehlshaber: 391
Hentschel, Ernst Julius (1804–1875), Musikdirektor: 391
Herbold von Leiha, Pfarrer: 33
Herbort von Fritzlar (um 1180–nach 1217), Kleriker u. Dichter: 188
Hermann, Sohn Ludwig des Springers: 21
Hermann (der) Damen, Dichter: 207
Hermann I. (um 1155–1217), Landgraf von Thüringen u. Pfalzgraf von Sachsen: 8, 39 f., 42 f., 69, 111, 138, 143 ff., 173 ff., 178, 183 f., 187 f., 191 ff., 195 ff., 202, 209 ff., 590 f.
Hermann I. (1224–1290), Graf von Henneberg: 211
Hermann II. (1222–1241), Landgraf von Thüringen: 43, 63, 137, 141, 143
Hermann von Bilzingsleben: 256
Hermann von Salza (um 1162–1239), Hochmeister des Deutschen Ordens: 32, 143
Hermann von Schlotheim, Truchsess: 44
Hermann von Werben, Burggraf: 30, 148
Hermann von Winzenburg, Graf: 23 ff., 53
Herrnring, Erich (1879–nach 1944), Bibliothekar: 531
Heß, Rudolf (1894–1987), Reichsminister: 462
Heyner, Friedrich Burghart († 1825), Lehrer: 362
Hildegard (um 1040–1078), Gräfin von Henneberg u. Gräfin von Nordeck: 54
Hindenburg, Paul von (1847–1934), Reichspräsident: 441, 455, 458 f., 466
Hinkel, Hans (1901–1960), KfdK-Reichsorganisationsleiter: 449, 454, 462, 465
Hinkler, Paul (1892–1945), NSDAP-Gauleiter: 452, 464, 476, 501
Hirschfeldt, von, Generalleutnant: 391
Hitler, Adolf (1889–1945), Reichskanzler, „Führer" der NSDAP: 441, 447, 449, 455 ff., 461, 466, 482, 484, 522 f.
Hoffmann, Gottfried, Kammerfaktor: 309
Hoffmann, Hans-Joachim (1929–1994), Minister für Kultur der DDR: 564

Hoffmann, Peter, Weinbauberater u. Weinbauoberinspektor: 539
Holter, Dr. Friedrich (1901–1989), Prähistoriker u. Bürgermeister: 525, 531 f., 539, 576
Honorius III. (1148–1227), Papst: 143
Hopf, Udo, Bauhistoriker: 100
Hoppe, Friedrich, Archivar: 354
Hoppe, Prof. Dr. Stephan, Kunsthistoriker u. Hochschullehrer: 243
Hörnigk, Georg, Oberforstmeister: 347
Hugold von Buch, Graf: 62
Humboldt, Wilhelm von (1767–1835), Gelehrter: 419
Hüttel von Heidenfeld, Peter, Architekt: 573
Immelmann, Hoffourier: 385
Innozenz IV. (um 1195–1254), Papst: 48, 207
Irmengard (Irmgard) von Thüringen (1196–1244), Fürstin von Anhalt: 195
Isentrud von Hörselgau († nach 1235), Hofdame: 140 f., 149
Jahn, Friedrich Ludwig (1778–1852), Lehrer u. Begründer der dt. Turnbewegung: 403 f., 406, 410, 417 f., 458, 478 ff., 507, 542
Jasiulek, Hans-Joachim (*1950), Maurer u. Museumsmitarbeiter: 553, 581, 588
Jeschke, Erhard, Lehrer: 539
Johann (1801–1873), König von Sachsen: 402
Johann Adolph I. (1649–1697), Herzog von Sachsen-Weißenfels u. Fürst von Sachsen-Querfurt: 299, 308, 310 ff., 315, 320, 329, 348, 350, 353, 597
Johann Adolph II. (1685–1746), Herzog von Sachsen-Weißenfels u. Fürst von Sachsen-Querfurt: 299, 323, 329 f., 340 ff., 352, 354, 356, 597
Johann Ernst II. (1627–1683), Herzog von Sachsen-Weimar: 304
Johann Georg (1677–1712), Herzog von Sachsen-Weißenfels u. Fürst von Sachsen-Querfurt: 299, 314 ff., 351 ff., 434, 597
Johann Georg I. (1585–1656), Kurfürst von Sachsen: 295, 297, 345 f., 596
Johann Georg II. (1613–1680), Kurfürst von Sachsen: 300, 307 f., 310, 345 f., 348
Johann Georg III. (1647–1691), Kurfürst von Sachsen: 310, 312
Johann Georg IV. (1668–1694), Kurfürst von Sachsen: 313, 350
Johann Wilhelm (1666–1729), Herzog von Sachsen-Eisenach: 318, 324, 352, 354
Johann Wilhelm II. (1658–1716), Kurfürst von der Pfalz: 327, 333
Johanna Magdalena von Sachsen-Altenburg (1656–1686), Herzogin von Sachsen-Weißenfels: 308
Johanna Walpurgis von Leiningen-Westerburg (1647–1687), Herzogin von Sachsen-Weißenfels: 309, 350

Johanna Wilhelmine Prinzessin von Sachsen-Weißenfels (1680–1730): 329
Johannetta Antoinetta Juliana von Sachsen-Eisenach (1698–1726), Herzogin von Sachsen-Weißenfels: 352
Jordan, Rudolf (1902–1988), NSDAP-Gauleiter: 454, 463 ff., 467 ff., 497, 499
Joséphine de Beauharnais (1763–1814), franz. Kaiserin: 365 f.
Jutta von Schwaben (um 1133/34–1191), Landgräfin von Thüringen: 35, 40, 174
Jutta von Thüringen (1184–1235), Markgräfin von Meißen, Gräfin von Henneberg: 45, 63, 138, 140, 142 f., 148, 174, 196, 205, 591
Karl IV. (1316–1378), röm.-dt. Kaiser: 431
Karl VI. (1685–1740); röm.-dt. Kaiser: 351, 357
Karl XI. (1655–1697), König von Schweden: 309
Karl von Bayern (1795–1875), Generalfeldmarschall: 385, 389 ff.
Karl (Carl) Friedrich August zu Mecklenburg-Strelitz (1785–1837), preuß. Offizier: 361 f., 369 ff., 375, 598
Karl Wilhelm Ferdinand (1735–1806), Herzog von Braunschweig-Wolfenbüttel, preuß. Oberbefehlshaber: 368, 372
Katharina von Brandenstein († 1492): 259
Keller, Alexander Graf von (1801–1879), Haus- u. Hofmarschall, Intendant der königlichen Schlösser: 382 f., 386, 389 f., 400
Kilian (um 640–um 689), Missionar u. Bischof: 33
Kirsten, Michael, Denkmalpfleger: 431
Klitschmüller, Wilhelm (1880–1943), Steinmetzpolier: 465
Knauth, Albert, Lehrer u. Stadtverordneter: 457
Knorr, Dr. Heinz Arno (1909–1996), Museumsreferent u. -direktor, Hochschullehrer: 532, 536 f., 540, 542 f., 575 f., 578, 600
Knötel, Richard (1857–1914), Maler, Lithograph u. Schriftsteller: 365, 370
Knüpfer, Sebastian (1633–1676), Kantor: 348
Kochanowski, Erich (*1904), KfdK-Organisationsleiter: 454, 461, 464, 466
Köckritz, Karl Leopold von (1744–1821), preuß. Generalleutnant: 366, 397
Koetzing, Lotte (*1912), OG-Führerin u. BDM-Hauptreferentin: 487
Köhn, Herbert (1906–für tot erklärt 1959), Rechtsanwalt u. komm. Bürgermeister: 454, 457 f., 464, 466
Könnecke, Kurt, Mitglied des Rates des Kreises Nebra: 584
Kopors, Robert, Tischlermeister u. Stadtverordneter: 457, 539
Köppen, Wera, verh. Tatge (*1920), Schülerin: 507, 509
Konrad I. (um 1090–1152), Herzog von Zähringen: 25
Konrad I. (um 1098–1157), Markgraf von Meißen: 25
Konrad III. (1093–1152), röm.-dt. König: 143, 215

Konrad von Goseck, Abt: 15
Konrad von Marburg (um 1180/90–1233), Priester: 140, 142
Konrad von Thüringen (1206/07–1240), auch als Konrad Raspe bekannt, Hochmeister des Deutschen Ritterordens: 42, 44, 142, 145, 148, 176
Konrad von Wittelsbach (1120/25–1200), als Konrad I. Erzbischof von Mainz: 30
Korn, Händler: 384, 400
Krauschwitz, Brigitta, verh. Dettloff (*1930), Schülerin: 514, 528 ff.
Krauschwitz, Charlotte, geb. Brodhäcker (1911–2007): 521, 527 f.
Krauschwitz, Otto (1886–1938), Beigeordneter u. Museumsleiter: 456 ff., 466, 507 f., 511 ff., 517, 520 f., 526 ff., 536 f., 539, 599 f.
Kretzschmar, Georg, Kaufmann: 539
Kreyß, Andreas, Jagdaufseher: 353
Krieger, Johann Gotthilf (1687–nach 1743), Hofkapellmeister: 339
Krieger, Johann Phillip (1649–1725), Komponist u. Hofkapellmeister: 326, 339
Kristan von Luppin, Ministeriale u. Dichter: 192
Krohm, Prof. Dr. Hartmut (*1940), Kunsthistoriker: 427, 429, 431, 438
Krubke, Dr. Erwin (*1921), Direktor der Zentralen Parteischule der CDU der DDR: 560
Krüger, Franz (1797–1857), Maler u. Lithograph: 377
Kugler, Franz (1808–1858), Historiker: 172
Kuhbach, Günther (*1929), Mitglied des Rates des Bezirkes Halle: 558, 563
Kuhne, Elfriede, verh. Beck (*1929), Jungmädel: 495, 505
Kunigunde von Bilstein (um 1080–1138/40), Gräfin von Gudensberg: 28
Kursell, Otto von (1884–1967), Maler, Grafiker u. KfdK-Abteilungsleiter: 448 f., 462
Küster, Carl Freiherr von (1851–1919), Schriftsteller: 413 f., 422
Lagrèze, Dr., Regierungsdirektor: 516, 529
Lamm, Olga (1906–1982), Gaugeschäftsführerin u. Untergauführerin: 467, 497 f., 506
Lattermann, schwed. Offizier: 309
Leiningen-Westerburg, Friedrich Wilhelm von (1648–1688), Graf: 308
Lemmer, Prof. Dr. Manfred (1928–2009), Altgermanist u. Philologe: 8, 213
Leopold VI. (1176–1230), gen. der Glorreiche, Herzog von Österreich: 195, 212
Lepsius, (Carl) Peter (1775–1853), Historiker u. preuß. Landrat (Naumburg): 172, 406, 419 f.
Lepsius, Karl (Carl) Richard (1810–1884), Ägyptologe u. Sprachforscher: 408 f., 420 f.
Leutsch, Johann George, Gärtner: 360

Leutzsch, Hans August († 1678), Hofmarschall: 310, 349
Loën, Leopold von (1815–1895), Flügeladjutant: 385
Löffler, Kurt (*1932), Staatssekretär im Ministerium für Kultur der DDR: 560 f., 584
Lorenz, Dr. Herbert (1907–1994), Gauschulungsleiter: 495, 498
Lorenz, Käthe s. Reifert
Lothar von Süpplingenburg (1075–1137), Herzog von Sachsen, als Lothar III. röm.-dt. Kaiser: 22 ff., 25, 54, 74, 589
Louis (Ludwig) VII. (1120–1180), König von Frankreich: 214
Louis Ferdinand de Bourbon (1729–1765), Dauphin von Frankreich: 360
Louis Ferdinand von Preußen s. Friedrich Ludwig Christian Prinz von Preußen
Louis Joseph Xavier (1751–1761), Herzog von Burgund: 344, 360
Lucas, Handwerker: 223, 263
Lucchesini, Girolamo (1751–1825), Marchese, preuß. Gesandter: 371
Ludwig I. († 1140), Landgraf von Thüringen: 15, 22 ff., 53 f., 69, 85, 112, 589
Ludwig I. (1173–1231), gen. der Kelheimer, Herzog von Bayern u. Pfalzgraf bei Rhein: 202
Ludwig II. (1128–1172), gen. der Eiserne, Landgraf von Thüringen: 15, 35, 37, 59, 69, 85, 112, 214, 475, 515
Ludwig III. (1151/52–1190), gen. der Milde, der Fromme, Landgraf von Thüringen: 30, 38, 40, 43, 51, 69, 86, 143, 173 f., 178, 187, 214, 590
Ludwig IV. (1200–1227), Landgraf von Thüringen u. Pfalzgraf von Sachsen: 30 f., 38, 43 ff., 57, 63, 69, 101, 103, 113 f., 138 ff., 148 f., 153, 174, 195, 216, 590 ff.
Ludwig IV. der Bayer (1281/82–1347), röm.-dt. Kaiser: 275
Ludwig der Bärtige († 1080), Graf: 17, 24 ff., 51
Ludwig von Schauenburg (1042–1123), gen. der Springer, Graf in Thüringen: 15 ff., 38, 52, 54 f., 67 ff., 80, 85, 111, 317, 512, 589
Luise zu Mecklenburg-Strelitz (1776–1810), Königin von Preußen: 11, 361 ff., 374 ff., 381, 383, 392 ff., 397 f., 414 f., 417, 419, 422, 487, 508, 598 f.
Luise (Louise) Christine (Christiane) zu Stolberg-Stolberg (1675–1738), Herzogin von Sachsen-Weißenfels: 323 f., 326, 330, 337 f., 355 f.
Luitgardis, Äbtissin: 145
Luther, Irmgard-Ekka s. Scheuermann
Luther, Martin (1493–1546), Reformator: 515
Lutze, Max (1881–1953), Lehrer, Kulturamts- u. Museumsleiter: 539 ff., 578, 600
Mackensen, August von (1849–1945), Generalfeldmarschall: 514 f.
Magdalena Sybilla von Sachsen-Weißenfels (1648–1681), Herzogin von Sachsen-Gotha-Altenburg: 309, 348

Magdalena Sybilla von Sachsen-Weißenfels (1673–1726), Herzogin von Sachsen-Eisenach: 352, 354

Magnus (1304–1369), gen. der Fromme, Herzog von Braunschweig-Wolfenbüttel: 275

Mahlke-Krauschwitz, Charlotte, geb. Brodhäcker s. Krauschwitz

Margareta (Margarete) von Cleve (Kleve), Landgräfin von Thüringen: 173, 184, 214

Margarete von Sachsen (1449–1501), Kurfürstin von Brandenburg: 268

Maria Anna von Bayern (1805–1877), Königin von Sachsen: 402

Maria Antonia von Bayern (1724–1780), Kurprinzessin von Sachsen: 342

Maria Josepha von Österreich (1699–1757), Kurfürstin von Sachsen u. Königin von Polen: 330, 342 f.

Maria Josepha von Polen u. Sachsen (1731–1767), Kronprinzessin von Frankreich: 360

Maria Luise Alexandrina von Sachsen-Weimar-Eisenach s. Marie von Sachsen-Weimar-Eisenach

Maria Pawlowna Romanowa (1786–1859), Großfürstin, ab 1828 Großherzogin von Sachsen-Weimar-Eisenach: 368

Marie von Sachsen-Weimar-Eisenach (1808–1877), Prinzessin von Preußen: 385

Markwardt, Monika (*1956), Textildesignerin u. Museumsmitarbeiterin: 7, 567, 571, 587

Martens, Johann Jürgen Helmuth (*1898): 460

Marwitz, Friedrich August Ludwig von der (1777–1837), preuß. General u. Politiker: 365

Mechthild, Äbtissin: 148

Meinher II. von Meißen, Burggraf: 30, 57

Menius, Johann George, Geheimrat: 356

Menzel, Adolph Friedrich Erdmann von (1815–1905), Maler, Zeichner u. Illustrator: 411

Merten, Handwerker: 223, 263

Metz, Marie s. Bretschneider

Meyer, Conrad Ferdinand (1825–1898), Dichter: 445

Mieszko III. (1126–1202), gen. der Alte, Herzog in Großpolen: 35

Moickne(?), Elma, geb. Alkenbrecher, BDM-Schülerin: 505

Möllendorff, Wichard Joachim Heinrich von (1724–1816), preuß. Generalfeldmarschall: 361 f., 369 ff., 375, 598

Moltke, Helmuth Karl Bernhard Graf von (1800–1891), Generalstabschef u. preuß. Generalfeldmarschall: 391

Moritz (1521–1553), Kurfürst von Sachsen: 289, 300, 595 f.

Moritz (1619–1681), Herzog von Sachsen-Zeitz: 300, 308, 345 f., 349
Moritz Wilhelm (1664–1718), Herzog von Sachsen-Zeitz: 324
Moshamer, Ludwig (1885–1946), Architekt: 477
Mrusek, Prof. Dr. Hans-Joachim (1920–1994), Kunsthistoriker u. Hochschullehrer: 587
Müller, Johann Friedrich, Fabrikant: 418
Münchhausen, Otto von (1802–1869), preuß. Landrat (Eckartsberga): 387
Münnich, Prof. Karl Heinrich Wilhelm (1789–1867): 410
Müntzer, Thomas (um 1489–1525), Theologe: 550, 580
Napoleon I. Bonaparte (1769–1821), Kaiser der Franzosen: 362, 365, 368
Nath, Franz, Baurat: 484, 502
Neumann(-Cosel), August Wilhelm (1786–1865), preuß. General: 385
Neumann, Ernst, Treuhänder: 531
Nickel, Handwerker: 223, 263
Ohle, Max (1877–1930), preuß. Provinzialkonservator: 425
Otto (1070–1123), gen. der Reiche, Graf von Ballenstedt, Herzog von Sachsen: 55
Otto (um 1177–1245), Graf von Henneberg, Dichter u. Klostergründer: 205
Otto I. († 1234), Herzog von Meranien: 45, 148, 174
Otto I. (vor 1266–1305), Graf von Anhalt-Aschersleben: 196
Otto II. (um 1260–1315/16), Graf von Anhalt-Aschersleben: 196
Otto IV. (1175–1218), röm.-dt. Kaiser: 201 f.
Otto IV. (1238–1308), gen. mit dem Pfeil, Markgraf von Brandenburg: 183, 214, 270, 272, 593
Otto von Botenlauben (wahrscheinlich 1177–vor 1245), Minnesänger: 205
Otto von Vriburg, Cellarius: 128, 263
Ovid (Publius Ovidius Naso) (43 v. Chr.–wohl 17 n. Chr.): 188
Panse, Johann Gottfried: 265
Peter, Handwerker: 223, 263
Peter von Schleinitz († 1463), Bischof von Naumburg: 286
Peter, Johann Gottlob (1774–1857), Kantor, Organist u. Lehrer: 374 ff., 393, 395, 398 f., 409
Petiscus, Ilse, verh. Claudius (1897–1995): 444
Peukert, Jörg (*1967), Historiker, Germanist u. Museumsleiter: 7 f., 600
Philipp von Heinsberg (um 1130–1191), als Philipp I. Erzbischof von Köln: 40
Philipp II. August (1165–1223), König von Frankreich: 91
Philipp Wilhelm (1615–1690), Kurfürst von der Pfalz: 327
Plate, (Fritz) Friedrich (1898–1983), komm. Bürgermeister: 454, 456 f., 464, 468, 471, 499, 510, 528
Piquier, Jagdbedienter: 359

Poppo I. († 1078), Graf von Henneberg: 54

Poppo VII. († 1245), Graf von Henneberg: 45, 140, 205, 591

Preiß, Edith (*1914), BDM-Bannmädelführerin u. Schulleiterin: 494, 505

Pretzsch, Paul, Buchbinder: 458 f.

Priesdorff, Kurt von (1881–1967), Militärhistoriker u. Beigeordneter: 496, 506, 525 f.

Prinz, Martin, Angestellter: 456

Publius Vergilius Maro (70 v. Chr.–19 v. Chr.), röm. Dichter: 188

Quast, Ferdinand von (1807–1877), preuß. Staatskonservator: 378 f., 407

Radziwill, Friedrich Wilhelm Paul Nikolaus Fürst von (1797–1870), preuß. General: 378, 386, 391, 401

Ramming von Riedkirchen, Wilhelm Freiherr von (1815–1879), österr. Offizier: 391

Rauchhaupt, Wilhelm Franz Karl August Heinrich von (1816–1883), Oberförster: 379, 391, 399

Recke, Eberhard Friedrich Christoph Ludwig Freiherr von der (1744–1816), preuß. Politiker u. General: 423, 425

Reckewerth, Richard (1897–1970), HJ-Gebietsführer: 481

Reifert, Käthe, verh. Lorenz (1911–1986), OG-Führerin u. Gebietsmädelführerin: 467, 469, 471 ff., 476, 481 f., 484 ff., 492 ff., 497 f., 500, 502 ff., 519 f., 530

Rein, Werner, Feuerwehrmann: 506

Reinmar von Zweter (um 1200–nach 1248), auch Reinhart von Zwetzen gen., Dichter: 205, 207, 210 ff.

Remy, Regierungsdirektor: 530

Reschke, Lisbeth, verh. Claudius (1887–1971), Schauspielerin: 460

Rex, Carl, Geheimrat: 356

Richter, Johann Moritz (1620–1667), Architekt: 310

Ritter, Friedrich August (1795–1869), preuß. Regierungs- u. Baurat: 378 ff., 382 ff., 391, 400 f., 407

Röchling, Carl (1855–1920), Maler u. Illustrator: 365

Rodeger, Mönch: 148

Roer, J. G. Paul (*1868), Nationalökonom u. komm. Bürgermeister: 449, 458, 462, 465

Röll, Walter (*1937), Philologe: 208

Rosenberg, Alfred (1893–1946), NS-Politiker: 448

Röser, Wolfhart: 530

Rothe, Johann (1360–1434), Stadtschreiber u. Historiker: 59, 317

Rottig, Karl (1893–für tot erklärt 1960), Maurermeister u. Stadtverordneter: 457

Rubens, Peter Paul (1577–1640), Maler: 519
Rüdiger, Dr. Jutta (1910–2001), BDM-Reichsreferentin: 486, 498, 503
Rudolf I. (um 1284–1356), Herzog von Sachsen-Wittenberg u. Kurfürst von Sachsen: 210
Rudolf von Vargula, Mundschenk: 44
Rüger, Reinhard (*1934), Architekt u. Denkmalpfleger: 562 f., 582 f., 585
Rust, Bernhard (1893–1945), preuß. Kultusminister: 448, 462
Sachse, Ernst, Schlosser: 539
Sachse, Otto, Kaufmann u. Stadtverordneter: 456 f.
Saladin (1137/38–1193), Sultan von Ägypten u. Syrien: 183
Schadewell, Wilhelm, Fabrikant: 394, 414, 599
Schenk, Petrus (Peter) (1660–1711), Kupferstecher u. Kartograf: 316, 351
Scheuermann, Irmgard-Ekka, geb. Luther (*1919), Sportlehrerin: 500, 505 f.
Schiele, Walter (1913–1957), Hausmeister u. Kastellan: 511, 517, 520, 522, 524, 528, 536, 540
Schiller, Friedrich von (1759–1805), Dichter, Philosoph u. Historiker: 376
Schillingstädt, Valentin, Schosser: 224
Schinkel, Karl Friedrich (1781–1841), Architekt, Maler u. Grafiker: 378, 406, 419, 598
Schirach, Baldur von (1907–1974), Reichsjugendführer: 481 f., 490, 514
Schlegel, August Wilhelm (1767–1845), Philologe, Übersetzer u. Philosoph: 398
Schlegell, Flügeladjutant: 385
Schmitt, Reinhard (*1950), Bauhistoriker u. Denkmalpfleger: 8, 50, 58, 172 ff., 427, 562, 585, 588
Schmuhl, Boje E. Hans (*1950), Stiftungsdirektor: 572
Schnelle, Rentmeister: 372
Schöler, August von (1798–1866), Adjutant: 386
Schönherr, Bauinspektor: 378
Schöning, Dr. Klemens (*1897), Arzt: 502
Schröder, Werner (1914–2010), Philologe: 208
Schulenburg, Adelbert Karl Werner Graf von der (1885–1951): 460, 511, 572 f.
Schultze-Naumburg, Prof. Dr. h. c. Paul (1869–1949), Architekt: 448, 454, 465
Schütze, Johann August, Baumeister: 265, 267
Schütze, Johann Christoph (1687–1765), Baumeister, Bildhauer u. Maler: 334
Schwarz, Carl Benjamin (1757–1813), Zeichner u. Kupferstecher: 235, 237, 258, 409 f.
Schwarzer, Holger (*1968), Schüler: 526, 528, 530, 532
Schwind, Moritz Ludwig von (1804–1871), Maler u. Zeichner: 211
Seyer, Leibjäger: 385

Sieboldt, Johann, Leibarzt: 350
Siegel, Hermann Ludwig (1850–1910), Domänenpächter: 423
Sigismund von Sachsen (1416–1471), Bischof von Würzburg: 258, 281 f., 288, 292 f., 594
Simon, Karl (1885–1961), Arbeitsgauführer: 476
Sitte, Willi (*1921), Maler: 563 f., 585 f.
Sitz, Alfred (1900–1960), Gärtner, NSDAP-Ortsgruppenleiter: 454, 456 f., 464, 476
Slevogt, Karl Wilhelm, Justizamtmann: 376
Sockel, Tischler: 384, 400
Sommer, Dr. Robert (1883–1956), Regierungspräsident: 474, 484 f., 502 f., 510, 516, 519 f., 522, 528 ff.
Sophia von Bayern (1170–1238), Landgräfin von Thüringen: 39, 44, 47, 141 f., 145, 148, 153, 209
Sophia von Sachsen-Weißenfels (1684–1752), Markgräfin von Brandenburg-Bayreuth: 314, 359
Sophia Elisabeth von Schleswig-Holstein-Sonderburg-Wiesenburg (1653–1684), Herzogin von Sachsen-Zeitz: 349
Sophie (Sophia) von Sachsen-Weißenfels (1654–1724), Fürstin von Anhalt-Zerbst: 348
Sophie (Sophia) von Thüringen (1224–1275), Herzogin von Brabant: 49, 137, 142, 592
Speckhuhn, Balthasar: Organist u. Verwalter: 308, 348
Starschedel, Stallmeister u. Hauptmann: 349
Steche, Marie Charlotte (1898–1983), Künstlerin: 441 ff., 446 ff., 452, 455, 460 f., 467, 599
Steiger, Heinrich (1862–1943), preuß. Minister: 427
Stein, Conrad von, Vogt: 439
Steinbrecht, Dr. (Fritz) Friedrich (1894–1944), Prokurist u. Beigeordneter: 457 f., 465, 475, 500
Stevens, Ulrich, Burgenforscher u. Denkmalpfleger: 176
Stiebitz, Johann Friedrich Wilhelm, Autor u. Verleger: 373, 375 f., 393, 398 f.
Stolberg-Wernigerode, Anton Graf zu (1785–1854), preuß. Minister: 389 f., 406
Straube, Prof. Dr. Manfred (*1930), Historiker u. Hochschullehrer: 563, 584
Strickhausen, Gerd, Burgenforscher: 219
Stuck, Franz von (1863–1928), Maler u. Bildhauer: 462
Stüler, Friedrich August (1800–1865), Architekt: 384, 401
Suderlau, Schlosswart: 425

Szmijt, Wladislaw (1913–1942), poln. Fremdarbeiter: 496, 506
Tamanti, Koch: 385
Tannhäuser († nach 1265), Dichter: 207, 449, 452, 515
Taubenheim, Christoph von († 1536), Rat u. Amtmann: 154, 240, 256
Tauentzien, Lysinka Gräfin (1785–1859), verh. Gräfin von Hacke, Hofdame: 366, 397
Thiele, Kammerdiener: 385
Thiele, Herbert, Architekt: 581
Thiemo (vor 1060–1104), Graf von Nordeck: 54
Thietmar (975–1018), Bischof von Merseburg: 111
Thränhart, Johann Samuel (1773–1851), Amtsverwalter: 368
Thurn und Taxis, Friedrich Hannibal von (1799–1857), österr. Feldmarschallleutnant: 391
Tiedke, Ernst Georg Christian (1809–1868), Kammerdiener: 385
Tießler, Walter (1903–† unbekannt), NSDAP-Gaugeschäftsführer u. NSDAP-Landesstellenleiter: 464, 476
Topper, Kersten, Handwerker: 223, 263
Trampe, Baurat: 423, 425
Trinius, August s. Küster, Carl Freiherr von
Truchseß zu Waldburg, Berta Helene Amalie Gräfin (1787–1812), Hofdame: 366
Tschammer und Osten, Hans von (1887–1943), Reichssportführer: 466, 478 f., 501
Uderstädt, Dr. Eduard (1888–um 1947?), Volkswirt u. Bürgermeister: 477 ff., 501, 516 f., 520, 528 ff.
Udo I. von Thüringen (um 1090–1148), Bischof von Naumburg: 15, 27, 55, 143
Uebelhoer, Friedrich (1893–um 1945; für tot erklärt 1950), NSDAP-Kreisleiter, Oberbürgermeister u. Regierungspräsident: 447, 452 ff., 463 ff., 506
Ulrich II. (um 1064–1112), Graf von Weimar-Orlamünde: 21, 26, 54
Ulrich, Curt von (1876–1946), Oberpräsident: 514
Ulrich, Hans-Jörg († 1994), Landrat (Nebra): 568
Ulrich von dem Türlin, Dichter: 208
Ulrich von Ostrau, Dechant des Naumburger Domkapitels: 435
Ulrich von Türheim (um 1195–um 1250), Dichter: 208
Ulrici, Bernhard (1811/12–1893), preuß. Landrat (Weißenfels): 383, 391, 400
Urban, Gotthard (1905–1941), KfdK-Reichsgeschäftsführer: 454, 465
Urban, Peter: 530
Urban, Prof. Eugen (1868–1929), Maler: 514 ff., 518, 520, 529

Urenheimer, Dichter: 196
Uta von Ballenstedt (um 1000–vor 1046), Markgräfin von Meißen: 393, 435
Viereck, Henriette Dorothea Ursula Katharina von (1766–1854), Hofdame: 366, 397
Vogel, François, Schneider: 364
Vollrath, Annemarie, Schulverwaltungsleiterin: 504
Vollrath, Louise (1898–1982), Kastellanin: 522
Voß, von, Generalleutnant: 391
Voß, Gotthard (*1938), Architekt u. Landeskonservator: 546, 579, 588
Voß (Voss), Sophie Wilhelmine Charlotte Marie Gräfin von, geb. von Pannwitz (1729–1814), Oberhofmeisterin: 362, 366, 397
Wagner, Garderobier: 385
Wagner, Winifred (1897–1980), Intendantin: 447 f., 461
Walthard (Waltard) (um 960–1012), Erzbischof von Magdeburg: 111
Walther von der Vogelweide (um 1170–um 1230), Dichter: 174, 183, 188, 191 ff., 195, 201 ff., 207, 212, 214, 217, 590
Warlitz, Christian Friedrich, Jagdsekretär: 326
Wäscher, Hermann (1887–1961), Architekt u. Burgenforscher: 76, 219
Weber, Koch: 385
Wedell, Busso von (1804–1874), preuß. Regierungspräsident (Merseburg): 378 f., 382 ff., 387, 391 f., 400 f.
Weidenbach, Ernst (1818–1882), Maler u. Zeichner: 408, 421
Weidenbach, Friedrich August (1790–1860), Landschaftsmaler: 406, 410 f., 420
Weidenbach, Maximilian (Max) Ferdinand (1823–1890), Maler u. Zeichner: 406 ff., 420 f.
Weidlich, Bürgermeister: 387
Weise, Wilfried (*1951), Maler, Bodendenkmalpfleger u. Restaurator: 8, 266, 553, 581, 588
Welding, Adam Immanuel (1667–1716), Pagenhofmeister: 355
Wenzel I. Přemysl (um 1205–1253), König von Böhmen: 148, 205
Wenzel II. (1271–1305), König von Böhmen, als Wenzel I. König von Polen: 183
Wenzel von Luxemburg (1361–1419), als Wenzel IV. König von Böhmen, röm.-dt. König: 236
Werner, Prof. Dr. Matthias (*1942): 8
Wetzendorf, Friedrich von: 30
Widerhold von Goseck, Abt: 33, 42, 591
Wilhelm I. (1343–1407), gen. der Einäugige, Markgraf von Meißen: 221, 259, 262, 276 f., 281, 292, 594

Wilhelm II. (1371–1425), gen. der Reiche, Markgraf von Meißen: 254, 258, 280 f., 594
Wilhelm III. (1425–1482), gen. der Tapfere, Herzog von Sachsen u. Landgraf von Thüringen: 222 f., 247, 258 ff., 268, 281, 283, 286 ff., 292 ff.
Wilhelm IV. (1626–1662), Herzog von Sachsen-Weimar: 351
Wilhelm von Goch: 286
Wilhelm von Holland (1228?–1256), röm.-dt. König: 592
Wilhelm Friedrich Ludwig Prinz von Preußen (1797–1888), als Wilhelm I. König von Preußen, dt. Kaiser: 367, 376, 385, 389 ff., 398
Wilhelmine Charlotte Caroline von Brandenburg-Ansbach (1683–1737), Königin von England u. Irland, Kurfürstin von Hannover: 351
Will, Charlotte (*1923): 505
Wiprecht von Groitzsch (um 1050–1124), Markgraf von Meißen: 27, 55, 67, 74, 111
Witzleben, Hartmann Erasmus von (1805–1878), preuß. Oberpräsident (Sachsen): 382 ff., 387, 391 f., 400
Wolf von Nißmitz: 257
Wolfram von Eschenbach (um 1160/80–um/nach 1220), Dichter: 174, 188, 190 ff., 194, 208, 212, 218, 590
Woite, Ernst, Oberförster: 539
Wrangel, Carl Gustav Graf zu Salmis (1613–1676), schwed. Feldmarschall: 309
Xaver von Sachsen s. Franz Xaver von Sachsen
Zech-Burkersroda, Julius Graf von (1805–1872), preuß. Politiker: 387
Zingg, Adrian (1734–1816), Maler, Zeichner u. Kupferstecher: 236 f.

Ortsverzeichnis

Aachen: 79, 459
Aggstein: 250
Aken: 347
Allerstedt: 111
Allstedt: 62, 248 ff., 550, 558, 580
Altenburg: 32, 59, 77, 221, 276, 281 f., 387, 578, 594
Altflemmingen: 387
Altona: 501
Altweilnau: 91
Altzelle: 57, 63, 205
Amberg: 81
Angermünde: 77
Anhalt (Burg): 77, 129, 216
Apolda: 18
Arnberg: 502
Arnsburg (Burg): 75, 93
Arnstadt: 83, 123
Artern: 90, 414, 416 f.
Aschersleben: 75, 77, 82
Auerstedt: 363 f., 372, 397, 419
Babenhausen: 94, 125
Bad Frankenhausen: 30, 561
Bad Suderode: 83
Baden-Baden: 459
Balgstädt: 38, 309
Bamberg: 79, 95, 148
Barby: 330
Baumersroda: 575
Beetzendorf: 91, 105
Bergsulza: 460
Berlin: 364, 366, 368, 372, 383, 398, 414, 419 ff., 427 f., 437 f., 448 f., 454, 456, 460, 462, 465, 479, 487, 500 f., 504 ff., 518, 522, 524, 530 ff., 538, 574, 585, 599 f.

Bernburg: 75, 77, 83, 91
Bernshausen: 74
Bibra: 313, 340, 350
Bielefeld: 528 f.
Bitterfeld: 579
Blankenhain: 371
Boppard: 91
Borna: 272
Boymont: 94
Bozen: 76
Branderoda: 307
Brauweiler: 97, 112, 130, 132 f., 169, 172 f.
Breitenau: 107
Bremen: 464 f.
Broich: 77
Buchenwald: 462, 497, 499
Büdingen-Croßendorf: 108
Burg: 297, 463
Burgau: 282
Burgheßler: 309
Burgk: 250
Burgscheidungen: 460, 560, 572
Burkersroda: 403
Calbe: 247
Camburg: 90, 107
Celle: 497 f.
Chemnitz: 59, 269, 281, 594
Coburg: 262, 281, 594
Cochem: 79
Cottbus: 81, 465
Creußen: 111
Creuzburg: 29, 63 f., 73, 82 f., 86, 92, 94 f., 105, 107, 112, 114, 137, 141, 269
Dahme: 297, 350, 356
Danišovce: 431, 433
Delitzsch: 499
Dessau: 579
Dobrilug: 202
Dorndorf: 358

Dreieichenhain: 75, 108, 120
Dresden: 140, 207, 247, 280, 288 f., 290, 297, 299, 307, 313, 318, 328, 330, 332, 342, 344 f., 350, 352, 356, 359, 418, 579, 596 f.
Eckartsberga: 77, 105, 262, 270, 272, 297, 300 f., 387
Eckartsburg: 18, 24 ff., 41, 51, 54, 56, 61, 64, 73, 80, 83, 85 ff., 89, 91 f., 94 f., 105, 107, 111 f., 114, 138, 247, 270, 272, 315, 351, 372
Egeln: 91
Eger: 99 f., 162
Eilenburg: 74, 91
Eisenach: 17, 19, 21, 24, 29, 47, 53, 59, 63, 67, 73, 85, 90, 94, 138 f., 141 f., 148 f., 188, 192 f., 195, 212, 215, 259, 276, 288, 317
Elsterwerda: 381, 383, 394, 400
Elten: 74, 83
Emden: 527
Erfurt: 24, 29, 40, 61, 371
Erlangen: 530
Falkenstein: 94, 542, 579, 583 f.
Flossenbürg: 75, 127
Frankenhausen (Bad): 30, 561
Frankfurt (Oder): 465
Frankfurt am Main: 77, 97, 143, 148, 201
Freckleben: 75 f., 91
Freiberg: 208, 221, 262, 345, 433
Freiburg (Breisgau): 463
Friedenthal: 321 f., 327, 331, 336, 342, 353, 357 f., 360, 416
Friedrichroda: 17, 26, 51, 515
Fulda: 21, 24
Gamburg: 94
Gebesee: 83
Gelnhausen: 40, 95 f., 110, 590
Gene: 67
Gera: 90, 94, 286
Giebichenstein: 83, 94, 96, 105, 111
Giseh (Ägypten): 408
Gleina: 437
Glen Osmond (Australien): 420
Gnandstein: 94, 107
Göllheim: 272
Gommern: 91

Gommerstedt: 83
Goseck: 14 f., 20, 38, 133, 391, 410
Goslar: 95, 100, 162
Gotha: 17, 29, 64, 67, 100, 110, 280, 349, 386
Göttingen: 74
Graubünden: 76
Greiz: 94, 96 f., 100, 105
Gries: 76
Grimma: 94, 207, 221, 247, 270, 276
Groitzsch: 27, 74, 77, 272
Großjena: 309, 387
Guben: 501
Haar: 497
Habsburg: 81, 93
Halberstadt: 91, 100, 150, 215, 432, 438
Haldensleben: 75
Halle (Saale): 8, 11, 83, 90, 94, 96, 98, 105, 111, 115, 213, 282, 298 ff., 303 ff., 310, 312, 345, 348, 366, 400, 403, 416, 425, 437, 452, 464, 467, 469, 483, 497 ff., 521, 532, 540, 542 f., 546, 556, 558 f., 575, 577, 579 f., 582 ff.
Hamburg: 77, 427, 444
Hannoversch Münden: 532
Harzburg: 110 f., 136
Heidelberg: 79, 185, 190 f., 200, 203, 206, 209 f., 216
Heiligenhafen: 460
Heldrungen: 90, 297, 310
Henneburg: 75, 87
Herbsleben: 100, 110
Herrsching: 461
Hersfeld: 24, 100, 270
Herzberg (Elster): 490 f., 503 f.
Hohen-Mölsen: 403
Homburg: 79
Hundheim: 79
Hundisburg: 75
Huysburg: 100
Ichtershausen: 44, 148
Ingelheim: 108
Innsbruck: 532
Insterburg (Ostpreußen): 524 f., 531, 600

Ischl (Bad): 391
Isserstedt: 63
Jechaburg: 30, 188, 215
Jena: 8, 90, 97, 288, 292, 362, 364, 372, 397, 403, 419
Jerusalem: 592
Jüterbog: 297
Kaiserslautern: 95
Kaiserswerth: 76, 96
Kapelle: 30
Kapellendorf: 229
Karlburg: 74, 81
Karthago: 188
Kassel: 24, 29, 63, 108, 145
Kaufungen: 44, 145, 585
Kiel: 575
Kirchscheidungen: 309
Kleinjena: 386
Kleinwangen: 378
Kleve (Cleve): 97, 112, 133, 172 f., 184, 187, 214, 326
Klingenmünster: 75
Kölleda: 418, 494
Köln: 8, 40, 71, 95, 97, 101 f., 112 f., 133, 172 f.
Königsberg: 398, 501, 524
Königslutter: 100, 168
Konradsburg: 82 f.
Konradsdorf: 75, 121
Konstantinopel: 79
Kopenhagen: 327, 350
Kösen (Bad): 375, 410 ff., 468, 580
Köthen (Anhalt): 532, 579, 587
Kranichfeld: 90, 96, 107
Křivoklát: 236
Krummhübel (Schlesien): 501
Kyffhausen: 76, 80, 118
Kyffhäuser: 74, 77, 83, 94, 192, 403, 413
Landsberg (Elsaß): 97
Landsberg (Sachsen-Anhalt): 98, 100, 162, 403
Langendorf: 308, 339
Langensalza: 29, 297

Laucha: 306, 338, 349, 387, 468, 498, 543
Lauchstädt: 305
Lauenburg: 83, 91
Lebus: 45
Leipzig: 29, 67, 94, 197, 216 f., 270, 272, 276, 280 f., 288, 342, 403, 409 f., 413, 423, 441, 460, 475, 518, 529, 563, 575, 584, 595
Leisnig: 91, 247
Leuna: 573
Levoča: 431
Lichtenburg: 575
Lichtenstein: 109
Lindau: 75
Lobdeburg: 57, 97
Lodz (Lodsch): 453, 463
Lohra: 100
Looz: 173
Lützen: 403, 445
Lützkendorf: 587
Maastricht: 112, 184
Magdeburg: 27, 35, 67, 102, 130, 133, 172, 372, 382, 385, 463, 506, 596
Mainz: 24, 30, 100, 350, 366
Marburg: 24, 29, 63, 75, 108, 125, 144 f., 149, 438, 592
Meiningen: 75
Meißen: 30, 140, 201 f., 205, 207, 262, 269, 288 f.
Memel: 398
Memleben: 99, 133, 257
Memmingen: 81
Meran: 74
Merburg: 79
Merseburg: 29, 35, 205, 221, 247, 259, 297, 342 f., 378, 385 f., 417, 423, 463, 507, 517, 573, 597
Morungen: 191, 216
Mosigkau: 542
Mücheln: 33, 221, 282, 286, 305 ff., 338, 387, 575
Mühlberg: 462, 497, 499
Mühlhausen: 438, 464
München: 449, 454, 460, 462 f., 465, 487, 497, 502
Münchenroda: 403
Münzenberg: 95

Murnau: 502
Naumburg am Queis (Schlesien): 501
Naumburg (Saale): 14 f., 17, 26, 35, 59, 64, 67, 87, 97, 99, 102, 130, 133, 172, 259, 262, 282, 286, 348, 354, 361 ff., 366, 368 ff., 375 f., 378, 387, 392, 396, 406, 409 f., 413 f., 416 f., 419 f., 435, 442 f., 447, 452, 454, 459, 463 f., 468, 481, 484, 506, 514 f., 522, 527 f., 543, 578, 586, 598
Nebra: 33, 464, 468, 527, 542, 544 f., 551, 554, 580, 586
Neuenhagen: 500
Niederaudenhain: 587
Nißmitz: 67, 386, 501
Nivagl: 76
Nordhausen: 41, 100, 205
Normannstein: 90, 133
Nürnberg: 49, 96, 98, 100
Oberammerthal: 81
Obermöllern: 387
Oberursel: 573
Obhausen: 62
Oels (Niederschlesien): 464
Osterfeld: 87, 90
Otranto: 43, 46, 149
Paris: 187, 214, 344, 362, 365
Pegau: 27, 77, 272
Pforte: 51, 62, 64, 259
Pförten: 265
Piesdorf: 497
Pillnitz: 391
Pirmasens: 87
Plennschütz: 392
Pödelist: 313, 358, 379, 399, 407, 416
Pomnitz: 387
Posen (Posna): 501, 532
Potsdam: 366, 385, 475
Quedlinburg: 546, 580
Querfurt: 67, 74, 82 f., 85, 90 f., 94, 96, 105, 111, 114, 129, 135, 304, 310, 324, 341, 357, 387, 506, 531, 537, 543 f., 554, 558 f., 567, 575, 580, 584, 587
Rabenswald: 80
Rammelburg: 79

Reinbek: 427
Reinhardsbrunn: 17 ff., 24, 26 ff., 33, 36 ff., 42, 51 f., 54 ff., 59 f., 149, 153, 187, 268, 515
Reinsdorf: 57, 265
Rheinbach: 91
Riethnordhausen: 148
Rochlitz: 75, 247, 262, 293
Rogätz: 105
Rom: 48, 188, 201, 207
Romrod: 91
Roßbach: 368, 386 f.
Rothenburg ob der Tauber: 463
Rothenburg: 77, 94, 192
Rudelsburg: 80, 87, 90, 92, 94, 107, 386, 459
Runneburg: 73, 83, 92, 95 ff., 99 f., 107, 110, 133, 169, 172, 191 f., 269, 292
Saaleck: 80, 90 f., 107, 542 f.
Saalfeld: 371
Sachsenburg: 297
Sachsenstein: 77 f., 111
Salzburg: 109, 460
Salzwedel: 91
Sangerhausen: 24 f., 27, 29, 55, 63 f., 216, 247, 259, 297, 300, 315, 323 f., 338, 340, 351, 354, 356, 359, 579
Schauenburg: 24, 26 f., 51, 111
Schellenberg: 276
Scheverlingenburg: 74
Schkopau: 90
Schlanstedt: 91
Schleberoda: 307, 324, 336, 341, 358
Schlössel: 75, 93
Schmalkalden: 29, 191
Schnaditz: 91
Schneidlingen: 91
Schönburg: 80, 82, 87, 90 f., 94, 106 f., 286
Schönebeck: 91
Schulpforta (Schulpforte): 336, 386, 410
Schwanenburg: 97
Schwarzrheindorf: 100, 112, 169
Seebergen: 100

Seligenstadt: 95
Sittichenbach: 297
Sievershausen: 596
Soest: 462
Sömmerda: 73, 83, 191
Sommersdorf bei Sommerschenburg: 465
Sondershausen: 30, 188, 215
Speyer: 100, 104, 136
St. Petersburg: 462
Stalingrad (Wolgograd): 494
Steinenschloss: 87, 93
Stolberg: 323
Stolpe: 77
Straßburg: 32, 438, 459
Sulzbach-Rosenberg: 74, 79, 111
Tangermünde: 74, 104 f.
Tharandt: 140, 207
Tilleda: 83
Tirol (Burg): 74, 87, 93 f., 129
Torgau: 262, 288 f.
Triptis: 90
Troja: 186, 188
Ummendorf: 91, 107
Unterföhring: 530
Veltheimsburg: 75
Vitzenburg: 309
Waldheim: 497, 499, 506
Walkenried: 78
Wandsbek: 501
Warmsdorf: 527
Warschau: 344, 459, 465
Weida: 79, 91, 100
Weimar: 90, 114, 258 f., 268, 287 ff., 310, 315, 326, 355, 370 ff., 444, 448, 464 f., 587
Weißenfels: 11, 49, 254, 258 f., 276, 280 ff., 295, 297, 299 ff., 304, 310, 312 f., 315, 318, 320, 323 f., 326, 338 f., 341 ff., 349, 352 ff., 356, 359 f., 378, 385 f., 391 f., 398, 400, 403, 483, 594 ff.
Weißensee: 29, 56, 63, 73, 83, 86, 94 f., 112, 114, 173, 175, 191 f., 259, 262, 269, 281, 292, 297, 300, 315, 317, 351, 356

Wendelstein: 247, 297, 304 f., 313, 348, 350
Werben: 30
Wernigerode: 542
Wiehe: 80, 111
Wien: 334, 403, 438, 464, 598
Wildenberg: 94, 97
Wimpfen: 95, 109 f.
Wittstock: 506
Wolmirstedt: 247, 347
Wörlitz: 542
Würzburg: 282, 293, 463, 530
Zaue: 504
Zeddenbach: 506
Zeitz: 272, 297, 349, 354, 515, 545, 579
Zeuchfeld: 389, 459, 527, 575
Zorbau: 291
Zörbig: 276
Zscheiplitz: 20, 27, 38, 42, 56, 59, 83 f., 154, 240
Zwickau: 59, 282

Der Ort Freyburg (Unstrut) wurde in das Ortsverzeichnis nicht aufgenommen.

BILDNACHWEIS

Angermuseum Erfurt: 95 (Dirk Urban)
Bayerische Staatsbibliothek München: 75 (Cgm 193, III, fol. 1ʳ)
Beck, Wolfgang: 254
Bildarchiv Foto Marburg: 9
Boblenz, Dr. Frank (Sömmerda), Stempelabdruck aus der Sammlung von Dr. Frank Boblenz: 194
bpk – Bildagentur für Kunst, Kultur und Geschichte: 192 (Arthur Grimm)
bpk – Bildagentur für Kunst, Kultur und Geschichte/Ägyptisches Museum und Papyrussammlung, Staatliche Museen zu Berlin: 158 (Margarete Büsing)
Bundesarchiv Berlin: 176 (ehem. BDC, NSDAP-Zentralkartei: Marie Charlotte Claudius), 179 (ehem. BDC, OPG, Erich Claudius (unfol.), 182 (ehem. BDC, NSDAP-Zentralkartei: Erich Claudius), 183 (NL Uebelhoer [N 2313], Nr. 27, Bl. 133), 200 (ehem. BDC, Reichskulturkammer, Personalakte Dr. Eduard Uderstädt), 214 (ehem. BDC, Antrag auf Aufnahme in die NSDAP von Berta Frömling)
Dettloff, Brigitta (Bielefeld): 187, 226
Evangelisch-Lutherische Kirchgemeinde Weimar: 118 (Constantin Beyer)
Evangelisches Pfarramt der Elisabethkirche Marburg (www.elisabethkirche.de): 49
Evangelisches Pfarramt Freyburg: 119
Förderverein Welterbe an Saale und Unstrut e. V.: 43 (Constantin Beyer)
Germanisches Nationalmuseum (Nürnberg): 160 (SP 4431a, Monika Runge)
Grünes Gewölbe, Staatliche Kunstsammlungen Dresden: 130 (Jürgen Karpinsky)
Hessisches Staatsarchiv Marburg: 50
Heusen, Ursula van der (Burggen): 175, 177, 181, 186
Jasiulek, Hans-Joachim (Freyburg): 185, 238, 241, 243, 244
Landesamt für Denkmalpflege und Archäologie Sachsen-Anhalt, Halle (Saale): 14, 82 (Reinhard Ulbrich); 15, 16 (Anja Lützkendorf, Reinhard Schmitt, Wilfried Weise, Ingrid Kube, Bettina Weber); 17–19, 24, 27, 29, 40, 46, 88, 90, 92, 98, 101, 102, 107, 109, 261 (Reinhard Schmitt); 22, 25, 26, 28, 30, 36, 38, 39, 41, 42, 55, 89, 91, 93, 96, 99, 103, 104, 106 (Gunar Preuß); 31 (Wilfried Weise, Reinhard Schmitt, Bettina Weber); 32, 47 (Steffen Liebezeit, Mar-

cel Trommer, Wilfried Weise); 83–87 (auf der Grundlage geodätischer Aufmaße von 1979 bearb. von Reinhard Schmitt, Umzeichnung Bettina Weber); 108 (Aufmaß: Kristin Bregella/Bettina Kasper/Sabine Renner, Bauhaus-Universität Weimar 1996; Reinhard Schmitt/Bettina Weber); 110 (Reinhard Schmitt/Bettina Weber); 133 (Nr. 4072), 166, 169, 180

Landesbibliothek Coburg: 1, 111–114, 116 (Ms Cas 11)

Landeshauptarchiv Sachsen-Anhalt, Abteilung Magdeburg: 128 (A 30c II, Nr. 186, Bl. 48ʳ), 229 (C 96 II, Nr. 65, Bl. 4)

Landeshauptarchiv Sachsen-Anhalt, Abteilung Merseburg: 105 (LAM Rep C 48 IX Plankammer Merseburg K 42 Bl. II), 168 (C 48, Regierung Merseburg, IIIa Nr. 8541, Bl. 238), 205 (C 48 IIIa, Nr. 11230, Bl. 201 f.), 215 (C 48 If., Nr. 455, Bl. 67), 216 (C 48 If., Nr. 455, Bl. 295), 217 (C 48 If., Nr. 455, Bl. 318)

Martin-Luther-Universität Halle-Wittenberg, Universitäts- und Landesbibliothek Sachsen-Anhalt: 145 (Pon Yd 705, QK)

Militärhistorisches Museum der Bundeswehr (Dresden): 140 (Martin Keidel, www.foto-keidel.de)

Museum Schloss Neu-Augustusburg (Weißenfels): 120, 124–126, 137, 163

Museum Schloss Tenneberg (Waltershausen): 164

Niedersächsisches Landesarchiv – Staatsarchiv Wolfenbüttel: 8 (25 Urk. 58)

Rheinisches Bildarchiv Köln: 37 (RBA 111 570)

Sächsische Landesbibliothek – Staats- und Universitätsbibliothek Dresden, Deutsche Fotothek: 2, 3 (Handrick)

Sächsisches Staatsarchiv, Hauptstaatsarchiv Dresden: 4, 5 (10001 Ältere Urkunden Nr. 135), 115 (inhaltliche Bearbeitung von Dr. Eckhart Leisering, kartographische Umsetzung von Sylvia Becker)

Schilling, Axel (Freyburg): 190, 191, 193, 198, 199, 203

Schwarzer, Dr. Holger (Berlin): 218, 232

Slowakisches Nationalmuseum – Spišské Museum (Levoča): 173

Staatsarchiv Nürnberg: 10, 11 (Kaiserselekt 909)

Staatsarchiv Würzburg: 12, 13 (Domkapitel Urkunden 1246 Mai 23)

Staatsbibliothek zu Berlin-Preußischer Kulturbesitz, Handschriftenabteilung: 72 (Ms. Germ. Fol. 282, fol. 2ʳ), 73 (Ms. Germ. Fol. 282, fol. 9ʳ)

Stadtarchiv Halle (Saale): 195 (NL Giegold-Schilling, Nr. GS 20234); 196 (NL Giegold-Schilling, Nr. GS 20175)

Stadtmuseum Naumburg: 153 (Inv. Nr. 10125)

Stekovics, Janos (Wettin-Löbejün): 34, 35

Stiftung Dome und Schlösser in Sachsen-Anhalt: 21, 52–54, 57–70, 127, 134, 172 (Janos Stekovics); 147 (Norbert Perner)

BILDNACHWEIS

Stiftung Dome und Schlösser in Sachsen-Anhalt, Museum Schloss Neuenburg: 6, 51, 56, 121, 132, 135, 138, 139, 146, 150, 154–157, 159, 162, 165, 170, 188 (V 13868 S), 201, 207 u. 208 (V 13869 Z), 209, 220–223, 228, 230, 231, 233, 236, 237, 239, 240, 242, 245–252, Rückseite Schutzumschlag (V 11550 Z); 20, 44, 45, 94, 100 (Wilfried Weise); 48, 123, 129, 136, 143 u. Vorderseite Schutzumschlag, 161, 171, 225, 227 (Janos Stekovics); 122, 131, 167, 234, 253, 255–258, 260, 262, 263 (Thomas Tempel); 174, 259 (Kordula Ebert)

Stiftung Preußische Schlösser und Gärten Berlin-Brandenburg: 142 (Aqu-slg. Nr. 475 b); 148, 149, 152 (Plan-slg. Nr. GK II (1)); 151 (GK II (5) 1196)

Tatge, Wera (Taunusstein): 219

Thüringer Universitäts- und Landesbibliothek Jena: 76 (Ms. El. f. 101, Bl. 123^v)

Universitätsbibliothek Braunschweig (www.digibib.tu-bs.de/?docid=00000175): 141, 144

Universitätsbibliothek Heidelberg: 71 (Cod. Pal. germ. 848, fol. 30^r), 74 (Cod. Pal. germ. 848, fol. 149^v), 77 (Cod. Pal. germ. 848, fol. 76^v), 78 (Cod. Pal. germ. 848, fol. 124^r), 79 (Cod. Pal. germ. 848, fol. 14^v), 80 (Cod. Pal. germ. 848, fol. 219^v)

Wartburg-Stiftung Eisenach: 81

Württembergische Landesbibliothek Stuttgart: 7 (HB II 24, 174^v/175^r)

Vorlagen für Reproduktionen:

Burg Weißensee „Runneburg" Thüringen. Baugeschichte und Forschung. Hrsg. vom Thüringischen Landesamt für Denkmalpflege. Wissenschaftliche Koordination Cord Meckseper, Roland Möller, Thomas Stolle (= Arbeitshefte des Thüringischen Landesamtes für Denkmalpflege, Heft 15). Frankfurt am Main 1998, Abb. 151: 33

Dilich, Wilhelm: Federzeichnungen kursächsischer und meißnischer Ortschaften aus den Jahren 1626–1629. Hrsg. von Paul Emil Richter und Christian Krollmann. Band III. Dresden 1907, Bl. 19: 97

Herzog Albrecht der Beherzte – ein sächsischer Fürst im Reich und in Europa. Begleitheft zur Ausstellung in der Albrechtsburg Meißen. Hrsg. von Dietmar Fuhrmann, Iris Kretschmann und Angelika Lasius, mit Beiträgen von Eckhart Leisering, Uwe Schirmer und André Thieme. Meißen 2000, Abdruck auf der Mittelseite: 117

BILDNACHWEIS

Illustrierte Hallische Nachrichten: 197 (Nr. 49 vom 8. Dezember 1934, S. 16); 210, 211 (Nr. 6 vom 5. Februar 1938, S. 5); 212, 213 (Nr. 13 vom 26. März 1936, S. 4)

Naumburger Tageblatt. Bad Kösener Allgemeine Zeitung. Kreisblatt Allgemeine Zeitung. Anzeiger Neueste Nachrichten: 178 (Nr. 31 vom 6. Februar 1933), 184 (Nr. 127 vom 1. Juni 1933), 202 (Nr. 194 vom 20. August 1936), 204 (Nr. 66 vom 18. März 1936), 206 (Nr. 233 vom 5. Oktober 1936, 1. Beilage), 224 (Nr. 285 vom 5. Dezember 1936)

Neue Museumskunde: Theorie und Praxis der Museumsarbeit. Hrsg. vom Institut für Museumswesen. Heft 2. Berlin 1989, S. 123: 235

Schuchardt, Günther: Welterbe Wartburg. Regensburg 2000, hintere Klapptafel: 23

Unstrut-Warte. Nebraer Anzeiger. Amtliches Blatt des Magistrats, der Polizeiverwaltung und des Amtsgerichts der Stadt Nebra. 49. Jg., Nr. 78 vom 4. Juli 1936: 189